汽车先进技术论坛丛书

QICHE XIANJIN JISHU LUNTAN CONGSHU

ADVISOR 2002 电动汽车仿真与再开发应用

第2版

曾小华　宫维钧　等编著

机械工业出版社
CHINA MACHINE PRESS

ADVISOR 2002软件为用户提供了丰富的汽车元件与电子控制应用库，特别是在电动汽车领域，该软件具有最为广泛的应用空间。本书主要讲解了ADVISOR的应用基础、运行特点、程序与图块数据流、使用方法、再开发以及在我国的应用研究等。本书依据ADVISOR 2002软件英文帮助文档，融入编著者多年的教学心得、科研经验和创新体会于其中，同时也编制了使用ADVISOR 2002过程中的一些高级应用，非常有参考价值。本书适合汽车技术研究开发人员、在校本科生及研究生使用。

图书在版编目（CIP）数据

ADVISOR 2002电动汽车仿真与再开发应用/曾小华等编著. —2版. —北京：机械工业出版社，2017.3
（汽车先进技术论坛丛书）
ISBN 978-7-111-56033-3

Ⅰ.①A… Ⅱ.①曾… Ⅲ.①电动汽车-计算机仿真 Ⅳ.①U469.72

中国版本图书馆CIP数据核字（2017）第027015号

机械工业出版社（北京市百万庄大街22号 邮政编码100037）
策划编辑：何士娟 李 军 责任编辑：徐 霆 何士娟
责任校对：刘雅娜 封面设计：路恩中
责任印制：李 昂
三河市宏达印刷有限公司印刷
2017年4月第2版第1次印刷
184mm×260mm·25.5印张·624千字
0001—3000册
标准书号：ISBN 978-7-111-56033-3
　　　　　ISBN 978-7-89386-120-8（光盘）
定价：85.00元（含1DVD）

凡购本书，如有缺页、倒页、脱页，由本社发行部调换

电话服务
服务咨询热线：010-88361066
读者购书热线：010-68326294
　　　　　　　010-88379203

网络服务
机 工 官 网：www.cmpbook.com
机 工 官 博：weibo.com/cmp1952
金 书 网：www.golden-book.com
教育服务网：www.cmpedu.com

序

近年来，全球面临石油资源紧缺、大气污染、温室效应的挑战，对社会环境与经济的可持续发展带来了严重的影响。发展节能、环保的电动汽车已成为世界汽车工业技术创新的主要方向和汽车产业可持续发展的必然选择。我国政府对电动汽车的技术研发和产业化发展给予大力支持，将新能源汽车确定为七大战略性新兴产业之一，旨在培育和发展节能与新能源汽车产业，进一步推动新能源汽车市场化进程。

电动汽车技术新、发展快，相对传统汽车，其动力源的多样性和复杂度提高，涉及的学科领域不断扩大，技术研发难度进一步增加，产品研发过程耗时和耗资更为巨大。现代汽车产品的开发已经逐渐转为基于软件模型的系统工程开发，计算机仿真技术和优化手段在汽车产品设计与开发过程中的作用日渐凸显。仿真技术的应用使产品方案的设计和分析在不同地区和部门之间实现了无缝共享，提高了协同工作效率，缩短了产品开发周期，并且在概念设计阶段，实现了多产品方案的仿真对比论证，降低了研发成本。

电动汽车开发涉及多能源动力总成的构型分析、参数匹配和控制策略开发等关键技术，在模型的扩展性、灵活度和易用性方面对仿真平台提出了更高的要求。ADVISOR 作为电动汽车仿真软件的先行者之一，从 1994 年开发并投入使用以来，在业界得到了广泛的应用。其图形化、模块化以及模型代码免费开放等优势和特点，为电动汽车新技术的研发提供了很大的帮助。

从 1999 年开始，一汽技术中心就与吉林大学合作，在电动汽车领域开展了深入的理论分析和技术研发。根据一汽技术中心的研发需求，曾小华博士应用 ADVISOR 2002 仿真软件，结合工程实践，在动力总成的构型设计、参数匹配和控制策略开发等方面进行了探索创新，取得了一定的成绩。

该书全面、系统地介绍了 ADVISOR 2002 软件的基本功能和使用方法，深入探讨了电动汽车中各部件的建模与仿真，并在此基础上介绍了软件的再开发应用。全书集理论介绍、使用说明、实例分析和深度开发为一体，内容深入浅出、丰富翔实，相信能够很好地帮助读者学习并掌握 ADVIOSR 2002 软件，并对电动汽车的自主开发、创新起到促进和推动作用。

国际汽车工程学会联合会（FISITA2012～14）轮值主席
中国工程院机械与运载工程学部院士
中国第一汽车股份有限公司副总工程师
中国第一汽车股份有限公司技术中心主任

李骏

第2版前言

自 2014 年本书第 1 版出版以来，得到众多新能源汽车企业工程研发技术人员的热烈反响，同时，也受到各院校相关专业师生的普遍欢迎。他们对本书的出版给予了积极评价，并认为，该书是全面阐释 ADVISOR 2002 的首部专著，其出版生逢其时，有助于我国正在发展的新能源汽车开发事业。

这对作者是莫大的鼓励，恰好切合了出版初衷，当然是我们最感欣慰的事情了。

作为专门介绍 ADVISOR 软件基本理论与应用方法的书籍，本书为 ADVISOR 软件的学习者提供了有益的参考与可资的借鉴。

为进一步促进我国新能源汽车产业工程仿真技术，在用好且用足现有 ADVISOR 2002 版本所能提供的有效方法的基础上，深入探究 ADVISOR 软件的精髓，对该软件进行开拓性的再开发研究，特对本书进行了再版修订。

本次修订延续了第 1 版注重基础、详细讲解的特点，新增了一些章节，力求在注重软件基础性的同时，能够为诸位读者进阶学习提供帮助。

此次修订，原版第 1 章、第 3 章、第 4 章、第 5 章、第 7 章，在内容与结构上未做大的变动，仅将原版第 6 章的 6.4 节与 6.5 节并到再版第 7 章，第 7 章改作再版第 9 章，还删除了原版附录 D。

对新版章节，做了如下增补：

第 2 章中，新增了发动机基本理论部分，对发动机的特性曲线与阿特金森循环做了简要介绍。

第 6 章中，新增了后轴驱动形式与复合电源再开发两部分，并以此为例，详细阐述了 ADVISOR 再开发的基本流程与注意事项。

第 7 章中，新添加 ADVISOR 与 CRUISE 平台下仿真内容，包含纯电动汽车、混合动力汽车、复合电源对标，以比较不同仿真平台下的结果差异，验证 ADVISOR 仿真结果的精确性。

第 8 章，新添加 ADVISOR 常见问题释义内容。这是在统计诸位读者、网友应用 ADVISOR 过程中遇到的主要疑难问题基础上，给出的某些合理解释与帮助。

新添加附录 D 常用循环工况，附录 E 中国部分 EV、HEV 行业标准内容，为读者查询提供便利。

本书第 2 版由吉林大学汽车仿真与控制国家重点实验室课题组组织，由曾小华、宫维钧、张峻恺、孙可华、吴西涛、王振伟、宫钦哲编著，由原第一汽车集团公司规划处高级工程师宫维钧审校。

第 2 版修订过程中，参考了业界许多同仁的相关文献，在此，对各位编著者表示衷心感谢与敬意。

由于编著者水平有限，不妥与疏漏在所难免，竭诚期望广大读者批评指正。

编著者

2016 年 8 月 于长春

第1版前言

ADVISOR（Advanced VehIcle SimulatOR）软件，由美国可再生能源实验室（NREL）于1994年11月初始开发和使用，并在互联网上免费发布。经过多次升级，目前最新的免费版本是ADVISOR 2002。2004年，AVL公司收购了ADVISOR 2002版权，随后便推出收费版本ADVISOR 2004。

ADVISOR是在MATLAB/Simulink软件环境下开发的高级车辆仿真软件平台。在这个专门针对汽车纵向动力学系统建模的软件下，用户可以对汽车动力性、经济性、排放性及制动性等主要性能进行预测、方案分析与评估，还可以对传统汽车、纯电动汽车、混合动力汽车和燃料电池汽车等的各种性能进行快速模拟试验。

目前，ADVISOR已成为世界汽车行业最普遍使用的电动汽车仿真软件平台之一。它具有图形化、模块化、仿真模型和源代码完全免费开放的优势与特点，使其在国外的一些大学、汽车研究设计单位、美国能源部和环保署下辖的国家实验室获得了广泛的应用。

由于ADVISOR 2002是在工程应用最广泛的MATLAB/Simulink软件大环境下开发的，它具有强大的图形化建模与分析功能。因它对汽车各子系统均采用模块化设计思想，且仿真模型与源代码又完全免费开放，故为国内自主研发各种新构型的传统汽车与电动汽车提供了很大的帮助与便捷。

ADVISOR 2002软件为用户提供了丰富的汽车元件与电子控制应用库，特别是在电动汽车领域，该软件具有最为广泛的应用空间。现在，我国每年都有很多汽车科技工作者、研究生和在校大学生，加入学习应用ADVISOR 2002软件的行列。他们围绕着ADVISOR软件平台，对电动汽车方案设计、性能预测与控制系统的应用研究，正在不断深入，并推陈创新。

作为主编之一的曾小华博士，早在1999年就开始跟踪学习使用ADVISOR软件。在这过程中，他意识到，将其作为汽车纵向动力学仿真工具与平台，必会有助于我国汽车建模仿真领域的发展，于是他在2003年将ADVISOR 2002仿真软件的高级应用首次引入国内；同时，他也认识到，作为ADVISOR 2002的高级应用，该软件还需不断改进完善，有待进一步拓展其应用空间。

通过深入探索创新，结合工程实践，他发表了一批拓宽ADVISOR 2002应用领域的论文，并推出自主研发的CHEV2002仿真开发平台，为我国汽车产业，尤其是电动汽车领域自主创新，提供了一种有价值的尝试机会。

本书依据ADVISOR 2002软件英文帮助文档，融入编著者多年的教学心得、科研经验和创新体会于其中，同时也编制了使用ADVISOR 2002过程中的一些高级应用。这些应用方法与技巧，在原版文档里并没有，现将其作为专门一章编排在本书里，希望对国内广大汽车科技工作者应用ADVIOSR 2002进行自主开发创新时能提供一点帮助。

我们相信，具有一定基础知识的读者，依照本书所介绍的方法步骤，按图索骥，基本可以使用ADVISOR 2002进行有关电动汽车的仿真模拟。当然，这是我们最为欣慰的事情了。

本书由吉林大学汽车仿真与控制国家重点实验室课题组组织，由曾小华、宫维钧、李相华、白鸽、彭君、张昶、宫钦哲编写，长春大隆电动汽车技术研究所高级工程师宫维钧审校。

课题组研究生杨顺、李高志、王广义、杨南南等为书稿提出许多宝贵的意见，在此对他们表示衷心的感谢。

编写本书时，参考了业界许多同仁的相关文献，在此对各位著作者表示诚挚的感谢。

需要说明的是，书中有部分图例采自 ADVISOR 2002 软件，但因截图精度所限，部分图面并不十分清晰。读者朋友们安装该软件后，从安装根目录下的 models 文件夹及帮助文档中找到对应的源文件，即可查看所有案例文件。

由于编者水平有限，错误与不妥之处在所难免，期望广大读者批评指正。

为方便读者反馈交流，特提供如下联系方式：

（1）ADVISOR 2002 应用交流群　QQ：131726378

（2）E-mail：lxh201249@126. com，zengxh@jlu. edu. cn

目　录

第 1 章

ADVISOR 简介

1.1 ADVISOR 概述

ADVISOR（Advanced VehIcle SimulatOR，高级车辆仿真器）是由美国可再生能源实验室 NREL（National Renewable Energy Laboratory），在 MATLAB 和 Simulink 软件环境下开发的高级车辆仿真软件。该软件从 1994 年 11 月初始开发和使用，可以对传统汽车、纯电动汽车和混合动力汽车的各种性能作快速分析，目前最新的免费版本是 ADVISOR 2002，商业版本为 ADVISOR 2004。

本书以 ADVISOR 2002 为基础进行介绍。为叙述方便，除非特指，以下将 ADVISOR 2002 简称为 ADVISOR。另外，本书以相对复杂的混合动力系统为例，介绍 ADVISOR 的应用与再开发。

ADVISOR 用形象图标表示汽车仿真系统中的各个元件，如图 1-1 所示。每个元件图形下，都是利用 Simulink 提供的丰富模块库建立的动态系统模型，图 1-2 是图 1-1 中变速器 gearbox <gb> 模块的内部模型。建模时，只需在 Simulink 模块库中选择需要的系统模块并将其拖放到用户界面中，然后将它们连接起来即可。

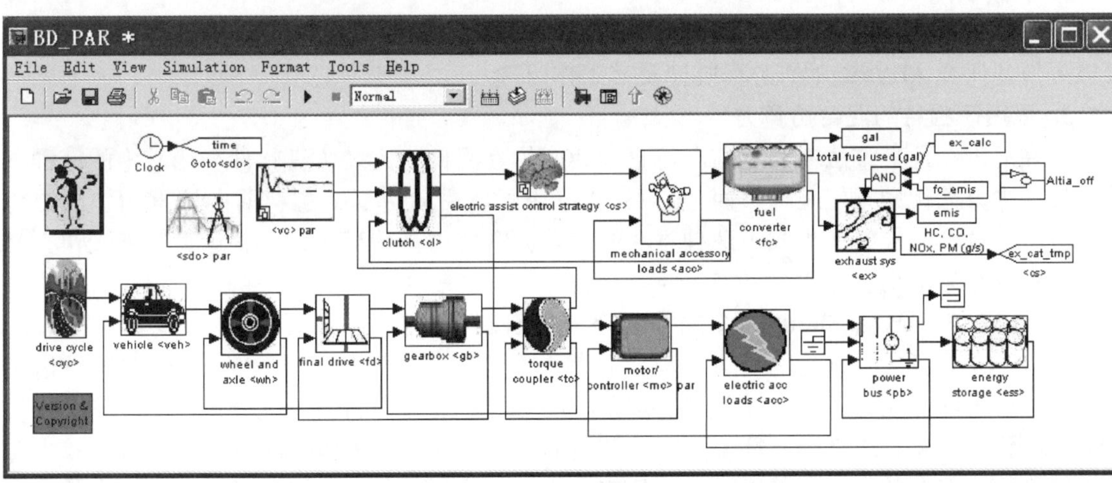

图 1-1　使用 ADVISOR 图标的汽车仿真系统

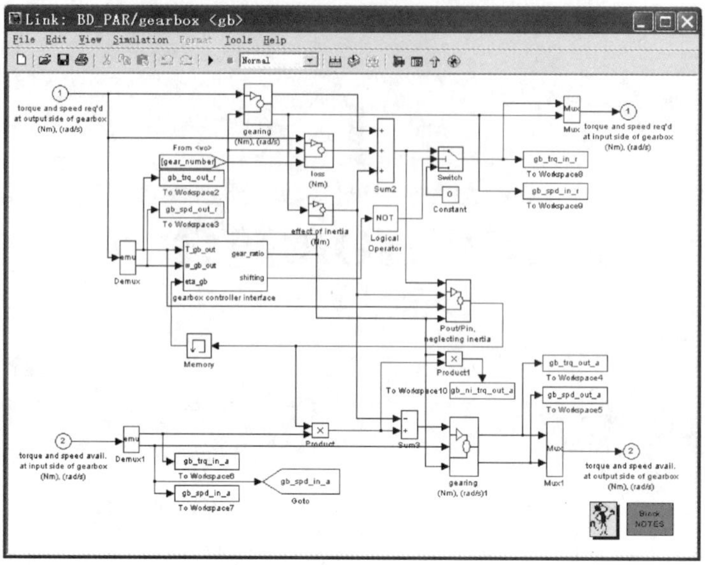

图 1-2 使用 Simulink 系统模块的变速器模型

1.2 ADVISOR 的主要特点

1. 仿真模型采用模块化的设计思想

ADVISOR 按模块建立了发动机、离合器、变速器、主减速器、车轮和车轴等部件的仿真模型。各个模块都有标准的数据输入/输出端口，便于模块间进行数据传递。而且各总成模块都很容易扩充和修改，用户可以在现有模型的基础上，根据需要对一些模块进行修改，然后重新组装需要的汽车模型。这样会大大节省建模时间，提高建模效率。

2. 仿真模型和源代码全部开放

ADVISOR 的仿真模型和源代码在全球范围内完全公开，可以在网站上免费下载。用户可以方便地研究 ADVISOR 的仿真模型及其工作原理。

3. 采用了独特的混合仿真方法

现在的汽车仿真方法主要有前向仿真和后向仿真两种。大多仿真软件采用其中的一种方法，使两种方法优劣不能互补。而 ADVISOR 采用了以后向仿真为主、前向仿真为辅的混合仿真方法，这样便较好地集成了两种方法的优点，既使仿真计算量较小、运算速度较快，又保证了仿真结果的精度。

4. 在 MATLAB 和 Simulink 软件环境下开发研制

MATLAB 是世界上顶尖的可视化科学计算与数学应用软件，其语法结构简单，数值计算高效，图形功能完备，集成了诸多专业仿真工具包，而且还提供了方便的应用程序接口（API）。用户可以在 MATLAB 环境下直接调用 C、Fortran 等语言编写的程序。MATLAB 内置的计算程序、专业的仿真工具以及与其他应用程序的接口，会减少汽车模型的搭建和仿真计算过程中的工作量，同时也方便了不同编程语言用户之间的合作。

5. 能与其他多种软件进行联合仿真 Co-simulation

汽车是一个复杂的系统，其仿真更是涉及机械、电子、控制等多个领域，工作量很大。

ADVISOR 软件开发过程中也难以涉及所有领域，这样就限制了它一些功能的实现。但是 ADVISOR 设计了开放的软件接口，能与 Saber、Simplorer、VisuaDOC、Sinda/Fluint 等软件进行联合仿真，为用户改进和拓展其功能提供了方便。

1.3 ADVISOR 的安装

1.3.1 兼容的 MATLAB 版本安装

安装软件之前，需要明确软件的版本及其对系统的要求。要求 MATLAB 为 6.1 或 6.5 版本。安装 ADVISOR 的方法比较简单，以 MATLAB 6.5 为例，首先运行 MATLAB，将 ADVISOR文件所在路径添加到 MATLAB 工作路径下；单击文件夹按钮【File】 >> 设置路径 Set Path 栏，出现图 1-3 所示的界面；单击添加文件夹按钮【Add with Subfolders...】，选择 ADVISOR 文件夹，单击保存按钮【Save】保存，关闭该界面，路径就添加完成了。启动ADVISOR 时，只需在 MATLAB 命令窗口提示符下输入“advisor”，并按进入按钮【Enter】即可。

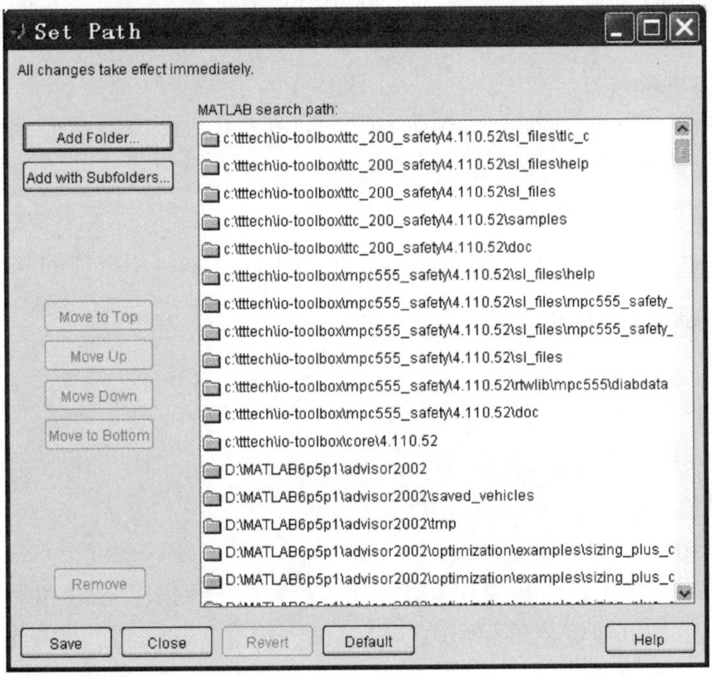

图 1-3　设置 MATLAB 工作路径

1.3.2 高版本 MATLAB 安装

一般情况下，ADVISOR 是不能在 MATLAB 6.5 以上高版本环境下运行的，但是经过以下修改步骤，就可以在高版本 MATLAB 下实现运行 ADVISOR。

① 将 ADVISOR 文件所在路径添加到 MATLAB 的工作路径下。

② 将文件 ADVISOR2002patchforR13. m 复制进 ADVISOR 的文件目录，如 E：\ Program \ Advisor2002 下。

③ 在 MATLAB 中将运行目录也改为 E:\ Program \ Advisor2002。

④ 在 MATLAB 的 Command Window 窗口输入"ADVISOR2002patchforR13"，可以直接运行 ADVISOR2002patchforR13. m，之后会看到 ADVISOR 的底层模块被不断更新。

⑤ 更新完成后，在 Command Window 窗口输入"advisor"，运行 ADVISOR，如果 MATLAB 提示出错，则找到出错的文件，一般会是"get_ cycle_ info. m"。将第 25 行的"break"改成"return"，保存后重新运行 ADVISOR；若继续出错，则找到位置后，将"break"改成"return"。

⑥ 全部修改完后，ADVISOR 即可正确运行。如果第④步中更新出错，则可先做第⑤步，再进行第④步，第④步与第⑤步交替进行，直到没有提示错误为止。

1.4 ADVISOR 的应用范围与局限

1.4.1 ADVISOR 的应用范围

ADVISOR 主要用于快速分析传统汽车、纯电动汽车及混合动力汽车的动力性与经济性。具体如下：

① 估计车辆燃油经济性。

② 了解传统汽车、纯电动车或混合动力汽车的整个传动系统是如何利用或损失能量的。

③ 对比一些循环工况产生的汽车尾气排放量。

④ 评价混合动力汽车的能量管理策略。

⑤ 优化变速器传动比，以减小燃油消耗、最大限度地提高车辆性能等。

1.4.2 ADVISOR 可实现的功能

① 判断车辆是否能跟随循环工况。

② 计算一次测试中需要多少燃油或电能。

③ 分析动力传动系统部件能提供多大的峰值功率。

④ 分析发动机提供的转矩和转速是如何分配的。

⑤ 计算变速器的平均效率是多少。

由于 ADVISOR 中的模型都是模块化的，所以各组件的模型可以相对容易地扩展和改进。例如图 1-4 所示的电池电化学模型，包括扩散、极化和热效应，它能够很容易地集成到整车中，并与电机进行协同工作。当然，开发新的、详细的动力传动系统部件模型，需要对 MATLAB/Simulink 环境非常熟悉才行。

1.4.3 ADVISOR 的局限

由于 ADVISOR 最初的开发目的比较单一，而且当时的开发条件有限，所以 ADVISOR 的使用是具有一定局限性的，体现在以下几个方面：

1. 用于分析，而不是用于设计

ADVISOR 最初的开发目的是作为分析工具而不是设计工具。它的各元件模型是准静态的，不能用于预测时间间隔小于 0.1s 的现象，而且物理振动、电磁振动及其他动力学分析，

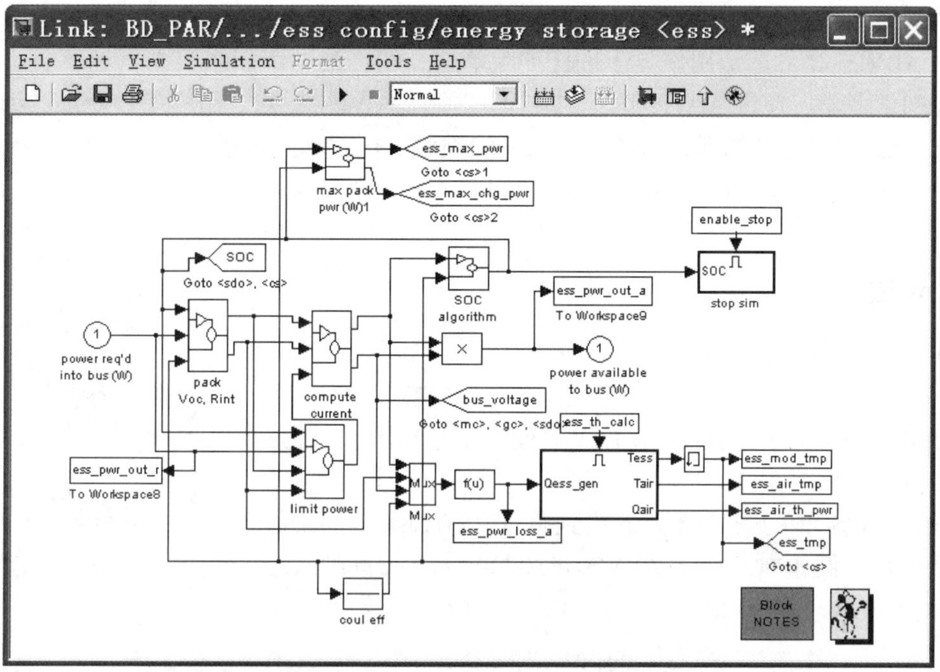

图 1-4 电池的电化学模型

在 ADVISOR 中是无法实现的。

作为分析工具，ADVISOR 将需求转速作为输入，以确定为了满足车辆速度需求，动力系统应该输出多大转矩、转速和功率。因为信息流/功率流是经轮胎、车桥到变速器等，流经了整个动力传动系统，所以 ADVISOR 被称为后向整车仿真。

对于前向整车仿真，需要驾驶人模型判断需求转速及响应的加速踏板和制动踏板位置，对应着动力传动系统中转矩的响应。这种类型的仿真软件非常适合控制系统的设计，例如集成电路和 PC 卡等级设计。

2. 用于电力传输的功率总线

ADVISOR 对电器元件间的通信是利用功率进行处理的，而不是电压和电流。只有与其他工具联合使用时才允许用户使用功率总线，这些工具包括 Saber 和 Simplorer 等。

3. 驱动桥仅是单轴

假如前轴是驱动轴，那么计算车辆动力学时，需要牵引力控制与车轮滑移率模型。如果用户需要后轮驱动车辆模型，则可以采取简单的步骤对重心转移计算进行修正。建立四轮驱动车辆模型涉及 Simulink 的重新编程，详细内容将在第 6 章介绍。

1.5 获得帮助

1.5.1 帮助文档

ADVISOR 软件中附有帮助文档，初学者可以将该帮助文档作为学习 ADVISOR 的起点，同时有经验的用户可以将其作为深入学习 ADVISOR 的参考。

文档的第1章描述了ADVISOR的开发背景，说明了从ADVISOR中用户能够学到什么；第2章对ADVISOR的图形用户界面进行了简单的介绍；第3章列举了丰富的示例，帮助用户尤其是初学者学习使用ADVISOR；第4章解释了ADVISOR的工作原理；附录详细列出了ADVISOR中变量的命名规则，以及这些变量的类型、单位和基本描述等。

注意，在该文档中，Courier字体表示MATLAB命令，而Albertus字体表示ADVISOR变量及文件。

1.5.2　获取帮助文档

ADVISOR中有三种方法来获得帮助文档：

① 在图1-4所示的框图中双击图1-5所示的模块。

② 在图1-6所示的ADVISOR启动界面单击帮助键【Help】，即可进入帮助文档界面。

③ 在ADVISOR的安装路径下找到格式为HTML/html的文件，直接打开。例如在“D:\ADVISOR2002\documentation”路径下名为“advisor_ch1”的文件，即第1章的帮助文档。

图1-5　获得帮助的按键图

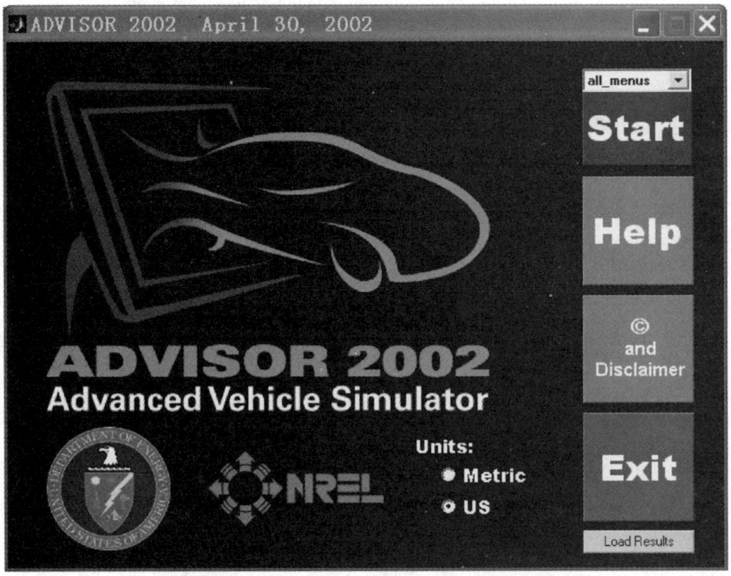

图1-6　ADVISOR启动界面

1.6　使用ADVISOR

启动ADVISOR：首先打开MATLAB，在命令窗口Command Window输入“advisor”，按回车键进入启动界面，点击开始按钮【start】后，进入ADVISOR主界面。

ADVISOR有三个主界面，分别是整车参数输入界面（Vehicle Input）、仿真参数输入界面（Simulation Parameters）和仿真运行结果界面（Results）。

1. 整车参数输入界面

图 1-7 所示为整车参数输入界面。在该界面下，用户可以根据需要选择动力传动系统配置，主要包括传统动力、串联混合动力、并联混合动力及纯电动动力系统等。同时也可以对已选的动力传动系统部件的参数进行设置。

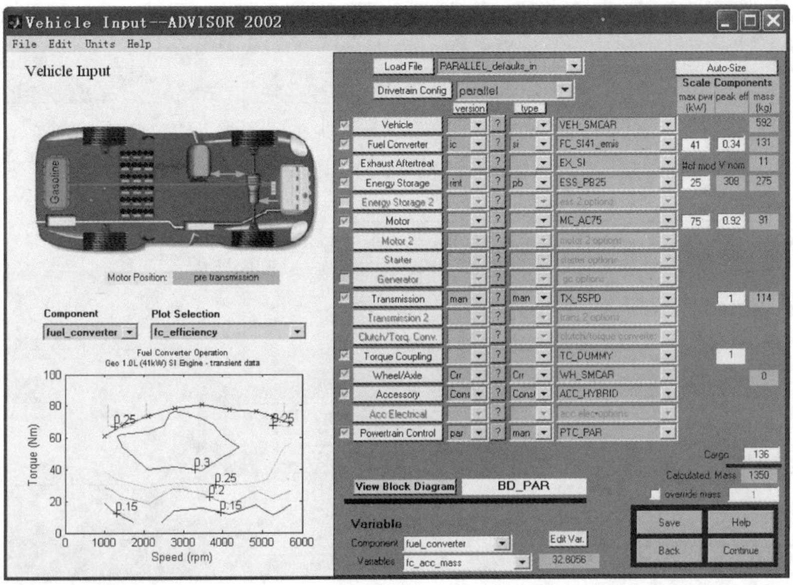

图 1-7　整车参数输入界面

2. 仿真参数输入界面

图 1-8 所示为仿真参数输入界面。这个界面主要用于设置仿真循环工况。

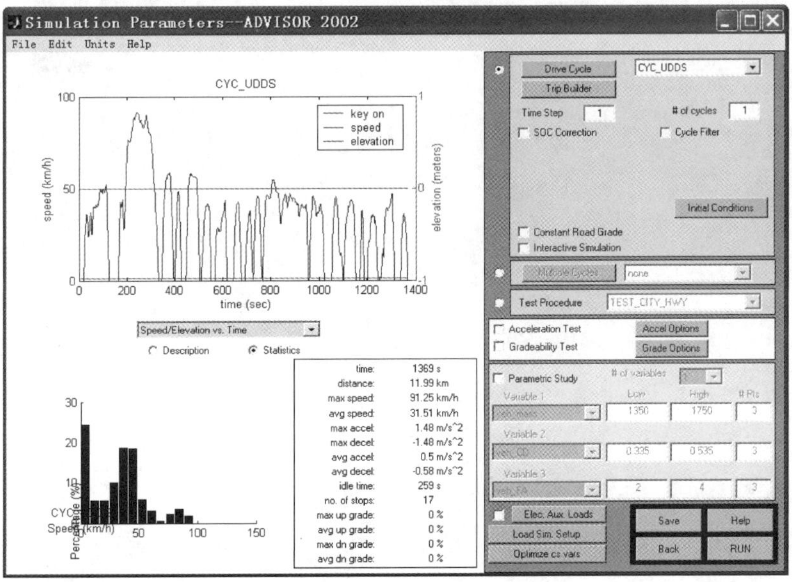

图 1-8　仿真参数输入界面

3. 仿真运行结果界面

图 1-9 所示为仿真运行结果界面。在这个界面上，用户能够清晰地看到之前设定的参数对应的整车性能，包括油耗、污染物排放和整车动力性能。

以上三个主界面的设置，以及详细的系统仿真过程将在第 3 章进行介绍。

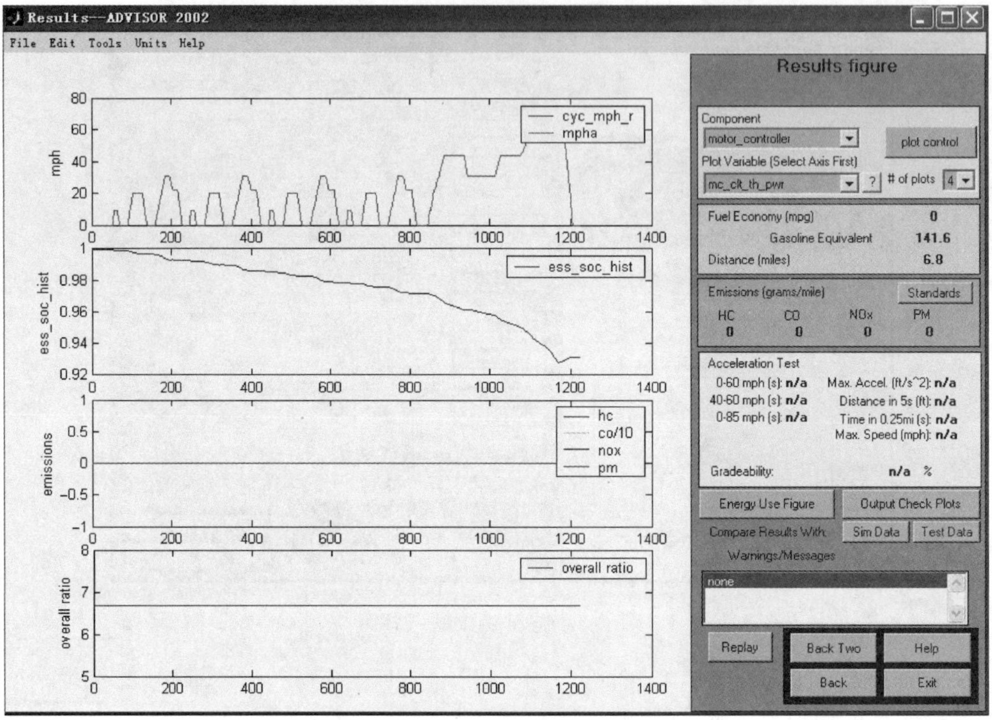

图 1-9 仿真运行结果界面

第 2 章

ADVISOR 的应用基础

ADVISOR 是基于 MATLAB/Simulink 平台下的整车性能仿真软件。在学习 ADVISOR 之前，需要对 MATLAB/Simulink 基础知识、车辆驱动的基本原理、电机基本理论及储能装置进行初步的了解与学习。

2.1 MATLAB 语言与 Simulink 仿真

MATLAB 是矩阵实验室（Matrix Laboratory）的简称，是美国 MathWorks 公司出品的商业数学软件，用于算法开发、数据可视化、数据分析以及数值计算的高级技术计算语言和交互式环境。它主要包括 MATLAB 和 Simulink 两大部分。

本节主要介绍 ADVISOR 常用的功能，关于其他更多的功能，请用户参考专门的 MATLAB 和 Simulink 工具书。

2.1.1 MATLAB 的基础知识

2.1.1.1 数组

数组是 MATLAB 的基础内容，几乎所有的数据都是以数组的形式进行存储的。从 MATLAB 5.x 版本开始，基于面向对象的考虑，这些数组就成为 MATLAB 中的内建数据类型（Built-in Data Type），而数据运算就是定义这些数据结构的方法。ADVISOR 只利用低维数组对仿真参数及结果进行数据处理，因此这里仅介绍低维数值数组的创建与运算。

在 MATLAB 中，一维数组和二维数组一般被认为是低维数组，它们的创建方法比较简单，下面举例说明低维数组的创建方法。

【例 2.1】 在 MATLAB 中，可以使用多种方法创建一维数组。

步骤 1：在 MATLAB 的命令窗口输入以下程序代码：

```
>>Data1 =[1;pi;3 +4;2^3];
>>Data2 =[1 pi 3 +4 2^3];
>>Data3 =1:3:9;
>>Data4 =1:9;
>>Data5 =linspace(2,10,5);
>>Data6 =logspace(1,5,10);
```

步骤 2：查看结果，在命令窗口输入变量名称，分别得到以下结果：

```
Data1 =
    1.0000
    3.1416
    7.0000
    8.0000
Data2 =
    1.0000    3.1416    7.0000    8.0000
Data3 =
    1    4    7
Data4 =
    1    2    3    4    5    6    7    8    9
Data5 =
    2    4    6    8    10
Data6 =
    1.0e+005 *
      0.0001    0.0003    0.0008    0.0022    0.0060    0.0167
0.0464    0.1292    0.3594    1.0000
```

【例 2.2】　在 MATLAB 中，可以使用多种方法创建二维数组。

步骤 1：在 MATLAB 命令窗口输入以下程序代码：

```
>>Data1 = [1 2 3
4 5 6
7 8 9];
>>Data2 = [1, 2, 3; 4, 5, 6; 7, 8, 9];
```

步骤 2：查看结果，在命令窗口输入变量名称，可以得到以下结果：

```
Data1 =
    1    2    3
    4    5    6
    7    8    9
Data2 =
    1    2    3
    4    5    6
    7    8    9
```

两种创建方法得到的结果相同，但是 Data1 的创建方法更为直接，而 Data2 的创建方法较为普遍，对于该方法需要注意下面几点：

① 整个输入数组必须以方括号“[”和“]”作为创建的首尾。
② 数组的行与行之间必须用分号“;”隔开。
③ 数组的列与列之间必须用逗号“,”隔开。

2.1.1.2 基础绘图功能

MATLAB 提供了强大的绘图功能，用户通过调用其内置的绘图函数，便可迅速绘制出具有专业水平的图形。ADVISOR 利用 MATLAB 的绘图功能，可以对仿真结果进行图形化处理，得到相应的仿真曲线。图 2-1 所示为 NEDC 工况的车速曲线。

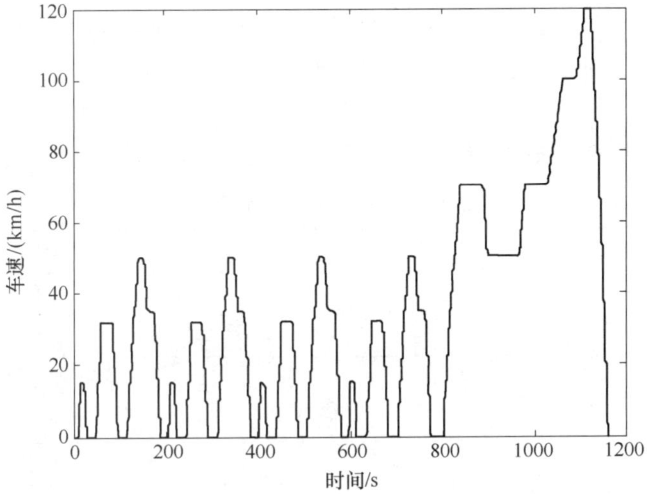

图 2-1 NEDC 工况的车速曲线

1. 二维图形绘制命令

在 MATLAB 中，绘制二维曲线的基本命令是 plot，其他的绘制命令都是以 plot 为基础的，而且调用方式也相似。下面介绍 plot 的使用方法。

在 MATLAB 中，调用 plot 的方法有三种：

(1) plot (X,'PropertyName', PropertyValue, ...)

参数 X 代表要绘制成图形的数据;'PropertyName'表示图形属性选项的字符串，如线型、颜色等；PropertyValue 则表示对应属性的值。如果省略图形属性选项部分，MATLAB 会自动为每条曲线选择线型与颜色。对于不同的图形属性参数，如不同类型的参数 X，MATLAB 采取不同的处理方式，说明如下：

① 如果 X 是实数向量，那么 MATLAB 会以向量 X 元素的下标为横坐标、以对应的元素值为纵坐标绘制曲线。

② 如果 X 是实数矩阵，则 MATLAB 在绘制矩阵中，每列数值元素与其下标的连续曲线相对应，因此绘制出来的图表结果中包含了多个图表，个数等于 X 矩阵的列数。

③ 如果 X 是复数矩阵，则 MATLAB 以列为单位，分别以矩阵元素的实部为横坐标、以元素的虚部为纵坐标绘制连续曲线。

(2) plot (X, Y, 'PropertyName', PropertyValue, ...)

参数 X、Y 都是绘制图表的数据，其他参数的含义与以上命令的相同。同样，对于不同数据类型的参数 X、Y，MATLAB 也会做不同的处理，说明如下：

① 如果 X、Y 是同维向量，则 MATLAB 以 X 和 Y 元素分别为横、纵坐标绘制曲线。

② 如果 X 是向量，而 Y 是某维数值与 X 向量相同的矩阵，则 MATLAB 会绘制多条连续曲线，默认情况下这些曲线的颜色都会不同；曲线的个数等于 Y 矩阵的另外一个维数，X 向量是曲线的横坐标。

③ 如果 X 是矩阵，Y 是向量，则情况和上面相同，Y 向量是这些曲线的纵坐标。

④ 如果 X、Y 是相同维数的矩阵，则 MATLAB 以 X、Y 对应元素为横、纵坐标绘制曲线，曲线的个数就是矩阵的列数。

(3) plot (X1, Y1, X2, Y2, X3, Y3, ... 'PropertyName', PropertyValue, ...)

该命令类似于第二种命令，只是在一个图形窗口下同时绘制多个曲线，并且这些曲线之间没有相互的约束。

绘制图形的曲线属性参数见表 2-1。

表 2-1　绘制图形的曲线属性参数

颜色	'g'	绿色
	'y'	黄色
	'r'	红色
	'b'	蓝色
	'm'	品红色
	'k'	黑色
	'c'	青绿色
线型	'.'	粗点线
	'--'	虚线
	':'	点线
	'-.'	点画线
	'*'	星线
	'-'	实线
	'o'	圆圈
	'+'	加号
	'x'	叉
	's'	方形
	'd'	菱形
	'p'	五角星
	'^'	上三角
	'h'	六角星

【例 2.3】　演示以下例子，了解 plot 命令的三种调用形式。

步骤 1：在 MATLAB 命令窗口输入下列内容：

```
>> x=0: 0.1: 10;
>> k=0: 0.2: 1;
>> y=sin (x') *k;
>> hf=figure (1), set (hf,'color', [1 1 1]);
>> subplot (2, 1, 1), plot (y), title ('Figure 1'), xlabel ('下标'), ylabel ('y'), axis ( [0, 100, -1, 1]);
>> subplot (2, 1, 2), plot (x, y), title ('Figure 2'), xlabel ('x'), ylabel ('y'), axis ( [0, 10, -1, 1]);
```

步骤 2：按【Enter】键，就可以得到相应的结果，如图 2-2 所示。

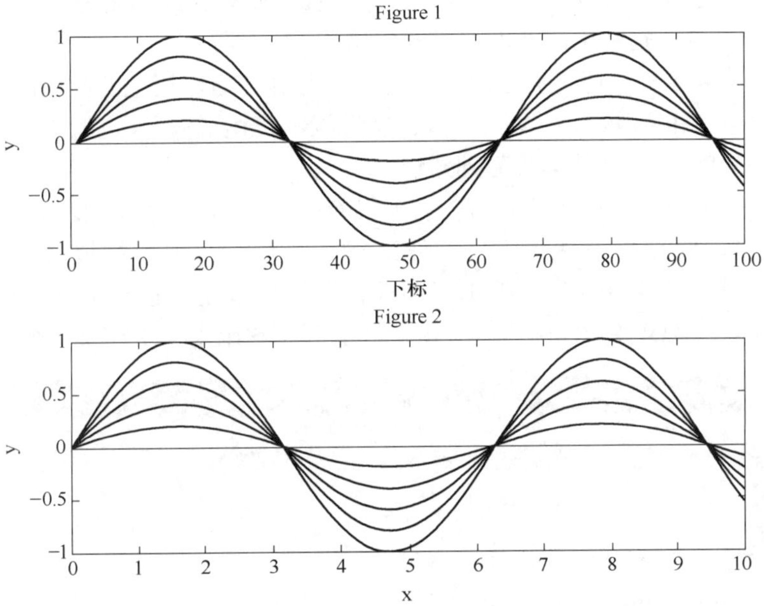

图 2-2　演示 plot 命令

步骤 3：分析图形结果。在子图 Figure 1 中，调用的命令是“plot(y)”，其中变量 y 是一个 100 ×5 的矩阵。根据前面对 plot 使用方法的介绍，MATLAB 会绘制 5 组曲线，曲线的坐标轴则是列向量的元素下标，最大下标为 100。

在子图 Figure 2 中，调用的命令是“plot(x，y)”。因为 x 是一个 100 维的行向量，y 是一个 100 ×5 的矩阵，因此，MATLAB 会以 x 为横坐标绘制 5 条曲线。

2. 简单的三维图形绘制命令

(1) plot3 (X，Y，Z，'PropertyName'，'PropertyValue'，...)

① 当 X、Y 和 Z 是同维向量时，绘制的是以 X、Y 和 Z 元素为 x、y、z 坐标的三维曲线。

② 当 X、Y 和 Z 是同维矩阵时，绘制的是以 X、Y 和 Z 对应列元素为 x、y、z 坐标的三维曲线，曲线的条数等于矩阵的列数。

③ 与 plot 命令相似，'PropertyName' 表示图形属性选项的字符串，如线型、颜色等；

'PropertyValue'则表示对应属性的值。如果省略图形属性选项部分，MATLAB 会自动为每条曲线选择线型与颜色。

在 MATLAB 中，三维曲线的绘制命令 plot3 主要用来绘制单参数的三维曲线。对于有多个参数的曲线，需要使用其他的绘图命令。

（2）mesh（z）以 z 为矩阵列、行下标为 x、y 轴自变量，绘制网线图

① mesh（x，y，z）是常用的网格线调用格式。

② mesh（x，y，z，C）是完整的调用方式，画出由 C 指定颜色的网格线。

其中 x 和 y 分别为 x-y 平面网格坐标的向量或矩阵；z 为高度矩阵，C 为颜色矩阵，表示在不同的高度下的颜色范围。如果省略 C 选项，则 MATLAB 会自动假定 C = z，亦即颜色的设定是正比于图形的高度的，这样就可以得出层次分明的三维图形。

（3）surf（z）以 z 为矩阵列、行下标为 x、y 轴自变量，绘制曲线图

① surf（x，y，z）是常用的曲面图线调用格式。

② surf（x，y，z，C）是完整的调用方式，画出由 C 指定用色的曲面图。

该命令中的参数和 mesh 命令参数类似，这里就不赘述了。

2.1.1.3 MATLAB 的 M 文件编程基础知识

MATLAB 广泛应用于工程运算方面，它不仅有强大的数值运算、矩阵运算和绘图功能，还能像 C 语言、FORTRAN 等高级语言一样进行程序设计，编写扩展名为 .m 的 M 文件。MATLAB 为用户编写 M 文件提供了编辑器和编译器，可以使用这些工具完成复杂的运算和应用。图 2-3 所示为 ADVISOR 中应用的 M 文件示例，它用来定义模型参数界面。

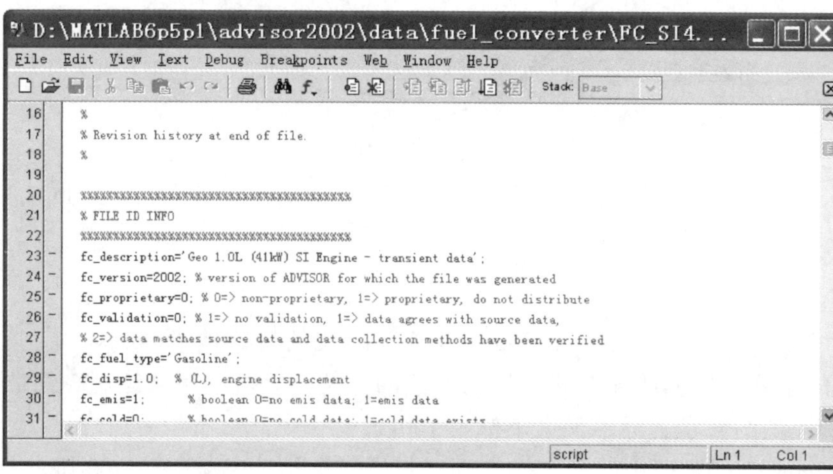

图 2-3　ADVISOR 中应用的 M 文件示例

1. 打开 M 文件编辑器

M 文件编辑器的打开方式有三种：单击命令窗口工具栏中的 ；选择编辑栏中的【File】>>【New】>>【M-file】命令；在命令窗口输入“edit”，再单击【Enter】键，则会弹出图 2-4 所示的 M 文件编辑器。

2. 编写函数文件

M 函数的第一行为关键字 function，函数第一次执行时将生成内存代码，并将生成的变量放在函数的工作区。在编写 M 函数时需要注意以下几点：

① M 函数的第一行必须包含 function，普通 M 文件没有这种要求。

② Function 后面必须声明函数名、输入变量与输出变量，如

"function outvar = function_name (inputvar)"

③ M 函数可以有零个、一个或多个输入或输出。

④ M 函数的调用方式为"outvar = function_name (inputvar)"。

⑤ M 函数的文件名必须与函数名相同，调用时，函数的输入与输出变量名不需与函数定义中的变量名相同。

⑥ M 函数的注释用% 开头的行表示。

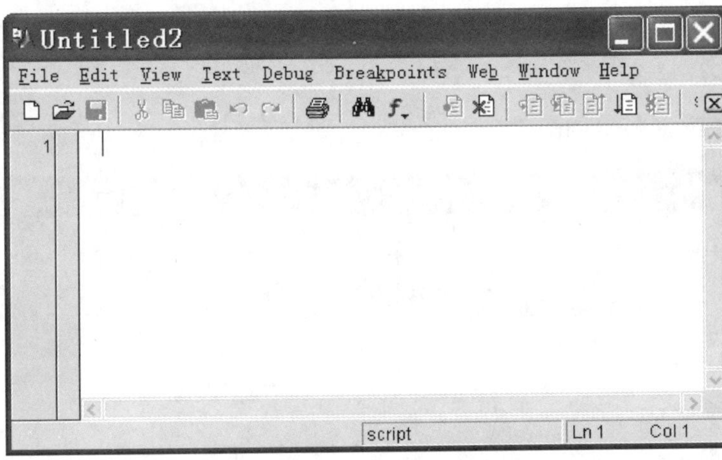

图 2-4 M 文件编辑器

【例 2.4】 在 MATLAB 中编写对数据进行排序的函数文件。

步骤 1：打开 M 文件。

步骤 2：在 M 文件编辑器中编写 "ssort" 函数的代码，详细代码如下：

```
function out = ssort (a)
% Define variables
% a          Input array to sort
% ii         Index variable
% nvals      Number of values in " a"
% iptr       Pointer to min value
% out        Sorted output array
% temp       Temp varible for swaping
nvals = size (a, 2);
for ii = 1:nvals -1
   iptr = ii;
```

```
        for jj = ii +1 : nvals
            if a (jj)  <a (iptr)
                iptr = jj;
            end
    end
    if ii ~ = iptr
            temp = a (ii);
            a (ii)  = a (iptr);
            a (iptr)  = temp;
    end
end
out = a;
```

该函数文件的界面显示如图 2-5 所示。

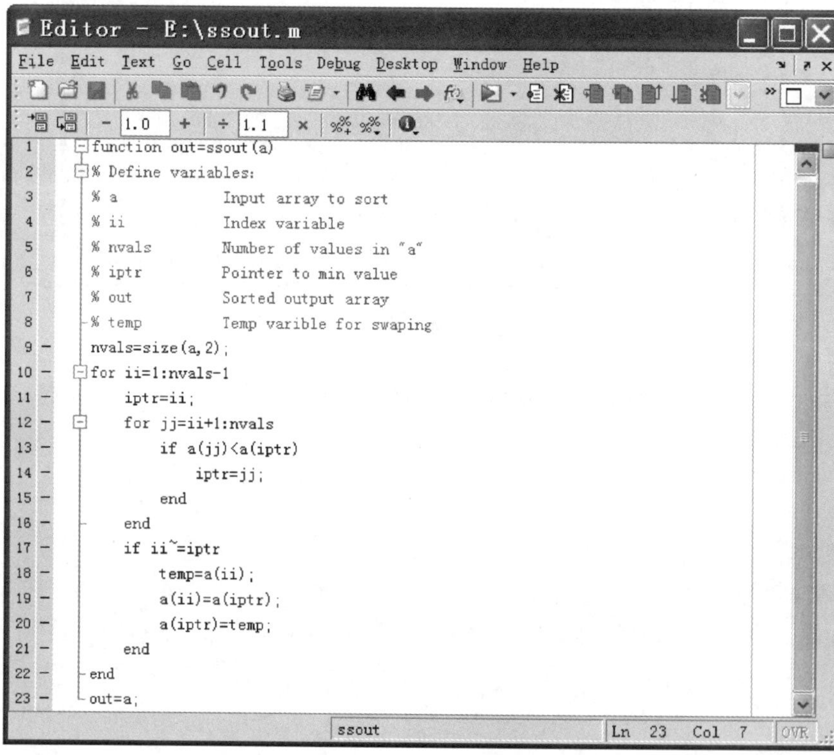

图 2-5　函数文件的界面

步骤 3：保存程序代码。当完成编写后，单击文件编辑器工具栏中的保存图标或者选择菜单栏中的【File】 >> 【Save】命令，保存所编写的上述程序代码。

3. 脚本文件编写

脚本文件的编写除了不需要定义函数名称外，其他的与函数文件的编写步骤类似，这里就不再举例说明。

2.1.1.4　MATLAB 的变量和关系式

1. M 文件的变量类型

MATLAB 中变量命名的规则：必须以字母开头，之后可以是任意字母、数字或者下画线；变量名不能有空格，变量名称区分大小写。MATLAB 中有一些默认的预定义变量，用户在设置变量名称时，应尽量避免与这些默认的变量相同，否则程序会出现不可预测的错误。表 2-2 列出了常见的预定义变量。

表 2-2　MATLAB 中常见的预定义变量

预定义变量	含　　义
ans	计算结果的默认名称
eps	计算机的零阈值
inf（Inf）	无穷大
Pi	圆周率
NaN（nan）	表示结果或变量不是数值

在 MATLAB 中，根据变量的作用范围，可将变量分为局部变量和全局变量。

① 局部（Local）变量。局部变量是存在于函数空间内部的中间变量，产生于该函数的运行过程中，其作用范围仅仅限于该函数本身。没有经过特殊声明的变量，默认状态都是局部变量。

② 全局（Global）变量。通过全局指令 global，MATLAB 允许不同的函数空间与基本工作空间共享一个变量，这种变量称为全局变量。每个希望共享全局变量的函数或 MATLAB 基本工作空间，都必须逐个用指令 global 进行声明；否则，没有声明的函数或 M 文件将不能使用该全局变量。

如果某个函数使全局变量发生变化，则其他所有函数空间以及基本工作空间的同名全局变量也随之变化。除非与全局变量联系的所有工作空间都被删除，否则全局变量依然存在。

对全局变量的声明必须在该变量使用前进行，一般放在函数文件或 M 文件的开头，并采用大写与一般变量区分开。全局变量虽然给函数之间的参数传递带来了方便，但却破坏了函数本身的封装性，不符合面向对象的编程思想，因此，一般不采用全局变量。

2. 关系表达式

关系表达式是两个变量的表达式。这两个变量可能是两个数值变量或字符串变量，通过运算符连接得出逻辑值“0”（false）或者“1”（true）。关系表达式的通用命令为

```
a op b
```

其中，a 和 b 可以是算术表达式、变量、字符串等，op 是一种逻辑关系。如果以上表达式表达的关系是正确的，则表达式返回数值“1”；如果表达式表达的逻辑关系是错误的，则返回数值“0”。表 2-3 列出了 MATLAB 中常用的逻辑关系。

一个数值矩阵或者数组可以和一个标量进行关系运算，其运算规则是将矩阵的数值依次与标量进行关系运算，得出相应的关系结果，返回一个逻辑矩阵；同维矩阵也可以进行关系运行，运算规则是对应数值进行关系运算，同样会得到一个逻辑矩阵。值得注意的是，字符串变量本身就是一个矩阵变量，因此只能与相同长度的字符串变量进行关系运算，否则

MATLAB 无法完成运行，会返回相应的错误信息。

表 2-3 MATLAB 中常见的逻辑关系

关系运算符	含　义
= =	相等
~ =	不等
>	大于
> =	大于等于
<	小于
< =	小于等于

3. 逻辑表达式

逻辑表达式是通过逻辑关系符将两个或者多个变量连接得到的逻辑数值。MATLAB 为用户提供了几种常见的逻辑运算符，如 AND、OR、XOR 和 NOT，前三者是二元关系运算符，NOT 为非二元关系运算符。表 2-4 列出了 MATLAB 中常用的逻辑运算符。

表 2-4 MATLAB 中常用的逻辑运算符

逻辑运算符	含　义
&	逻辑 AND
|	逻辑 OR
XOR	逻辑 XOR
~	逻辑 NOT

关系运算符和逻辑运算符都具有优先级，MATLAB 中的关系运算符和逻辑运算符，包括算术运算符在内，优先级依次如下：

① 所有的算术运算符的优先级最高，高于关系和逻辑运算符。
② 其次是所有的关系运算符，关系运算符从左到右运算。
③ 接着是逻辑运算符 NOT。
④ 再接下来是逻辑运算符 AND，运算顺序是从左到右。
⑤ 最后是逻辑运算符 XOR，运算顺序从左到右。

2.1.2 Simulink 的基础知识

Simulink 是一个用来对动态系统进行建模、仿真和分析的软件包。它为用户提供了一种图形化的交互环境，只需用鼠标拖动的方法便能迅速地建立起系统框图模型，不需要编写任何代码。ADVISOR 正是在这一基础上建立的系统模型，下面在 MATLAB 2008b 的基础上，对 Simulink 的功能进行一些简单的介绍。

2.1.2.1 Simulink 的基本概念

1. 模块与模块框图

Simulink 模块框图是动态系统的图形显示，由一组称为模块的图标组成，模块之间采用连线连接。每个模块代表了动态系统的某个单元，并且产生一定的输出。模块之间的连接表明模块的输入端口与输出端口之间的信号连接。模块的类型决定了模块输出与输入、状态与时间之间的关系。一个模块框图可以根据需要包含任意类型的模块。模块代表了动态系统的某个功能单元，每个模块一般包括输入、状态和输出等几个部分，如图 2-6 所示。

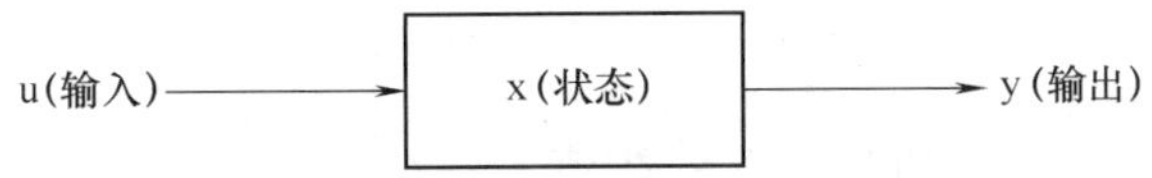

图 2-6 模块的基本结构

模块中的状态是一组能够决定模块输出的变量。一般，当前状态值决定于前一时刻的状态值或输入。这样，具有状态变量的模块就必须存储前一时刻的输入或状态值，这样的模块称为记忆功能模块。

例如 Simulink 中的积分模块（Integrator），就是典型的记忆功能模块，如图 2-7 所示。模块当前的输入是该模块从仿真开始到当前时刻这一时间段内输入信号的积分。当前时刻的积分取决于历史输入，因此积分就是该模块的一组状态变量。另一个典型的例子就是 Simulink 中的单纯记忆模块（Memory）。该模块能够存储当前时刻的输入值，并在将来的某个时刻输出。该模块中的状态变量就是输入的历史值。

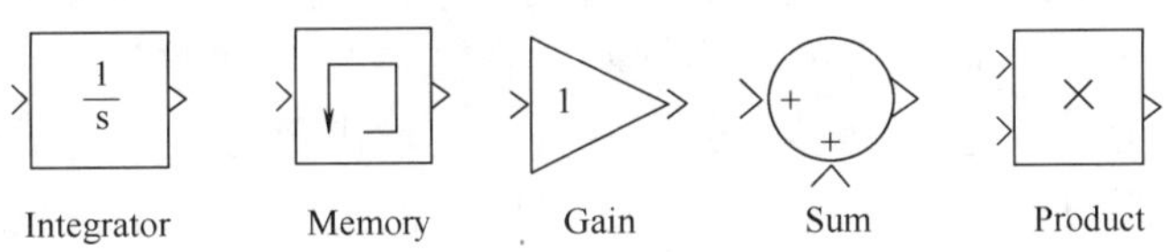

图 2-7 记忆功能模块与无状态变量

Simulink 中的增益模块（Gain）是无状态变量的典型例子。增益模块的输入完全由当前的输入值决定，因此不存在状态变量。其他的无状态变量的模块还有求和模块（Sum）与点乘模块（Product）等。模块图形如图 2-7 所示。

Simulink 模块的基本特点是参数化。许多模块都具有独立的属性对话框，在对话框中用户可定义模块的各种参数，如增益模块中的增益参数。模块参数调整甚至可以在仿真过程中实时进行，从而让用户能够找到最合适的参数值。这种能够在仿真运行过程中实时改变的参数又被称为可调参数，它由用户在模块参数中任意指定。

2. 信号

Simulink 使用“信号”一词来表示模块的输出值。Simulink 允许用户定义信号的数据类型（8 位、16 位、32 位）、数值类型（实数还是复数）与维数等。需要注意的是，有的模块只能接受特定类型的信号。

数据类型（data type）是计算机中数据的内部表示形式。Simulink 可以处理任何 MATLAB 支持的内建数据类型参数值和信号值，如 8 位整型、双精度和布尔量。Simulink 定义了两个指定的数据类型，它们能够存储特定的信息，即：

- Simulink. Parameter
- Simulink. Signal

Simulink 允许用户创建不同数据类型的信号作为模块中的参数变量。

3. 求解器

Simulink 模块指定了连续状态变量的时间导数，但本身没有定义这些导数的具体值，它们必须在仿真过程中通过微分方程的数值求解方法计算得到。Simulink 提供了一套高效、稳定、精确的微分方程数值求解方法（ODE）。用户可以根据需要和模型特点选择最合适的求解算法。

4. 子系统

Simulink 允许用户在子系统的基础上构造更为复杂的模型。其中每个子系统都是相对完整的、能完成一定功能的框图。通过对子系统的封装，用户还可以实现带触发或使能功能的特殊子系统。子系统的概念体现了分层建模的思想，是 Simulink 的重要特征之一。

2.1.2.2 Simulink 模型及模型文件

1. Simulink 模型的概念

Simulink 意义上的模型，根据表现形式不同有不同的含义：在模型窗口中表现为可见的方框图；在存储形式上则为扩展名为“.mdl”的 ASCⅡ文件；从其物理意义上讲，Simulink 模型模拟了物理器件构成的实际系统的动态行为。采用 Simulink 软件对一个实际系统进行仿真，关键是建立起能够模拟并代表该系统的 Simulink 模型。

从系统组成来看，一个典型的 Simulink 模型一般包括三个部分：输入、系统和输出。所谓系统是指在 Simulink 中建立并研究的系统方框图；所谓输入是指系统实际的输入信号，一般用信号源 Source 表示，具体形式可以为常数、正弦信号、方波及随机信号等；所谓输出是指用示波器、图形记录仪等接收器（Sink）表示的输出信号。无论是输入、输出还是系统，都可以从 Simulink 模块中直接获得，或由用户根据实际需要采用模块库中的模块组合而成。

2. 模型文件的创建

由于 Simulink 是基于 MATLAB 环境之上的高性能系统仿真设计平台，所以启动 Simulink 之前，必须首先运行 MATLAB，然后才能启动 Simulink 并建立系统模型。启动 Simulink 有两种方式：

① 用命令行方式启动 Simulink，即在 MATLAB 的命令窗口提示符下直接键入如下命令：

```
>> simulink
```

② 使用工具栏中的按钮启动 Simulink，即用鼠标单击 MATLAB 工具栏中的 Simulink 按钮。

启动 Simulink，建立系统模型的基本操作如图 2-8 所示。

3. 模型的注释

在模型窗口中，书写注释的目的是帮助用户更好地理解和运用模型，如图 2-9 所示。

① 注释文本的创建：在注释区的中心位置，双击鼠标左键，出现编辑框；在框中输入所需的文本后，单击编辑框以外的区域，完成注释创建。

② 注释位置的移动：在注释文字处单击鼠标左键，待出现编辑框后，按下鼠标左键，就可把该编辑框连同其中的内容拖动到任何期望的位置。

③ 注释字体控制：单击注释编辑框，再选中菜单【Format】>>【Font】选项，系统弹出标准的 Windows 字体对话框。在该对话框中，选择字体、字形及文字大小，确认后，把鼠标移出注释编辑框，单击鼠标左键，即完成注释字体的修改。

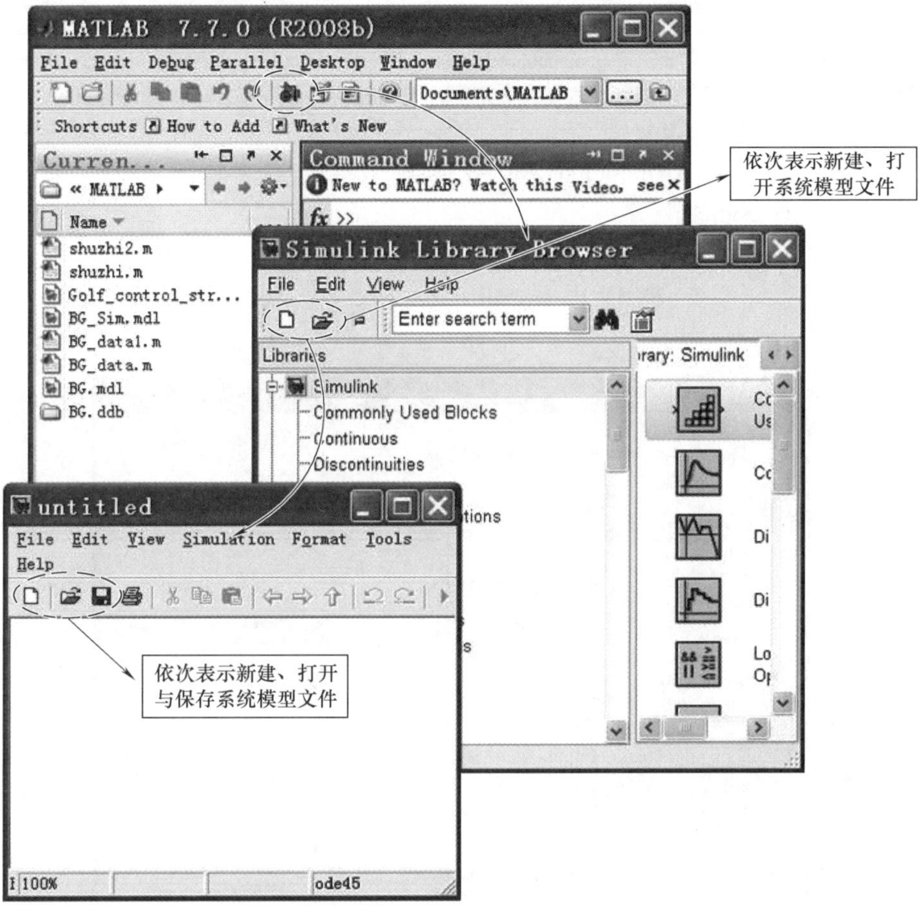

图 2-8　启动 Simulink，建立系统模型的基本操作

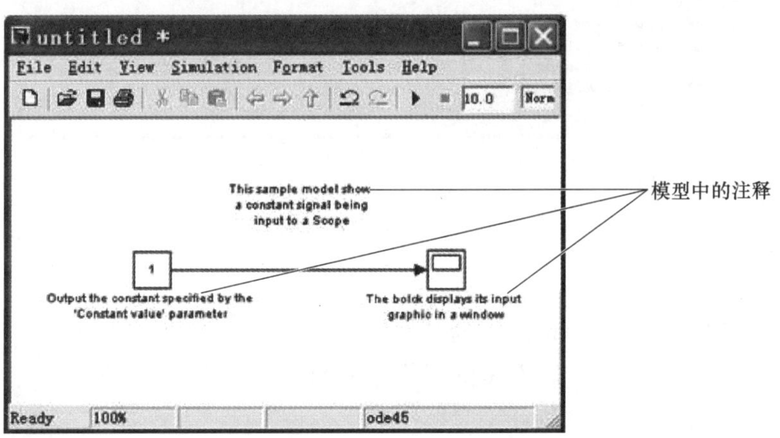

图 2-9　模型中的注释

2.1.2.3　Simulink 模块库

Simulink 模块库如图 2-10 所示。库中包含下列公共模块：

① 常用模块库 Commonly Used Block。

② 连续系统模块库 Continuous。

③ 离散系统模块库 Discontinuities。

④ 逻辑和位运算模块库 Logic and Bit Operations。

⑤ 查表模块库 Lookup Tables。

⑥ 数学运算模块库 Math Operations。

⑦ 信号源模块库 Sources。

⑧ 信号接收器 Sinks。

⑨ 端口模块库及子系统模块库 Ports&Subsystems。

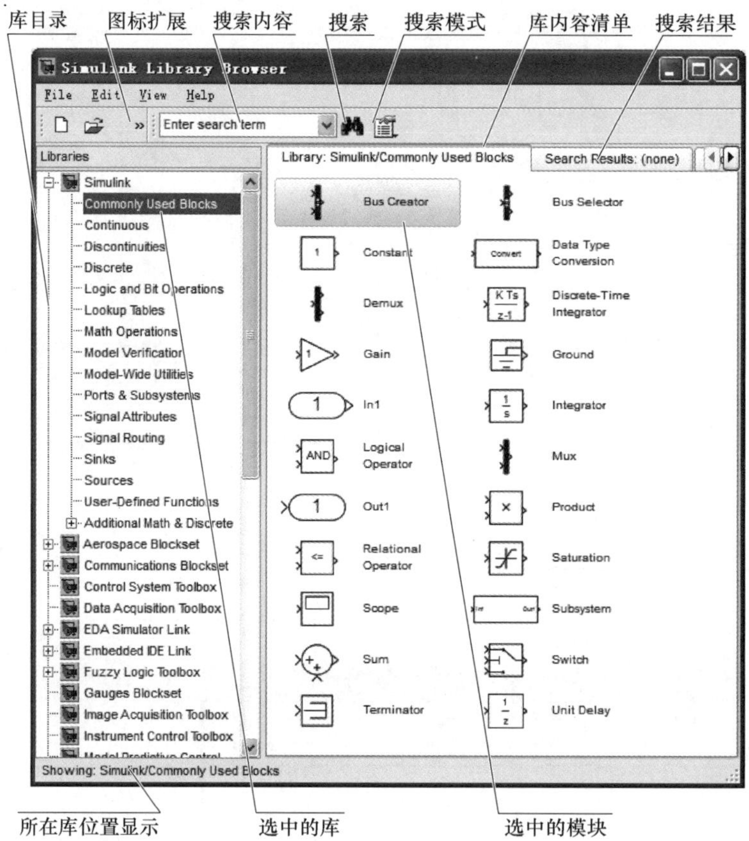

图 2-10　Simulink 模块库

Simulink 公共模块库提供了大量内置系统模块，这些系统模块的用途十分广泛，一般的动态系统模型都可以使用公共模块库中的模块来构建。

除了公用模块库外，Simulink 还提供了许多不同专业领域的专业模块库，ADVISOR 中一般较少使用这些模块，这里就不详细介绍了。

2.1.2.4　Simulink 线性系统模型

在 Simulink 中，连续系统是指可以使用微分方程来描述的系统。物理系统是连续系统，连续系统又可以分为两类：线性和非线性。Simulink 中提供用户创建连续系统的主要模块包括 Continuous、Math 和 Nonlinear 模块等。连续系统模型在现实的各个领域中有着广泛的应用。线性系统比较简单，所涉及的模块也比较容易应用，这里举一个简单实例说明如何创建线性系统。

【例 2.5】　创建一个 Simulink 系统，演示向上抛投小球的运动轨迹。

步骤 1：打开新的模块界面，然后向其中添加基本的积分模块，如图 2-11 所示。

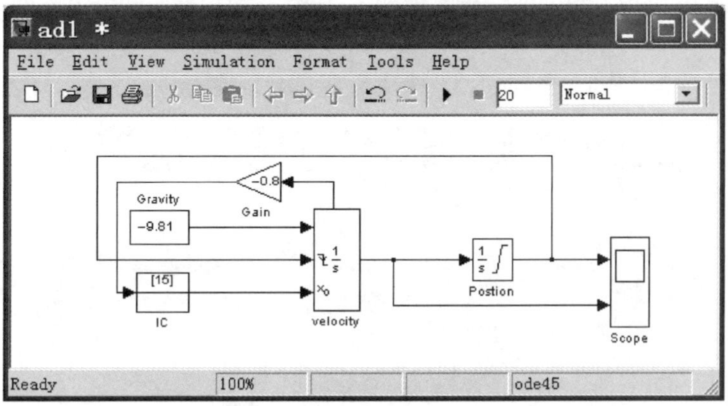

图 2-11　添加基本系统模块

步骤 2：设置第一个积分器的属性。双击左侧第一个积分器，打开积分器的属性对话框，在其中设置其属性，如图 2-12 所示。

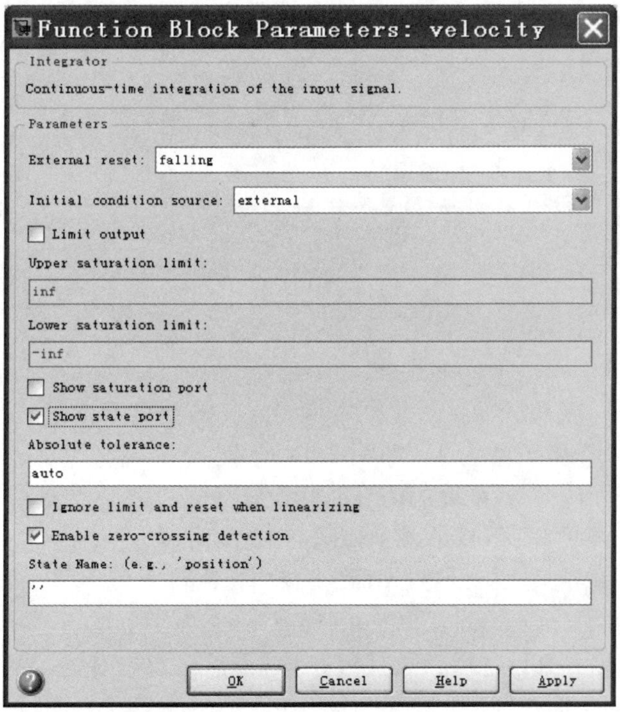

图 2-12　设置第一个积分器模块的属性

在图2-11所示的系统模块中，第一个积分器的功能是积分得到小球抛投的速度。为了能够更加逼真地模拟该抛投运动，需要为该积分器进行外部条件设置，并为其设置新的重设条件端口。因此需要选择所有相关的端口。

步骤3：设置第二个积分器的属性。双击第二个积分器，打开积分器的属性对话框，在其中设置其属性，如图2-13所示。

在系统中，第二个积分器模块的功能是由速度积分得到小球运动的高度。因此，需要设置初始高度值，在Initial condition文本框中输入“10”，同时选中Limit output复选框，然后在Lower saturation limit文本框中输入积分下限值“0”。由于该积分器的输出变量是高度，所以其数值的下限为0。其他复选框保持默认设置。

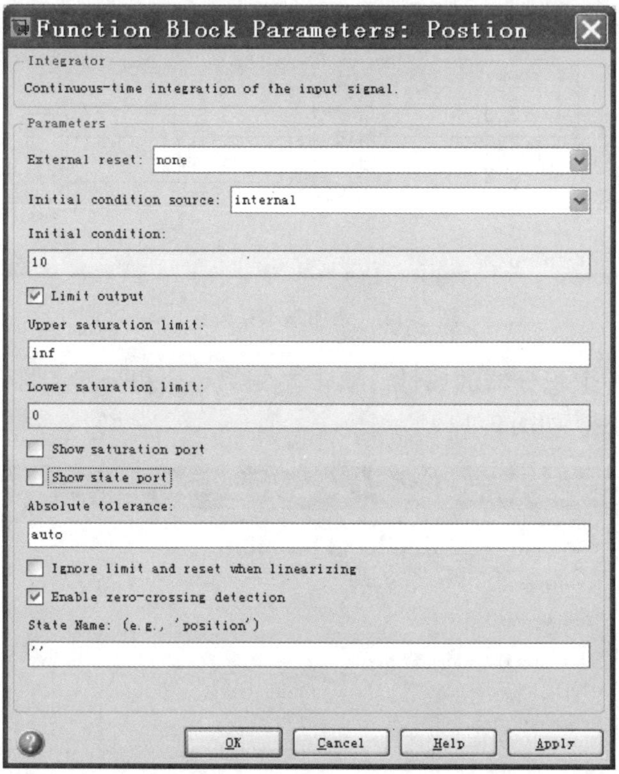

图2-13 设置第二个积分器模块的属性

步骤4：设置Scope模块的属性。根据本例要求，需要显示小球运动的高度和速度图形，所以需要将其坐标系的个数设置为2，如图2-14所示。

步骤5：查看仿真结果。将系统的仿真时间设置为20，然后选择模块界面中的【Simulation】>>【Start】命令，得到仿真结果，如图2-15所示。

步骤6：处理Scope界面。在MATLAB命令窗口依次输入命令“set (0, 'ShowHiddenHandles', 'On')”与“set (gcf, 'menubar', 'figure')”。Scope界面上增加了一栏工具栏，如图2-16所示。在工具栏单击【Insert】选项，选择【Axes】，然后双击Scope界面，出现图2-17所示的Scope参数编辑界面。选择需要处理的对象后，在参数编辑界面选择相应的处理选项即可。处理后的Scope界面如图2-18所示。后续的Scope图形全部采用该方法进行处理。

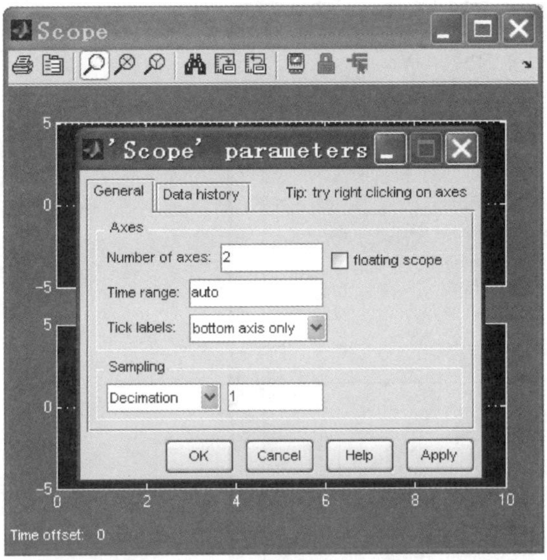

图 2-14　设置示波器的属性

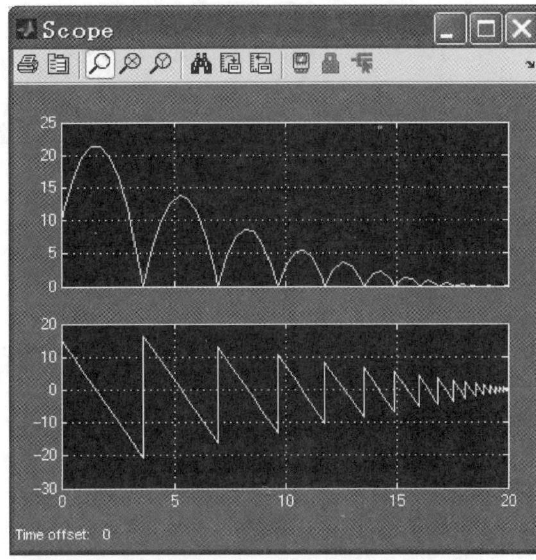

图 2-15　仿真结果

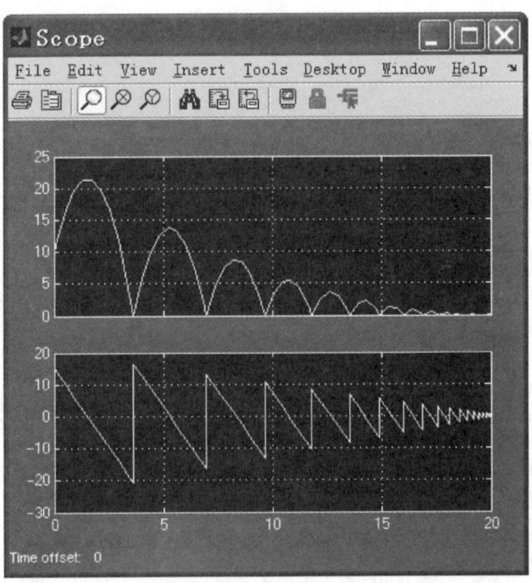

图 2-16　运行处理命令后的 Scope 界面

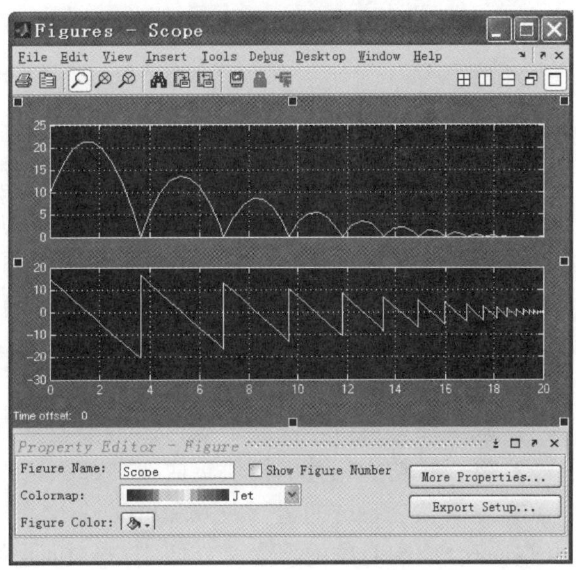

图 2-17　Scope 参数编辑界面

在仿真结果中，图 2-18 上部表示的是小球运动的高度随着时间变化的曲线，大致符合二次抛物线的关系；下部图形表示的是小球运动速度随着时间变化的曲线，大致符合线性关系。

简要分析该系统的原理：本系统分析的是在初始高度为 10m 的地方以初始速度 15m/s 向上抛投小球的运动轨迹，根据基础物理知识可知，应选择重力加速度为 9.81m/s^2。同时，考虑到空气阻力对小球运动的影响，每次进行积分的时候，将积分后时间步的速度转换为前一个时间步的 0.8 倍，相当于用速度的减少来替代能量的损失，得到结果就是包含了衰减的小球运动轨迹图形和速度图形。

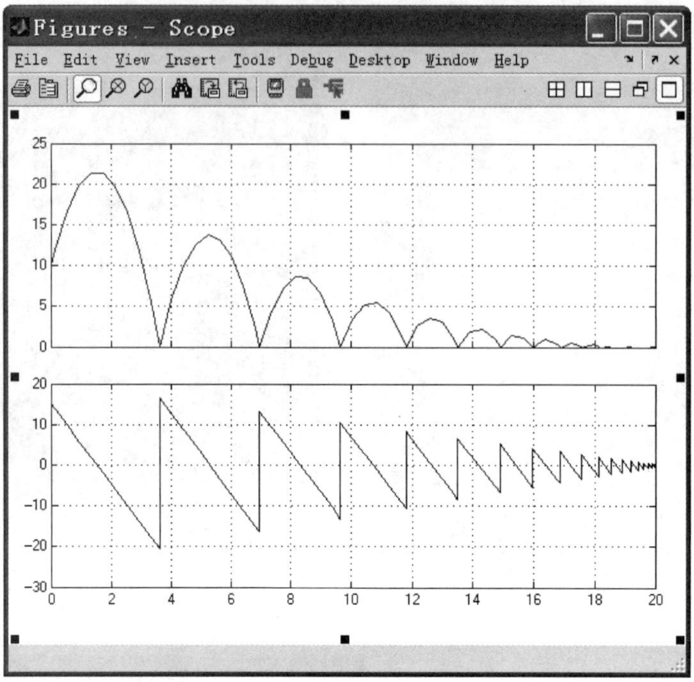

图 2-18 处理后的 Scope 界面

2.1.2.5 简单子系统

当需要使用 Simulink 来解决或者仿真比较综合的实际问题时，模型结构会变得十分复杂，涉及的模型原件也会变得繁多。如果所有的原件都是在原来的模块基础上添加的，那么模型的阅读会变得越来越困难。此时，使用子系统可以解决这个主要的矛盾。将复杂的模型分割为几个比较小的模块，可令整个模型更加简洁、可读性更高，也可以方便用户操作比较复杂的模型。

1. 采用子系统的优点

① 减少模型窗口模块的个数，使得模型窗口更加简洁。

② 将一些功能相关的模块集成在一起，可以实现复用功能。

③ 提高整个系统的运行效率和可靠性。

④ 符合面向对象的概念，方便用户分析研究系统时进行概念抽象。

2. 子系统的基本操作

在用户用 Simulink 子系统建立系统模型时，常用以下操作：

① 子系统命名：命名方法与模块命名类似。为增强系统模型的可读性，应使用有代表意义的文字给子系统进行命名。

② 子系统编辑：用鼠标左键双击子系统模块图标，打开子系统以对其进行编辑。

③ 子系统的输入：使用 Source 模块库中的输入模块 In1，作为子系统的输入端口。

④ 子系统的输出：使用 Sink 模块库中的输出模块 Out1，作为子系统的输出端口。

2.1.2.6 条件子系统

1. 条件子系统的分类

条件执行子系统的执行受控制信号的控制，根据控制信号对条件子系统执行的控制方式的不同，可以将条件执行子系统划分为如下的几种基本类型：

① 使能子系统：当控制信号的值为正时，子系统开始执行，图 2-19a 所示。

② 触发子系统：当控制信号的符号发生改变时，即控制信号发生过零时，子系统开始执行，如图 2-19b 所示。触发子系统的触发执行有三种形式：

> 控制信号上升沿触发：控制信号具有上升沿形式。
> 控制信号下降沿触发：控制信号具有下降沿形式。
> 控制信号的双边沿触发：控制信号在上升沿或下降沿时触发子系统。

③ 函数调用子系统：是在用户自定义的 S- 函数中发出函数调用时开始执行，如图2-19c 所示。

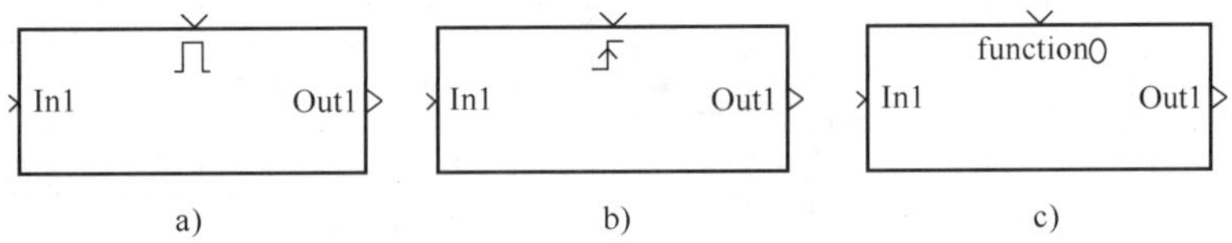

图 2-19　条件子系统

2. 条件执行子系统的建立

在进一步介绍条件执行子系统之前，首先介绍如何建立条件执行子系统。如图 2-20 所示，在 Simulink 子系统 Subsystems 模块库中选择使能子系统 Enabled Subsystem 模块、触发子系统 Triggered Subsystem 模块及使能触发子系统 Enabled and Triggered Subsystem 模块，设置相应的触发方式。

在建立条件执行子系统前需要注意以下两点：

> ① 对于 Simulink 早期版本，没有专门的 Subsystems 模块库。
> ② 在 Simulink 系统模型的最高层，不允许使用 Enable 与 Trigger 信号，而仅允许在子系统中使用。

3. 使能子系统

在介绍具体的条件执行子系统时，采用实际的系统模型进行说明非常有利于读者的理解。因此，本节以实际的系统模型为例进行说明。所谓的使能子系统，是指只有当子系统的使能信号输入为正时，子系统才开始执行。

【例 2. 6】　使能子系统建立与仿真。

建立图 2-21 所示的动态系统模型。在此系统模型中，存在着两个由方波信号驱动的使能子系统（图中虚线框所框的子系统，以 A 与 B 表示）。当控制信号（系统模型中的方波信号）为正时，开始执行子系统 A；控制信号为负时（方波信号经过一反相信号操作，由数学模块库 Math 中的 Logical Operator 逻辑操作模块 NOT 操作符实现），开始执行子系统 B。图 2-22 所示为使能子系统 A 与 B 的结构以及相应的使能状态设置。

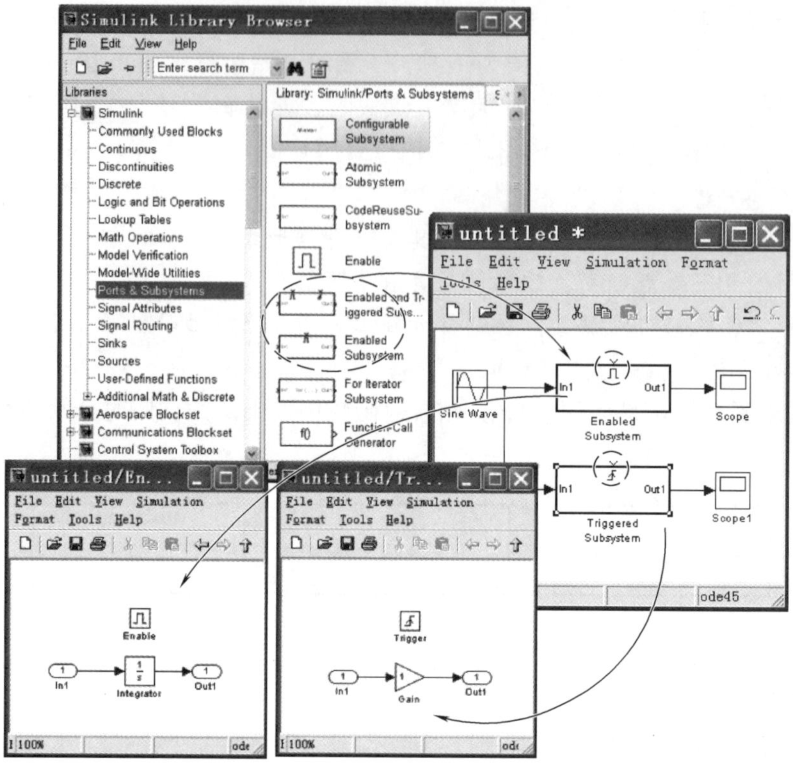

图 2-20 条件子系统建立方法示意图

此系统模型中各模块的参数设置如下：

① 系统输入为采用默认设置的正弦信号，即单位幅值、单位频率的单位正弦信号。

② 使能子系统的控制信号源，使用 Sources 模块库中的 Pulse Generator 脉冲信号发生器所产生的方波信号。其脉冲周期（Period）设置为 5s，其余参数采用系统默认设置。

③ 使能子系统 A 中的使能信号，其使能状态设置为重置 “reset”；使能子系统 B 中的使能信号，其使能状态设置为保持 Held。

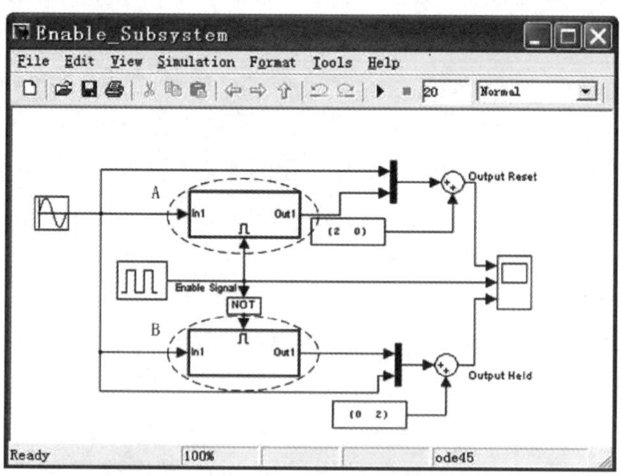

图 2-21 使能子系统模型

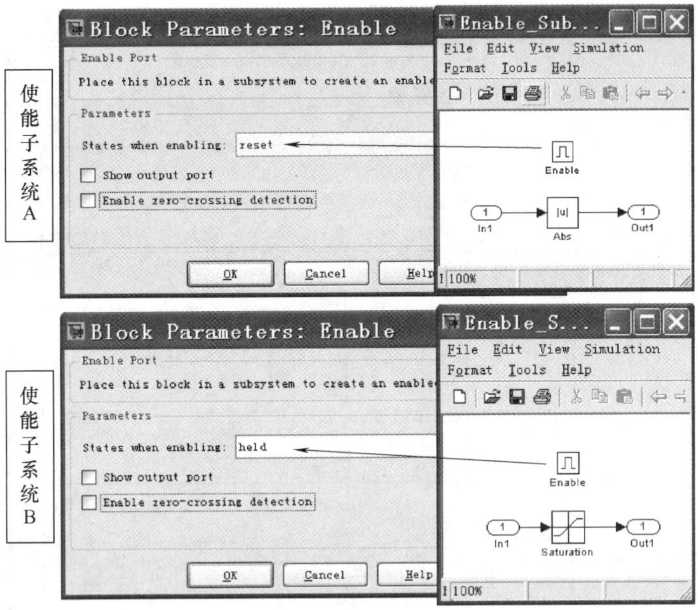

图 2-22　使能子系统 A 与 B 的结构及参数设置

④ 下方使能子系统中的饱和 Saturation 模块，其饱和上限设置为 0.75，饱和下限设置为 -0.75。

⑤ 偏移常数信号，其参数设置分别为［2　0］与［0　2］，如图 2-21 中系统模型所示。

⑥ 系统输出 Scope 模块参数设置，如图 2-23 所示。

系统仿真参数设置如下：

① 仿真时间：设置仿真时间范围为 0 ~ 20s。

② 求解器设置：采用系统默认设置，即连续变步长，具有过零检测能力的求解器。

从图 2-24 中可以明显看出，只有在控制信号为正时，使能子系统才有输出，而且设置不同的使能状态可以获得不同的输出结果（结果被重置或被保持）。对于采用状态重置的使能子系统 A，其输出被重置；而采用状态保持的使能子系统 B，其输出被保持。如果在使能子系统中存在着状态变量，那么当使能模块状态设置为“重置”时，其状态变量将被重置为初始状态（可能不为零）；当使能模块设置为“保持”时，其状态变量将保持不变。

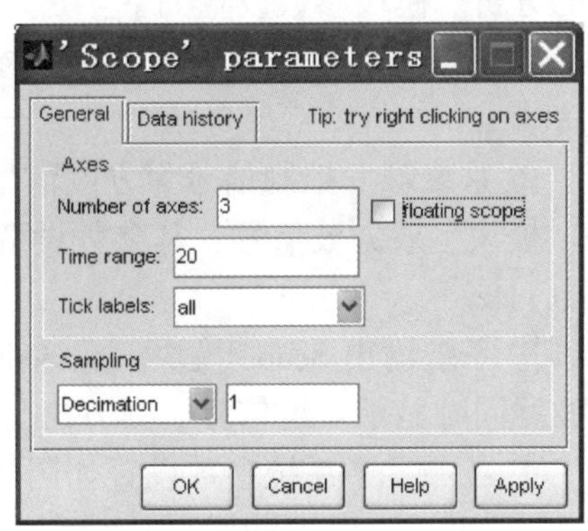

图 2-23　Scope 参数模块设置

4. 触发子系统

所谓的触发子系统，是指只有在控制信号符号发生改变的情况下（也就是控制信号出现过零事件时），子系统才开始执行。如前所述，根据控制信号符号改变方式的不同，有如下三种情况：

① 上升沿触发子系统：系统在控制信号出现上升沿时开始执行。

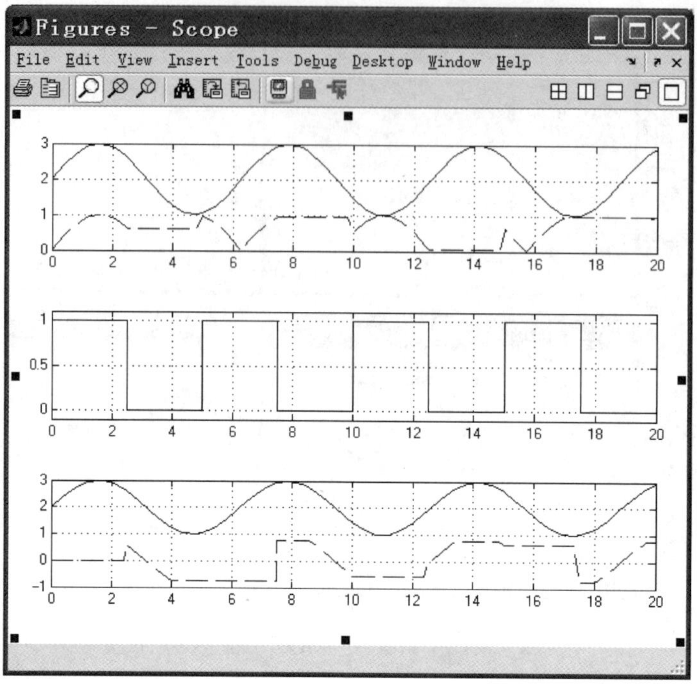

图 2-24 仿真结果

② 下降沿触发子系统：系统在控制信号出现下降沿时开始执行。

③ 双边沿（上升沿或下降沿）触发子系统：系统在控制信号出现任何过零时开始执行。

【例 2.7】 触发子系统建立与仿真分析。

在这个例子中，存在着三个使用不同触发方式的触发子系统，分别是上升沿触发、下降沿触发及双边沿触发。图 2-25 所示为此系统模型。

下面给出系统模型中各个模块的参数及仿真参数设置，最后给出系统仿真结果并进行一定的分析。模块参数设置如下：

① 系统输入正弦信号，其模块参数除频率选择为 8rad/s 外，其他参数采用系统默认的设置值。

② 系统触发控制信号为方波信号，使用 Sources 模块库中的信号发生器（Signal Generator）模块生成方波信号，其参数设置为：波形（waveform）为方波 square，幅值为 0.5，频率为 1Hz。

③ 系统输出 Scope 模块。在 Scope 模块参数设置中，设置其坐标轴数为 4，以使用 4 个示波器同时显示 4 组信号。其方法与使能子系统中一样，这里不再赘述。

④ 各触发子系统参数设置如图 2-25 所示。分别设置其触发方式为上升沿（Rising）、下降沿（Falling）与双边沿（Either）即可。

系统仿真参数设置如下：

① 仿真时间范围 0 ~ 8s。

② 采用变步长连续求解器，最大步长为 0.01，以避免信号的不连续。

运行此系统进行仿真，仿真结果如图 2-26 所示。其中第一个示波器输出为系统输入的正弦波。

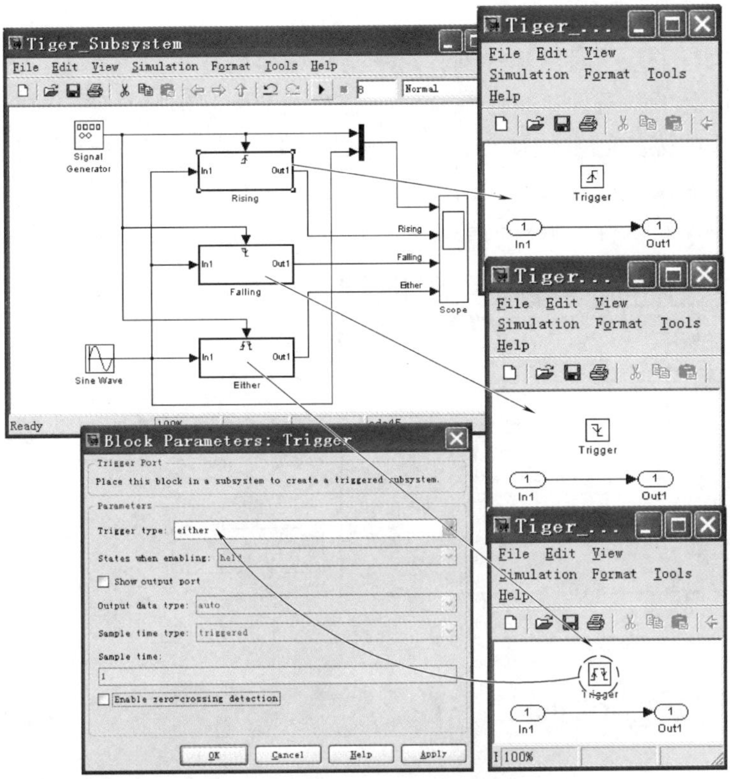

图 2-25　触发子系统模型与触发类型设置

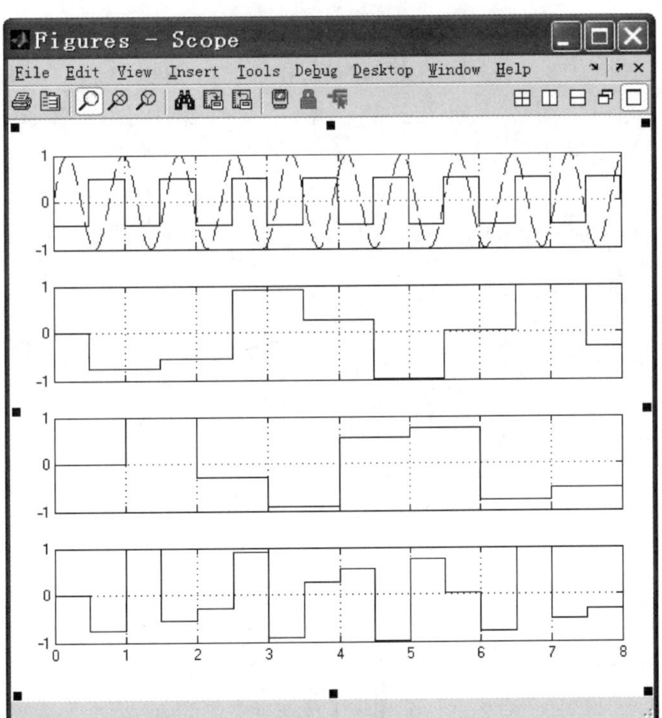

图 2-26　触发子系统的仿真结果

5. 触发使能子系统

在介绍条件执行子系统时已经提到，对于某些条件执行子系统而言，其控制信号可能不止一个。在很多情况下，条件执行子系统同时具有触发控制信号与使能控制信号，这样的条件执行子系统一般被称为触发使能子系统。顾名思义，触发使能子系统指的是子系统的执行，受到触发信号与使能信号的共同控制，也就是说，只有当触发条件与使能条件均满足的情况下，子系统才开始执行。触发使能子系统的工作原理如图 2-27 所示。

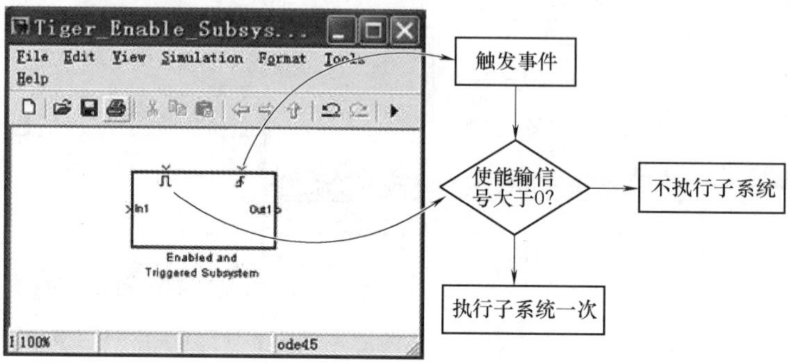

图 2-27　触发使能子系统的工作原理

2.2 汽车动力性与燃油经济性

2.2.1 汽车驱动力与行驶阻力

确定汽车的动力性，就是确定汽车沿行驶方向的运动特性。为此，需要掌握沿汽车行驶方向作用于汽车的各种外力，包括驱动力和行驶阻力。行驶阻力通常由轮胎滚动阻力、空气阻力、爬坡阻力和加速阻力组成，如图 2-28 给出了全部作用于上坡行驶车辆上的力。根据牛顿第二定律，汽车的行驶方程式为

$$F_t = \sum F \tag{2-1}$$

式中，F_t为驱动力；$\sum F$ 为行驶阻力之和。

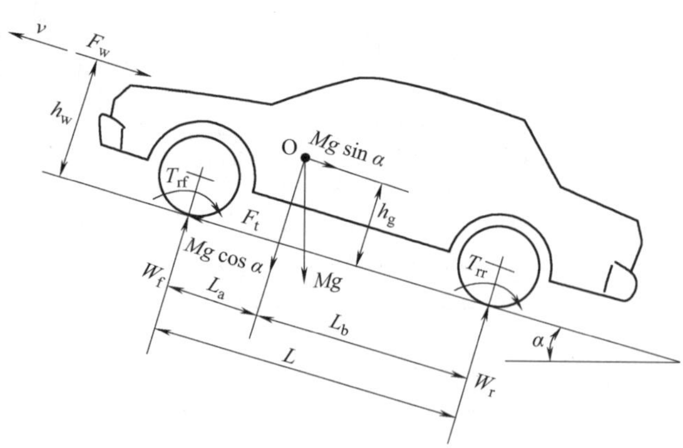

图 2-28　作用于上坡行驶车辆的力

2.2.1.1　汽车驱动力

对于传统汽车，驱动力是由发动机的转矩经传动系传至驱动轮上得到的；对于混合动力汽车，驱动力是由多个动力源的耦合转矩经传动系传至驱动轮上得到的。为使读者能够快速理解驱动力概念，下面选择只有单一动力源的传统车为例进行说明。

如图 2-29 所示，发动机产生的转矩，经传动系传至驱动轮上。此时作用于驱动轮上的转矩 T_t 产生一个对地面的圆周力 F_0，地面对驱动轮的反作用力 F_t（方向与 F_0 相反）即是驱动力，可表示为

$$F_t = \frac{T_t}{r} \tag{2-2}$$

式中，r 为车轮半径。

作用于车轮上的转矩 T_t 是由发动机产生的转矩经传动系传至车轮上的。若令 T_{tq} 表示发动机转矩，i_g 表示变速器的传动比，i_0 表示主减速器传动比，η_T 表示传动系机械效率，则有

$$T_t = T_{tq} i_g i_0 \eta_T \tag{2-3}$$

对于装有分动器、轮边减速器、液力传动等装置的汽车，式（2-3）应计入相应的传动比和机械效率。因此驱动力为

$$F_t = \frac{T_{tq} i_g i_0 \eta_T}{r} \tag{2-4}$$

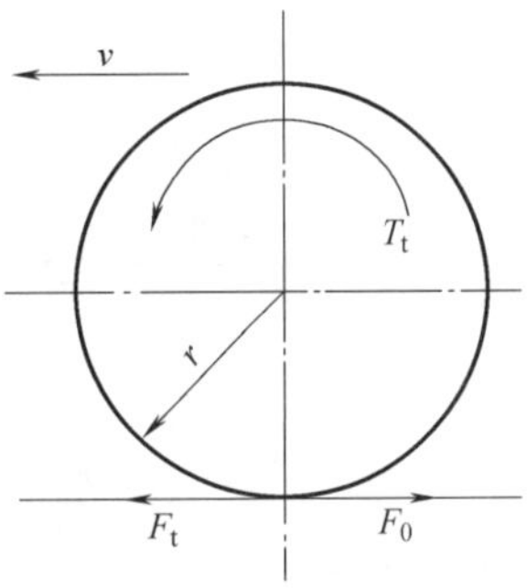

图 2-29　汽车驱动力平衡图

2.2.1.2　汽车行驶阻力

汽车在水平道路上行驶时，必须克服来自地面的滚动阻力和来自空气的空气阻力。通常，滚动阻力以符号 F_f 表示，空气阻力以符号 F_W 表示。当汽车在坡道上上坡行驶时，还必须克服重力沿坡道的分力，即爬坡阻力，以符号 F_i 表示。当汽车加速时还需克服加速阻力，以符号 F_j 表示。

1. 滚动阻力

在硬路面上，轮胎的滚动阻力基本上是由轮胎材料的迟滞作用引起的。图 2-30 显示作用于静止状态轮胎上的载荷 P 通过其中心。轮胎和地面之间接触面上的压力则对称于中心线分布，而所产生的地面反作用力 P_z 与 P 共线。

在加载与卸载过程中，作为载荷 P 的函数的轮胎变形 z 会有所不同。如图 2-31 所示，对于相同的变形 z，因为有橡胶材料形变状态下的迟滞作用，加载时的载荷将大于卸载时的载荷。轮胎滚动时，如图 2-32a 所示，接触面的前半部分为加载，其后半部分为卸载。从而，迟滞作用导致地面反作用力的不对称分布，使接触面前半部分的压力大于后半部分的压力。这一现象的结果使地面反向作用力向前偏移。向前偏移的地面反作用力与作用于车轮中心、铅垂方向的载荷产生了一个抵制车轮滚动的转矩。在软路面上，滚动阻力基本上起因于地面的变形，如图 2-32b 所示。此时，地面反作用力几乎完全地偏移至接触面的前半部分。

由合成的地面反作用力向前偏移所产生的转矩被称为滚动阻力矩，可表达为

$$T_f = Pa \tag{2-5}$$

为保持车轮转动，作用于车轮中心的力 F 应与滚动阻力相平衡，即此力应为

$$F = \frac{T_f}{r_d} = \frac{Pa}{r_d} = Pf_f \tag{2-6}$$

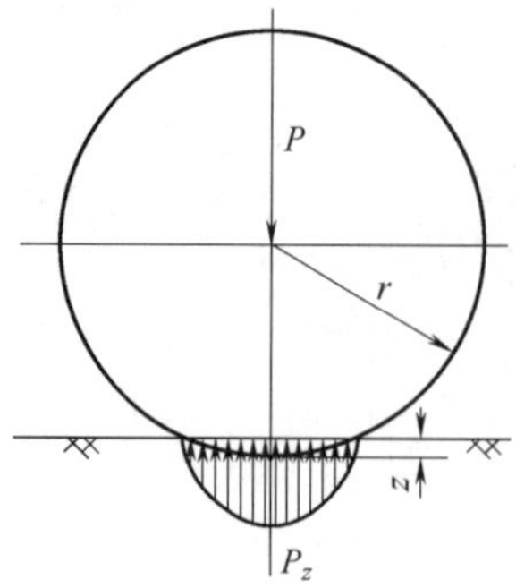

图2-30 在接触表面上的压力分布

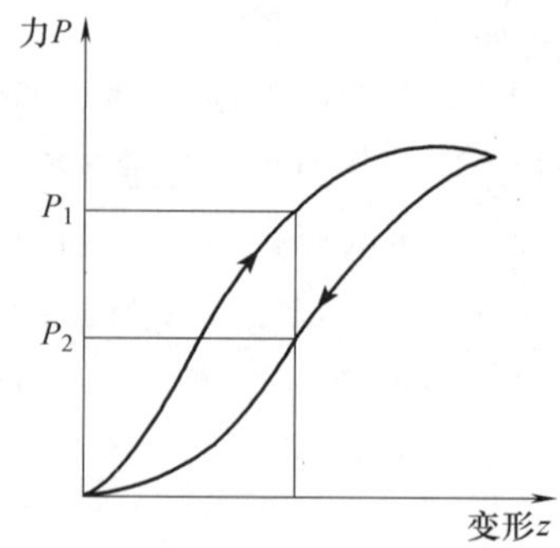

图2-31 加载与卸载情况下轮胎上的力

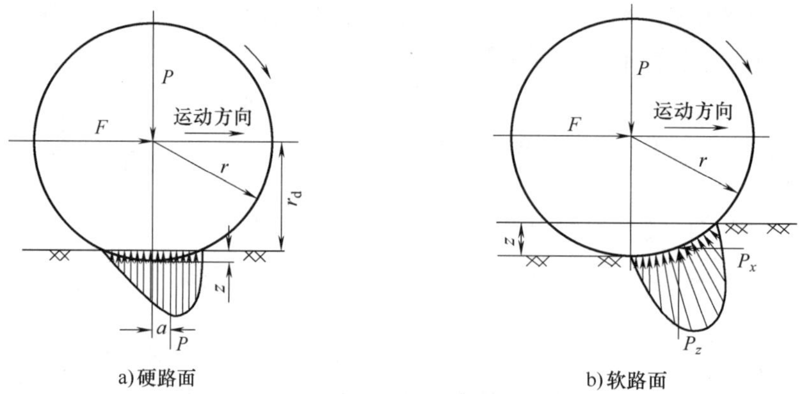

图2-32 轮胎的挠曲及其滚动阻力

式中，r_d为轮胎的有效半径；f_f为滚动阻力系数。这样，滚动阻力可由作用于车轮中心且指向与车轮运动方向相反的一个水平力 F_f 予以等值替代。这一等值力 F_f 被称为滚动阻力，即

$$F_f = Pf_f \tag{2-7}$$

当车轮运行在有坡度的地面上时，铅垂方向的载荷 P 可由与地面正交的分量所代替，即

$$F_f = Pf_f\cos\alpha \tag{2-8}$$

式中，α 为地面坡度角，见图2-28。

滚动阻力系数f_f 取决于轮胎材料、轮胎结构、轮胎温度、轮胎充气压力、轮胎面的几何形状、路面粗糙度、路面材料和路面上有无液体，它对应于各种不同特征路面的典型值见表2-5。

表2-5 不同路况下的滚动阻力系数

路　况	滚动阻力系数
混凝土或沥青路	0.013
压实的砂砾路	0.02
沥青碎石路	0.025
未铺路面	0.05
田野	0.1～0.35

2. 空气阻力

空气阻力分为压力阻力与摩擦阻力两部分。空气作用在汽车外形表面的法向压力的合力在行驶方向的分力，称为压力阻力；空气的黏性在车身表面产生的切向力合力在行驶方向的分力，称为摩擦阻力。压力阻力又分为形状阻力、干扰阻力、内循环阻力和诱导阻力四部分。形状阻力占压力阻力的大部分，与车身主体形状有很大关系；干扰阻力是车身表面突起物（如后视镜、门把手、流水槽、悬架导向杆和驱动轴等）引起的阻力；发动机冷却系、车身通风等所需空气流经车身内部时构成的阻力，即为内循环阻力；诱导阻力是由车身外形曲线上下不对称产生的空气升力在水平方向的投影分力。

在一般轿车中，这几部分阻力的大致比例为：形状阻力占 58%，干扰阻力占 14%，内循环阻力占 12%，诱导阻力占 7%，摩擦阻力占 9%。

在汽车常用行驶速度范围内，空气阻力的数值通常都表述为与气流相对密度的动压力 $\frac{1}{2}\rho u_r^2$ 成正比例的形式，即

$$F_W = \frac{1}{2} C_D A \rho u_r^2 \tag{2-9}$$

式中，C_D 为空气阻力系数；ρ 为空气密度，一般 $\rho = 1.2258\text{N} \cdot \text{s}^2 \cdot \text{m}^{-4}$；$A$ 为迎风面积，即汽车行驶方向的投影面积（m^2）；u_r 为相对速度，在无风时即为汽车的行驶速度（m/s），如 u_a 以 km/h 计，则空气阻力（N）还可以表述为

$$F_W = \frac{C_D A u_a^2}{21.15} \tag{2-10}$$

3. 爬坡阻力

当车辆爬坡或下坡时，其重量将产生一个始终指向下坡方向的分力，如图 2-33 所示。这一分力不是对抗（上坡时）就是辅助（下坡时）向前的运动。在车辆性能分析中，这里仅考虑上坡的运行状态。这一因路面坡度产生的阻力通常被称为爬坡阻力。

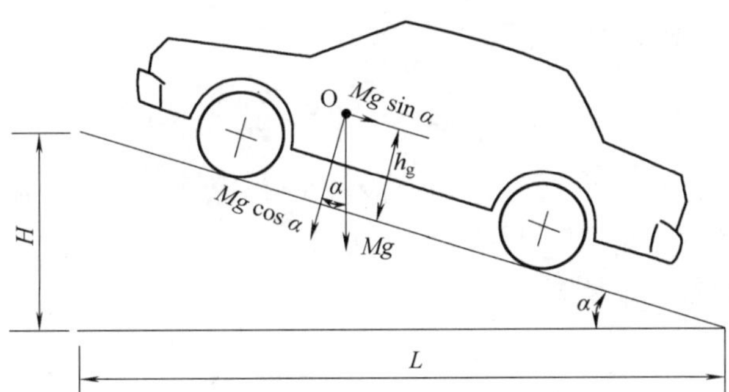

图 2-33　车辆爬坡时的重力分力

由图 2-33 可知，爬坡阻力可表达为

$$F_i = Mg\sin\alpha \tag{2-11}$$

为简化计算，当路面坡度角 α 较小时，通常采用坡度值代替，坡度值定义为

$$i = \frac{H}{L} = \tan\alpha \approx \alpha \tag{2-12}$$

由于滚动阻力和爬坡阻力均属于与道路有关的阻力，而且均与车重成正比，故可把这两种阻力合并称作道路阻力，以 F_Ψ 表示，即

$$F_\Psi = F_f + F_i = Mgf_f\cos\alpha + Mg\sin\alpha \tag{2-13}$$

当路面坡度角 α 较小时，道路阻力可以简化为

$$F_\Psi = F_f + F_i = Mg(f_f + i) \tag{2-14}$$

4. 加速阻力

车辆加速行驶时，需要克服其质量加速运动时的惯性力，就是加速阻力 F_j。汽车的质量包括平移质量和旋转质量两部分。加速时，不仅平移质量产生惯性力，旋转质量也会产生惯性力矩。为了便于计算，一般把旋转质量的惯性力矩转化为平移质量的惯性力。对于固定传动比的汽车，常以系数 δ 作为计入旋转质量惯性力矩后的汽车旋转质量换算系数，因此汽车加速时的阻力 F_j 可以写作

$$F_j = \delta M \frac{du}{dt} \tag{2-15}$$

式中，δ 为汽车旋转质量换算系数，$\delta > 1$；M 为汽车质量（kg）；$\frac{du}{dt}$为行驶加速度（m/s^2）。

2.2.2 动力源总功率

整车动力源总功率须根据包括加速性、最高车速、最大爬坡性能在内的动力性能来确定。有一种从加速性指标直接推导动力源总功率的设计方法，即利用车辆动力学平衡理论，对汽车极限加速过程作曲线拟合方程，来处理考核动力源所需功率，对于大多数汽车，动力源最大功率往往由加速性能指标决定，即只要加速性指标得到满足，其他动力性指标也会得到满足。

汽车的动力性指标包括最高车速 v_{max}（km/h）、$v_0 \sim v_t$（km/h）加速时间 T（s）及最大爬坡要求 i_{max}（%）。

1. 根据最高车速v_{max}确定的最大功率为 P_{max1}

$$P_{max1} = \frac{v_{max}}{3600\ \eta_t}\left(Mgf + \frac{C_D A v_{max}^2}{21.15}\right) \tag{2-16}$$

式中，$\eta_t = \eta_{cl}\ \eta_{tc}\ \eta_{gb}\ \eta_{fd}$，其中 η_t为整车动力传动系效率，η_{cl}为离合器效率；η_{tc}为转矩合成器效率；η_{gb}为变速器效率；η_{fd}为后桥效率；f 为滚动阻力系数。

2. 根据爬坡性能确定的最大功率 P_{max2}

$$P_{max2} = \frac{v_i}{3600\eta_t}\left(Mgf\cos\alpha_{max} + Mg\sin\alpha_{max} + \frac{C_D A v_i^{\ 2}}{21.15}\right) \tag{2-17}$$

式中，$\alpha_{max} = \arctan（i_{max}/100）$。

3. 由加速性能来确定最大功率 P_{max3}

汽车起步加速过程可以由式（2-18）来表示，即

$$v = v_m\left(\frac{t}{t_m}\right)^x \tag{2-18}$$

式中，x 为拟合系数，一般约为0.5；t_m为起步加速过程的时间（s），v_m为末车速（km/h）。

假设整车在平坦路面加速，根据整车加速过程动力学方程，其瞬态过程总功率为

$$
\begin{aligned}
P_{all} &= P_j + P_f + P_w \\
&= \frac{1}{3600\ \eta_t}\left(\delta Mv\frac{dv}{dt} + Mgfv + \frac{C_D A}{21.15}v^3\right)
\end{aligned}
\tag{2-19}
$$

式中，P_{all}为加速过程总功率（kW）；P_j为加速功率；P_f为滚动阻力功率；P_w为空气阻力功率。

整车在加速过程的末时刻，动力源输出最大功率。因此，要求加速过程最大功率P_{all_max}为

$$
\begin{aligned}
P_{all\_max} &= P_{all}(t)\big|_{t=t_m} \\
&= \frac{\delta M v_m}{3600\ \eta_t\ dt}\left[v_m - v_m\left(\frac{t_m - dt}{t_m}\right)^x\right] + \frac{Mgfv_m}{3600\ \eta_t} + \frac{C_D A}{76140\ \eta_t}v_m{}^3
\end{aligned}
\tag{2-20}
$$

式中，dt为设计过程的迭代步长（s），通常取0.1s便能够满足精度要求。

式（2-20）中，加速末时刻动力源输出的最大功率与其平均功率接近，这是由加速过程汽车理想加速特性决定（通过变速器等机械调节，动力源输出接近等功率加速过程）。因此，也可对式（2-20）进行积分求平均值来计算，并代入整车动力性设计指标中的$0\rightarrow v_t$（km/h）加速时间T（s），通常指起步加速时间（$v_0=0$），式（2-20）即可表示为

$$
P_{max3} = \frac{1}{3600T\eta_t}\left(\delta M\frac{v_t^2}{2} + Mgf\frac{v_t}{1.5}T + \frac{C_D A v_t^3}{21.15\times 2.5}T\right)
\tag{2-21}
$$

这样，根据式（2-21），可由加速末车速v_t和加速时间T确定整车的功率需求，为整车总功率设计提供简捷合理的选择依据。

对于动力性三项指标计算的各自最大功率，动力源总功率P_{total}必须满足下列公式，即

$$
P_{total} \geqslant P_{max} = \max(P_{max1}, P_{max2}, P_{max3})
\tag{2-22}
$$

确定动力源总功率后，还须校核整车在基准循环工况下，整车能否满足其加速性要求。

2.2.3 燃油经济性

汽车燃油经济性以每100km行程的油耗（L），或单位美加仑（Usgal）油耗的里程数（mile）来评价。车辆运行的燃油经济性取决于许多因素，其中包括发动机的燃油消耗特性、换档次数、传动比、车辆阻力、车速和运行工况等。

2.2.3.1 发动机的燃油经济性

发动机燃油经济性以每千瓦时能量输出的燃油量来评价，称为比油耗［g/(kW·h)］，用b_e表示。典型的汽油发动机燃油经济性曲线如图2-34所示。从图中可见，当从一个工作点转移到另一个工作点时，其油耗是完全不同的，发动机最佳工作点接近于全负荷点（节气门全开）。另外，发动机转速也显著影响着燃油经济性。对于给定的输出功率，一般低速时比高速时油耗低。

对于给定车速下的输出功率，发动机的工作点取决于传动装置的传动比。在给定的运行工况下，无级变速传动装置可理想地选择传动比，使发动机工作在其最佳工作点上。这一优点促进了各种形式无级变速传动装置的发展。

2.2.3.2 汽车燃油经济性的计算

通过求得发动机的载荷功率、转速以及随后求得的发动机比油耗，即可计算车辆的燃油经济性。发动机功率输出P_e始终等于汽车的阻尼功率与加速动态功率之和，即

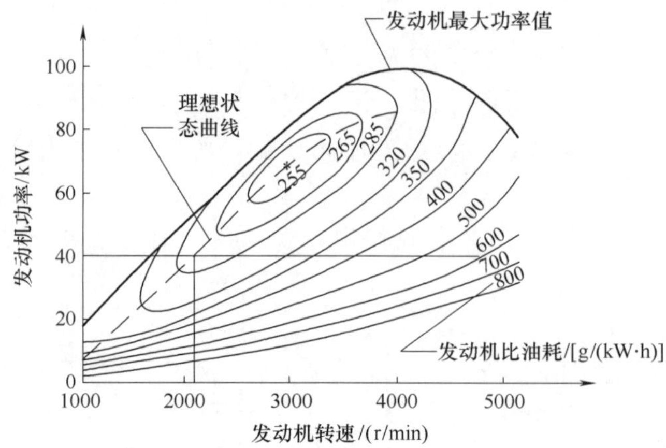

图 2-34　汽油发动机的燃油经济性曲线

$$P_e = \frac{v}{\eta_t}(F_f + F_w + F_i + F_j) \tag{2-23}$$

式（2-23）可进一步表述为

$$P_e = \frac{v}{1000\eta_t}\left(Mgf_f\cos\alpha + \frac{C_D A v^2}{21.15} + Mg\sin\alpha + M\delta\frac{\mathrm{d}v}{\mathrm{d}t}\right) \tag{2-24}$$

式中，v 为车速（km/h），P_e 为发动机输出功率（kW）。

与车速和传动比相关的发动机转速可表达为

$$n_e = \frac{30 v i_g i_0}{\pi r} \tag{2-25}$$

发动机的功率和转速确定后，根据图 2-34 可以确定发动机比油耗 b_e，由此即可得到单位时间的油耗（L/h）：

$$Q_t = \frac{P_e b_e}{1000\rho} \tag{2-26}$$

式中，b_e 是发动机的比油耗［g/(kW・h)］；ρ 是燃油的密度（kg/L）。车辆以恒定巡航车速 v 在全行程 S 内行驶的总油耗为

$$Q_s = \frac{P_e b_e}{1000\rho}\frac{S}{v} \tag{2-27}$$

本文只介绍了车辆在恒定巡航车速下的总油耗计算，其他循环试验工况的车速计算请参考有关文献。

2.3　电机基本理论

2.3.1　异步电机

对于混合动力电动汽车的电驱动，无换向器电机驱动与传统的有换向器直流电机驱动相比有许多优点。目前，在各种无换向器电机驱动中，异步电机驱动技术是最成熟的。与直流电机驱动相比，交流异步电机驱动具有更多优点，如重量轻、体积小、低成本和高效率。这些优点对于电动车是非常重要的。

图 2-35 显示了一个三相、两极异步电机的定子横截面示意图。每相有一个频率 ω，相邻两相间相位差为 120°的正弦交变电流供电。三相定子绕组 a-a′、b-b′和 c-c′中的电流 i_{as}、i_{bs}和 i_{cs}产生交变磁动势 F_{as}、F_{bs}和 F_{cs}。这些磁动势是空间矢量，其合成定子磁动势矢量 F_s^s 是相磁动势矢量的矢量和。

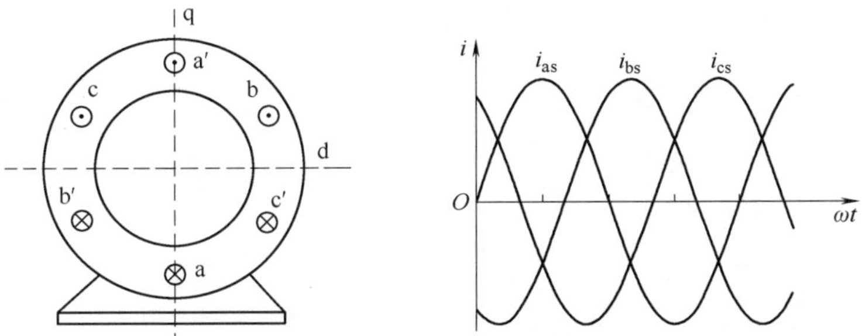

a)空间对称分布的三相定子绕组　　b)绕组电流

图 2-35　三相、两极异步电机的定子横截面示意图

由相电流产生的磁动势可写成

$$F_{as}=F_{as}\sin\omega t \tag{2-28}$$

$$F_{bs}=F_{bs}\sin(\omega t-120°) \tag{2-29}$$

$$F_{cs}=F_{cs}\sin(\omega t-240°) \tag{2-30}$$

定子磁动势合成矢量 F_s^s 表示为

$$F_s^s=F_{as}e^{j0°}+F_{bs}e^{j120°}+F_{cs}e^{j240°} \tag{2-31}$$

假设三相磁动势的幅值相同，且等于 F_s，则式（2-31）可表示为

$$F_s^s=\frac{3}{2}F_s e^{j(\omega t-90°)} \tag{2-32}$$

式（2-32）表明，定子磁动势合成矢量以角频率 ω 旋转，且幅值为 $1.5F_s$。图 2-36 显示了 $\omega t=0°$与 $\omega t=90°$处的定子磁动势矢量，这里 ωt 是式（2-28）~式（2-31）中的角度，而不是定子磁动势合成矢量相对于 d 轴的角度。实际上，如果将式（2-28）~式（2-31）中的 ωt 作为参考点，则定子磁动势合成矢量滞后 a-a′相磁动势 90°。

旋转的定子磁动势与转子导体之间的相互作用将在转子中产生感生电动势，且因此在转子中会有感生电流。接着，旋转磁动势在带有感生电流的转子上产生转矩。显然，转子中的感生电流也取决于定子磁动势与转子之间的相对运动。这就是为什么在旋转的定子磁动势角速度与转子角速度之间必须存在差值的原因所在。

式中的频率 ω，即旋转的定子磁动势角速度，仅取决于定子交变电流的频率，故称 ω 为电角速度。对于两极电机，旋转定子磁动势电角速度等于其机械角速度。然而，对于多极电机而言，机械角速度不等于电角速度，它们之间的关系式可表示为

$$\omega_{ms}=\frac{2}{p}\omega=\frac{4\pi f}{p} \tag{2-33}$$

式中，f 为交变电流的频率或旋转的定子磁动势角速度（r/s）；p 为电机的磁极对数。当转子的角速度等于旋转定子磁动势的机械角速度时，在转子中没有感应电流，即没有转矩产生。因而，旋转定子磁动势的机械角速度也被称为同步转速。

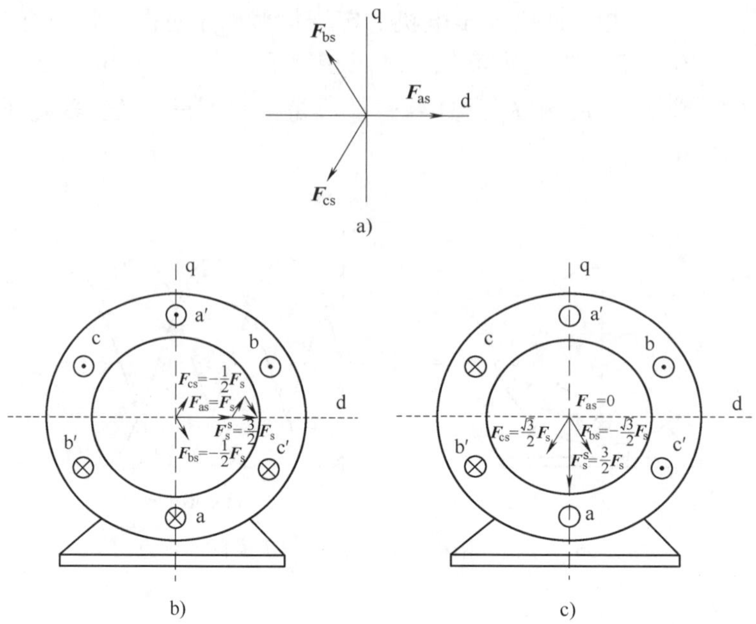

图 2-36　$\omega t=0°$与$\omega t=90°$处的定子磁动势矢量

a）每项磁动势的正方向　b）$\omega t=0°$处的定子磁动势矢量　c）$\omega t=90°$处的定子磁动势矢量

若转子转速为 ω_m（rad/s），则定子旋转磁场与转子之间的相对转速为

$$\omega_{sl}=\omega_{ms}-\omega_m=s\omega_{ms} \tag{2-34}$$

式中，ω_{sl}为转差速度；参数 s 为转差率，定义如下：

$$s=\frac{\omega_{ms}-\omega_m}{\omega_{ms}}=\frac{\omega_{sl}}{\omega_{ms}} \tag{2-35}$$

由于定子磁场和转子间的相对速度，如前所述，在转子中产生三相对称感生电动势，这些电动势的频率与转差速度成正比，故

$$\omega_r=\frac{\omega_{sl}}{\omega_{ms}}\omega=s\omega \tag{2-36}$$

式中，ω_r 为转子感生电动势的频率。

当 $\omega_m<\omega_{ms}$时，相对速度为正，因此转子产生的感生电动势与定子电压相序相同。转子中的三相电流产生一个与转子速度同方向的、相对转子以转差速度运动的磁场，故在空间上，转子磁场以与定子磁场相同的速度运动，并产生稳定的转矩。当 $\omega_m=\omega_{ms}$时，转子与定子磁场之间的相对速度为零。因此，没有产生感生电动势，电机也没有转矩产生。当 $\omega_m>\omega_{ms}$时，定子磁场与转子之间的相对速度反向。因此，转子感生电动势和感生电流也都反向，且相序与定子的相序相反。此外，产生的转矩为负，意味着电机为发电机运行状态。

2.3.2　永磁无刷直流电机

通过采用高能量的永磁体为励磁元件可做成永磁直流电机。永磁电机具有设计成高功率密度、高转速和高效率电机的潜力。这些显著的优势使其在电动汽车和混合动力电动汽车中的应用前景非常好。

1. 主要优点

① 高效率：永磁无刷直流电机的效率是比较高的，这是因为励磁采用的是永磁体，没有功率损耗。同时，因为没有机械式换向器和电刷，降低了机械摩擦损耗，使效率更高。

② 体积小：高能量密度永磁体（稀土永磁体）的引入，使永磁无刷直流电机能获得非常高的磁通密度，相应地就有可能获得高转矩，从而使电机的体积小且重量轻。

③ 易控制：永磁无刷直流电机与传统的直流电机一样容易控制，因为在电机的全运行过程中，控制变量容易获得，且保持不变。

④ 易冷却：转子中没有环形电流，因此转子不会发热，仅在定子上有热量产生。由于定子是静止的，且位于电机的外层，所以定子更易冷却。

⑤ 维护成本低、寿命长且可靠性高：没有电刷和机械式换向器，就不需要相关的定期维护，排除了相关部件出现故障的危险。电机的寿命仅随绕组绝缘、轴承和永磁体的寿命变化。

⑥ 低噪声：由于采用电子换向器，而不是机械换向器，故不存在与换向器伴随的噪声。驱动逆变器的开关频率足够高，致使谐波噪声处于人听不见的范围。

2. 缺点

① 制造成本高：稀土永磁体比其他永磁体昂贵得多，成本较高。

② 恒功率范围有限：不能获得大于基速两倍的最高转速。

③ 高电压隐患：蓄电池与电机接线端的高电压有安全隐患，必须有效防护。

④ 永磁体退磁：永磁体可被大的反向磁动势和高温退磁。

⑤ 高转速有局限：表贴式永磁体受装配强度限制，难以获得高转速。

⑥ 逆变器故障：逆变器短路易引起大电流令永磁体退磁或损毁。

2.3.2.1　基本原理

永磁无刷直流电机驱动主要由无刷直流电机、基于数字信号处理（DSP）的控制器和基于电力电子的功率变换器所构成，如图 2-37 所示。位置检测器 H1、H2 和 H3 检测电机转子的位置。转子的位置信息输入到基于 DSP 的控制器，随即由该控制器向功率变换器提供门控信号，从而导通和关断特定的电机定子磁极绕组。按这种方式控制电机的转矩和转速。

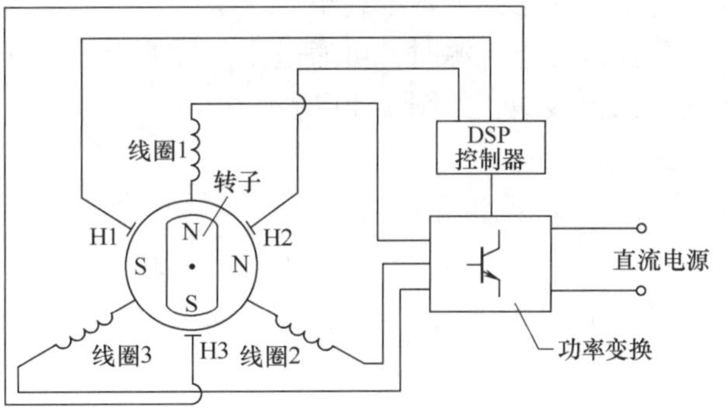

图 2-37　永磁无刷直流电机

2.3.2.2　性能分析

为简化分析，永磁无刷直流电机的性能分析基于以下假设：

① 电机处于非饱和状态。

② 所有定子绕组的电阻相等，且其自感和互感均为常值。

③ 逆变器中的功率半导体器件为理想器件。

④ 铁损忽略不计。

一相的简化等效电路如图2-38所示。根据图2-38中的等效电路，永磁无刷直流电机的性能可表示为

$$U_t = R_s I_s + L_s \frac{dI_s}{dt} + E_s \tag{2-37}$$

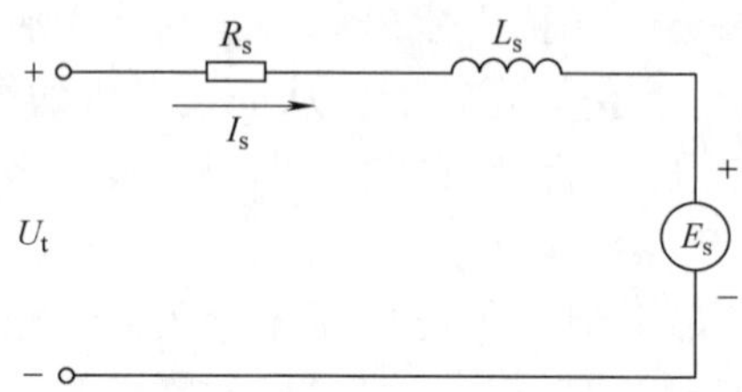

图2-38　永磁无刷直流电机的简化等效电路

U_t—电压　R_s—绕组的电阻　L_s—漏感（$L_s = L - M$，其中L为绕组的自感，M为互感）　E_s—旋转的转子在定子绕组中感应电动势

$$E_s = k_E \omega_r \tag{2-38}$$

$$T_e = k_T I_s \tag{2-39}$$

$$T_e = T_L + J\frac{d\omega_r}{dt} + B\omega_r \tag{2-40}$$

式中，k_E为反电动势常数，该常数与永磁体和转子结构相关；ω_r为转子角速度；k_T为转矩常数；T_L为负载转矩；B为黏性阻力系数。对于稳态运行，式（2-37）~式（2-40）可简化为

$$T_e = \frac{(U_t - k_E\omega_r)k_T}{R_s} \tag{2-41}$$

恒电压源供电的永磁无刷直流电机的转速-转矩特性如图2-39所示。可见，在低速特别是在起步时，电机产生很大的转矩。其原因在于低的反电动势导致非常大的电流，这种非常大的电流可能会损坏定子绕组。

采用可变电压源时，可通过主动控制电源电压将绕组电流限制在其最大值，因此，可产生最大的恒转矩，如图2-40所示。

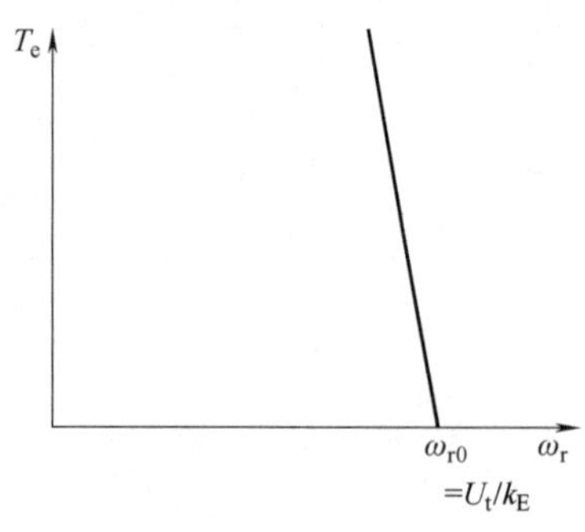

图2-39　恒电压源供电的永磁无刷直流电机稳态运行时的转速-转矩曲线

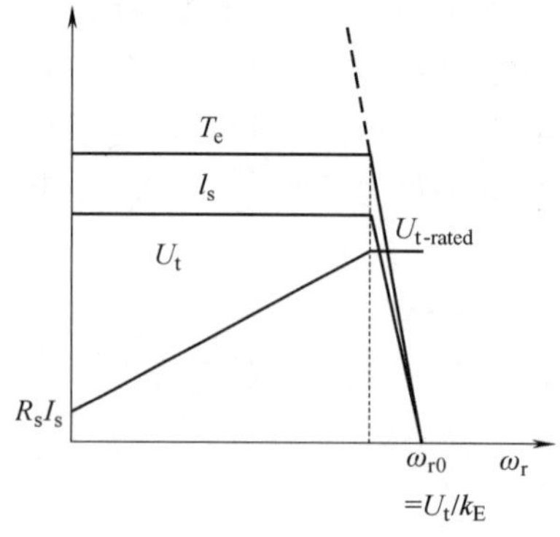

图2-40　可变电压源供电的永磁无刷直流电机稳定运行时的转速-转矩曲线

2.3.3　永磁同步电机

永磁同步电机本身是一个自控式同步电机，它由定子和转子组成，有的带位置传感器，有的因安装不便利及成本上的要求而不安装位置传感器。有的定子是线圈，转子是永磁体；有的转子是线圈，定子是永磁体。但无论哪种方式，电机本身是不能够自己执行控制的，它必须依赖电子换相装置，这也是为什么这种电机需要变频控制的原因。也可以这样说，该种电机系统由电动机、逆变器组成（有的还带有位置传感器）。图 2-41 所示为一个基本系统原理结构图。

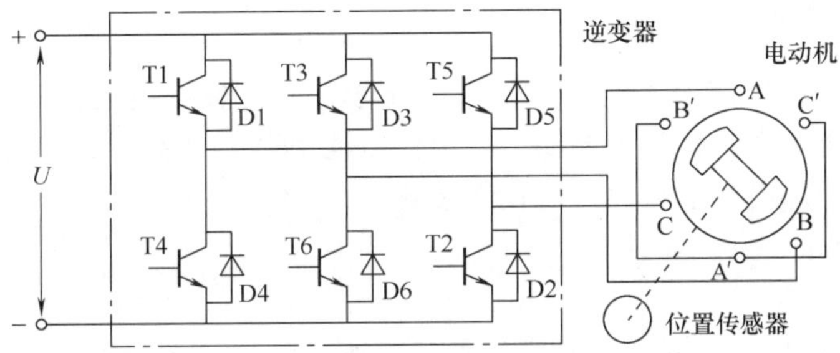

图 2-41　永磁同步电机原理结构图

由于使用场合的不同，永磁同步电机有电动机和发电机两种等效电路。为简洁起见，下面介绍电动机的等效电路，发电机的等效电路只要改变电流的方向即可得出。电动机 d、q 轴的等效电流如图 2-42 所示。

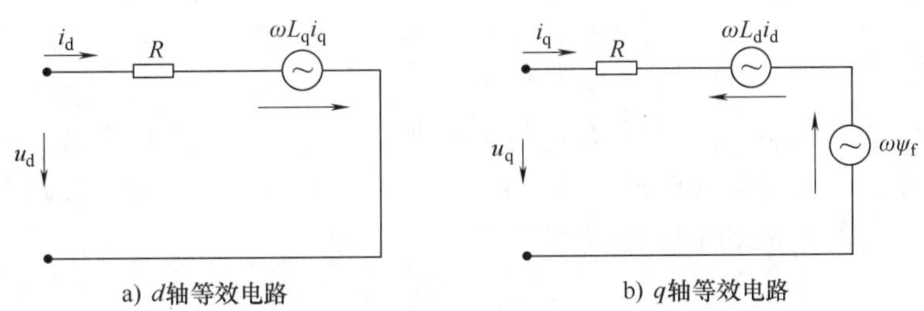

图 2-42　d、q 轴等效电路

稳态时，d 轴的电压方程为

$$u_d = -\omega L_q i_q + i_d R = -X_q i_q + i_d R \tag{2-42}$$

式中，ω 为电角速度；L_q 为 q 轴电感；i_q 为 q 轴电流；i_d为 d 轴电流；R 为等效电阻；X_q 为交轴电枢电抗。

q 轴的电压方程为

$$u_q = \omega L_d i_d + i_q R + \omega \Psi_f = X_d i_d + i_q R + e_0 \tag{2-43}$$

式中，X_d为直轴电枢电抗；L_d为 d 轴的电感；Ψ_f为磁链；e_0为电动势。在推导出单一电流表示的永磁同步电机电压方程后，可得到单一等效电路。

永磁同步电机的特性与永磁无刷直流电机的特性基本一致，这里不再赘述。

2.4 储能装置

目前，已提出几种应用于电动汽车和混合动力电动汽车的储能装置。这些储能装置主要包括化学蓄电池、超级电容和超高速飞轮。汽车领域中应用的储能装置需要满足诸多的技术条件，例如比能量、比功率、效率、维护要求、管理、成本、环境适应性和友好性以及安全性等。ADVISOR 中储能装置的建模，主要利用了与车辆运行相关联的技术条件，如比功率、比能量和效率等。本节主要从这些方面对各储能装置进行简单的介绍。

2.4.1 电化学蓄电池

电化学蓄电池一般简称为蓄电池，作为电化学装置，在充电时，它将电能转化为化学能；而放电时，则将化学能转化为电能。一个蓄电池由若干个单体电池组装而成，每个单体电池都是一个具有全部电化学特性的电化学装置。

2.4.1.1 性能指标

1. 容量

蓄电池行业通常以“A·h”表示蓄电池组的规格，其定义为蓄电池在发电条件下，由全荷电状态到端电压降至终止电压时所获得的安培小时数（安时数）。需要注意的是，蓄电池在不同的电流放电率下通常具有不同的安时数。如图2-43所示，在高电流放电的情况下，容量变得较小。一般情况下，蓄电池行业以某一给定的电池放电率所对应的安时数表示电池的规格。例如，C5 放电率下 100A·h 的蓄电池组，是指在 5h 电流放电率下具有 100A·h 的容量。此时的放电电流为

$$I = 100\text{A}\cdot\text{h}/5\text{h} = 20\text{A} \tag{2-44}$$

2. 荷电状态

蓄电池组荷电状态的定义为剩余容量与全荷电容量之比。根据该定义，充满电的蓄电池组荷电状态为100%，而完全放电的蓄电池组荷电状态为0%。荷电状态是放电电流或充电电流 i 的函数，在时间间隔 $\mathrm{d}t$ 内，它们的关系可表达为

$$\Delta SOC = \frac{i\mathrm{d}t}{Q(i)} \tag{2-45}$$

式中，$Q(i)$ 为对应于电流变化率的蓄电池组安时容量。放电时，i 为正值；充电时，i 为负值。因此，蓄电池组的荷电状态可表达为

$$SOC = SOC_0 - \int \frac{i\mathrm{d}t}{Q(i)} \tag{2-46}$$

式中，SOC_0 为荷电状态的初始值。

对于电动汽车和混合动力电动汽车而言，蓄电池组的能量容量比其安时数更为重要，因为能量容量直接与车辆运行相关联。蓄电池组所能提供的能量，可表示为

$$E_0 = \int_0^t U(i,SOC)i(t)\mathrm{d}t \tag{2-47}$$

式中，$U(i, SOC)$ 为蓄电池的端电压，它是蓄电池电流与其荷电状态的函数。

3. 比能量

比能量的定义为每单位蓄电池组质量所具有的能量容量（W·h/kg）。理论比能量是每

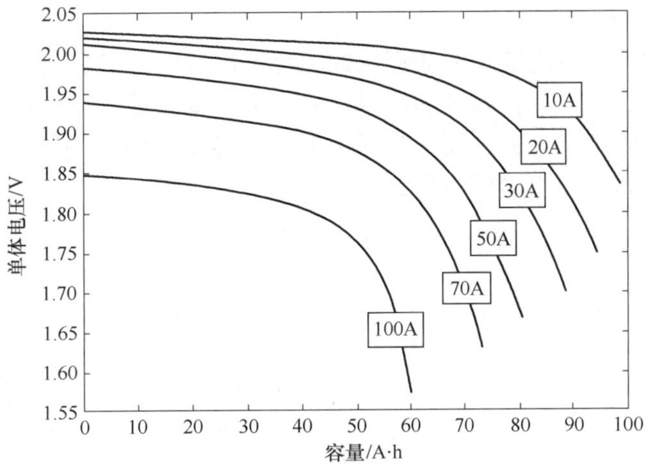

图 2-43 蓄电池放电特性

单位蓄电池组单体反应物的总质量所能产生的最大能量。蓄电池组单体中的能量可由吉布斯自由能 ΔG 表示。

为了开发安全、高性能、廉价的高功率能源，以用于电驱动系统，人们总结出了 30 多种蓄电池组。适用于电动汽车和混合动力电动汽车，并已得到认可的蓄电池组的理论比能量见表 2-6。然而实际的比能量远远低于理论上的最大值。在不考虑蓄电池组内部电极反应动力学限制和其他限制的情况下，所需要的结构材料增加了蓄电池组的质量。但这部分质量不会涉及能量产生的反应过程。

表 2-6 应用于 EV 和 HEV 的备选蓄电池组的理论比能量

蓄电池组		蓄电池单体反应		比能量/(W·h/kg)
(+)	(−)	充电	放电	
PbO_2	Pb	$PbO_2 + 2H_2SO_4 + Pb$	$2PbSO_4 + 2H_2O$	170
NiOOH	Cd	$2NiOOH + 2H_2O + Cd$	$2Ni(OH)_2 + Cd(OH)_2$	217
NiOOH	Fe	$2NiOOH + 2H_2O + Fe$	$2Ni(OH)_2 + Fe(OH)_2$	267
NiOOH	Zn	$2NiOOH + 2H_2O + Zn$	$2Ni(OH)_2 + Zn(OH)_2$	341
NiOOH	H_2	$2NiOOH + H_2$	$2Ni(OH)_2$	387
MnO_2	Zn	$2MnO_2 + H_2O + Zn$	$2MnOOH + ZnO$	317
O_2	Al	$4Al + 6H_2O + 3O_2$	$4Al(OH)_3$	2815
O_2	Fe	$4Fe + 6H_2O + 3O_2$	$4Fe(OH)_2$	764
O_2	Zn	$4Zn + 6H_2O + 3O_2$	$4Zn(OH)_2$	888
Br_2	Zn	$Zn + Br_2$	$ZnBr_2$	436
Cl_2	Zn	$Zn + Cl_2$	$ZnCl_2$	833
$(VO_2)_2SO_4$	VSO_4	$(VO_2)_2SO_4 + 2HVSO_4 + 2H_2SO_4$	$2VOSO_4 + V_2(SO_4)_3 + 2H_2O$	114
S	Na	$2Na + 3S$	Na_2S_3	760
$NiCl_2$	Na	$2Na + NiCl_2$	$2NaCl$	790
FeS_2	LiAl	$4LiAl + FeS_2$	$2Li_2S + 4Al + Fe$	650
$LiCoO_2$	Li-C	$Li_{(y+x)}C_6 + Li_{(1-(y-x))}CoO_2$	$Li_yC_6 + Li_{(1-y)}CoO_2$	320

4. 比功率

比功率是在短时间内蓄电池组所能提供的、每单位蓄电池组重量对应的最大功率。就减少蓄电池组质量而言，比功率是重要的技术性能指标，特别是在高功率需求应用中，如混合动力电动汽车。化学蓄电池组的比功率基本上取决于蓄电池组的内阻。在图2-44所示的蓄电池组简化模型中，蓄电池组能供给负载的最大功率 P_{peak} 为

$$P_{peak}=\frac{U_0^2}{4(R_c+R_{int})} \tag{2-48}$$

式中，R_c为导线电阻（欧姆电阻）；R_{int}为由于化学反应而产生的内阻。

5. 能量效率

蓄电池组放电与充电期间，其能量或功率的损耗是以电压降的形式表达的。因此，蓄电池组放电和充电期间，在任意工作点，其效率可定义为单体蓄电池组工作电压与热力学电压之比，即放电期间效率为

$$\eta=\frac{U}{U_0} \tag{2-49}$$

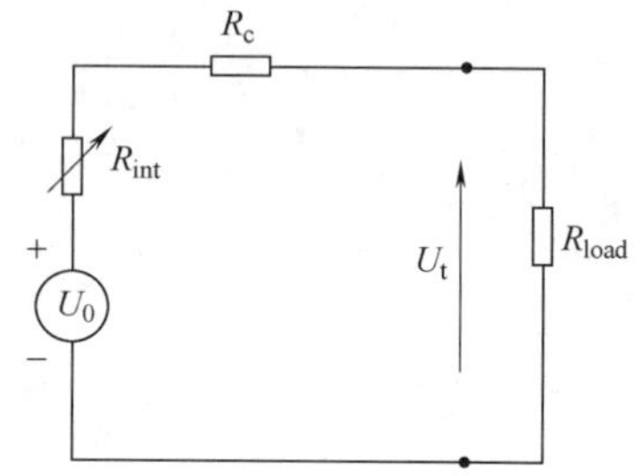

图2-44 蓄电池组电路模型

充电期间效率为

$$\eta=\frac{U_0}{U} \tag{2-50}$$

式中，U 为工作电压，U_0 为热力学电压。

作为蓄电池组电流、内储存能量或荷电状态的函数，在放电时，端电压低于由化学反应所产生的电位；在充电时，端电压高于由化学反应所产生的电位。

图2-45给出了放电和充电期间铅酸电池组的效率。该蓄电池组在高荷电状态下具有高放电效率；在低荷电状态下具有高充电效率；在中间荷电状态时，铅酸电池组的净循环效率具有最大值。混合动力电动汽车的蓄电池组运行控制单元应控制蓄电池组的荷电状态在其中间范围，以便提高运行效率，降低因能量损耗而导致的温升，避免温度过高而损害蓄电池组。

2.4.1.2 蓄电池分类

目前适用于电动汽车和混合动力汽车的蓄电池有铅酸电池、镍基蓄电池和锂电池。

1. 铅酸电池

铅酸电池的优点在于成本低、技术成熟、功率容量相对较高。铅酸电池单体额定电压为2V，比能量为35W·h/kg，能量密度为70W·h/L，比功率为20W/kg。它用金属铅作阴极，二氧化铅作阳极，硫酸溶液作电解液，电化学反应总方程式为

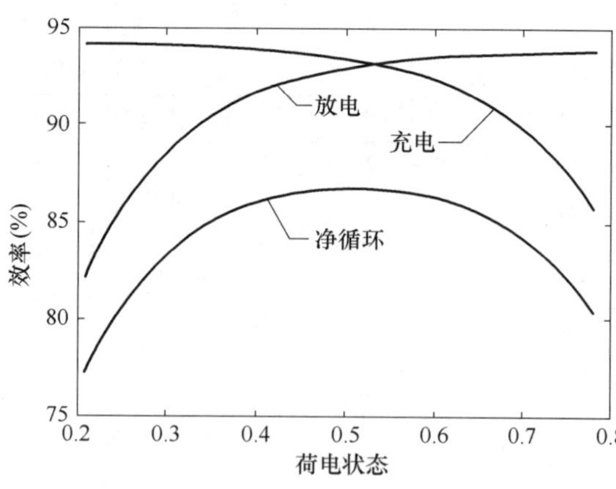

图2-45 典型蓄电池的充电和放电效率

$$Pb+PbO_2+2H_2SO_4\leftrightarrow 2PbSO_4+2H_2O \tag{2-51}$$

放电时，铅和二氧化铅都转化为硫酸铅；充电时，反应过程相反。硫酸电解液参与电化

学反应并且其浓度随着电池 *SOC* 的改变而改变。事实上，单体铅酸电池的开路电压或平衡电压仅取决于硫酸电解液的浓度而与单体内铅、二氧化铅或硫酸铅的数量多少无关。其前提是这三种物质足够反应使用。

高度腐蚀性的硫酸是车内人员的安全隐患。通过自放电反应所释放的氢则是另一种潜在的危险，因为这一气体甚至在微量集聚态中都是极度易燃的。实际上，为防止酸泄漏，蓄电池有可靠的防护层将其自身密封，在其外壳内截留所产生的气体。因此，蓄电池内增加的压力，受制于外壳与密封处引起的膨胀和结构安全性。因铅具有毒性，电极上的铅是一个涉及环保的问题。在蓄电池制造期间，汽车事故或废弃蓄电池处理期间，都可能发生铅酸污染问题。

各种改进性能的铅酸电池已开发应用于电动汽车和混合动力汽车，已经制成具有快速充电能力、比能量超过 40W · h/kg 的改进型密封铅酸电池。这些现代铅酸电池补救了原有铅酸电池的缺点。由于减少了不活泼物质，如壳体、集电极和隔膜等，其比能量已经提高，寿命也增加了 50% 以上，但这是以成本升高为代价换来的。同时，它利用电化学过程吸收释放的氢和氧寄生物，从而大大提高了安全性。

2. 镍基蓄电池

与铅相比，镍是较轻的金属，且有很适用于蓄电池的电化学特性。现有几种不同的镍基电池技术：镍-铁蓄电池、镍-锌蓄电池和镍-镉蓄电池。

（1）镍-铁蓄电池

镍-铁蓄电池由氢氧化镍-氧化物（NiOOH）的正极和金属铁的负极组成。电解液为含有氢氧化锂（50g/L）的氢氧化钾的浓缩液。

镍-铁蓄电池的应用，因排气、腐蚀和自放电等问题而受到影响。但这些问题已部分或全部在原型研究中得到了解决，从而进入了市场。因为需要维护其中水的含量，以及安全处理放电过程中所释放的氢和氧，所以这类蓄电池结构复杂。镍-铁蓄电池也受低温的困扰，但其使用温度可比铅酸蓄电池更低，另外，镍的价格显著高于铅的价格。与铅酸电池相比，镍-铁蓄电池最大的优点是其功率密度高，并可经受 2000 次的深度放电。

（2）镍-镉蓄电池

镍-镉蓄电池使用镍-铁蓄电池的正极和电解液，它们具有相似的性能，但其负极应用了金属镉。

镍-镉蓄电池的优点为高比功率（高于 220W/kg）、循环寿命长（约 2000 次循环）、电气和机械上使用不当时的耐受度高、遍及放电电流范围的电压降较小、充电快、工作温度范围广（$-40\sim85$℃）、自放电率低、腐蚀性小，以及可进行多种尺寸设计，它还具有优异的长期储存能力。但它也存在一些缺点：初始成本高、单体电池电压相对低、镉有致癌性和危害环境等。

镍-镉蓄电池通常分为两个主要类型：排气型和密封型。排气型可由许多种可选方案组成。排气型烧结的极板是近期的开发成果，具有高比能量，但比较昂贵。它有平坦的放电电压曲线，以及占优的高放电率和低温性能。密封型则引入了特殊的单体蓄电池设计，以防止过充电时单体蓄电池内压力的增加，因而该蓄电池不需要维护。

3. 锂基蓄电池

锂在所有金属中最轻，且电化学特性表现优异。它具有很高的热力学电压，及由此导致的非常高的比能量和比功率。锂基蓄电池有两种，即 Li-P 和 Li-I 蓄电池。

（1）Li-P 蓄电池

Li-P 蓄电池采用锂金属为负极，过渡族金属嵌入氧化物（M_yO_z）为正极。它的层状结构，其中可嵌入锂离子或由其内锂离子分别在放电和充电时迁移。它应用了薄型固态聚合物电解质（SPE），提供了优良的安全性和柔韧性。其一般的电化学反应为

$$x\mathrm{Li} + \mathrm{M}_y\mathrm{O}_z \leftrightarrow \mathrm{Li}_x\mathrm{M}_y\mathrm{O}_z \tag{2-52}$$

放电时，负极上形成的锂离子通过固态聚合物电解质迁移，并嵌入正极物质的晶体结构之中；充电时，过程相反。

（2）Li-I 蓄电池

目前，Li-I 蓄电池仍处于发展阶段，但它在电动汽车和混合动力电动汽车上的应用已经获得认可。Li-I 蓄电池采用氧化锂嵌入碳中形成的物质（Li_xC）为负极，替代金属锂；以氧化锂过渡金属嵌入氧化物（$Li_{1-x}M_yO_z$）为正极；用有机溶液或固态聚合物做电解质。在放电和充电期间，锂离子通过正负极之间的电解液迁移。其一般性的电化学反应可描述为

$$\mathrm{Li}_x\mathrm{C} + \mathrm{Li}_{1-x}\mathrm{M}_y\mathrm{O}_z \leftrightarrow \mathrm{C} + \mathrm{LiM}_y\mathrm{O}_z \tag{2-53}$$

放电时，负极释放锂离子，经电解液迁移并被正极接纳；充电时，过程相反。可采用的正极材料包括 $Li_{1-x}CoO_2$、$Li_{1-x}NiO_2$ 和 $Li_{1-x}Mn_2O_4$，它们对于锂嵌入反应，具有在大气状况下的稳定性、高电压和可逆性等优点。

（3）磷酸铁锂蓄电池

磷酸铁锂蓄电池是指用磷酸铁锂作为正极材料的锂离子电池。与镍基蓄电池相比，磷酸铁锂蓄电池的充放电效率较高，为 85% ~90%。

磷酸铁锂蓄电池有以下主要优点：

① 安全性高。磷酸铁锂晶体中的 P-O 键稳固，难以分解，即便在高温或过充电的情况下也不会像钴酸锂一样结构崩塌发热或形成强氧化性物质，因此拥有良好的安全性。

② 寿命长。循环寿命达到 2000 次以上，标准充电（5C 充电率）使用可达到 2000 次。

③ 高温性能好。电热峰值可达 350 ~500℃。

④ 容量大。具有比普通电池（铅酸电池等）更大的容量，单体为 5 ~1000A · h。

⑤ 质量轻。同等规格容量的磷酸铁锂电池的体积是铅酸电池体积的 2/3，质量是铅酸电池的 1/3。

⑥ 环保。该电池被认为是不含任何重金属与稀有金属（镍氢电池需稀有金属）、无毒（SGS 认证通过）、无污染、符合欧洲 RoHS 规定的电池，为绿色环保电池。

磷酸铁锂电池还是存在一定的不足：

① 容易发生电池微短路。在磷酸铁锂制备时的烧结过程中，氧化铁在高温还原性气氛下存在被还原成单质铁的可能性。单质铁会引起电池的微短路。

② 低温性能较差。美国阿贡国家实验室对磷酸铁锂电池测试结果表明，磷酸铁锂电池在低温下（如 0℃以下）无法使电动汽车行驶。

③ 材料的制备成本与电池的制造成本较高。磷酸铁锂的纳米化和碳包覆尽管提高了材料的电化学性能，但是也带来了其他问题，如能量密度的降低、合成成本的提高、电极加工性能不良及对环境要求苛刻等。

④ 产品一致性差。从材料制备角度来说，磷酸铁锂的合成反应是一个复杂的多相反应，有固相磷酸盐、铁的氧化物及锂盐。在这一复杂的反应过程中，很难保证反应的一致性。

2.4.2 超级电容

2.4.2.1 超级电容特性

超级电容的比功率非常高，但与化学蓄电池相比，其比能量却低得多。它的比能量每千克仅在几瓦时范围内。然而，其比功率却能达到 3kW/kg，比任何种类的蓄电池都高得多。由于其低比能量密度，以及电压与荷电状态的相关性，超级电容难以单独用作电动汽车和混合动力汽车的能量储存装置。

尽管如此，采用超级电容作为辅助功率源仍有很多优点，比如用于电动汽车和混合动力电动汽车的蓄电池与超级电容的混合动力能量储存系统。比能量和比功率的要求可以相互分离，因此提供了可在较少考虑比功率的情况下，优化蓄电池比能量和循环寿命设计的可能性。由于超级电容的负载电压效应，来自蓄电池的大电流放电和借助于再生制动向蓄电池的大电流充电可降至最低限度，其结果可使蓄电池的有用能量、持续工作时间和寿命得以显著增加。

2.4.2.2 超级电容性能

在放电和充电期间，采用不同的电流放电率，通过超级电容端电压的变化可描述超级电容的性能。在超级电容中给出了三个参数：电容 C（F）、串联电阻 R_S（Ω）和绝缘材料漏电电阻 R_L（Ω），如图 2-46 所示。

在放电期间，超级电容的端电压可表示为

$$U_t = U_C - iR_S \tag{2-54}$$

超级电容的电位可表示为

$$\frac{dU_C}{dt} = -\left(\frac{i + i_L}{C}\right) \tag{2-55}$$

式中，C 为超级电容的电容量（F）。

另一方面，漏电电流 i_L 可表示为

$$i_L = \frac{U_C}{R_L} \tag{2-56}$$

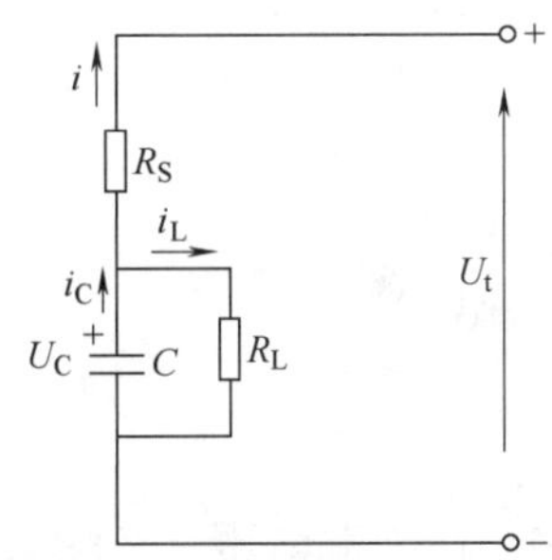

图 2-46 超级电容的等值电路

将式（2-56）代入式（2-55）中，可得

$$\frac{dU_C}{dt} = -\left(\frac{U_C}{CR_L} + \frac{i}{C}\right) \tag{2-57}$$

超级电容单元的端电压可由图 2-47 所示框图表达。式（2-57）的解析解为

$$U_C = \left[U_{C0}\int_0^t \frac{i}{C} e^{i/CR_L} dt\right] e^{-(t/CR_L)} \tag{2-58}$$

式中，i 为其放电电流（A），它是实际运行时间的函数。Maxwell 2600F 超级电容的放电特性如图 2-48 所示，在不同电流放电率的情况下，单体超级电容的端电压随放电时间呈线性下降。相比之下，在高电流放电率的条件下，端电压下降得更快。

相似的模型可用来描述超级电容的充电特性，这里不再赘述。

放电和充电的运行效率可表述如下：

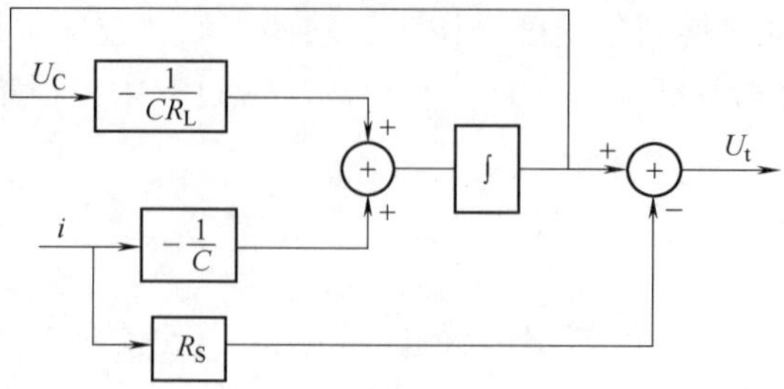

图 2-47　超级电容模型的框图

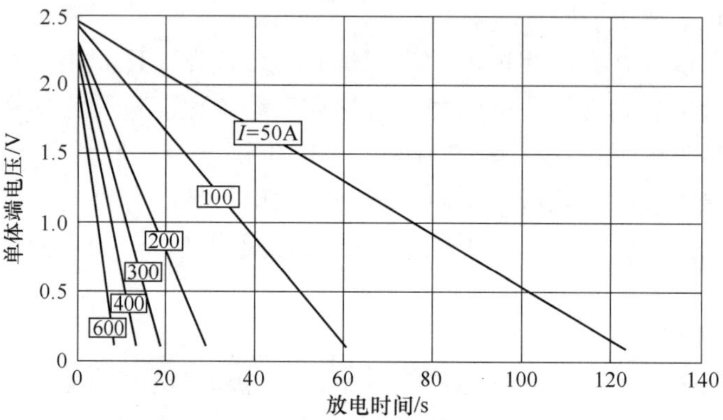

图 2-48　Maxwell 2600F 超级电容放电特性

放电时，

$$\eta_d = \frac{U_t I_t}{U_C I_C} = \frac{(U_C - I_t R_S) I_t}{U_C (I_t + I_L)} \tag{2-59}$$

充电时，

$$\eta_c = \frac{U_C I_C}{U_t I_t} = \frac{U_C (I_t - I_L)}{(U_C + I_t R_S) I_t} \tag{2-60}$$

式中，U_t为端电压（V）；I_t为由端口流进或流出的电流（A）。在实际运行中，漏电电流 I_L 通常非常小（几毫安），可以忽略。因此，式（2-59）和式（2-60）可写为

放电时，

$$\eta_d = \frac{U_C - R_S I_t}{U_C} = \frac{U_t}{U_C} \tag{2-61}$$

充电时，

$$\eta_c = \frac{U_C}{U_C + R_S I_t} = \frac{U_C}{U_t} \tag{2-62}$$

式（2-62）表明，超级电容的能量损耗来源于串联电阻。在高电流放电率和低单元电压的条件下，效率下降，如图 2-49 所示。因而，在实际运行中，超级电容应用于高电压区域（对应于额定电压 60% 以上的范围）。

通过超级电容充电至某一确定电压值所需的能量，可得知其储存的能量，即

$$E_C = \int_0^t U_C I_C \mathrm{d}t = \int_0^U C U_C \mathrm{d}U_C = \frac{1}{2} C U_C^2 \tag{2-63}$$

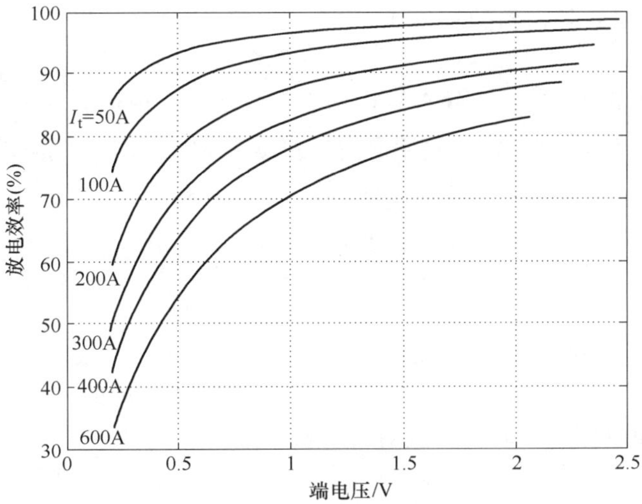

图 2-49　Maxwell 2600F 超级电容的放电效率

在额定电压情况下，超级电容中所储存的能量达到其最大值。式（2-63）表明，提高额定电压，能显著增加超级电容所存储的能量，因其能量随电压的二次方而增长。实际运用中，由于对应于低能量状态的低功率，故不可能完全利用超级电容所储存的能量。从而，超级电容通常给出一个底线电压 U_{Cb}。低于该底线电压时，超级电容将停止能量的传送。因此，有效的或可利用的能量小于其完全充电时的能量，可表示为

$$E_u = \frac{1}{2}C(U_{CR}^2 - U_{Cb}^2) \tag{2-64}$$

式中，U_{CR} 为超级电容的额定电压。

超级电容中的可用能量，也可由其能量状态 SOE 来表示。SOE 被定义为端电压为 U_C 时的能量与全充电电压 U_{CR} 时对应能量之比值，即

$$SOE = \frac{0.5CU_C^2}{0.5CU_{CR}^2} = \left(\frac{U_C}{U_{CR}}\right)^2 \tag{2-65}$$

2.5 发动机基本理论

对于混合动力汽车而言，作为动力源之一的发动机，其性能好坏与控制优劣，直接影响整车动力性与经济性。在混合动力汽车研究设计中，了解发动机的工作原理与特性，对消除发动机怠速、调节发动机高效区工作点，从而实现节能减排控制措施至关重要。

本节将从发动机的性能指标和特性曲线两个方面进行简要介绍。

2.5.1 性能指标

2.5.1.1 动力性指标

动力性指标是表征发动机作功能力大小的指标。一般用发动机的有效转矩、有效功率、转速和平均有效压力等，作为评价发动机动力性好坏的指标。

1. 有效转矩

发动机对外输出的转矩称为有效转矩，记作 T_e，单位为 N · m。有效转矩 T_e 与曲轴角位

移的乘积，即为发动机对外输出的有效功。

2. 有效功率

发动机在单位时间内对外输出的有效功称为有效功率，记作 P_e，单位为 kW。它等于有效转矩 T_e与曲轴角速度 ω（1/s）的乘积。发动机的有效功率，可用测功机分别测定有效转矩 T_e和发动机转速 n（r/min），然后通过式（2-66）计算出

$$P_e = T_e\omega = \frac{T_e n}{9550} \tag{2-66}$$

3. 发动机转速

发动机曲轴每分钟的回转数称为发动机转速，用 n 表示，单位为 r/min。发动机转速的高低，关系到单位时间内做功次数的多少或发动机有效功率 P_e的大小，即发动机的有效功率 P_e随转速的不同而改变。因此，在说明发动机有效功率 P_e的大小时，必须同时指明其相应的转速 n。

4. 平均有效压力

单位气缸工作容积发出的有效功称为平均有效压力，记作 p_{me}，单位为 MPa。显然，平均有效压力 p_{me}越大，发动机的作功能力越强。

2.5.1.2 经济性指标

经济性指标是从发动机对外做功的角度，衡量发动机输出一定的有用功与所消耗的能源的代价。发动机的经济性指标包括有效热效率与有效燃油消耗率等。

1. 有效热效率

燃料燃烧所产生的热量转化为有效功的百分数称为有效热效率，记作 η_e。显然，为获得一定数量的有效功所消耗的热量越少，有效热效率 η_e越高，发动机的经济性越好。

2. 有效燃油消耗率

发动机每输出 1kW 的有效功率所消耗的燃油量称为有效燃油消耗率，记作 b_e，单位为 g/(kW · h)。显然，有效燃油消耗率 b_e越低，经济性越好。

2.5.2 特性曲线

2.5.2.1 发动机特性

发动机性能指标随调整状态及运转情况变化的关系称为发动机特性。发动机特性指标主要有功率、转矩、燃料消耗率、排气温度、排气烟度等；调整状态主要指汽油机的点火提前角、发动机燃料等可调因素对发动机性能的影响；运转情况一般指发动机转速和负荷等。

为了直观显示发动机的特性，常以曲线形式表示，称为发动机特性曲线。在 ADVISOR 仿真过程中，主要考虑发动机性能指标与运转情况的关系，而对调整状态考虑较少。

在此，主要介绍发动机速度特性、负荷特性、万有特性。

1. 速度特性

发动机速度特性是指当燃料供给调节机构（汽油机的节气门或柴油机喷油泵的油量控制拉杆）位置不变时，发动机性能指标（转矩、功率、燃油消耗率等）随转速的改变而变化的关系。对应的曲线称为速度特性曲线。

当燃料供给调节机构固定在全负荷位置（汽油机节气门全开位置或柴油机的油量控制拉杆在额定供油量位置）时，所测得的速度特性称为外特性或全负荷速度特性。当燃料供

给调节机构固定在全负荷以内各位置时，所测得的速度特性则称为部分负荷速度特性。

图 2-50 为某发动机外特性曲线。从该曲线上，可以看出该发动机所能达到的最大功率 P_e、最大转矩 T_{tq}、最低燃料消耗率 b_e 及其对应的转速，还可以得到在任一转速下所对应的功率、转矩、燃油消耗率等。

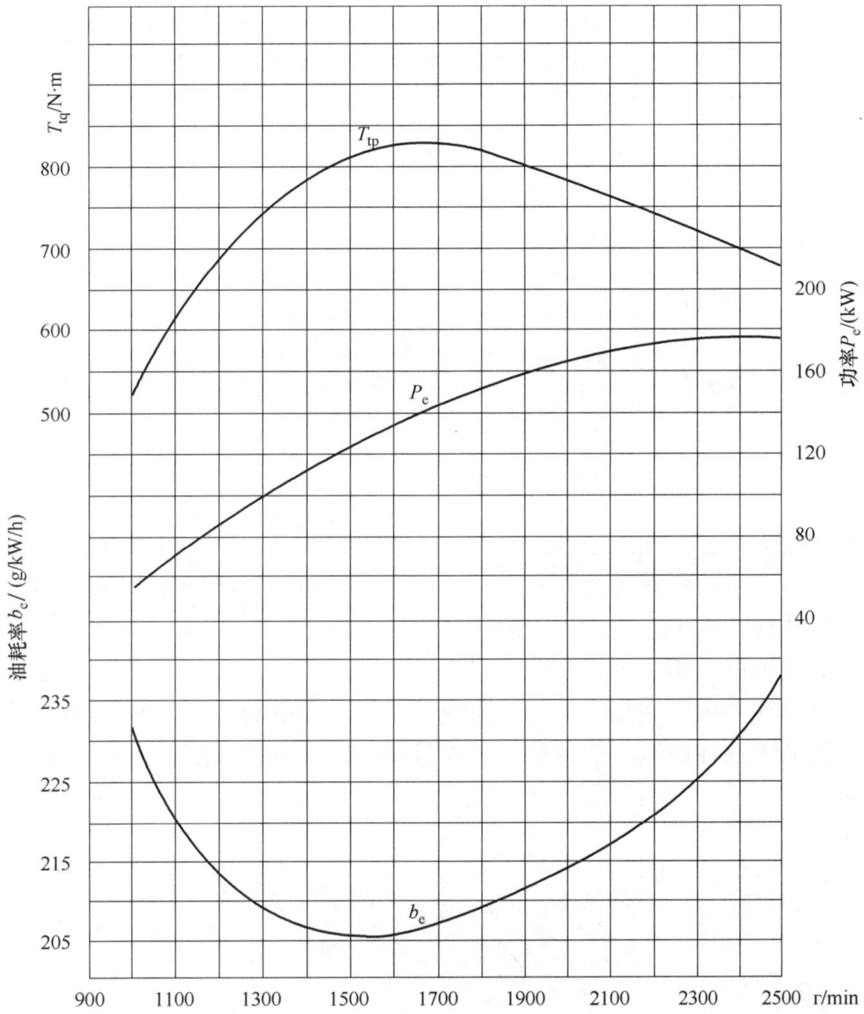

图 2-50 发动机外特性曲线

2. 负荷特性

负荷特性是指在转速一定时，发动机的性能参数（燃油消耗率、排气温度等）随负荷（功率、平均有效压力等）的改变而变化的关系。相应的曲线称为负荷特性曲线。发动机负荷特性曲线如图 2-51 所示。由该图可以得到发动机排气温度 t_r、燃油消耗率 b_e 等随负荷变化的关系，从而分析得到负荷率对各项指标的影响。这对于混合动力汽车发动机的高效区控制具有较大的参考意义。

3. 万有特性

负荷特性只能分析某一转速下，发动机各性能参数随负荷的变化；而速度特性只能分析在某一负荷下的发动机各性能参数随转速的变化。但是，实际上内燃机的转速、负荷均在很

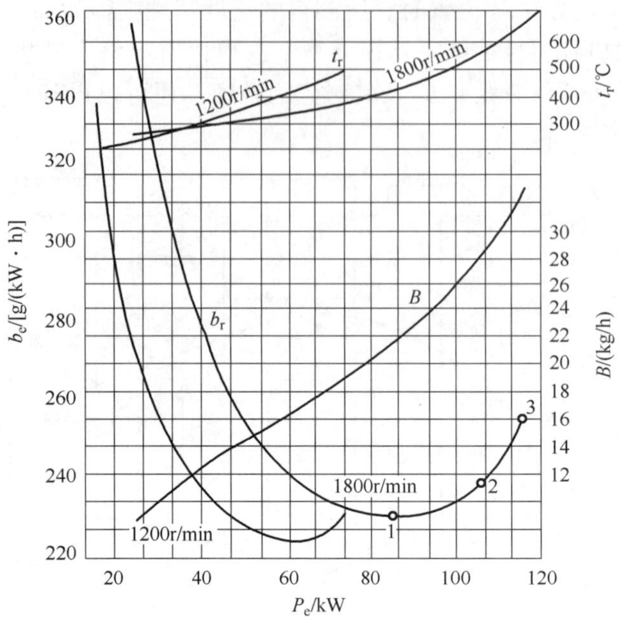

图 2-51　发动机负荷特性曲线

大范围内变化，要分析各工况下发动机的性能就需要许多张图形，很不方便，亦不清晰。能在一张图上表示发动机各性能参数与转速、负荷之间的相互关系就称为万有特性，相应的曲线称为万有特性曲线。通常，亦称为 MAP 图。

万有特性曲线可以利用发动机各种转速下的负荷特性曲线来转换作图。图 2-52 为某发动机的万有特性曲线。图中虚线为等功率曲线，位于上层的等功率曲线的功率大；实线为等油耗线，最内圈的等油耗曲线耗油率最低，为最经济区，越往外层，经济性越差。

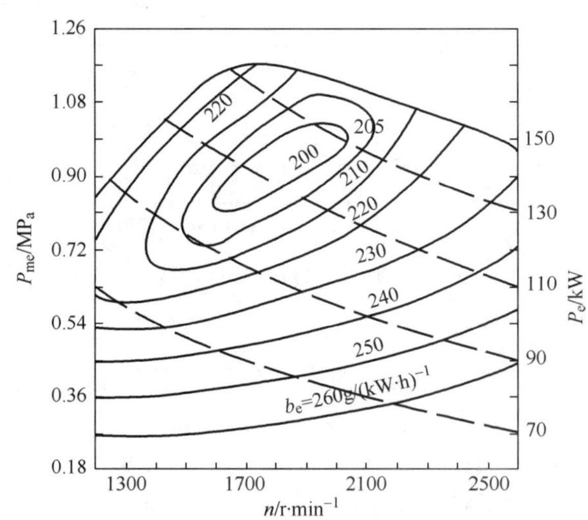

图 2-52　发动机万有特性曲线

混合动力汽车设计中，需要控制发动机尽量工作在高效区，即最佳节油区，因而应当使发动机的实际工作点，尽可能接近或就设置在最低等油耗回形线区域内。与此同时，该

MAP 图也用于混合动力汽车发动机参数匹配过程。根据发动机在回形曲线上的实际工作点，确定发动机总功率是偏大还是偏小，进而确定是否需要调整或更换发动机。

2.5.3 阿特金森循环

阿特金森循环是在奥托循环的基础上，通过一套复杂的连杆机构，使得发动机的压缩行程小于膨胀行程，从而，不仅改善了发动机的进气效率，也使发动机的膨胀比高于压缩比，有效地提高了发动机效率。但由于引入过于复杂的连杆机构，使发动机工作的稳定性和可靠性相对较低，所以，尽管阿特金森循环发动机出现较早，却不能得到广泛应用。

1940 年，美国工程师 Ralph Miller（拉夫 · 米勒）通过改变发动机的进排气相位角，研制了一种新型发动机。该发动机省去了复杂的连杆机构，却与早期连杆式阿特金森循环发动机类似，具有膨胀比高于压缩比的特点。因此，这种发动机也被称为阿特金森循环发动机，并在当今混合动力车型中得到应用。

Ralph Miller 研制的发动机在吸气冲程结束，进入压缩冲程时，令进气门延迟关闭，迫使原本已经吸入气缸内的可燃混合气，有一部分通过进气门排出气缸，再关闭气门。发动机的实际压缩行程不是从活塞下止点开始，而是在下止点在往上某个点才开始。这样缩短了活塞的实际压缩行程，也就达到了压缩行程小于膨胀行程的目的了。而因为有部分油气混合物返回进气道，使得压缩过程的实际油气混合物的量较少，所以阿特金森发动机的理论压缩比设计都比较高，令较稀疏的油气混合物有充分的压缩量。

奥托循环与阿特金森循环发动机进排气相位图如图 2-53 所示。

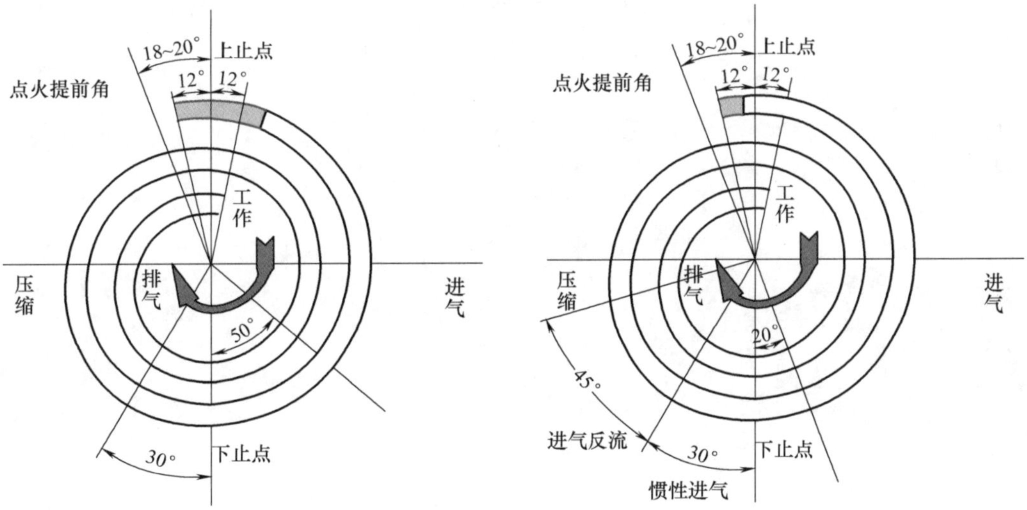

图 2-53 奥托循环（左）与阿特金森循环（右）发动机进排气相位图

阿特金森循环发动机的特性主要有两点：独特的进气方式让低速转矩很差；长活塞行程不利于高转速运转。在低速时，本来就稀薄的混合气在“反流”之后变得更少，这让该类发动机低速转矩表现较差，用于车辆起步的动力显然不够。而较长的活塞行程确实可以充分地利用燃油的能量，提升燃油经济性，但也因此限制了转速的升高，加速性能也变差。因而，在传统民用车上，为了平衡，通常行程与缸径两个数据是接近的。

基于阿特金森循环发动机上述特点，将该类发动机作为单一动力源驱动车辆较为困难。但混合动力汽车的出现，却为该类发动机提供了应用条件。阿特金森循环发动机低速转矩差的特性，可以通过低速时电动机较大的恒转矩进行补偿，而且阿特金森循环发动机的压缩比高，热效率高，使燃油经济性变好，从而满足混合动力车辆节能环保的设计初衷。所以，油电混合动力汽车的发动机，越来越多采用阿特金森循环发动机。

ADVISOR 中普锐斯车型的仿真模型，采用的即为阿特金森循环发动机数据，如图 2-54 所示。可以看到，该发动机外特性所对应的效率在 0.4 附近，远高于采用奥托循环的发动机效率，这一点为普锐斯优异的节能性做出了很大贡献。

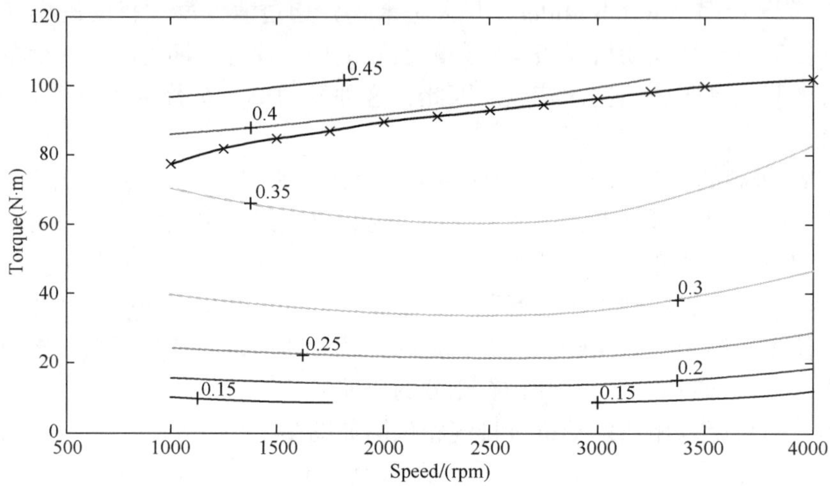

图 2-54　普锐斯发动机 MAP 图

第 3 章

ADVISOR 的使用方法

第 1 章已经介绍了 ADVISOR 的基本界面与安装卸载方法。为使读者更好地学习 ADVISOR，本章以一个具体实例详细介绍 ADVISOR 的使用方法，包括在图形用户界面 GUI 下和非图形用户界面下两种情况。

3.1 图形用户界面下 ADVISOR 的使用方法

3.1.1 启动方法

安装有 MATLAB/ADVISOR 的电脑，在图形用户界面（GUI）下启动 ADVISOR 方法有两种：添加根目录法与快捷方式启动法。

3.1.1.1 添加根目录法

添加根目录法是将 ADVISOR 文件目录，添加到 MATLAB 搜索路径下，使 MATLAB 可以直接调用 ADVISOR 文件目录与数据。具体操作方法有下面两种。

1. 添加到 MATLAB 工作路径中

在 MATLAB 当前目录 Current Directory 中，将 MATLAB 当前目录改为 ADVISOR 文件所在位置路径。例如：将原 MATLAB 当前目录"C：\MATLAB6.5\work"改为"D:\Program Files\ADVISOR2002"，如图 3-1 中虚线框所示。

图 3-1 ADVISOR 路径设置

或单击"浏览"按钮，系统弹出图 3-2 所示的选择 ADVISOR 文件位置路径窗口，定位 ADVISOR 文件所在位置路径，单击【确定】按钮即可将 ADVISOR 文件所在路径添加到 MATLAB 工作路径中。

值得说明的是，MATLAB 首先运行当前路径当前工作目录下的文件，然后依次运行该路径下的其他目录。在不同的目录下有相同的文件名，会导致运行不正常，因此用户在使用新版 ADVISOR 之前，请确认旧版的 ADVISOR 已经删除。

2. 添加到 MATLAB 目录列表中

与上述方法不同之处在于，该方法添加完成的 ADVISOR 文件目录，将会保存在 MATLAB 目录列表里，不会因 MATLAB 的关闭而消失。重启动 MATLAB 后，在命令窗口提示符后直接键入命令 “advisor”，即可打开 ADVISOR 界面。

图 3-2　选择 ADVISOR 文件位置路径

该方法的具体操作步骤如下：

① 在 MATLAB 的菜单栏中，选择文件夹按钮【File】>>设置路径 Set Path 栏，可得到图 3-3 所示的路径设置对话框。

② 在路径设置对话框中单击添加文件夹按钮【Add Folder】，系统弹出图 3-4 所示的窗口，选择 ADVISOR 文件目录所在位置路径，例如 “D:\Program Files\ADVISOR2002”，将其添加到 MATLAB 的目录列表中，添加完成后如图 3-3 中的虚线框所示。

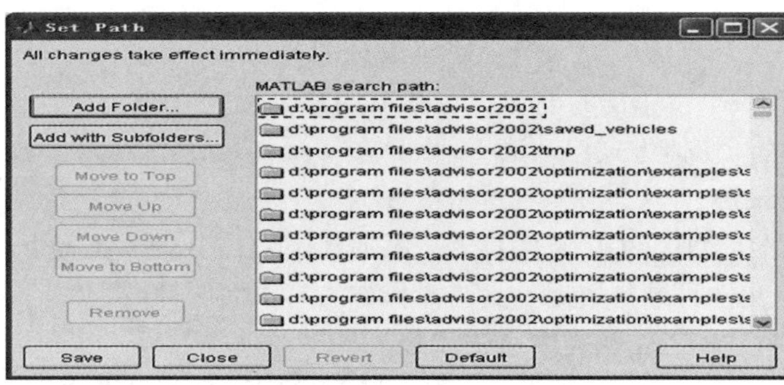

图 3-3　路径设置对话框

图 3-4　单击【Add Folder】后出现的界面

③ 单击下面的保存【Save】按钮，保存路径。

④ 再单击完成【Close】按钮，完成操作，关闭对话框。

将 ADVISOR 文件目录添加到 MATLAB 搜索路径下之后，在 MATLAB 命令窗口提示符下键入命令：advisor，然后回车，即可启动 ADVISOR。打开图 3-5 所示的 ADVISOR 启动界面。

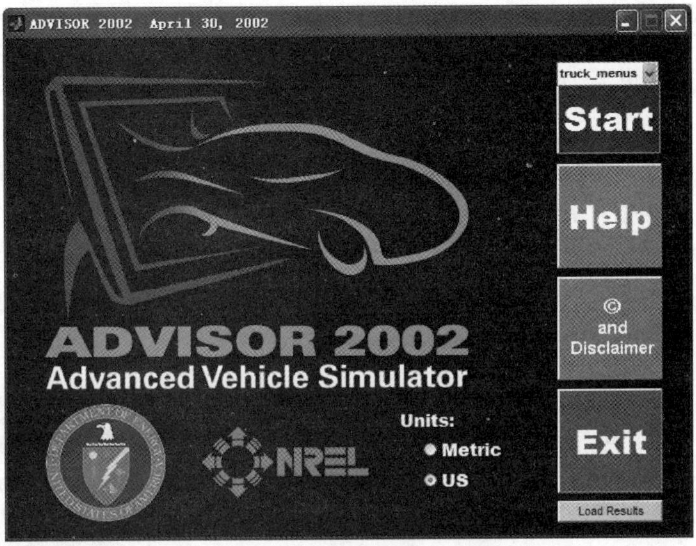

图 3-5　ADVISOR 启动界面

如果启动 ADVISOR 的目录，且还没有作为将来使用目录存储，ADVISOR 会自动弹出是否存储该路径的对话框，如图 3-6 所示。有时存储该路径，作为其他程序进入 ADVISOR 的路径也是必要的，例如：在使用 VisualDoc 做优化时需要存储该路径。

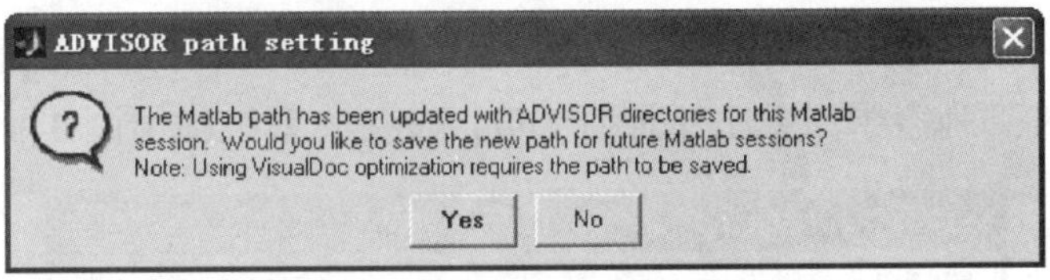

图 3-6　ADVISOR 路径设置提示框

3.1.1.2　创建快捷启动方式

3.1.1.1 节是通过 MATLAB 指令来启动 ADVISOR，本节讲的方法是通过创建快捷启动方式来打开 ADVISOR。具体操作步骤如下：

① 在 ADVISOR 软件的根目录（如 D:\ Program Files \ ADVISOR2002）下，找到可以启动 ADVISOR 与 MATLAB 的快捷方式文件：ADVISOR2002。

② 鼠标右击该文件，选择“属性”。

③ 选择“快捷方式”。

④ 搜索可执行的 MATLAB 文件，并使“目标”指向 MATLAB. exe 文件，后跟“- r advisor”。

⑤ 在“起始位置”一栏下键入 ADVISOR 所在路径。

⑥ 单击“更改图标”，然后在软件目录里找到 ADVISOR. bmp 文件（不是快捷方式文件）。

⑦ 单击【OK】按钮，再双击图标就可运行 ADVISOR 了。

通过上述方法进入 ADVISOR 启动界面后，如图 3-5 所示。

3.1.2 ADVISOR 启动界面

ADVISOR 启动界面如图 3-5 所示。

在 ADVISOR 启动界面上，用户应首先点选 Mertic 或 US，选择单位制式；之后，单击右侧顶端选项栏选项按钮▼，系统弹出图 3-7 所示下拉菜单选项。

单击“all_menus”选项后，系统进入整车输入界面，再单击右上方的加载文件【Load File】按钮（该按钮下节有介绍），可以选择所有已保存的整车配置文件；若选择“truck_menus”选项，则进入整车输入界面后，再单击加载文件【Load File】按钮，仅可以选择已保存的载货汽车配置文件；若单击编辑列表选项 edit list 选项，系统会弹出图 3-8 所示的界面。

图 3-7 顶端选择键下拉菜单

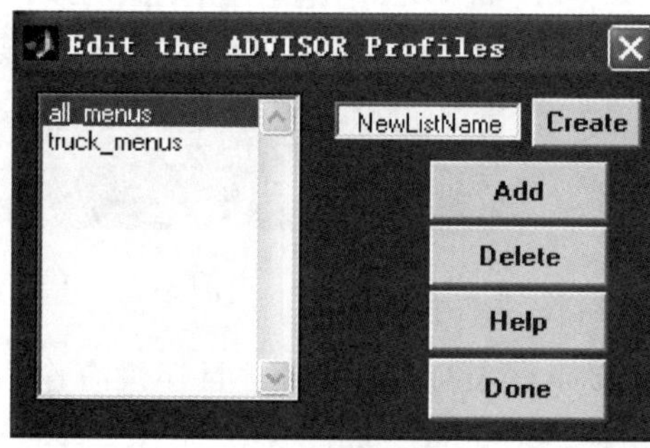

图 3-8 编辑 ADVISOR 配置文件界面

在界面中【Create】按钮左侧窗口编辑一个文件名，单击【Create】按钮，即可增加一个新的车辆配置文件到列表中。单击添加【Add】按钮，系统弹出图 3-9 所示的界面。

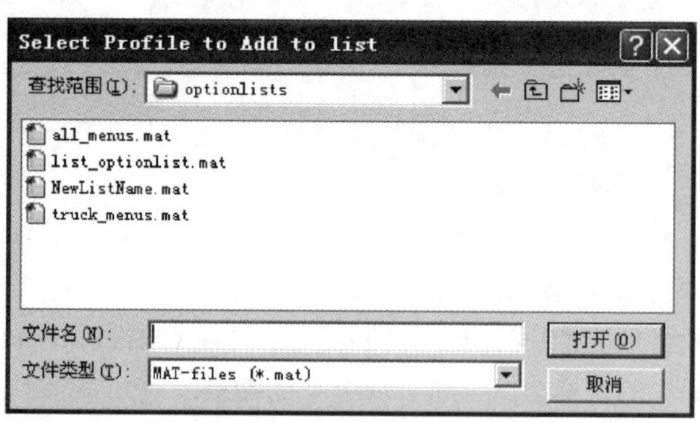

图 3-9 将配置文件添加到列表中界面

选择一个文件，即可添加到列表中，方便用户以后使用。例如：选择 NewListName. mat 文件，可获得图 3-10 所示的结果。

选择图 3-8 所示界面左侧列表文件中任一个，单击删除【Delete】按钮，即可删去已保存的配置文件名，该文件名将不在图 3-7 所示的下拉菜单列表中显示；单击帮助【Help】按钮，可获得相关帮助文档；单击完成【Done】按钮表示修改完成，并退出编辑 ADVISOR 配置文件界面。

用户根据自己需要完成上述选项后，即可在 ADVISOR 启动界面，单击开始【Start】按钮启动 ADVISOR，系统进入整车输入界面。若单击帮助【Help】按钮，可获得 ADVISOR 帮助；单击【© and Disclaimer】按钮可获得版权和免责声明信息；单击退出【Exit】按钮，可退出 ADVISOR。

单击加载结果【Load Results】按钮，系统弹出窗口如图 3-11 所示，可导入用户保存的仿真结果文件。需要说明的是，该文件为“*.mat”类型文件。

图 3-10　增加配置文件

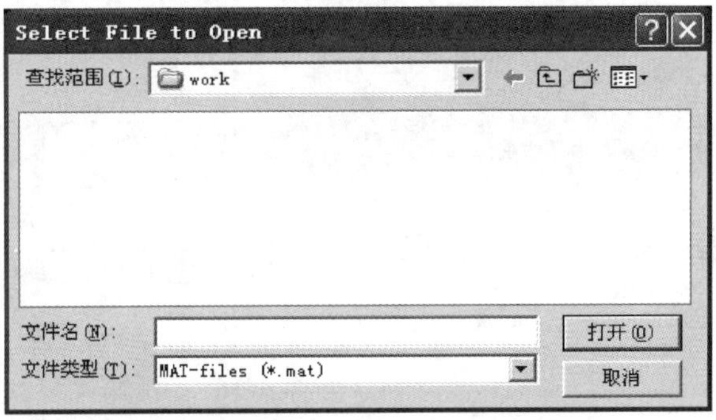

图 3-11　选择已保存的仿真结果文件界面

3.1.3　整车输入界面

在 ADVISOR 启动界面单击开始【Start】按钮，进入整车输入窗口。该窗口各栏显示的是某一具体车辆参数的默认值，如图 3-12 所示。

通过这个界面可以输入汽车的各种参数，以对其进行个性定义。界面左侧为汽车相关图像信息，右侧为相关操作区域。随着用户选择不同的汽车参数，显示的图像信息会有相应的变化。

图中界面左侧上方 1 区为汽车结构示意图。它标识了汽车的整个动力传动系统结构和能量传递方向。单击图中每个汽车部件，均会弹出一个对话框。例如：单击车轮部件，会弹出图 3-13 所示的界面。

通过该界面可以读取已经存储的部件数据，也可查看或编辑相应的 m 文件，从而对软件自带数据进行更改。

图中界面左侧下方 2 区为汽车部件的性能曲线，包括燃料转换器、电机控制器、能量存储系统和变速器。在部件“Component”选项栏下，单击 fuel_converter ▾ 选项键，出现图 3-14所示的界面。

用户可以选择其中部件之一，再在特性图选项栏“Plot Selection”下选择所需要的特性，则会出现与该组件特性相对应的性能曲线。例如：选择部件为燃料转换器（特性为效率）时，在 2 区下方就会显示出燃料转换器效率性能曲线；选择部件为电机控制器时，可以显示电机效率曲线；选择部件为能量存储系统时，可以显示蓄电池组内阻、开环电压、功率等性能曲线；选择部件为变速器时，可以显示变速器升降档规律曲线，等等。可以根据自己的需要，通过下拉菜单选择要显示的某种曲线。

现在以燃料转换器部件为例，说明如何显示出燃料转换器效率图。单击

选择按钮，可显示出燃料转换器部件的性能指标列表，如图 3-15 所示。从列表中选择 “fc_efficiency”，就可以看到燃料转换器效率图，如图 3-16 所示。

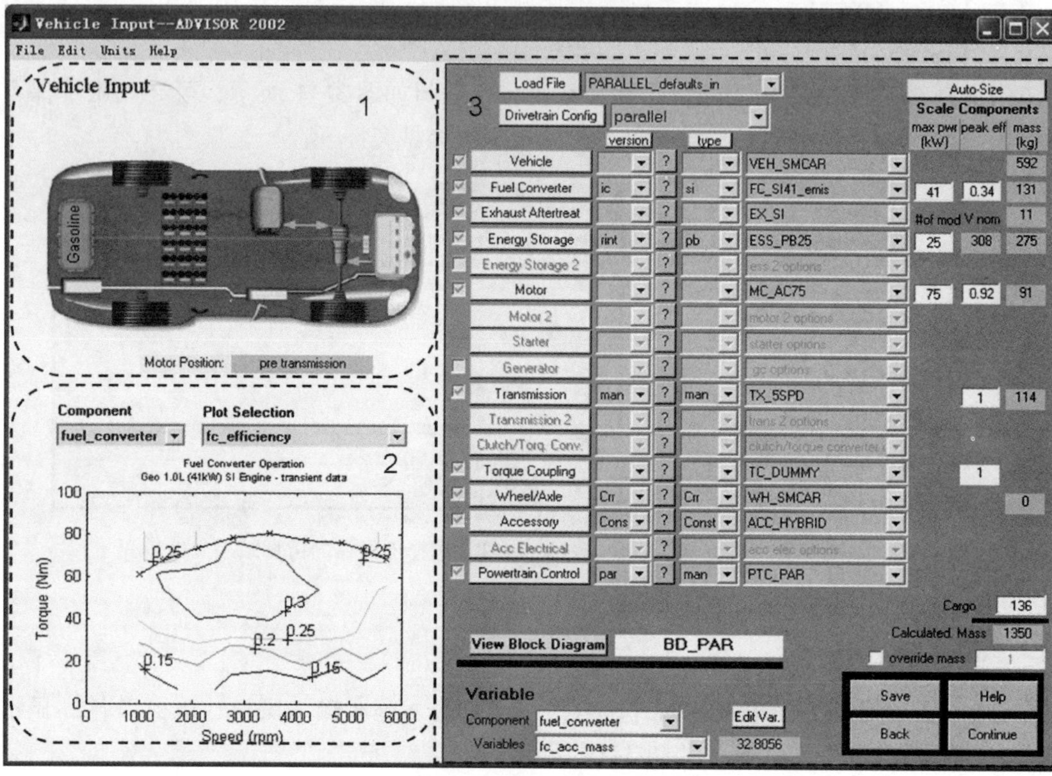

图 3-12　整车参数输入窗口

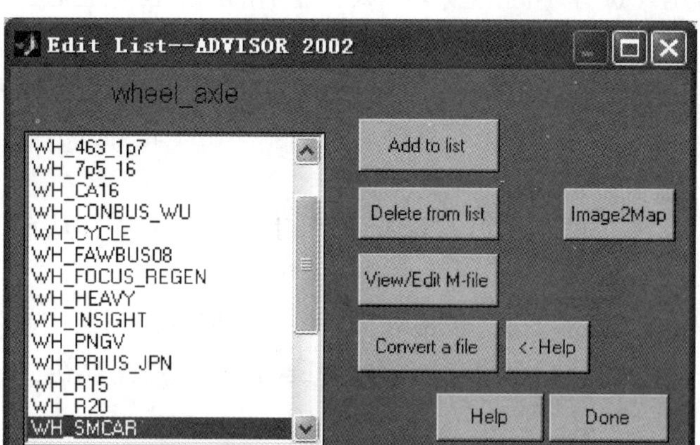

图 3-13　车轮/车轴模型选择界面

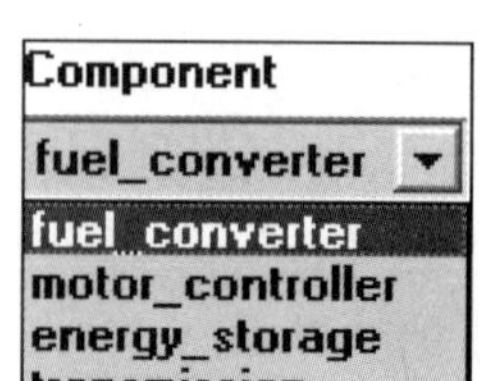

图 3-14　可选择汽车部件列表

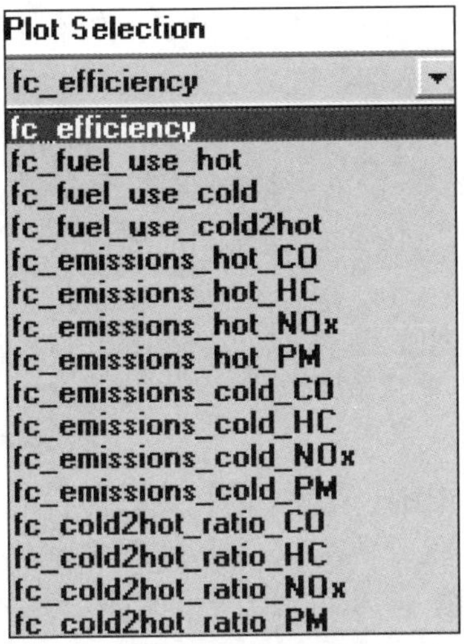

图 3-15　燃料转换器性能指标列表

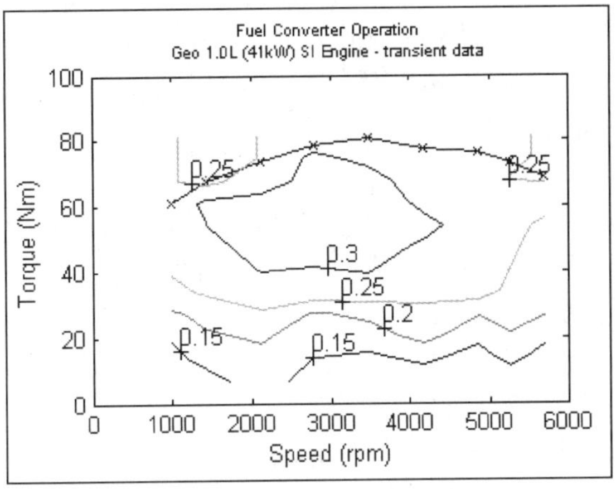

图 3-16　燃料转换器效率图

当选择燃料转换器冷、热或超低温工况的排放物“emissions”时，则可获知排放物 CO、HC、NO_x 与 PM 等不同曲线。

图中界面右侧 3 区是定义汽车参数时的操作面板，下面进行详细介绍。

3.1.3.1　选择传动系

单击图 3-12 中 3 区左上方加载文件【Load File】按钮，可打开图 3-17 所示的界面，显示出可供选择的各种不同类型的汽车，如传统汽车、纯电动汽车、混合动力汽车、燃料电池汽车、压缩天然气汽车等。选择某一汽车后，在右侧选项窗口显示出该结果；也可以单击选项窗口选项键▼，以下拉菜单形式选择车辆模型。

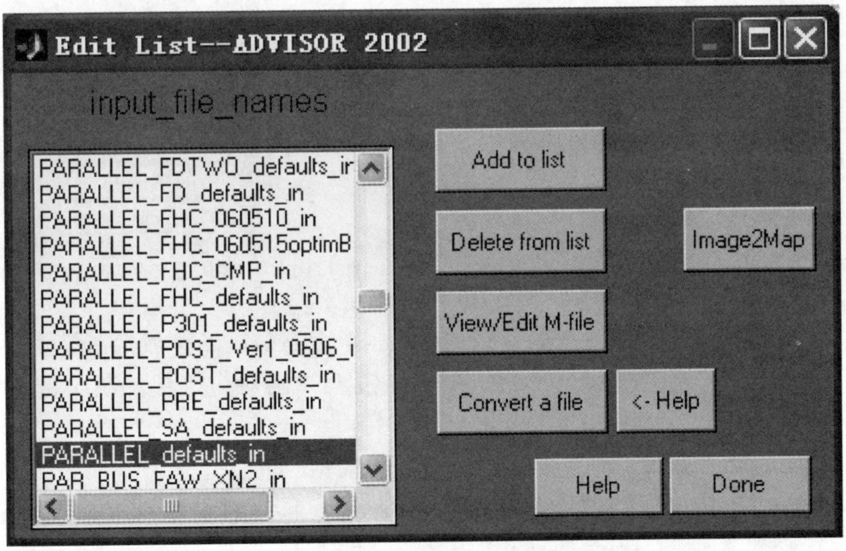

图 3-17　车辆模型文件选择弹出菜单

在传动系配置键【Drivetrain Config】右侧选项窗口的下拉菜单中，用户可进行传动系结构的选择，得到不同的动力传动系统结构，如图 3-18 所示。

窗口左侧汽车图像信息里传动系结构图也会发生相应改变，主要有传统汽车（conventional）传动系结构、串联混合动力汽车（series）传动系结构、并联混合动力汽车（parallel）传动系结构、纯电动汽车（ev）传动系结构、燃料电池汽车（fuel_cell）传动系结构、丰田（Prius）传动系结构和本田（insight）传动系结构等。也可以根据自身需要自定义（custom）汽车传动系结构。选择某传动系结构后，可供该传动系选择的部件也会相应发生改变。

单击传动系配置按钮【Drivetrain Config】，可以得到相关动力传动系统结构的帮助文档，可参见第 4 章有关传动系统结构的详细叙述。

3.1.3.2　选择部件

在选择传动系结构之后，使用弹出菜单或者单击汽车图像信息中的相关部件，可对所有的部件进行选择。传动系结构比较多，从上面介绍的并联（parallel）传动系结构可知，选择其他汽车部件结构的方法与此都是一样的。用户通过图 3-19 可以看到对应传动系选择的部件。

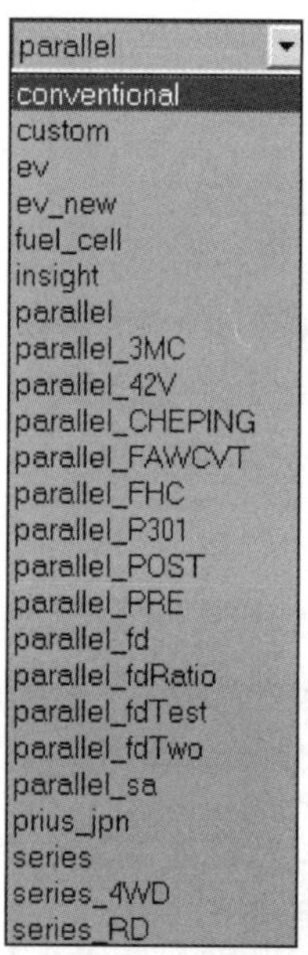

图 3-18　汽车传动系结构列表

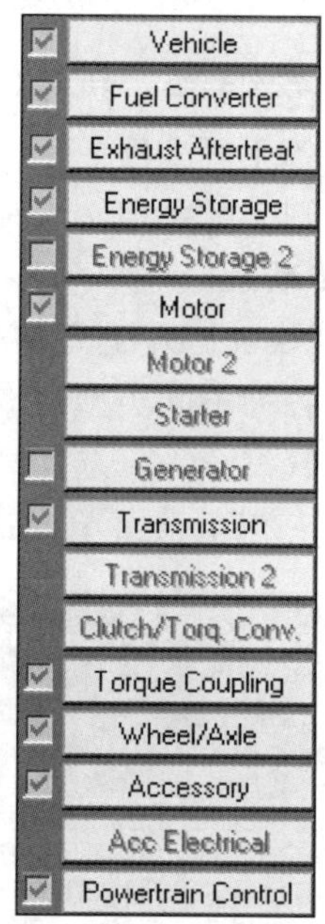

图 3-19　并联传动系汽车需选择的部件

图中黑字按钮，例如 Vehicle（车型）或 Exhaust Aftertreat（排放后处理），其左侧小方框中有“√”，表示用户需要选择的部件，单击该键会弹出对应菜单。灰字键表示对应于并联传动系结构不选的部件，例如 Generator（发电机）。

图 3-19 对应的是并联传动系结构，用户需要选择的部件有车型（Vehicle）、燃料转换器（Fuel Converter）、排放后处理（Exhaust Aftertreat）、能量存储系统（Energy Storage）、电动机（Motor）、变速器（Transmission）、转矩耦合器（Torque Coupling）、车轮车轴（Wheel/Axle）、附件（Accessory）和动力系统控制（Powertrain Control）。

在整车按钮【Vehicle】右上方的部件版式按钮【Version】，是指用户将要使用的部件模型版式。例如：对于燃料转换器模型来说，“ic”是指内燃机模型，“fc”是指燃料电池模型。其右侧的部件类型按钮【type】，是指对应于已选择的部件模型版式可以选择的类型。例如：若用户选择燃料转换器模型版式是内燃机，那么就只可以选择汽油机火花点火（si）或柴油机压缩点火（ci）。

无论单击?、版式按钮【Version】还是类型按钮【Type】，均可获得各部件的版式与类型信息说明。

下面以选择燃料转换器为例来说明如何选择部件。

1. 选择燃料转换器模型版式与类型

与选择燃料转换器部件有关的操作区域如图3-20所示。

图3-20 选择燃料转换器部件操作区域

单击ic ▼和si ▼选择按钮，可以得到燃料转换器模型版式和对应的类型列表，如图3-21与图3-22所示。

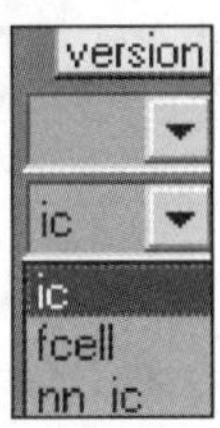

图3-21 燃料转换器模型版本列表

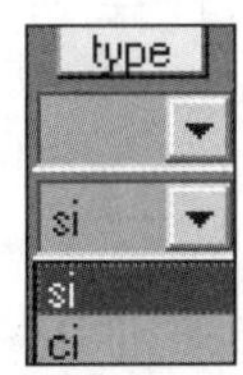

图3-22 燃料转换器模型类型列表

燃料转换器模型版式有内燃机模型（ic）、燃料电池模型（fcell）和带神经网络排放模型的内燃机模型（nn_ic）。传动系结构既已选择为并联形式，那么燃料电池模型就不可再用。若通过下拉菜单选择“fcell”，就会出现图3-23所示的错误提示信息，告诉用户该选择与其他设置有冲突。

并联传动系统车辆可选的燃料转换器模型版式有“ic”和“nn_ic”。如果选择“ic”，则燃料转换器类型可以选择为汽油机火花点火（si）或柴油机压缩点火（ci）；如果选择“nn_ic”，则燃料转换器类型只能选择为柴油机压缩点火（ci）。

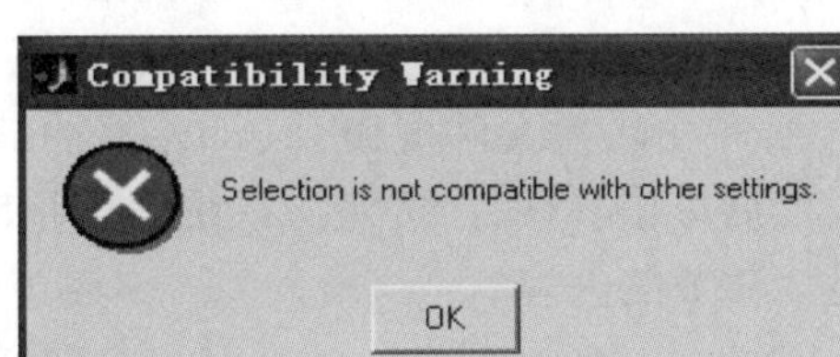

图3-23 错误提示信息

2. 选择燃料转换器模型

在图3-12整车参数输入窗口，单击燃料转换器按钮【Fuel Converter】，会弹出图3-24所示的界面；也可以单击右侧第3列选项栏窗口的选项按钮▼，得到燃料转换器模型文件下拉菜单，如图3-25所示。两种方法结果一致。

图3-24中左侧所示为软件自带的燃料转换器模型文件列表，可直接使用该燃料转换器模型，也可以对模型进行部分修改。

在图3-24的右侧，可以对已有的燃料转换器模型进行一些操作。

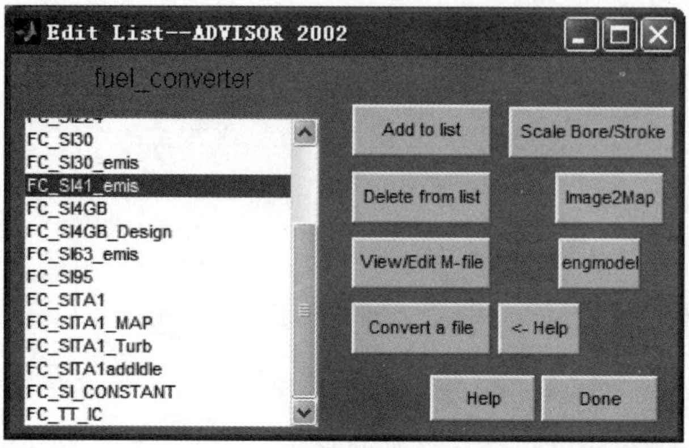

图 3-24　部件选择弹出菜单

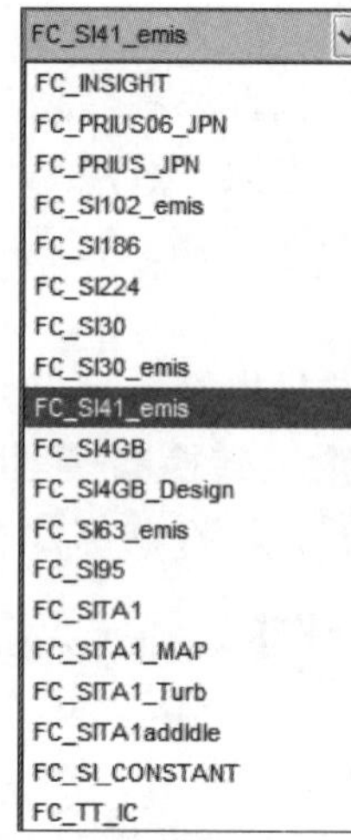

图 3-25　部件选择下拉菜单

① 单击增加文件至列表按钮【Add to list】，得到图 3-26 所示的界面，可以增加自定义的模型至列表（模型是 *. m 文件格式）。

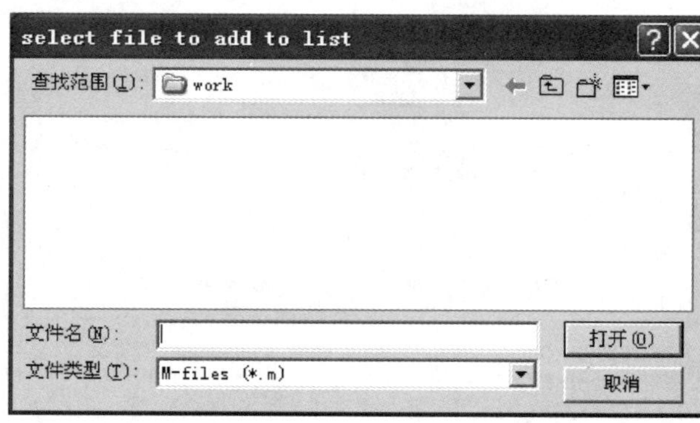

图 3-26　选择文件增加至模型列表界面

② 单击删除按钮【Delete from list】，可以删除列表中燃料转换器模型文件。

③ 单击查看/编辑模型 M 文件按钮【View/Edit M-file】，会弹出模型的 M 文件，用户可以按照需要编辑 M 文件，重新设定该部件模型的一些参数。

④ 单击转换文件按钮【Convert a file】，弹出图 3-27 所示的窗口，输入要转换的文件名，然后单击【OK】按钮，系统即可将旧版本的文件转换成当前版本的同名文件。详细介绍见 3.3 节的内容。

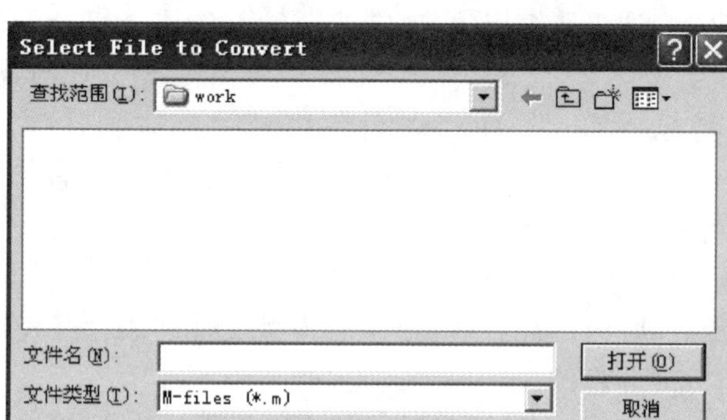

图 3-27　转换文件版本界面

⑤ 单击帮助按钮【help】，可获得关于如何使用 ADVISOR 的帮助信息。

⑥ 单击燃料转换器气缸直径/冲程刻度按钮【Scale Bore/Stroke】，系统弹出图 3-28 所示的界面。

下面详细介绍图 3-28 所示界面。

- 燃料转换器文件位置栏“Engine File To Scale”，是燃料转换器模型文件的存放位置选项，单击浏览按钮【Browse】，可以选择其他燃料转换器模型文件。
- 燃料转换器类型栏“Select Engine Type”有三个选择：进气口喷射火花点火（Port Injection SI）、直接喷射火花点火（Direct Injection SI）和直接喷射压缩点火（Direct Injection CI）。
- 原始内径与行程栏“Original Bore and Stroke（cm）”，设置了燃料转换器原始气缸的直径与冲程。
- 新的燃料转换器气缸直径与冲程栏“New Bore and Stroke（cm）to scale to:”，可以设置燃料转换器气缸新的直径与冲程。
- “New Engine File Name”栏处，可输入新的燃料转换器模型文件名。
- 单击运行按钮【Run】，系统会重新载入燃料转换器数据。

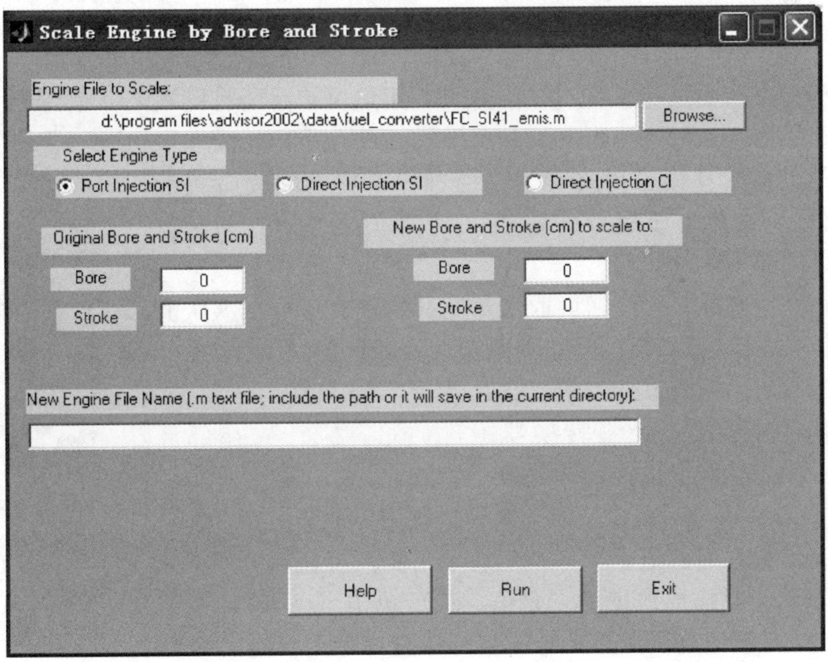

图 3-28　燃料转换器气缸直径与冲程设置界面

⑦ 单击完成按钮【Done】，系统会重新载入数据。

图 3-25 所示为通过下拉菜单的形式来选择模型文件，只可选择某个已存在的模型文件，但不能修改模型。

汽车其他部件的选择方法与已介绍的燃料转换器选择方法一样，这里就不再赘述。

3.1.3.3　编辑变量

在选择了所有部件之后，可以进一步改变标量变量值。有两种方法可以改变变量值。

1. 通过变量列表与编辑键

通过整车参数输入窗口底部的变量 Variable List 栏，与变量编辑按钮【Edit Var】共同修改变量值。如图3-29所示。

① 选择所要编辑变量的部件，如燃料转换器（fuel_converter），通过部件（Component）选项栏，单击选项键▼，在下拉菜单里选择该选项，选项栏窗口即显示“fuel_converter”。

② 选择该部件列表里要编辑的变量，如燃料转换器附件质量（mass），即在变量（Variables）选项栏单击选项键▼，通过下拉菜单选择，则在选项栏窗口显示“fc_acc_mass”。

③ 单击变量编辑按钮【Edit Var.】，系统弹出界面如图3-30所示，可以直接输入变量的值。变量的默认值 Default Val. 一直显示，供用户参考。

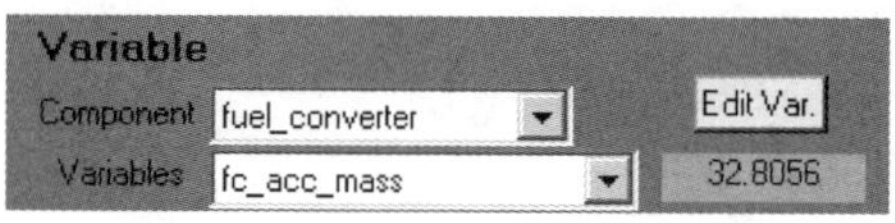

图3-29　变量列表

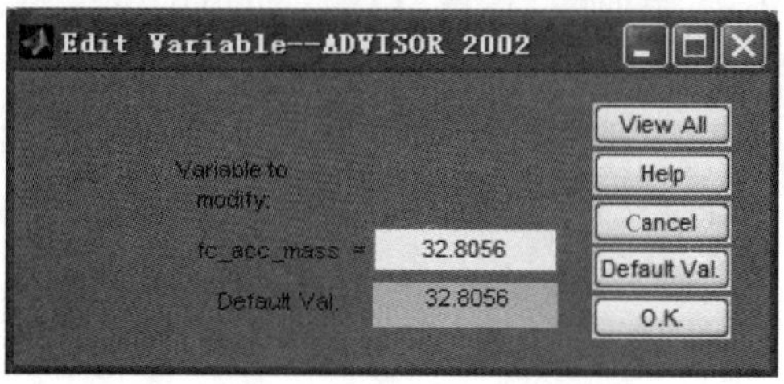

图3-30　变量编辑界面

④ 单击窗口中查看所有按钮【View all】，用户可查看所有已被改变了的数值变量。

⑤ 单击帮助按钮【Help】查看输入变量的单位与阅读有关输入变量的简短信息。本书涉及的所有软件变量信息，均可在附录里找到，读者可以随时查阅。

⑥ 单击取消【Cancel】按钮，取消对变量的修改；单击默认值按钮【Default Val.】，已编辑的变量值重新变为默认值。

⑦ 单击【O. K.】按钮表示确定修改。

例如：用户若要改变燃料转换器附件质量，应首先在部件（Component）下拉菜单中选择燃料转换器（fuel_converter），然后在变量（Variables）下拉菜单中选择燃料转换器附件质量（fc_acc_mass），其默认值会在右侧显示出来，然后单击编辑变量按钮【Edit Var.】，即可输入自己需要改变的变量值，最后单击【O. K.】按钮即可。新改变的变量值显示在上，默认值则一直在其下。这种方法可以避免每次通过 *. m 文件输入变量值的复杂过程。

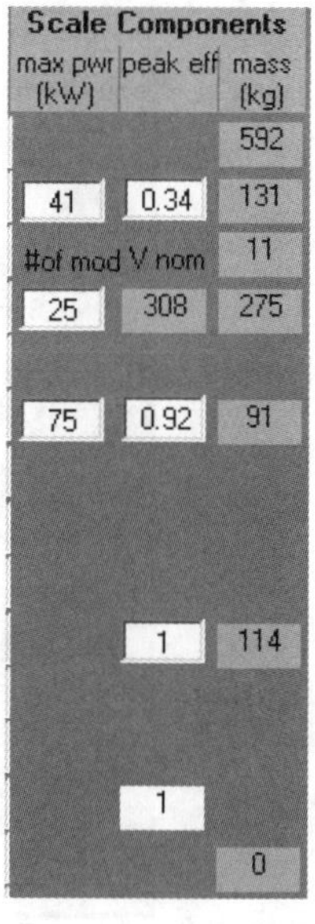

图3-31　通过部件右边编辑框键入变量值

2. 直接键入变量值

这种方法是在部件右边的编辑框内直接键入变量值，参见图3-31。

例如：欲调整燃料转换器的最大功率，首先应确定部件燃料转换器，调整变量“fc_trq_scale”的值，即改变“max pwr”栏的值；或者增加峰值效率值来相应地增加变量“fc_eff_scale”的值，即改变“peak eff”栏的值，如图3-32虚线框所示。

例如：要改变汽车质量，则应在图3-33所示的操作区编辑改变汽车质量数值。

“Cargo”表示货物质量，可直接键入数值；Calculated Mass 表示根据选择的部件和货物质量

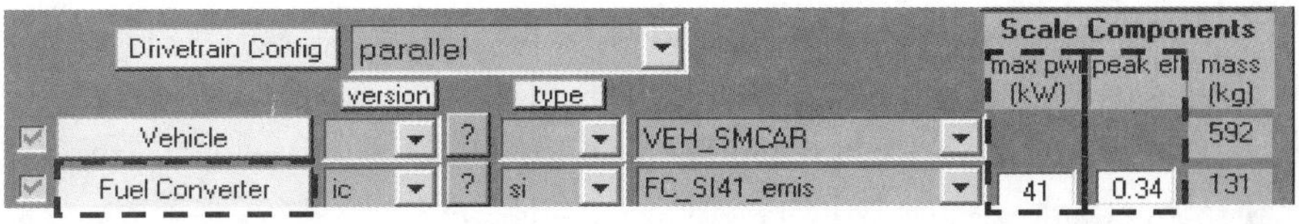

图 3-32 变量输入界面

计算得到的汽车质量；若勾选覆盖质量栏（override mass）[⊖]栏，并输入一个值，那么整个仿真过程都会按照这个质量计算。

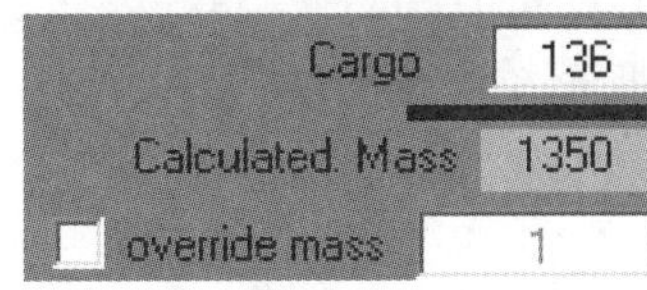

图 3-33 编辑汽车质量区域

3.1.3.4 查看汽车仿真模型

在图 3-12 整车参数输入窗口下部，单击查看框图按钮【View Block Diagram】，可以看到汽车仿真模型（图 3-34），也就是基于 MATLAB/ Simulink 搭建的汽车仿真模型。

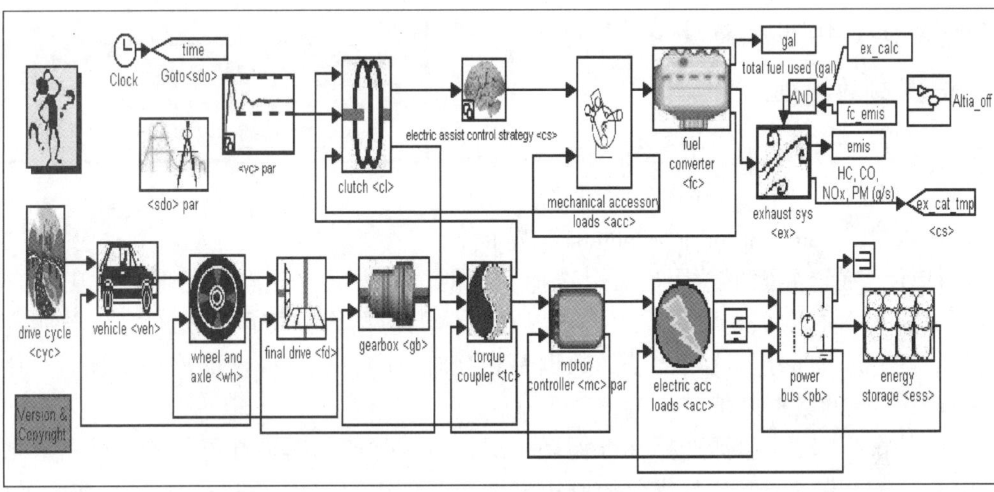

图 3-34 汽车仿真模型示例

3.1.3.5 下载与存储汽车结构

单击图 3-12 所示的整车输入窗口右侧 3 区顶部的加载文件按钮【Load File】，或者通过整车输入窗口左上角【File】 >> 【Load Vehicle】，可以下载某个特定的汽车配置文件；单击图像底部的保存按钮【Save】，或者通过整车输入窗口左上角【File】 >> 【Save Vehicle】，可以保存某个特定的汽车配置文件，文件以“filename_in. m”格式保存。

3.1.3.6 自动调整结构参数

在图 3-12 所示的整车输入窗口的右侧顶端，单击自动调整结构参数按钮【Auto-Size】，会出现图 3-35 所示的对话框。

它用于调整选定汽车的参数，使之符合加速性能和爬坡性能的要求。自动调整结构参数是改变燃料转换器转矩量值（fc_trq_scale）、电机控制器转矩量值（mc_trq_scale）、能量存储系统模块数量以及汽车质量等。在结构参数自动调整时，如设定最小转矩量值，应确保

⊖ override mass：勾选该质量，即由其覆盖整车、传动系统等计算的质量，整个仿真按照此质量进行。

峰值功率输出是 45kW；限定电池模块数以确保产生最大为 480V 的额定电压；系统默认的性能指标是能在坡度至少为 6% 的道路上，以 55mile/h 的车速稳定行驶；0～60mile/h 的加速时间少于 12s；0～85mile/h 加速时间不超过 23.4s；40～60mile/h 加速时间不超过 5.3s。关于自动调整结构参数的详细介绍，可参考 5.1.2 节的内容，这里不再赘述。

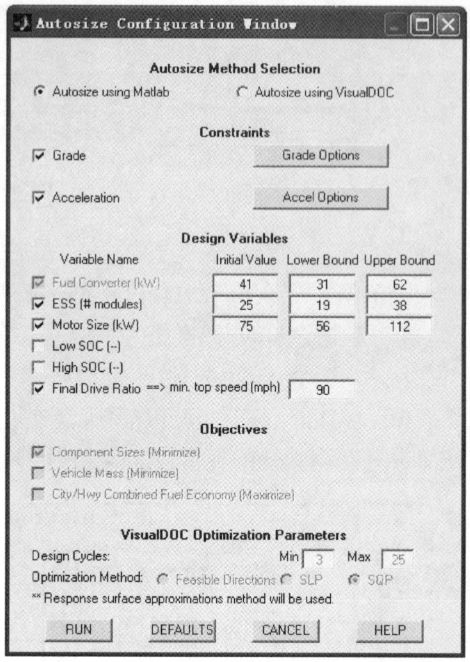

图 3-35 Autosize 界面

3.1.3.7 返回与继续键

在图 3-12 所示的整车输入窗口的右侧底部，单击返回按钮【Back】，用户可回到原启动窗口；须特别注意，该操作会丢失所有未存储的信息。单击继续按钮【Continue】，用户可进入仿真设置窗口。

3.1.4 仿真参数界面

在整车输入界面下，用户完成整车参数选择之后，单击继续按钮【Continue】，便可进入 ADVISOR 仿真参数（Simulation Parameters）界面，如图 3-36 所示。在该界面下，用户可以选择车辆的试验方案（车辆的行驶循环工况）与设定仿真初始条件。由图 3-36 可以看出，该界面总体上包括行驶循环工况的定义与所定义循环工况的数据分析两部分。这两部分的数据是相互对应的，在选择标准循环工况时，用户可通过参考循环工况的数据来确定。

定义行驶循环工况，包括选择标准循环工况、设定加速与爬坡性能试验、分析参数、设置电气附件、设置模拟器下载与优化控制策略参数等项内容，如图 3-36 所示。在此界面上，用户可以根据需要，设置包括道路循环、时间阶跃、循环次数、初始条件等仿真条件，设定道路坡度、是否进行交互仿真、加速度测试与爬坡能力测试。同时，ADVISOR 还为用户提供了最多 3 个部件参数进行灵敏度分析，以研究不同参数对汽车性能的影响，为汽车设计提供参考。另外，用户可以根据需要选择车辆的辅助电气设备工作情况，设置下载模拟装置，优化控制策略参数。

3.1.4.1 定义行驶循环工况

1. 选择标准循环工况（Drive Cycle）

在图 3-36 中 ADVISOR 仿真参数界面的右侧上部，选择标准循环工况的界面如图 3-37 所示。它包括一组三选一的单选键，分别对应 Drive Cycle、Multiple Cycles 和 Test Procedure。

在循环工况（Drive Cycle）界面中，用户可以选择标准循环工况按钮【Drive Cycle】，设定仿真步长（Time Step）、循环工况重复次数（#of cycles）、是否校正 SOC（SOC Correction）、是否过滤循环工况（Cycle Filter）、恒定道路坡度（Constant Road Grade）、是否实时交互式仿真（Interactive Simulation），还可以用仿真初始条件按钮【Initial Conditions】进行设置。

（1）标准循环工况（Drive Cycle）

选择标准循环工况时，用户可单击循环工况【Drive Cycle】按钮，得到图 3-38 所示的

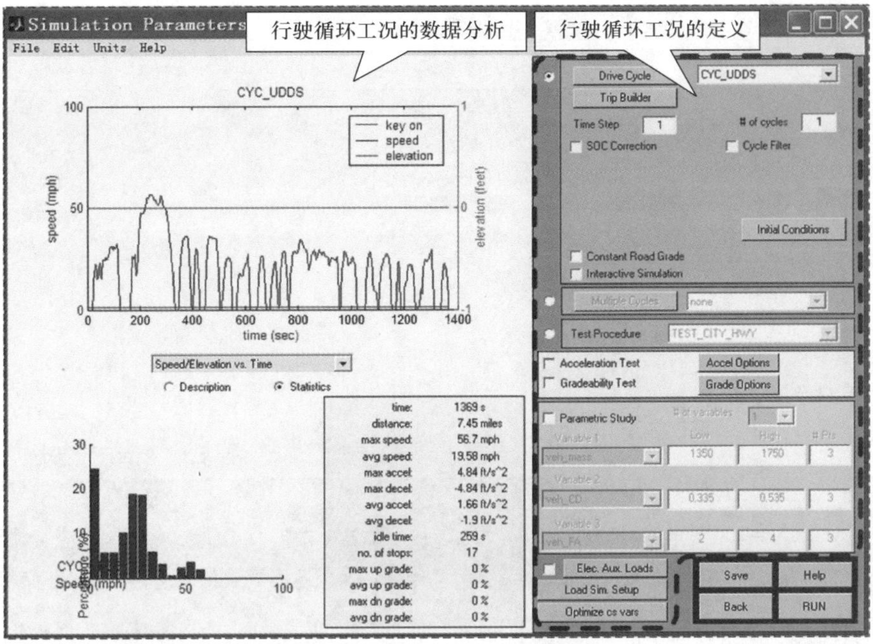

图 3-36 ADVISOR 仿真参数界面

标准循环工况列表。选择不同工况选项后，单击【Done】按钮即可。而图 3-38 中其他按钮如【Add to list】、【View/Edit M-file】等与前述的功能是一样的，这里不再赘述。

另外，用户也可以通过单击选项栏窗口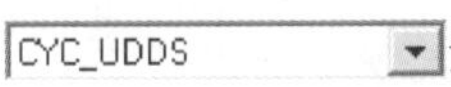

选择按钮，选择菜单里的不同标准循环工况后，单击所选工况即可。

前面所说两种选择循环工况的方法是一样的。常用的循环工况有美国的城市驱动工况 CYC_UDDS、日本的 10-15 驱动工况 CYC_1015、新欧洲行驶循环 CYC_NEDC 等。

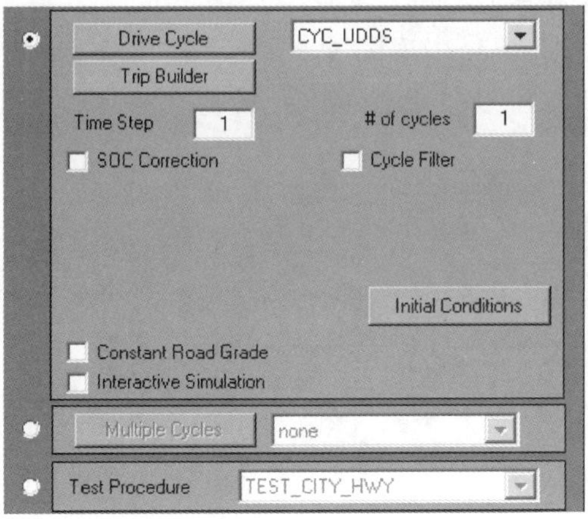

图 3-37 标准循环工况选择界面

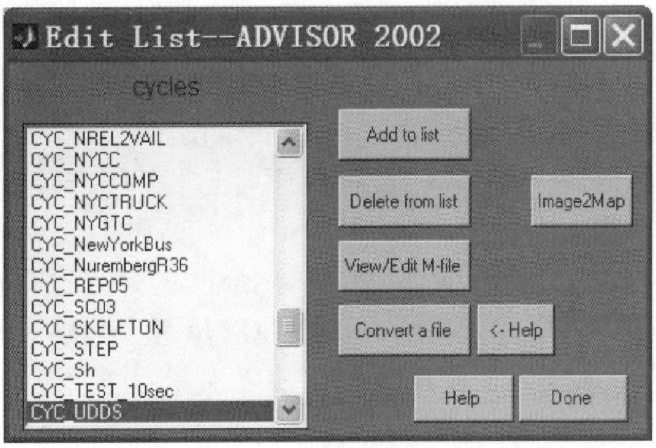

图 3-38 标准循环工况列表

当单个标准循环工况无法满足用户多个不同循环工况同时仿真的要求时，ADVISOR 提供了一种自定义循环工况形式。单击图 3-37 中的自定义循环工况按钮【Trip Builder】，会出现 Trip Building 窗口，如图 3-39 所示。

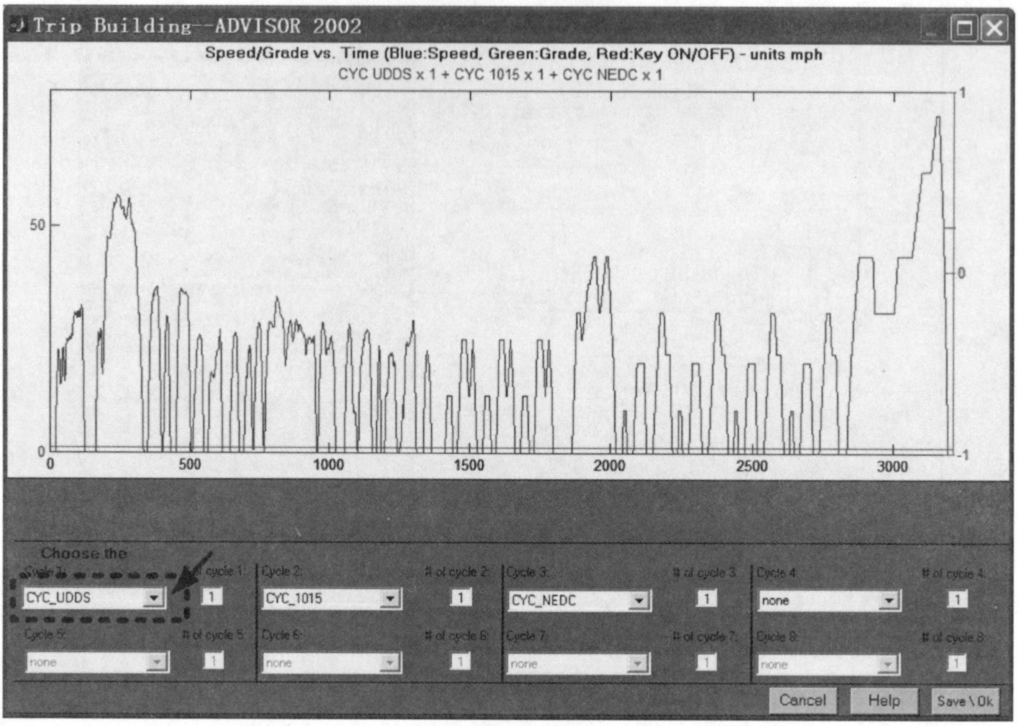

图 3-39　Trip Building 窗口

用户根据需求，单击图 3-39 中标准循环工况列表下拉菜单（编者所加虚线框区域），选择所需的标准循环工况组合，单击保存/确认按钮【Save \ Ok】完成。例如：图 3-39 所示的循环工况曲线是由 CYC_UDDS、CYC_1015 和 CYC_NEDC 三个工况联合组成的。

用户可以设定仿真步长（Time Step），默认为 1s，通常设定为 0.01s，还可以设定循环工况的重复次数（#of cycles），默认为 1 次，通常采用默认设置。

用户需要设定 SOC 校正时，勾选 SOC Correction 选项，出现图 3-40 所示的 SOC 校正对话框。用户通过单击选项栏窗口 zero delta 选项按钮，可以选择不同 SOC 校正方法。

ADVISOR 在模拟过程中，SOC 校正方法包括线性校正法和 0-δ 校正法两种。

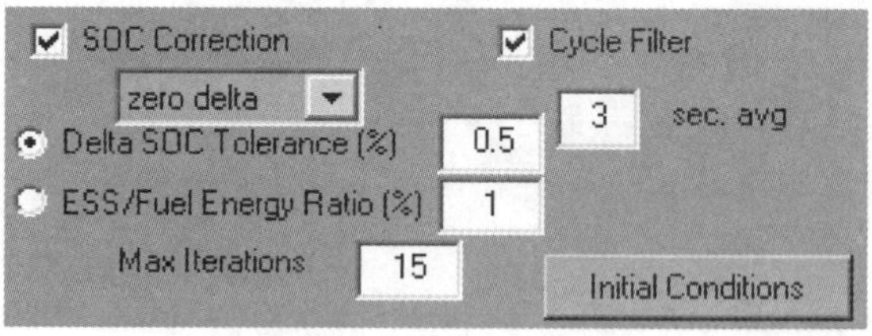

图 3-40　校正 SOC 对话框

线性校正法的校正程序是运行两个模拟循环：其中一个循环 SOC 的变化为正（充电），另一循环 SOC 的变化为负（放电）。汽车性能指标（如燃油消耗率、排放等）由这两个循环数值在 SOC 变化为零那一点内插值替换得到。

0-δ 校正程序是不断调整初始 SOC 值，使模拟结束后 SOC 的变化值为零，且控制误差在 ±0.5% 之内。控制误差也可以根据用户需求，单选“Delta SOC Tolerance（%）”后自己定义误差值。

在图 3-40 中勾选循环过滤 Cycle Filter 项，可以平滑循环工况的输出。而 sec. avg 项值，用户可以根据需求自己设定，默认值为“3”。该值的作用是每隔 3s 时间对循环工况的数据进行一次平均。

用户需要设置仿真初始条件时，单击设置仿真初始条件按钮【Initial Conditions】，出现图 3-41 所示的设置仿真初始条件对话框。

仿真初始条件包括空气阻力系数 air_cp、蓄电池组 SOC 初始值 ess_init_soc 及各部件工作温度等信息。用户可以根据需求自己设定后，单击【Done】按钮完成。

【Load Hot】按钮、【Load Ambient】按钮与【Load Defaults】按钮分别是加载热起动温度、环境温度和默认温度条件的按钮；变量定义查看按钮【view variable definitions】与 ADVISOR 帮助文档链接，单击此按钮可查看各初始条件变量的含义。

在图 3-37 下方的 Constant Road Grade 选项用于设定道路恒定坡度。用户勾选此项后，在 ADVISOR 仿真时，可以采用新设定的恒坡度值代替循环工况中的坡度值；Interactive Simulation 选项是允许用户进行动态交互式仿真。动态交互仿真的相关知识将会在本章 3.1.5.7 小节详细介绍，这里不作赘述。

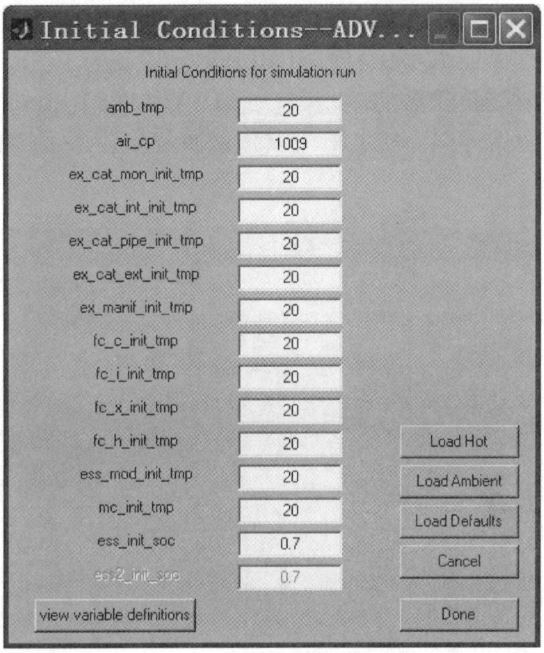

图 3-41　设置仿真初始条件对话框

（2）多重循环界面（Multiple Cycles）

用户勾选图 3-37 中的多重循环（Multiple Cycles）选项时，可以设定多重循环。用户可以在初始条件相同时，设定多个不同循环工况的运行过程。多重循环功能自动存储设置信息，包括初始条件；然后运行选定的所有循环并存储仿真结果。用户可借助仿真结果列表，从 ADVISOR 仿真结果界面查看不同循环工况下的仿真结果。

使用时，用户单击多重循环按钮【Multiple Cycles】，出现图 3-42 所示的多重循环设置对话框，用户根据需求，单击图中标准循环工况列表下拉菜单（虚线框区域）选择所需的标准循环工况组合，单击【Ok】按钮完成。如图 3-42 所示，循环工况曲线有 CYC_NEDC、CYC_UDDS、CYC_1015 和 CYC_FTP 四个工况信息。

（3）试验规程界面（Test Procedure）

用户勾选图 3-37 中的试验规程（Test Procedure）选项时，可以设定试验规程。用户可使用选项栏窗口 TEST_CITY_HWY 选项按钮选择运行试验规程，进行特定的试验。应该注意的是，当用户单击该选项时，循环工况（Drive Cycle）与多重循环（Multiple Cycles）设置将不起作用。

试验规程有下列各种测试类：

- TEST_CITY_HWY。
- TEST_ACCEL。
- TEST_CITY_HWY_HYBRID。

➢ TEST_FTP。
➢ TEST_FTP_HYBRID。
➢ TEST_GRADE。
➢ TEST_J1711。
➢ TEST_REAL_WORLD。

试验规程 TEST_CITY_HWY、TEST_J1711 和 TEST_REAL_WORLD 的内容将会在第 5 章中作详细介绍。对于其他试验规程，本书不作详细介绍，有兴趣的读者可以自己查阅相关文献。

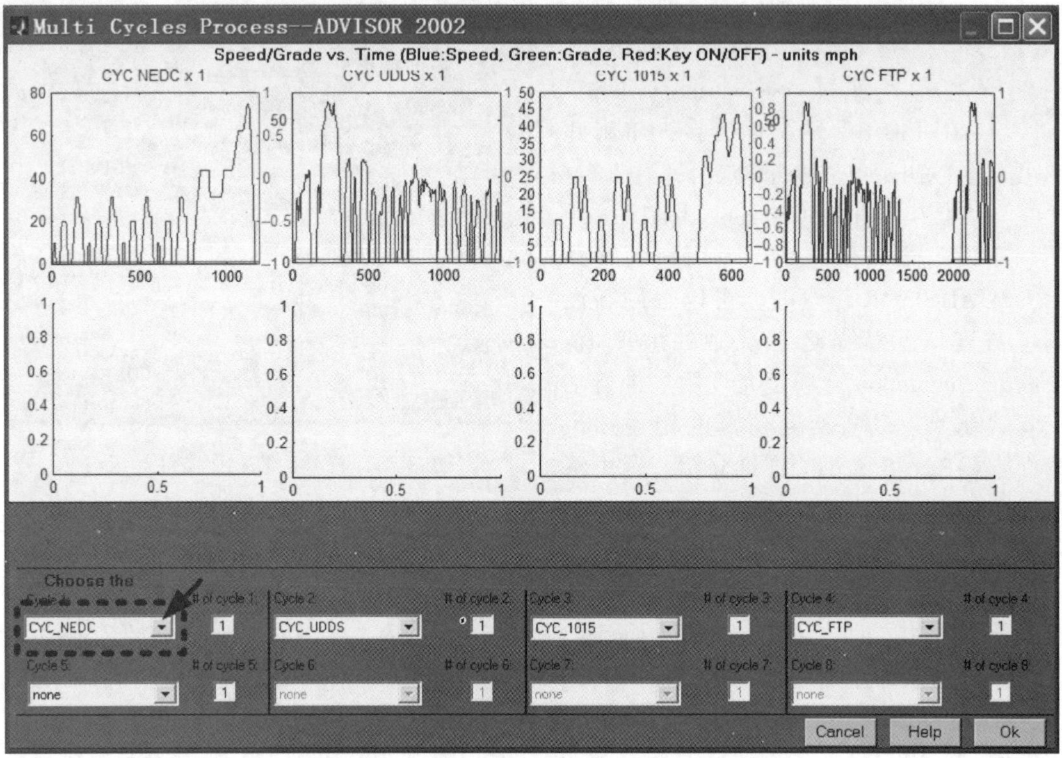

图 3-42　多重循环设置对话框

2. 设定加速与爬坡度性能测试

加速与爬坡性能测试的设定界面如图 3-43 所示，包括加速试验（Acceleration Test）和爬坡试验（Gradeability Test）。根据需求，用户可以勾选“Acceleration Test”与“Gradeability Test”选项，然后，ADVISOR 仿真选定的循环时，就会附加运行一个加速试验循环与爬坡试验循环。

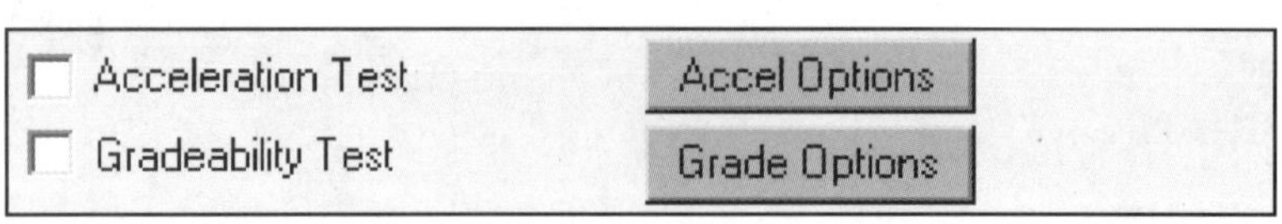

图 3-43　加速与爬坡性能测试的设定界面

（1）加速试验（Acceleration Test）

勾选"Acceleration Test"选项后，单击加速选项按钮【Accel Options】，出现图 3-44 所示的加速试验设置界面。

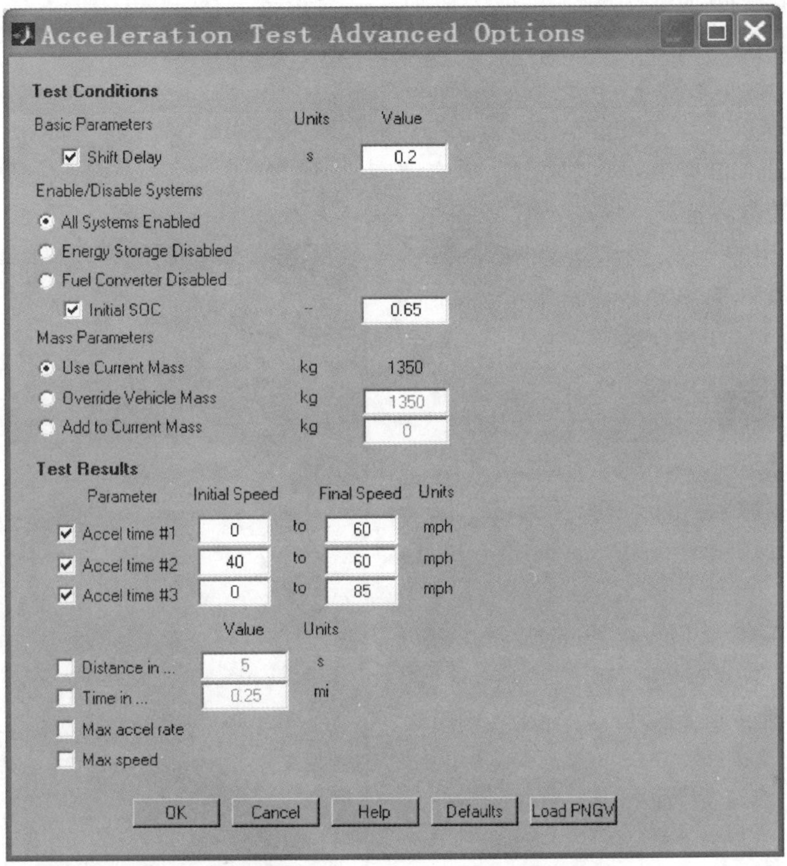

图 3-44　加速试验设置界面

在此界面中，用户可以设置加速试验的条件（Test Condition）选项和期望显示的试验结果（Test Results）选项。加速试验条件包括：

- 换档延迟时间（Shift Delay）选项。
- 启用全系统（All Systems Enabled）选项。
- 断开储能器（Energy Storage Disabled）选项。
- 关闭燃料转换器（Fuel Converter Disabled）选项。
- 蓄电池组 SOC 初始值（Initial SOC）选项。
- 整车当前质量（Use Current Mass）选项。
- 满载质量（Override Vehicle Mass）选项。
- 新附加质量（Add to Current Mass）选项。

期望显示的试验结果包括：

- 不同的加速时间（Accel time）。
- 在一定时间内可以运行的最长距离（Distance in...）。

➢ 在一定距离内所需要的最短时间（Time in...）。

➢ 最大加速度（Max accel rate）。

➢ 最高车速（Max speed）。

设置完成后，单击【OK】按钮，完成加速试验设置。从 ADVISOR 仿真结果界面窗口中，用户所选定的试验结果将会输出。而欲逐秒观察加速度试验的输出结果，用户可选择循环菜单中的 CYC_ACCEL 循环。

（2）爬坡试验（Gradeability Test）

勾选“Gradeability Test”选项后，单击坡度选项按钮【Grade Options】，显示图 3-45 所示的爬坡试验设置界面。

界面中，用户可以设置爬坡试验条件（Test Conditions）选项和求解条件（Solution Conditions）选项。爬坡试验条件包括：

➢ 在固定档位（Gear Number）下，设置爬坡度选项。

➢ 限定车速（Speed）与持续时间（Duration）条件下，所能爬上的坡度（Grade）。

➢ 系统是否工作（All Systems Enabled）选项。

➢ 断开储能器（Energy Storage Disabled）选项。

➢ 关闭燃料转换器（Fuel Converter Disabled）选项。

➢ 蓄电池组 SOC 初始值（Initial SOC）选项。

➢ SOC 最小值（Minimum SOC）选项。

➢ 整车当前质量（Use Current Mass）选项。

➢ 覆盖质量（Override Vehicle Mass）选项。

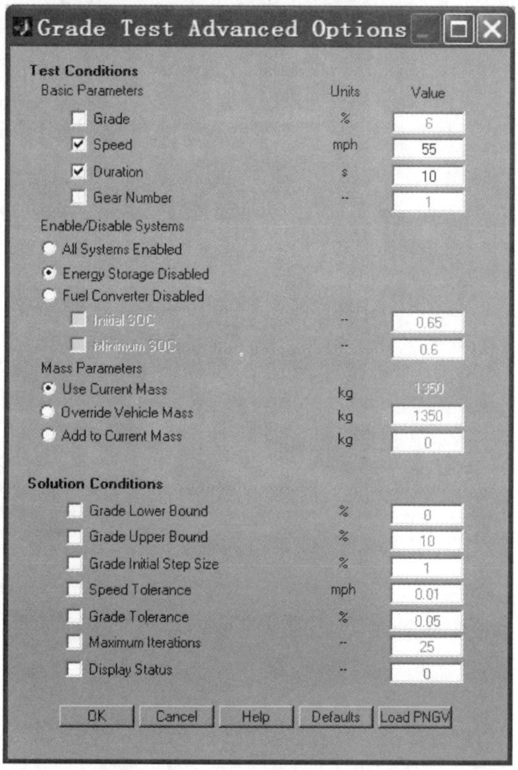

图 3-45 爬坡试验的设置界面

➢ 新附加质量（Add to Current Mass）选项。

求解条件包括：

➢ 爬坡度低限值（Grade Lower Bound）选项。

➢ 爬坡度高限值（Grade Upper Bound）选项。

➢ 爬坡度初始仿真步长（Grade Initial Step Size）选项。

➢ 车速容差（Speed Tolerance）选项。

➢ 爬坡度容差（Grade Tolerance）选项。

➢ 最大迭代次数（Maximum Iterations）选项。

➢ 显示状态（Display Status）选项。

应该说明的是，求解条件的选项内容通常情况下采用默认设置。

设置完成后，单击【OK】按钮，完成爬坡试验设置。需要注意的是，无论选用哪种单位标准，这里的车速都是 mile/h（英里/小时），要注意换算；从 ADVISOR 仿真结果界面窗口输出的爬坡度，就是输入行驶车速下能稳定行驶的最大爬坡度。

3. 分析参数

在图 3-36 所示的 ADVISOR 仿真参数界面右侧中部勾选参数分析 Parametric Study 选项栏，得到图 3-46 所示的界面。用户可观察至多三个参数（#of variables）对汽车的影响，即进行参数匹配研究。每个变量均设定最大值与最小值，同时选定参数研究的点数，之后，ADVISOR 会运行一系列的模拟覆盖输入点矩阵。例如：选定参数为 3，输入点数为 3，则需运行 27 次模拟。

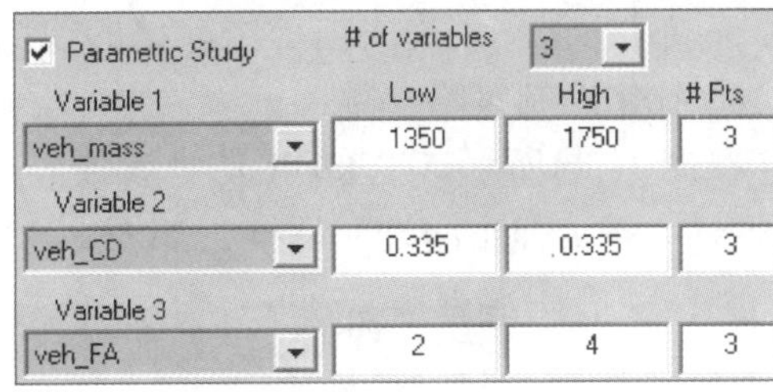

图 3-46　参数分析界面

4. 设置电气附件

在图 3-36 所示的 ADVISOR 仿真参数界面的右下侧，单击电气附件设置按钮【Elec. Aux. Loads】，用户进入电气附件设置窗口，如图 3-47 所示。

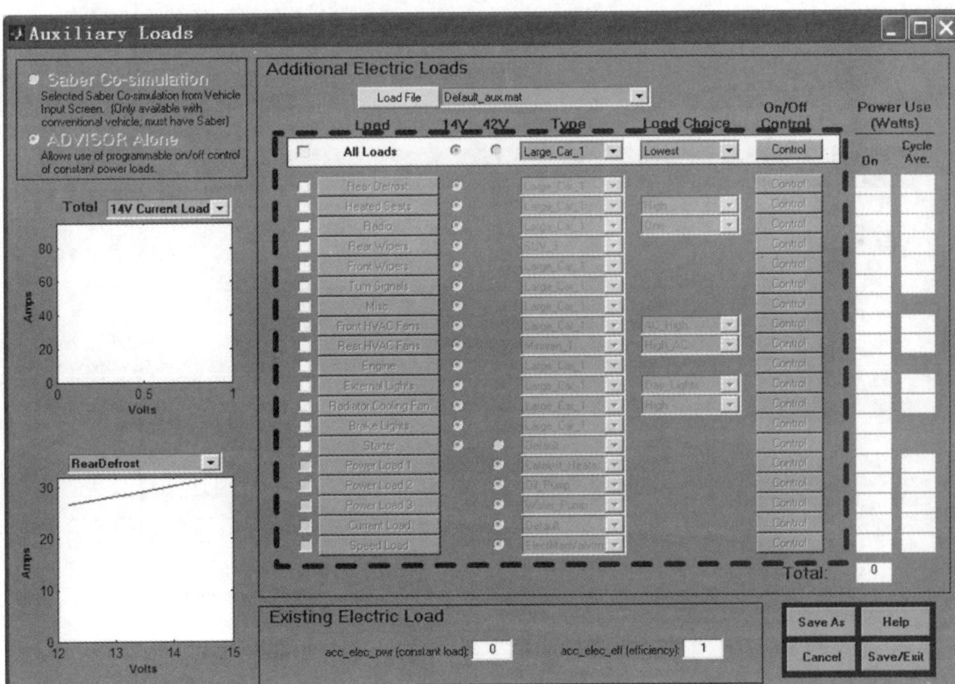

图 3-47　电气附件设置窗口

此界面中，用户主要是设置整车电气附件的开关时间。在图示上部，用户可以单击加载文件按钮【Load File】或选项栏窗口选项按钮 Default_aux.mat，加载先前已经存储的模板数据，也可以通过勾选不同部件（如编者所加的虚线框区域），根据需求自定义各电气附件的开关时间。设置完成后单击【Save/Exit】按钮即可。

当用户需要在ADVISOR仿真中加载该设置时，只要在图3-36所示的界面中电气附件设置键【Elec. Aux. Loads】前勾选即可。

5. 设置模拟器加载

在图3-36所示的ADVISOR仿真参数界面右下侧，单击加载模拟设置键【Load Sim. Setup】，得到用户先前已经存储的模拟设置，只要选择后加载就可以了。

6. 优化控制策略参数

在图3-36所示ADVISOR仿真参数界面右下侧，单击控制策略参数优化按钮【Optimize cs vars】，系统弹出问询对话框，如图3-48所示。

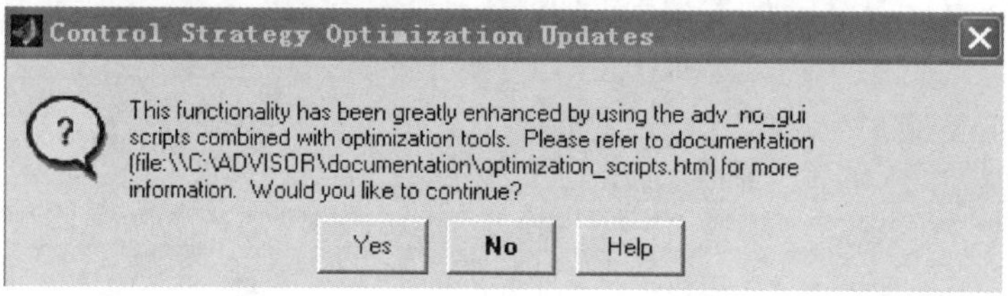

图3-48 问询对话框

用户单击【Yes】按钮后，可进入设置优化控制参数窗口，如图3-49所示。优化控制策略参数包括优化方式选择、试验工况选择、设计变量与目标/约束条件四部分。

① 优化方式有MATLAB优化方法和VisualDOC优化方法。用户根据需求，在图3-49上部点选“Optimize using Matlab”或“Optimize using VisualDOC”即可。

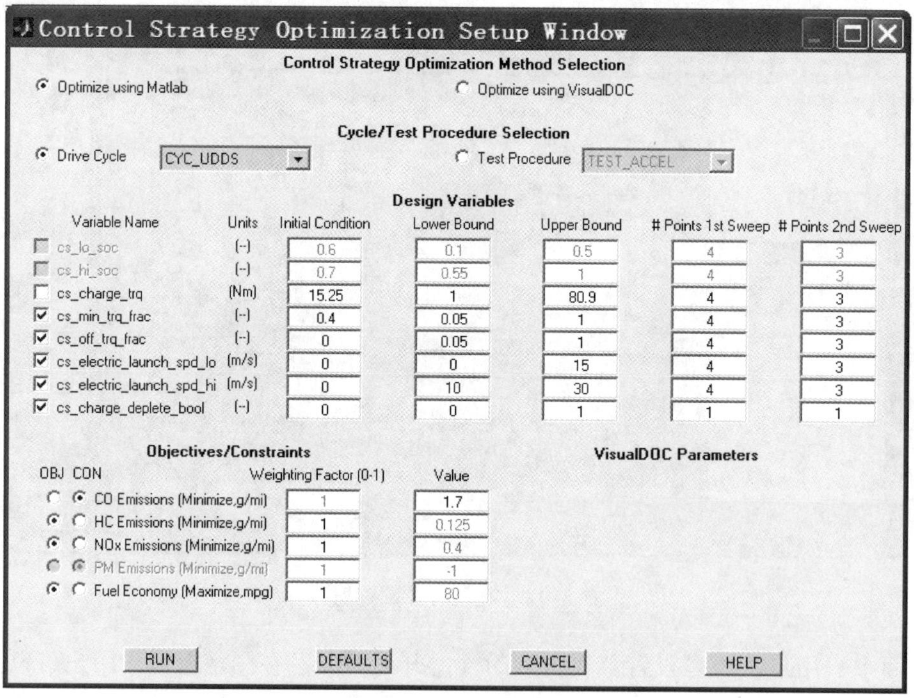

图3-49 设置优化控制参数窗口

② 试验工况选择是依据用户在前面标准工况选择界面中，定义的循环工况不同而有不

同的选项“Drive Cycle”或“Test Procedure”。

③ 设计变量主要是定义各参数变量的工作范围。

④ 目标/约束条件主要是限制发动机排放量或定义发动机燃油消耗目标值。

完成上述设置后，单击【RUN】按钮，出现约束条件设置对话框，如图 3-50 所示。

用户根据需求定义加速与爬坡试验的约束条件值，然后单击确认按钮【ACCEPT】，则出现优化参数所需的时间值提示框，如图 3-51 所示。如果用户认可，则单击【OK】按钮，完成设置；否则单击取消按钮【CANCEL】取消设置。

有关优化控制策略参数的内容，5.1.10 节将会有详细介绍，这里不作赘述。

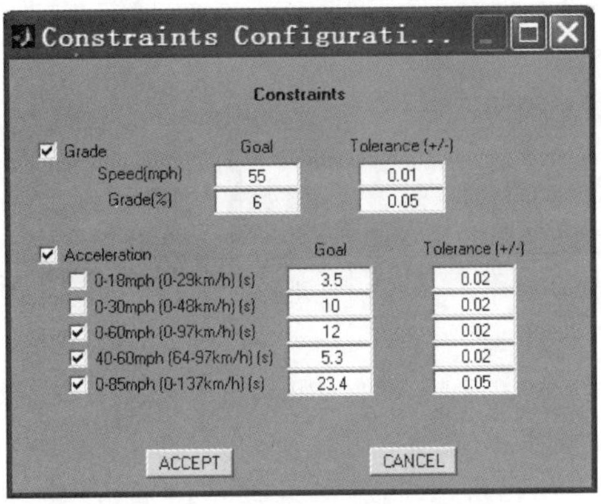

图 3-50 约束条件设置对话框

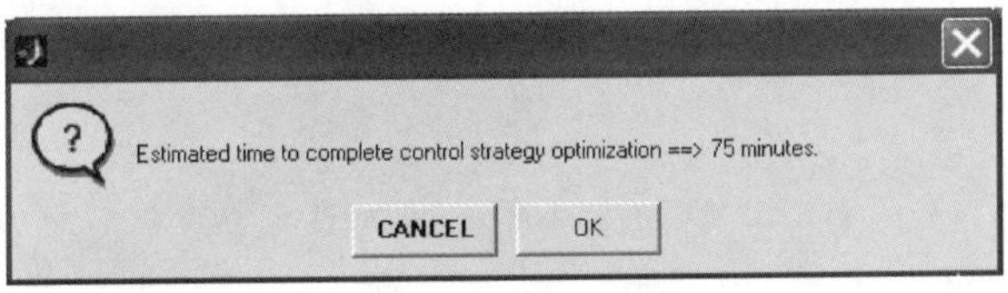

图 3-51 优化参数所需的时间值提示框

3.1.4.2 行驶循环工况数据分析

行驶循环工况的数据分析包括循环工况的曲线分析与循环工况的统计分析，分别如图 3-52与图 3-53 所示。

1. 循环工况曲线分析

循环工况曲线分析主要显示用户在标准循环工况定义界面（图 3-37）中，所选择标准循环工况中各变量间的关系，包括车速（Speed）、爬坡度（Grade/Elevation）、货物质量（Cargo Mass）与行驶时间（Time）行驶位移（Distance）的关系。

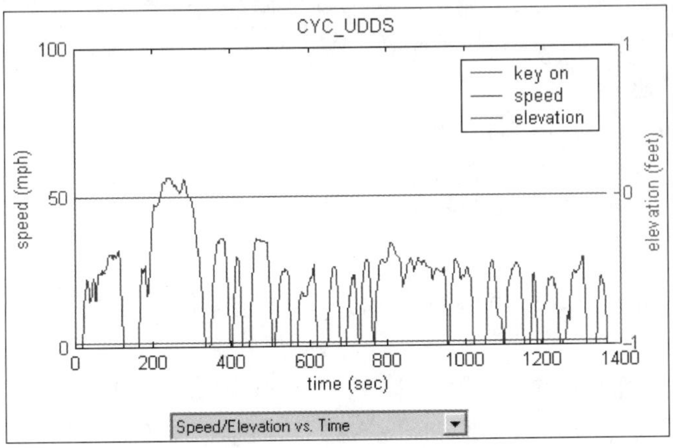

图 3-52 循环工况的曲线分析

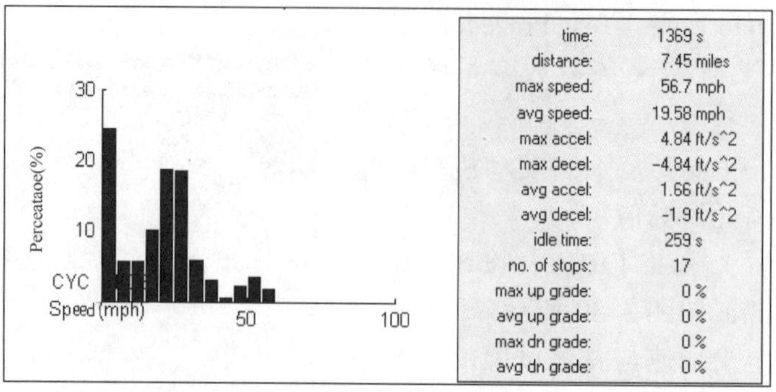

图 3-53 循环工况的统计分析

用户可单击图 3-52 选项栏窗口 Speed/Grade vs. Time 选项按钮，得到图 3-54 所示的变量关系列表，可以通过选择不同的选项查看不同变量间的关系曲线。例如：图 3-52 显示了标准循环工况 CYC_UDDS 车速和爬坡度与时间的关系，而图 3-55 则显示了标准循环工况 CYC_UDDS 车速和爬坡度与位移的关系。

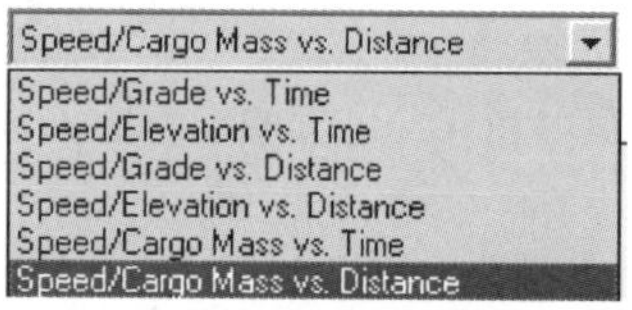

图 3-54 变量关系列表

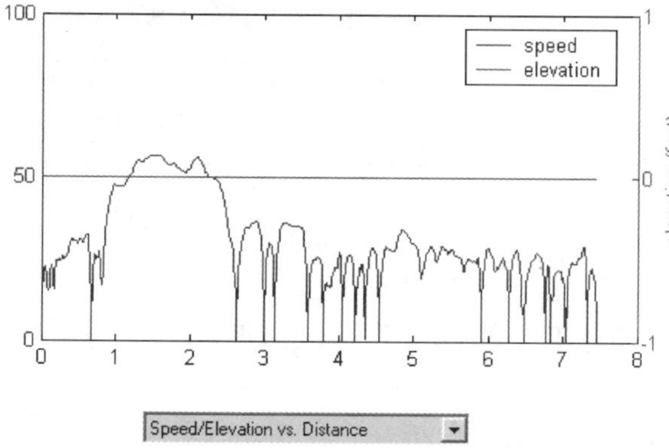

图 3-55 车速和爬坡度与位移的关系

2. 循环工况的统计分析

循环工况统计分析显示的是，用户定义的标准循环工况说明及数据统计表与车速概率直方图。用户可以在图 3-36 上方，选择描述（Description）栏或统计（Statistics）栏，即可得到不同的循环工况信息。

ADVISOR 默认选项为 Statistics，此时显示如图 3-53 所示。车速概率直方图说明了用户所选择的标准循环工况中，不同车速在整个工况下所占的比例；而数据统计表则显示了用户所选标准循环工况的主要数据，包括整个工况的时间历程、位移、最大车速、平均车速、最大加速度、发动机怠速时间等工况信息。

当选择（Description）时，可以得到用户选择标准循环工况的相关简介，如图 3-56 所示。

3.1.4.3 仿真参数界面功能键

仿真参数界面的功能键有保存按钮【Save】、帮助按钮【Help】、返回按钮【Back】和运行按钮【RUN】。用户单击【Save】按钮可以保存上述仿真参数的设置，文件为 *.mat 形式，可用于下次仿真时的模拟器重新加载；单击【Help】按钮可以链接到 ADVISOR 的帮助文档；单击【Back】按钮返回到 ADVISOR 整车输入界面；单击【RUN】按钮则运行仿真，仿真结束后进入 ADVISOR 仿真结果界面（Results）。

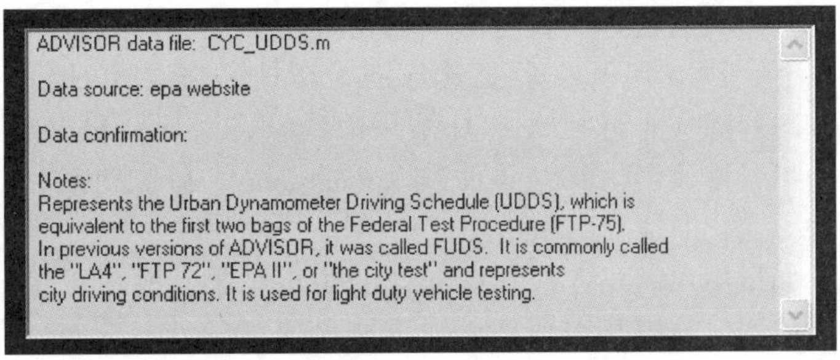

图 3-56　标准循环工况 CYC_ UDDS 信息简介

3.1.5　仿真结果界面

ADVISOR 仿真结果界面（Results）如图 3-57 所示，该界面显示了 ADVSIOR 仿真后的主要输出结果，包括各部件的变量仿真结果、整车燃油消耗结果、整车排放性能结果及加速与爬坡试验结果等；另外还包括查看能量使用的控制按钮【Energy Use Figure】、输出结果绘图控制按钮【Output Check Plots】、重放按钮【Replay】及仿真数据与试验数据对比结果输出（Compare Results With：SimData，TestData）等部分。下面将详细介绍各部分内容。

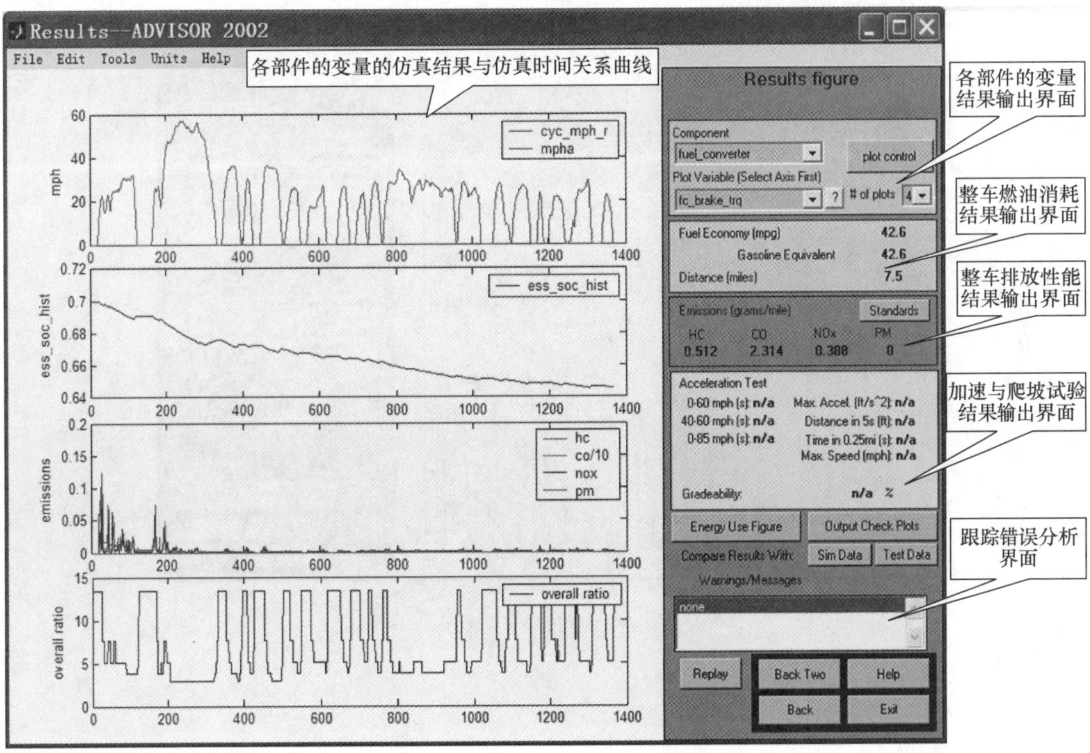

图 3-57　ADVISOR 仿真结果界面

3.1.5.1　各部件变量仿真结果输出界面

各部件变量仿真结果输出界面如图 3-58 所示。

该界面与图 3-57 中右侧各部件变量仿真结果与仿真时间关系曲线界面是相对应的。在此界面内，用户可以单击曲线数量控制（#of plots）下拉菜单按钮 4▼，选择最多四个不同的变量，画出这些变量与时间的仿真函数曲线。在默认状态下，从上到下四个变量分别为车速跟随结果曲线（mph）、蓄电池组 SOC 仿真结果曲线（ess_soc_hist）、发动机各排放量仿真结果曲线（emissions）和传动系总传动比变化曲线（overall ratio）。

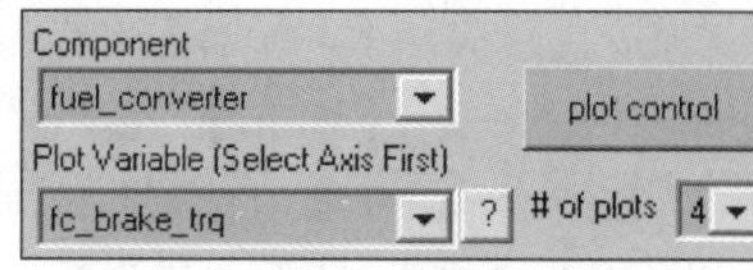

图 3-58 各部件变量仿真结果输出界面

如果用户需要查看其他变量的仿真结果，操作方法很简单，但前提是用户需要知道变量所属部件。下面以整车实际轮速 veh_spd_a 的仿真结果为例，介绍查看部件变量仿真结果的步骤。

1）首先选择所要显示变量 veh_spd_a 输出结果的位置；单击曲线数量控制（#of plots）选项栏窗口 4 ▾ 选项按钮，选择“1”，则在各部件的变量仿真结果与仿真时间关系曲线界面内出现 1 个曲线显示窗口（图 3-59 左侧曲线区域）。

2）因变量 veh_spd_a 隶属于整车部件，则单击部件（Component）选项栏窗口 fuel_converter ▾ 选项按钮，在部件下拉菜单列表（图 3-60）中选择 vehicle。

3）单击变量选项栏窗口选项按钮 veh_cargo_mass_vs_tim ▾，获得图 3-61，在其变量下拉菜单列表中选择变量 veh_spd_a 即可，操作结果如图 3-59 中所示。

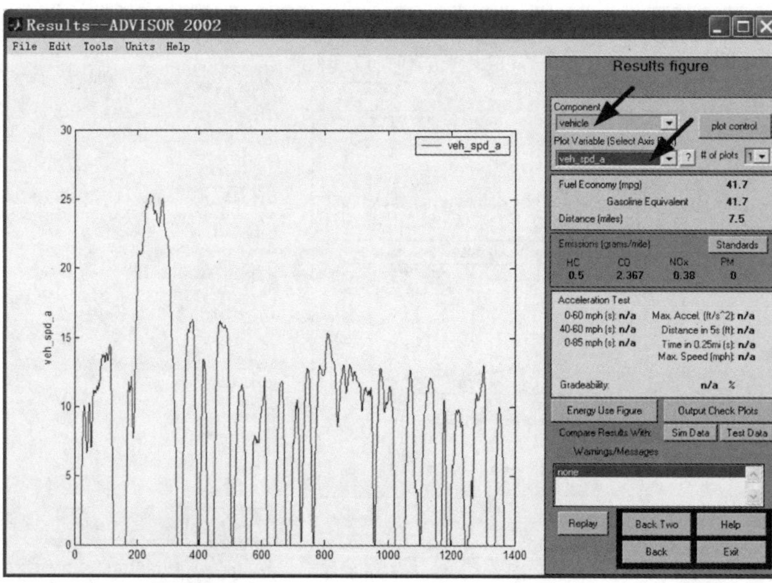

图 3-59 变量 veh_spd_a 仿真结果

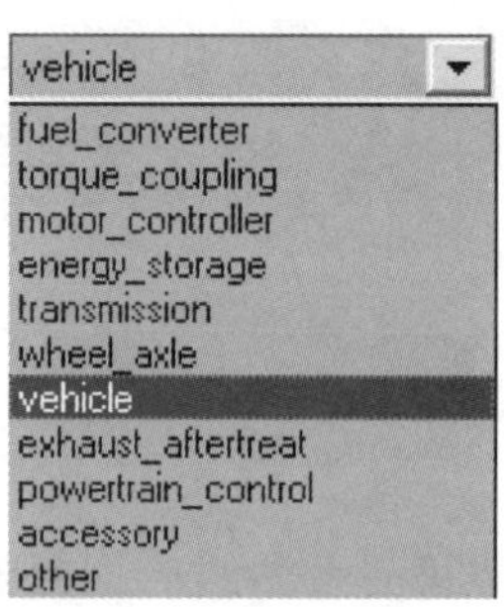

图 3-60 部件下拉菜单列表

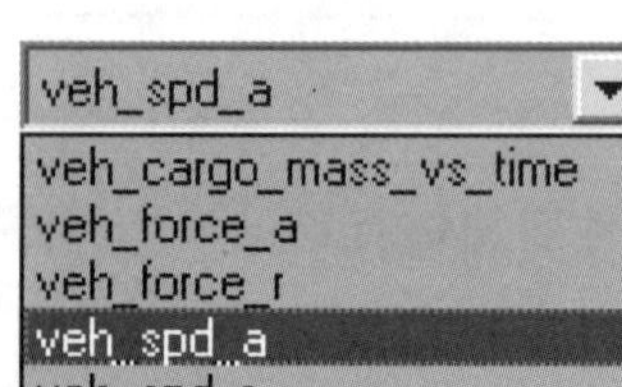

图 3-61 变量下拉菜单列表

图 3-58 右侧上部画图控制按钮【plot control】，主要功能是绘图时的控制命令，包括 hold on、hold off、zoom on、zoom off、zoom reset、legend off 和 grid toggle on/off，如图 3-62 所示。这些命令均是 MATLAB 基本绘图控制命令，这里不再赘述。

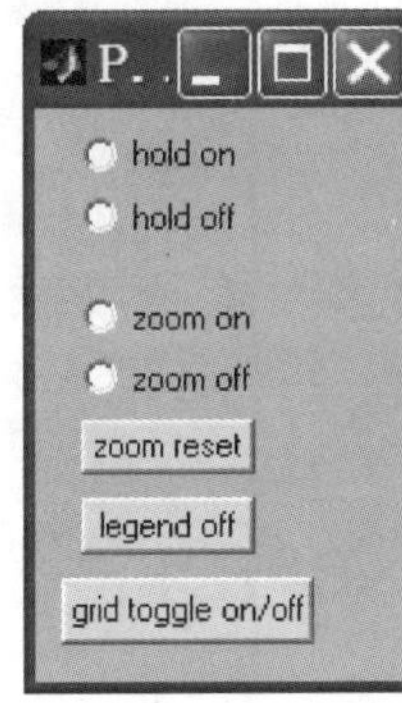

图 3-62 【plot control】界面

3.1.5.2 整车燃油消耗结果输出界面

整车燃油消耗结果输出界面如图 3-63 所示。它主要显示整个仿真循环内的车辆总燃油消耗 [Fuel Economy (mpg)]、等效汽油消耗量 (Gasoline Equivalent) 与整个循环行驶里程 [Distance (miles)]。

3.1.5.3 整车排放性能结果输出界面

整车排放性能结果输出界面如图 3-64 所示。它主要显示发动机各排放物的排放量，包括碳氢化合物 (HC)、一氧化碳 (CO)、氮氧化合物 (NO_x) 和粉尘颗粒 (PM)。

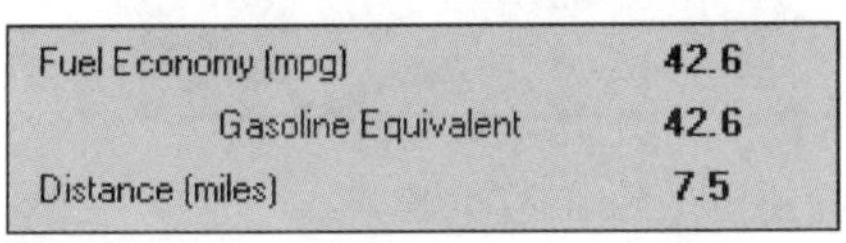

图 3-63　整车燃油消耗结果输出界面

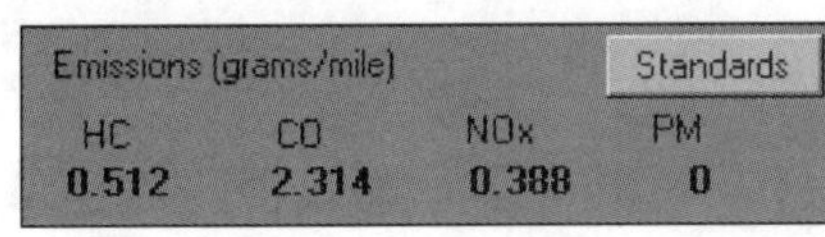

图 3-64　整车排放性能结果输出界面

图 3-64 中标准按钮【Standard】可以链接到 ADVISOR 中排放标准帮助文档 (Emission Standards)。该文档介绍了当前汽车行业的排放标准。单击此键后，将会直接链接到文档所在位置 (ADVISOR2002/documentation/emission_ standards. htm)，从而使用户可以将仿真结果的排放量与标准排放量作对比，以便进行进一步优化。

3.1.5.4 加速与爬坡试验结果输出界面

加速与爬坡试验结果输出界面如图 3-65 所示。该界面显示内容与本章 3.1.4.1 节介绍的“设定加速与爬坡性能”结果有关。若用户没有设定加速与爬坡试验，该界面显示内容为“n/a”。

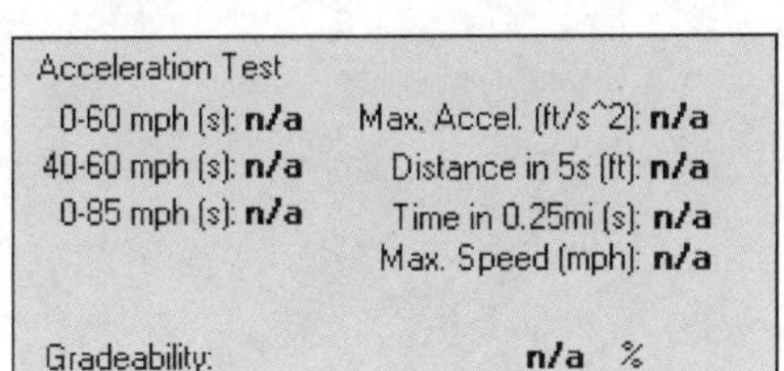

图 3-65　加速与爬坡试验结果输出界面

3.1.5.5 查看能量使用的控制键

单击查看能量使用的控制按钮【Energy Use Figure】，出现仿真过程能量使用与传递情况窗口，如图 3-66 所示。该窗口显示整车在驱动模式 (POWERMODE) 与制动模式 (REGEN MODE) 两种情况下，系统能量在各部件之间的使用情况，包括能量输入 (In)、能量输出 (Out)、能量损失 (Loss) 及能量利用效率 (Eff)。

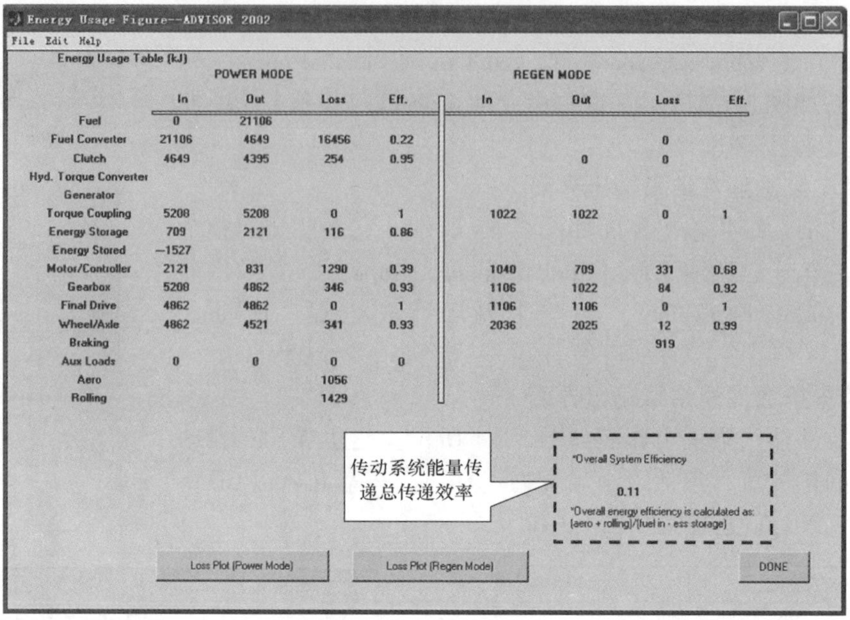

Energy Usage Table (kJ)

	POWER MODE				REGEN MODE			
	In	Out	Loss	Eff.	In	Out	Loss	Eff.
Fuel	0	21106						
Fuel Converter	21106	4649	16456	0.22			0	
Clutch	4649	4395	254	0.95		0	0	
Hyd. Torque Converter								
Generator								
Torque Coupling	5208	5208	0	1	1022	1022	0	1
Energy Storage	709	2121	116	0.86				
Energy Stored	−1527							
Motor/Controller	2121	831	1290	0.39	1040	709	331	0.68
Gearbox	5208	4862	346	0.93	1106	1022	84	0.92
Final Drive	4862	4862	0	1	1106	1106	0	1
Wheel/Axle	4862	4521	341	0.93	2036	2025	12	0.99
Braking							919	
Aux Loads	0	0	0	0				
Aero			1056					
Rolling			1429					

图 3-66 ADVISOR 仿真过程中能量的使用与传递情况窗口

另外，单击图下方的【Loss Plot（Power Mode）】和【Loss Plot（Regen Mode）】按钮，分别得到驱动模式下和制动模式下，以图表形式显示的不同部件的能量使用情况，如图3-67和图 3-68 所示。

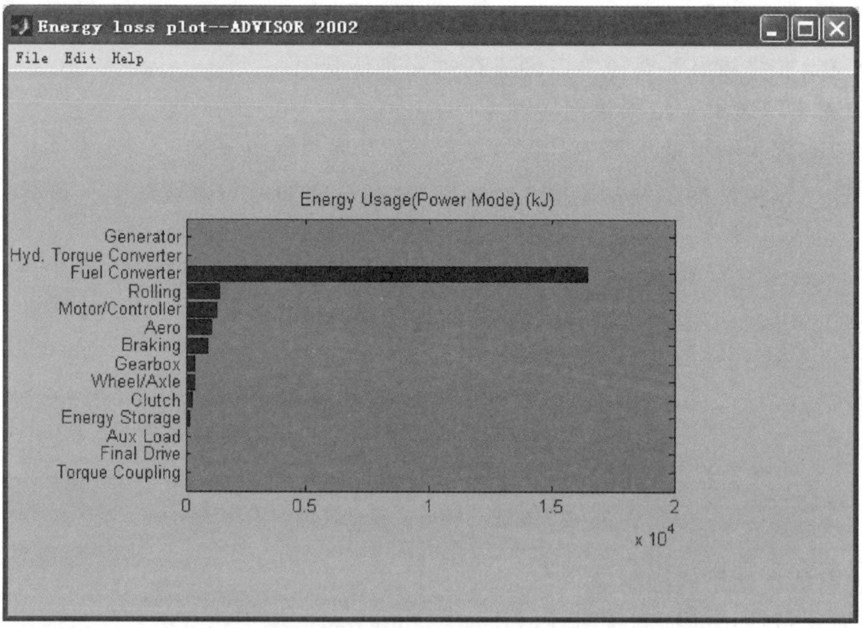

图 3-67 驱动模式下不同部件的能量使用情况分布

能量的使用与传递情况窗口，还显示了传动系统能量传递的总传递效率，如图 3-66 中线框标示所示。

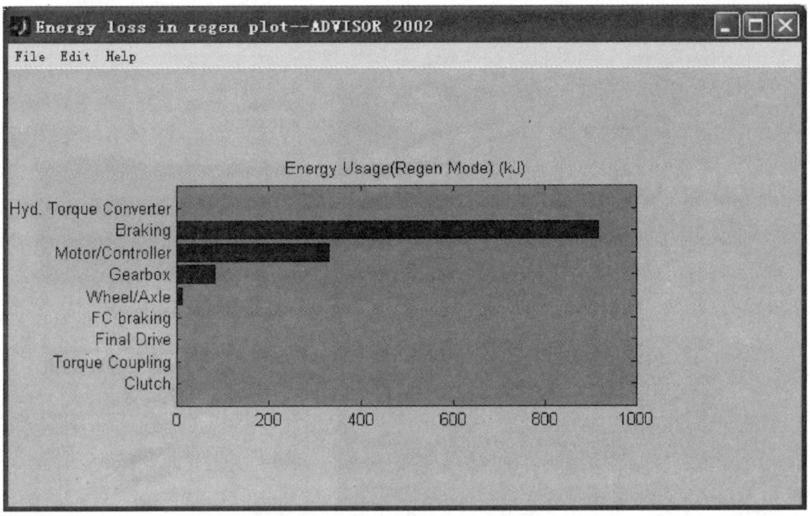

图 3-68　制动模式下不同部件的能量使用情况分布

3.1.5.6　输出结果绘图的控制按钮

单击输出结果绘图控制按钮【Output Check Plots】，系统弹出许多汽车行驶时各部件工作性能曲线图。例如：发动机工作特性曲线（图 3-69）、电机工作特性曲线（图 3-70）、蓄电池组充、放电效率曲线（图 3-71 和图 3-72）等，以方便用户查看仿真结果信息。

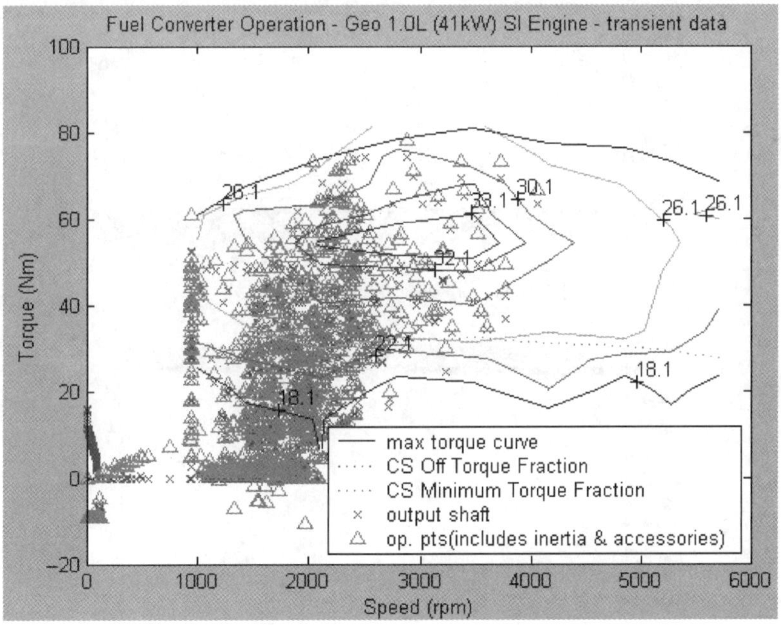

图 3-69　发动机的工作特性曲线

3.1.5.7　重放按钮

用户单击重放按钮【Replay】，进入实时交互仿真界面（Real-Time Interactive Interface），如图 3-73 所示。

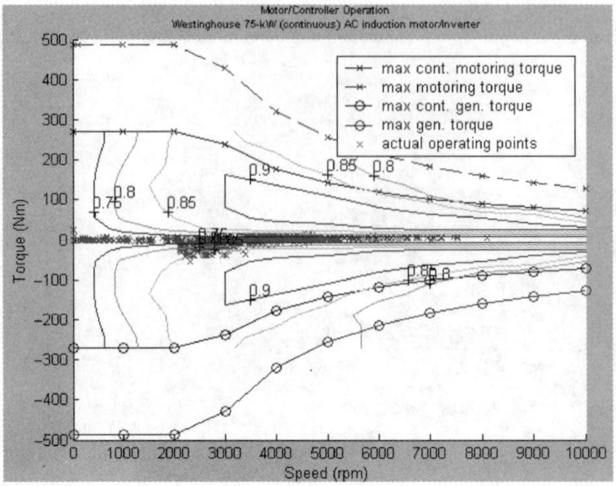

图 3-70　电机的工作特性曲线

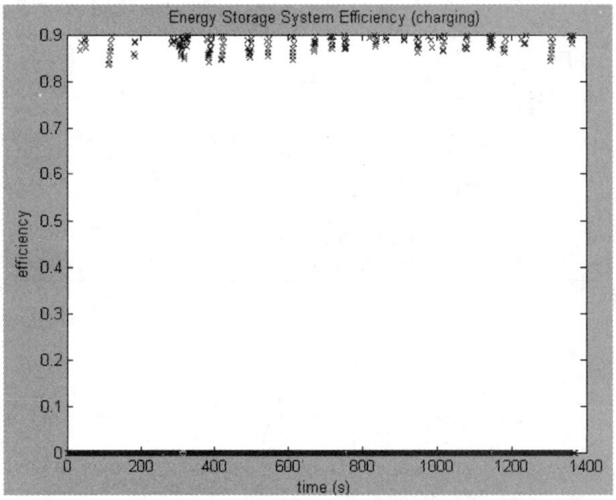

图 3-71　蓄电池的充电效率曲线

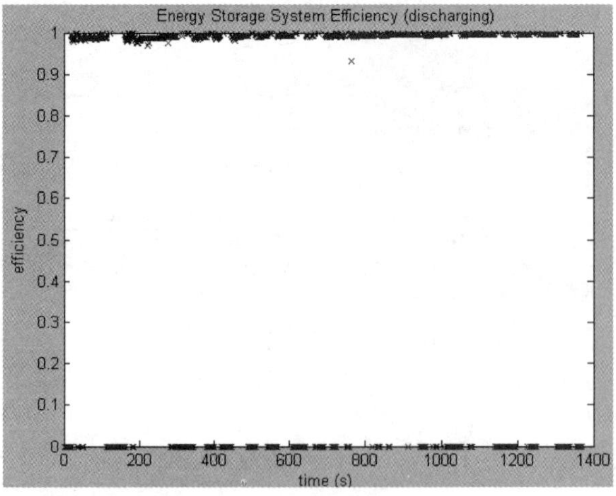

图 3-72　蓄电池的放电效率曲线

用户可以在实时交互仿真界面重新控制仿真，重放仿真结果，但仿真加速与爬坡试验和多重循环工况时将不具备此功能。

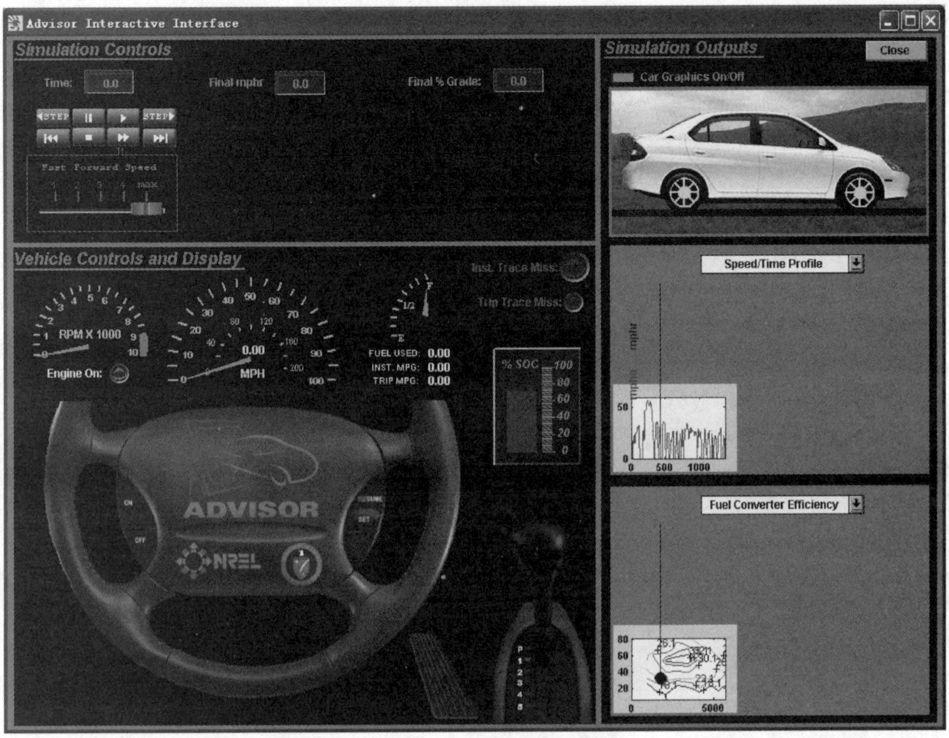

图 3-73　动态仿真交互界面

实时交互仿真界面包括仿真控制（Simulation Controls）、整车控制与显示（Vehicle Controls and Display）和仿真输出（Simulation Outputs）三部分。实时交互仿真界面支持循环工况的输入与仿真结果的动态显示。

仿真控制窗口位于实时交互仿真界面的左上方。在该窗口中，用户可以设置循环工况数据，类似于磁带播放器的控制面板，用于控制仿真速度，滑块式控制条用于控制当前仿真步长内，与循环工况中定义的车速相比，所增加的需求车速（mphr）大小。而车速（Final mphr）与爬坡度（Final % Grade）的数据显示是与 ADVISOR 驱动模块 <drive_ cycle> 中的车速与爬坡度相对应的。

整车控制与显示窗口位于实时交互仿真界面的左下方，用于显示整车的动态仿真结果。动态仿真结果包括发动机转速、整车车速、燃油消耗量（包括已耗燃油量、实时油耗量和累计油耗量）、蓄电池组的 SOC 值信息、变速器当前档位等。

仿真输出窗口位于实时交互仿真界面的右侧，显示了车辆的动态过程和技术数据图表。车辆的动态过程在该窗口的上方，用户可选择汽车图形开关（Car Graphics On/Off）选项，以显示动态过程。

技术数据图表主要包括燃油转换器的实时工作点在其效率 MAP 图上的显示（Fuel Converter Efficiency）、电机实时工作点在其效率 MAP 图上的显示（Motor Efficiency）、传动轴的输出功率（Shaft Output Power）和道路负荷（Road Load），如图 3-74 所示。

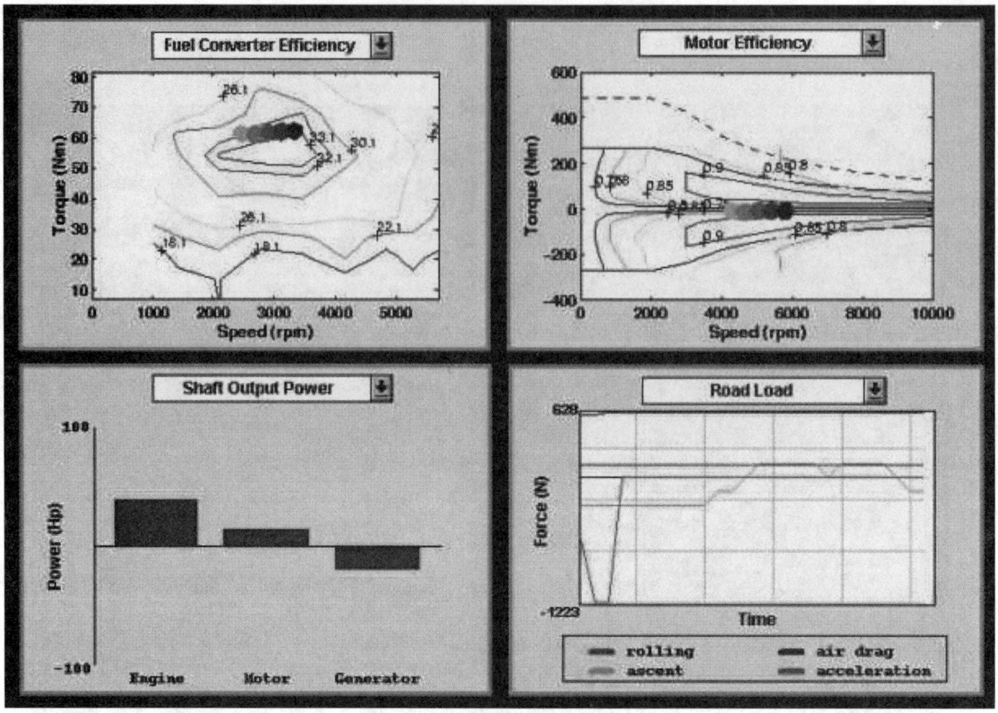

图 3-74 技术数据图表

用户在使用时，可以单击选项栏窗口选项按钮 Speed/Time Profile，在图 3-75 所示的选项列表中选择所要期望显示的变量结果。

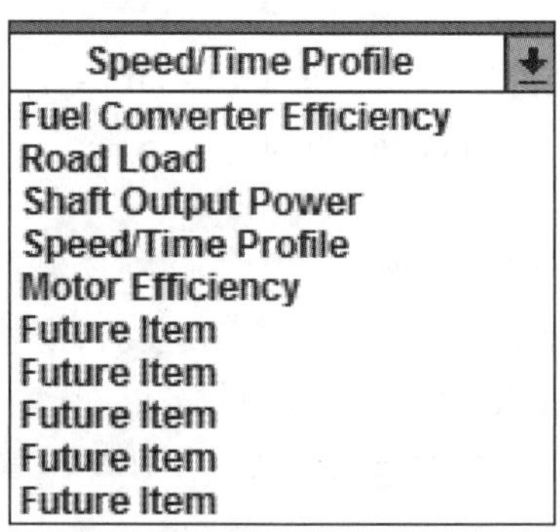

图 3-75 选项列表

3.1.5.8 仿真数据与试验数据对比结果输出界面

仿真数据与试验数据对比结果输出界面位于图 3-57 所示的 ADVISOR 仿真结果界面的右下侧，如图 3-76 所示。该界面为用户提供了一种仿真数据与试验数据对比的方法。

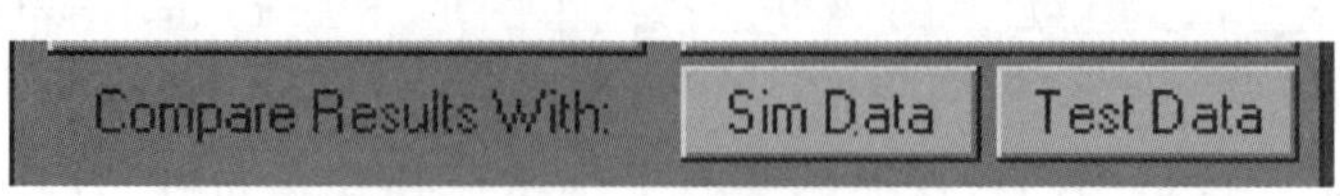

图 3-76 仿真数据与试验数据对比结果输出界面

使用时，用户不需要输入仿真数据，仅需要输入试验数据。操作步骤如下：

① 单击试验数据按钮【Test Data】，出现仿真与试验数据对比对话框，如图 3-77 所示。

② 单击负载 ASC Ⅱ 文本数据文件【Load ascii text data-file】按钮或负载*. mat 数据文件【Load *. mat data-file】按钮，加载试验数据。两种加载数据的方法是一样的，不同之处在于加载数据文件格式，前者是文本 *. txt 格式，而后者是*. mat 格式。

③ 分别单击测试时间（Test Time）与测试变量（Test Variable）、仿真时间（Simulation Time）与仿真变量（Simulation Variable）选项栏下拉菜单，选择期望对比的相对应的变量名。

④ 在图下部 title for plot 栏窗口输入对比曲线名称，单击绘图【plot】，即得到期望变量曲线对比结果。

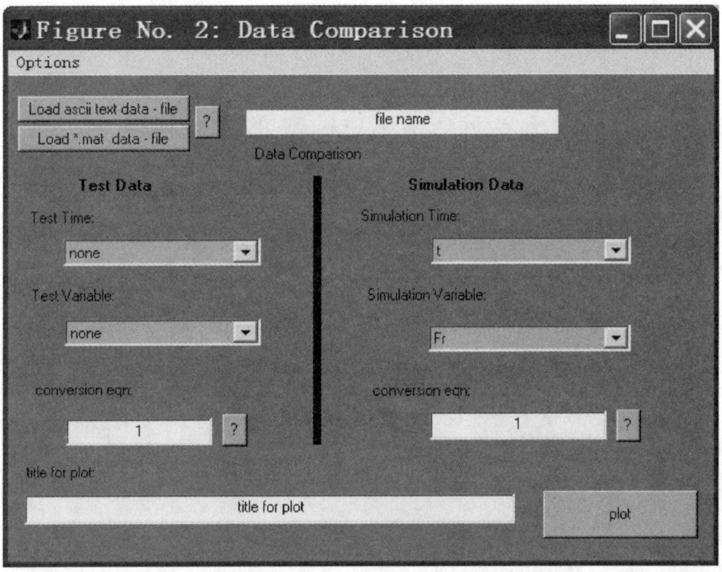

图 3-77　仿真与试验数据对比对话框

在图 3-77 中，可以看到三个问号按钮，其功能是为用户提供帮助信息。单击图上方的问号按钮，如图 3-78 所示，介绍了【Load ascii text data-file】与【Load *. mat data-file】两种加载数据的帮助信息；图下方的两个问号按钮的内容是一样的，如图 3-79 所示，介绍了数据转换选项（conversion eqrr）的帮助信息。

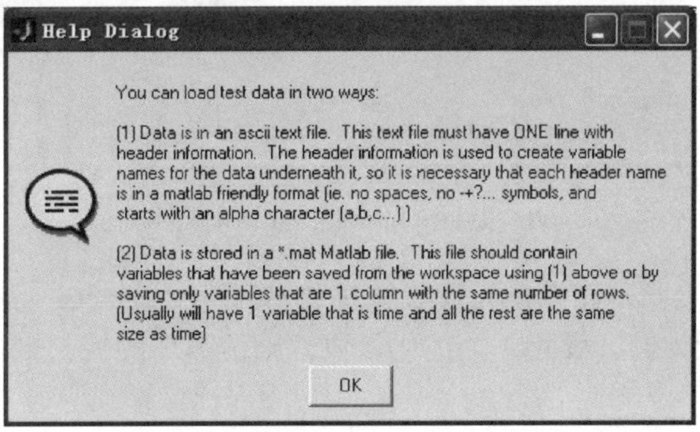

图 3-78　数据加载选项帮助对话框

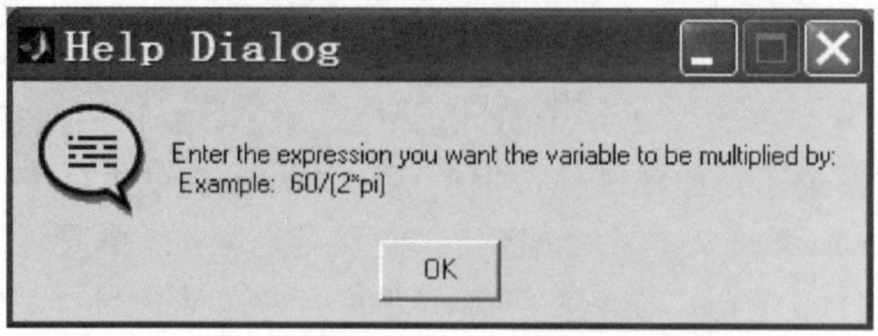

图 3-79 数据转换选项帮助对话框

3.1.5.9 控制策略参数优化结果输出界面

控制策略参数优化结果输出界面如图 3-80 所示，与 3.1.4.1 节介绍的“优化控制策略参数”设置相关，且与参数个数设置有关。当用户在设置“优化控制策略参数”时没有勾选参数优化选项（Parametric Study），在 ADVISOR 仿真结果界面中就不会显示该界面。优化控制策略参数结果输出界面会将用户选定变量的主要仿真结果在图中以函数形式显示。

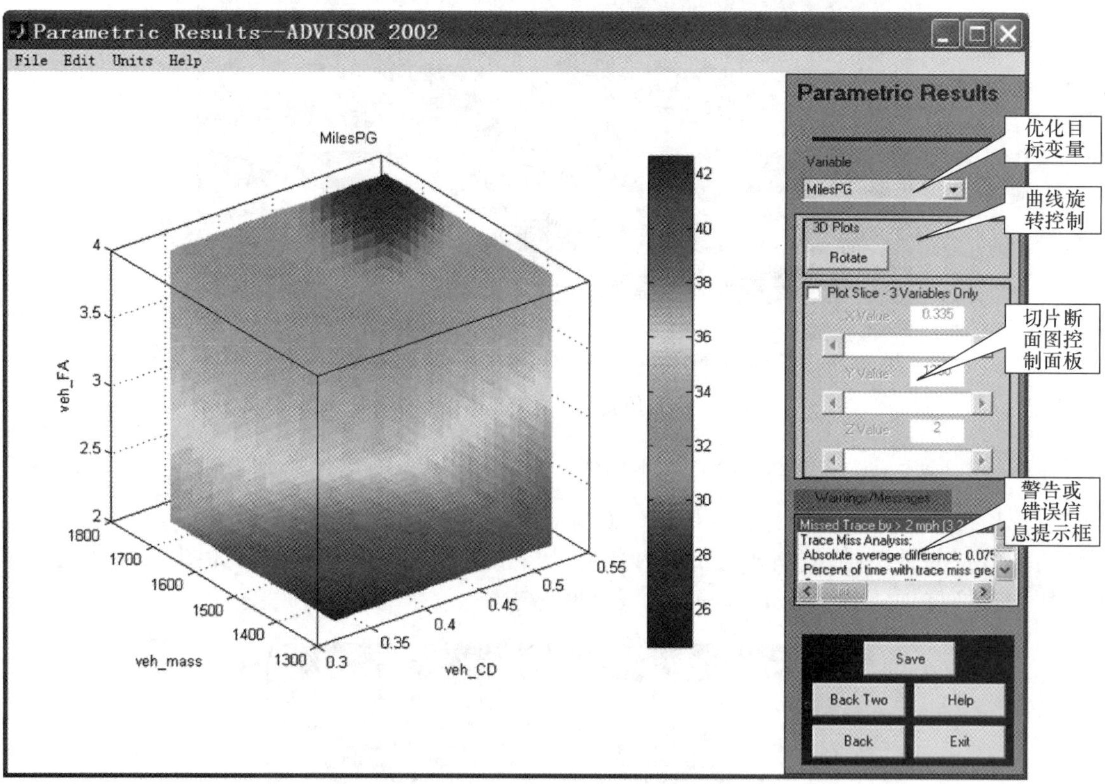

图 3-80 控制策略参数优化结果输出界面

在 ADVISOR 参数设置界面中，勾选参数优化选项（Parametric Study），并以图 3-81 中控制策略参数优化设置为例，设置 3 个优化参数，则仿真后的控制策略参数优化结果输出界面如图 3-80 所示。

在同时进行 2～3 个变量优化分析时，用户可以使用曲线旋转控制按钮【Rotate】，从不同的侧面观察图表数据。在进行3个变量研究时，用户在切片断面图控制面板里操作，可对结果图表作任意方向的断面图。

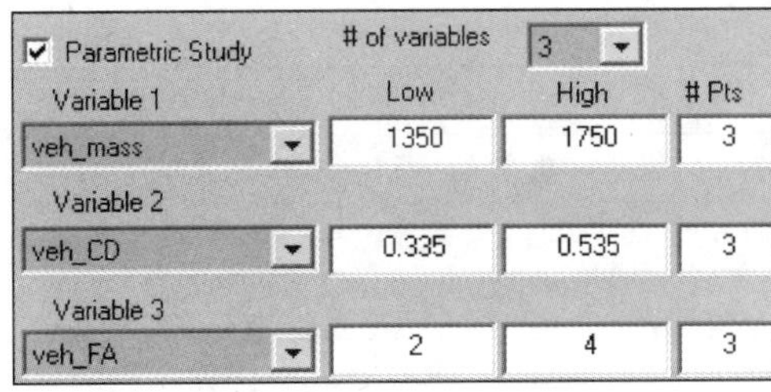

图3-81 控制策略参数优化设置实例

3.1.5.10 跟踪过错分析界面

跟踪过错分析界面位于图3-57所示仿真结果界面的右下侧。当仿真车辆偏离定义的循环工况，跟踪过错分析（< ADVISOR directory >/gui/@trace_miss_analysis）会自动调节，然后在ADVISOR仿真结果界面的“警告/信息”（Warning/Messages）窗口显示（Severity of cycle trace-miss）统计信息。

统计信息包括：

① 需求车速与实际车速的绝对平均误差。

② 跟踪过错绝对车速大于2mile/h（绝对）的时间占仿真时间的百分比。

③ 基于循环工况对应的最大车速，计算得到的最大误差百分比：在t时刻，(需求车速-实际车速)/循环工况最大需求车速。

④ 基于当前循环工况的需求车速，计算得到的最大误差百分比，即

$$\frac{需求车速-实际车速}{需求车速}\times 100\%$$

⑤ 车速最大绝对误差。

用户可以在启动ADVISOR的情况下跟踪过错分析。用户想要获取更详细的信息，可在MATLAB命令行中直接输入指令“help trace_miss_analysis”。

3.1.5.11 仿真结果输出保存

为方便用户使用，ADVISOR支持仿真结果保存输出。

具体操作方法为，在图3-57所示的仿真结果界面中，单击文件夹按钮【File】>>输出按钮【Export...】或保存仿真按钮【Save Simulation】，即可将仿真结果保存输出。这两种方法的区别在于仿真结果数据保存的格式不同。【Export...】输出的是图元文件（metafile）*.emf格式，而【Save Simulation】输出的是MATLAB中的MAT文件*.mat格式。

保存的仿真结果数据文件，可以在下次开启ADVISOR时，在ADVISOR开启界面中单击【Load Results】按钮直接加载保存的结果数据。

3.2 图形用户界面下ADVISOR的演示实例

前节介绍了如何在GUI下，使用ADVIDOR进行电动汽车建模仿真。为使读者更好地理解与学会使用ADVISOR的方法，本节以一个实例，简单说明ADVISOR的使用方法。

1. 定义汽车技术参数

整车技术参数见表3-1。导入脚本文件并修改参数。

从表3-1中可以看出，需要修改参数的部件有车型、电机、能量存储系统和车轮/车轴。这里介绍使用M文件进行变量编辑，即需要修改VEH_、MC_、ESS_和WH_四个M文件。

表3-1 整车技术参数

项 目	参 数
总长×总宽×总高/(mm×mm×mm)	2500×1480×1480
迎风面积/m^2	2
整车整备质量/kg	1126
轴距/cm	260
轮胎滚动半径/cm	28.2
蓄电池容量/A·h	60
蓄电池组单元数量/个	25
电动机额定电压/V	220
电动机额定功率/kW	30

汽车车型选择软件自带的 VEH_EV1 文件进行仿真，并根据所给参数修改相应的变量值。在图3-12 所示整车参数输入窗口单击车辆按钮【Vehicle】，选择车型模型文件为“VEH_EV1”，单击窗口右侧查看/编辑 M 文件按钮【View/Edit M-file】，在弹出的 M 文件里进行如下修改：

```
veh_glider_mass = 1126;
vehicle width = 1480;
vehicle height = 1480;
veh_wheelbase =2600;
```

值得注意的是：源文件单位为英寸（1inch =25.4mm）。
电机模型选择软件自带的 MC_AC124_EV1_draft 文件进行仿真。
能量存储系统模型选择软件自带的 ESS_NIMH60_OVONIC 文件进行仿真，该模型蓄电池容量为 60A·h，蓄电池组单元数量为 25 个，不用进行修改。
车轮/车轴模型选择默认 WH_SMCAR，即可满足车轮滚动半径为 28.2cm。

按上述进行相关参数的设定与修改，具体演示如图 3-82 所示。

2. 仿真参数设置

定义汽车技术参数完成后，单击继续按钮【Continue】，进行仿真参数设置。

当前评价整车性能的循环工况主要有 ECE-EUDC、UDDS 和 HWFET，我国主要以 ECE-EUDC 循环工况为主。在图3-83 所示的仿真参数输入界面选择循环工况，单击标准循环工况按钮【Drive Cycle】，在系统弹出的工况列表中选择 CYC-ECE-EUDC 循环工况。

该图中下部被虚线框框起的部分是该工况的一些特征数据。循环周期为 1225s，行驶距离为 10.93km，最大行驶速度为 120km/h，平均速度为 32.1km/h，最大加速度为 1.06m/s^2，最大减速度为 -1.39m/s^2。该车续驶里程大概有 150km，单次循环行驶距离为 10.93km。为了仿真该车的续驶里程，在循环工况重复次数栏（#of cycles）中设置次数为 13，其他仿真参数均设置为默认值，未进行加速度和爬坡性能测试。仿真参数输入界面选择循环工况如图 3-83 所示。

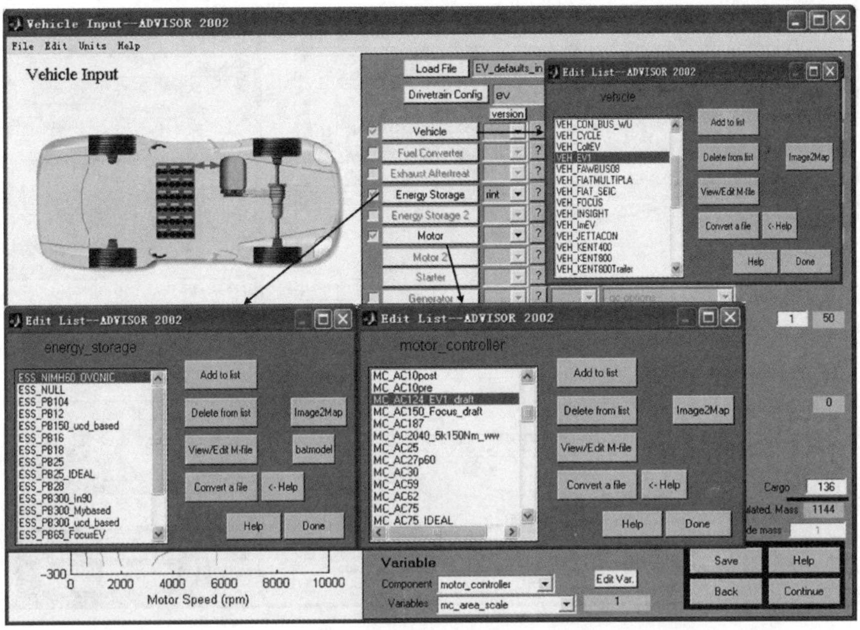

图 3-82　汽车车型、能量存储系统与电机模型文件选择

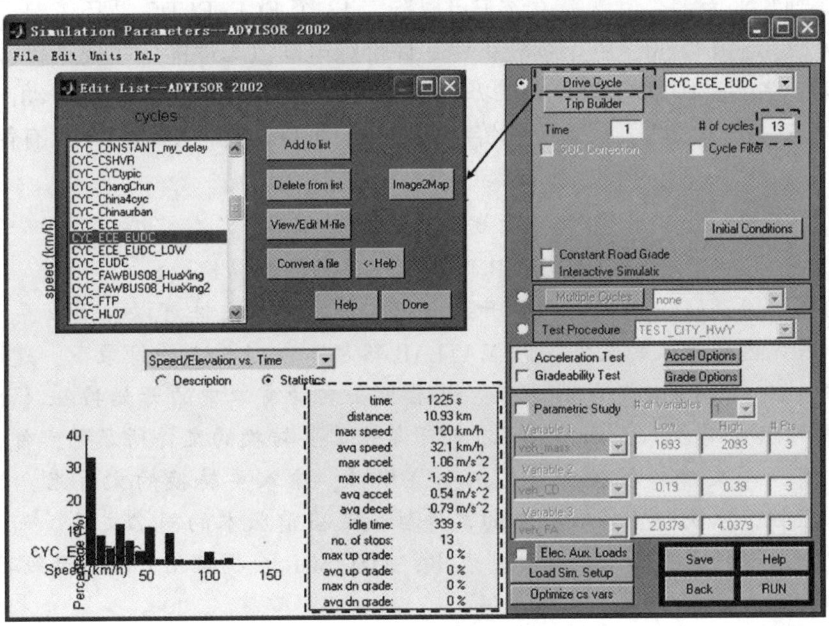

图 3-83　仿真参数输入界面选择循环工况

3. 仿真结果

仿真参数设置完成后，单击运行按钮【RUN】直接运行，得到仿真结果如图 3-84 所示。

图中左侧显示了 4 幅小图，第一幅是描述车速跟随循环工况的运行曲线。第二幅描述了能量存储系统的 SOC 的变化曲线，从图中可以看出整个循环工况跑下来，能量存储系统的

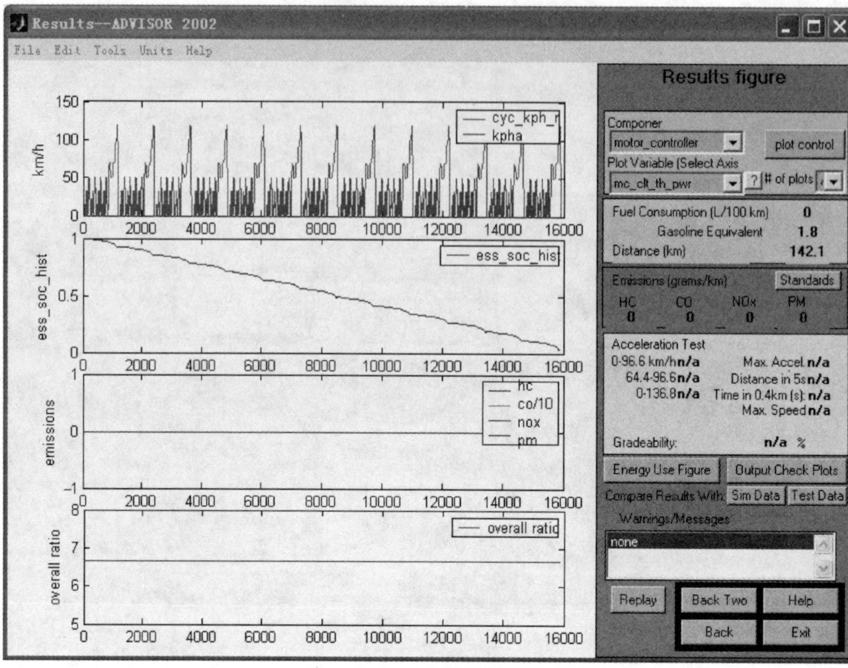

图 3-84　仿真结果

SOC 从满值降到几乎为零，也就是说该车可以跑完 13 个 ECE-EUDC 循环工况。该电动车续驶里程大概可以达到 142km，由于续驶里程是评价纯电动汽车性能的主要指标，所以该车性能比较好。第三张图是排放的曲线，可以看到各种污染物的排放为零，纯电动汽车零排放是其最显著的优点。第四张图表示系统总传动比曲线，可以知道该电动汽车没有传统意义上的变速器装置。

ADVISOR 旧版本元件文件的转换

1999 年 9 月 4 日以后，用户升级旧版本中的部件文件可以在用户界面 GUI 上完成。首先要将升级的文件转到 MATLAB 路径下或当前工作目录下，建议用户将该文件放在 ADVISOR 的根目录下。然后单击启动窗口中的开始按钮【start】，进入 ADVISOR 整车输入界面。在该界面下单击需要转换的文件所属的部件，在弹出菜单上有一个文件转换按钮【Convert a file】，输入要转换的文件名，然后单击【OK】按钮，系统即可将旧版本的文件转换成当前版本的同名文件。如果用户将未升级旧版本的文件加入到部件列表中，ADVISOR 会提醒用户进行升级转换。

3.3　非用户界面下的 ADVISOR 使用方法

图形用户界面 GUI 的作用，是引导和帮助用户使用 ADVISOR 中的基本数据和模型。然而，许多情况下用户期望 ADVISOR 部分仿真过程自动化，尤其是与外部工具如优化软件包连接的时候。为了满足用户的需求，ADVISOR 提供了一种非图形用户界面下运行 ADVISOR

的方法。

用户可以使用名为“adv_no_gui”的 m 函数，在非图形用户界面下运行 ADVISOR 的功能函数。在 MATLAB 命令窗口就可以直接访问该函数。它要求输入两个变量，之后输出两个变量。不在图形用户界面下使用 ADVISOR，用户必须在启动 ADVISOR 开始就选择存储路径，以便让 MATLAB 随时能找到 ADVISOR 文件。

该函数形式为：[error_code，resp] =adv_no_gui（action，input）。

函数形式中的变量 action 是一个定义 ADVISOR 执行特定动作的字符串，可执行的特定动作如表 3-2 所示。

表 3-2　变量 action 可执行的动作

action	操　作	定　义
initialize	初始化	用于准备运行模拟的工作空间，这个操作必须先于其他任何操作
modify	修改	用于修改某一参数的值。这一功能相当于 GUI 中的变量编辑键，但此时仅能改变标量的值
grade_test	爬坡试验	用于运行爬坡试验
accel_test	加速试验	用于运行加速度试验
drive_cycle	循环工况	用于运行循环工况
test_procedure	试验规程	用于运行试验规程
other_info	其他信息	用于查看模拟运行结果和当前参数设置
save_vehicle	存储汽车	用于存储当前汽车结构信息，以供将来使用

函数形式中的 Input 是结构体格式，它包含传给 ADVISOR 的输入参数，此时 ADVISOR 正在执行相应的动作。包含在输入信息段中的数据，只有与该动作有关的数据才被使用，无关的将被忽略。

输入的信息段包括内容见表 3-3。

表 3-3　输入信息段说明

动　作	主　域	子　域	使用说明
initialize	init	saved_veh_file	这些信息包含一个指明先前存储汽车的字符串。这是开始使用 adv_no_gui 功能最为简单的途径，例如：input. init. saved_veh_file = 'Parallel_DEFAULTS_in '
		comp_files	包含两个信息段：比较信息和文件名信息。每一个信息段都包含有一个由元件名称和相应数据文件组成的元胞数组，例如： input. init. comp_files. comp = {'fuel_converter ', 'energy_storage ', 'transmission '} input. init. comp_files. name = {'FC_SI41_emis ', 'ESS_PB25 ', 'TX_5SPD '} 这一功能为评价不同元件技术对结构确定的汽车影响所进行的离散研究尤为有用

（续）

动　作	主　域	子　域	使用说明
		overrides	包含有三个信息：文件名、输入数值和默认值，例如： input. init. overrides. name = {'mc_ trq_ scale ', 'fc_ trq_ scale '} input. init. overrides. value = {0. 75, 1. 2} input. init. overrides. default = {1, 1}
modify	modify	param	这一元胞数组（cell array）含有需要修改的参数名，例如： input. modify. param = {'mc_ trq_ scale ', 'fc_ trq_ scale '}
		value	这一元胞数组含有参数新的数值，例如：input. modify. value = {0. 75, 1. 2}
grade_ test	grade	param	这一元胞数组含有将要传给爬坡试验的参数名，例如： input. grade. param = {'speed ', 'duration '} 可用参数列表，见爬坡试验帮助
		value	这一元胞数组含有在信息段名称中规定的爬坡试验参数值，例如： input. grade. value = {45, 300}
accel_ test	accel	param	这一元胞数组含有加速试验所需的参数名，例如： input. accel. param = {'ess_ init_ soc ', 'spds '}, 可用参数列表，见加速试验帮助文件
		value	这一元胞数组含有加速试验所需的参数值，如，input. accel. value = {0. 75, [0 30; 0 60]}
drive_ cycle	cycle	param	这一元胞数组含有传给工作空间的循环工况模拟的参数的名，例如： input. cycle. param = {'name ', 'soc ', 'socmenu ', 'SOCiter '} 可用的参数包括： name—循环名称（如：'CYC_ HWFET '等）； soc—是否运行 soc 校正？（'on '或'off '）； socmenu—soc 校正的类型（'linear '或'zerodelta '）； SOCiter—采用 0-δSOC 校正法时的最大波动值； SOCtol—采用 0-δSOC 校正法时的允许误差； number—重复运行循环次数
		value	这一元胞数组含有与循环工况参数相关的值，例如： input. cycle. value = {'CYC_ UDDS ', 'on ', 'zerodelta ', 15}
test_ procedure	procedure	param	这一元胞数组含有传给工作空间的试验规程的参数的名称，例如： input. procedure. param = {'name '} 目前，参数名仅为唯一的可用参数
		value	这一元胞数组含有信息段中规定的、与试验规程参数相关的值，例如： input. procedure. value = {'TEST_ CITY_ HWY '} 目前，可选的列表包括：TEST_ CITY_ HWY，TEST_ FTP

（续）

动　作	主　域	子　域	使用说明
other_info	resp	param	这一元胞数组包含一些参数的名称，这些参数的值传回调用函数，例如： input. resp. param = {'mpg'; 'gear_ratio'; 'fc_brake_trq'} 这些参数包括 MATLAB 工作空间中的任何输入输出参数
save_vehicle	save	filename	这一命令包含一存储当前汽车参数设置的 m 文件的名称

在执行后，系统会返回一些变量的值。首先，返回的是变量 error_code 的逻辑值，当变量 error_code = 0 时，运行成功；当 error_code = 1 时，运行错误；紧接着系统输出的是一个包含特定操作默认结果的结构体。执行各项动作的返回结果说明见表 3-4。

表 3-4　执行各项动作的返回结果说明

操　作	主　域	子　域	使用说明
initialize			未使用
modify			未使用
grade_test	grade	grade	爬坡试验时汽车稳定行驶的最大坡度
		gear	进行爬坡试验时的变速器速比
accel_test	accel	times	特定车速范围内的加速时间矩阵
		dist_in_time	规定时间内的汽车的行驶距离
		time	行驶一定距离的时间
		max_rate	最大加速度
		max_speed	最大速度
drive_cycle	cycle	mpgge	等效汽油消耗率
		hc_gpm	HC 排放量，单位为 g/mile
		co_gpm	CO 排放量，单位为 g/mile
		nox_gpm	NO_x 排放量，单位为 g/mile
		pm_gpm	微粒排放量，单位为 g/mile
		max_trace_miss	整个循环过程中汽车实际车速与要求的车速的最大偏差
		delta_soc	整个循环汽车电池 SOC 初始值与最终值的差
test_procedure	procedure	mpgge	等效汽油消耗率
		hc_gpm	HC 排放量，单位为 g/mile
		co_gpm	CO 排放量，单位为 g/mile
		nox_gpm	NO_x 排放量，单位为 g/mile
		pm_gpm	微粒排放量，单位为 g/mile
		max_trace_miss	整个循环过程中汽车实际车速与需求车速的最大偏差
		delta_soc	整个循环汽车电池 SOC 初始值与最终值的差
other_info	other	value	这一元胞数组包含参数信息段中指定的参数值
save_vehicle			未使用

3.4 非用户界面下使用 ADVISOR 的演示实例

3.4.1 评价单一设计点值

具体操作步骤如下所述：

① 启动 MATLAB（注意不要启动 ADVISOR）。

② 在命令行输入：

input. init. saved_ veh_ file = 'Parallel_ defaults_ in'; [a,b] = adv_no_gui('initialize', input)

执行后，系统会下载默认的并联混合动力汽车的结构文件，并使工作空间初始化。

③ 在命令行输入以下命令运行爬坡试验：

input. grade. param = {'speed'}; input. grade. value = {55}; [a,b] = adv_no_gui ('grade_test', input)

确认后，除了规定稳定运行车速为 55mile/h 外，系统会按照所有的默认值，运行仿真并将在该车速下稳定运行的最大爬坡度存入变量 b 中作返回结果，数据格式是结构体。

④ 改变汽车质量为 1500kg，重新评价汽车的爬坡性能。输入如下命令：

input. modify. param = {'veh_mass'}; input. modify. value = {1500}; [a,b] = adv_no_gui('modify', input)

input. grade. param = {'speed'}; input. grade. value = {55}; [a,b] = adv_no_gui ('grade_test', input)

输出结果会显示汽车的爬坡性能有所下降。

3.4.2 绘制结果图形

绘制某结构汽车设计结果图表（类似于控制策略参数优化分析）。步骤如下：

① 启动 MATLAB。

② 在一个名为 my_ script. m 的新 m- 文件，添加以下内容：

```
    input.init.saved_veh_file ='Parallel_defaults_in'; [a,b] =adv_
no_gui ('initialize', input)
    % 系统会下载默认的并联混合动力汽车的结构文件并使工作空间初始化%
    trq_range = [0.25: 0.25: 1.25];
      for I =1: length (trq_range)
        input.modify.param = {'fc_trq_scale'}; input.modify.value =
        {trq_range (I)}; [a, b] =adv_no_gui ('modify', input)
        % 修改燃料转换器的转矩范围(比如改变燃料转换器输出峰值功率)%
        input.procedure.param ={'test.name'}; input.procedure.value =
        {'TEST_CITY_HWY'}; [a, b] =adv_no_gui
         ('test_procedure', input)
```

```
test (I) =b.procedure.mpgge
% 运行试验规程中“city hwy test”并得到默认的燃油和排放性能%
input.accel.param = {'spds'}; input.accel.value = { [0 30; 50
70]};
[a, b] =adv_no_gui ('accel_test', input)
accel1 (I) =b.accel.times (1);
accel2 (I) =b.accel.times (2);
% 进行加速度试验并获得从 0 到 30mile/h (mph) 和 50mile/h 到
70mile/h的加速时间%
input.resp.param = {'veh_mass';'fc_trq_scale'}; [a, b] =adv_
no_gui ('other_info', input)
mass (I) =b.other.value {1};
scale (I) =b.other.value {2};
% 得到作为结果的汽车质量%
end
figure; plot (scale, accel1,'b-', scale, accel2,'r-') % 画出加速时间
和功率的曲线 %
xlabel ('Torque Scale Factor')
ylabel ('Acceleration Time (s)')
legend ('0-30','50-70')
figure; plot (scale, mass) % 画出汽车质量和功率的曲线%
xlabel ('Torque Scale Factor')
ylabel ('Vehicle Mass (kg)')
figure; plot (scale, test) % 画出燃油经济性和功率的曲线%
xlabel ('Torque Scale Factor')
ylabel ('Fuel Economy (mpg)')
```

③ 在命令行输入 my_script，运行后，系统会输出三幅反映燃料转换器排量对汽车性能影响的图表。

在 MATLAB 工作空间，用户可获得所有原始数据。

3.4.3 运行自动调整结构参数

首先，在用户界面下运行自动调整参数大小，用户须先设置一个让 adv_no_gui 运行自动调整尺寸的试验案例。运行这个案例后，在 MATLAB 指令窗口输入下列指令：

```
autosize.grade_test =vinf.grade_test;
autosize.accel_test =vinf.accel_test;
autosize.autosize =vinf.autosize;
save fname autosize;
```

上述指令运行后，生成并存储一个用于 adv_no_gui 结构体数据，可以查询 autosize.m 和 adv_no_gui.m 文件获取子域（sub-fields）*.autosize.autosize，*.autosize.grade_test 和 *.autosize.accel_test 是怎样使用的具体说明。然后，清空 MATLAB 的工作空间数据，并以 adv_no_gui 方式运行 advisor，输入以下指令：

```
clear all;
input = load ('fname'); % creates input.autosize.autosize, *.*
.grade_test, & *.*.accel_test
[a, b] =adv_no_gui ('autosize', input);
```

模型将会自动调整结构参数。用户可以在工作空间或通过如下指令获得结果数据：

```
" [a, b] =adv_no_gui ('other_info', input)"
```

第 4 章

ADVISOR 文件与模型

4.1 文件结构

4.1.1 文件交互与数据流

脚本文件是指输入参数初始化，画图程序等的 m 文件。

ADVISOR 文件结构主要包括输入脚本文件 Input Scripts、输出脚本文件 Output Scripts、模块框图 Block Diagrams 与 ADVISOR 控制脚本文件 Control Scripts 四种代表类型，其数据流如图 4-1 所示。

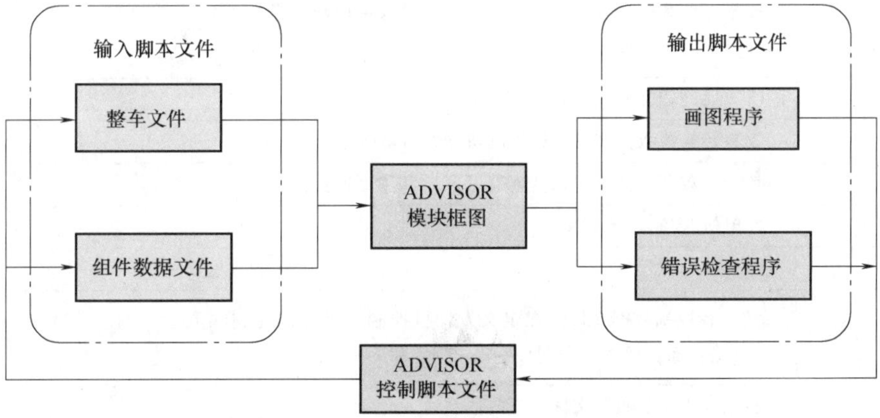

图 4-1　ADVISOR 文件结构

① 用输入脚本文件定义 MATLAB 工作空间中的变量，或者调用其他输入脚本文件，包括整车（Vehicle）、燃料转换器（Fuel Converter）、电机（Motor）与变速器（Transmission）等组件数据文件。例如：整车输入脚本文件 VEH_SMCAR. M，电机输入脚本文件 MC_PM32. M。

② 输出脚本文件通过搜索 MATLAB 工作空间，对模型输出作一些后续处理，包括一些画图程序和一些检查错误程序，如 chkoutputs. m。

③ ADVISOR 模块框图是由许多 Simulink 中基本模块组成。这些文件含有许多根据输入（如发动机特性图）计算输出（如燃油经济性）的方程；它们都是一些 Simulink 模型，如并联混合动力汽车结构 BD_PAR. M，如图 4-9 所示。

④ ADVISOR 控制脚本文件既生成输入信号，也对输出作一些处理，如 ADVISOR 图形用户界面 GUI 和优化程序。

4.1.2 文件位置

ADVISOR 安装根目录下（如 C:\ADVISOR 或 C:\Program Files\ADVISOR）有许多数据、图形用户界面 GUI 与模型子目录。这些子目录文件夹包含了各自相应的数据文件。

4.1.3 文件命名规则

ADVISOR 中所有模型和数据文件的命名，都采用一个前缀加下画线“_”来定义，并且使用的前缀名称与定义数据变量使用的前缀名称基本是一样的。另外在 ADVISOR 模块框图中，该前缀名称通常被放在尖括号“< >”内。

ADVISOR 组件文件类型定义名称见表 4-1。

表 4-1 ADVISOR 组件文件类型定义名称

变量名称	代表文件类型
ACC_ *.M	附件负载文件
CYC_ *.M	循环工况文件。定义变量时以 cyc_ 开头；在模块图里则以 <cyc> 表示
ESS_ *.M	能量存储系统数据文件。在定义变量时以 ess_ 开头；在模块图里则以 <ess> 表示
EX_ *.M	排放后处理文件（如催化剂等）
FC_ *.M	燃料转换器数据文件，即发动机和燃料蓄电池
TX_ *.M	传动系数据文件。包括变速器（gb）和主减速器（fd）
GC_ *.M	发电机/控制器数据文件
MC_ *.M	电机/控制器数据文件
PTC_ *.M	传动系控制数据文件。在定义发动机控制、离合器控制和混合控制策略变量时，以 vc_ 和 cs_ 开头；而在模块图中则分别以 <vc> 和 <cs> 表示
TC_ *.M	转矩合成装置数据文件
VEH_ *.M	整车数据文件
WH_ *.M	车轮/车轴数据文件

注：1. 除了表中部件数据文件外，还有另一种类型文件也用前缀定义，即 BD_ *.M 代表 Simulink 模型图；
2. 所有前缀文件名均用大写字母，而变量名则全部采用小写字母，以免相互混淆。

4.1.4 ADVISOR 文件的添加与修改

添加 ADVISOR 特定类型文件的方法有两种：一种是修改现有的传动系中的数据文件，并以新的文件名在适当的目录下存储；另外一种是修改 Simulink 模块，即添加或删除传动系中汽车部件或循环工况模块。第一种方法比较简单，但要注意文件名须用大写字母，以保证定义一个部件所需的全部变量都包含在新的文件中。这种方法只修改控制脚本文件中的数据，操作相对容易。第二种方法相对复杂。

下面以修改 EV 模型中整车控制模块 < vc > 为例，详细介绍修改步骤，如图 4-2 所示。

① 在 ADVISOR 模块框图中，打开 EV 模块，如图 4-2 中的“1”。

② 在 EV 模型中打开整车控制模块 < vc > ev，如图 4-2 中的虚线框“2”。

③ 在整车控制模块里面打开 library 源模块。因为每个模型都是从库里提取的，所以修改模型需要从库里修改。方法是单击菜单栏编辑键【Edit】 >> 库链接 Library link option 选项 >> 去库源 Go to library source 栏，如图 4-2 中的“3”。

④ 解锁，即解开 library 的锁定。方法是单击【Edit】 >> 解锁库 Unlock library 栏，这样窗口的任何模型即可修改，如图 4-2 中的“4”。

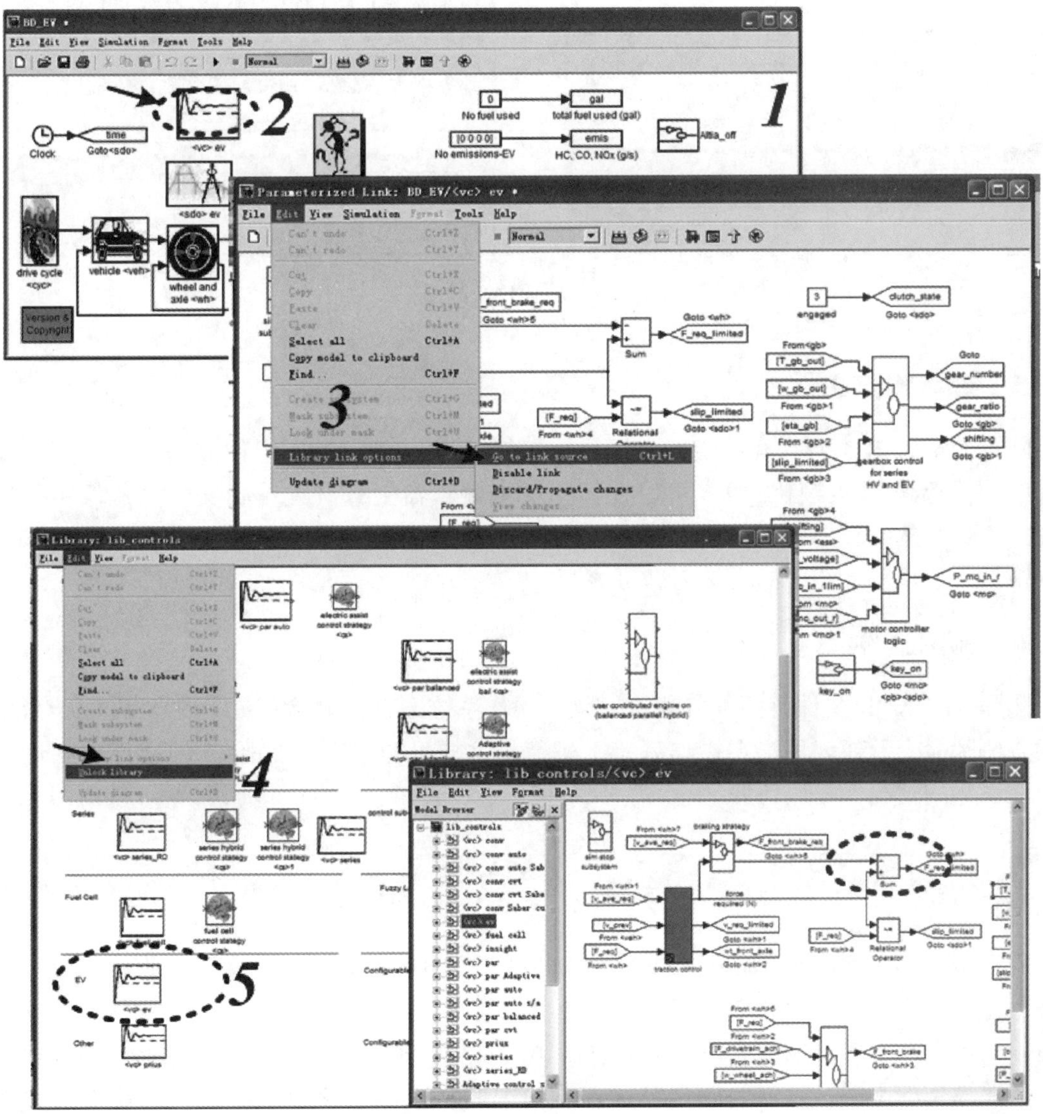

图 4-2 修改 ADVISOR 模块

⑤ 验证。在 ADVISOR 模块框图中再次打开 EV 模块，如图 4-2 中的“5”，单击任意整

车控制模块中的子模块，如图 4-2 中的粗线框标示的 sum 模块，编辑模块中的数据。这里会出现两种情况：一种是窗口中的编辑框带有涂色，此为不可修改状态；另外一种是窗口中编辑框不带有涂色，此为可修改状态，如图 4-3 所示。

⑥ 完全解锁。如果在修改过程中发现还存在不可修改的数据，则按照上述步骤再解锁一次即可。

⑦ 保存。对修改的模块进行保存，这里建议采用“另存为”，比较实用。

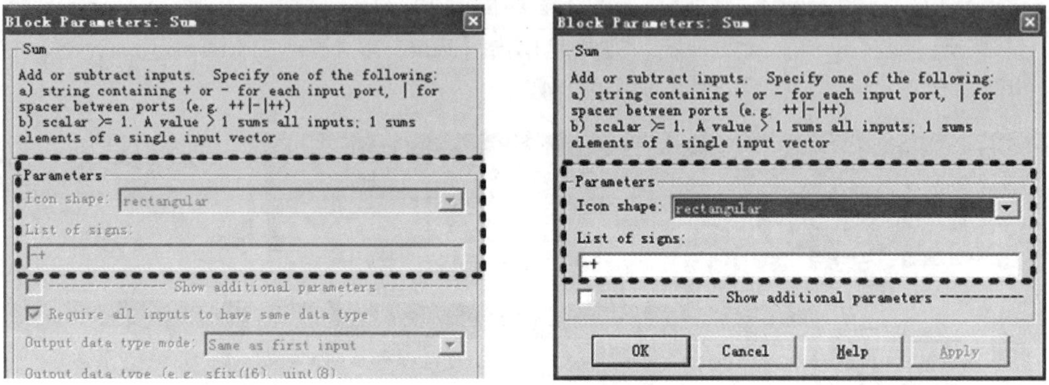

图 4-3　模块修改的验证

4.1.5　查看输入文件

除了 MATLAB 本身含有特定的数据 mat 文件以外，ADVISOR 组件数据文件与其他几乎所有的文件都是文本文件，用户可以在任何文本编辑器上查看并编辑文件。建议用户使用 MATLAB 自带的编辑器和调试器。另外，查看文本文件还可以用命令的方式，在 MATLAB 命令窗口，直接输入相应的文件名即可。

4.1.6　删除文件

删除 ADVISOR 文件有两种方法：一是在操作系统下直接删除；二是在 MATLAB 命令行下输入删除命令。建议用户在操作系统下进行，这样可暂时将“删除”的文件放在垃圾箱里，在误删的情况下可以还原。

4.2　传动系结构

现在市场运行的汽车，总体上可以分为传统汽车和电动汽车两大类。根据提供能量形式的不同，电动汽车又分为纯电动汽车、混合动力汽车与燃料电池汽车。纯电动汽车的驱动系统由单一蓄电池组提供能量。混合动力汽车驱动系统是由两个或多个能量存储系统来提供能量，按照结构的不同，可以分为串联、并联与混联形式，典型的汽车有丰田普锐斯和本田 Insight。燃料电池汽车是由燃料蓄电池组来提供能量。

基于上述汽车不同的传动系结构，ADVISOR 软件提供了八种不同类型的汽车传动系模型及一种自定义类型的汽车传动系模型，它们分别是：

① 传统汽车传动系模型（Conventional Vehicle）。
② 串联混合动力汽车传动系模型（Series Vehicle）。
③ 并联混合动力汽车传动系模型（Parallel Vehicle）。
④ 并联 SA 混合动力汽车传动系模型（Parallel Start/Alternator Drivetrain）。
⑤ 燃料电池汽车传动系模型（Fuel Cell Vehicle）。
⑥ 纯电动汽车传动系模型（Electric Vehicle）。
⑦ 丰田普锐斯传动系模型（Parallel-Prius Vehicle）。
⑧ 本田 Insight 传动系模型。
⑨ 自定义传动系模型。

4.2.1 传统汽车

传统汽车的典型代表车型有城市客车与普通轿车，其传动结构如图 4-4 所示。对于 ADVISOR 仅描述的 FF 前置前驱传动汽车，发动机（如汽油机、柴油机）作为唯一动力源向整车输出动力。动力经过离合器、变速器、主减速器、传动轴传递到车轮，驱动汽车行驶。

ADVISOR 中内置很多传统汽车动力传动系模型数据输入文件，文件名称为 CON * _in，如默认传统汽车模型 CONVENTIONAL_defaults_in，传统公交客车模型 TransitBus_conv_in 等。下面以默认传统汽车模型 CONVENTIONAL_defaults_in 为例，介绍该模型包括的模块与各模块的含义，其模型结构如图 4-5 所示。

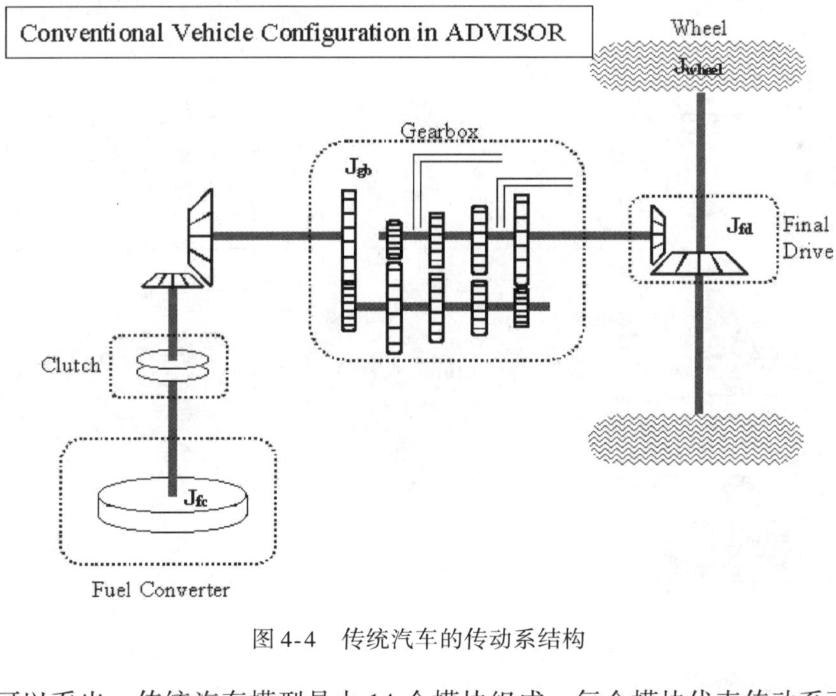

图 4-4 传统汽车的传动系结构

从图中可以看出，传统汽车模型是由 14 个模块组成，每个模块代表传动系不同的部件。从图中可以看出，大部分模块都有两个输入接口和两个输出接口。模块之间采用箭头连接，在传递输出需求转矩和转速的同时，传递实际输入转矩和转速。不同传动系模型中，同类部件的子模块建模结构相同，其含义见表 4-2。

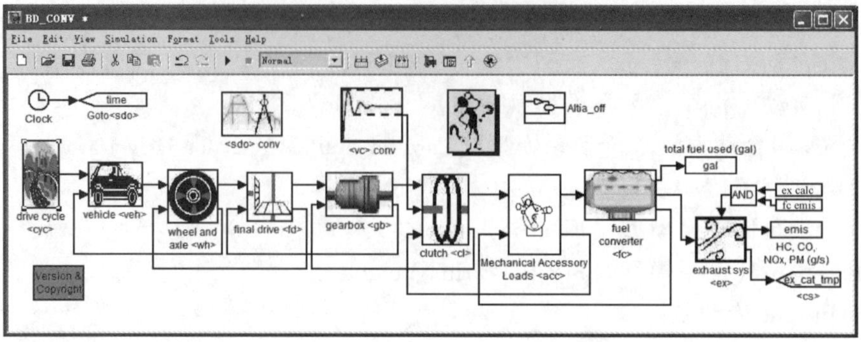

图 4-5 CONVENTIONAL_defaults_in 模型结构

表 4-2 ADVISOR 中模块的含义

序 号	图 标	模型中符号	代 表 含 义
1	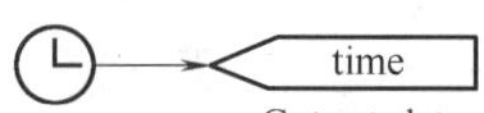 Clock Goto <sdo>	—	仿真时间
2	 <sdo> conv	< sdo > Standard diagnostic output	标准诊断输出模块 将模型中的相应的数据输出到 MATLAB 工作空间中
3	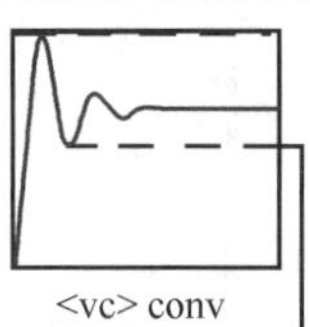 <vc> conv	< vc > Vehicle control	整车控制模块 包括离合器控制、发动机控制、牵引力控制、制动控制以及变速器控制
4	 drive cycle <cyc>	< cyc > Drive cycle	循环工况
5	 vehicle <veh>	< veh > Vehicle	整车模块
6	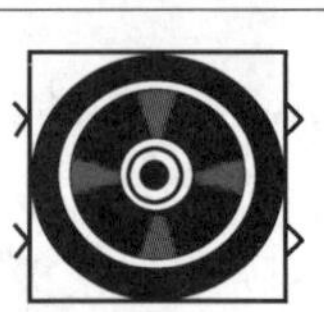 wheel and axle <wh>	< wh > Wheel and axle	车轮和半轴模块

（续）

序号	图标	模型中符号	代表含义
7	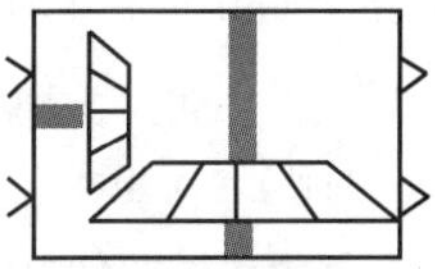 final drive <fd>	< fd > Final drive	主减速器模块
8	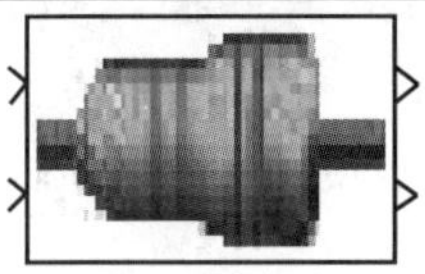 gearbox <gb>	< gb > Gearbox	变速器模块
9	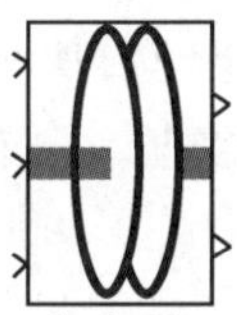 clutch <cl>	< cl > Clutch	离合器模块
10	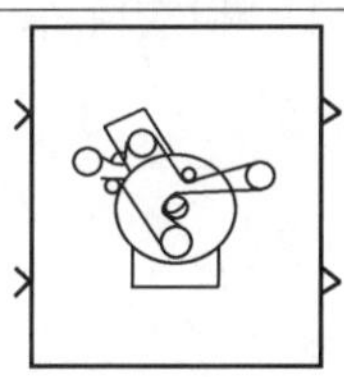 Mechanical Accessory Loads <acc>	< acc > Mechanical accessory loads	发动机附件模块
11	 fuel converter <fc>	< fc > Fuel converter	发动机模块
12	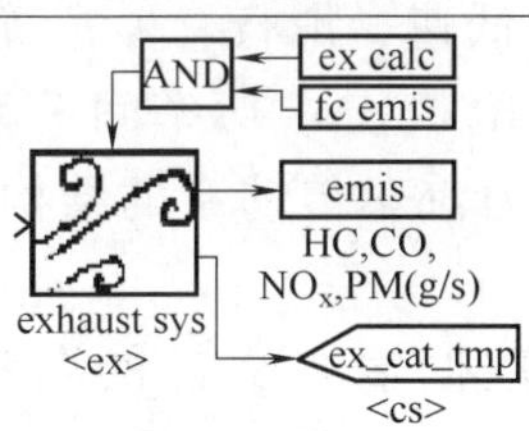 AND ex calc fc emis emis HC,CO, NO_x,PM(g/s) exhaust sys <ex> ex_cat_tmp <cs>	< ex > Exhaust system	排放后处理模块
13	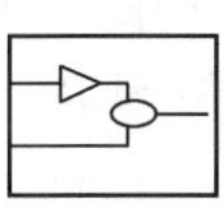 Altia_off	—	动画仿真交互接口模块
14		—	ADVISOR 帮助文档

注：每个模块的结构与计算过程，将在以后章节中详细介绍。

模型中自左向右显示的箭头传递的信号，代表功率需求或目标转矩（*_trq_r）和转速（*_spd_r），此计算路径称为后向计算路径。行驶循环工况模块（drive cycle < cyc >）根据目标工况，计算出目标车速输出到整车（vehicle < veh >）模块，然后目标车速经过车轮（wheel and axle < wh >）模块、主减速器（final drive < fd >）模块、变速器（gearbox < gb >）模块、离合器（clutch < cl >）模块与附件（mechanical accessory < acc >）模块的传递，输出到发动机（fuel converter < fc >）模块。在传递过程中，在考虑自身损失、传动比换算及输出限制的情况下，各个模块根据输入数据计算输出数据并输出。

模型中自右向左显示的箭头传递的信号，代表各模块实际转矩（*_trq_a）和转速（*_spd_a），此计算路径称为前向计算路径。

根据目标车速，发动机模块通过查表计算确定其实际输出转矩、最高转速和排放数据，然后将排放数据输出到排放处理（exhaust sys < ex >）模块，排放处理模块根据数据计算实际排放量输出结果。同时发动机模块通过箭头，将实际转矩和转速数据，自右向左逐个传给各个模块。

这些模块在考虑自身损失、传动比及输出限制的情况下根据实际输入量，采用与后向计算路径相同的方法，计算其实际输出量。最后，整车模块根据牵引力和实际车速，计算下一步长的整车有关数据。

在整个运行循环工况的周期内，动力传递过程持续循环运行。

4.2.2　串联混合动力汽车

串联混合动力汽车的动力系统，包括发动机和电机两个动力源。发动机输出动力并不直接传递到汽车的驱动轴，而是输出到发电机。发动机在最佳工况点附近以相对稳定的工况运行发电，发电机发出的电能可以直接供应电机工作，当发电机发出的功率无法满足汽车行驶对功率的需求时（如起步、加速、高速、爬坡等），蓄电池组可以向电机提供额外的电能。

当发电机发出的功率超过汽车行驶对功率的需求时（如低速、滑行、停车等），动力发电机组向电池组充电。蓄电池组作为调节发动机输出与电机需求功率间关系的“水库”，与发动机一起提供车辆行驶的需求功率。串联混合动力汽车传动系的结构如图 4-6 所示。

ADVISOR 中内置的串联混合动力汽车动力传动模型数据输入文件的名称形式为 SERIES_*_in 或含有 ser 等字符，如默认模型 SERIES_defaults_in、SERIES_4WD_in、SERIES_RD_in、TransitBus_ser_cng_in 等。以默认串联混合动力汽车模型 SERIES_defaults_in 为例，结构如图 4-7 所示。

在 ADVISOR 中，串联混合动力汽车默认的变速器是单速的；默认的控制策略是串联功率跟随策略；混合动力汽车的负载为恒功率负载。从图 4-7 中可以看出，与传统汽车的模型结构相比，串联混合动力汽车模型多了几个模块，增加的模块的含义见表 4-3。

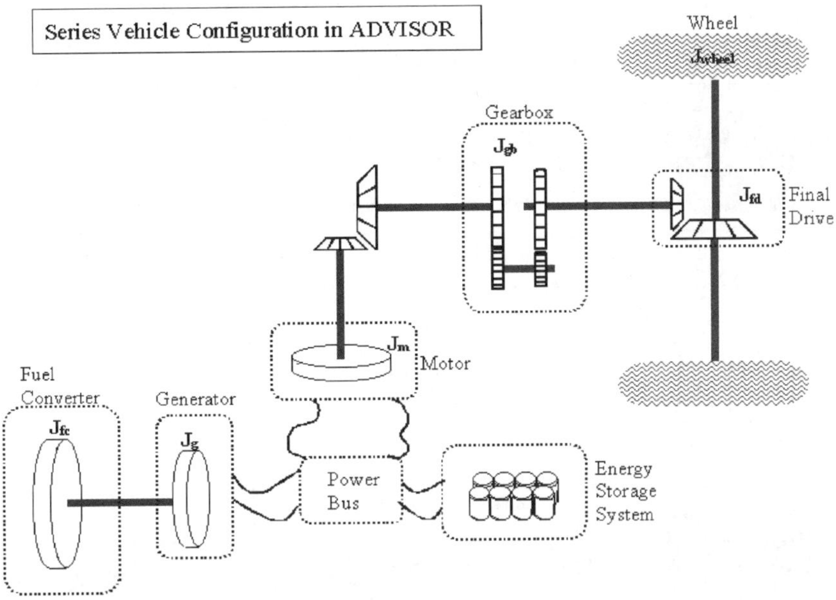

图 4-6　串联混合动力汽车传动系的结构

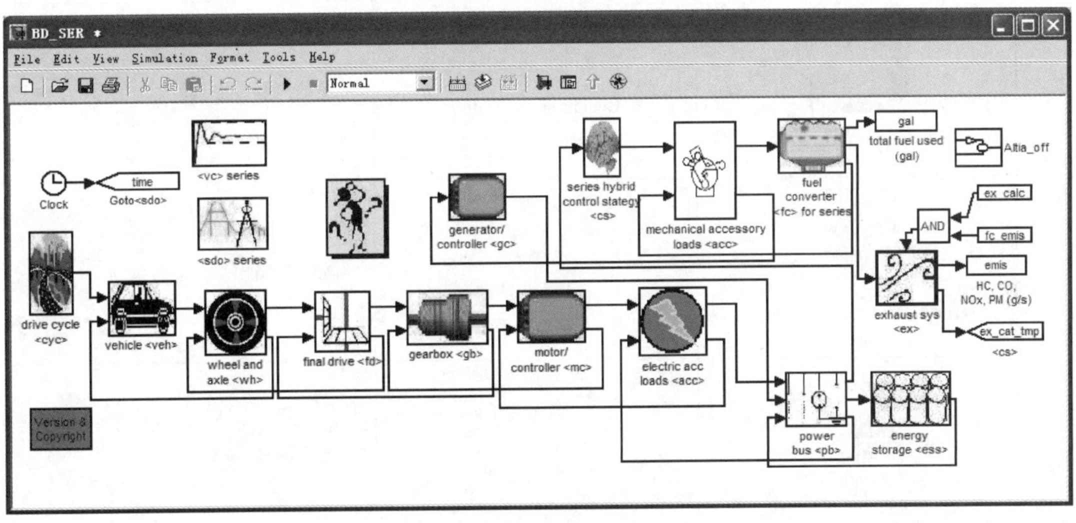

图 4-7　串联混合动力汽车模型结构

表 4-3　ADVISOR 中传统传动系之外模块的含义

序　号	图　　标	模型中符号	代 表 含 义
1	 motor/controller <mc>	< mc > Motor/controller	电机与控制模块

（续）

序 号	图 标	模型中符号	代 表 含 义
2	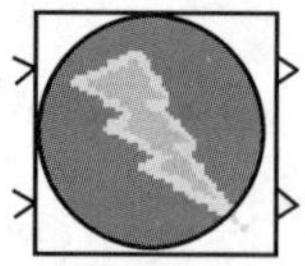 electric acc loads <acc>	< acc > Electric accessory loads	蓄电池组附件模块
3	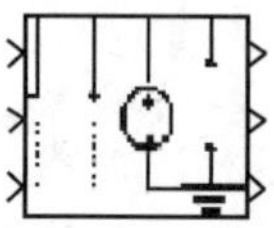 power bus <pb>	< pb > Power bus	功率总线模块
4	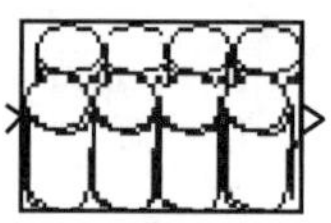 energy storage <ess>	< ess > Energy storage	能量存储器模块（蓄电池组）
5	 generator/controller <gc>	< gc > Generator/controller	发电机与控制模块
6	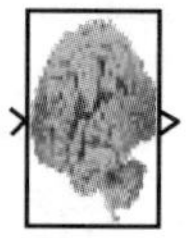 series hybrid control strategy <cs>	< cs > Control strategy	控制策略模块
7	 torque couple <tc>	< tc > Torque couple	转矩耦合器模块
8	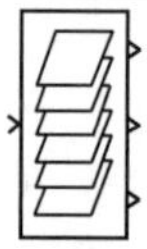 fuel converter <fc> net model	< fc > Fuel converter	燃料电池模块
9	 planetary gearset <pg> prius	< pg > Planetary gearset	行星机构模块

注：每个模块的结构和计算过程，将在下面章节中详细介绍。

4.2.3　并联混合动力汽车

并联混合动力汽车的传动系统包括发动机、转矩耦合器、蓄电池组和电机。与串联混合动力汽车相比，并联混合动力汽车没有发电机，发动机与电机作为动力源可以通过转矩耦合器耦合后都可以直接或联合驱动汽车的车轮，驱动车辆行驶。通过逆变器，电机也可反过来作为发电机发电，并给蓄电池充电。并联混合动力汽车的传动系结构如图 4-8 所示。

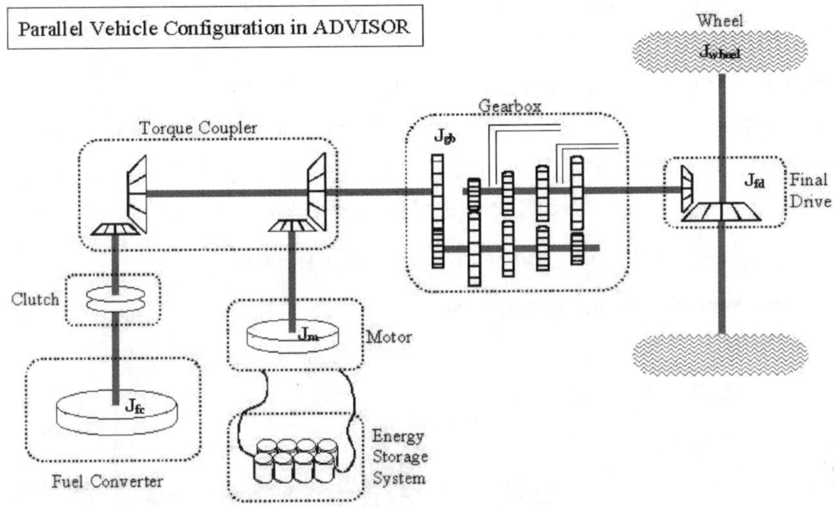

图 4-8　并联混合动力汽车的传动系结构图

ADVISOR 中内置的并联混合动力汽车动力传动模型数据，输入文件名称形式为 PARALLEL_ * _in 或含有 PAR 或 PARALLEL 等字符，如默认模型 PARALLEL_ defaults_ in、PARALLEL_FAWCVT_in、PAR_FAW_JETTA_PRE_ in 等。以默认的并联混合动力汽车模型 PARALLEL_ defaults_ in 为例，其模型结构如图 4-9 所示。

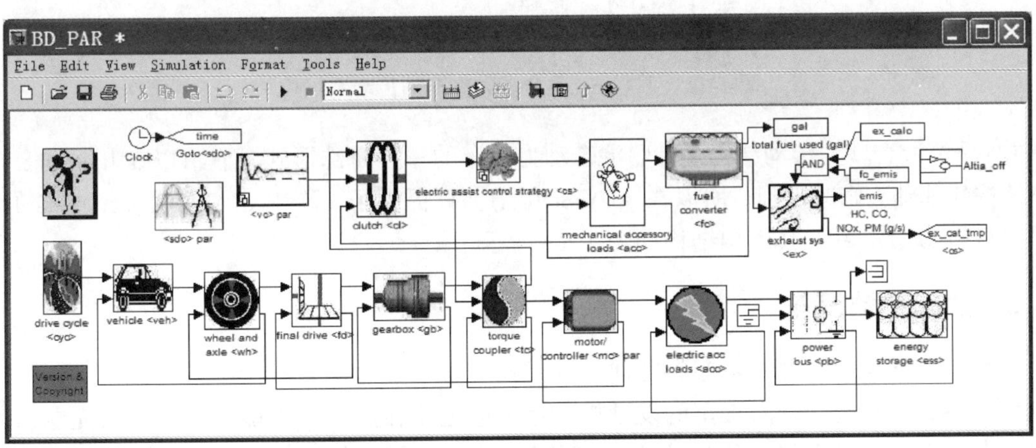

图 4-9　并联混合动力汽车模型结构

在 ADVISOR 中，并联混合动力汽车默认的变速器是五速的，默认的控制策略是并联电机助力控制策略，混合动力汽车为恒功率负载。与上述传动系的 Simulink 模型结构相比，该结构增添了转矩耦合器模块，其功能主要是将两个动力源输出的转矩耦合后传递给传动系，同时控制整车需求转矩在不同动力源间的分配，见表4-3中的序号7。

4.2.4 并联SA混合动力汽车

并联SA混合动力汽车也称为单轴并联ISG混合动力汽车，与4.2.3节所叙述的并联混合动力汽车相比，其传动系统的结构是相同的，不同之处在于离合器的位置和电机的作用。在4.2.3节所叙述的并联混合动力汽车结构中，离合器是在转矩耦合器与发动机之间，电机的作用是调节发动机输出动力，辅助驱动；而在并联SA混合动力汽车结构中，离合器是在转矩耦合器与变速器之间，电机的作用不仅可以像传统汽车上的起动电机（Starter）和交流发电机（Alternator）一样，在整车小负荷工况下关闭或重启发动机，还可以与发动机一起，联合或单独驱动汽车的车轮，同时电机可反过来作为发电机给蓄电池组充电。

另外，并联SA混合动力汽车中发动机与电机是同轴的，也就是说在汽车行驶时，发动机与电机的转速相同。并联SA混合动力汽车的传动系结构如图4-10所示。

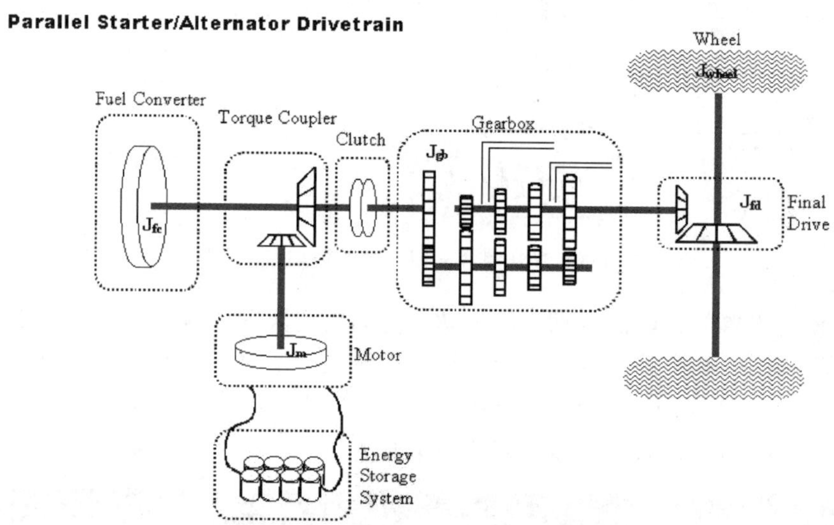

图4-10 并联SA混合动力汽车的传动系结构

并联SA混合动力传动结构是并联混合动力汽车的一种特殊形式。它可以在并联混合动力汽车结构的基础上修改得到。所以在ADVISOR中，只提供了一个PARALLEL_SA_defaults_in模型供读者参考学习。其模型结构如图4-11所示。

4.2.5 燃料电池汽车

燃料电池汽车的动力源是燃料电池。其结构与串联混合动力汽车结构类似。不同的是燃料电池代替了串联混合动力汽车的发动机。燃料电池工作产生的电能向蓄电池组充电，蓄电池组向电机供电，电机将电能转化为机械能输出，提供驱动整车行驶的全部需求转矩与转速。其结构如图4-12所示。

ADVISOR中内置的燃料电池汽车动力传动模型数据的输入文件有两种：默认的FUEL_CELL_defaults_in模型和除去能量存储模块的FuelCell_no_ess_in模型。

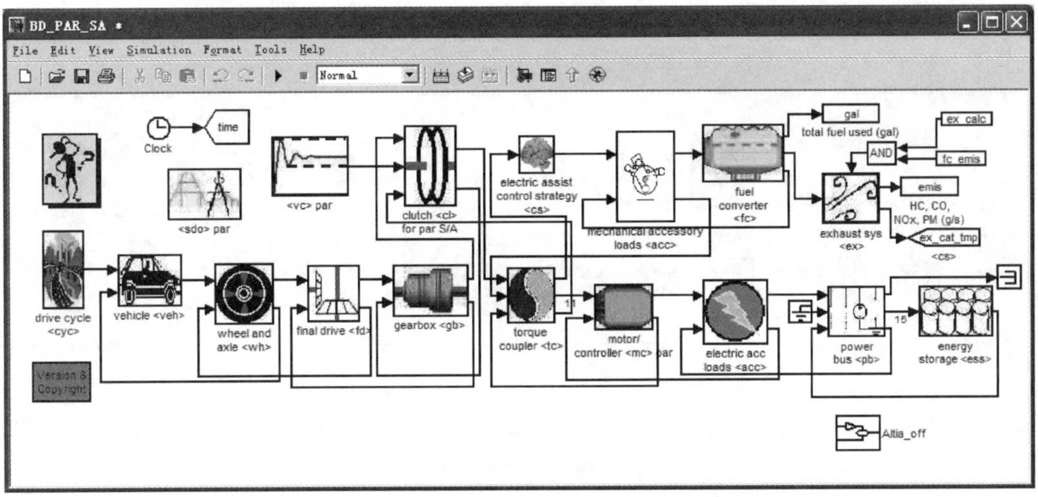

图 4-11　并联 SA 混合动力汽车模型结构

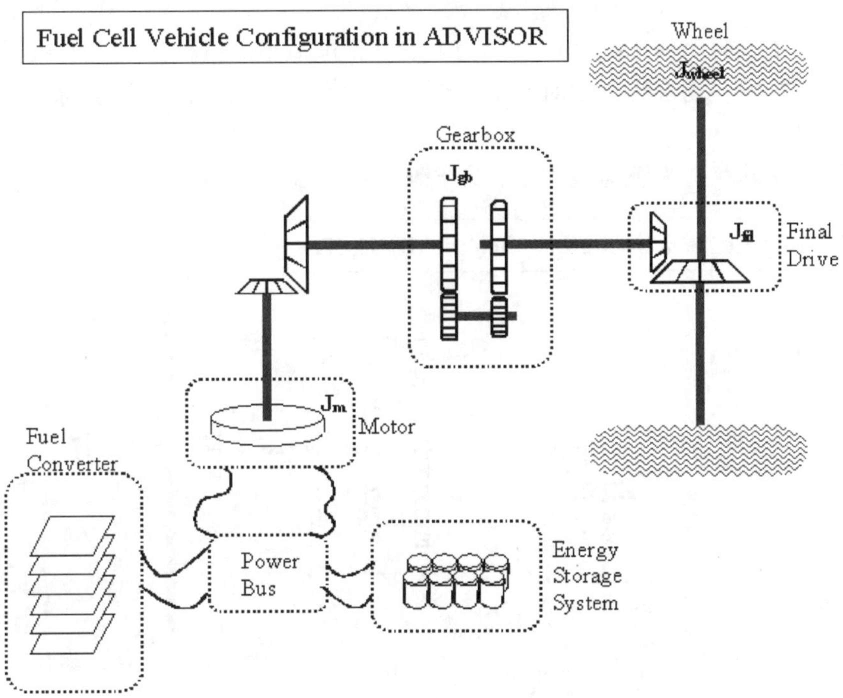

图 4-12　燃料电池汽车的传动系结构

以默认燃料电池汽车 FUEL_CELL_defaults_in 模型为例，其结构如图 4-13 所示。该传动结构中燃料电池模块代替了发动机模块，其模块见表 4-3 中的序号 8。

在 ADVISOR 中，燃料电池汽车模型中默认的变速器是单速的，默认的控制策略是恒温器型控制策略：当蓄电池组的 SOC 值低于最低设定工作点（cs_lo_soc）时，发动机起动；当蓄电池组的 SOC 值达到最高设定工作点（cs_hi_soc）时，发动机关闭。混合动力汽车为恒功率负载。

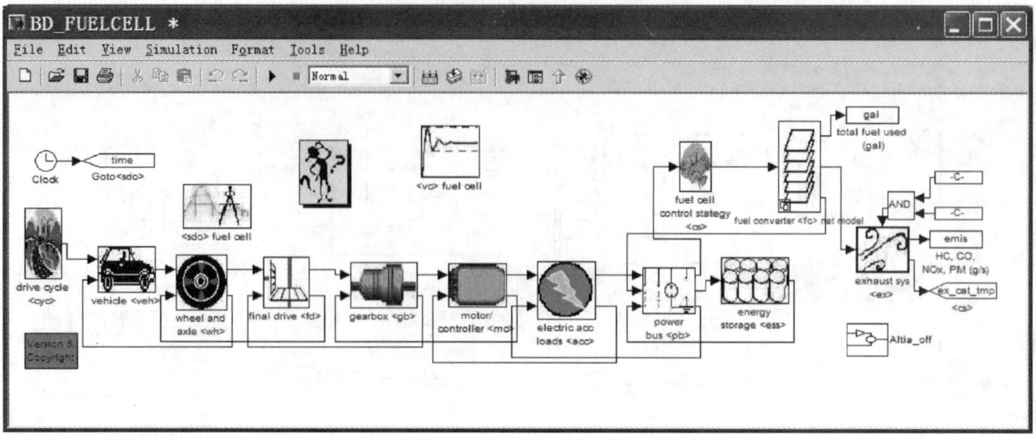

图 4-13 燃料电池汽车模型结构

4.2.6 纯电动汽车

纯电动汽车中，驱动整车的能量全部为电能。蓄电池组向电机供电，电机将电能转化为机械能驱动汽车行驶，当汽车制动时，电机也可以作为发电机，在回收制动能量时发电，再对蓄电池组充电。

蓄电池组的初始状态为满荷电状态，即 SOC 值为 1.0。其结构如图 4-14 所示。

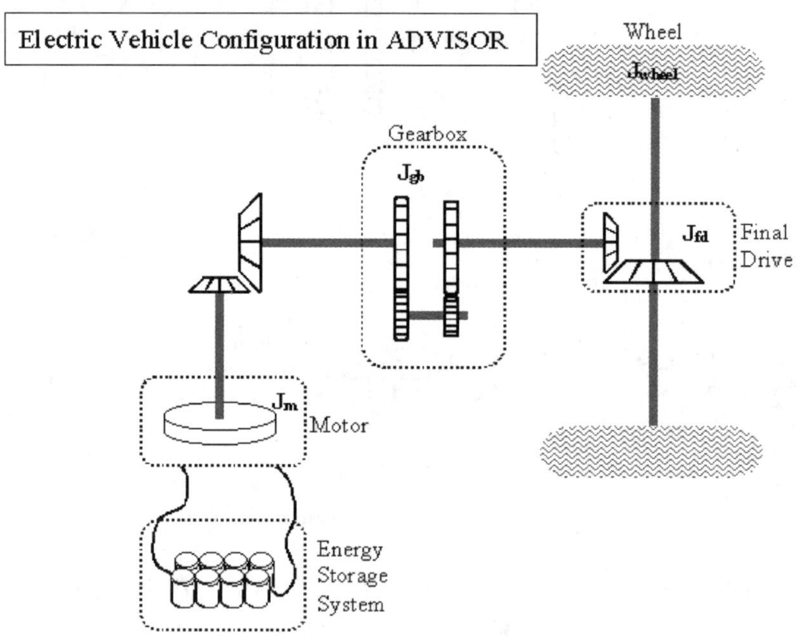

图 4-14 纯电动汽车的传动系结构

ADVISOR 中内置的纯电动汽车动力传动模型数据，输入文件的名称形式为 EV_ * _in 或含有 EV 字符，如默认模型 EV_defaults_in、EV_YQ_CAR0730_in、EV_NEW_defaults_in 等。以默认的纯电动汽车 EV_defaults_in 为例，其结构如图 4-15 所示。默认变速器是单速的，整车负载为恒功率负载。

由于纯电动汽车零排放零污染，所以该模型省略了排放后处理模块，而排放输出为零，如图 4-15 中的粗线所示。

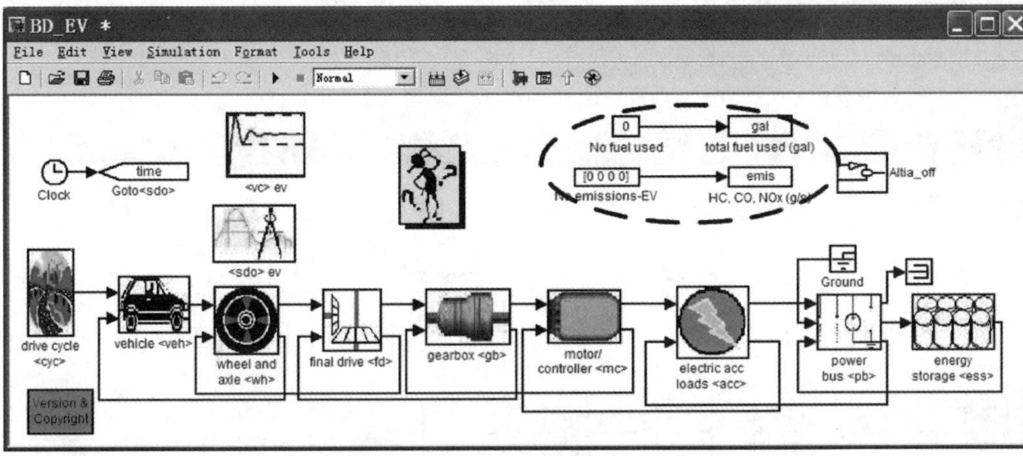

图 4-15 纯电动汽车模型结构

4.2.7 丰田普锐斯混联混合动力汽车

混联混合动力汽车又称为串联并联混合动力汽车。它通过转矩耦合器协调控制驱动力传动系统，既可以实现串联驱动模式，也可以实现并联驱动模式。本节以混联混合动力汽车的典型代表车型——丰田普锐斯动力传动模型为例介绍其结构组成。普锐斯动力传动结构如图 4-16所示。其传动部件包括一个由行星齿轮机构组成的功率分流装置（又称 PG-E CVT）。发电机与行星齿轮机构中的太阳轮相连，电动机与齿圈相连，发动机与行星架相连。

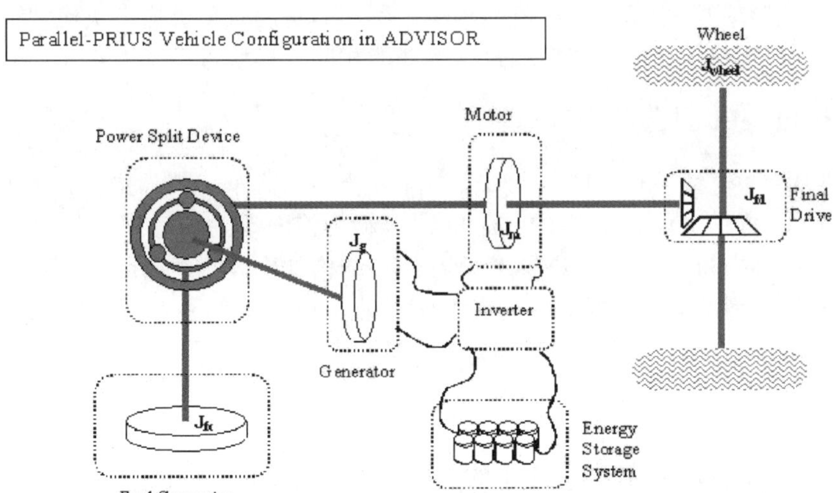

图 4-16 普锐斯动力传动结构

电动机与发电机向功率分流装置提供功率或消耗功率。分流装置功率取决于其选择的工作模式。普锐斯系统中没有换档齿轮和离合器。当汽车倒退行驶时，电动机反转单独驱动汽车，发电机不仅可以接收动力发电给蓄电池组充电，同时还可以工作在电动机模式起动发动机。发电机工作转矩，是由其自身的转速与发动机转速之间的关系来调节。

ADVISOR 中内置的普锐斯混合动力汽车动力传动模型数据，输入文件的名称形式为 PRIUS_JPN_*_in 或含有 PRIUS 字符，如默认模型 PRIUS_JPN_defaults_in、PRIUS_06_in 等。以默认普锐斯混合动力汽车（PRIUS_JPN_defaults_in）模型为例，结构如图 4-17 所示。

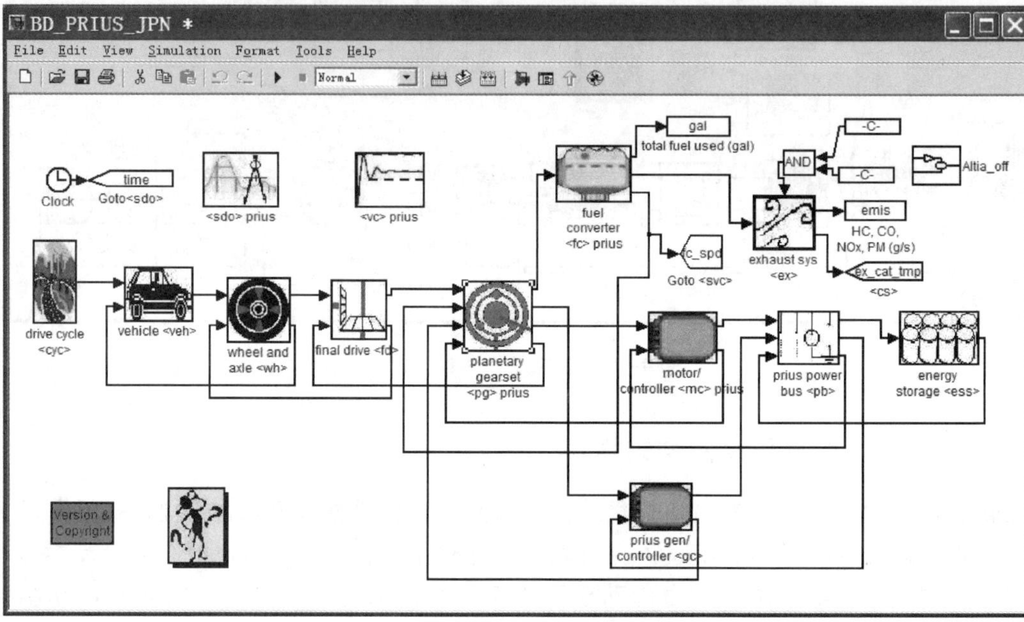

图 4-17　普锐斯混合动力汽车模型结构

该模型结构与并联混合动力汽车模型相似，不同的是用行星机构模块代替了变速器与转矩耦合器模块。行星排的功能与转矩耦合器的功能相同，模块含义见表 4-3 中的序号 9。

4.2.8　本田 Insight 混合动力汽车

Insight 动力传动模型来源于日本本田公司的混合动力汽车。其结构可参考并联 SA 混合动力汽车传动系结构。ADVISOR 中的 Insight 混合动力汽车动力传动模型数据，只有一个输入文件 INSIGHT_defaults_in 供用户参考学习，其结构如图 4-18 所示。该模型结构与并联 SA 混合动力汽车模型结构是一样的。读者在学习时，可以全部参考并联混合动力汽车模型的相关数据。

4.2.9　自定义类型

自定义动力传动结构是 ADVISOR 中的一种高级应用。它允许用户将自定义的模块框图链接到 ADVISOR 数据框图中。用户必须指定具体的模块，并选择激活合适组件模块。ADVISOR 中默认的自定义类型为传统汽车动力传动模型。当选择自定义类型时，软件会提示须从动力传动系统配置菜单里选择感兴趣的模型。激活不同的部件，只需勾选组件键左侧的复选框，然后从下拉菜单中选择要求的组件。

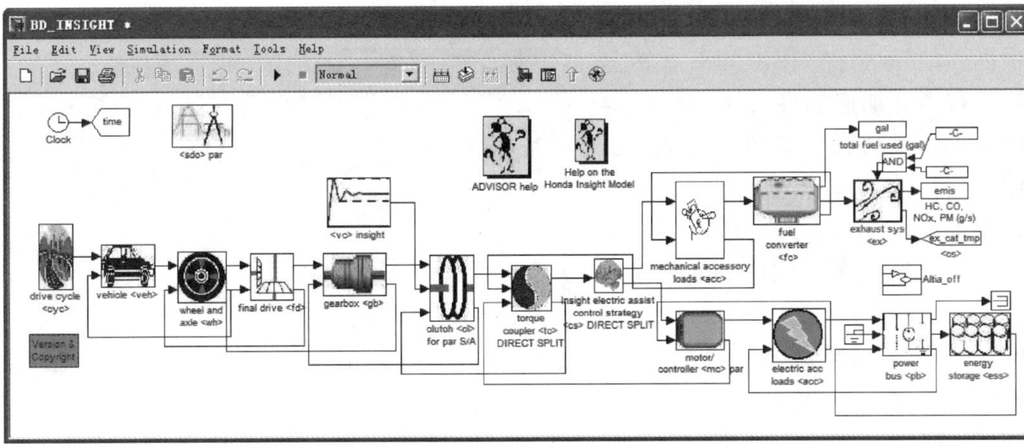

图 4-18　本田 Insight 混合动力汽车模型结构

4.3 动力源模块

动力源模块的功能是将其他形式的能量转化为机械能，提供整车行驶所需的动力。按照使用燃料的不同，可以分为发动机模块和燃料电池模块两种类型。

4.3.1 发动机模块

发动机模块是将汽油或柴油等化学物质通过燃烧释放出能量，从而带动曲轴转动，将化学能转化为机械能输出，从而驱动汽车行驶。发动机作为多数汽车的主要动力源，许多汽车动力传动结构中都包含发动机模块，如传统汽车、串联和并联混合动力汽车等。发动机模块结构图如图 4-19 所示。

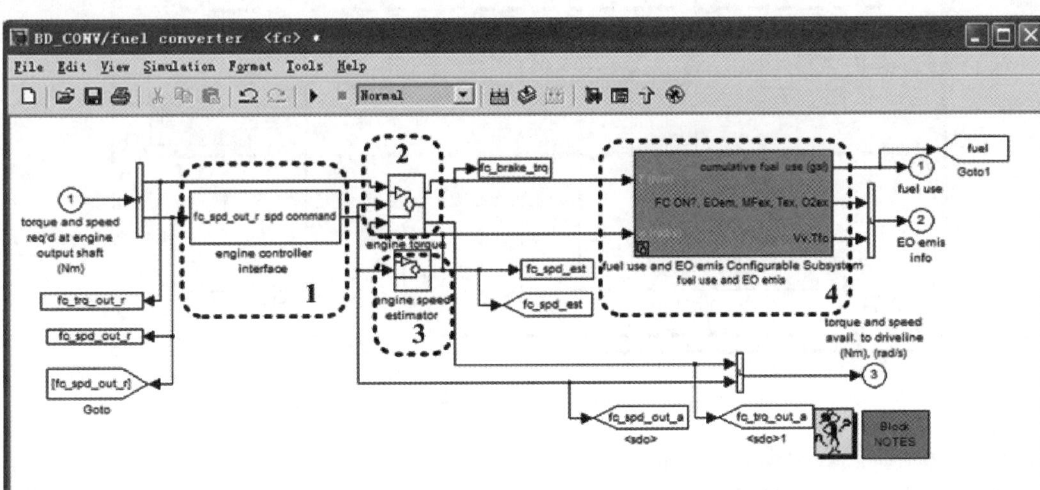

图 4-19　发动机模块结构

发动机模块包括输入输出接口、发动机控制模块、发动机转速估计模块、发动机转矩计算模块和燃油消耗与排放计算模块。

根据其他模块计算得出的需求转速和转矩，在考虑加速惯性转矩与附件消耗的情况下，发动机模块确定发动机工作点输出实际转矩和转速，以满足需求功率的要求。该模块主要包括控制器接口模块1、转矩计算模块2、转速计算模块3和燃油消耗及排放计算模块4。

4.3.1.1 控制器接口模块

该模块根据 fc_spd_out_r 信号，通过发动机控制模块计算，输出 spd_command，如图4-20所示。该模块的作用，是输出整车控制模块里的发动机控制模块计算数据。传统汽车发动机控制器模块结构如图4-21所示。

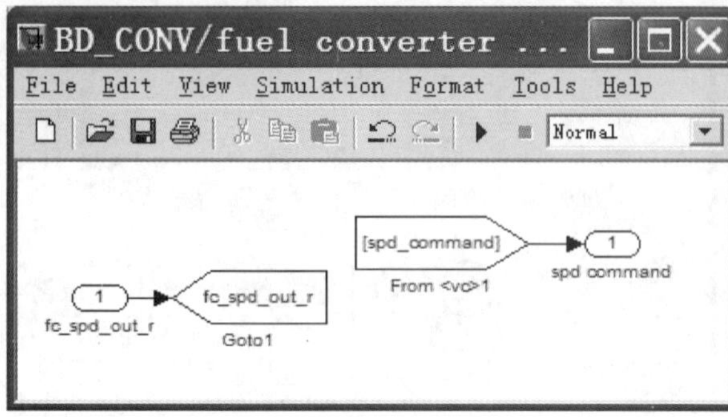

图4-20 控制器接口模块

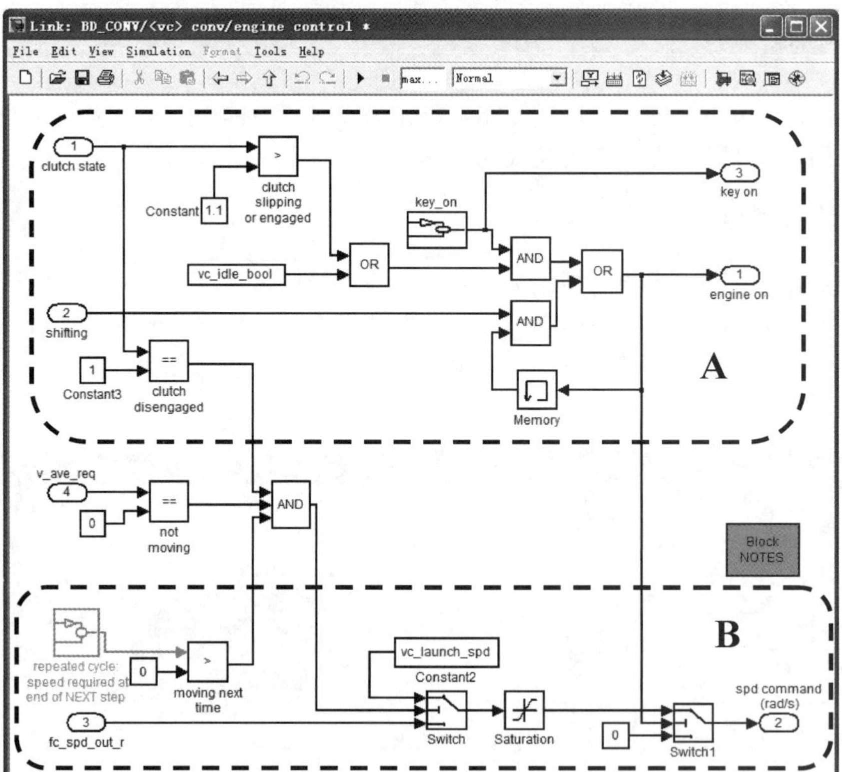

图4-21 传统汽车发动机控制器模块结构

发动机控制器模块根据离合器信号、换档信号、车速信号和驾驶人信号，控制发动机开关和发动机的输出转速，计算得出的控制信号会被反馈到发动机模块，用于计算发动机的燃油消耗、实际输出转速与转矩等。

图4-21中框A与框B的含义见表4-4。

表 4-4　发动机控制器模块中框 A 与框 B 的含义

编　　号	内　　容	含　　义
A	发动机开关控制 (engine on)	当 vc_ key_ on = 1 时（离合器接合或离合器分离时，发动机怠速），发动机起动 当 vc_ key_ on = 0 时，若变速器无换档，维持发动机状态；若变速器换档，则无论发动机是否怠速，都会被调节为怠速状态
B	转速计算 (spd command)	当 engine on = 0 时，发动机输出转速为 0 当 engine on = 1 时，离合器分离，v_ ave_ req = 0，cyc_ mph > 0 时，发动机输出 vc_ launch_ spd；否则输出 fc_ spd_ out_ r

cyc_ mph > 0 是指当前步长汽车停车，而下一步长汽车将要行驶。应该注意的是发动机输出转速应该在其允许范围内，即（vc_ idle_ spd * vc_ idle_ bool，max（fc_ map_ spd）* fc_ spd_ scale）。该模型中用到的变量 vc_ idle_ bool、vc_ idle_ spd、vc_ key_ on 和 vc_ launch_ spd 可参考附录 A. 2。

4. 3. 1. 2　发动机转矩计算模块

该模块根据发动机的转速信号，考虑其自身的加速惯性转矩与转矩输出限制计算输出转矩，其结构如图 4-22 所示。

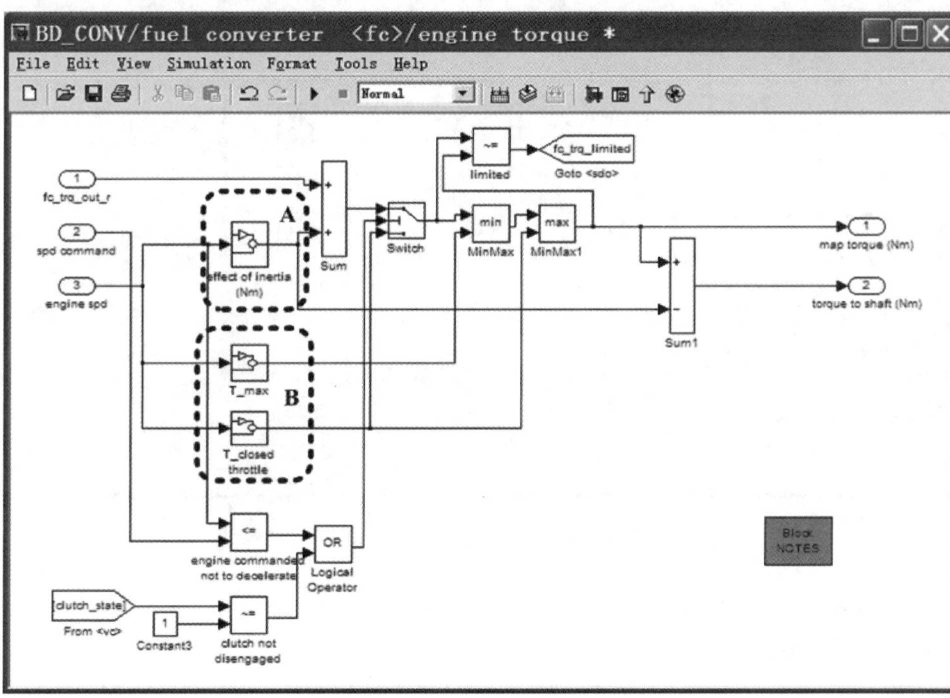

图 4-22　发动机转矩计算模块

发动机实际输出转矩为

$$fc\_trq\_out\_a = fc\_brake\_trq - torque\_inertia \tag{4-1}$$

式中，fc_ brake_ trq 为发动机与其输出转速相关的输出转矩。当发动机的估算转速 fc_ spd_

est 小于其实际输出转速 fc_spd_out_a，或离合器在接合状态时，有

$$fc\_brake\_trq = fc\_trq\_out + torque\_inertia \tag{4-2}$$

否则，有

$$fc\_brake\_trq = T\_closed\_throttle \tag{4-3}$$

同时，需要保证 fc_brake_trq 在（T_closed_throttle，T_max）范围内。其中 T_closed_throttle 表示发动机在不同节气门下的输出转矩；T_max 为发动机的最高输出转矩。其计算方法将在下面介绍。

1. 加速惯性转矩（torque_inertia）

发动机加速惯性转矩的计算如图 4-22 中的框 A 所示，它采用经典的力学方程，即发动机曲轴的转动角加速度与其转动惯量的乘积：

$$torque\_inertia = fc\_inertia \times [\,engine\_spd(k) - engine\_spd(k-1)\,]/dt \tag{4-4}$$

式中，k 为仿真步长；engine_spd（k）为当前步长的发动机转速；engine_spd（k－1）为前一步长的发动机转速。ADVISOR 的微分计算多数由差分计算代替。这种方法在其他模块中也可以看到。

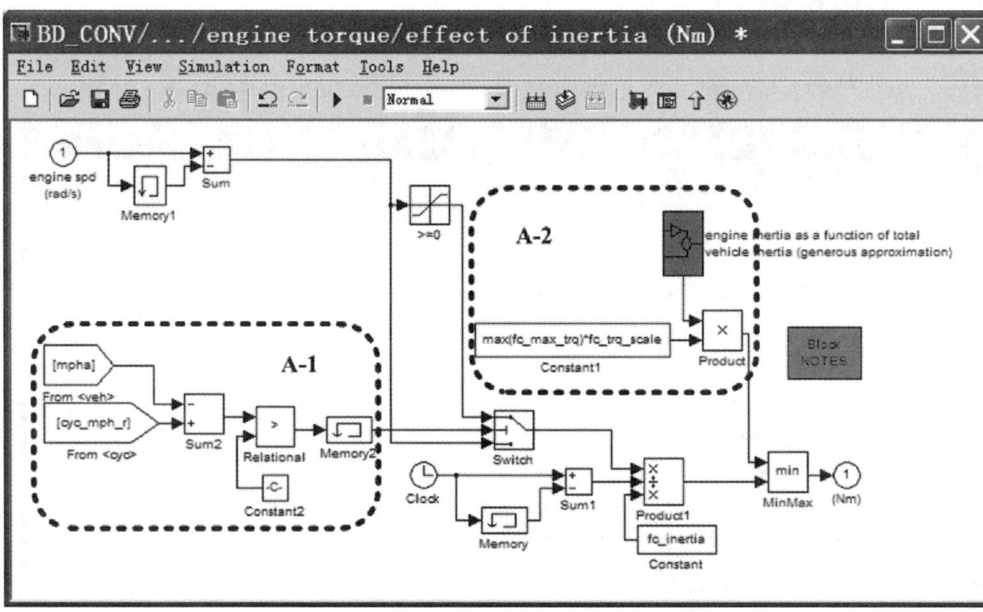

图 4-23　加速惯性转矩（torque_inertia）计算模块

在计算发动机加速惯性转矩的同时，还要考虑其他限制影响。在图 4-23 中，虚线框 A-1的作用就是限制发动机的角加速度必须为正值，从而保证计算的发动机加速惯性转矩为正值；虚线框 A-2 考虑了整车转动惯量对发动机加速惯性转矩的影响，发动机的加速惯性转矩不应大于整车转动惯量换算到发动机曲轴上的加速惯性转矩。

2. 转矩范围计算

T_max 和 T_closed throttle 两个模块的计算方法相同，均是预先在输入文件中，计算并初始化相关变量，如图 4-22 框 B 所示。使用时直接通过一维查表方法获得所需的转矩输出，如图 4-24 所示。

4.3.1.3　发动机转速估算模块

该模块根据离合器信号、车速信号，在不同条件下估算发动机的输出转速。当离合器接合，且其前一时刻未跟随需求车速时，发动机估算转速为其前一时刻的实际输出转速；当离合器分离且车速要求上升时，发动机估算转速为需求转速与发动机最大转速两者中之较小值；当离合器分离且车速要求下降时，发动机估算转速则采用发动机转矩除以其转动惯量，由所得的角加速度再积分获得。当上述条件都不满足时，发动机估算转速就是其需求转速，但不应低于其怠速转速，也不应高于其最大转速。其具体模型结构如图 4-25 所示。

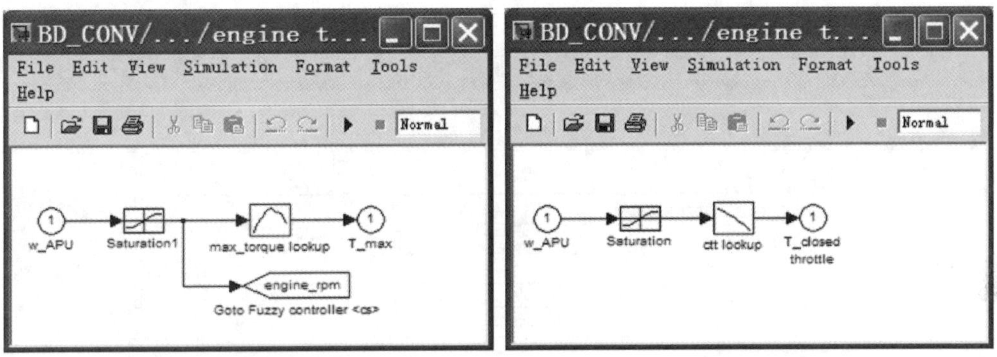

图 4-24　转矩范围计算模块

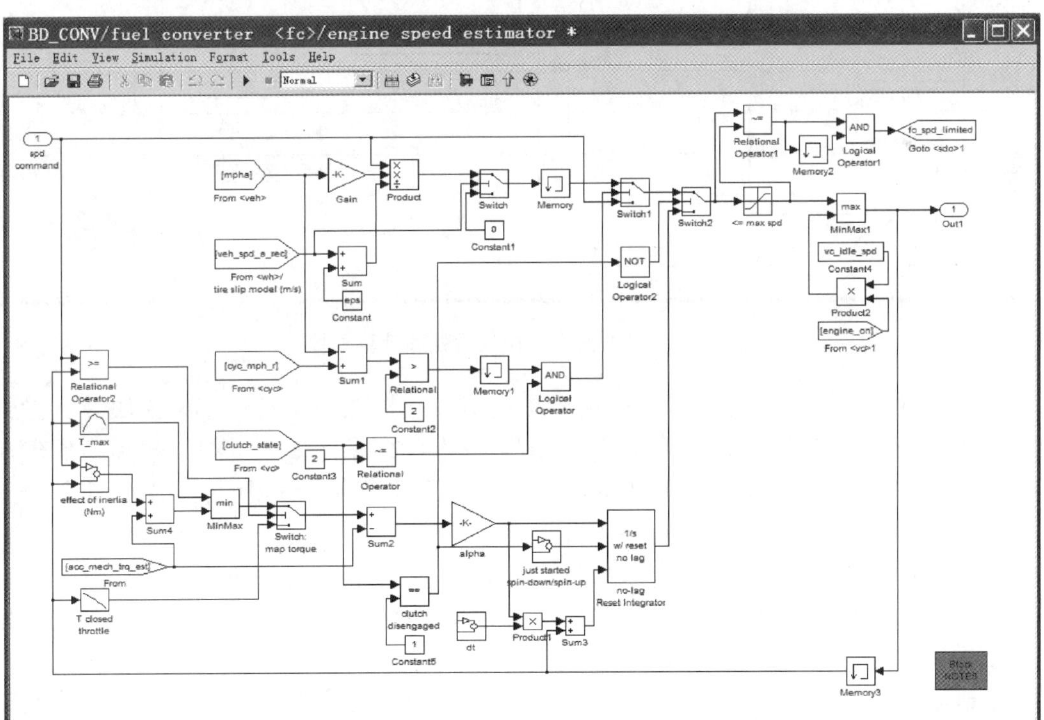

图 4-25　发动机转速计算模块

4.3.1.4　燃油消耗与排放后处理计算模块

该模块主要是根据前面模块计算的发动机工作点，考虑发动机在热起动或冷起动下的实际燃油消耗量和各排放物的实际排放量，其结构如图 4-26 所示。

该模块中计算采用 JDM&Associates 采集的、基于 NREL 循环工况测试的 FTP 数据。在计算发动机实际燃油消耗与排放量时，考虑了燃料低热值及其冷却液温度。

应该注意的是，在计算废气排放量时假定 PM 的温度是与 HC 相同的。从图 4-26 中可以看出，该模块包括发动机温度计算模块（fc temp）、发动机温度修正系数（fc temp correct）计算模块与基于 MAP 的发动机输出各燃油消耗及排放量计算（HOT engine maps）模块。

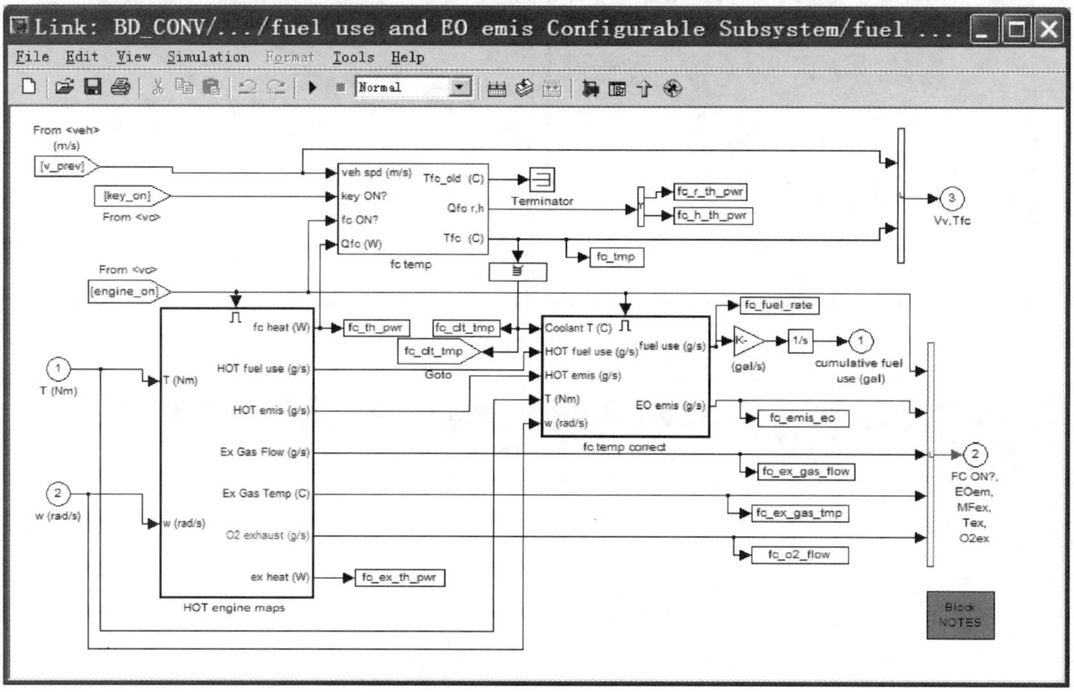

图 4-26　燃油消耗与排放后处理计算模块

发动机温度（fc temp）计算模块，主要是模拟发动机热力学特性。该模块计算得到的温度，用于修正发动机燃油消耗计算值，其结构如图 4-27 所示。发动机热机模型的建模方法在 ADVISOR2002/documentation/fuel_converter.htm 文件中有详细说明，此处不再作详细介绍，有兴趣的读者可以学习相关文件的 help 内容。

HOT engine maps 模块主要根据发动机的工作点，通过查询发动机不同工作点下燃油消耗及各排放量之间的关系表，计算发动机在不考虑温度修正情况下的理论燃油消耗及各排放量。其结构如图 4-28 所示。

发动机温度修正计算（fc temp correct）模块，主要是考虑温度修正情况下计算发动机的实际燃油消耗和排放量。其计算公式为

$$\text{fc\_fuel\_rate} = \text{fc\_out\_fuel\_rate} \times \text{fuel\_factor\_correct} \tag{4-5}$$

$$\text{fe\_emis\_eo} = \text{fc\_out\_emis\_eo} \times \text{x\_factor\_correct} \tag{4-6}$$

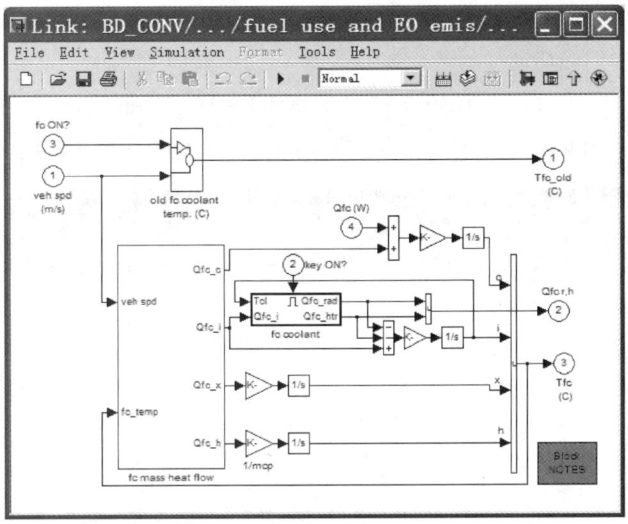

图 4-27 fc temp 模块结构

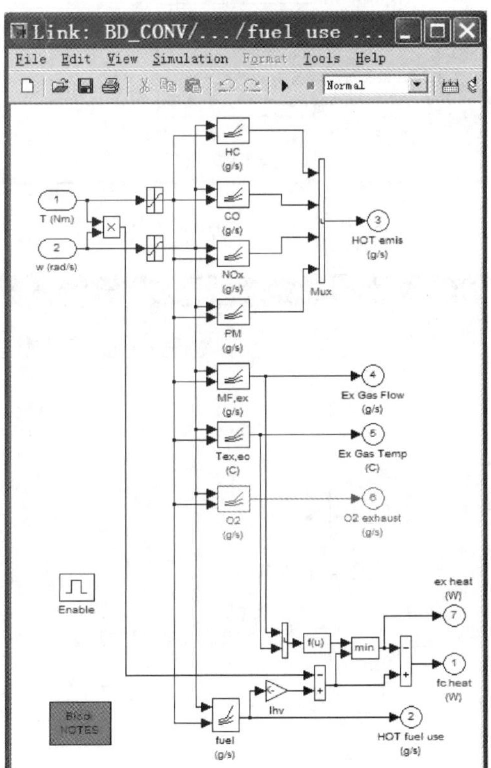

图 4-28 HOT engine maps 模块结构

式中，x 代表废气中不同的物质 HC、CO、NO_x、PM。温度修正系数计算，根据发动机起动标志变量（fc_cold）的不同，采用不同的修正算法。其结构如图 4-29 所示。

当 fc_cold = 1 时，采用 MAP 图的修正方法，即根据发动机工作点，通过查询预先计算的冷热相关因数 x_factor 二维表，采用相同的修正公式，计算发动机实际燃油消耗和废气排放量的温度修正系数 x_factor_correct。这里 x 代表发动燃油消耗及各废气排放物。其结构如图 4-30 所示。

$$x\_factor\_correct = 1 + (x\_factor - 1) \times Temp\_ratio \tag{4-7}$$

$$Temp\_ratio = (fc\_tstat - fc\_clt\_tmp)/(fc\_tstat - fc\_cold\_tmp) \tag{4-8}$$

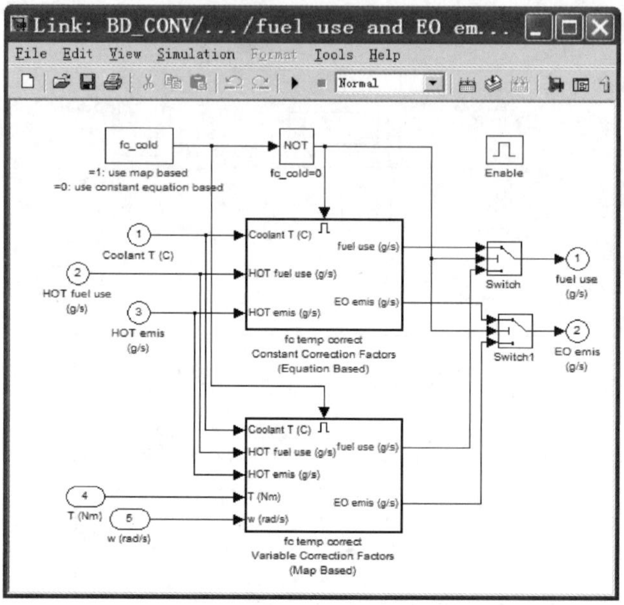

图 4-29　fc temp correct 模块结构

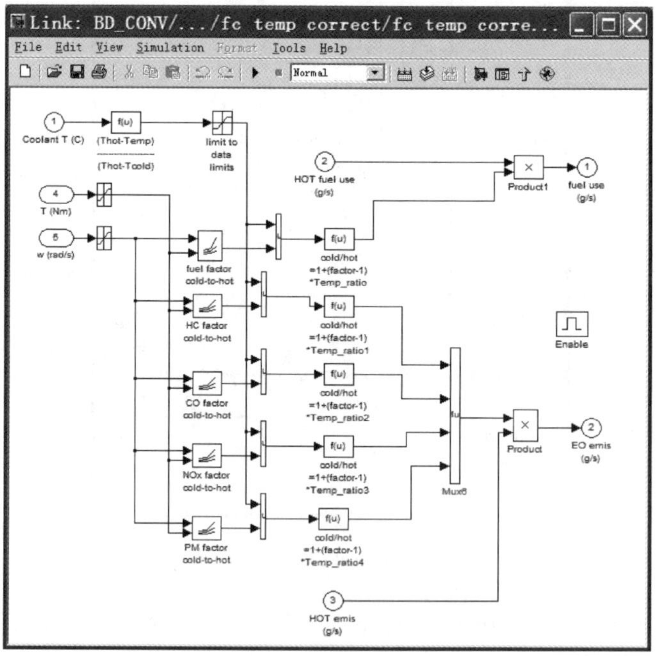

图 4-30　基于 MAP 图的修正系数计算

当 fc_cold = 0 时，采用固定的公式修正计算。发动燃油消耗及各废气排放物采用不同的修正公式计算，其结构如图 4-31 所示。

各修正公式为

$$\text{fuel\_factor\_correct} = 1 + \left(\frac{\text{fe\_tstat} - \text{fe\_clt\_temp}}{75}\right)^{3.1} \tag{4-9}$$

$$\text{Temp\_ratio} = \frac{\text{fc\_tstat} - \text{fc\_clt\_tmp}}{\text{fc\_tstat} - 20} \tag{4-10}$$

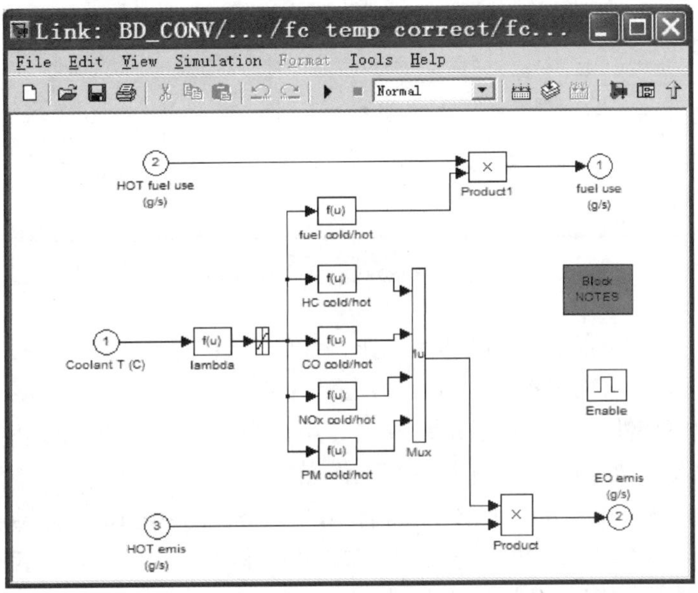

图 4-31　基于固定公式的修正系数计算

$$\text{HC\_factor\_correct} = 1 + 7.4 \times (\text{Temp\_ratio})^{3.072} \tag{4-11}$$

$$\text{CO\_factor\_correct} = 1 + 9.4 \times \text{Temp\_ratio}^{3.21} \tag{4-12}$$

$$\text{NO}_x\text{\_factor\_correct} = 1 + 0.6 \times \text{Temp\_ratio}^{7.3} \tag{4-13}$$

$$\text{PM\_factor\_correct} = 1 + 0.6 \times \text{Temp\_ratio}^{3.072} \tag{4-14}$$

4.3.2　燃料电池模块

燃料电池作为一种新型动力源，是通过电化学反应将燃料的化学能转化为电能的一种装置。在 ADVISOR 中，该模块只用于燃料电池汽车和串联混合动力动力传动结构方案。燃料电池模块包括输入输出接口、燃料电池系统以及燃料消耗与排放计算模块，其结构如图 4-32所示。

根据其他模块计算得出的需求功率，在考虑自身功率限制的情况下，燃料电池模块计算实际输出功率，同时根据输出功率大小，计算其燃料消耗量和排放量并输出到其他模块。

燃料电池模块综合了三种不同类型的燃料电池模型，在仿真时只有其中一个模型。用户通过设定变量 fc_fuel_cell_model，选择参与的燃料电池类型。三种类型的燃料电池模型分别是功率-效率曲线模型、极化曲线模型和 GCTool 外部模型。

① 功率-效率模型要求用户提供燃料电池系统的输出功率与燃油消耗及排放之间的关

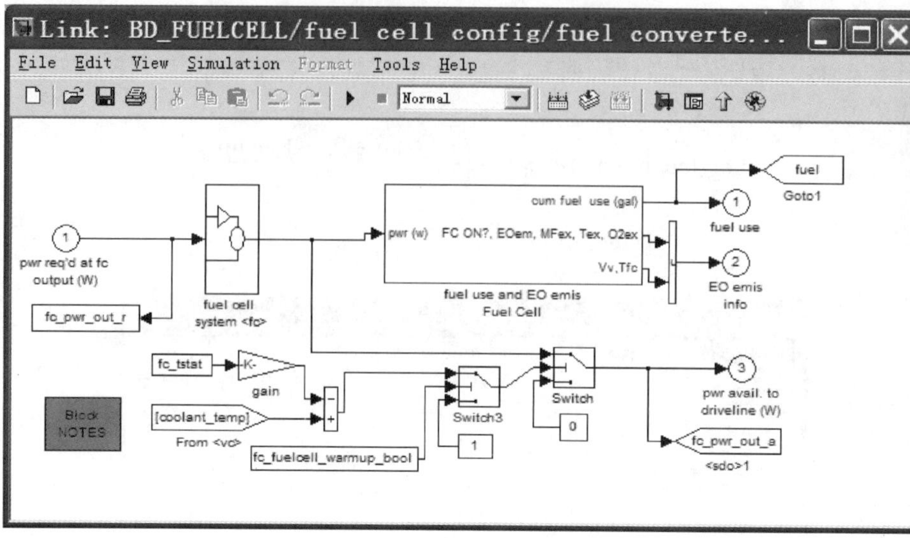

图 4-32 燃料电池模块结构

系。它应用于用户不关心燃料电池包具体工作特性的模型中。

② 极化曲线模型要求用户提供关于燃料电池包更加详细的信息，包括其工作电压特性及其附件的需求功率特性。燃料电池系统输出的功率为蓄电池包产生的总功率减去附件消耗的功率，燃料消耗及排放取决于燃料电池的工作点。

③ GCTool 模型要求用户的电脑上安装有 GCTool 软件。GCTool 是 Argonne National Lab 基于燃料电池具体工作特性研发的一款发动机输出功率计算软件。该模型通过与 GCTool 联合来计算每一步的输出功率、燃料消耗和排放。

本书对不同模型中的数学建模公式不做详细介绍。有兴趣的读者可参考 ADVISOR 中 help 文档 ADVISOR2002 \ documentation \ fuel_ converter_ fuel_ cell. htm。

燃料电池的燃料消耗及各排放量计算方法，可参考发动机模型中燃料消耗及各排放量计算模块的介绍。该模块中用到的变量名称可参见附录 A. 2 和 A. 3。

4.3.3 排放后处理系统

排放后处理模块主要模拟汽车发动机的排气后处理系统。电动汽车及传统汽车都包括排气后处理系统。以发动机为例，该系统由发动机排气歧管、排气管、催化转化器与消声器组成。该模块主要根据发动机排放废气（HC、CO、NO_x 和 PM）的排放量，计算输出排气系统中催化转化器的排放后处理以及不同部件的温度等，其结构如图 4-33 所示。

催化转化器转化效率随温度的变化而变化。当排放系统组件在高排气流速下，超过其规定门限值时，催化转化效率相应地减小。排气歧管中废气排放量是由发动机废气的排放量乘以催化转化器转化总效率计算得出的。

ADVISOR 中采用集总电容（lumped-capacitance）的方法来估计催化转化温度。在计算过程中，不仅要考虑主要部件的质量和热容大小，还需要考虑发动机排气歧管和排气管对系统的影响。采用热传递相关函数来估算高温废气传递到部件的对流传热系数，采用同样的方法估算从部件传递到外环境的热传导系数，同时需要考虑热辐射损失。

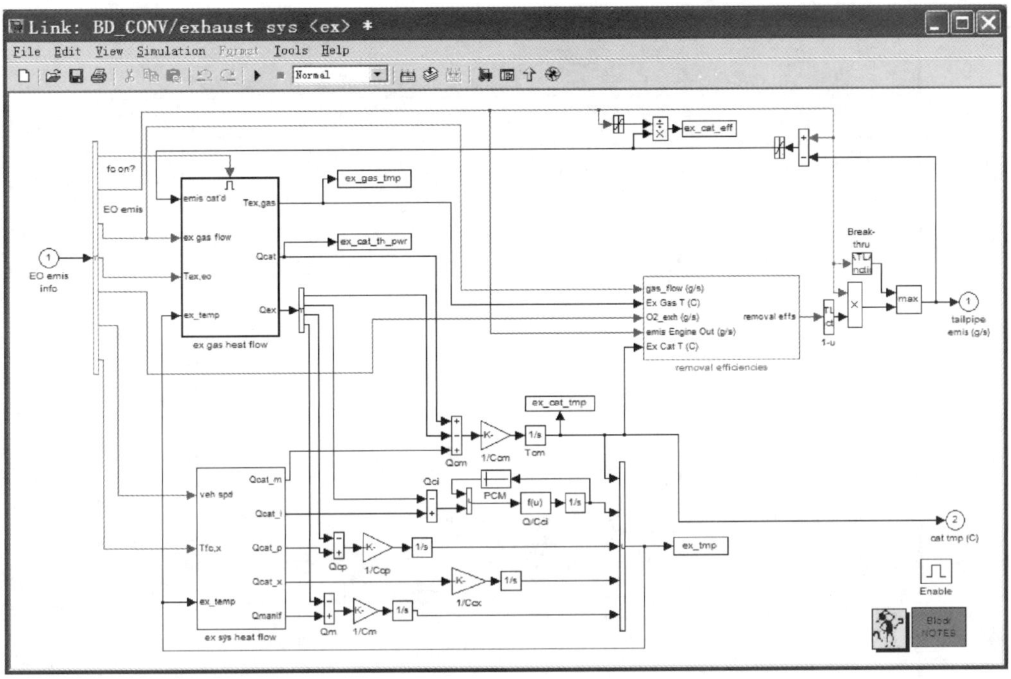

图 4-33　排放后处理模块的结构

催化转化器的热效率主要是根据排放气体中 HC、CO、NO_x 和 PM 的转化量进行估计，同时需要考虑催化转化器自身温度的影响。

由图 4-33 可以看出，该模块主要包括排放气体热量计算（ex gas heat flow，见图4-34）、排放系统的热量计算（ex sys heat flow，见图 4-35）和催化效率计算（removal efficiencies，见图 4-36）。

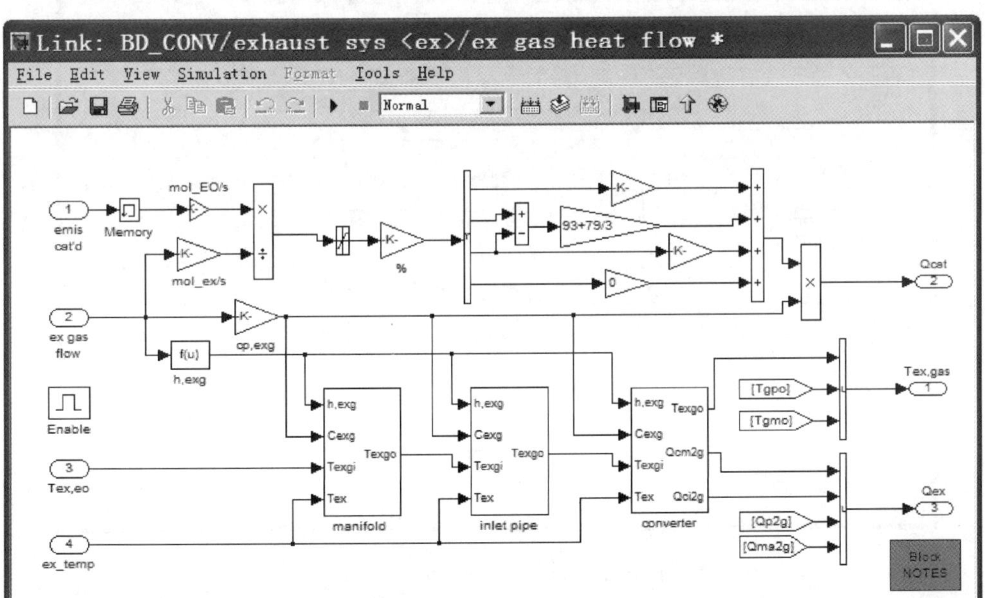

图 4-34　排放气体热量计算（ex gas heat flow）模块

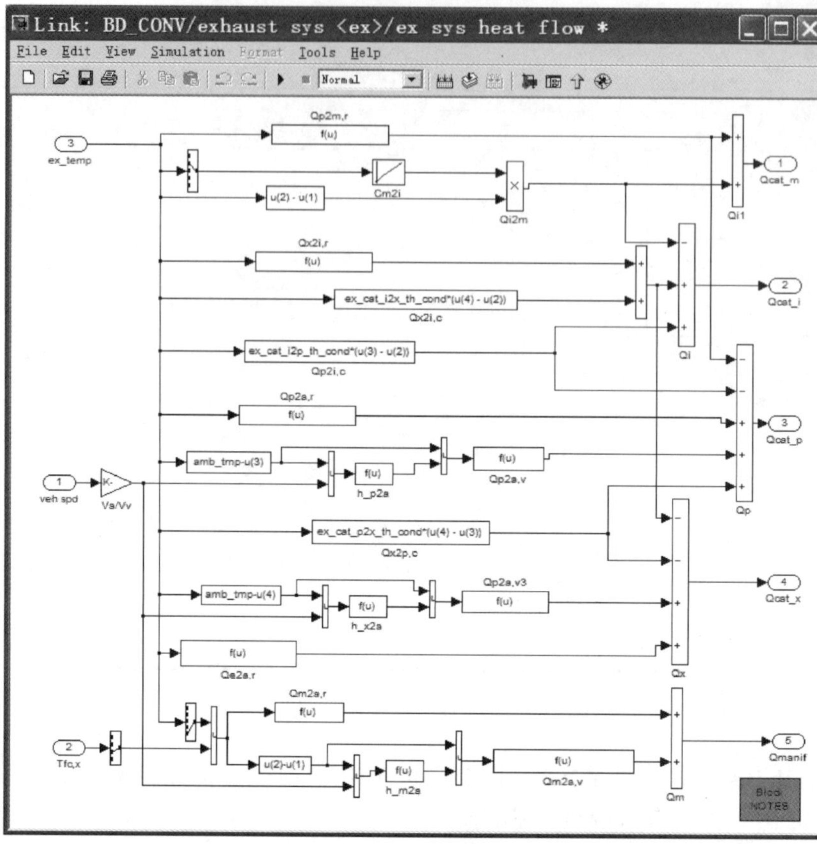

图4-35 排放系统的热量计算（ex sys heat flow）模块

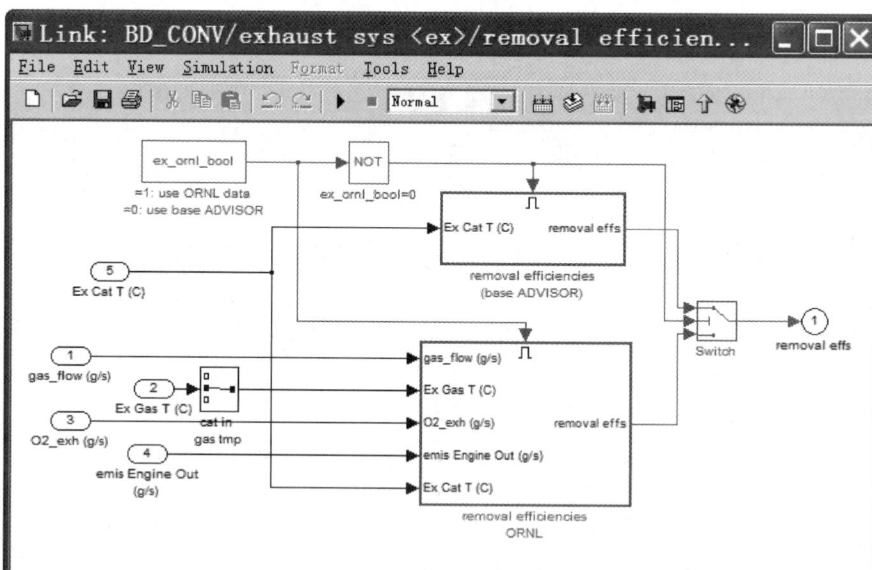

图4-36 催化效率计算（removal efficiencies）模块

ex gas heat flow 模块主要计算排放气体从发动机传递到发动机排气歧管、排气管和催化转化器过程中的热损失，主要包括传递过程中热对流、热传导和热辐射损失等，主要是根据前一步长催化转化器中各构件（包括催化器载体 < m >、内壁 < i >，管道 < p >、外壁 < x >以及发动机排气歧管 < manif >）温度值迭代计算。在计算热损失的同时，考虑了催化转化 HC、CO 和 NO_x 气体时导致排放气体温度升高的影响。

removal efficiencies 模块主要根据各部件的热量损失和 ex_ornl_bool 不同的值选用不同的计算方法。当 ex_ornl_bool = 1 时，采用基于 ORNL 数据计算；当 ex_ornl_bool = 0 时，采用基于 ADVISOR 自带的数据计算。

最后排气尾管处的尾气排放量是采用发动机排放量乘以催化转化总效率计算得出的。催化转化总效率又是随温度变化的，并且不应超过其规定范围。ADVISOR 帮助文档中，介绍了催化转化器的数学简化模型，有兴趣的读者可参考 ADVISOR 中的 help 文档 ADVISOR2002 \ documentation \ exhaust. htm。

4.4 电力电气元件

4.4.1 发电机/控制器模块

发电机/控制器模块接收需求转矩和转速信号，通过计算输出电功率给功率总线模块（power bus）驱动汽车。其结构图如图 4-37 所示。

该模块只有一个输入和输出信号，是 ADVISOR 中唯一一个只有前向计算路径的模块。在计算功率时，该模块考虑了自身功率损失、转子轴加速惯性转矩、发电机转速-转矩特性和控制器电流的限制。根据输入发电机转速信号计算其惯性转矩，进而计算其输入转矩。它采用二维查表的方法，根据发电机转子转速与转矩的大小来计算其输出功率。发电机的输入转矩不应大于由其根据发电机转子转速查表获得的限制转矩，同时，输出功率也不应高于总线电压限制的功率。

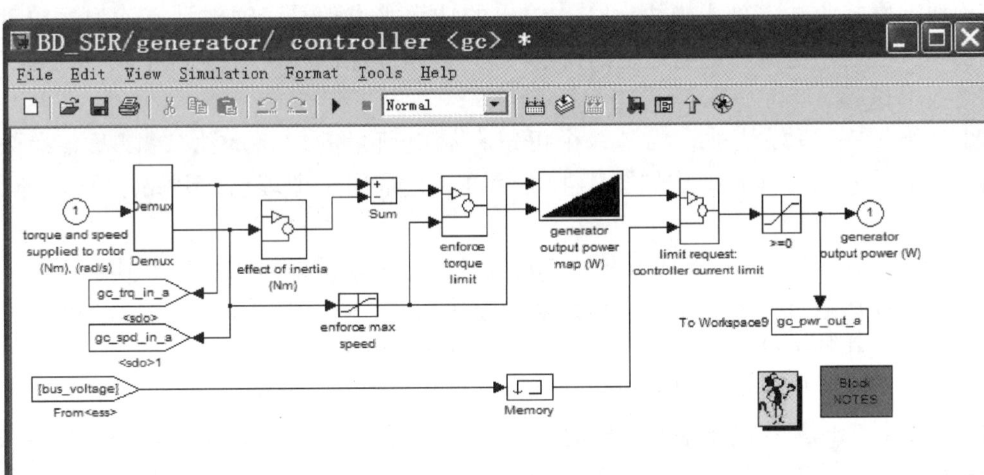

图 4-37　发电机/控制器模块结构图

应该注意，发电机的功率 MAP 表与后面介绍的电机输入功率 MAP 表非常相似，不同之处在于输出转矩与功率的符号规则。在这里，转矩输出给驱动轴，驱动轴传递出来的功率，符号设为正。

4.4.2 能量存储系统

对混合动力汽车来说，能量存储系统（一般指蓄电池组）的建模是最复杂也最难学习的。尽管蓄电池组是一个简单的电能存储装置，但蓄电池组的实际充放电过程，是一个受温度影响很大的电化学过程，因此，建立准确模拟蓄电池组工作过程的模型是很困难的。

蓄电池组的工作过程是一个非线性函数，并且与多个实时变化的参数有关。蓄电池组的建模有两种不同的方法：一是考虑所有影响因素建立模型；另一种是只考虑蓄电池模型在某特定时间内的工作过程。ADVISOR 结合上述两种方法，提供了动态模拟蓄电池电化学工作过程的不同类型蓄电池组模型：

① RC 模型（resistive-capacity model）：该模型是 2001 年春天发展起来的，考虑了蓄电池组的瞬时工作过程。

② Rint 模型（internal resistance）：该模型是从美国 Idaho 国家工程实验室（Idaho National Engineering Laboratory）建立的铅酸蓄电池的模型发展来的，可以模拟蓄电池组的大部分化学工作过程。

③ 基于铅酸蓄电池的理论模型 Fundamental Lead Acid Model：该模型是由美国 Brigham Young 大学基于 NREL 工况开发的。

④ 基于神经网络蓄电池模型：该模型是由 Colorado 大学基于 NREL 工况开发的。

目前，ADVISOR 中所使用的模型主要是 Rint 模型，其结构如图 4-38 所示。

本书以该模型为例，详细介绍蓄电池组模型的建模方法，而对于其他几种模型的建模则是简单介绍，读者也可以参考 ADVISOR 的 help 文档自行学习。

4.4.2.1 Rint 蓄电池模型

能量存储系统模块（ESS）多数是指，在电动汽车上可以存储和释放电能的蓄电池组组件。该模块通常接收功率总线模块 <pb> 输出的功率需求信号，通过计算输出蓄电池组实际输出功率、电压、电流和蓄电池组的荷电状态（SOC）信号。一般情况下功率为正，表示蓄电池组放电过程。

蓄电池组 <ESS> 模块被认为是一个可以存储电荷量的“蓄水池”，以及各参数与其 SOC 值有关的等效电路（其结构如图 4-42 所示）。它采用一个理想的开路电压源，串联一个内电阻表示。

<ESS> 可以存储的电荷量是固定的，并且蓄电池组在放电时需要考虑其最小电压的限制；蓄电池组要放电首先需要充电。其充电过程受其库仑效率的影响，且受其最大电压的限制，也就是说，在整个循环工况内，需要保证蓄电池组的 SOC 平衡。

当蓄电池组被看做一个理想电源和电阻时，与其相连的电动机或发电机组件可以被当做整车的动力源。考虑最小电压限制的同时，蓄电池组输出的功率受到等效电路传递的最大功率和电机最大工作功率的限制。

由图 4-38 可看出，<ESS> 模块包含 5 个部分，根据功率总线模块 <pb> 的需求计算蓄电池组 SOC 值并输出实际功率（available power），其功率损失是内阻损失（I^2R）与库仑效率损失之和。

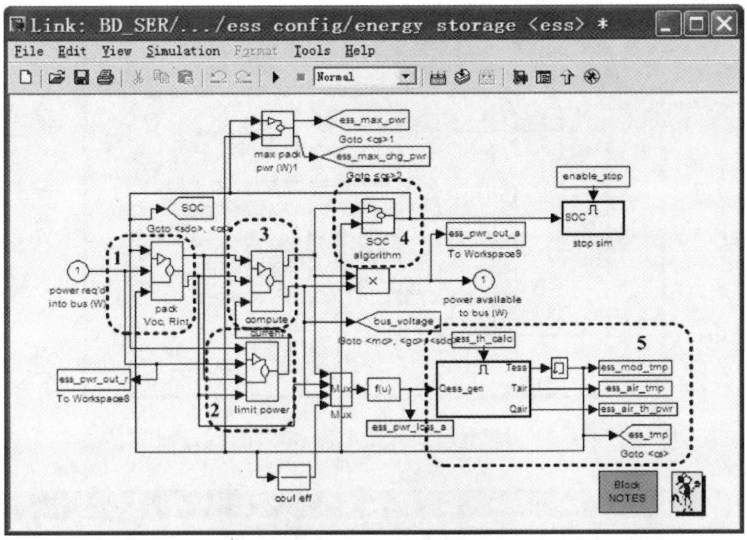

图 4-38　能量存储系统模块结构

下面介绍各部分的建模方法。

1. 蓄电池组开路电压和内阻计算模块

蓄电池组的建模方法是将其看成由理想的开路电压和一个内阻串联的等效电路。开路电压和内阻均是蓄电池组 SOC 值的分段线性函数，同时蓄电池组在充、放电时，内阻计算方法是不同的。该模块的功能是根据当前 SOC 值和需求功率大小，计算等效电路的开路电压和内阻，其结构如图 4-39 所示。

具体方法如下：

① 根据当前 SOC 值和温度值，通过查表计算单个蓄电池包的开路电压、内阻，如图 4-39中框 A 所示。

② 需求功率正负代表了蓄电池组的充放电模式。根据此需求功率的符号，选择不同的内阻计算方法，如图 4-39 中框 B 所示。

③ 计算蓄电池组的开路电压和内阻，即单体蓄电池的开路电压和内阻，乘以蓄电池组包含的单体蓄电池的数量，如图 4-39 中框 C 所示。

④ 对于内阻的计算，如图 4-39 中框 D 所示，需要考虑用户自定义蓄电池时内阻的函数关系，即 ess_res_scale_fun（ess_res_scale_coef，ess_module_num，ess_cap_scale）。

ess_res_scale_fun = inline('(x(1) * ess_module_num + x(2)/(x(3) * ess_cap_scale + x(4))','x','ess_module_num','ess_cap_scale'　　(4-15)

式中，ess_res_scale_coef 为函数的比例因子；ess_module_num 为单体蓄电池的数量；ess_cap_scale 为蓄电池包的最大安时容量因子。

2. 功率限制模块

蓄电池组可传递的功率必须在其允许范围内。该模块的作用是限制蓄电池组的输出功率范围，主要是根据当前的 SOC 值、开路电压和内阻、电机最小允许电压来限制功率输出。其结构图如图 4-40 所示。

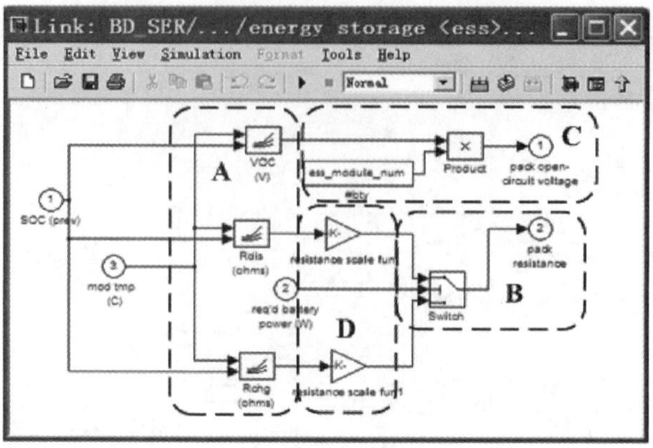

图 4-39 蓄电池组开路电压和内阻计算模块

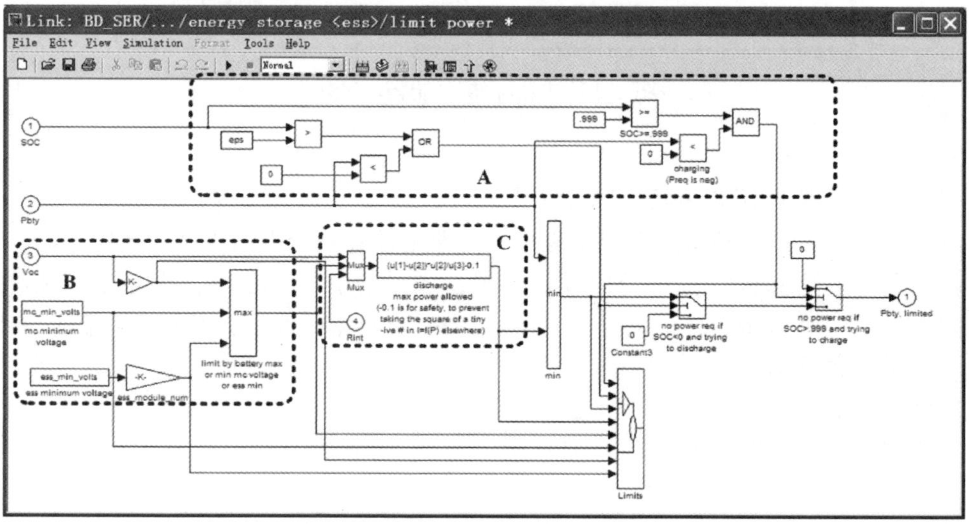

图 4-40 功率限制模块结构

① 当蓄电池组 SOC 较低（接近 0）、输出功率要求为正（放电）时，限定蓄电池组需求功率为 0；另外 ADVISOR 中又考虑，当蓄电池处于满荷电状态（SOC 接近 0.99）、输出功率要求为负（充电）时，限定蓄电池组需求功率也为 0，如图 4-40 中框 A 所示。

② 蓄电池组输出的最大有效功率与工作电压限定的三个参数有关，工作电压不应低于电机工作的最低电压与蓄电池组的最低电压值。如果满足以上条件，当蓄电池工作电压为开路电压一半时，蓄电池组输出最大功率，如图 4-40 中框 B 所示。

③ 最大功率限值是根据式（4-16）计算得来的，如图 4-40 中框 C 所示：

$$P = V_{\text{bus}} \frac{V_{\text{OC}} - V_{\text{bus}}}{R} \tag{4-16}$$

式中，$V_{\text{bus}} = \max\ (V_{\text{OC/2}},\ \text{mc\_min\_volts},\ \text{ess\_min\_volts} * \text{ess\_module\_num})$。

3. 电流计算模块

等效电路的电流参数是根据与开路电压、内阻和实际功率相关的二次方程计算得到的。该模块是根据电功率与基尔霍夫电压定律的二次方程来计算等效电路的电流值。其模块结构如图 4-41 所示。

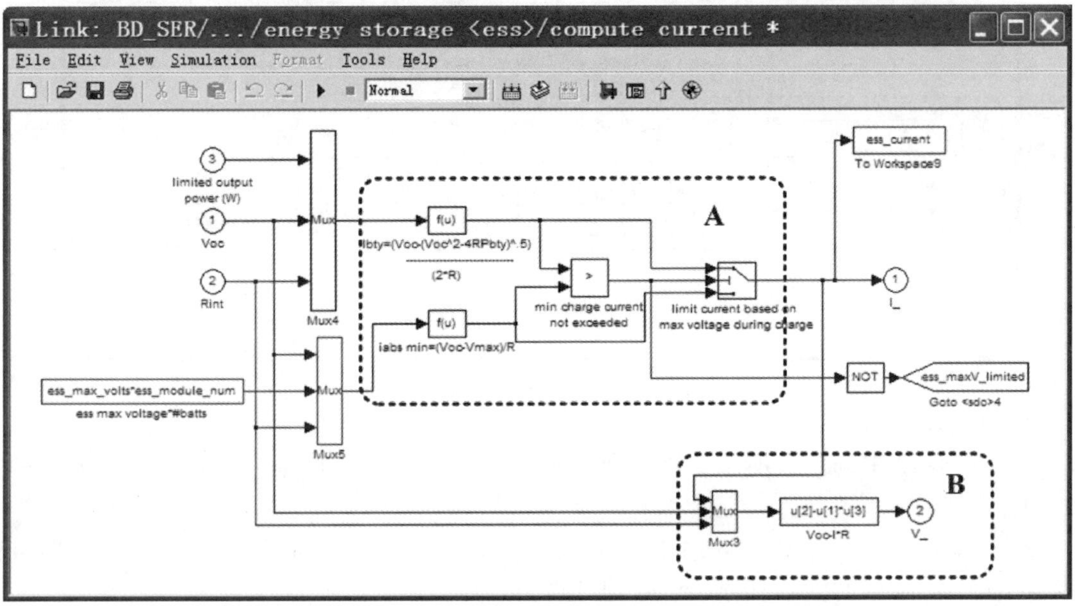

图 4-41　电流计算模块结构

蓄电池组采用的等效电路结构，如图 4-42 所示。

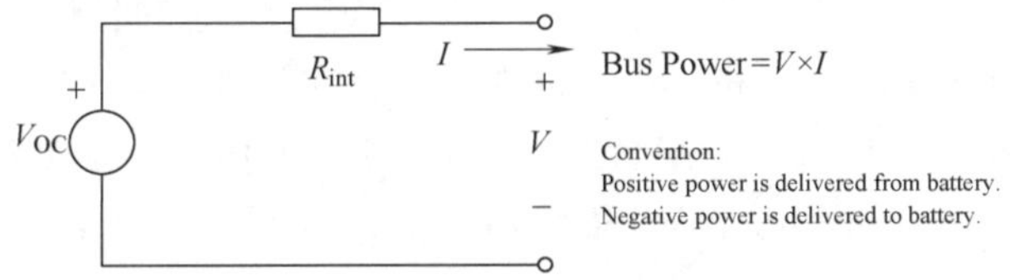

图 4-42　等效电路结构

① 根据等效电路可知，由功率定义式 $P=V\times I$ 和基尔霍夫电压定律 $V=V_{OC}-R\times I$，可以得到

$$P=(V_{OC}\times I)-I^2R \tag{4-17}$$

该方程有两个解，舍去较大值解。因为在相同功率的情况下，电路电流较大会导致电压较小；同时，忽略终端电压或功率总线端电压小于 $V_{OC}/2$ 的解。不允许充电电压超过最高电压。最大充电电流可以根据公式 $I=(V_{OC}-V_{max})/R$ 计算得出，如图 4-41 中的框 A 所示。

② 根据基尔霍夫电压定律 $V=V_{OC}-R\times I$ 计算终端电压或 V_{bus}，如图 4-41 中的框 B 所示。

4. SOC 估算模块

根据蓄电池电流计算该模块蓄电池的实际 SOC 值。ADVISOR 中蓄电池 SOC 值是为了估算蓄电池组的剩余电量（A · h），其值的估算采用连续迭代、逐步逼近真实值的方法，值得注意的是库伦效率和最大电量都与温度有关。其结构模块如图 4-43 所示。

① 根据平均库伦效率估算得出充电电流与放电电流的积分，来确定从仿真开始蓄电池的所有有效电量（A · h）变化值，如图 4-43 中的框 A 所示。

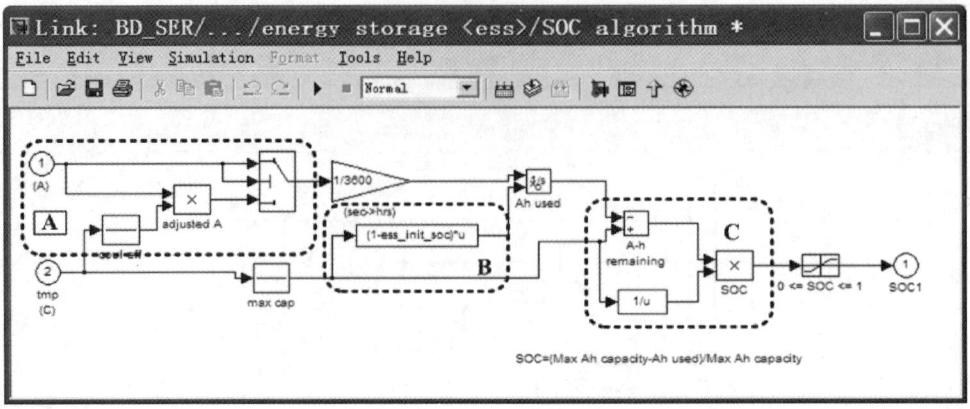

图 4-43　SOC 估算模块结构

② 如图 4-43 中的框 B 所示，蓄电池 SOC 初始值不为 0，且作为步骤①中积分的初始值，即

$$Ah\_used\_init = (1 - ess\_init\_soc) \times max\_cap \tag{4-18}$$

③ 如图 4-43 中的框 C 所示，SOC 值计算公式为

$$SOC = \frac{max\_cap - Ah\_used}{max\_cap} \tag{4-19}$$

5. 蓄电池热模型模块

该模块用于计算单体蓄电池的温度，并以此来确定蓄电池的各性能参数。采用的是一个简单单节点集总参数（lumped-parameter）的热模型。在汽车行驶时，热模型主要估算蓄电池内部和外部工作温度。冷却方法为平行空气流冷却法，其结构图如图 4-44 所示，本书不作详细介绍，有兴趣的读者可参考 ADVISOR 相关 help 文档。

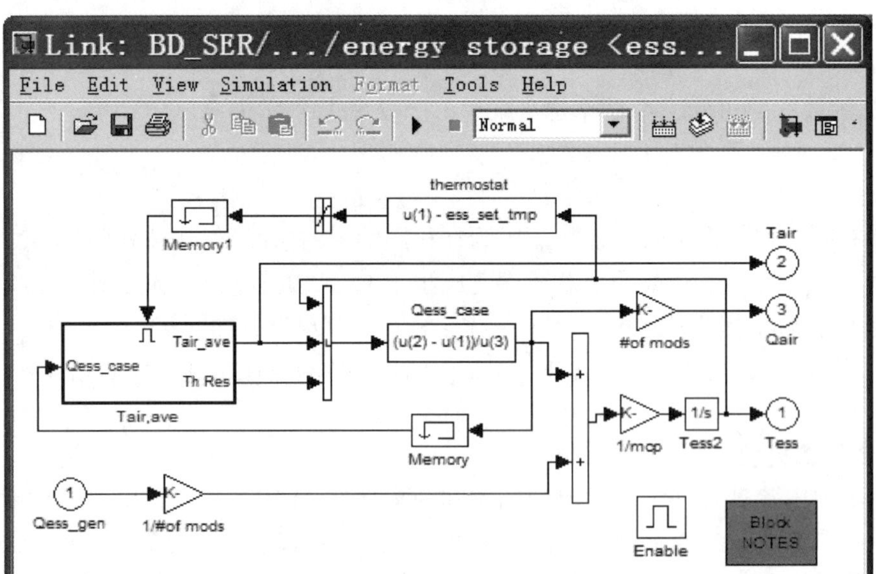

图 4-44　蓄电池热模型结构

4.4.2.2 RC 蓄电池模型

在 ADVISOR 中 RC 模型的简化电路形式如图 4-45 所示。RC 模型的输入信号为需求功率信号，该值受到电池工作的最高电压与最低电压值的限制；输出信号为电池的实际功率，该值的范围与当前电路的最大电流或电机能接受的最小电压有关。

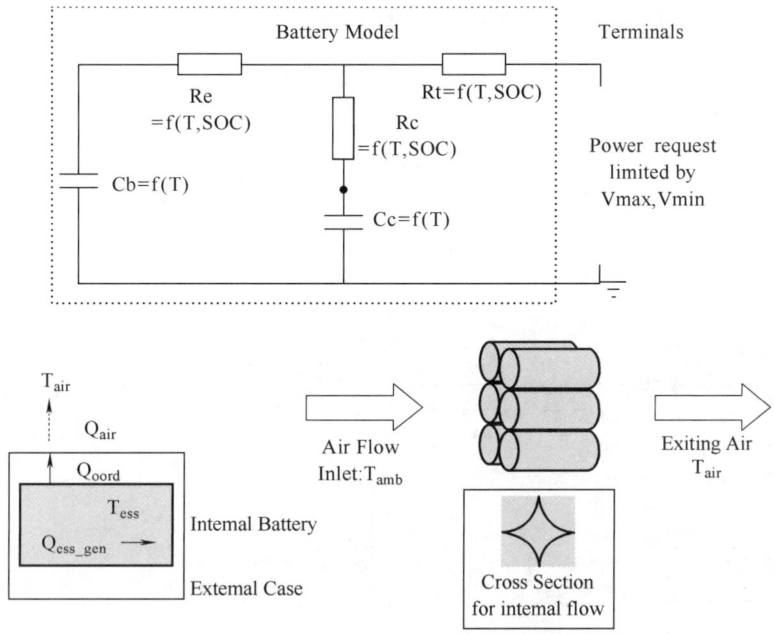

图 4-45 ADVISOR 中 RC 电池模型

RC 电池模型的热学模型与 Rint 模型的热学模型是相同的，也是采用的一个简单的平行空气流冷却法。该模型的控制状态方程如式（4-20）所示，是在控制脚本 S-函数文件 RC. m 里执行。

在 RC 模型简化电路中电容 C_b 的电容值较大，代表电池的化学储电能力也大；电容 C_c 的电容值一般较小，代表电池包的表面之间的电容影响，如限制电池工作的电流，该电流与化学材料的耗损时间与化学反应时间有关。

$$
\begin{bmatrix} \dot V_{\mathrm{Cb}} \\ \dot V_{\mathrm{Cc}} \end{bmatrix} = \begin{bmatrix} -\dfrac{1}{C_b(R_e+R_c)} & \dfrac{1}{C_b(R_e+R_c)} \\ \dfrac{1}{C_c(R_e+R_c)} & -\dfrac{1}{C_c(R_e+R_c)} \end{bmatrix} \begin{bmatrix} V_{\mathrm{Cb}} \\ V_{\mathrm{Cc}} \end{bmatrix} + \begin{bmatrix} -\dfrac{R_c}{C_b(R_e+R_c)} \\ -\dfrac{R_e}{C_c(R_e+R_c)} \end{bmatrix} [I_s]
$$

$$
[V_o] = \begin{bmatrix} \dfrac{R_c}{(R_e+R_c)} & \dfrac{R_e}{(R_e+R_c)} \end{bmatrix} \begin{bmatrix} V_{\mathrm{Cb}} \\ V_{\mathrm{Cc}} \end{bmatrix} + \left[-R_t - \dfrac{R_c R_e}{(R_e+R_c)} \right] \tag{4-20}
$$

RC 模型在 Simulink 中的实现是通过调用 S 函数文件，采用这种方法的好处在于，与电池的 SOC 值和温度相关的状态空间方程［式（4-20）］参数可以预先在 S 函数文件里初始化，S 函数模块限制电池的输出功率，计算其当前 SOC 值和工作温度，其结构如图 4-46 所示。

对于给定的电池温度或电池 SOC 值，可以选择基本物理学和实验值作为未知参数（C_b、

C_c、R_e、R_c、R_t）初始值，从而进行数据处理与优化确定状态空间方程的五个参数（C_b、C_c、R_e、R_c 和 R_t）。

电池容量 C_b 是采用实验过程中电池 SOC 值在 0% 和 100% 时的开路电压与电池容量（A·h）变化率计算得出的，计算公式如下：

$$\text{Energy\_}C_b = \frac{1}{2}C_bV^2 = \frac{1}{2}C_b(V_{100\%\,\text{SOC}}^2 - V_{0\%\,\text{SOC}}^2)$$

$$\text{Energy\_}C_b = \text{AmpSec} \times \text{Voltage}$$

所以有

$$C_b\text{\_init} = \frac{\text{AmpSec\_rated} \times V_{100\%\,\text{SOC}}}{\frac{1}{2}(V_{100\%\,\text{SOC}}^2 - V_{0\%\,\text{SOC}}^2)} \tag{4-21}$$

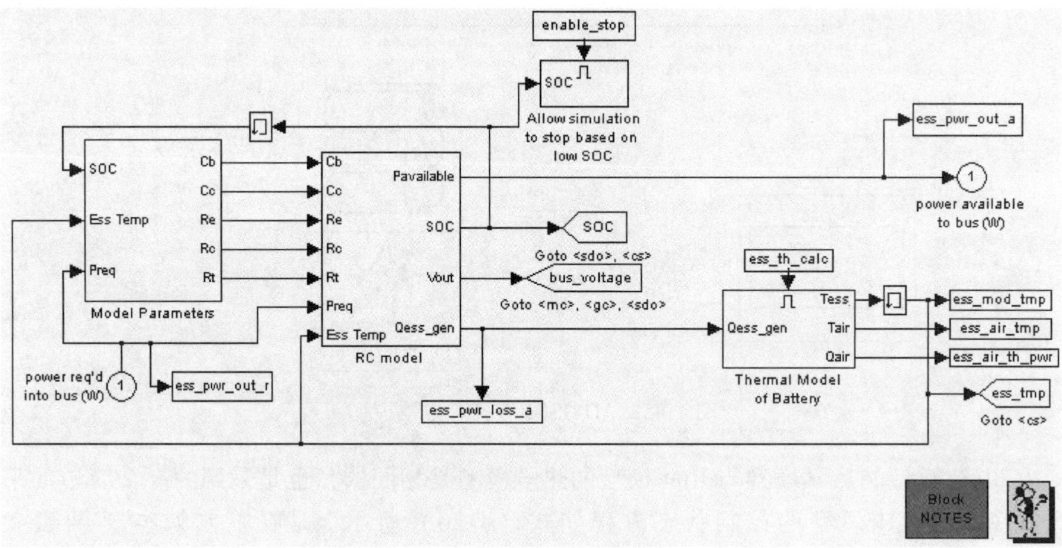

图 4-46 RC 电池模型结构

为了确定简化电路中的电阻初始值大小，假定终端电阻 R_t、零位电阻 R_e 和电容电阻 R_c 之间存在关系 $R_e = R_c = R^*$，$R_t = 0.5R^*$，而 $R^* = R_{\text{bulk}}/1.24$，其中 R_{bulk} 为单步长内的电压变化与电流的比值，计算公式为

$$R_{\text{bulk}} = \Delta V/I \tag{4-22}$$

表面电容 C_c 的初始值，则是根据随时间变化的在电压 V_3 和 V_4 之间的无负载（no-load）相应电压。时间常数的计算采用式（4-23）：

$$V_{\text{no\_load}}(t) = V_3 + (V_{\text{final}} - V_3)(1 - e^{-t/\tau})$$

$$\therefore \tau = -\Delta t \ln\left(1 - \frac{V_4 - V_3}{V_1 - V_3}\right) \tag{4-23}$$

与时间常数相关的 C_c 的计算公式如下：

$$\tau = C_c(R_e + R_c)$$

所以有：

$$C_{\text{c\_init}} = \frac{\tau}{R_e + R_c} \tag{4-24}$$

4.4.2.3 基于铅酸蓄电池的理论模型

基于铅酸蓄电池的理论模型是由杨百瀚大学化学工程教授 John Harb 为美国国家再生能源实验室（NREL）开发的。该模型的基础是电池在充电与放电过程中的物理化学反应，同时考虑了电池材料反应特性随温度的变化关系。

在运行模型前，在 ADVISOR 用户界面的整车输入界面（Vehicle Input Screen）中，需要从电池源库里选择 ESS_PB16_fund_optima 或 ESS_PB16_fund_generic。这两个选项代表 ADVISOR 中铅酸电池模型的两个版本：一个版本的参数来自 Optima 的螺旋缠绕铅酸蓄电池（特征参数通过编译成 FORTRAN 的可执行文件）；另一个版本的参数来自通用的铅酸电池参数，该版本有更多用户可自定义的输入参数。通过两个模型的输入脚本 m 文件可以查看各自的特征参数变量名称。在使用时，ADVISOR 会自动创建一个新的 ESS 模块并询问用户是否在模型仿真完成后保存该模块。

有关铅酸电池的工作过程可参考本书 2.4 节的铅酸电池的介绍。

4.4.2.4 神经网络电池模型

神经网络电池模型是由科罗拉多大学的 S. R. Bhatikar 和 R. L. Mahajan 为 NREL 开发的，该模型是采用功率、电压、电流和 SOC 数据建立的。这些数据来源于 Hawker Genesis 铅酸电池实验，该实验采用 12V 的铅酸电池运行一个取自 US06 循环工况的功率循环。

在其基本的形式中，神经网络是采用超维曲线拟合方法拟合非线性数据。对人类大脑神经网络的研究促进了该模型基本理论的发展。神经网络模型的特点在于可以不断修改输入与输出的变化关系，也就是所谓的“学习”过程。因为神经网络模型本质上是非线性数据的曲线拟合，所以它们可以被用来再现实时数据。

在运行模型前，在 ADVISOR 用户界面的整车输入界面（Vehicle Input Screen）中，需要从电池源库里选择 ESS_PB12_nnet。在使用时，ADVISOR 会自动创建一个新的 ESS 模块并询问用户是否在模型仿真完成后保存该模块。

神经网络的“学习”结果与其训练数据有关，所以训练数据采用的电池模型需要严格限定。训练的数据范围如下：

① SOC 值为 0.27 ~ 0.74。

② 功率从放电功率 1200W 到充电功率 750W 之间变化。

③ 输出电流从放电电流 85A 到充电电流 79A 之间变化。

④ 输出电压在 9.5 ~ 16.9V 范围内变化。

该模型不包括温度变化模型，原因是温度的变化范围太小，无法进行训练学习。

4.4.3 电机/控制器模块

该模块的主要功能是在考虑温度影响下，先根据需求转矩和转速计算蓄电池组需求电功率，再计算其实际输出转矩和转速，然后传递给 <gb> 模块或 <clu> 模块。电机/控制器模块由三个部分组成：电机需求功率计算 1、电机实际输出转矩和转速计算 2、电机温度影响计算 3。其结构如图 4-51 所示。

4.4.3.1 电机需求功率计算

在计算需求功率时，该模块考虑了其转子惯性转矩、转矩限制以及转速-转矩工作特性的影响。根据转子输入的需求转速 mc_spd_out_r，考虑其条件限制求解电机估算转速 mc_ spd_est，计算其转子惯性转矩，根据 mc_spd_est 估算输出转矩，在控制器调节下采用查询电机功率 MAP 表的方法，求解出电机的输入需求功率 mc_pwr_in_r。该模块包括电机转速估算 A、转子惯性转矩计算 B、电机限制转矩 C 及电机控制器接口 D。

1. 电机转速估算

该模块的功能是根据转子输入需求转速，考虑到实际车速 mpha、veh_spd_a_rec 及参考车速 cyc_mph_r 的关系，计算电机的估算转速 mc_spd_est。其结构如图 4-47 所示。

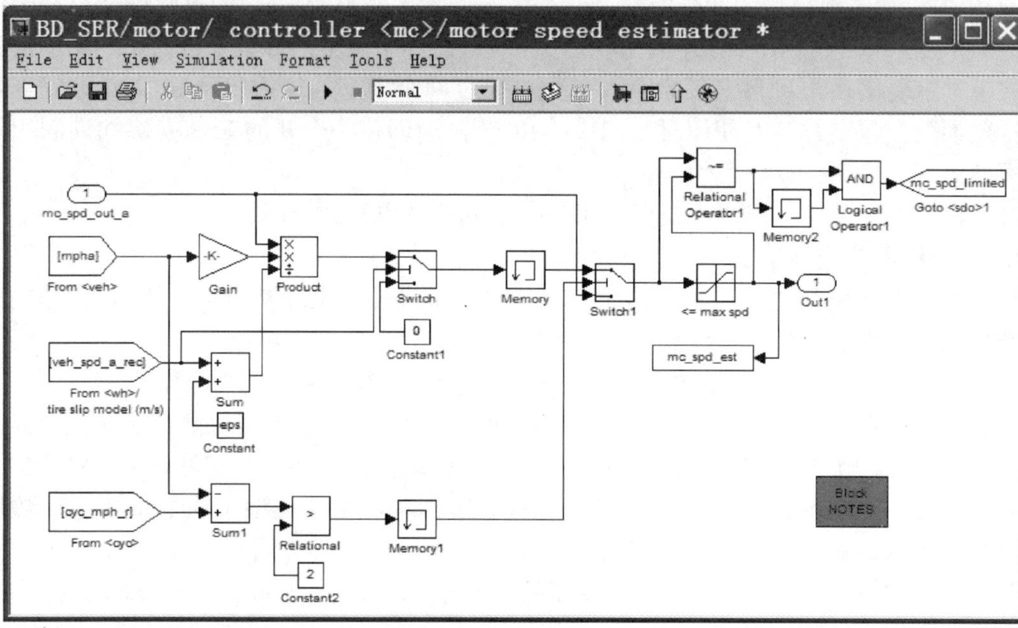

图 4-47　电机估算转速

当参考车速 cyc_mph_r 与实际车速 mpha 的差值大于 2 时，前一步长的电机估算转速当做当前的电机需求转速。

2. 转子惯性转矩计算

该模块计算转子惯性转矩的方法与发动机 < fc > 模块中惯性转矩计算方法是一样的，采用电机转速的变化率与其转动惯量的乘积计算，同时要注意其不应高于电机最大转矩与标定转矩，该标定转矩的计算式与电机转动惯量所占汽车总转动惯量的比例有关，其结构如图 4-48 所示。

3. 电机限制转矩计算

该模块根据电机的限制转速，在假定电机产生转矩与吸收转矩是相同的情况下，通过查表计算其最大电动转矩与最大发电转矩。在当前电机限制转速下，电机的输出转矩不应高于其最大电动转矩，发电转矩不低于其最大发电转矩。其结构如图 4-49 所示。

4. 电机控制器接口

该模块主要是利用 From-Goto 模块与电机控制器模块相连。电机控制器模块在整车控制模块 < vc > 结构下，其结构如图 4-50 所示。

该模块的作用是防止电机电流过载，以及在汽车停驶或变速器换档时关闭电机。其控制策略如下：

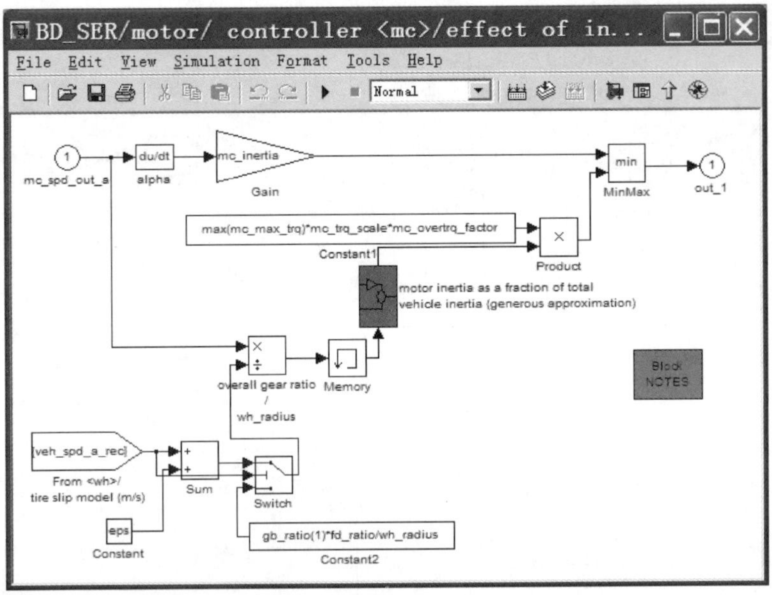

图 4-48　转子惯性转矩计算

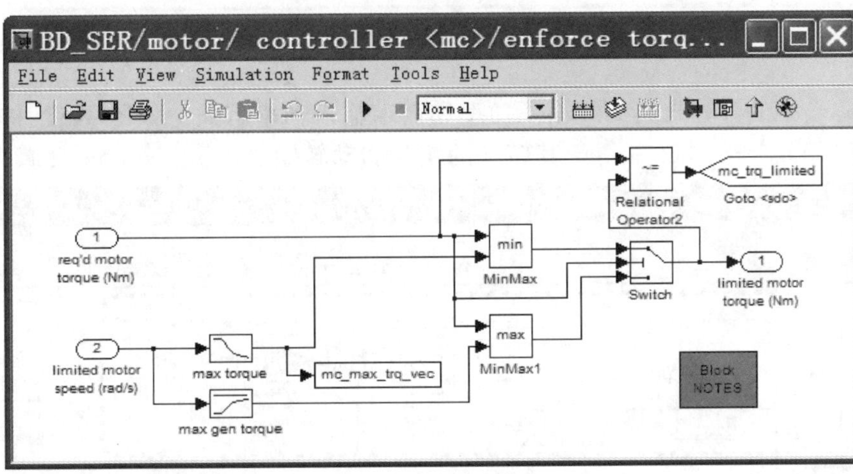

图 4-49　电机限制转矩计算

① 电机及控制器的工作电流，不应高于其蓄电池电流最大值 mc_max_crrnt。该电流限制了电机的最大需求功率。

② 当整车的平均车速小于 0.001，表明汽车处于驻车状态，此时关闭电机。

③ 变速器换档时，关闭电机。

根据电机实际输出功率计算其实际输出转矩，且在计算过程中假设：电机实际输出转矩与输入电功率的比值与电机需求转矩与输入电功率的比值是相等的。计算电机实际输出转速的方法与计算其需求转速的方法是相同的。

4.4.3.2　电机实际输出转速与转矩计算

应考虑电机最大转速的限制再计算其实际转速。当其需求转速小于最大转速时，实际转速就是参考转速，否则实际转速即为其最大转速。

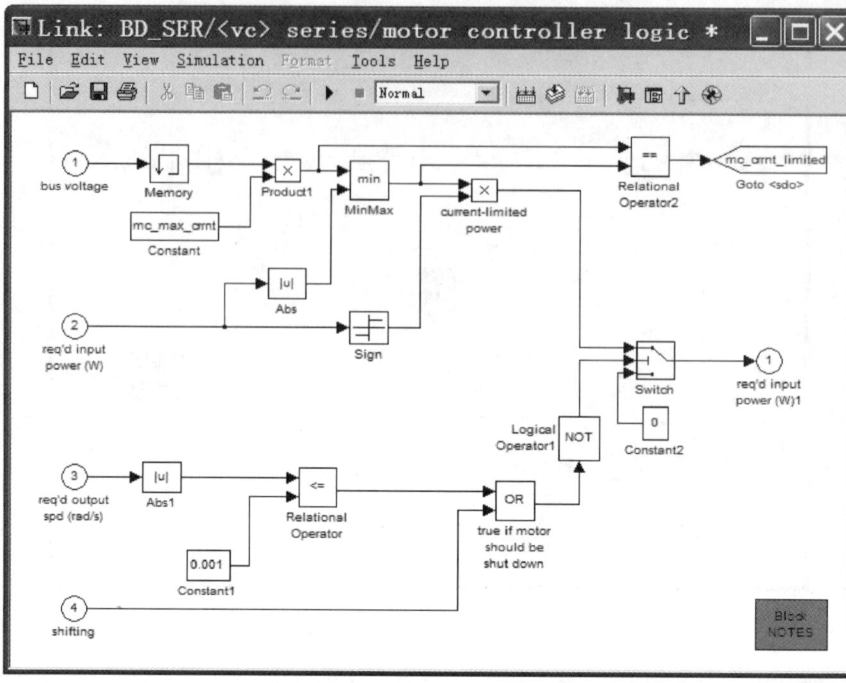

图 4-50 电机控制器模块

电机实际转矩的计算与其实际输入功率和需求输入功率有关，如图 4-51 中的框 2。电机实际输出转矩 mc_trq_out_a 等于其转子的实际驱动转矩 mc_ni_trq_out_a 减去其惯性转

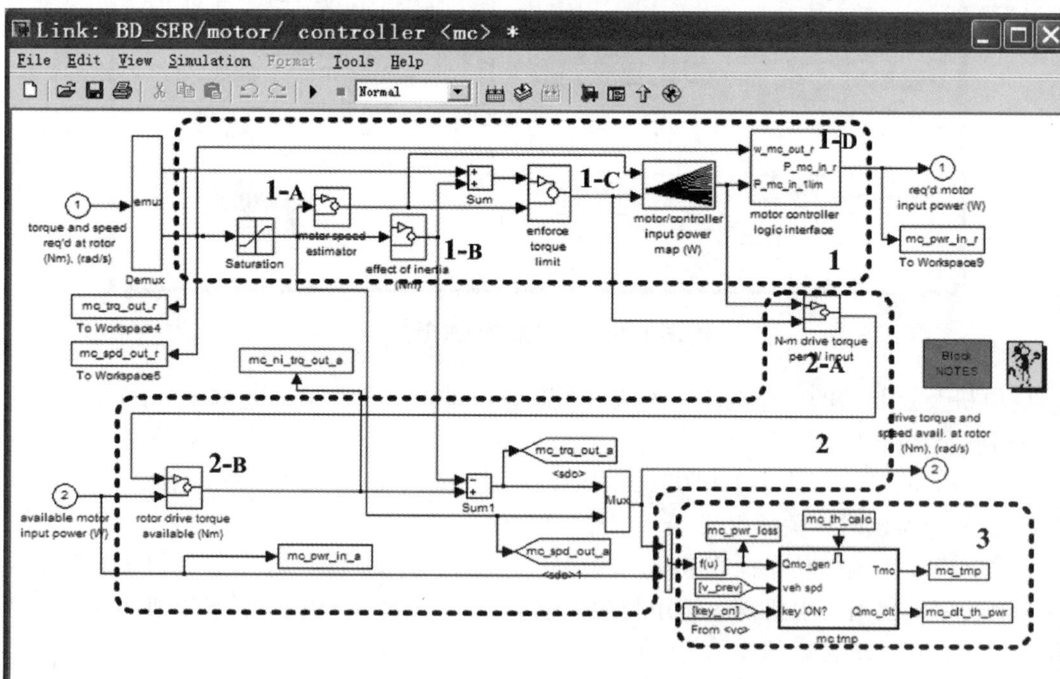

图 4-51 电机/控制器模块结构

矩。在计算转子的实际驱动转矩 mc_ni_trq_out_a 时，考虑到电机功率可能与需求值不同，应先计算实际转矩与其输入功率的比值 Nm_per_W，如图 4-51 中的框 2-A 所示，其内部结构如图 4-52 所示；然后再根据 Nm_per_W 和实际输入功率计算其转子实际输出转矩 mc_ni_trq_out_a，如图 4-51 中的框 2-B 所示，其内部结构如图 4-53 所示。

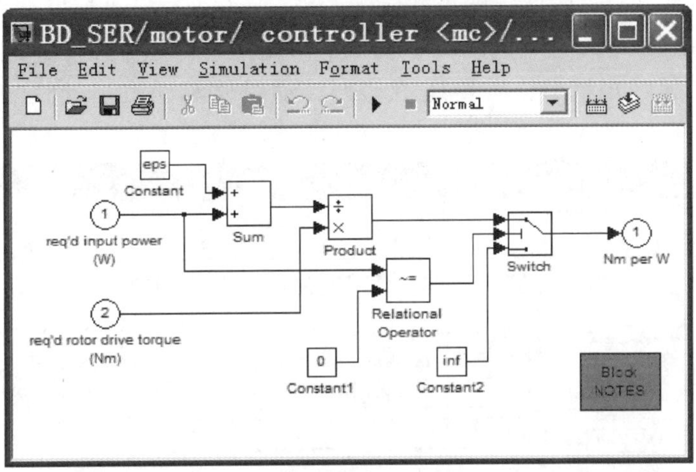

图 4-52　Nm_per_W 计算模块

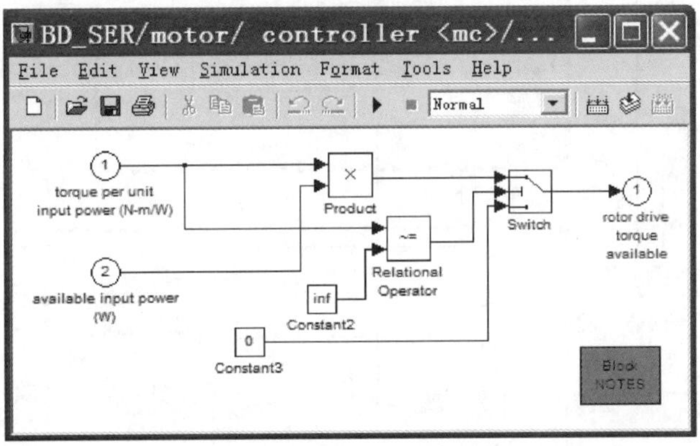

图 4-53　电机实际输出转矩计算模块

当需求输入功率为 0 时，则 mc_ni_trq_out_a 也为 0，此时电机实际输出转矩 mc_trq_out_a 为当前转速下的转子转动惯性损失转矩。该值并不影响燃油消耗或 max effort acceleration 的计算。

4.5 传动系

4.5.1 转矩耦合器模块

转矩耦合器是通过齿轮啮合传动，将两个动力源输出的转矩合成后传递给传动系部件的装置；同时，它根据传动系部件传递的整车需求转矩与转速，通过转矩分配计算，传递给两个动力源不同的需求转矩与转速。其结构如图 4-54 所示。

转矩耦合器连接两个动力源与动力传动组件，包括三个输入输出接口。首先，转矩耦合器模块 < tc > 根据从动力传动组件传递来的整车需求转矩和转速，考虑其自身传递损失，将总需求转矩和转速传递给发动机模块 < fc >（参见图 4-54 中的框 1）；其次，< fc > 根据其控制策略要求，计算其允许的实际转矩并反馈给 < tc >，< tc > 再根据功率平衡计算出电机的需求转矩和转速，并传递给电机模块 < mc >，参见图 4-54 中的框 2；最后，< tc > 将发动机和电机输出的实际转矩耦合，并传递给动力传动组件驱动汽车行驶，参见图 4-54 中的框 3。

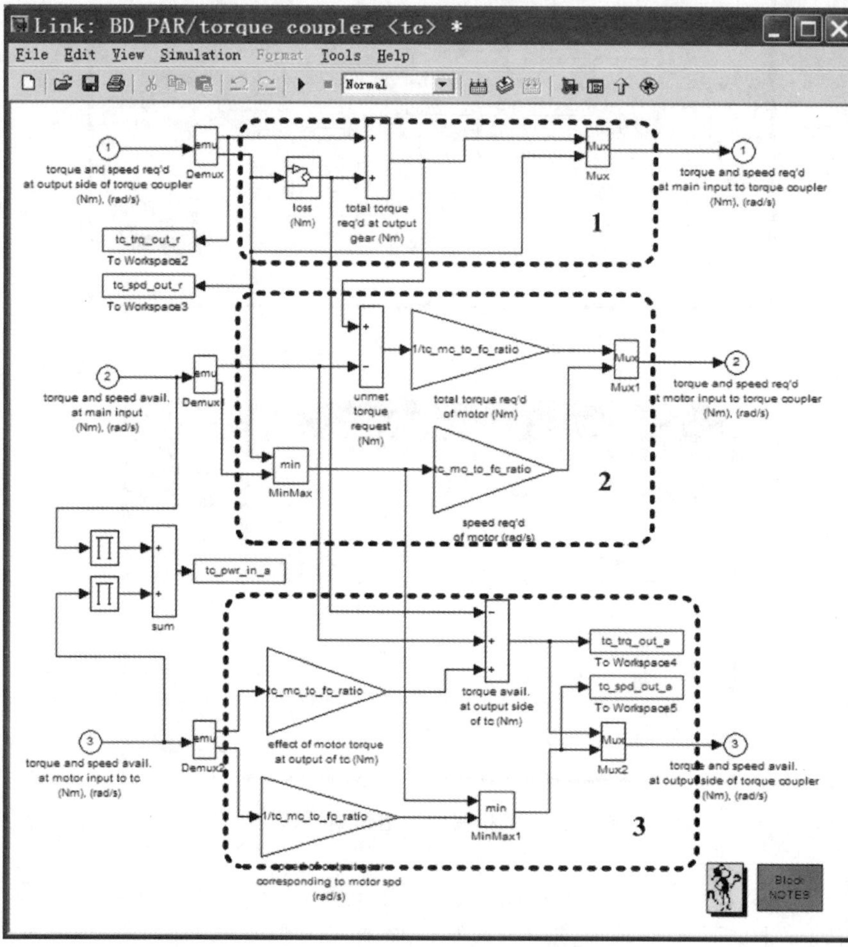

图 4-54 转矩耦合器模块的结构

该模块的建模方法是通过定义电机转速与发动机转速之比 tc_mc_to_fc_ratio，利用功率平衡关系计算出各部件的转矩和转速。应该注意的是，转矩耦合器的输出转速同时受到发动机最高转速与电机最高转速的限制。其传动损失定义为定常值。

4.5.2 行星排模块

行星排是一种典型的动力耦合装置，是一个三端口组件，包括太阳轮、齿圈和行星架，其结构如图 4-55 所示。对于单行星排传动结构，存在如下关系式：

转速关系

$$\omega_S + k\omega_R = (1+k)\omega_C \tag{4-25}$$

转矩关系

$$T_C = -(1+k)T_S = -\frac{1+k}{k}T_R \tag{4-26}$$

式中，$k=Z_R/Z_S$ 为行星排齿圈齿数与太阳轮齿数比值；ω_S、ω_R、ω_C 分别为太阳轮、齿圈和行星架的转速；T_S、T_R、T_C 分别为太阳轮、齿圈和行星架转矩。

在 ADVISOR 中内置的传动系统中，行星排模块只存在于丰田普锐斯混合动力模型中，所以针对 ADVISOR 中普锐斯混合动力传动系中的行星排模块，本书仅介绍其建模方法。

丰田普锐斯构型中，行星排的太阳轮与发电机连接，行星架与发动机连接，齿圈与电机连接，同时电机与车辆驱动桥连接，也就是与主减速器模块 <fd> 连接。ADVISOR 中行星排模块结构如图 4-56 所示。

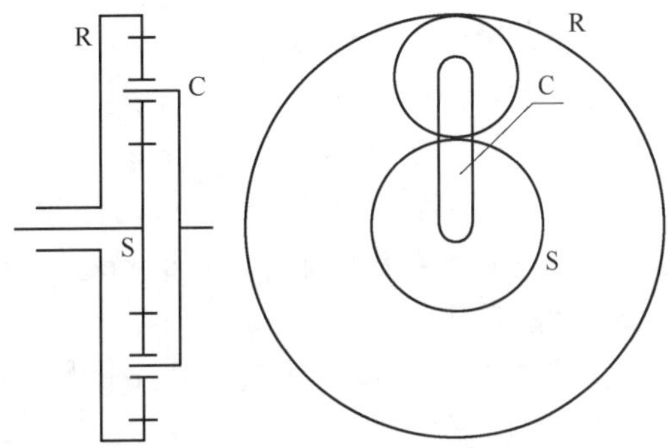

图 4-55　行星排结构图

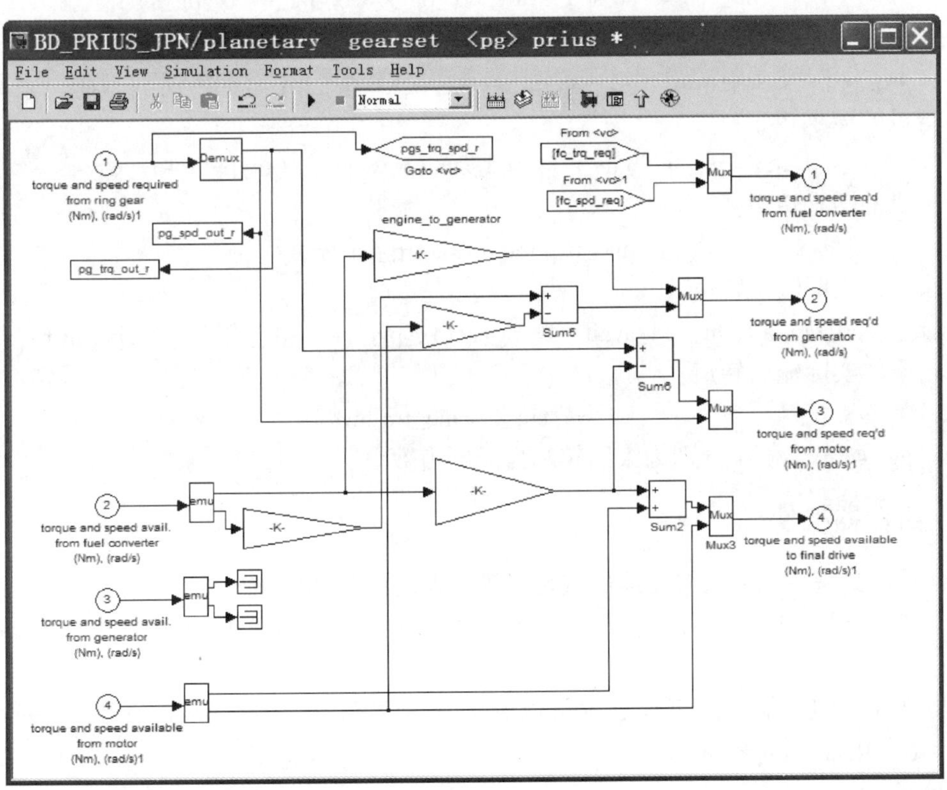

图 4-56　行星排模块的结构

由图 4-56 可知，行星排模块有四个输入接口与四个输出接口。该模块根据输入转矩/转速信号，通过控制策略的转矩分配调节计算出输出信号。

1. 输入接口参数信号

① 齿圈（驱动轮）传递的需求转速 pg_spd_out_r 与需求转矩 pg_trq_out_r 信号。

② 发动机的实际转速 fc_spd_avail 与转矩 fc_trq_avail 信号。

③ 电机实际转速 mc_spd_avail 与转矩 mc_trq_avail 信号。

④ 发电机的实际转速 gc_spd_avial 与转矩 gc_trq_avial 信号。

通过控制策略的转矩分配调节，计算出输出转矩/转速信号。

2. 输出接口参数信号

① 发动机需求转速 fc_spd_req 与转矩 fc_trq_req 信号。

② 发电机需求转速 gc_spd_req 与转矩 gc_trq_req 信号。

③ 电机需求转速 mc_spd_req 与转矩 mc_trq_req 信号。

④ 齿圈实际输出转速 pg_spd_out_a 与转矩 pg_trq_out_a 信号。

3. 计算方法

① 发动机的需求转矩 fc_spd_req 和转矩 fc_trq_req 的计算是在整车控制模块里根据预定控制算法计算得到。

② 发电机的需求转速：

$$gc\_spd\_req = -fc\_spd\_avail * tx\_pg\_s/(tx\_pg\_r + tx\_pg\_s) \tag{4-27}$$

③ 发电机的需求转矩：

$$gc\_trq\_req = fc\_trq\_avail * (1 + tx\_pg\_r/tx\_pg\_s) - mc\_trq\_avail * tx\_pg\_r/tx\_pg\_s \tag{4-28}$$

④ 电机的需求转速：

$$mc\_spd\_req = pg\_spd\_out\_r - fc\_spd\_avail * tx\_pg\_r/(tx\_pg\_r + tx\_pg\_s) \tag{4-29}$$

⑤ 电机的需求转矩：

$$mc\_trq\_req = pg\_trq\_out\_r \tag{4-30}$$

⑥ 齿圈的实际输出转速：

$$pg\_spd\_out\_a = fc\_spd\_avail * tx\_pg\_r/(tx\_pg\_r + tx\_pg\_s) + mc\_spd\_avail \tag{4-31}$$

⑦ 齿圈的实际输出转矩：

$$pg\_trq\_out\_a = mc\_trq\_avail \tag{4-32}$$

式中，tx_pg_s、tx_pg_r 分别为太阳轮和齿圈的齿数。

4.5.3 离合器模块

离合器主要是在发动机与变速器或转矩耦合器之间传递需求转矩与转速、实际转矩与转速信号。其功能是中断或连接动力传递，在整车控制中起着重要的作用。其结构如图 4-57 所示。

根据离合器的功能，其工作过程可以分为三种状态：分离（disengaged），滑摩（slipping）和完全接合（engaged）。

1. 分离

离合器不传递转矩。在后向计算路径中，需求输出转速与需求输入转速是相同的；在前向计算路径中，用需求输出转速作为实际输出转速的限值。

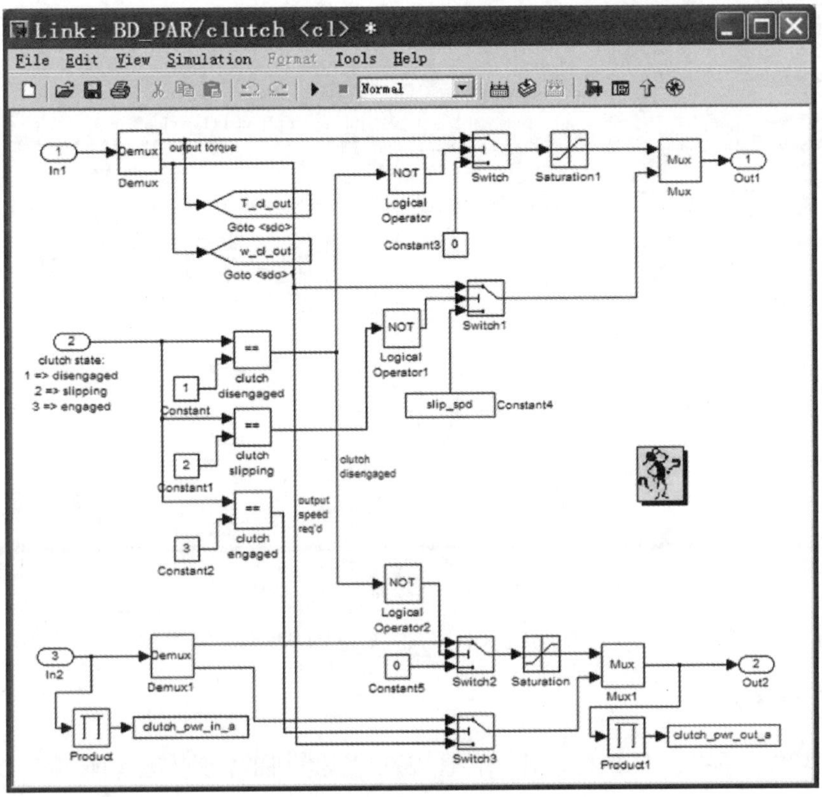

图 4-57　离合器模块的结构

2. 滑摩

离合器需求输入转矩与输出转矩是相同的，实际输入转矩作为实际输出转矩传递。在后向计算路径中，需求输入转速等于预先定义的滑摩速度 slip_ spd；在前向计算路径中，实际输入转速作为实际输出转速的限值。

3. 完全接合

在后向计算路径和前向计算路径中，离合器传递的转矩和转速不变。

离合器控制模块 < clutch control > 的位置是在整车控制模块 < vc > 中。其功能是根据主、从动盘的转速不同，控制离合器完全接合、滑摩和完全分离三种工作状态间的切换，传递不同的转矩和转速。其结构如图 4-58 所示。

离合器的状态取决于传动系统的要求。通过传动系统各部件的布尔状态信号，利用图 4-58中的数学公式，计算出离合器当前的状态信号，见表 4-5。

表 4-5　离合器各状态的需要条件

状　　态	条　　件
分离	满足变速器换档或同时满足发动机需求输出转矩为零，离合器强制分离或发动机转速小于怠速
滑摩	同时满足发动机需求转矩不为零，发动机转速小于起步转速，离合器在前一步长没有完全接合
完全接合	不满足前两个状态的条件

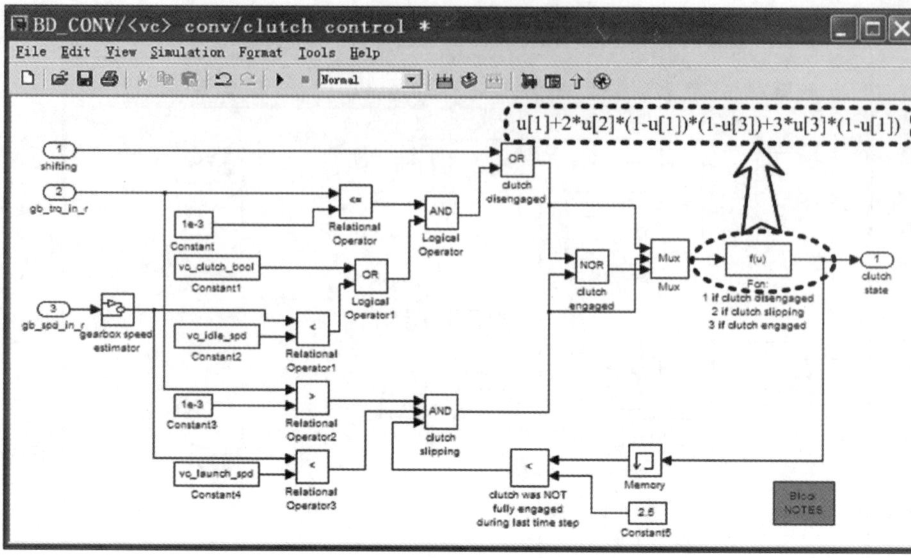

图 4-58 离合器控制模块的结构

在并联混合动力汽车上，当发动机关闭时，无论何种情况都要离合器分离。

4.5.4 变速器模块

变速器的功能是根据不同的传动比，传递发动机或电机的转速与驱动转矩，以实现降速增矩。变速器在传统汽车和并联混合动力汽车上起到关键作用。而串联混合动力汽车上可以直接调节驱动电机来实现降速增矩，所以，在 ADVISOR 中串联混合动力汽车中的变速器是单速的。

ADVISOR 中变速器模块 <gb> 通常在主减速器 <fd>、发动机 <fc>、转矩耦合器 <tc>、电机模块 <mc> 之间传递功率。传动比的调节则是由位于整车控制器 <vc> 中的变速器控制模块完成的。影响变速器传递转矩的因素包括传动比、部件惯性和齿轮传动摩擦损失等。根据经验公式对这些影响因素建立模型，在计算时需要在数据文件（如 <ADVISOR directory>/data/transmission/TX_5SPD. M）中提供实际参数。变速器模块的结构如图 4-59 所示，包括后向需求信号的计算和前向实际信号的计算两部分。

4.5.4.1 后向计算路径

后向计算路径是根据主减速器 <fd> 输入转矩（gb_trq_out_r）和转速（gb_spd_out_r）信号，在考虑变速器传动比（gear_ratio）、机械摩擦损失转矩（T_loss）和加速惯性转矩（T_inertia）后及换档信号的情况下，计算变速器输入端的需求转矩（gb_trq_in_r）和转速（gb_spd_in_r）。其计算公式如下

$$\text{gb\_trq\_in\_r} = \text{gb\_trq\_out\_r}/\text{gear\_ratio} + \text{T\_inertia} + \text{T\_loss} \tag{4-33}$$

$$\text{gb\_spd\_in\_r} = \text{gb\_spd\_out\_r} * \text{gear\_ratio} \tag{4-34}$$

公式中用到的数据计算过程如下所述。

1. 动力传动模块 1-A/2-A

模块 1-A 主要模拟变速器在不同档位信号下，转矩与转速的传递过程。与模块 2-A 不同之处在于功率的传递方向不同，但它与模块 2-A 具有相同的功能。它们的结构如图 4-60 和图 4-61 所示。

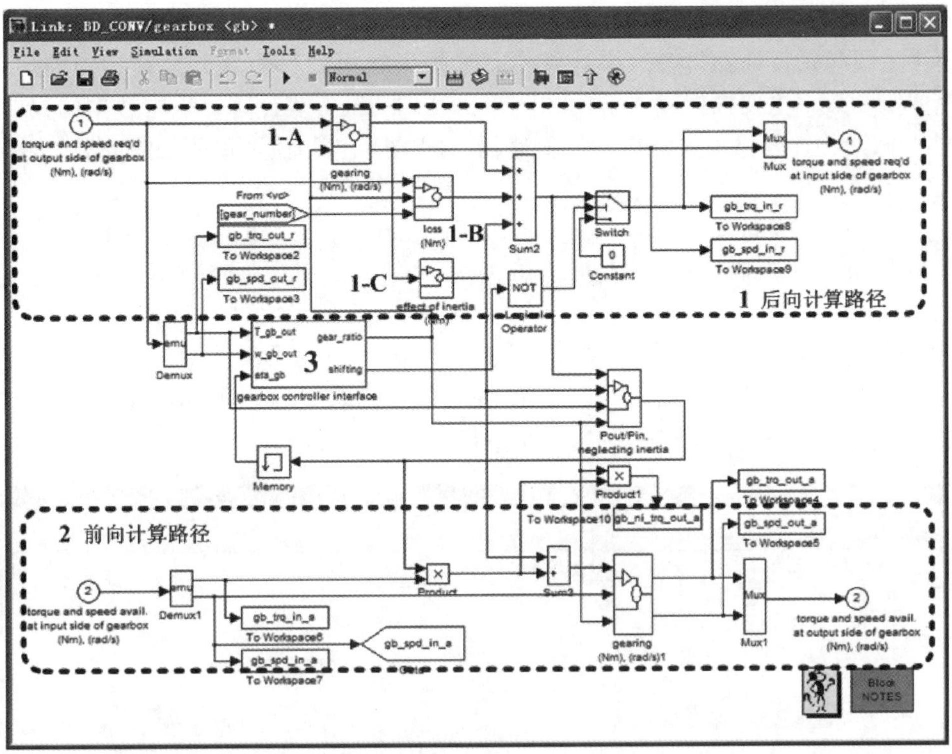

图 4-59 变速器模块的结构

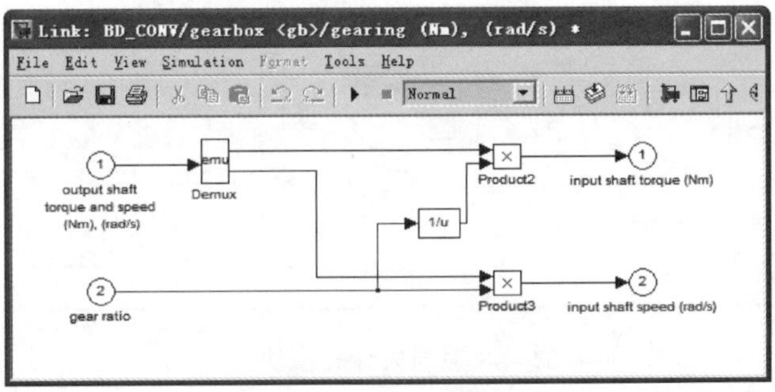

图 4-60 动力传动模块（1-A）

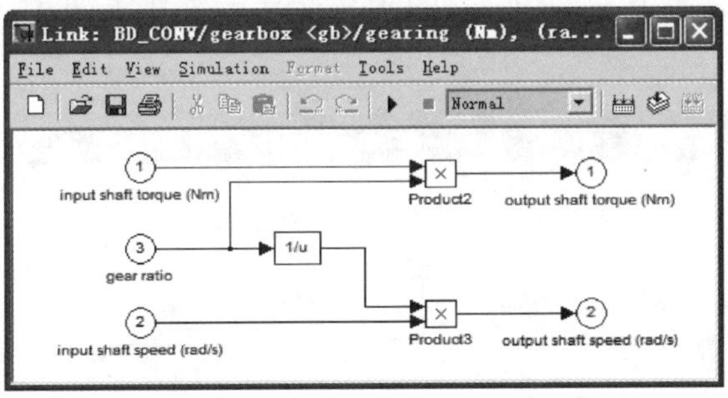

图 4-61 动力传动模块（2-A）

2. 机械摩擦损失转矩（T_loss）计算模块 1-B

该模块主要包括变速器传动效率计算和摩擦损失转矩计算两部分，其结构如图 4-62 所示。变速器传动效率主要根据输入转速和转矩，利用三维查表计算。表中数据已提前在相应的 m 文件中初始化。摩擦损失转矩根据变速器不同的工作状态采用不同的计算方法。

① 驱动状态（T_out >=0）：

$$T\_loss\_at\_input = [(T\_out\_abs/gear\_ratio)/(tx\_eff)] * (1-tx\_eff) \quad (4\text{-}35)$$

式中，T_loss_at_input 为输入轴摩擦转矩损失；T_out_abs 为变速器输出转矩绝对值；tx_eff为变速器效率。

② 制动状态（T_out < 0）：

$$T\_loss\_at\_input = (T\_out\_abs/gear\_ratio) * (1-tx\_eff) \quad (4\text{-}36)$$

需要注意的是，变速器不工作时，其摩擦损失转矩 T_loss = 0。

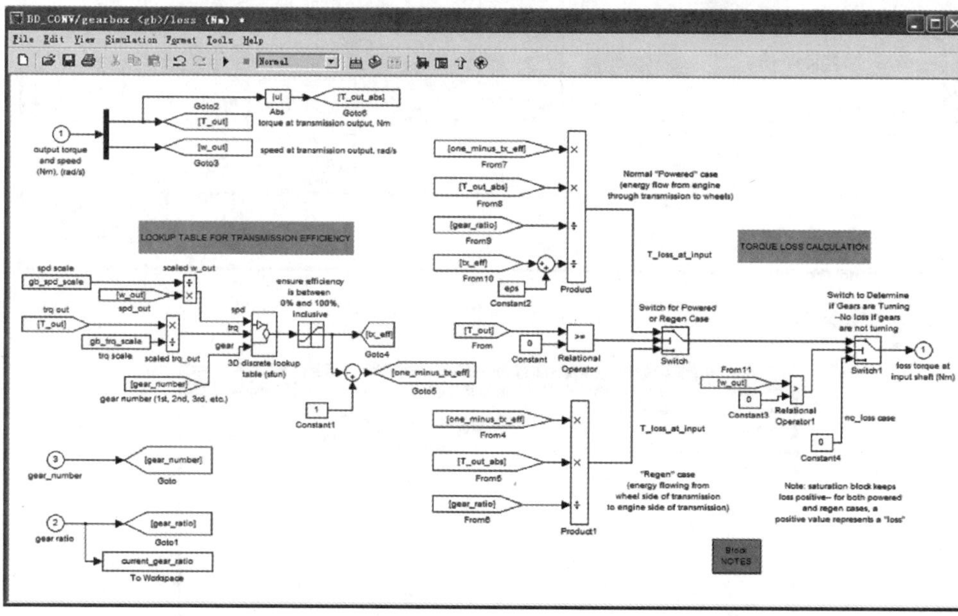

图 4-62 摩擦损失计算模块（1-B）

3. 加速惯性转矩 T_inertia 计算模块 1-C

计算加速惯性转矩为变速器当前档位的转动惯量与其转动角加速度乘积。其结构如图 4-63所示。

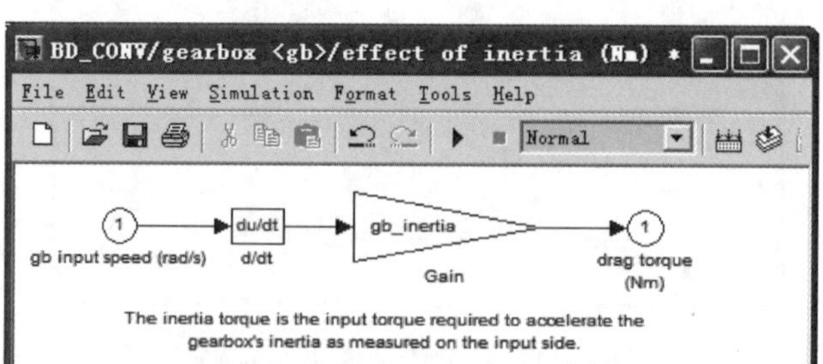

图 4-63 加速惯性转矩计算（1-C）

4.5.4.2 前向计算路径

前向计算路径主要根据变速器输入端的实际转矩 gb_trq_in_a 和转速 gb_spd_in_a，再考虑加速惯性转矩的影响，计算其输出端的实际转矩 gb_trq_out_a 和转速 gb_spd_out_a。

$$gb\_trq\_out\_a = (gb\_trq\_in\_a * Pout\_Pin - T\_inertia) * gear\_ratio \tag{4-37}$$

$$gb\_spd\_out\_a = gb\_spd\_in\_a / gear\_ratio \tag{4-38}$$

式中，Pout_Pin 为忽略转动惯量情况下输出转矩与输入转矩之比，主要用于在给定输入转矩的情况下估算输出转矩的大小。其内部结构如图 4-64 所示。图 4-64 中虚线框模块的功能是为了避免 Tin-Tinertia 出现零值，使后续的除法计算出现问题。

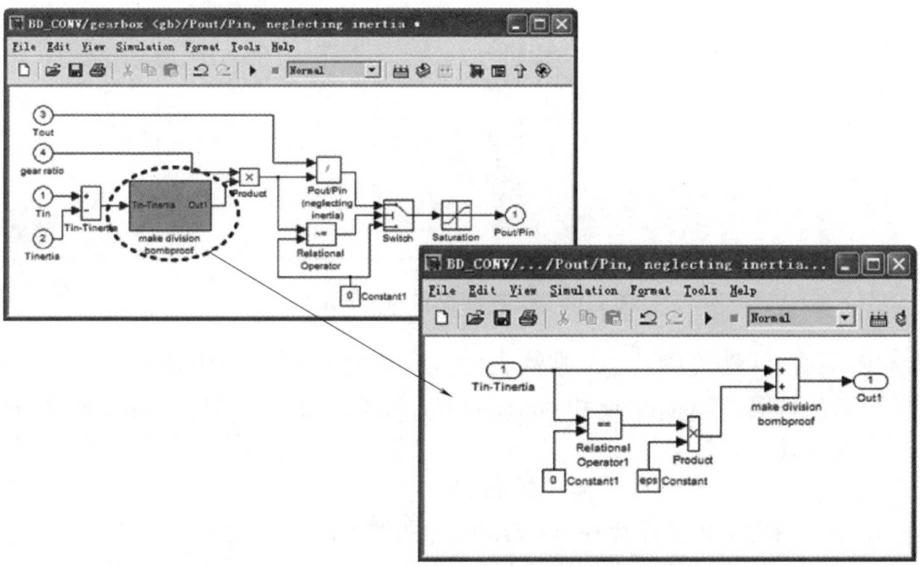

图 4-64 Pout_Pin 计算模块的结构

4.5.4.3 变速控制器模块

变速器控制模块中采用的接口模块是利用 From-Goto 模块将变速控制器各路信号与变速器模块连接。变速控制器接口结构比较简单，如图 4-65 所示。

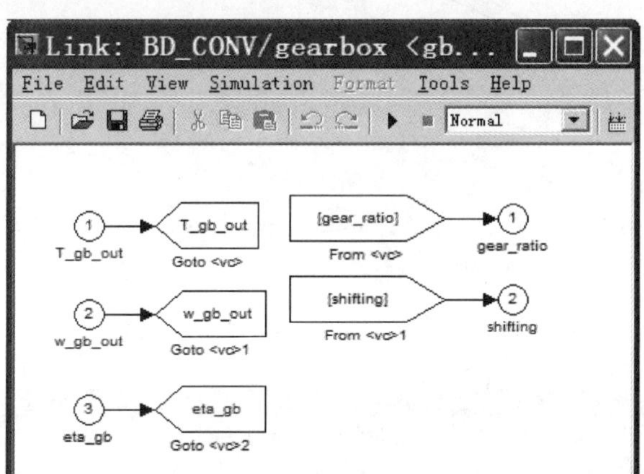

图 4-65 变速控制器接口模块的结构

变速器控制模块位于整车控制模块 < vc > 下。该模块根据当前发动机负荷与转速情况，模拟驾驶人换档动作，调节变速器的传动比；同时，利用 From-Goto 模块与变速器模块相连，将计算的当前档位传动比信号与是否进行换档的信号传递给变速器模块。其结构如图 4-66所示。

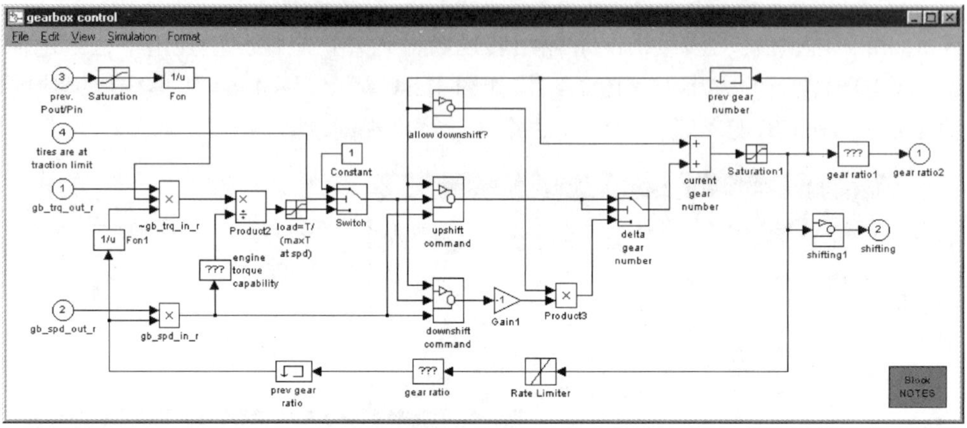

图 4-66 变速器控制模块的结构

档位与传动比的线性关系，以二维数表的方式在输入 m 文件中预先初始化；根据发动机转速和负荷转矩计算的 upshifting 和 downshifting 曲线数据，也同样在输入 m 文件中预先初始化。根据当前变速器目标转速 gb_ spd_ out_ r 与转矩 gb_ trq_ out_ r 信号，变速器控制模块通过查表来判断，是否在当前档位需要进行换档：当发动机工作点在 upshifting 曲线下时，会发出升档命令；当发动机工作点在 downshifting 曲线上时，会发出降档命令。

下面以传统汽车的换档控制为例进行说明。图 4-67 为某汽车的换档数据曲线。图中折线 1 为升档数据（upshifting）曲线，折线 2 为降档数据（downshifting）曲线，曲线 3 为发动机输出外特性曲线。标有数字的曲线 4 为效率曲线。

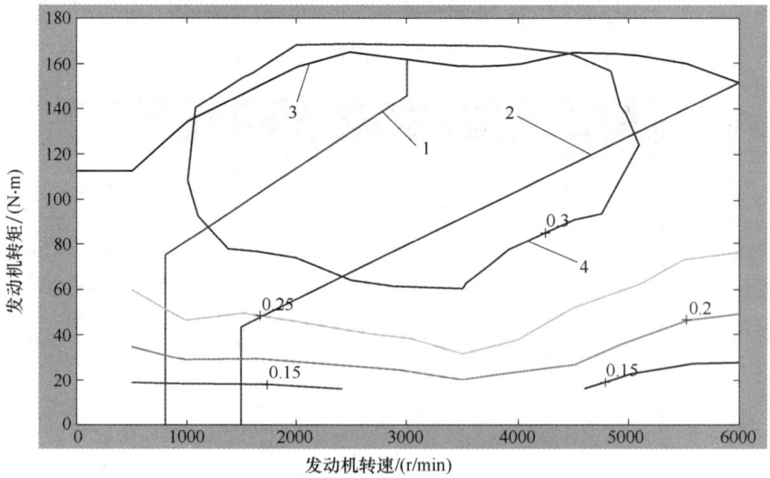

图 4-67 某汽车的换档数据曲线

upshifting 曲线 1 是根据变量 gb_gearX_upshift_spd 和 gb_gearX_upshift_load 来定义的，其中，X 代表相应的各个档位。当发动机工作点在该曲线右下侧时，则进行升档操作。同样，变量 gb_gearX_dnshift_spd 和 gb_gearX_dnshift_load 定义了 downshifting 曲线 2。当发动机工作点在该曲线左上侧时，则进行降档操作。

在 ADVISOR 中，升、降档过程的模拟，是通过该模块中的 upshift command 与 dnshift command 子模块来实现的。以 upshift command 模块为例，其内部结构如图 4-68 所示。该模块根据当前档位信号和负荷情况，通过变量 gb_gearX_upshift_spd 和 gb_gearX_upshift_load 定义的换档曲线进行判断。由于各变速器的档位较多，数据计算量较大，要在 Simulink 的基本模块下实现很复杂，所以，这里借助定义在 m 文件中的 S-函数 sfun_gearbox 来实现。

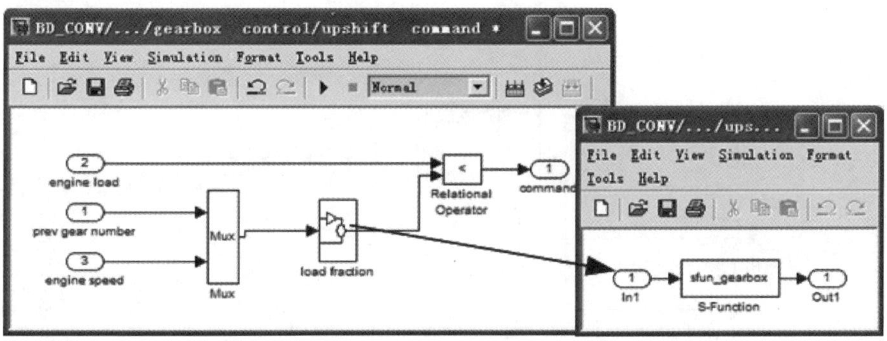

图 4-68　upshift command 模块结构

值得注意的是，串联混合动力汽车采用的是两档变速器，它是根据驱动电机的输出特性来判断换档的，但换档逻辑与传统车完全一样。因此，在使用时须根据动力源的输出特性，合理地设定上述两条换档曲线。

4.5.5　液力变矩器模型

液力变矩器主要是由可旋转的泵轮和涡轮，以及固定不动的导轮三个元件组成，三个元件在一个封闭的腔内，通过液体流动传递转矩。在装有液力自动变速器的汽车中，该模块位于发动机与变速器之间，起到降速增矩、缓冲振动的作用。ADVISOR 汽车模型中，该模块将变速器传递来的需求转速和转矩传递给发动机，同时也将发动机传递来的实际转速和转矩传递给变速器。其结构图如图 4-69 所示。

ADVISOR 2002 版本中，液力变矩器模型是基于阿贡国家实验室为 J. D. Murrell & Associates 公司开发的算法模型，并考虑了其鲁棒性等特点进一步修改完善而得到的。

液压变矩器在后向计算路径上，假设发动机传递的转矩应首先在克服涡轮加速惯性的情况下，才将额外的转矩传递给驱动系统，以满足驱动需求转矩；在前向计算路径上，假设转矩首先满足驱动需求转矩，额外转矩才用来克服涡轮加速惯性。这种假设导致在后向计算路径上计算得出的液力变矩器效率较高，但是驱动转矩却较低。为了消除假设产生的不良影响，在建模时定义一个可变的因子 K 模拟变矩器的工作特性。

$$K\_ADV=\frac{\omega_{out}}{\sqrt{T_{out}}}=\frac{\omega_{in}*SR}{\sqrt{T_{in}*TR}}=\frac{\omega_{in}}{\sqrt{T_{in}}}\frac{SR}{\sqrt{TR}}=K\frac{SR}{\sqrt{TR}} \tag{4-39}$$

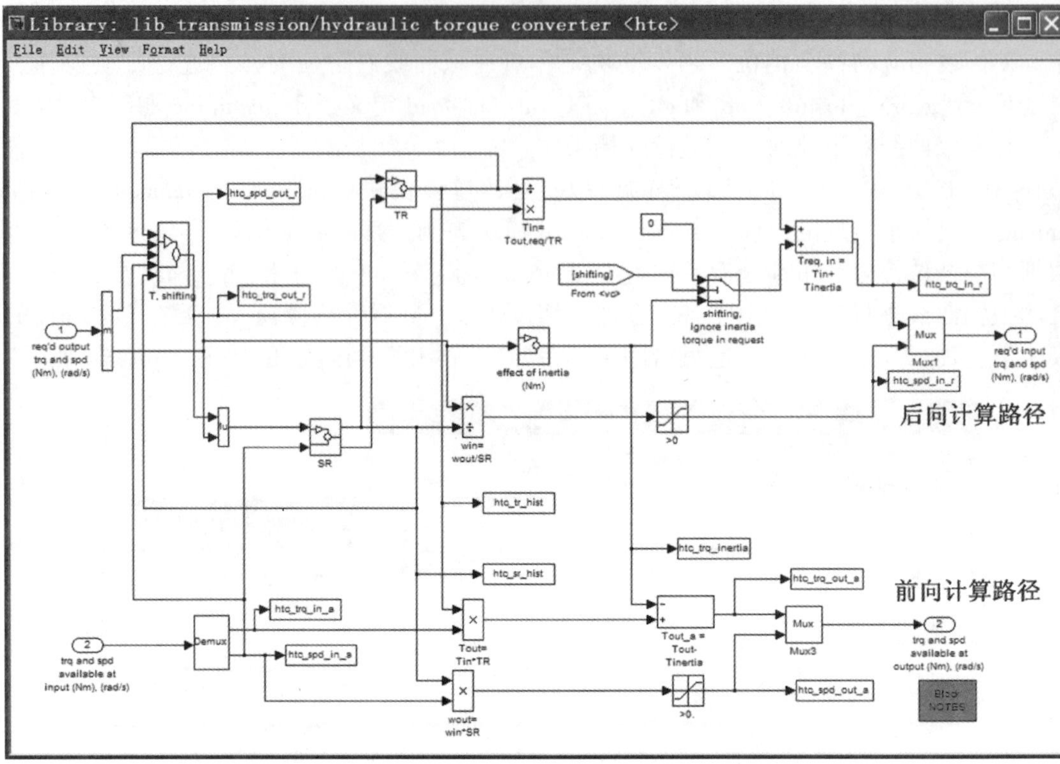

图 4-69　液力变矩器模型的结构

式中，$K=\dfrac{\omega_{in}}{\sqrt{T_{in}}}$；SR 为液力变矩器转速比，$SR=\dfrac{\omega_{out}}{\omega_{in}}$；TR 为液力变矩器转矩比，$TR=\dfrac{T_{out}}{T_{in}}$。

4.5.5.1　后向计算路径

在后向计算路径上，液力变矩器输入端的需求转矩（htc_trq_in_r）和需求转速（htc_spd_in_r）主要根据其输出端的需求转矩（htc_trq_out_r）、需求转速（htc_spd_out_r）、工作特性图中的转矩比（TR）和转速比（SR）计算得出。同时，在计算转矩时已经考虑了涡轮的加速惯性（T_inertia）的影响。

$$\text{htc\_trq\_in\_r} = \text{htc\_trq\_out\_r}/\text{TR} + \text{T\_inertia} \tag{4-40}$$

$$\text{htc\_spd\_in\_r} = \text{htc\_spd\_out\_r}/\text{SR} \tag{4-41}$$

4.5.5.2　前向计算路径

在前向计算路径上，液力变矩器输出端的实际转矩和转速的计算方法与后向计算路径类似，不同之处在于涡轮加速惯性的影响。

$$\text{htc\_trq\_out\_a} = \text{htc\_trq\_in\_a} * \text{TR} - \text{T\_inertia} \tag{4-42}$$

$$\text{htc\_spd\_out\_a} = \text{htc\_spd\_in\_a} * \text{SR} \tag{4-43}$$

式中，htc_trq_out_a 为液力变矩器输出端实际转矩；htc_trq_in_a 为液力变矩器输入端实际转矩；htc_spd_out_a 为液力变矩器输出端实际转速；htc_spd_in_a 为液力变矩器输入端实际转速。

涡轮加速惯性转矩（T_inertia）的计算与发动机模块中加速惯性转矩的计算方法是一样的。其值为涡轮转动惯量与转动角加速度的乘积。其结构如图 4-70 所示。

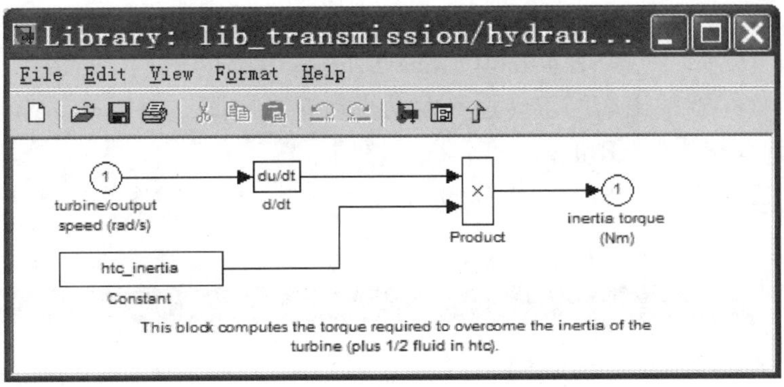

图 4-70　涡轮加速惯性转矩（T_ inertia）的计算

在后向计算路径中，液力变矩器输出端的需求转矩（htc_ trq_ out_ r）与变速器模块传递的需求转矩并不是直接相等的，其计算过程如图 4-71 所示。在计算液力变矩器输出端的需求转矩（htc_ trq_ out_ r）时考虑了换档的影响，以及其自身的工作特性决定的最大转矩限制。

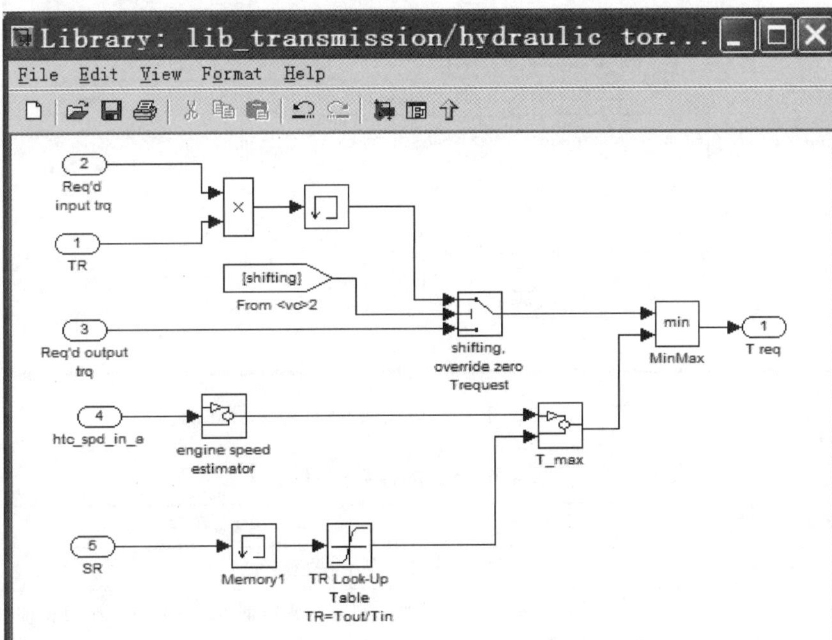

图 4-71　液力变矩器输出端需求转矩（htc_ trq_ out_ r）计算模块

换档时，htc_ trq_ out_ r 是从前一步长计算得出的，液力变矩器输入端需求转矩（htc_ trq_ in_ r）与其转矩比的乘积；不换档时，htc_ trq_ out_ r 为变速器模块传递的需求转矩。同时，htc_ trq_ out_ r 不应高于根据液力变矩器转速比及工作特性计算得出的当前转速下的输出最大转矩值。

在计算液力变矩器转速比（SR）的过程中考虑了其滑行的影响，如图 4-72 中的虚线框 A 所示。当 htc_ trq_ out_ r 小于 0 时，表明液力变矩器正在滑行，其标示值 htc_ coasting = 1。

当 htc_coasting = 1 时，有

$$SR = \min(SRmax1, htc\_sr\_coast) \tag{4-44}$$

式中，SRmax1 为变矩器输出端需求转速与发动机怠速之比值；htc_sr_coast 为根据定义的因子 K_adv_coast 计算得出的 SR 值。

当 htc_coasting = 0 时，SR 的计算过程还考虑了驾驶人意图的影响，其计算过程见表 4-6。

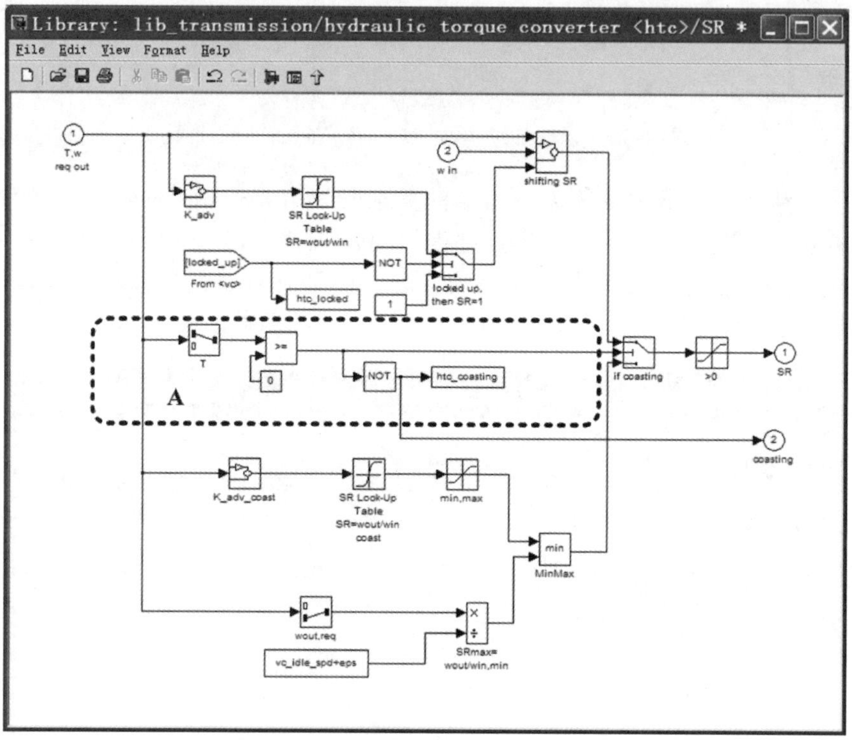

图 4-72 液力变矩器转速比（SR）的计算过程

表 4-6 SR 的计算过程

条 件	内 容
SR = 1	驾驶人不换档，锁止变矩器 htc_locked = 1
SR = f（htc_k_adv）	驾驶人不换档，不锁止变矩器 htc_locked = 0，SR 值根据定义因子 htc_k_adv 通过查表计算获得，即 SR 值是 htc_k_adv 的一维函数
SR = min（1，SRmax2）	驾驶人换档，锁止变矩器 htc_locked = 1
SR = min［f（htc_k_adv），SRmax2］	驾驶人不换档，不锁止变矩器 htc_locked = 0

注：SRmax2 为变矩器输出端需求转速与其输入端最小转速的比值。

在计算液力变矩器转矩比（TR）的过程中，同样考虑了其滑行的影响，其计算过程如图 4-73 所示。

当 htc_coasting = 1 时，根据变矩器滑行状态下工作特性图中 SR 值 htc_sr_coast 与 TR 值 htc_tr_coast 关系表，由查表计算当前转速下的 TR 值。

当 htc_coasting = 0 且不锁止时，据变矩器正常状态下的工作特性图中 SR 值 htc_sr 与 TR 值 htc_tr 关系表，通过查表计算当前转速下的 TR 值。

当 htc_coasting = 0 且锁止时，TR = 1。

在 ADVISOR 中没有单独介绍液力自动变速器 AT 的建模方法，因为从其结构上可知，自动变速器是由变速器和液力变矩器构成的，所以读者可根据上述变速器模型及液力变矩器模型的建模方法自行构造。

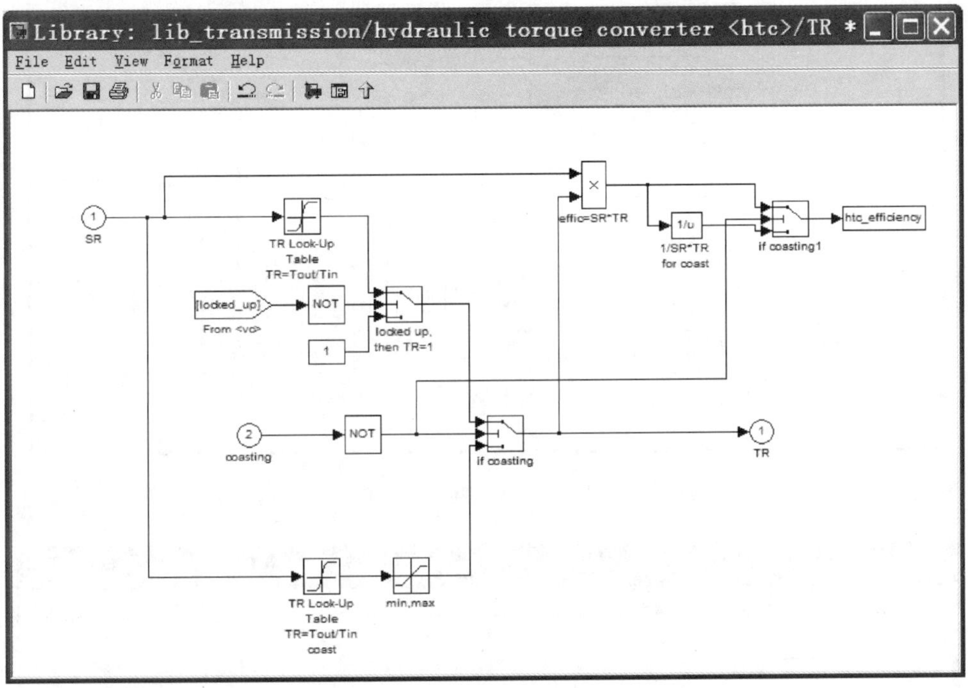

图 4-73 液力变矩器转矩比（TR）的计算过程

4.5.6 无级变速器模块

无级变速器（CVT）的功能与普通变速器的功能是相同的，即将离合器模块传递来的转矩，在考虑自身损失和当前传动比后传递给驱动轴。CVT 模块的结构如图 4-74 所示。

从图 4-74 可以看出，其结构建模与普通变速器的结构建模模块是一样的。读者可参考普通变速器建模方法，这里不再赘述。与普通变速器的不同之处在于，其传动比在一定范围内可按无限多级变化，也就是说其控制系统与普通变速器的控制系统是不同的。其具体结构如图 4-75 所示。无级变速器的控制模块，根据变速器的输入转速、转矩及发动机前一步长的工作效率调节其传动比，以使发动机工作在由变量 cvt_locus_pwr 和 cv_locus_spd 定义的区域上。该区域内发动机输出功率的效率比较高。

无级变速器需求的传动比是这样计算的：首先根据 CVT 的工作转速、转矩及发动机前一步长的工作效率，同时考虑机械附件的影响，估算发动机的输出功率；然后根据由变量 cvt_locus_pwr 和 cv_locus_spd 预先定义的发动机工作曲线计算发动机的期望转速；最后，发动机期望转速与 CVT 的输出转速的比值，即为所需求的变速器传动比。

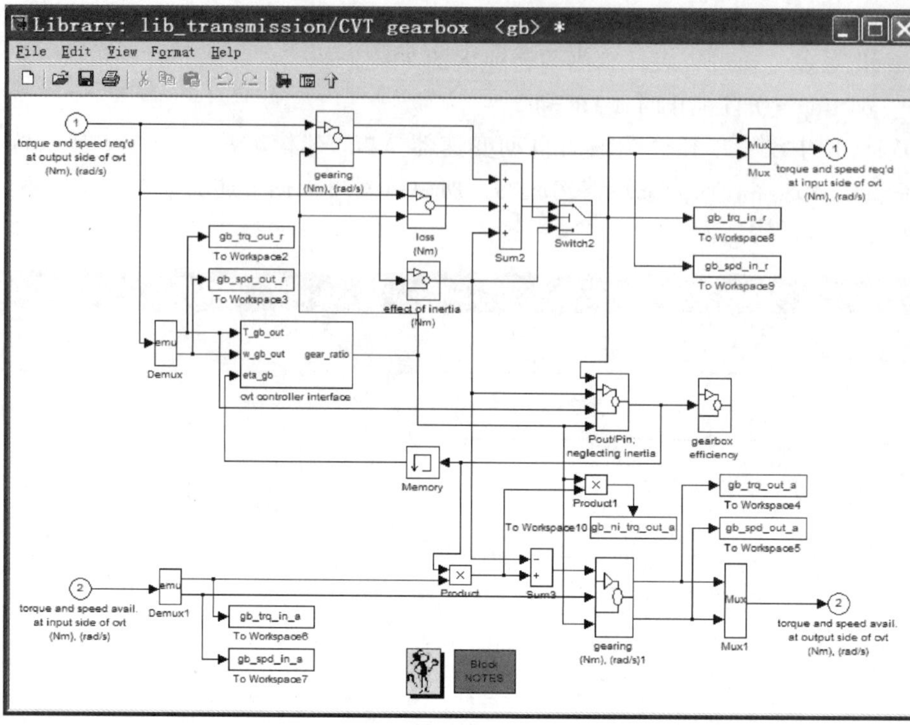

图 4-74　CVT 模块的结构

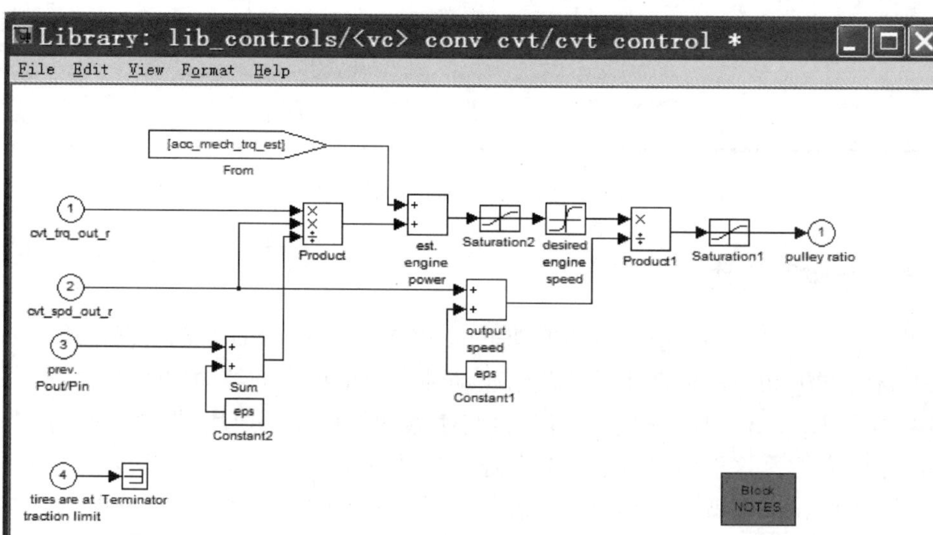

图 4-75　CVT 控制模块的结构

4.5.7　主减速器模块

主减速器模块在动力传动路线上起到降速增矩的作用，其结构如图 4-76 所示。建模时，该模块在后向和前向计算路径上都考虑了摩擦转矩损失与加速惯性转矩的影响。摩擦转矩损失通常认为是定值 fd_loss，但当齿轮不转动时，规定该值为 0，如图 4-76 中虚线框 A 所示。

加速惯性转矩是由输入端齿轮的转动角加速度与其转动惯量的乘积计算，如图 4-76 中的虚线框 B 所示。

后向计算路径

$$fd\_trq\_in\_r = fd\_trq\_out\_r/fd\_radio + T\_loss + T\_inertia \tag{4-45}$$

$$fd\_spd\_in\_r = fd\_spd\_out\_r * fd\_radio \tag{4-46}$$

前向计算路径

$$fd\_trq\_out\_a = (fd\_trq\_in\_a - T\_loss - T\_inertia) * fd\_radio \tag{4-47}$$

$$fd\_spd\_out\_a = fd\_spd\_in\_a/fd\_radio \tag{4-48}$$

式中，fd_trq_in_r 为主减速器输入端需求转矩（N · m）；fd_trq_out_r 为主减速器输出端需求转矩（N · m）；fd_radio 为主减速比；T_loss 为摩擦转矩损失（N · m）；T_inertia 为加速惯性转矩（N · m）；fd_spd_in_r 为主减速器输入端需求转速（rad/s）；fd_spd_out_r 为主减速器输出端需求转速（rad/s）；fd_trq_in_a 为主减速器输入端实际转矩（N · m）；fd_trq_out_a为主减速器输出端实际转矩（N · m）；fd_spd_in_a 为主减速器输入端实际转速（rad/s）；fd_spd_out_a 为主减速器输出端实际转速（rad/s）。

需要注意的是，该模块中用到的数据应提前在相应的 m 文件中初始化。

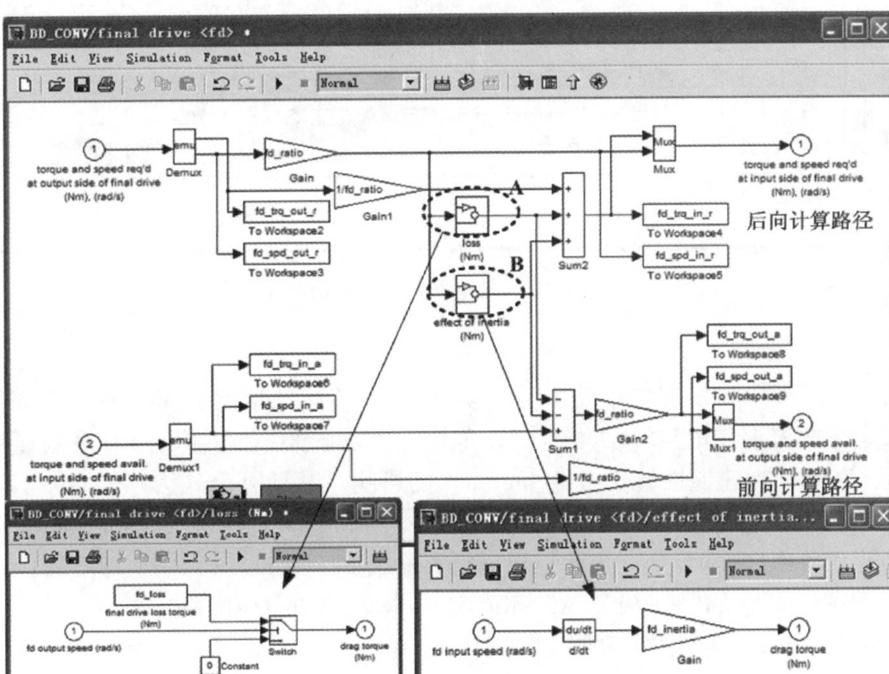

图 4-76　主减速器结构

4.6　整车、车轮与制动模块

4.6.1　车轮动力学模型

车轮动力学模型主要模拟车轮的运动状态，传递需求转矩和转速，并利用主减速器传递来的实际转矩和转速，计算轮胎的牵引力和车轮速度，驱动汽车行驶。在建模时，车轮模块的两条数据流计算路径都考虑了拖曳转矩（drag torque）损失、车轮和半轴加速惯性影响、轮胎打滑和制动摩擦的影响。车轮半轴模块结构如图 4-77 所示。

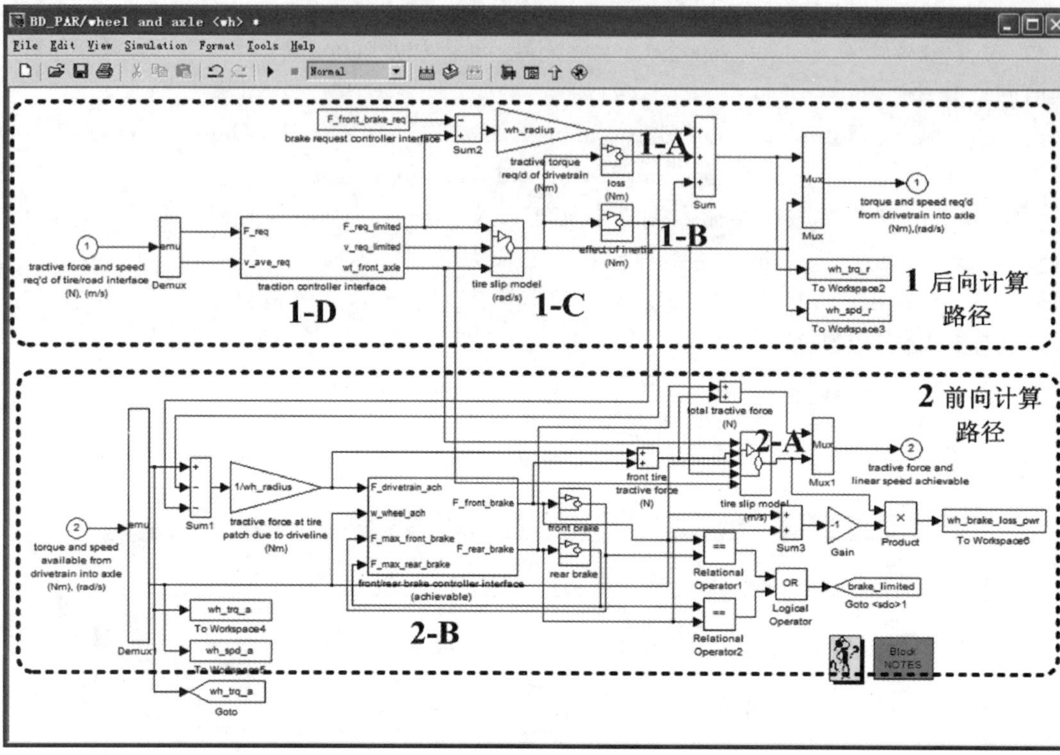

图 4-77　车轮半轴模块结构

4.6.1.1　后向计算路径

在后向计算路径中，根据整车动力学模块 < veh > 传递的信号，考虑轮胎与路面附着的影响，计算车轮的需求转矩与转动角速度。车轮的需求转矩（wh_trq_r）考虑了拖曳转矩损失（T_loss）与其加速惯性转矩（T_inertia）的影响。其计算公式为

$$\text{wh\_trq\_r} = (\text{F\_req\_limited} - \text{F\_front\_brake\_req}) * \text{wh\_radius} + \text{T\_loss} + \text{T\_inertia} \quad (4\text{-}49)$$

车轮中心的转动角速度（wh_spd_r）是根据滑移率公式 $s=(\omega \cdot r - v)/v$ 计算的，即

$$\text{wh\_spd\_r} = (1 + \text{wh\_slip\_r}) * \text{v\_req\_limited}/\text{wh\_radius} \quad (4\text{-}50)$$

式中，F_req_limited 为前轮需求限制牵引力；F_front_brake_req 为前轮需求制动力；wh_radius为车轮半径；wh_slip_r 为轮胎需求滑移率；v_req_limited 为前轮需求限制车速。

1. 拖曳转矩（drag torque）损失

拖曳转矩的计算过程如图 4-78 所示。拖曳转矩损失（图 4-77 中 1-A）与汽车载质量线性相关。计算拖曳转矩损失时，先计算其关系曲线，并存于数组中，然后再通过查表获得。当半轴不转动时，拖曳转矩损失应该为 0。

2. 车轮与半轴加速惯性转矩

车轮与半轴加速惯性转矩（图 4-77 中 1-B）是其转动惯量与转动角加速度的乘积，与上述变速器、主减速器的计算方法相同，如图 4-79 所示。

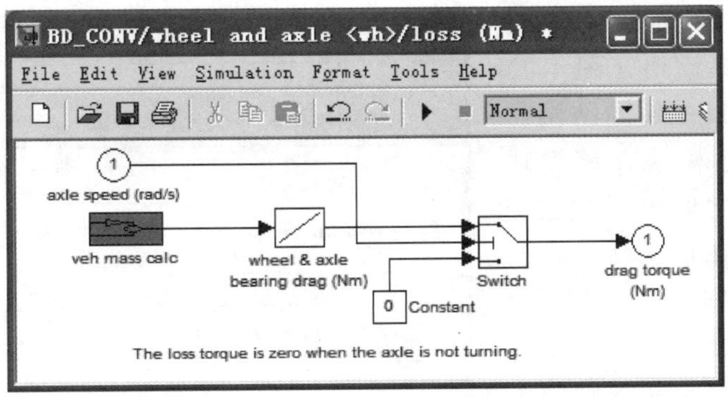

图 4-78 拖曳转矩损失计算

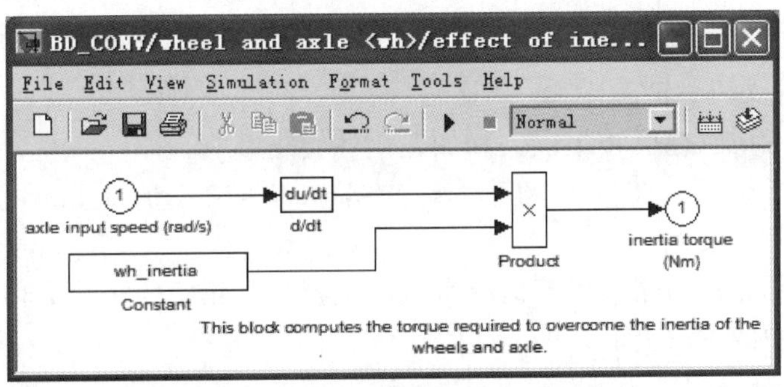

图 4-79 车轮与半轴加速惯性转矩计算

3. 轮胎滑移率

轮胎滑移率 wh_slip_r 与驱动轮滑动力系数 wh_slip_force_coeff（轴荷与牵引力的比值）成线性关系，轮胎滑移率模型（图 4-77 中 1-C）根据牵引力控制模块传递的轴荷与牵引力信号，通过查表计算轮胎当前的滑移率，再根据公式计算当前车轮需求轮速（wh_spd_r），如图 4-80 所示。

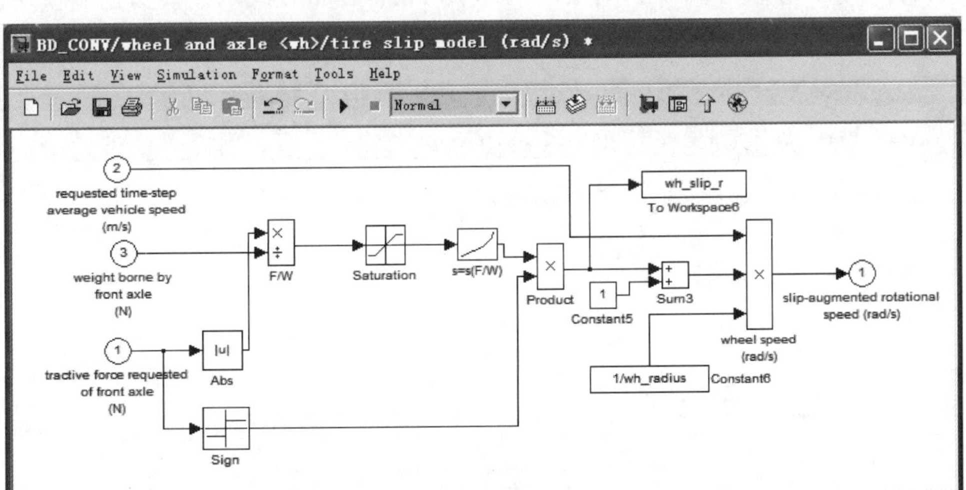

图 4-80 轮胎需求滑移率计算模型

4. 牵引力控制接口模块

牵引力控制接口模块（图4-77中1-D）与其他接口模块的结构类似，采用From-Goto模块在该模块与牵引力控制模块之间进行数据交流，其结构如图4-81所示。

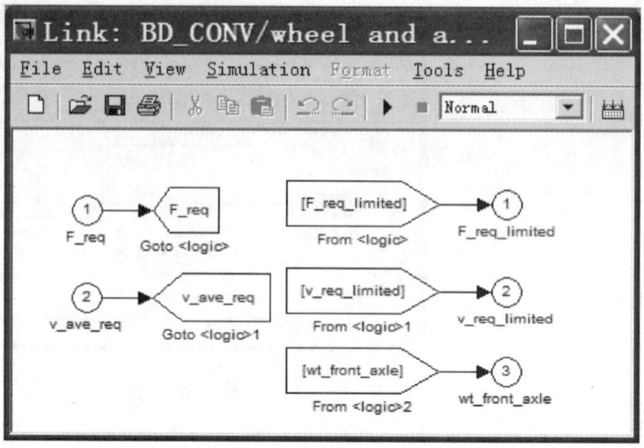

图4-81 牵引力控制接口模块的结构

4.6.1.2 前向计算路径

在前向计算路径中，根据主减速器<fd>传递的车轮实际转矩和转速，考虑车轮制动力控制信号与路面附着的影响，计算车轮实际牵引力（wh_force_a）和实际参考车速（veh_spd_a_rec）。车轮实际牵引力的计算同样要考虑其拖曳转矩损失和加速惯性转矩影响，即

$$\text{wh\_force\_a} = (\text{wh\_trq\_a} - \text{T\_loss} - \text{T\_inertia})/\text{wh\_radius} + \text{F\_front\_brake} + \text{F\_rear\_brake} \tag{4-51}$$

车轮中心的实际轮速与路面附着情况有关，也就是与轮胎的实际滑移率有关。其计算方法与后向计算路径中的方法类似，即

$$\text{veh\_spd\_a\_rec} = \text{wh\_spd\_a} * \text{wh\_radius}/(1 + \text{wh\_slip\_a}) \tag{4-52}$$

式中，wh_trq_a为车轮实际转矩；F_front_brake、F_rear_brake分别为前、后轮制动力；wh_spd_a为车轮中心实际轮速；wh_slip_a为轮胎实际滑移率。

轮胎实际滑移率计算模型（图4-77中2-A）与后向计算路径中的模块1-C原理相同，不同之处在于条件的限制，如图4-82所示。当前轴实际牵引力为0时，设定车轮滑动力系数wh_slip_force_coeff =0。另外，当车轮需求轮速与实际轮速之差小于0.001时，设定实际参考车速等于整车需求车速。

制动力控制接口模块（图4-77中2-B）利用From-Goto模块与制动力控制模块进行数据交流。

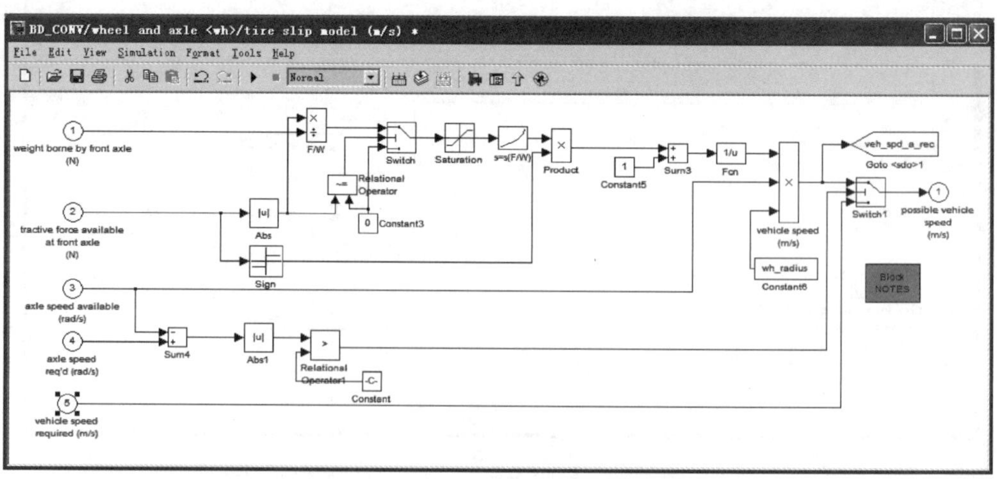

图4-82 轮胎实际滑移率计算模型

4.6.2　整车动力学模型

整车动力学模型主要根据轮胎接地点的受力平衡计算整车牵引力的大小。该模块没有给定迭代计算所需的初始速度，而是将上一步长计算的车速与当前车速的平均值作为初始车速。当前步长下的需求驱动力与平均速度的乘积，就是驱动车轮行驶的需求功率。同时，在前向计算路径中，上一步长的车速是通过其子模块“vehicle speed”来计算的。该模块建模用到的公式，可以参考 2.2.1 节“汽车驱动力与行驶阻力”的内容。

该模块的建模方法主要是根据汽车行驶动力学方程，利用迭代方法计算整车的加速度，进而逐步积分计算整车的速度，在计算过程中考虑了汽车行驶中的滚动阻力、空气阻力和坡道阻力。其结构如图 4-83 所示。

4.6.2.1　后向计算路径

在后向计算路径中，整车需求车速（veh_spd_r）的计算方法是当前步长内的初速（v_prev）与终速（cyc_spd_r）之和的平均值。而需求牵引力（veh_force_r）则是根据受力平衡与需求车速，考虑了汽车在行驶过程中的滚动阻力 Fr、空气阻力 Fw、坡道阻力 Fi 与加速阻力 Fj 计算得到的，即

$$veh\_force\_r = Fr + Fw + Fw + Fj \tag{4-53}$$

$$veh\_spd\_r = (v\_prev + cyc\_spd\_r)/2 \tag{4-54}$$

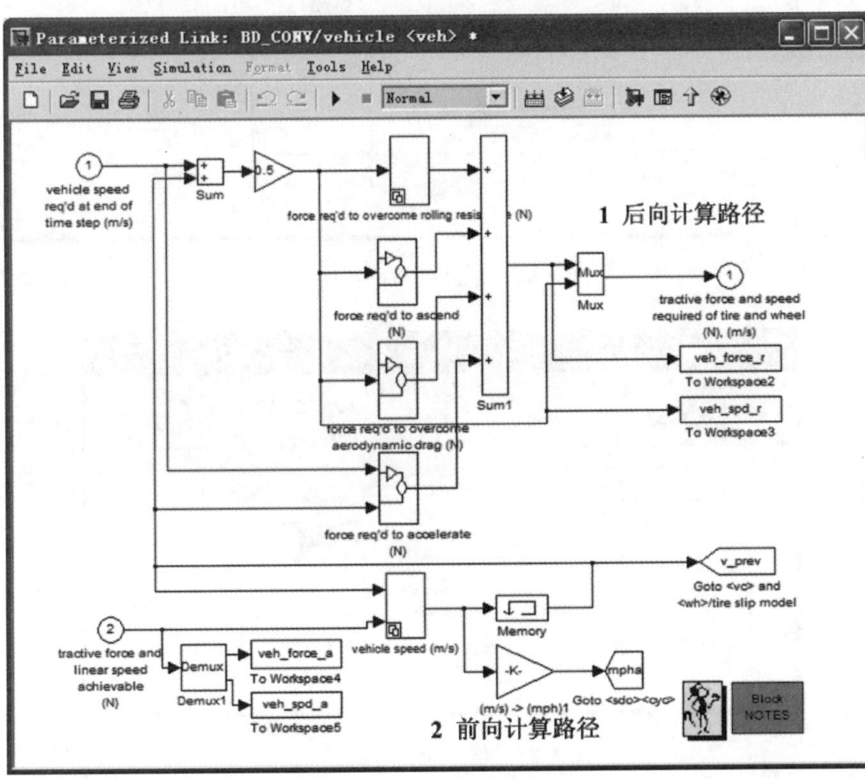

图 4-83　整车模块结构

1. 滚动阻力 Fr

滚动阻力计算模块如图 4-84 所示，其计算公式为

$$Fr = (veh\_mass + veh\_cargo\_mass) * veh\_gravity * \cos(atan(grade)) * (veh\_spd\_r * wh\_2nd\_rrc + wh\_1st\_rrc) \quad (4\text{-}55)$$

考虑车速为 0 时，则滚动阻力为 0。

2. 坡道阻力 Fi

坡道阻力计算模块如图 4-85 所示，其计算公式为

$$Fi = (veh\_mass + veh\_cargo\_mass) * veh\_gravity * \sin[atan(grade)] \quad (4\text{-}56)$$

考虑车速为 0 时，坡道阻力为 0。

3. 空气阻力 Fw

空气阻力计算模块如图 4-86 所示，其计算公式为

$$Fw = veh\_spd\_r \hat{\ } 2 * veh\_air\_density * veh\_CD * veh\_FA * 0.5 \quad (4\text{-}57)$$

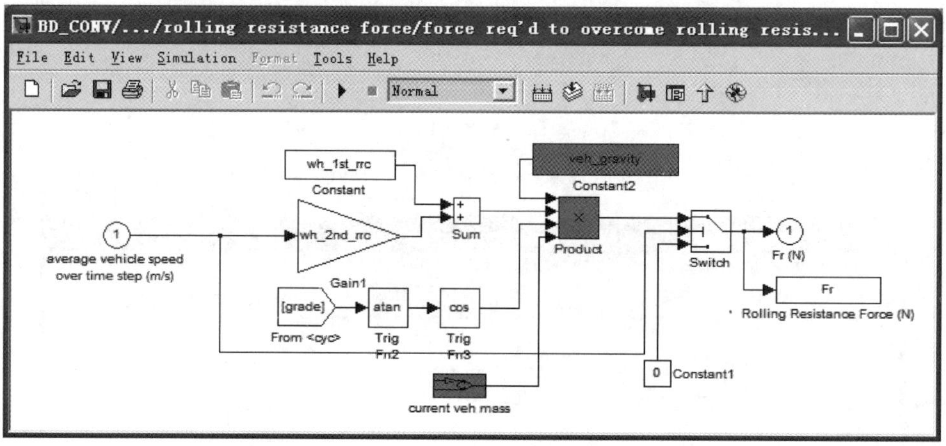

图 4-84 滚动阻力计算模块

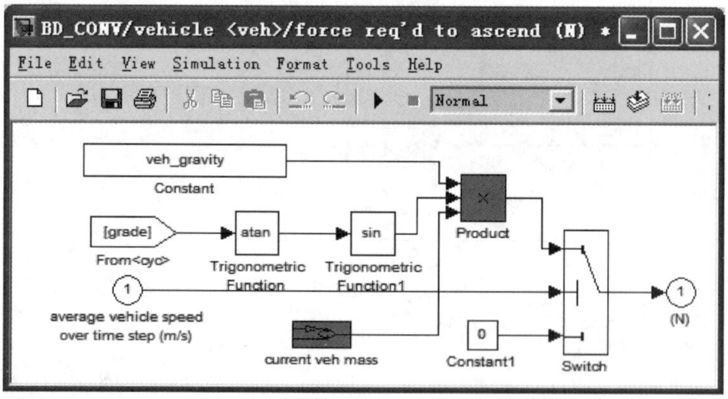

图 4-85 坡度阻力计算模块

4. 加速阻力 Fj

加速阻力计算模块如图 4-87 所示，其计算公式为

$$Fj = (veh\_mass + veh\_cargo\_mass) * (cyc\_spd\_r - v\_prev)/dt \quad (4\text{-}58)$$

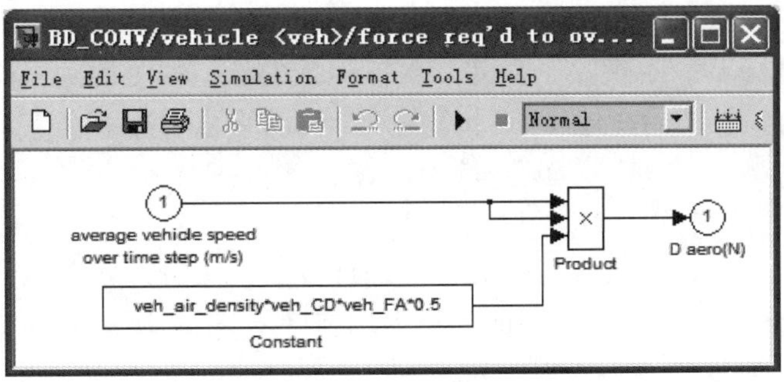

图 4-86 空气阻力计算模块

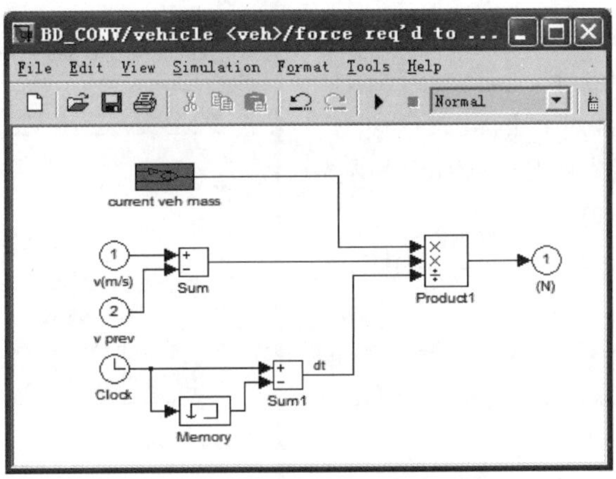

图 4-87 加速阻力计算模块

4.6.2.2 前向计算路径

在前向计算路径中，根据车轮车轴模块 < wh > 传递的实际牵引力和车速，子模块 “vehicle speed” 计算下一步长的初始车速 v_prev（当前步长的终止速度），为后向计算路径中需求车速 veh_spd_r 的求解作准备。子模块 “vehicle speed” 的结构如图 4-88 所示。

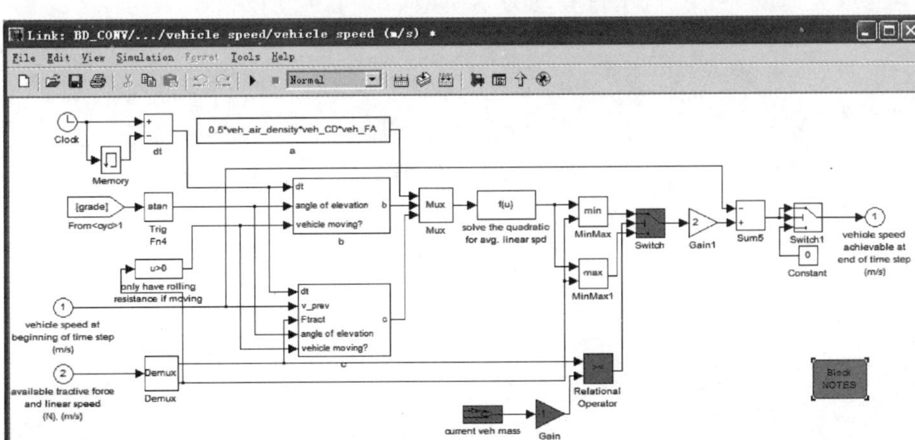

图 4-88 子模块 “vehicle speed” 的结构

该模块的建模方法如下：根据第 2 章中的汽车动力学方程，可以列出关于当前步长内平均车速的二次多项式方程，求解这个一元二次方程式的根，即可得到当前步长内的平均车速 v_aver，从而由当前步长初始车速 v_0 计算当前步长的终止车速 v_t。

$$v\_t = 2 * v\_aver - v\_0 \tag{4-59}$$

图 4-88 中，fcn 模块中公式为[- b + (b^2-4 * a * c)^0.5)]/(0.5 * a)，就是求解关于当前步长内平均车速 v_aver 的二次多项式方程根的计算式，同时还要考虑速度的限制条件。当整车实际牵引力 veh_force_a≥0 时，当前步长平均速度 v_aver 取 min（v_aver，veh_spd_a）；否则，当前步长平均速度（v_aver）取 max（v_aver，veh_spd_a）。其中，veh_spd_a 为车轮模块 <wh> 传递的整车实际车速。

4.6.2.3 牵引力控制模块

该模块主要限制计算的牵引力不超过轮胎与地面的最大附着力，即车轮不打滑时，需求牵引力不能超过轮胎提供的最大牵引力，整车速度不能超过其最大牵引力所能提供的最大速度。其模块结构如图 4-89 所示。

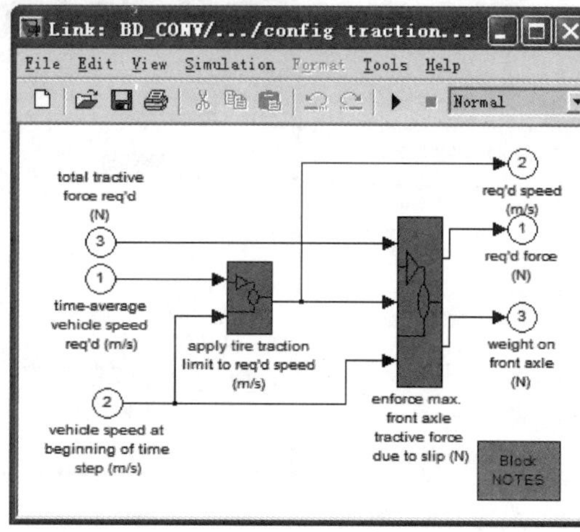

图 4-89　牵引力控制模块的结构

该模块包括两个子模块：一个是限制从整车模块 <veh> 传递的需求牵引力和整车车速，其结构如图 4-90 所示；另一个是计算加速过程对前轴轴荷的影响，其结构如图 4-91 所示。

轮胎能够提供的最大牵引力受路面附着条件的影响，整车的需求车速不应该超过汽车在路面发生极限附着情况下所能提供的车速，所以要分析和建立前驱（FF）汽车在车轮打滑时所能提供的最大驱动车速或最小制动车速的理论模型。

假设在坡度为 α 的路面上，汽车以初速 v_0 在极限附着力 F_{max} 的驱动下，当前步长 t 内汽车所能产生的最大速度为 v_t，汽车行驶动力学模型如图 4-92 所示。

整车受力平衡方程式为

$$F_t - F_w - F_r - F_i = F_j = ma \tag{4-60}$$

$$F_t = F_{max} = \mu_{max} W_1 \tag{4-61}$$

$$F_w = 0.5\rho C_d A V_{aver}^2 \tag{4-62}$$

$$F_r = mg(f_1 + V_{aver} f_2)\cos\alpha \tag{4-63}$$

$$F_i = mg\sin\alpha \tag{4-64}$$

当前步长内汽车的加速度为

$$a = (v_t - v_0)/\mathrm{d}t \tag{4-65}$$

当前步长内汽车的平均速度为

$$V_{aver} = (v_0 + v_t)/2 \tag{4-66}$$

式中，F_t 为驱动力；F_w 为空气阻力；F_r 为滚动阻力；F_j 为加速阻力；W_1 为前轴轴荷；L 为轴距；C_d 为空气阻力系数；A 为迎风面积；ρ 为空气密度。

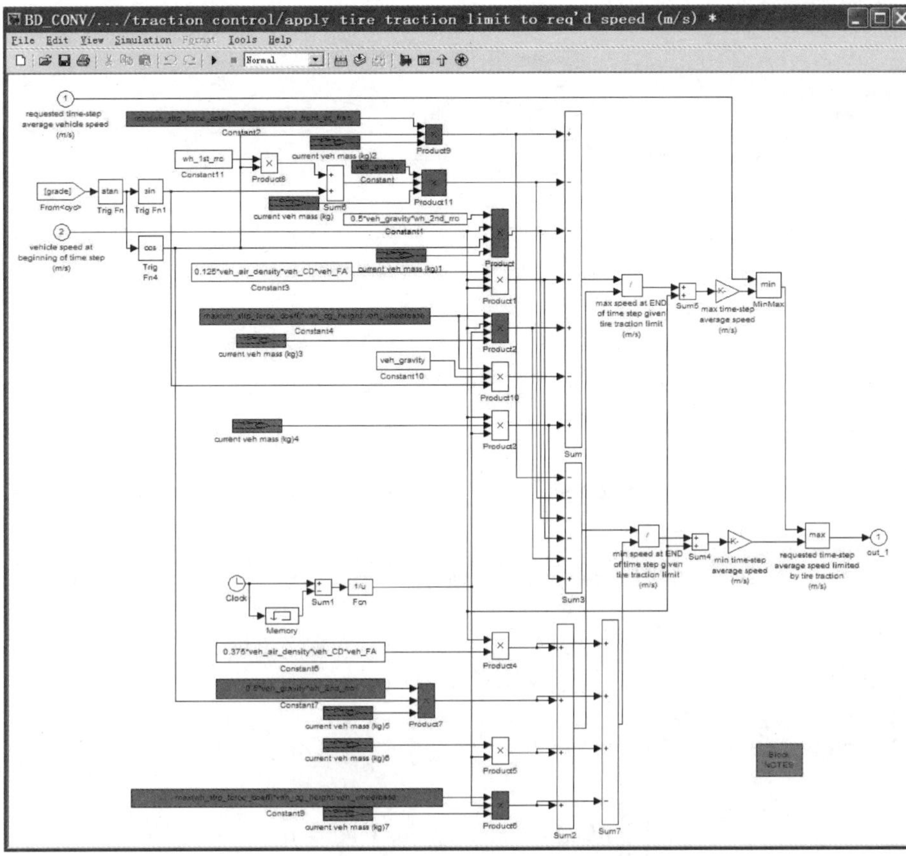

图 4-90　极限附着驱动力提供的需求车速计算

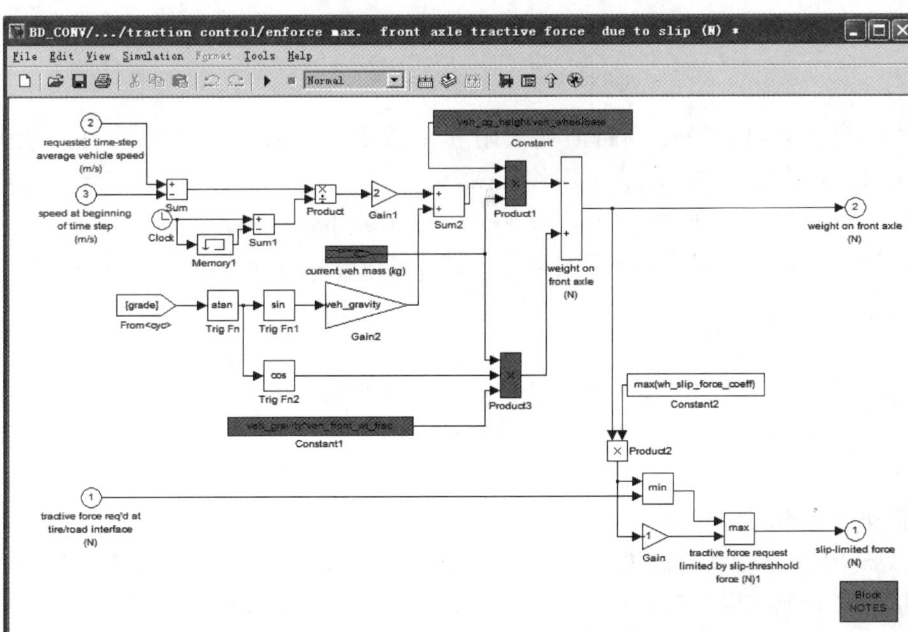

图 4-91　加速过程对前轴轴荷的影响

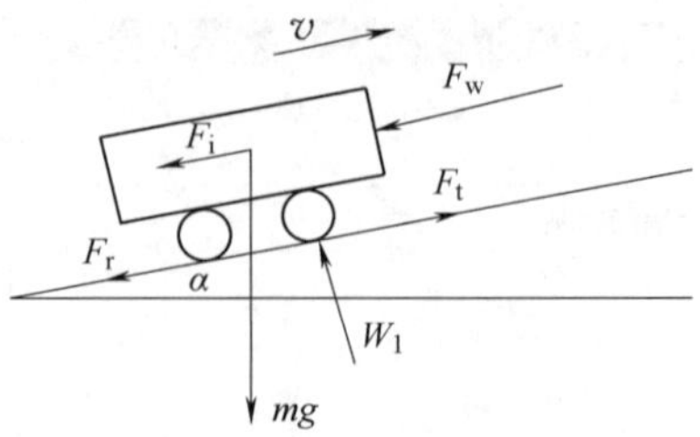

图 4-92 汽车行驶动力学模型

将式（4-60）~式（4-65）代入平衡方程式（4-59）后化简，即可得到关于 v_t 的二次方程。ADVISOR 中把 v_t^2 当做 $v_t\,v_0$。利用数值迭代法求解方程根，即为汽车极限附着驱动力下能够提供的最高车速。

$$v_t=\left[mg\mu_{max}\frac{b}{L}-mg\left(f_1\cos\alpha+\sin\alpha-\frac{1}{2}f_2v_0\right)-\frac{1}{8}\rho C_dAv_0{}^2+\left(\mu_{max}\frac{h_g}{L}+1\right)m\frac{v_0}{\mathrm{d}t}-mg\sin\alpha\frac{h_g}{L}\right]\Big/\left[\frac{3}{8}\rho C_dAv_0+\frac{1}{2}mgf_2\cos\alpha+\left(\mu_{max}\frac{h_g}{L}+1\right)\frac{m}{\mathrm{d}t}\right] \tag{4-67}$$

同样分析，当在制动情况下达到附着极限时，F_{max} 为制动力，方向相反。通过计算，可得到制动极限附着情况下所能达到的最小车速 v_t 为

$$v_t=\left[-mg\mu_{max}\frac{b}{L}-mg\left(f_1\cos\alpha+\sin\alpha-\frac{1}{2}f_2v_0\right)-\frac{1}{8}\rho C_dAv_0{}^2+\left(-\mu_{max}\frac{h_g}{L}+1\right)m\frac{v_0}{\mathrm{d}t}-mg\sin\alpha\frac{h_g}{L}\right]\Big/\left[\frac{3}{8}\rho C_dAv_0+\frac{1}{2}mgf_2\cos\alpha+\left(-\mu_{max}\frac{h_g}{L}+1\right)\frac{m}{\mathrm{d}t}\right] \tag{4-68}$$

计算加速过程对整车轴荷分配的影响时，对后轮与地面接触点取转矩平衡，可得到前轴轴荷 W_1 为

$$W_1=mg\cos\alpha\frac{b}{L}-(mg\sin\alpha+ma+F_w)\frac{h_g}{L} \tag{4-69}$$

该模块同时也通过计算受到路面最大附着系数限制的最大附着驱动力，进而计算出 F_req_limited，并传递给整车动力学模块 <veh>。

F_req_limited = Fmax − F_rear_brake_req　　(4-70)

式中，F_rear_brake_req 为后轮需求制动力。其计算方法将在下节介绍。

4.6.3 制动力控制模块

制动力控制模块根据总制动力需求和传动系能够产生多少制动力，来确定前、后轮制动力的分配。前轮制动力分配系数决定了前轮制动力占总制动力的比例。前轮制动力要始终保证前轮制动力系数与设定值相同，同时不能超过最大制动力限值；后轮制动力等于总制动力减去前轮制动力且不超过其限值。

在 ADVISOR 中，制动控制模块的主要功能是调节制动力在再生制动力与摩擦制动力间的分配关系，其分配结构如图 4-93 所示。例如：汽车以 60mile/h 制动时，制动分配策略为 40% 制动转矩由传动系统（再生制动）提供，30% 由前轮提供，30% 由后轮提供。在某个特例下，传动系统能够提供的制动转矩只有 20%，摩擦制动需要提供剩余的 80%。前轮应

该与后轮一样，尽量提供 40% 的制动转矩，但实际情况只能提供 25%，则在后轮能够满足的情况下，剩余的 55% 需要全部由后轮提供。

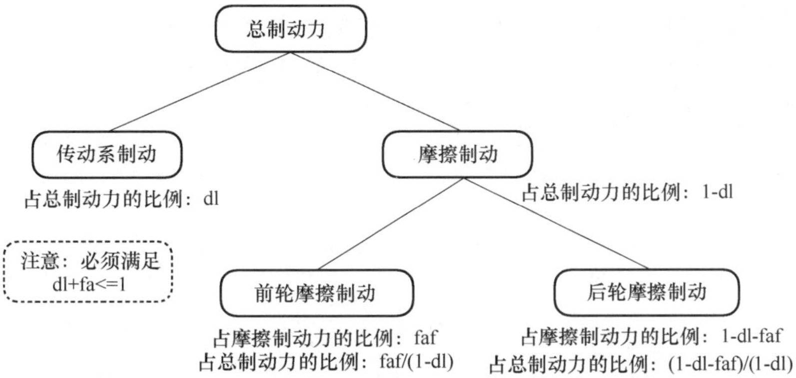

图 4-93　制动力分配结构

基于上述理论，制动力控制模块的结构如图 4-94 所示。

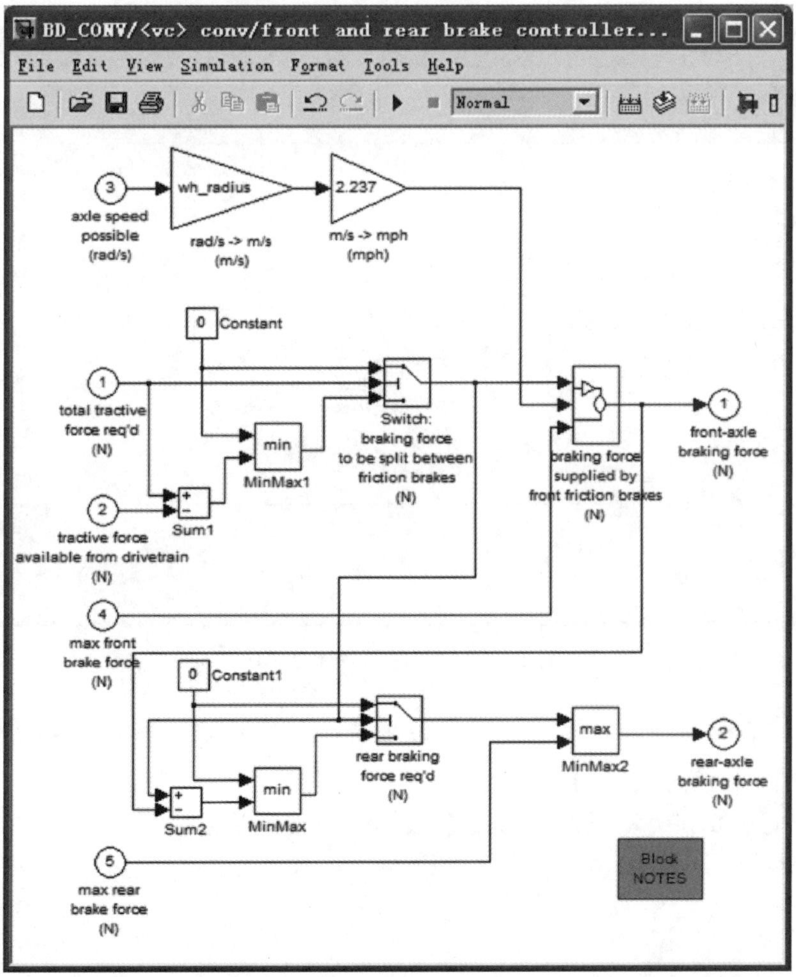

图 4-94　制动力控制模块的结构

1. 后轮制动力

后轮制动力的计算方法为

$$F\_rear\_brake = F\_req - F\_drivetrain\_ach - F\_front\_brake \tag{4-71}$$

式中，F_req 为整车总制动力；F_drivetrain_ach 为传动系可提供的制动力。同时，后轮制动力不应高于其极限附着制动力，即 F_rear_brake≤F_max_rear_brake。

2. 前轮制动力

前轮制动力的计算方法如图 4-95 所示，应有

$$F\_front\_brake = (F\_req - F\_drivetrain\_ach) * front\_axle\_friction\_brake\_fraction / (1 - front\_axle\_drivetrain\_brake\_fraction) \tag{4-72}$$

式中，front_axle_friction_brake_fraction 为前轴制动分配系数；front_axle_drivetrain_brake_fraction 为传动系制动分配系数。当该值为 1 时，规定前轴应当承担 60% 的制动力，同时，前轮制动力不应高于其极限附着制动力，即 F_front_brake≤F_max_front_brake。

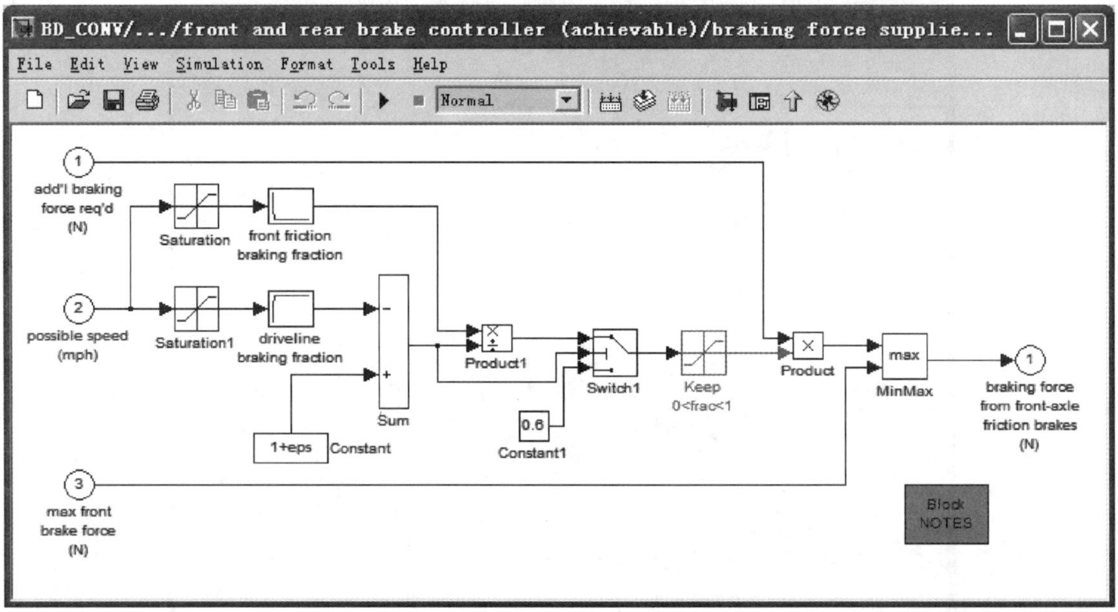

图 4-95　前轮制动力计算模块

制动控制策略模块主要在牵引力控制模块中应用，以确定需求制动力在传动系、前后轴之间的分配。计算方法与上述理论是一致的，首先根据车速信号（通过查表），确定前轴制动力分配系数和传动系制动分配系数，然后再计算前、后轴的需求制动力，其结构如图 4-96 所示。

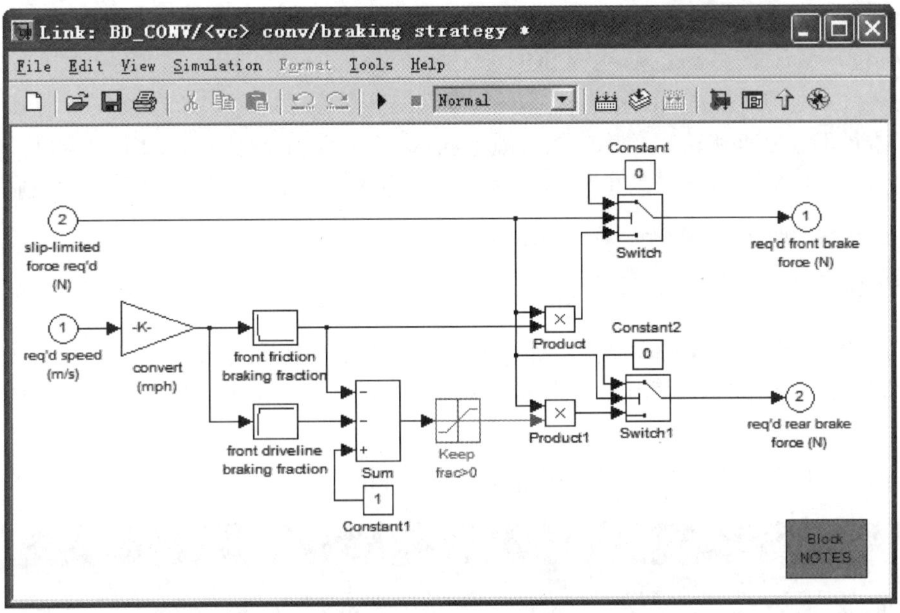

图 4-96 需求制动力分配计算模块的结构

4.7 混合驱动控制策略

4.7.1 串联恒温器型控制策略

串联恒温器型控制策略利用发电机与发动机产生的电能驱动汽车行驶，其模块结构如图 4-97所示。对于串联混合动力汽车，发动机与驱动轮不存在直接的机械连接，所以在串联恒温器型控制策略中，发动机可以控制在其最佳工作点处。根据蓄电池组 SOC 值的工作范围，控制发动机的起停工况。

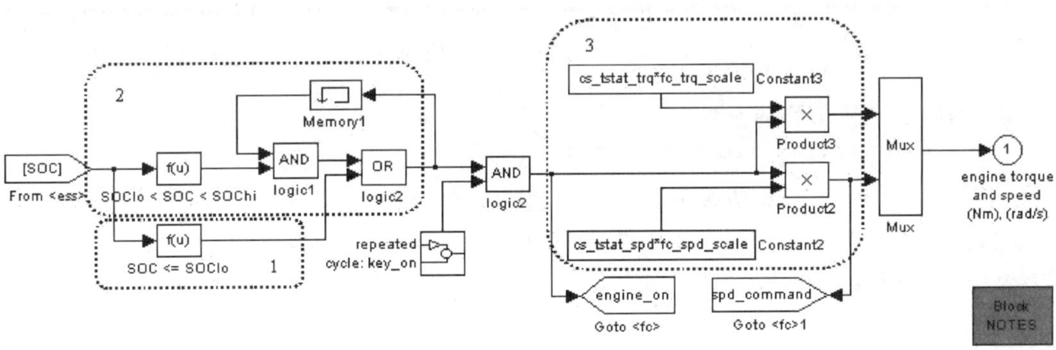

图 4-97 串联恒温器型控制策略

① 当蓄电池的 SOC 值低于最低值 cs_lo_soc 时，发动机起动，驱动发电机向蓄电池充电以维持电量平衡。

② 当蓄电池的 SOC 达到最高值 cs_hi_soc 时，发动机关闭。

③ 当蓄电池 SOC 值在（cs_lo_soc，cs_hi_soc）范围内，且发动机的前一状态是起动时，发动机将持续工作直到蓄电池的 SOC 值达到最高值 cs_hi_soc，然后发动机关闭。

④ 发动机工作在其最佳工作点上，该工作点是根据发动机 MAP 图预先计算出的燃油消耗最低时发动机的转速和转矩关系，并以数组形式在发动机的输入 m 文件中初始化。

串联恒温器型控制策略模块的输入信号是蓄电池的 SOC 值，根据上述的控制方法计算，输出信号为发动机需求转矩和转速。

4.7.2 串联功率跟随型控制策略

串联功率跟随型控制策略的核心思想是根据电机与蓄电池组的工作状态，调节发动机的工作点经发电机向蓄电池组充电。控制目标一般是燃油消耗与排放最低或蓄电池组的最长工作寿命。其结构如图 4-98 所示。

在该控制策略中，发动机工况受多种外在条件制约。

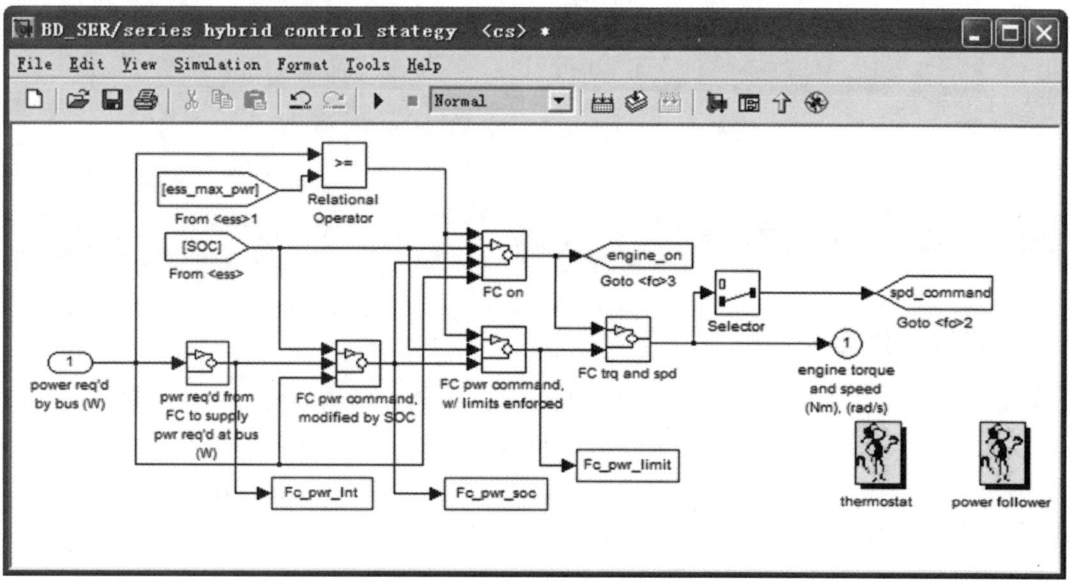

图 4-98 串联功率跟随型控制策略

4.7.2.1 制约发动机工作的条件

① 当蓄电池组的 SOC 值较高时，发动机关闭。

② 当功率总线上的需求功率过高时，发动机开启。

③ 当蓄电池组的 SOC 值较低时，发动机开启。

4.7.2.2 影响发动机输出功率的条件

发动机工作时，考虑到发电机的功率损失，发动机输出功率须跟随功率总线上计算的需求功率，以便发电机输出功率能够满足功率总线的功率需求。

① 发动机输出功率根据蓄电池组的 SOC 值调节工作点，维持 SOC 值在其工作范围的平均值处。

② 发动机输出功率不应低于其最低门限。

③ 发动机输出功率不应高于其最高门限；而当蓄电池组的 SOC 值过低时，发动机工作

点不受此限制，但不应高于其外特性曲线工作点。

④ 发动机输出功率的变化率不应超过规定值。

在串联功率跟随型控制策略中，使用了 11 个变量来判断发动机的工作模式，变量的含义见附录表 A2-22。该策略的核心内容包括发动机的开关控制、发动机输出功率的计算及发动机工作点的确定三部分。

4.7.2.3　发动机的开关控制

在串联功率跟随型控制策略中，发动机当前工作状态与蓄电池的 SOC 值、基于 SOC 值修正的发动机需求功率以及发动机前一工作状态有关，如图 4-99 所示。发动机开关控制模块的结构如图 4-100 所示。

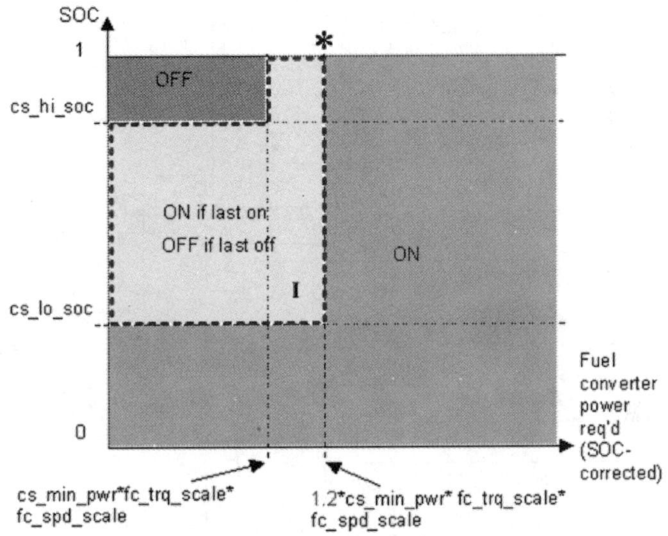

图 4-99　串联功率跟随型控制策略中发动机的工作模式

在图 4-99 中，带“*”的边界线是发动机从关闭到开启的最小需求功率线，边界线的调节范围较大。实际控制中，如果发动机的前一状态为开启且蓄电池的 SOC 值小于 cs_ hi_soc，则无论需求功率如何，发动机都将继续保持在开启状态，也就是图 4-99 中虚线框包括区域 I 将继续右移，范围扩大到 SOC > cs_lo_soc，且在（power command）>（1.2 * cs_min_pwr * fc_trq_scale * fc_spd_scale）限制的区域。

如果发动机前一状态为 off，且前 5s 的发动机需求功率平均值大于（1.2 * cs_min_pwr * fc_trq_scale * fc_spd_scale），同时发动机的开启时间大于 cs_min_off_time 时，则发动机将开启。该逻辑策略并没有在图 4-99 显示。

若蓄电池的最大容量无法满足功率总线上的需求功率时，无论在何种情况下，发动机都将开启，以满足整车的需求功率。

如上所述，基于 SOC 值修正的发动机需求功率对发动机的开关控制有很大的影响，所以其计算方法需要认真考虑，如图 4-101 所示。

在计算基于 SOC 值修正的发动机需求功率时，考虑了如下两个条件：

① 根据牵引力与附件负载功率要求，估算发动机的输出功率，以使发电机输出尽可能多的功率。

② 考虑蓄电池组的 SOC 值相关的修正系数，即

$$cs\_charge\_pwr * fc\_spd\_scale * fc\_trq\_scale * [(cs\_hi\_soc + cs\_lo\_soc)/2 - SOC] \quad (4\text{-}73)$$

该修正系数的目的是要让 SOC 值在 cs_hi_soc 与 cs_lo_soc 中间值附近。

4.7.2.4　发动机输出功率计算

发动机输出功率计算模块的结构如图 4-102 所示。计算发动机输出功率，必须在考虑发电机需求功率的同时，还要满足功率总线上的功率需求，但在下面情况下需要特殊考虑：

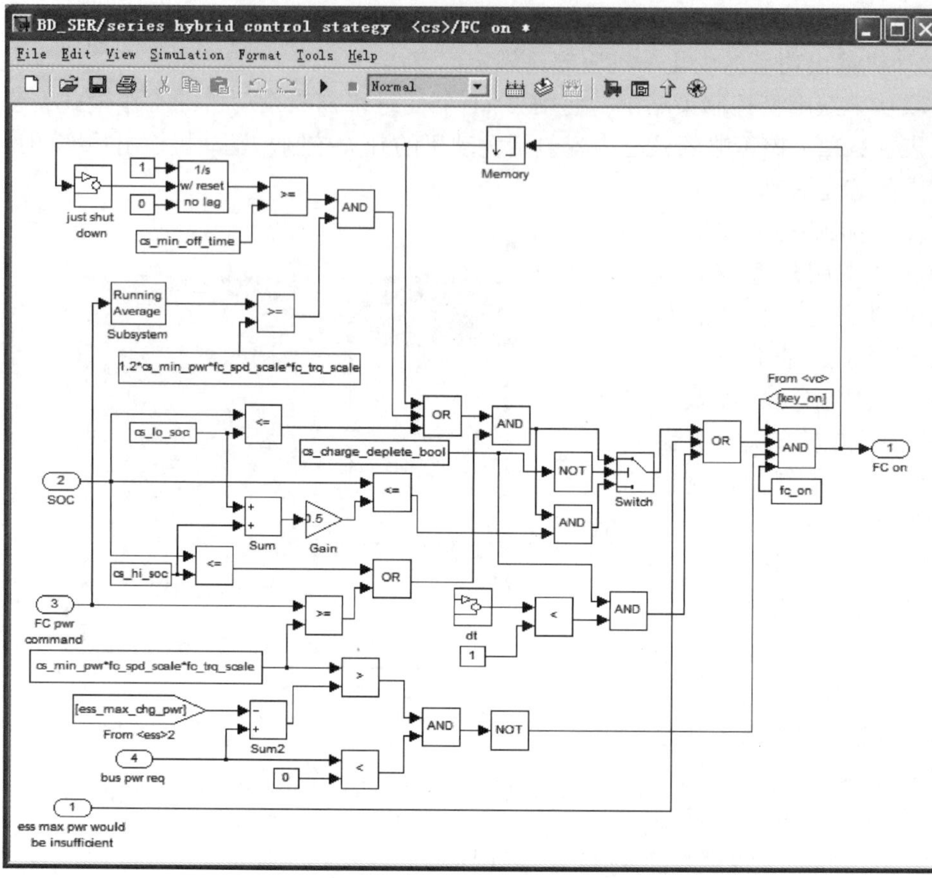

图 4-100 发动机的开关控制模块的结构

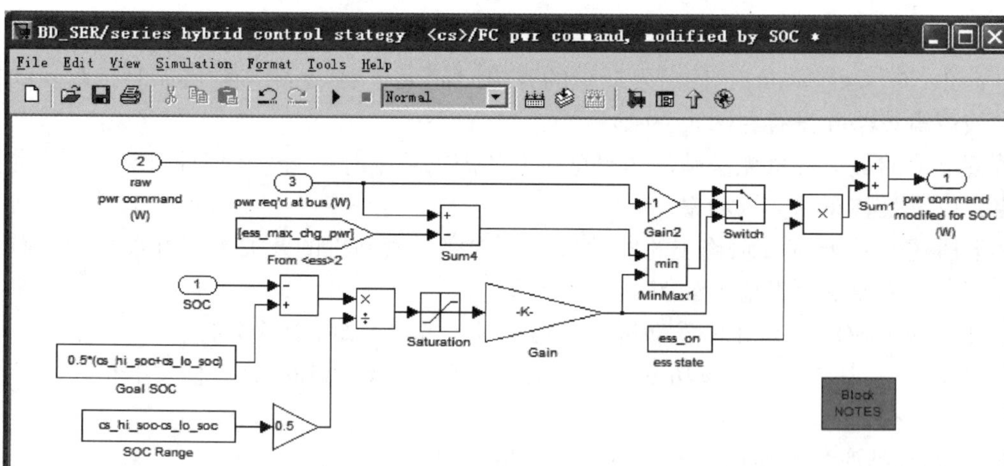

图 4-101 基于 SOC 值修正的发动机需求功率计算方法

① 如果基于 SOC 值修正的发动机需求功率低于 cs_min_pwr * fc_trq_scale * fc_spd_scale，则发动机要工作在最小功率门限值。

② 如果基于 SOC 值修正的发动机需求功率高于 cs_min_pwr * fc_trq_scale * fc_spd_ scale、蓄电池的 SOC 值高于 cs_lo_soc，且功率总线上的需求功率小于蓄电池的最大容量时，则发动机要工作在最高功率门限值。

③ 发动机功率增加的变化率不应大于 cs_max_pwr_rise_rate，其减少的变化率也不应大于 cs_max_pwr_fall_rate。

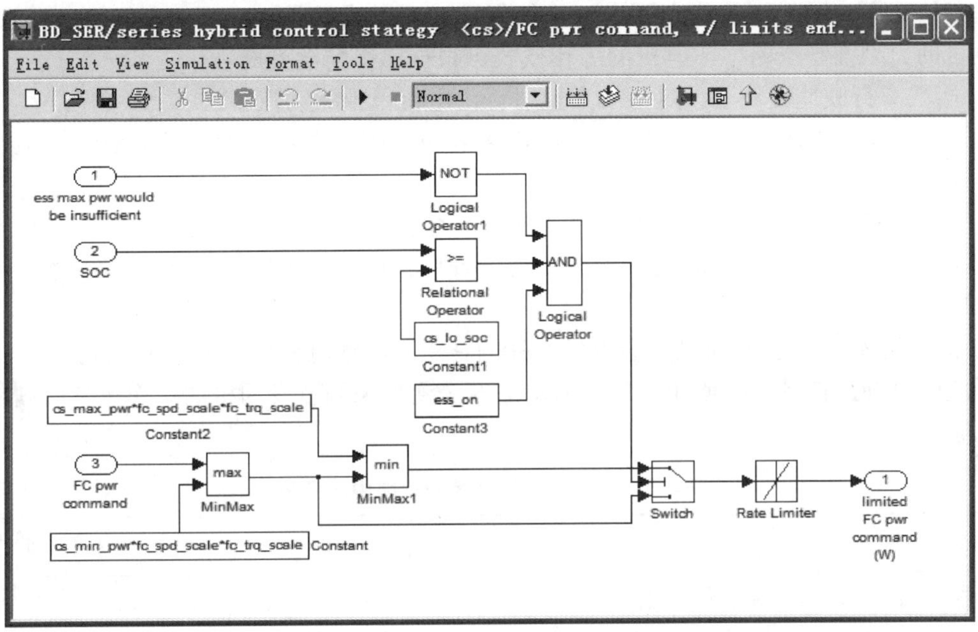

图 4-102　发动机输出功率计算模块的结构

4.7.2.5　发动机工作点控制模块

在 ADVISOR 2002 版本中，这个控制策略是专为以转矩和转速为特征的发动机设计的。在仿真开始之前，发动机工作点控制模块根据发动机和发电机的功率范围，计算出发动机最高效率和最低油耗下的发动机工作点，并以数组形式储存在输入控制脚本文件中。在仿真过程中，再根据定义的 cs_pwr 和 cs_spd，通过查表来计算发动机的转矩和转速。其结构如图 4-103 所示。

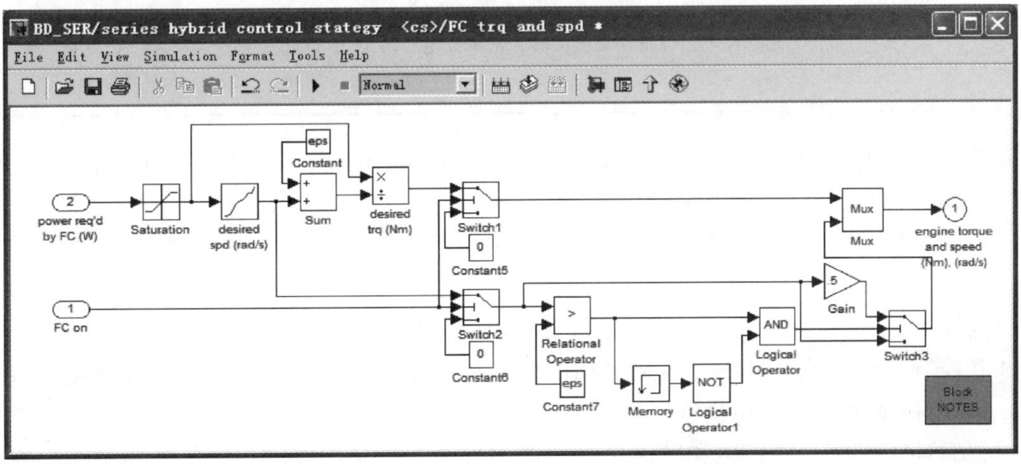

图 4-103　发动机工作点的计算模块的结构

4.7.3 并联电机助力型控制策略

并联电机助力型控制策略是并联混合动力汽车中较为普遍的控制策略，主要思路是将发动机作为汽车的主驱动源，电机驱动系统仅作为辅助驱动源。电机对发动机的输出转矩起到削峰填谷的作用，同时将蓄电池组的 SOC 值保证在一定的范围内。

电机助力型控制策略中，电机的工作模式可根据以下情况判断：

① 当汽车行驶速度小于设定最小车速时，由电机单独驱动汽车。

② 当汽车的需求转矩大于发动机工作转速范围内所能提供的最大转矩时，由电机提供辅助转矩。

③ 在再生制动工况下，制动力矩驱动电机为蓄电池充电。

④ 给定转速和需求转矩情况下，当发动机效率较低时，关闭发动机，将由电机输出全部需求转矩。

⑤ 当 SOC 较低时，发动机就会提供额外的转矩，驱动电机发电为蓄电池充电。

并联电机辅助控制策略使用表 4-7 所示的 6 个变量来调节发动机的工作点，以满足整车需求功率。

表 4-7 并联电机辅助控制策略中的变量

变 量	含 义
cs_ hi_ soc	蓄电池包的期望最高 SOC 值
cs_ lo_ soc	蓄电池包的期望最低 SOC 值
cs_ electric_ launch_ spd	发动机工作转速下限，当转速低于此值时，关闭发动机
cs_ off_ trq_ frac	发动机关闭转矩系数；在 SOC > cs_ lo_ soc 时，发动机关闭的最低转矩门限为 cs_ off_ trq_ frac * （max torque）
cs_ min_ trq_ frac	发动机最低转矩系数；在 SOC < cs_ lo_ soc 时，电机作为发电机情况下发动机工作的最低转矩门限为 cs_ min_ trq_ frac * （max torque）
cs_ charge_ trq	充电转矩，当发动机起动时，附加充电转矩为 cs_ charge_ trq * ［0.5 * （cs_ lo_ soc + cs_ hi_ soc）- SOC］

并联电机辅助控制策略调节过程如图 4-104 和图 4-105 所示。当蓄电池包的 SOC 值大于 cs_ lo_ soc，整车需求转矩在发动机最大转矩与关闭转矩范围内，且发动机转速大于电机起动转速时，发动机开始工作。当蓄电池包的 SOC 值小于 cs_ lo_ soc 时，控制策略有两种情况：一种是发动机工作点为整车需求转矩加上附加充电转矩；另外一种是发动机工作在其最低转矩曲线上，其原因是需求转矩加附加充电转矩过小。

并联控制策略的执行过程，主要包括电机助力控制策略模块和整车控制模块两部分。

4.7.3.1 电机助力控制策略模块

根据循环工况计算的转矩和转速负荷，通过离合器传递给发动机，能量管理策略在维持

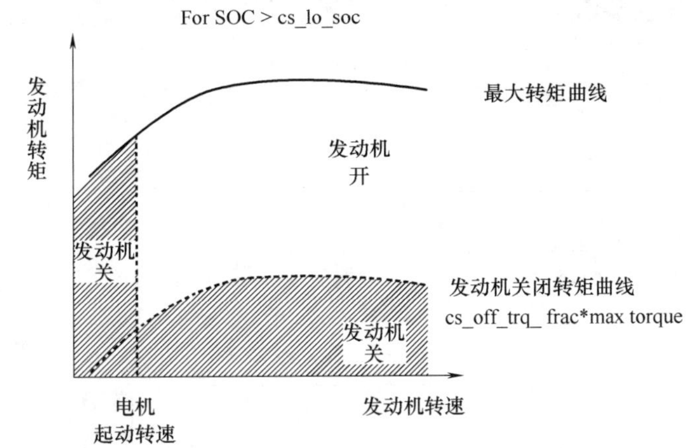

图 4-104　SOC > cs_ lo_ soc 下发动机的工作模式

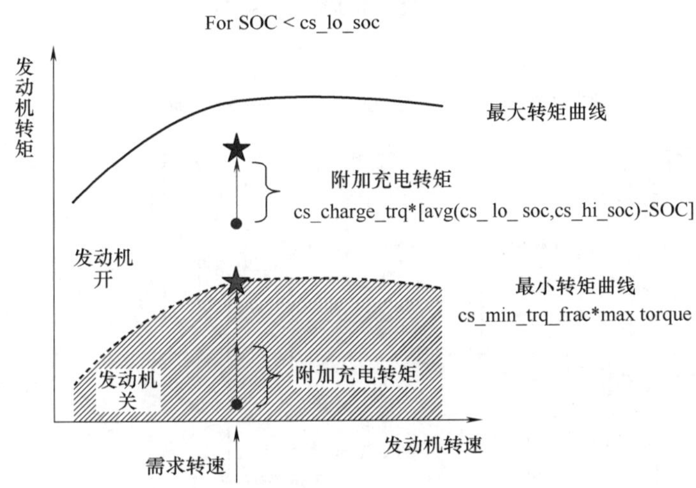

图 4-105　SOC < cs_ lo_ soc 下发动机的工作模式

蓄电池电量平衡的情况下计算发动机与电机的输出转矩，以满足整车需求转矩。其结构如图 4-106 所示。

① 当蓄电池的 SOC 小于 cs_ lo_ soc 时，发动机需要输出附加转矩驱动电机向蓄电池充电。附加充电转矩是与［0.5 * （cs_ lo_ soc + cs_ hi_ soc）- SOC］成线性比例关系的。

② 发动机转矩不应低于其最低转矩曲线，以防止发动机工作在小转矩低效率区。

③ 只有发动机控制模块为“on”时，发动机才能输出转矩。

4.7.3.2　整车控制模块

整车控制模块主要控制发动机的工作状态（on/off）。其结构如图 4-107 所示。

① 当车速低于电机起步转速（cs_ electric_ launch_ spd）时，发动机关闭。

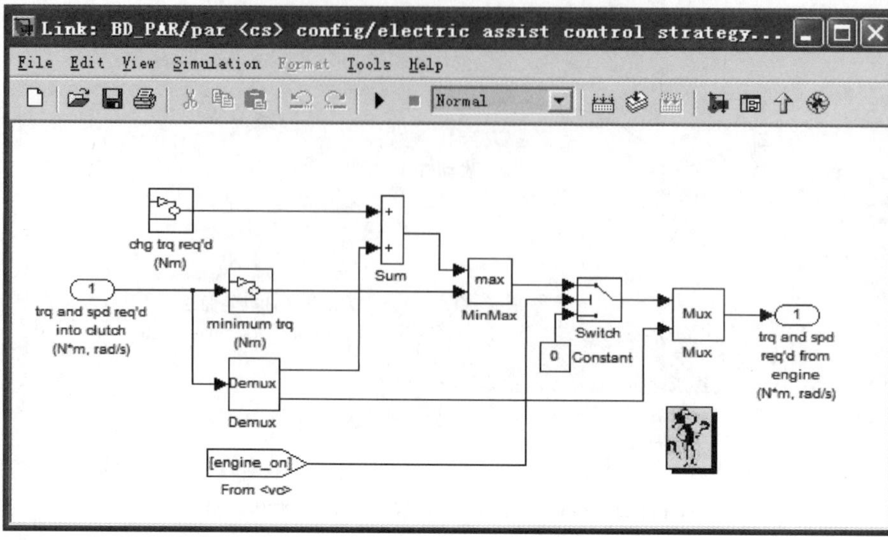

图 4-106　电机助力控制策略的结构

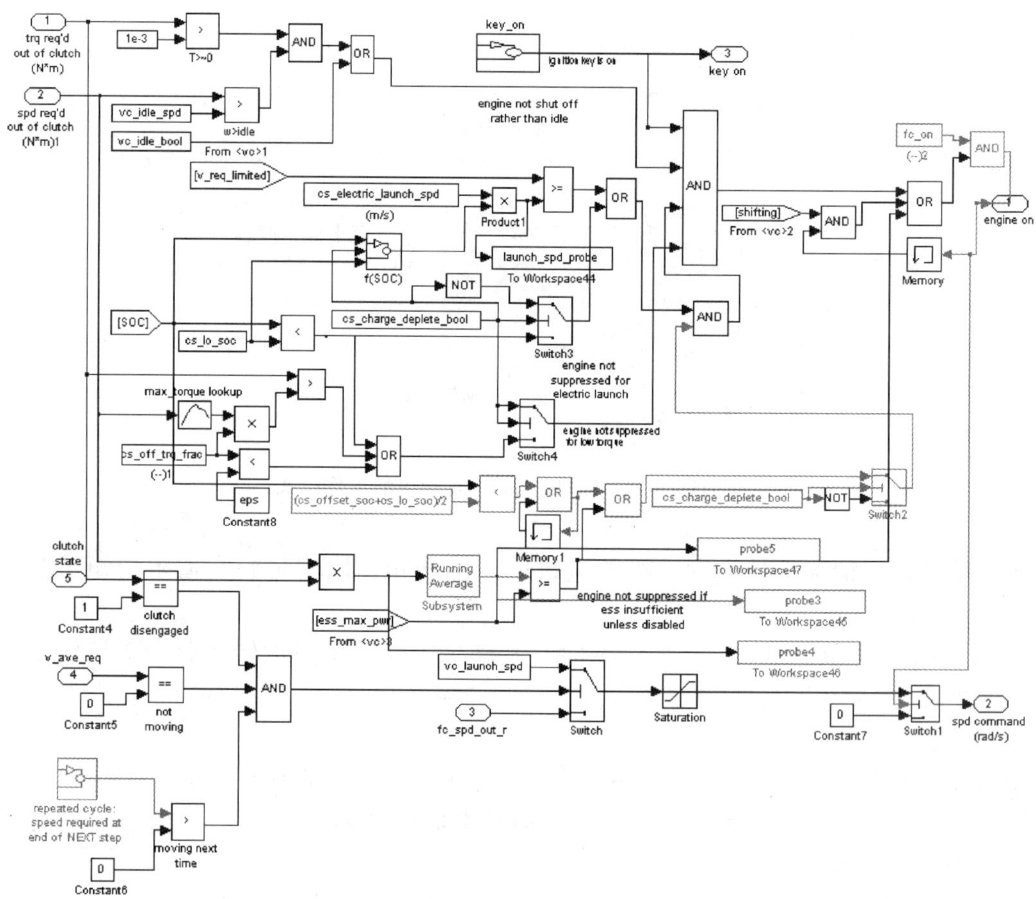

图 4-107　整车控制模块的结构

② 当蓄电池 SOC 高于低限值 cs_lo_soc 时，发动机关闭；如果车速低于电机起步转速，同时蓄电池 SOC 高于其低限值 cs_lo_soc 时，发动机关闭。

③ 如果需求转矩低于发动关闭转矩，发动机关闭；如果需求转矩低于发动关闭转矩，同时蓄电池 SOC 高于其低限值 cs_lo_soc 时，发动机关闭。

4.7.4 自适应控制策略

自适应控制策略（ACS）多用于并联混合动力汽车。在该策略中，确定发动机的工作点，需要同时考虑其燃油经济性与排放性能。ACS 的目标主要是优化每个步长上电机与发动机之间的力矩分配。

ACS 会在发动机工作转矩的有效范围内，根据用户需求与行业标准权衡平均燃油经济性与排放性能标准。ACS 会确定一个全局影响函数，使燃油消耗、HC、CO、NO_x 及 PM 排放五个评价指标正常化。

在整车优化过程中，ACS 同时考虑发动机、废气排放、电机及蓄电池的瞬时工作效率。

自适应控制策略主要有如下特点：

① ACS 是根据发动机、电机、蓄电池温度及再生制动能量等运行工况进行调整的控制策略。

② 用户可以自定义车辆的燃油经济性与排放性能指标。

③ 在每一种运行工况，ACS 根据电机-发动机联合驱动转矩的范围，ACS 可以自行计算确定各部件的最优工作点。

④ 利用最小影响函数计算瞬时 mpg 与 g/mile 之和，来权衡 ACS 的控制性能。

ACS 的计算过程包括 6 步，其流程如图 4-108 所示。图 4-109 是一个确定 ACS 影响函数的实例。

关于 ACS 具体实现过程，可参考软件 help 文档中的文献《HEV Control Strategy for Real-Time Operation of Fuel Economy and Emission》。

在 ACS 实现中用到的变量含义，见表 4-8。

表 4-8 ACS 实现中用到的变量表

变 量	含 义
cs_hi_soc	蓄电池包的最高期望 SOC 值
cs_lo_soc	蓄电池包的最低期望 SOC 值
cs_soc_range	用于 cs_scale_factor 的 SOC 指数
cs_scale_factor	电机电量消耗比例因子，用于电量平衡
cs_regen_avg_time	期望再生制动的平均时间
cs_mph_avg_time	期望车速的平均时间
K_Energy	能量利用权衡系数，不能为 0，可以大于 1
K_Emis	排放（HC、CO、NO_x、PM）工作点权衡系数，0 表示忽略排放，1 表示考虑排放的分析
mpg_desired	期望燃油消耗量
hc_desired	期望 HC 排放量
co_desired	期望 CO 排放量
nox_desired	期望 NO_x 排放量
pm_desired	期望 PM 排放量

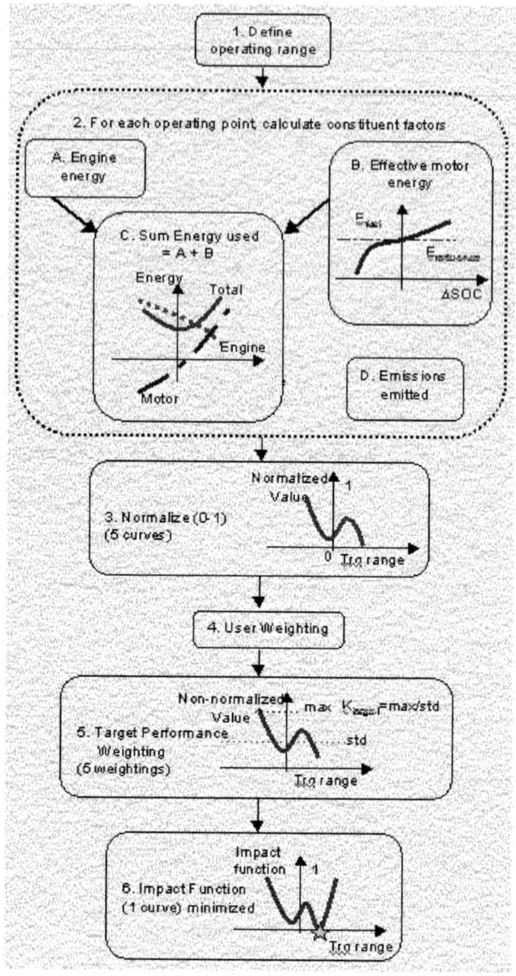

图 4-108 ACS 的计算过程

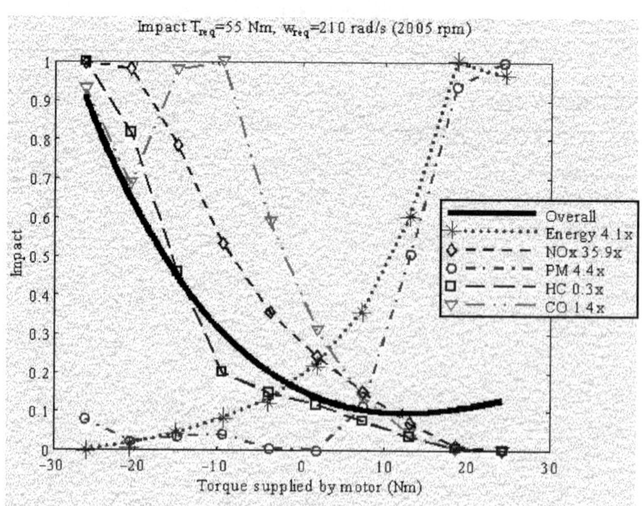

图 4-109 确定 ACS 影响函数的一个实例

4.7.5 本田 Insight 混合动力控制策略

本田 Insight 模型是基于测试数据建立的。数据由科罗拉多州戈尔登的国家可再生能源实验室（National Renewable Energy Laboratory，NREL）和伊利诺伊州的美国阿贡国家实验室（Argonne National Laboratory，ANL）提供。该模型旨在描述本田 Insight 传动系统与控制策略的特点。图 4-110 描述了本田 Insight 模型仿真 Simulink 模块结构。控制模块可以直接调节两个动力源，即内燃机与电动机的输出转矩。

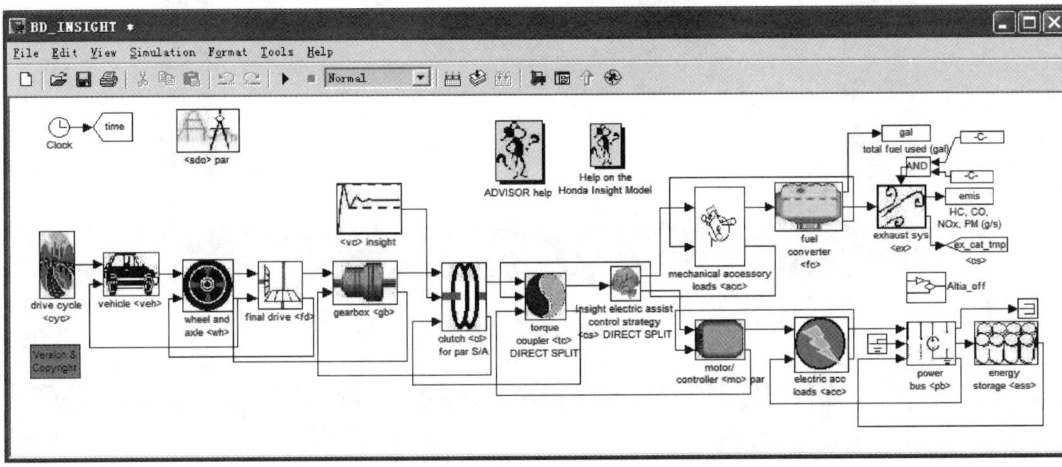

图 4-110 本田 Insight 模型仿真 Simulink 模块结构

本田 Insight 控制策略主要控制需求转矩在两个动力源间的协调分配。此策略的开发是为了验证测试数据和部件工作特点而开发的，此模式是可扩展的，并且可以由用户自定义合适的控制策略。

4.7.5.1 电机控制策略

1. 电机驱动转矩

基于离合器传递来的需求转矩信号和当前车速信号，该控制策略计算电机的分配转矩，剩余的需求转矩由发动机提供。电机转矩的计算方法可以根据以下条件确定：

① 汽车加速时，根据加速度和加速需求转矩，电机辅助发动机产生大约 10N · m 的辅助转矩。

② 在再生制动过程中，电机通过逆变器将制动能量转换为电能。

③ 当车辆低速（通常低于 10mile/h）行驶时，制动方式主要是摩擦制动。

④ 变速器在一档工作时，电机不做辅助驱动。

混合动力传动系的特性分析是基于 NREL 和 ANL 测试数据。ADVISOR 中控制策略模型就是基于这些数据特性曲线开发出来的。图 4-111 描述了基于传动系需求转矩的电机转矩分配数据。从图中可以看出，电机在辅助过程中产生了大约 10N · m 的辅助转矩。图 4-112 所示为本田 Insight 控制策略模块的结构。

2. 电机控制策略

在建模时控制策略考虑了以下几种情况：

① 需求转矩的分析既可以是加速情况（正转矩），也可以是减速情况（负转矩）。

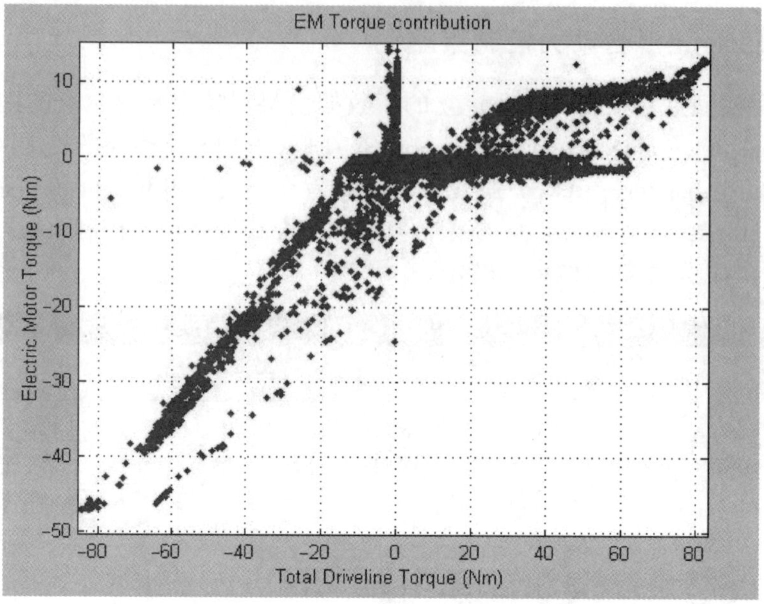

图 4-111 基于传动系需求转矩的电机转矩分配

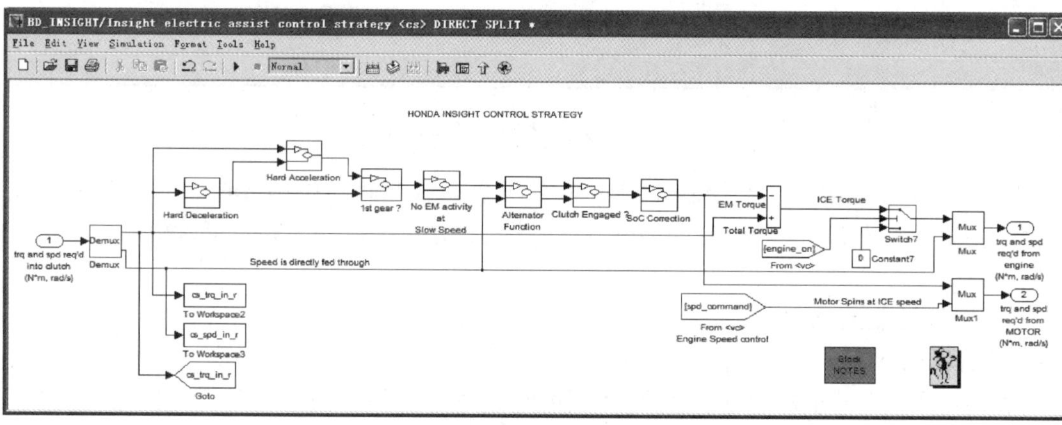

图 4-112 本田 Insight 控制策略模块的结构

② 低速情况下，电机不起动。

③ Insight 模块中没有独立的交流发电机，因此，当电机作为交流发电机发电时，它将根据附件的需求产生一个较小的电流；当电机作为电动机辅助驱动时，附件所需的电能则由蓄电池提供。

④ 离合器包含在电机的传动系统中，以便在制动时实现能量再生。

⑤ 蓄电池的 SOC 值需要被核对，因为 SOC 值会影响电机的运行。

4.7.5.2 发动机控制策略

根据上述条件可以确定电机的驱动转矩，而剩下的部分转矩则由发动机提供。由于电机与发动机是同轴并联结构，所以发动机转速的调节也是由电机来完成的。

在本田 Insight 控制策略中，多数情况下发动机都是运行的。发动机的开关控制可根据以下情况判断，并且只有在满足下列所有条件时，发动机才关闭：

① 发动机工作温度 fc_clt_tmp 不低于 vc_fc_warm_frac * fc_tstat。

② 蓄电池包的 SOC 值高于其最低门限。

③ 汽车减速行驶或驻车。

④ 汽车行驶车速低于 cs_electric_decel_spd，默认设定为 4.5m/s。

⑤ 变速器不处在换档状态。

定义变量 cs_decel_fc_off，代表车辆低速减速阶段的发动机停机状态。其值在动力传动部件 PTC_INSIGHT 输入控制 m 文件中初始化，默认赋值为 1。“1” 代表允许发动机在减速过程中停机；“0” 代表不允许发动机在减速过程中停机。发动机开关控制模块在整车控制模块 < vc > 里，其结构如图 4-113 所示。

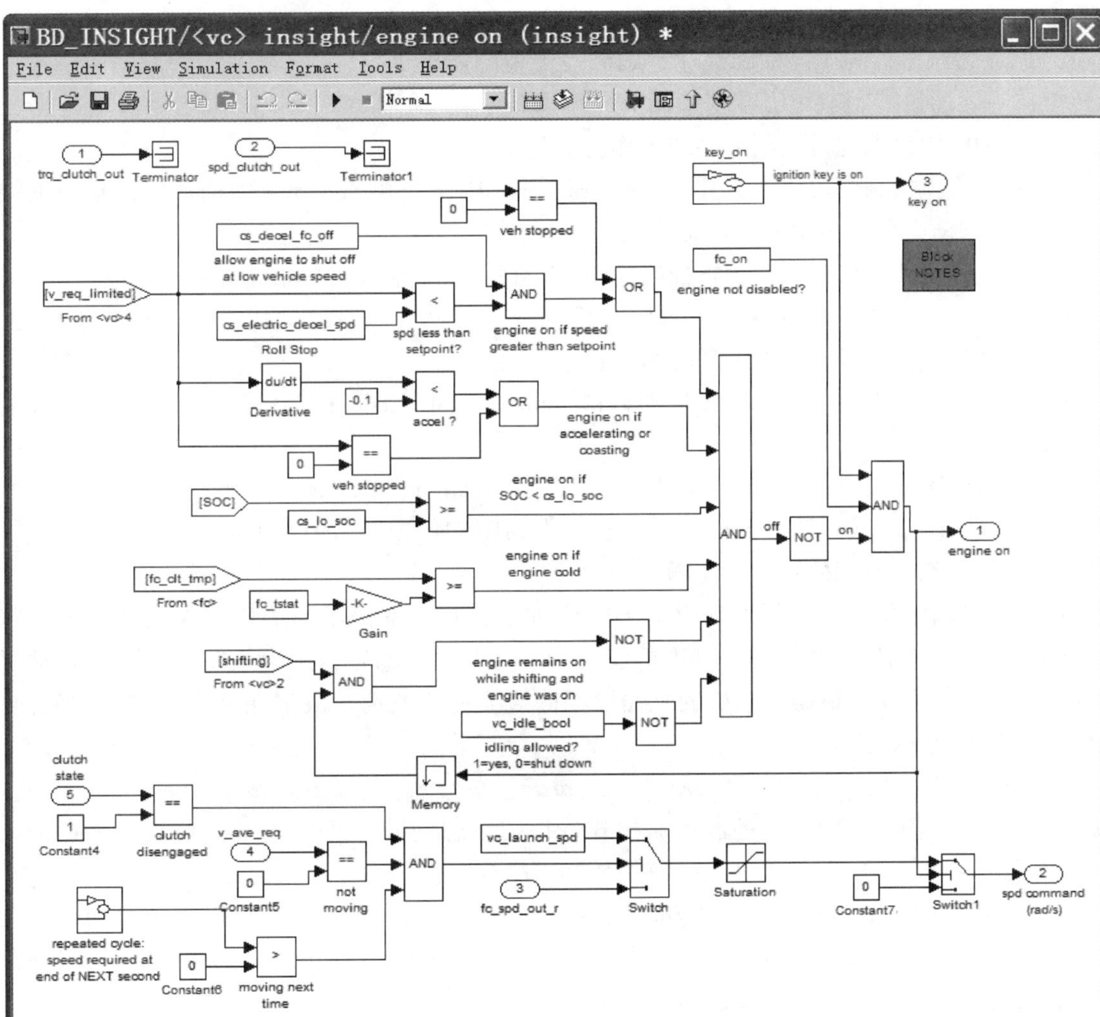

图 4-113　本田 Insight 中发动机开关控制模块的结构

4.7.6　模糊逻辑控制策略

在并联混合动力车辆（HEV）的控制方法中，其主要目标之一是使发动机工作在其峰值效率区域内，以提高动力传动总成的整体效率。CVT 是实现这一目标最好的方法，但在缺少 CVT 的时候，发动机的工作点就需要根据行驶工况与蓄电池的 SOC 值确定。

在 ADVISOR 中，有两种控制策略可以用来实现上述目标：一是基于燃油消耗的控制策略，即根据发动机万有特性图，计算瞬时油耗并以此限制其工作点；另外一种是基于效率的控制策略，即控制发动机工作在高效区。两种控制策略的具体控制过程将在下面予以介绍。

为什么要使用模糊逻辑控制策略呢？由于汽车行驶过程具有高度非线性及时变特性，控制策略需要通过一种模糊逻辑控制器 FLC 来实现。模糊逻辑控制器需要两个信号输入：蓄电池组 SOC 值与发动机需求转矩。基于上述输入信号，利用模糊逻辑来确定发动机工作点。仿真过程需求电机转矩可以用式（4-74）计算：

$$T_{EM\_Desired} = T_{LOAD} - T_{ICE\_Set} \tag{4-74}$$

式中，T_{LOAD}为汽车行驶工况中因加速、爬坡等产生的需求负载转矩；T_{ICE_Set}为发动机期望输出转矩，主要通过控制节气门开度来调节。

ADVISOR 中模糊逻辑控制策略的工作特点如下：

① 模糊逻辑控制模块位于文件 lib_ controls. mdl 中，当在 Simulink 中选择或创建新的控制策略后，它就会代替传统的控制策略文件。

② 并联混合动力汽车模糊逻辑控制策略可以在第一个输入窗口中选择。

③ 模糊逻辑算法采用 M 函数形式；当模糊逻辑控制模块需要使用直接调用此函数时，因 M 函数执行速度较慢，所以仿真时间较长。

④ 修改模糊逻辑算法时，需要同时修改 mfuzzy_ fuel_ mode. m 与 mfuzzy_ eff_ mode. m 两个 M 函数文件。

⑤ 模糊逻辑算法中，发动机的目标转矩在 fuzzy_ target_ compute. m 中计算。在 GUI 操作环境下，单击第二个输入窗口 Simulation 窗口的【RUN】之后，即可调用此文件。

4.7.6.1 基于燃油消耗的控制策略模式

该控制策略的目标是限制发动机的瞬时燃油消耗量，确保燃油消耗增加量低于某一定值。仿真过程在 ADVISOR 中是一种准静态行为。需要注意的是，这个策略不是基于发动机的效率区域，它主要是根据发动机的燃油消耗曲线，将燃油消耗限定在一个特定的数值内，从而确定发动机工作点。

在该控制策略中用到的重要参数有 cs_ fuzzy_ fuel_ mode 和 cs_ fuzzy_ fuel_ limit。cs_ fuzzy_ fuel_ mode 为布尔值，是控制策略模式选择的标志变量。其中，“1”代表基于燃油消耗的控制策略模式；“0”代表基于效率的控制策略模式。

参数 cs_ fuzzy_ fuel_ limit 限制了发动机的燃油消耗，在仿真过程中可以根据不同的发动机油耗曲线修改这个参数。图 4-114 描述了一个 63kW 的 SI 发动机的 1g/s 燃油消耗限制曲线。在使用该变量时，应该注意其单位为 g/s，控制策略中默认值为 2g/s。

用户可以通过自定义车辆仿真来检验发动机功率匹配，判断是否需要改变 cs_ fuzzy_ fuel_ limit。假设车辆采用小功率发动机，并且燃料消耗量的门限值限制了车辆的性能，则用户可以改变当前值，再次进行仿真模拟。这样，通过改变不同的数值，就可找到最低燃料消耗限值 cs_ fuzzy_ fuel_ limit，即得到为满足行驶条件发动机所能提供的足够转矩、维持蓄电池电量平衡和满足行驶里程要求情况下的燃料消耗量。

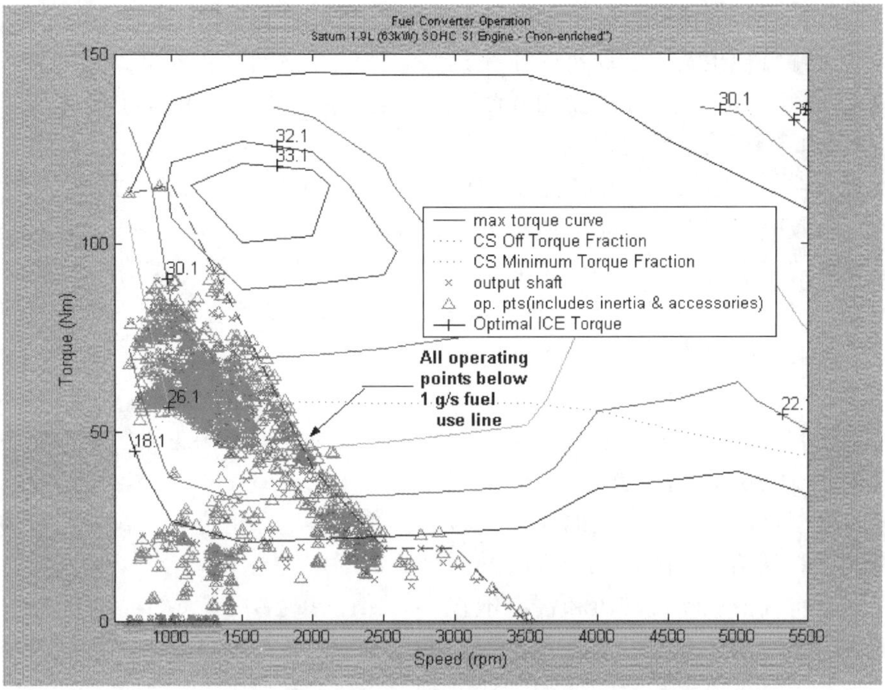

图 4-114　63kW 的 SI 发动机的 1g/s 燃油消耗限制曲线

4.7.6.2　基于效率的控制策略模式

该控制策略目标是控制发动机工作在其峰值效率区域内。发动机工作点设置在转矩区域附近时，特定转速下发动机的工作效率是最高的。应该注意的是在该控制策略中，由于动力传动比是离散变化的，而不是 CVT 式无级变速，所以并没有考虑车速的变化。图 4-115 描述了一个 41kW 的 SI 发动机的工作点分布，发动机的工作点多数在峰值效率区域附近。

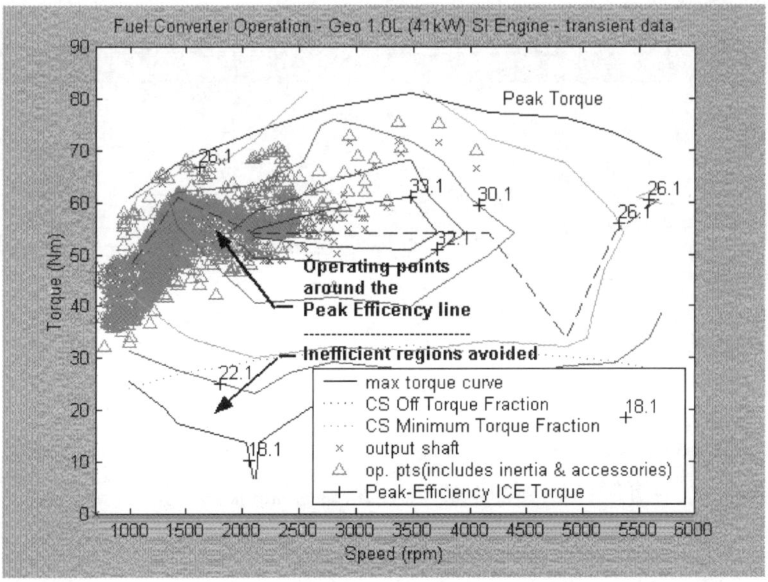

图 4-115　41kW 的 SI 发动机工作点分布

混合动力汽车中，电机 EM 可以提供辅助负载以调节发动机的工作点位置，所以，该控制策略根据电机输出转矩调整发动机工作在其低油耗区域，同时还要满足大部分行驶工况下蓄电池的 SOC 平衡。电机可以补偿需求负载下所需的匮乏转矩，以满足驱动系统的转矩需求，并防止不必要的充放电情况发生。

基于效率的控制策略模式的优点是发动机工作在接近峰值效率的区域内，效率高；缺点是大多数的峰值效率点都在高转矩区域附近，在大多数情况下发动机的输出转矩高于根据驱动行驶工况计算的需求转矩，从而使燃油消耗高，并且电机由于平衡需求负载而增加了蓄电池组的 SOC 值。为了避免这些缺点，该策略适用于小功率发动机，该发动机的高转矩区域可满足行驶工况循环的平均转矩需求。

4.7.6.3 模糊逻辑控制策略

模糊逻辑控制策略在 Simulink 中的结构如图 4-116 所示。模糊逻辑控制策略主要包括输入量的模糊化和模糊逻辑算法与输出量的模糊化。

输入量的模糊化模块是将精确的输入量信号，通过模糊逻辑进行模糊化，以方便后续模糊逻辑算法计算。其结构如图 4-117 所示。

模糊规则是将当前发动机转矩和蓄电池包 SOC 值，按由小到大的原则进行 1 ~ 11 比例划分。对于蓄电池包 SOC 值，cs_lo_soc 的值为 1，cs_hi_soc 为 11，中间取线性插值；对于发动机转矩，低于目标需求转矩的转矩，线性划分为 1 ~ 6，高于目标转矩的转矩线性划分为 6 ~ 11。发动机目标转矩是由不同控制策略模式中工作点限制曲线确定的。

模糊逻辑算法模块主要调用 Simulink 中模糊控制器基本模块，其结构如图 4-118 所示。

逻辑算法在控制脚本 MATLAB 函数中编写，有关 MATLAB 函数的更多信息，请参阅软件帮助文档中的 MATLAB。

输出量的模糊化模块是将模糊控制器的输出，按一定规则进行匹配并将控制信号传递给执行器。这里多数是指发动机。这种匹配是基于模糊控制中隶属函数规则，其结构如图 4-119所示。

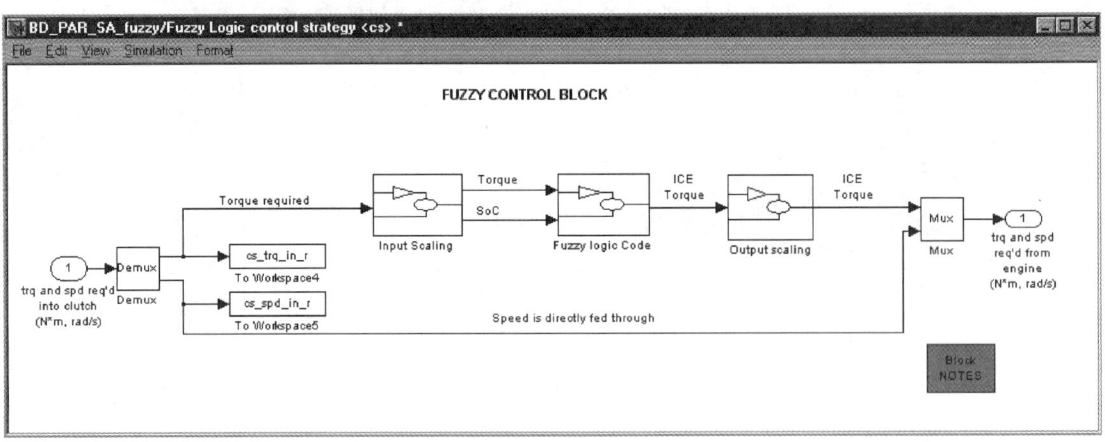

图 4-116 模糊逻辑控制策略在 Simulink 中的结构

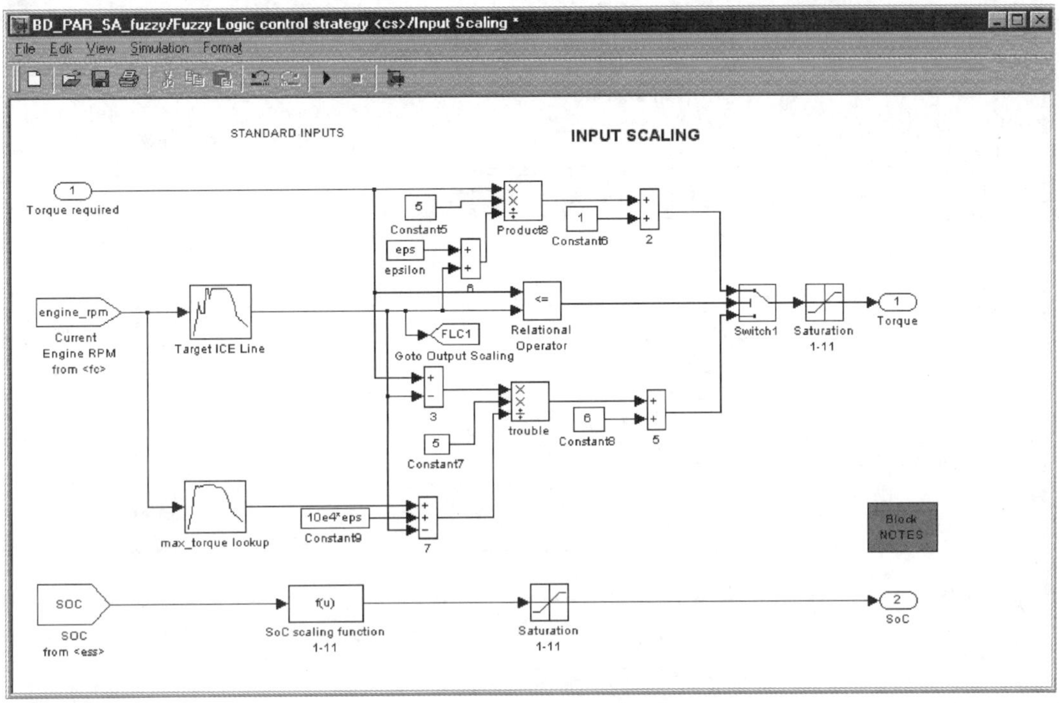

图 4-117　输入量的模糊化模块

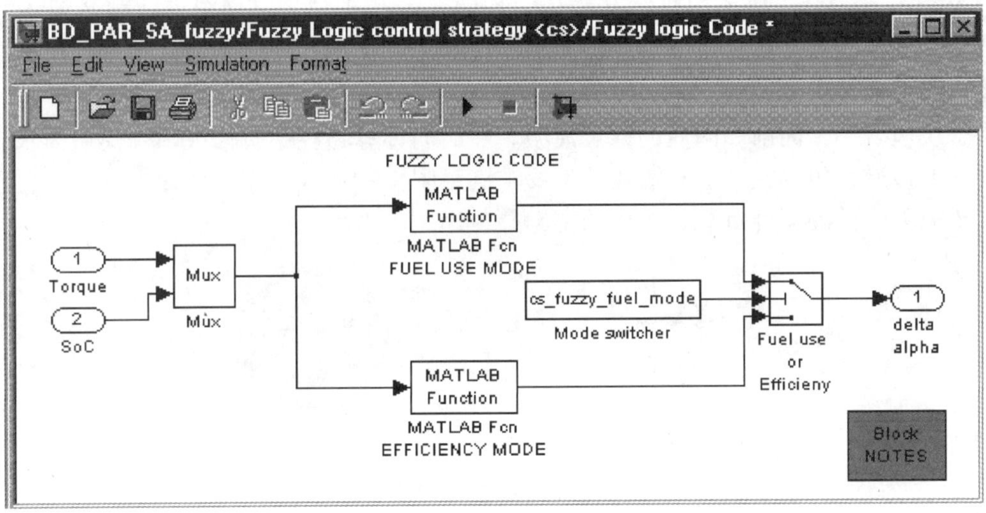

图 4-118　模糊逻辑算法模块

模块中 DELTA ALPHA 的范围为 1 ~ 11，其中，1 代表零转矩，6 代表目标转矩，11 代表发动机最大转矩，两者的区域均为分段线性变化。

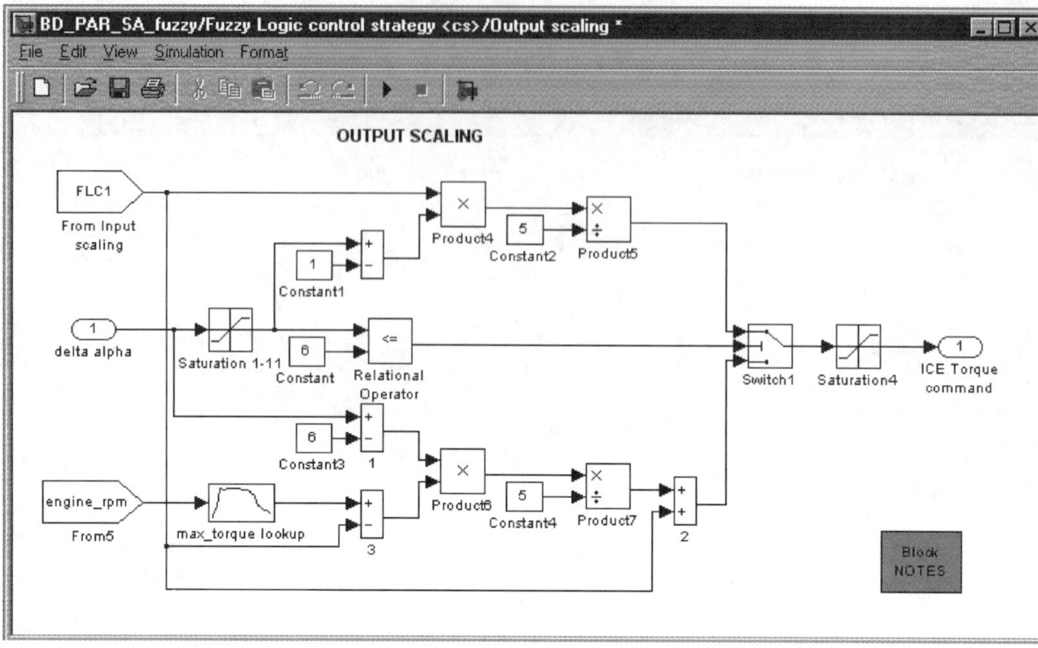

图 4-119　输出量的模糊化模块

4.8 附件模块

ADVISOR 中介绍了两个附件负载模块，如图 4-120 所示：机械附件负载与电力附件负载。这些模块用来模拟附件负载系统。两个模块的不同之处在于动力源的类型。机械附件负载的动力源是发动机的曲轴，电力附件负载则是功率总线或蓄电池组。

每个块包含一个向前和向后的计算模型。在后向计算路径中，修改附件模块需求转矩或功率并向上传递，包括额外的转矩或功率要求满足附件的加载；在前向计算路径中，转矩或功率需要减去附件的额外负载转矩或功率，并传递到动力系统。

a) 机械附件负载　　　　b) 电力附件负载

图 4-120　附件模块

这些动力传动系统有一个专门的附件负载库 lib_ accessory（参考 <ADVISOR main directory> \ models \ library）。lib_ accessory 包含许多可配置子模块。这些可配置子模块允许用户随意添加新模块。这样，一个模块的仿真速度将取决于机械附件负载。

可配置子模块的转换，采用调用文件 adjust_ config_ bds. m （位置在 <ADVISOR main directory> \ gui)的方法。M 文件 adjust_ config_ bds. m 在用户设定整车定义后被 GUI 调用。

基于版本类型数据或工作空间的变量名，adjust_config_bds. m 可在合适的配置子模块中转换。lib_accessory 的结构如图 4-121 所示。

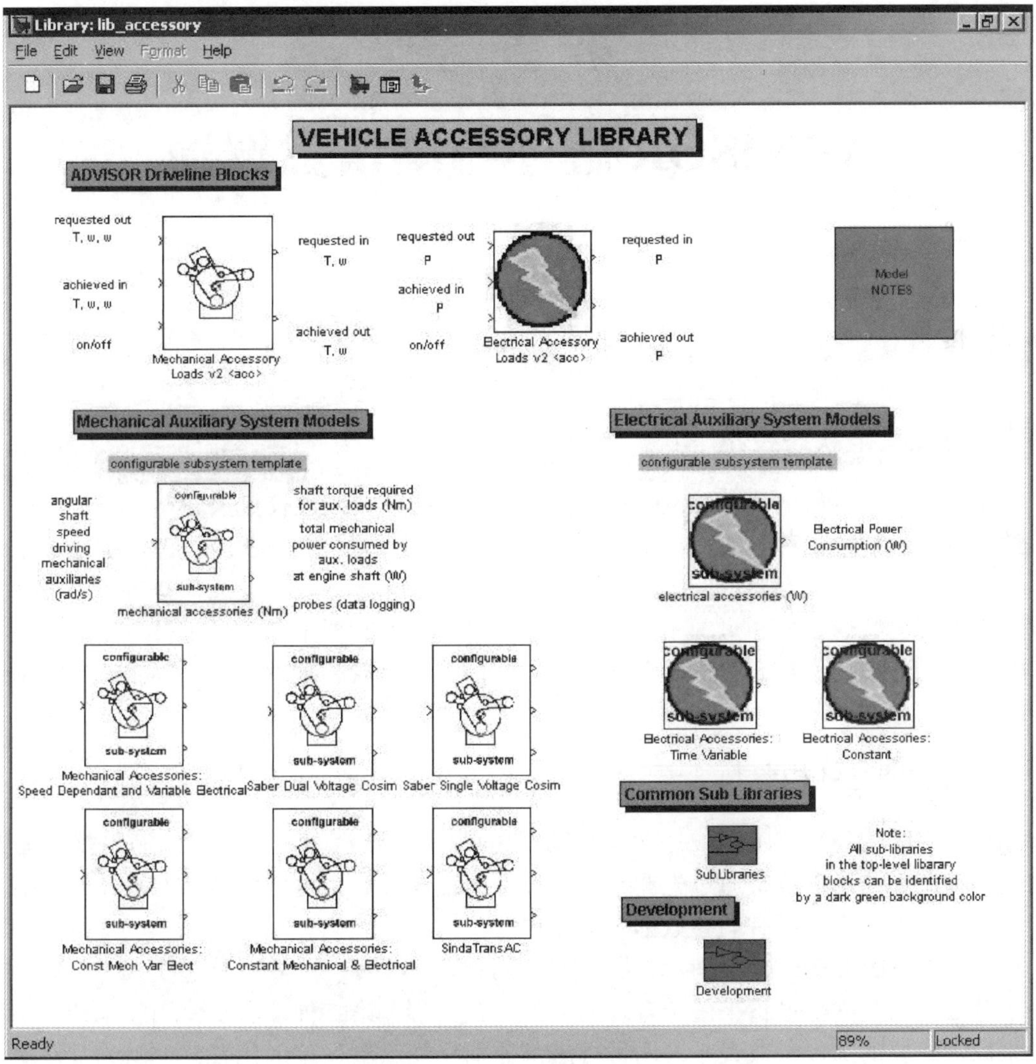

图 4-121 lib_accessory 的结构

第 5 章

ADVISOR 程序与图块数据流

5.1 程序

5.1.1 电池荷电状态校正

在仿真过程中，荷电状态（SOC）的校正方法有两种：线性校正法和0-δ 校正法。

线性校正法的校正程序是运行两个仿真循环：其中一个循环 SOC 的变化为正（充电），另一循环蓄电池组 SOC 的变化为负（放电）。汽车的性能指标（如燃油消耗率、排放等）由这两个循环的数值，在 SOC 变化为 0 那一点进行内插值替换得到。

0-δ 校正的程序是不断调整初始 SOC 值，使仿真结束后 SOC 的变化值为 0，且控制误差在 ±0.5%之内。

5.1.2 自动调整结构参数

自动调整结构参数（Autosize）的功能是帮助用户调整汽车的参数，以满足特定的性能要求。自动调整结构参数是通过先调整汽车部件的结构参数，再评估其性能指标，若不满足要求就继续调整，直到所有的参数都满足要求。

目前，在 ADVISOR 中有两种方法可以实现此功能：第一种方法是基于 MATLAB 平台，使用二分法及一些内部逻辑来确定合理的部件参数大小；第二种方法是使用 VisualDOC 优化软件来确定必要的部件参数大小。两种方法都分别只能给出一种优化方案。因此，自动调整结构参数的结果只能作参考，不能作为最优解。

5.1.2.1 设置自动调整结构参数窗口

单击汽车参数输入窗口中的【Autosize】按钮，系统就会弹出自动调整结构参数设置窗口，如图 5-1 所示。它允许用户设置一系列的参数，来定义自动调整结构参数功能的实现方式。

要使用 VisuaDOC 作为求解器，用户必须选择【Autosize using VisualDOC】选项，否则系统会默认使用 MATLAB 作为求解器。若选择 VisualDOC 作为求解器，ADVISOR 会搜索 VisualDOC，并确定当前版本是演示版还是注册版。ADVISOR 提供了一个演示版本，它只包含 5 个设计参数和 20 个约束条件。

1. 约束条件

此部分定义了在确定汽车结构参数时，需要用到的汽车性能约束条件，包括恒坡度上的

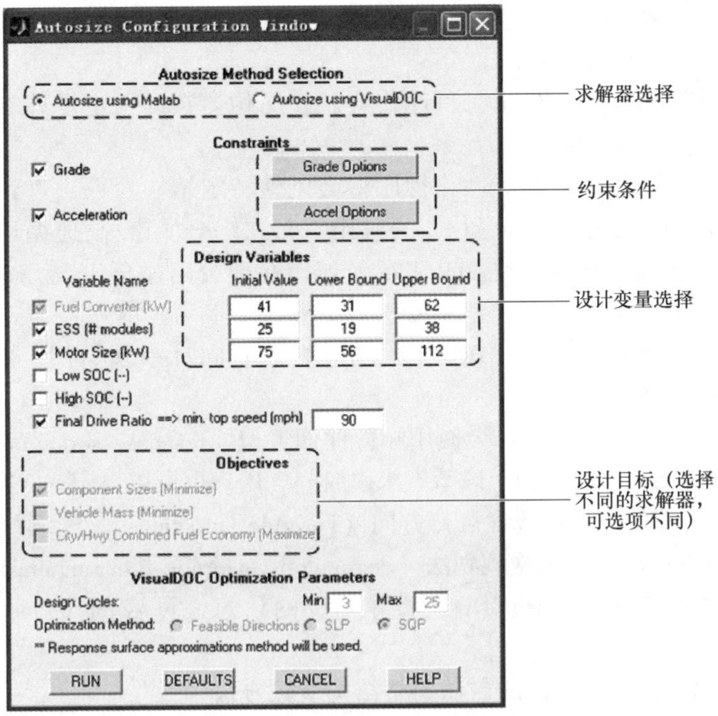

图 5-1 自动调整结构参数设置窗口

爬坡性能、最大加速度及最高车速。单击坡度选项按钮【Grade Options】或加速选项键【Accel Options】，就可查看当前设置并可按需求修改参数。

2. 设计变量

设计变量可以由程序调整。根据汽车类型及使用的求解器不同，用户可以选择不同的能量转换器、能量存储系统、电机控制器及 SOC 上下限。

在用 MATLAB 作求解器时，物理结构尺寸将被最小化，与控制策略相关的数值将会在能量存储系统特性基础上进行优化。

能量存储系统特性基于以下关系式

并联式：
$$cs\_lo\_soc = charge\_soc \tag{5-1}$$

串联式：
$$cs\_lo\_soc = mean(charge\_soc, discharge\_soc) \tag{5-2}$$

式中，charge_soc 为与最小充电电阻相关的 SOC 值；discharge_soc 为与最小放电电阻相关的 SOC 值。在自动调整结构参数程序下，cs_lo_soc 的值被设置为不小于 0.3。其值被选定后，cs_hi_soc 的值将被最小化，以满足加速性的限制。

当使用 VisualDOC 作求解器时，参数的初始值默认为当前工作空间中的参数值，并且程序定义了一些特殊的点作为候选值。这些点会被 VisualDOC 不断评估。候选值应当设置在可行性解决方案范围内，以确保 VisualDOC 找到全局最优解，而非局部最优解。

3. 设计目标

可能的目标包括以下某一项或多项：最小结构尺寸、最小整车质量、最优综合城市（高速）燃油经济性。使用 MATLAB 作为求解器时，唯一可以达到的目标就是实现结构参数最小化：

① 若目标是实现结构参数最小，程序将调整所选结构参数作为设计参数，直到它们能够在满足限制条件下达到最小值。

② 若目标是实现整车质量最小，程序将会调整结构参数的特定设计参数，直到满足限制条件下的整车质量达到最小。

③ 若目标是实现最优燃油经济性，程序将会调整特定结构参数，直到综合燃油经济性在满足所有限制条件的情况下达到最优。为确定汽车在综合城市/高速循环工况下的燃油经济性，ADVISOR 需要模拟汽车行驶 FTP 工况及城市高速公路循环工况，并且使用 0-δ SOC 校正法。因此，仿真时间会很长。

如果选择多个目标的话，VisualDOC 会以相同的权重同时考虑多个因素。

5.1.2.2 VisualDOC 优化参数

在系统默认方式中，VisualDOC 会使用响应曲面近似（response surface approximations）的方法来解决自动调整结构参数问题，以节省求解时间。用户也可以自定义 VisualDOC 的最短与最长设计流程，也可以使用几种包含可行方向（Feasible Directions）、连续线性规划（Sequential Linear Programming）、序列二次规划法（Sequential Quadratic Programming）等求解算法。

用户若想了解更多关于 VisualDOC 求解方法的信息，可咨询 Vanderplaats R&D 公司（www. vrand. com）。

5.1.2.3 用 MATLAB 作求解器的自动调整结构参数方法

基于 MATLAB 的自动调整结构参数程序，根据指定的性能要求用二分法来决定需求的结构参数。

确定结构参数的方法与顺序取决于汽车的类型。

1. 串联式混合动力汽车

对串联式混合动力汽车而言（包括燃料蓄电池汽车，因为它们也是按照串联式混合动力汽车建模），爬坡性能要求决定了燃料转换装置的结构参数（也可能是发电机的结构参数），加速性要求决定了能量存储系统的结构参数（也可能是驱动电机的结构参数）。如果将电机的结构参数作为设计参数，那么在满足加速性的前提下，其值将会尽可能取小。否则的话，它将按照不能限制燃料转换装置或者能量存储系统性能的原则来设计其结构参数。

需要注意的是，若电机控制器结构参数被当做设计参数的话，mc_ voertrq_ factor 应当设为 1。因为用户在任何时候都不希望电机的工作转矩超过其最大转矩值。如果在误差允许的范围内，并且设计结果能够满足所有约束条件，程序将会退出。

2. 并联式混合动力汽车

对并联式混合动力汽车而言，自动调整结构参数程序略为复杂一些。在能量分配上，并联构型比串联构型多一个自由度。因此，引入了另外一个汽车参数，即混合度（degree of hybridization）。它是定义能量转换器与能量存储系统结构参数之间关系的量。如果将混合度的值设置为 1.0 的话，则表明汽车燃料转换装置非常小，汽车的动力完全来自于蓄电池组，即相当于纯电动汽车；如果将混合度的值设置为 0，则表明汽车的能量存储系统的结构参数为所允许的最小值，即相当于传统汽车。

5.1.2.4 自动调整结构参数程序

自动调整结构参数程序工作过程如下：

① 将汽车能量存储系统（包括电机控制器）的结构参数最小化。

② 按照先满足爬坡性能要求，后满足加速性要求的顺序，来确定最小能量转换器结构参数的大小。

③ 根据混合度，由式（5-3）来确定能量转换器的具体结构参数值（图 5-2）：

$$fc\_pwr = min\_fc\_pwr + hybrid * (max\_fc\_pwr - min\_fc\_pwr) \quad (5\text{-}3)$$

式中，fc_pwr 为新的能量转换器功率；min_fc_pwr 为满足爬坡性要求的能量转换器的功率与满足加速性要求的能量转换器功率二者中较小的那个；max_fc_pwr 则为二者中较大的那个；hybrid 为混合度（取值范围为 0～1）。

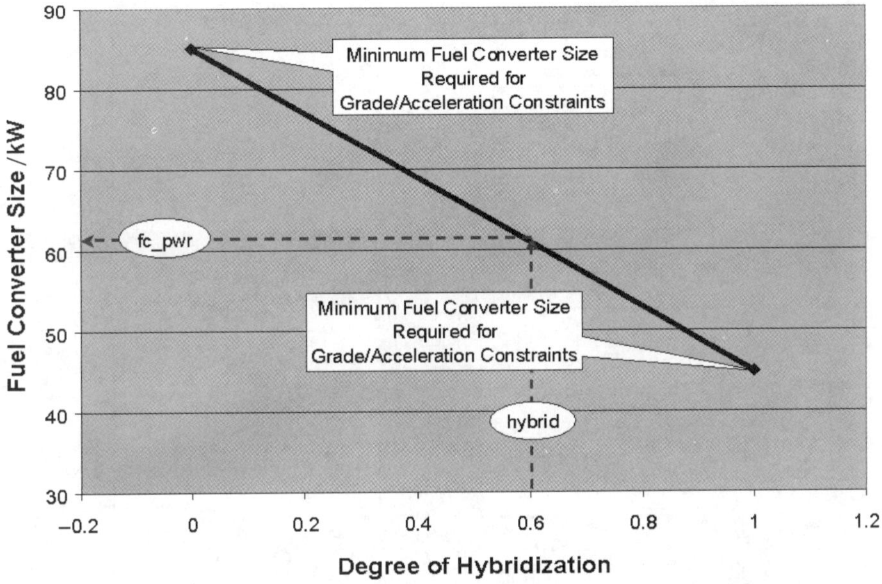

图 5-2 并联式混合动力汽车混合度与能量转换器功率关系

燃料转换器的结构参数固定后，程序就会确定能量存储系统的结构参数，以满足加速性要求。若将电机控制器结构参数当做设计参数，程序会在满足加速性要求的前提下，尽可能让其结构参数达到最小值。否则，其结构参数将按照不能限制能量存储系统性能的原则来设计。

① 传统汽车：对传统汽车而言，程序默认算法是按照满足爬坡性及加速性的方法来设计能量转换器结构参数。

② 电动汽车：与混合动力汽车类似，电动汽车的能量存储系统结构参数是按照满足爬坡性和加速性要求设计的。如果电机控制器结构参数被当做设计参数的话，程序会在满足加速性要求的前提下，尽可能让其结构参数达到最小。否则的话，其结构参数将会按照不能限制能量存储系统性能的原则来设计。

5.1.2.5 用 VisualDOC 实现自动调整结构参数

VisualDOC 是一个基于梯度的优化程序。用 VisualDOC 来实现自动调整结构参数的程序，是按照如下流程工作的：

① 保存当前汽车结构。

② 用户定义所有的 VisualDOC 优化参数，以确定其求解优化问题方法。

③ VisualDOC 在 MATLAB 独立工作空间中运行 ADVISOR，以确定最优汽车结构。

④ ADVISOR 在当前工作空间中更新 VisualDOC 的计算结果。

5.1.2.6 运行结果与状态更新

在运行自动调整结构参数程序过程中，用户可以看到状态更新图，它可以根据用户的选择显示相应信息。

程序结束以后，MATLAB 命令窗口中会出现摘要信息，并会生成摘要结果曲线，如图 5-3所示。所有值都会在工作空间与图形用户界面（GUI）中更新。

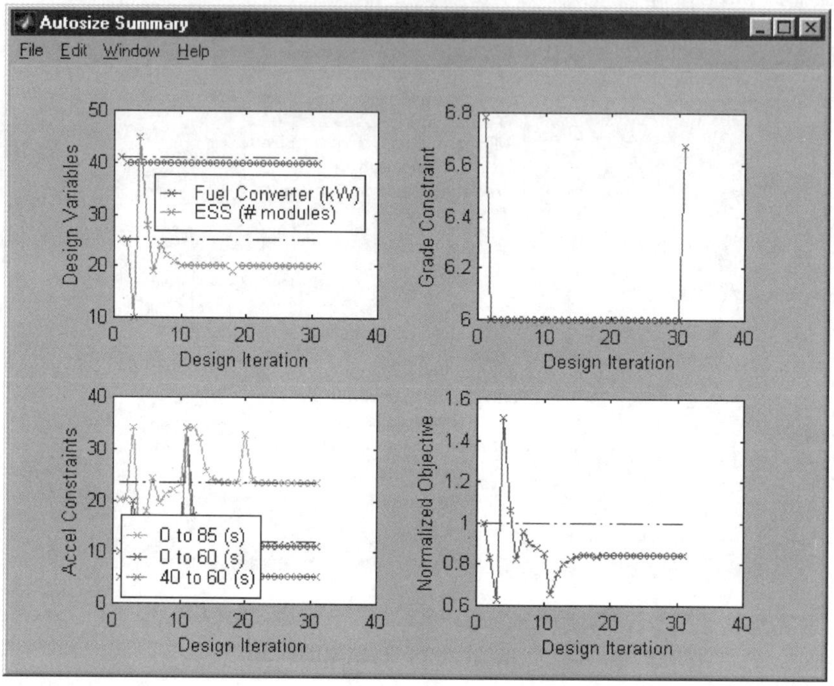

图 5-3 自动调整结构参数结果

5.1.3 加速性能测试

ADVISOR 中的加速性能测试程序可以确定当前汽车的加速性。它既可以通过图形用户界面启动，也可以在 MATLAB 命令窗口中启动。

5.1.3.1 从图形用户界面 GUI 启动

加速性能测试可以通过仿真设置窗口运行。单击加速选项按钮【Accel Options】，就会出现加速性能测试高级选项窗口，如图 5-4 所示。

图 5-4 所示的换档延迟选项（Shift Delay）允许用户在测试加速性过程中修改当前换档延迟时间，用户可以通过使能系统（Enable/Disable System）的单选键决定哪些动力源系统参与测试。例如，用户可以确定在只有一个动力源（发动机或蓄电池组）的情况下，并联混合动力汽车的加速性。一旦选择了蓄电池组，则其初始 SOC 值就可以自定义。默认的 SOC 值是实际可用 SOC 范围（cs_lo_soc ~ cs_hi_soc）的中点值。窗口中的汽车质量参数允许用户在加速性测试过程中修改。用户可以直接设定汽车的质量，或者在当前汽车质量的基础上给定某一增量。用户可以在测试结果栏（Test Result）设置加速性能测试的参数，包括三个不同速度范围的加速时间、在设定时间内的行驶距离、设定距离所需要的行驶时间及最

大加速度与最高车速。在运行自动调整结构参数程序时，这些参数都可作为约束条件。

在仿真设置窗口中选择测试加速性，可以在一个行驶工况内进行测试。如果想在不运行行驶工况的情况下进行加速性能测试，可以在测试步骤（Test Procedure）栏点击下拉菜单键，选择测试加速性选项（TEST_ ACCEL），如图 5-5 所示。仿真运行中，测试结果窗口（Results）可以显示随时间变化的参数信息，如图 5-6 所示。

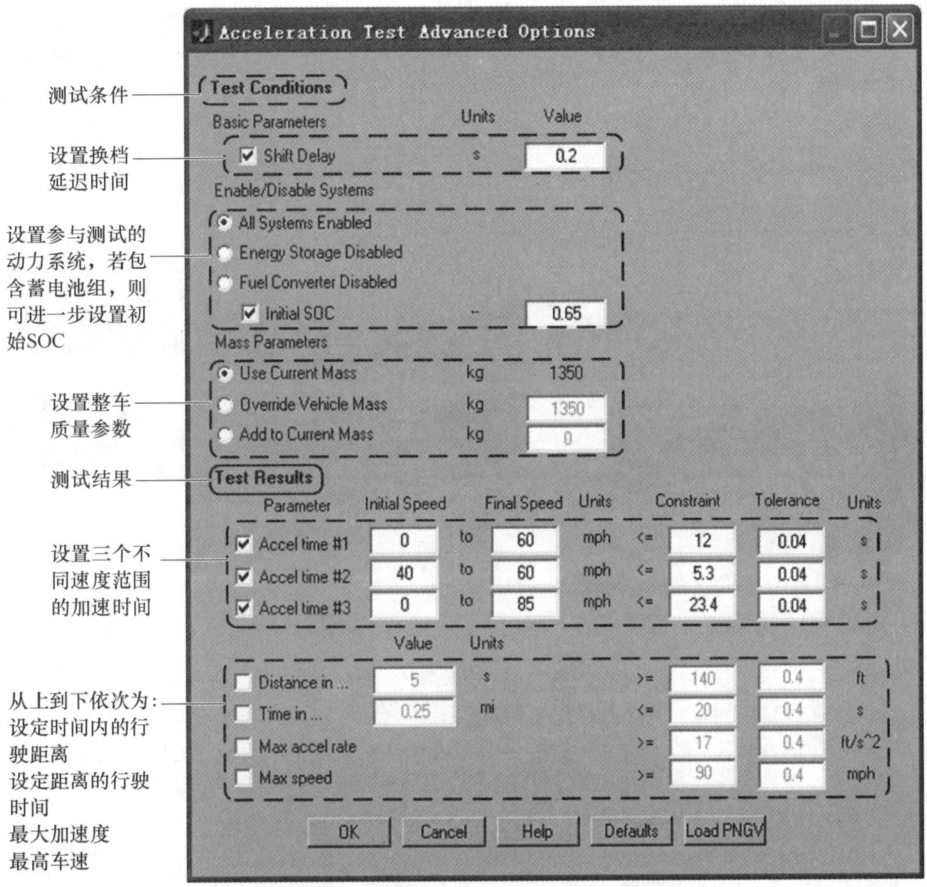

图 5-4　加速性能测试高级选项窗口

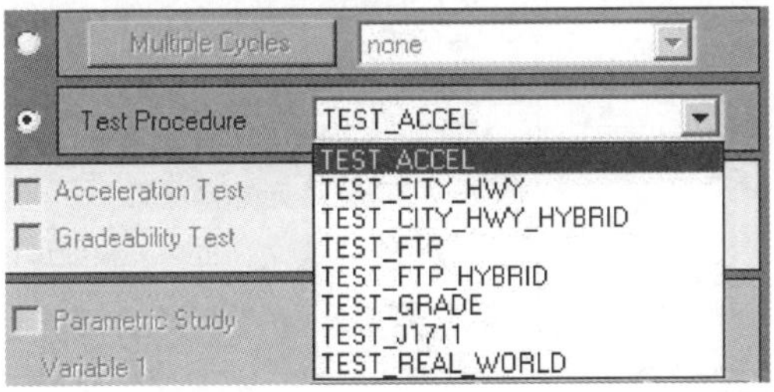

图 5-5　不运行工况的情况下测试加速性能

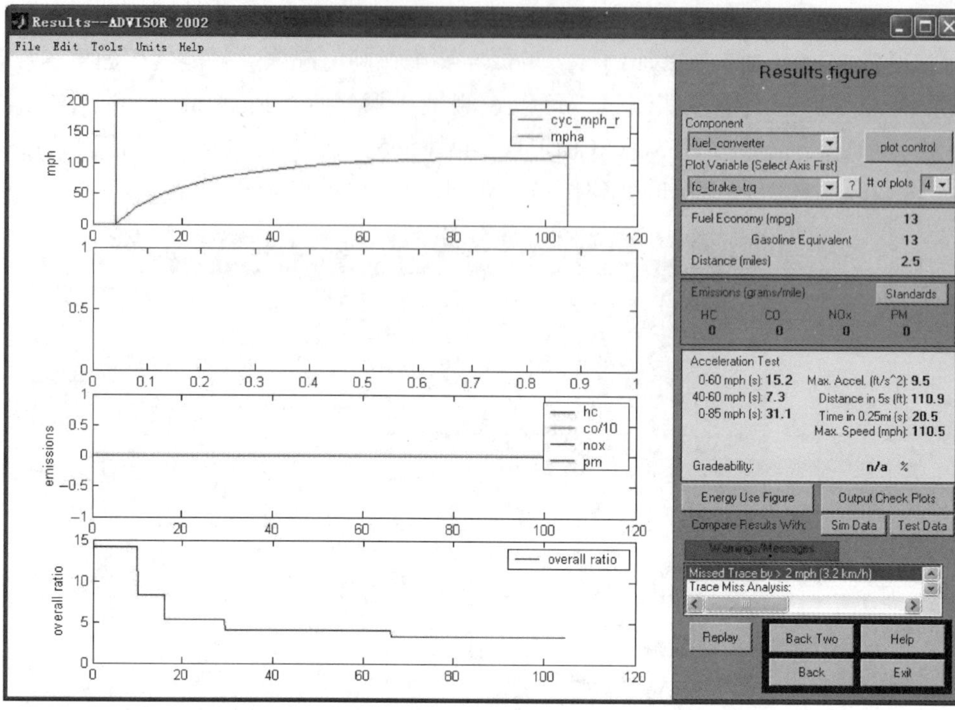

图 5-6　测试结果窗口

5.1.3.2　在 MATLAB 命令窗口中运行

加速性测试程序实际是一个函数。它可以直接在 MATLAB 命令窗口中运行。它要求的表达格式如下：

[resp] = accel_test_advanced (参数 1，数值 1，…参数 n，数值 n)

输入加速性测试函数，必须是参数名与参数值成对出现。所有输入参数都是可选择的。加速性测试参数及其含义见表 5-1。

表 5-1　加速性测试参数列表

参　数	单　位	描　述
spds	英里/小时（mile/h）	以矩阵形式表示，第一列是初始速度，第二列是末速度
dist_in_time	英里（mile）	单位时间内的行驶距离，如 5s 内行驶的距离
time_in_dist	秒（s）	单位距离的行驶时间，如行驶 2mile 所用的时间
ess_init_soc	无量纲	能量存储系统的初始 SOC 值
gb_shift_delay	秒（s）	换档延迟时间，此期间没有转矩传递
disp_result		布尔值：1 表示输出结果；0 表示不输出
max_rate_bool		布尔值：1 表示计算最大加速度值；0 表示不计算
max_speed_bool		布尔值：1 表示计算最大速度；0 表示不计算
override_mass	千克（kg）	修改整车质量，且只能在加速性测试程序中使用
add_mass	千克（kg）	增加整车质量，且只能在加速性测试程序中使用
disable_system		关闭能量系统的标志位：1 表示关闭能量存储系统；2 表示关闭燃料转换器

5.1.3.3 工作原理

此程序要求汽车车速瞬时上升到 200mile/h。在结构性能允许的前提下，汽车会尝试要求尽可能多的能量或功率，以达到需求速度。循环结束后，程序会根据实际达到的车速计算加速时间与其他参数，并保存到工作空间或图形用户界面。

5.1.4 爬坡性能测试

ADVISOR 中的爬坡性能测试程序能够确定汽车以某一恒定速度行驶的最大坡度。该程序既可以在图形用户界面中启动，也可以在 MATLAB 的命令窗口中启动。

5.1.4.1 从图形用户界面中启动

爬坡性能测试可以从仿真设置窗口中运行。用户可以单击坡度选项按钮【Grade Options】，进入爬坡性能测试高级选项窗口设定参数，如图 5-7 所示。用户可以在加速与爬坡性能试验设置窗口中选择【Gradeability Test】来运行某一工况进行爬坡性能测试。与测试加速性类似，用户也可以在测试步骤【Test Procedure】下拉菜单中选择测试爬坡性能【TEST_GRADE】，在不运行工况的情况下进行爬坡性能测试，如图 5-8 所示。爬坡性能选项窗口也可以从自动调整结构参数设置窗口中进入。

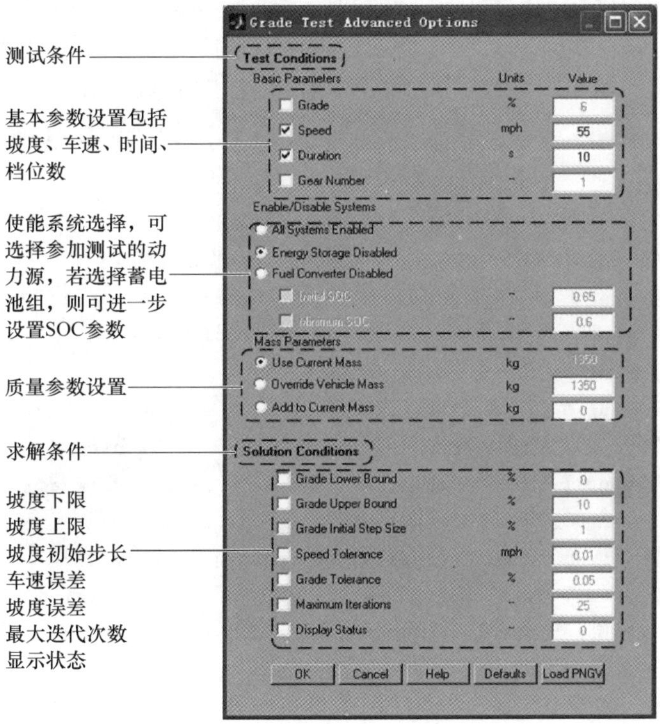

图 5-7 爬坡性能测试高级选项

用户可以修改坡度、车速、时间、档位等基本参数。在默认设置中，程序会计算出汽车以速度 55mile/h、持续行驶 10s 的条件下所能爬行的最大坡度。若用户不勾选档位选项（Gear Number），程序会以提供最大的输出功率为目标，由此确定车辆的传动比。用户也可以通过档位选项，自己决定汽车的档位数。如果指定坡度了，程序就会仅在此坡度值下进行测试，且测试成功后在工作空间中返回指定坡度；如果不成功，则会在工作空间中提示爬坡测试不成功。

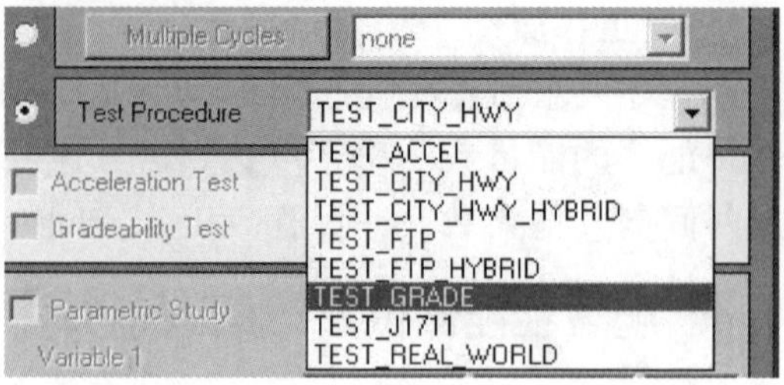

图 5-8　不运行工况的情况下测试爬坡性

用户可以通过使能系统单选按钮【Enable/Disable System】决定哪些动力源参与测试。在默认设置中，进行爬坡性测试时能量存储系统是关闭的，它允许用户以一个较短的工况来确定仅依靠发动机特性确定汽车爬坡性能，但这不符合实际。因此，程序提供用户打开所有系统选项，并可以设置蓄电池组初始 SOC 的最低值。

窗口中的质量参数，只能在测试爬坡性时影响整车质量。用户在此编辑框中可以直接指定汽车质量或者以给汽车质量一个增量的方式来修改当前汽车质量。对于用户在测试爬坡性中，需要将乘客及行李质量计算在内的情况下，最后一个选项增加当前质量（Add to Current Mass）尤其有用，因为在自动调整结构参数程序运行时，汽车质量是变化的。

另外，求解条件部分允许用户控制解决问题的方式与时间。如果指定了坡度上下限，它们就可以帮助二分法程序来确定程序运行的初始界限。程序会自动使用黄金分割法来设定初始步长，开始从下限往上限计算。程序会通过坡度及速度的误差限，自己确定计算结果是否与预期结果接近。程序给出了最大迭代次数，以限制程序解算出结果的时间。最后，如果将状态显示（Display Status）选项设置为 1，那么中间迭代步骤就会在命令窗口中显示，如图 5-9所示。

```
Trying 0 % grade at 55 mph. ... achieved
Trying 10 % grade at 55 mph. ... not achieved
Trying 5 % grade at 55 mph. ... achieved
Trying 7.5 % grade at 55 mph. ... not achieved
Trying 6.25 % grade at 55 mph. ... achieved
Trying 6.875 % grade at 55 mph. ... achieved
Trying 7.1875 % grade at 55 mph. ... not achieved
Trying 7.03125 % grade at 55 mph. ... not achieved
Trying 6.95313 % grade at 55 mph. ... achieved
Trying 6.99219 % grade at 55 mph. ... achieved
Trying 7.01172 % grade at 55 mph. ... not achieved
*** Upper and lower bounds have converged. ***
Trying 6.99219 % grade at 55 mph. ... achieved

<<< GRADE TEST RESULTS >>>
Maintained 55 mph on a 6.9922 % grade for 10 seconds.
```

图 5-9　中间迭代步骤在命令窗口中的显示

5.1.4.2　从 MATLAB 命令窗口中启动

用户可以通过几种不同的方式，从命令窗口中运行爬坡性能测试。爬坡性能测试程序实际是一个函数。它要求格式如下：

[grade, gear_ratio] = grade_test_advanced（参数 1，数值 1，…，参数 n，数值 n）

在此函数中，参数名与参数值必须成对输入。所有的参数都是可选的。爬坡性能测试中参数及其含义见表 5-2。

表 5-2　爬坡性能测试参数列表

参　数	单　位	描　述
grade	%	设定汽车期望爬坡度（可选）
duration	秒（s）	汽车需要保持某一速度和坡度的时间（可选）
speed	英里/小时（mile/h）	汽车在某一坡度下需要达到的速度（可选）
ess_init_soc		能量存储系统初始 SOC 值
ess_min_soc		用户指定的 SOC 值下限
gear_num		用户指定测试爬坡性能时的传动比
Disp_status	布尔值	1 表示在命令窗口中显示状态；0 表示不显示
grade_lb	%	求解结果坡度下限
grade_ub	%	求解结果坡度上限
grade_init_step	%	求解坡度初始步长
speed_tol	英里/小时（mile/h）	车速误差范围
max_iter		最大迭代次数
grade_tol	%	坡度误差范围
override_mass	千克（kg）	用户指定的汽车质量
add_mass	千克（kg）	在汽车当前质量上增加的质量
disable_systems	布尔值	关闭能量系统标志位：1 表示关闭能量存储系统；2 表示关闭燃料转换装置

在运行爬坡性能测试时，若用户同时指定车速和坡度，则程序只会分析那一点处的爬坡性能。如果汽车可以维持住指定的车速和坡度，则程序会自动返回坡度，否则返回结果为空，如图 5-10 所示。如果用户只指定汽车速度的话，程序便会计算出此速度下汽车所能达到的最大坡度，并将坡度返回测试结果窗口。如果二者都没有指定的话，程序会将车速默认为 55mile/h。

5.1.4.3　工作原理

程序在指定汽车以恒定速度和行驶时间的情况下仿真，并在初始时默认汽车在期望车速下行驶。如果在循环工况最后，汽车速度在指定的误差范围内，程序就认为汽车可以大致在此坡度上维持原来速度。除非用户同时指定了坡度和速度作为参数，否则程序会继续调整坡度大小，直到最后确定出最大爬坡度值。

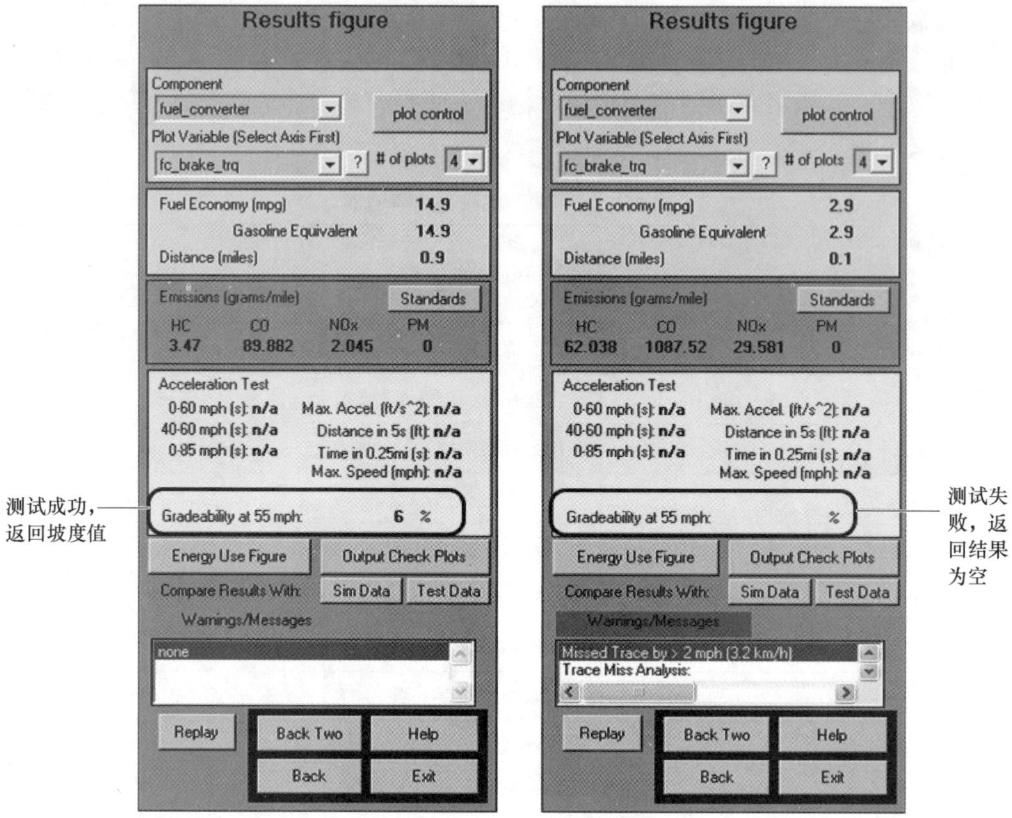

图 5-10　测试结果成功与失败对比

5.1.5　基于汽车行业基准选择构件

ADVISOR 数据库中提供了基于行业参数基准的构件，使用户可以在仿真中根据基准参数重新定义和应用特定的构件。总体来说，ADVISOR 中建立了一个基础数据库供用户选择，并且程序会自动调整定义结构的那些参数以符合用户定义的参数。用户新定义的参数不在数据库保存，但可以暂时保存在 MATLAB 工作空间中，以便后续仿真使用。

5.1.5.1　燃料转换装置（Fuel Converter）

用户可以按表 5-3 定义如下参数。

表 5-3　燃料转换装置用户自定义参数表

参　　数	单　　位	典　型　值
峰值效率（仅对发动机）	%	汽油机：35，柴油机：42
25% 电量时效率（仅对蓄电池组）	%	氢燃料蓄电池组：50%，参考值：40%
比功率	瓦/千克（W/kg）	汽油机：315，柴油机：240

表中的峰值效率可以用于依据燃油消耗 MAP 图范围，确定出期望的峰值效率；比功率值则可用于：由发动机现有最大功率确定其质量。

5.1.5.2　电机/控制器（Motor/Controller）

用户可以按表 5-4 定义下列表中参数。

所有电机功率在 2% ~20% 范围内的点，都被赋予表 5-4 中的效率值。之所以这样选择，是因为对一个大小合适的电机/控制器而言，此功率范围是在 UDDS 与 FHDS 工况中最典型的使用范围。比功率值是由发动机现有最大功率确定的。电机的比功率值可用于：根据当前最大功率确定电机的质量。

表 5-4　电机/控制器用户自定义参数表

参　　数	单　　位	典　型　值
2% ~20% 功率范围的效率	%	85 ~90
比功率	瓦/千克（W/kg）	750

5.1.5.3　能量存储系统（Energy Storage System）

用户可以按表 5-5 定义如下参数。

表 5-5　能量存储系统用户自定义参数

参　　数	单　　位	典　型　值
蓄电池组额定电压	伏特（V）	6 ~15
蓄电池组最低工作电压	伏特（V）	额定电压的 75%
SOC 低值	%	0.3 ~0.5
SOC 高值	%	0.6 ~0.9
比能量	千瓦时/千克（kW·h/kg）	9（蓄电池组助力），60（双模）
功率能量比	瓦/千瓦时［W/(kW·h)］	20（双模），100（蓄电池组助力）
持续放电时间	秒（s）	10 ~18
C/10 能量容量	安时（A·h）	150（蓄电池组助力），26（双模）
12C 能量容量	安时（A·h）	50（蓄电池组助力），12（双模）

ess_voc 向量可按一定比例缩放，使其平均电压等于用户定义的额定电压。C/10 与 12C 能量容量参数可以计算 ADVISOR 中要用到的 peukert 方程系数与指数，之后，程序就能确定出适当的放电电阻值，以满足其他的参数要求。

在功率向能量转化比例中，是按照“功率 = 电压 × 电流”计算的。其中，电压与电流是各蓄电池组模块在指定放电阶段终点的电压与电流。为计算蓄电池组的电压与电流，需要知道蓄电池组在指定放电阶段，从 SOC 高值向 SOC 低值（或向蓄电池组的最小工作电压，取决于先到者）放电时的恒定功率值。功率能量比（power to energy ratio）中的能量指的是蓄电池组模块在 C/1 恒功率放电时，从 SOC 高值向 SOC 低值（或向蓄电池组的最小工作电压，取决于先到者）过程中所释放的总能量。另外，程序根据指定的比功率，在上述 C/1 能量容量的基础上计算出蓄电池组的质量。

5.1.5.4　整车 Vehicle

用户可以按表 5-6 定义如下参数。

表 5-6　整车用户自定义参数

参　　数	单　　位	典　型　值
车辆滑行质量	千克（kg）	轿车：900
牵引力系数		轿车：0.3
迎风面积	平方米（m^2）	轿车：2.5

所有的整车参数都以覆盖当前值的方式在工作空间中赋值。

5.1.6 SAE J1711 测试步骤

5.1.6.1 设置、分类及测试步骤

根据混合动力车型的不同，J1711 测试步骤最多运行四个测试程序，分别是

① 部分电量测试——混合动力汽车（PCT-HEV）。

② 充满电量测试——混合动力汽车（FCT-HEV）。

③ 部分电量测试——传统汽车（PCT-CV）。

④ 充满电量测试——纯电动汽车（FCT-EV）。

第一个测试，即部分电量测试（PCT-HEV）是必须运行的；充满电量测试（FCT-HEV）仅在汽车可驻车充电（Off Vehicle Charge，OVC）的情况下运行；PCT-CV 测试仅在汽车有传统汽车模式（发动机单独驱动）的情况下运行；FCT-EV 测试仅在汽车既可驻车充电，也有传统汽车模式的情况下运行。用户可以在 J1711 测试步骤设置窗口中选定可用的参数及选项，如图 5-11 所示。其中的空调负荷是一个附加的恒定载荷，且仅在 SC03 工况循环中用到。

对上述四个测试项目，每个都需要运行四种工况：

① UDDS——城市道路循环工况。

② HWFET——高速公路燃油经济性实验工况。

③ US06——US06 工况（高速工况，有加速过程）。

④ SC03——SC03 工况（若使用了空调，则需附加空调负载）。

如果选中工况后面的迭代确定初始 SOC 值选项（Iterate to find intial SOC），那么程序就会调整初始的 SOC 值，直到最后的 SOC 误差范围在 ±5% 范围内。

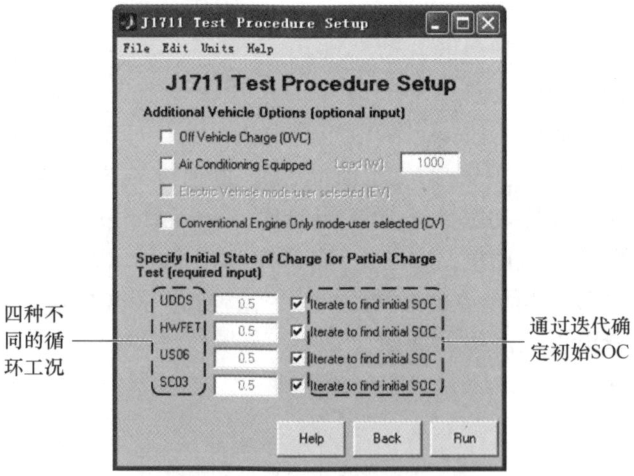

图 5-11 J1711 测试步骤设置

5.1.6.2 加权及结果（weighting and results）

J1711 的测试结果窗口如图 5-12 所示。

若某一测试没有运行，则其相应的键不可用。单击可用键，如【PCT-HEV】，就可以在

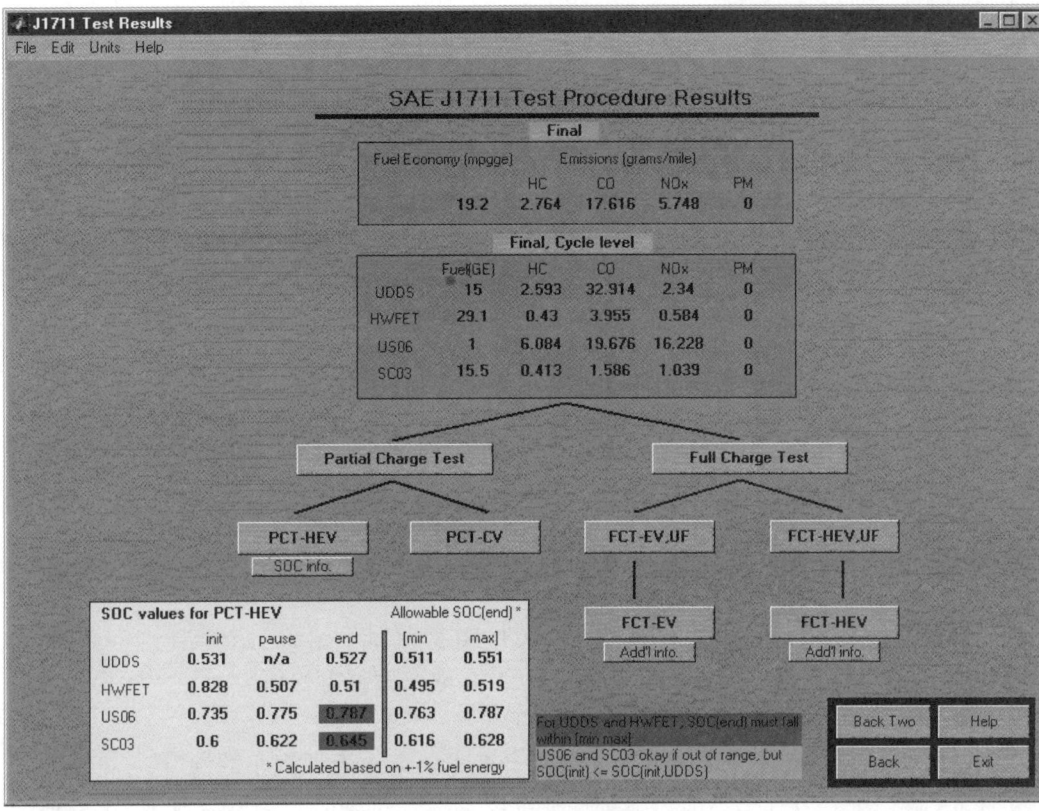

图 5-12　J1711 测试结果窗口

黄色图框中显示出不同工况循环下汽车的燃油经济性与排放特性。

1. 最终结果（Final）

在图 5-12 中，测试结果窗口最上面的 Final 栏的燃油经济性，是指标准的 UDDS 与 HWFET 工况燃油经济性的加权值。它是通过式（5-4）计算出来的：

$$mpg = \frac{1}{0.55/mpg\_city + 0.45/mpg\_hwy} \tag{5-4}$$

在 Final 栏的排放性能是基于以下两种方式之一计算出来的：

① UDDS 和 US06 排放性能的加权值。

② UDDS、US06 和 SC03 排放性能的加权值。

更具体地说，它们是按照式（5-5）和式（5-6）加权计算：

$$emis = 0.72 * UDDS\_emis + 0.28 * US06\_emis \tag{5-5}$$

$$emis = 0.35 * UDDS\_emis + 0.28 * US06\_emis + 0.37 * SC03\_emis \tag{5-6}$$

2. 最终结果 Final 和循环工况等级（Cycle level）

Final、Cycle level 栏的燃油经济性与排放性，指的是 PCT 测试与 FCT 测试结果的平均值（假定 FCT 测试结果存在）。

① PCT 与 FCT。PCT 与 FCT 部分的燃油经济性和排放性，分别是指它们在各自低等级工况下测试的平均值。

PCT-HEV 测试的 SOC 信息给出如下五个值：

➢ init：整个循环工况开始时的初始 SOC 值。

➢ pause：在循环工况中点时的 SOC 值。PCT-HEV 测试运行两个工况：第一个用来预热；第二个用来测量排放性能。整个循环工况的充电持续时间，是指工况中点到循环工况结束的时间。

➢ end：最终 SOC 值。

➢ min：最终 SOC 值所能达到的最小值。它与 UDDS 工况初始 SOC 值与余下循环工况中点的 SOC 值有关。最小/最大 SOC 值是基于式（5-7）计算的：

$$\Delta SOC = \frac{lower\_heating\_value \times mass\_fuel \times 0.01}{system\_Voltage \times 3600sec/hr \times max\_Ah\_capacity} \tag{5-7}$$

➢ max：最终 SOC 值所能达到的最大值。

如果最终 SOC 值是红色的，表明测试失败。若想 PCT-HEV 测试结果有效，则汽车必须持续充电。这样最终 SOC 值才能落在 SOC 的最小（min）值与最大（max）值之间。对于 US06 与 SC03 循环工况而言，若初始 SOC 值比 UDDS 循环工况初始 SOC 值低，且其最终 SOC 不在此范围内时，则其测试结果也可能是有效的。这种例外的情况将会用粉红色标出。

② 附加信息 ADD'l info。在 FCT-EV 与 FCT-HEV 测试下给出三个值：

➢ kWh chg：运行完指定工况后，将蓄电池组电量充满到需要值。

➢ ZEV rng：汽车以零排放行驶的英里数。

➢ UF：性能因数。它是关于 ZEV rng 的一个查表函数，表征汽车的性能。

③ 性能因数 UF。当汽车不能再继续保持纯电动模式行驶时，通常驾驶人就会将汽车切换至发动机驱动模式或混合动力模式。由于蓄电池组性能有限，FCT-EV 测试的性能因数结果（UF）包含了 FCT-EV 数据和 PCT 数据。汽车一天行驶距离小于或等于 FCT-EV 测试中行驶距离的概率，与 FCT 数据的权重系数取值相等。之所以称此概率为性能因数，是因为它能表征汽车纯电动行驶的能力。若汽车纯电动行驶距离很长，那么 UF 的值就会很接近于1，如图 5-13 所示。

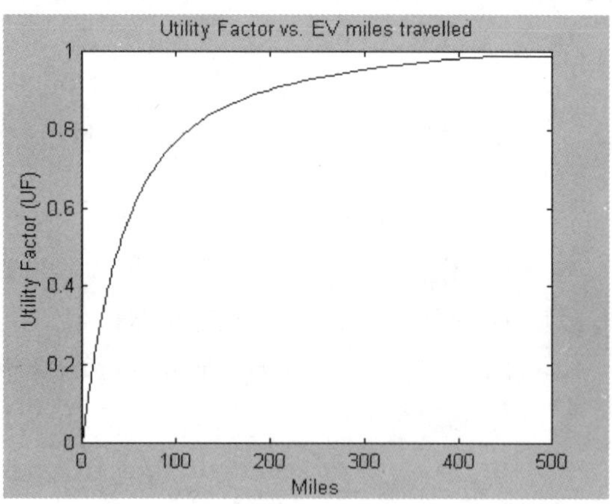

图 5-13 性能因素与续驶里程关系曲线

5.1.7 实际工况测试

5.1.7.1 测试步骤描述

实际工况测试（Real World Test Procedure）是基于 CARB（加州空气资源委员会）标准中，可用的实际工况行驶模式数据的程序，目的是获得汽车连续行驶几天工况的仿真结果。图 5-14 所示是实际工况测试设置窗口，它显示了不同的输入选项，用户可选择 2 天的循环工况或者 16 天的循环工况。用户还可以设置整个测试过程的环境温度。

作为一个标准检查程序，用户可以将实际工况测试结果与 FTP 测试结果进行比较。用户也可以指定汽车预备循环工况 UDDS 与 FTP 工况之间冷机阶段的时间。正式的测试步骤中，指定的冷适应阶段是在预备循环工况后的 12 ~ 36h。如果这个选项没有被选中，则 FTP 工况就会在没有预备工况与冷机阶段，而只有冷起动的条件下运行。

用户在工况运行过程中不仅能跟踪燃油经济性、排放特性和行驶距离，还可以选择跟踪时间变量。用户可以通过在设置窗口中下部的变量跟踪（Variables to track）栏进行选择。在左侧的框中点选择需要跟踪的参数，选中后，单击增加按钮【Add - >】即可。

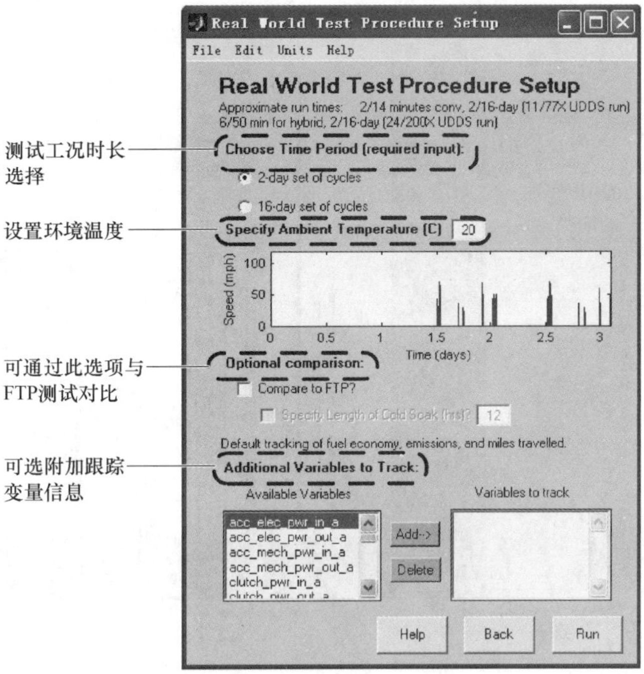

图 5-14　实际工况测试设置窗口

汽车的初始条件被设置为热起动，以表明汽车刚停止行驶。第一次冷机阶段是 36h。整个工况中汽车速度在 5 ~ 75mile/h 之间。

两天的循环工况模拟的是 13 个冷机/行驶阶段。整个循环工况如图 5-15 所示。16 天循环工况模拟的是 107 个冷机/行驶阶段，如图 5-16 所示。

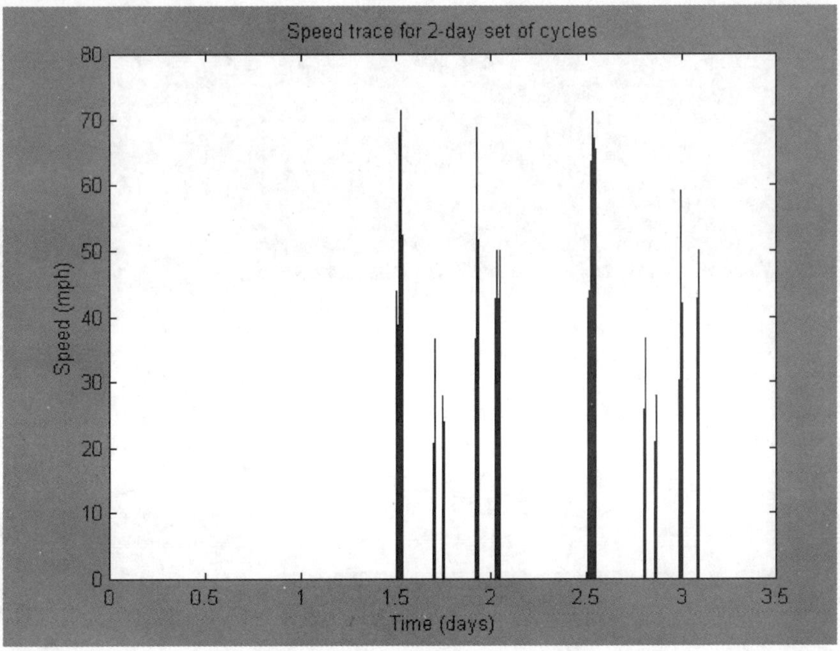

图 5-15　2 天循环工况

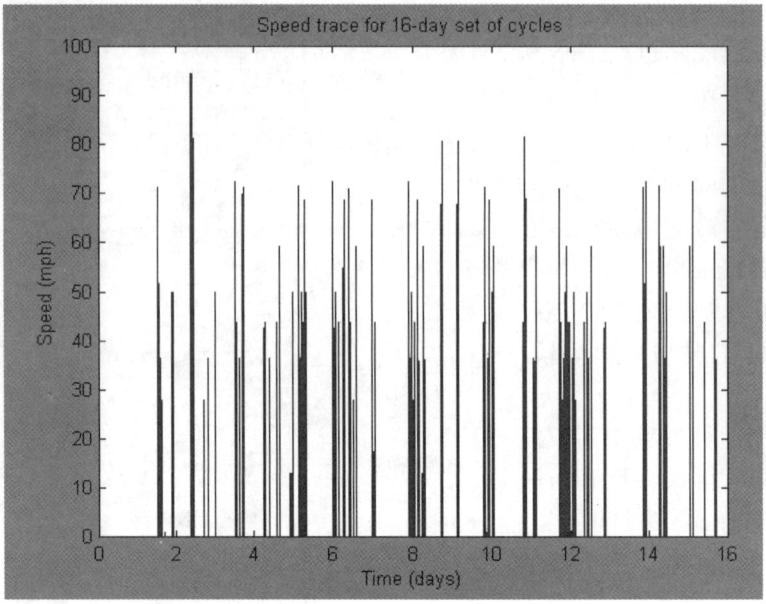

图 5-16　16 天循环工况

5.1.7.2　测试结果

实际工况测试结果窗口如图 5-17 所示。在图中实际工况最终结果栏（Real World Final Results）里可以查看实际工况测试的燃油经济性指标和排放性指标。若用户在实际工况测试设置窗口中选择了与 FTP 测试对比，则在 FTP 栏中可以相应显示其燃油经济性和排放性指标。

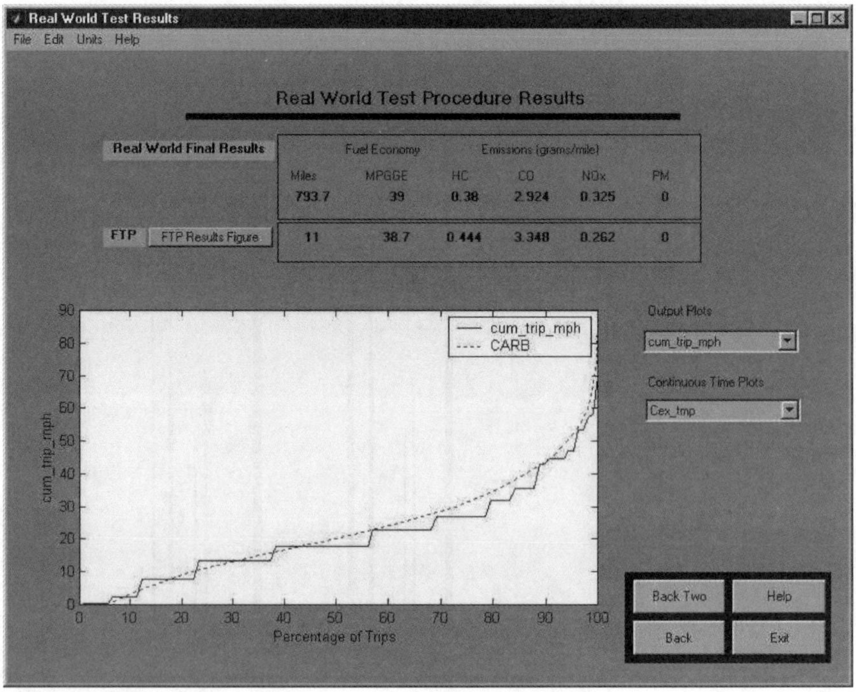

图 5-17　实际工况测试结果窗口

用户若要查看 FTP 测试结果详细信息，单击 FTP 测试结果【FTP Results Figure】按钮，系统就会弹出 FTP 测试结果窗口。在输出曲线（Output Plots）下拉菜单中选择要显示的输出曲线，程序会自动绘出相应参数与 CARB 数据的对比曲线。在连续时间曲线（Continuous Time Plots）下拉菜单中可以选择用户在实际工况测试设置窗口中所选的跟踪变量曲线。

5.1.7.3 实际工况测试最终输出结果

实际工况测试最终结果得到的输出是行驶距离、等效燃油经济性/消耗量、排放特性。

1. 输出曲线

一共有 8 种输出曲线可用：

① cum_soak_dur：累计冷适应时间（h），画出了与 CARB 数据的对比曲线。

② cum_trip_mi/km：累计行驶里程（mile）；在曲线上 80% 以上的里程都在 9mile 左右或者更少。同样也画出了与 CARB 数据的对比曲线。

③ cum_tripmph/kph：与 CARB 数据相比的渐增行驶速度。

④ cum_starts_perday：每天累计启动次数，并与 CARB 数据对比。

⑤ trip_tot_emis_ * ：每次行程中四种排放物的累计量（有四条曲线）。

2. 连续时间曲线图

连续时间曲线图是用户在输入窗口中选择的变量的曲线。在每个变量名前都有一个字母“C”（continuous 首字母），以表征变量在整个 2 天或 16 天工况中是连续的。对于混合动力汽车而言，跟踪 SOC 值并比较其初始值与终值是很有用处的。

5.1.8 城市高速工况测试步骤

5.1.8.1 测试步骤描述

城市高速工况测试会运行一个冷起动的 FTP-75 工况和一个热起动的 HWFET 工况。如果选中 TEST_CITY_HWY_HYBRID，则将 FTP-75 工况替换为两个完整的 UDDS 工况。结果显示窗口会显示出单个循环工况结果及综合燃油经济性。

综合燃油经济性按式（5-8）计算：

$$mpg = 1/[(0.55/MPG\_city) + (0.45/MPG\_Hwy)] \qquad (5-8)$$

5.1.8.2 测试结果

城市高速工况测试结果窗口如图 5-18所示。图中燃油经济性（Fuel Economy）栏中给出了城市工况和高速工况各自的燃油经济性，以及二者综合燃油经济性。排放性（Emissions）栏中给出了城市工况中 HC、CO、NO_x、PM 几种污染物的排放量，及高速工况下 NO_x 排放量占城市工况排放量的比例。在注解（Note）栏中对城市和高速工况作了相关说明，并给出了综合燃油经济性的计算公式。

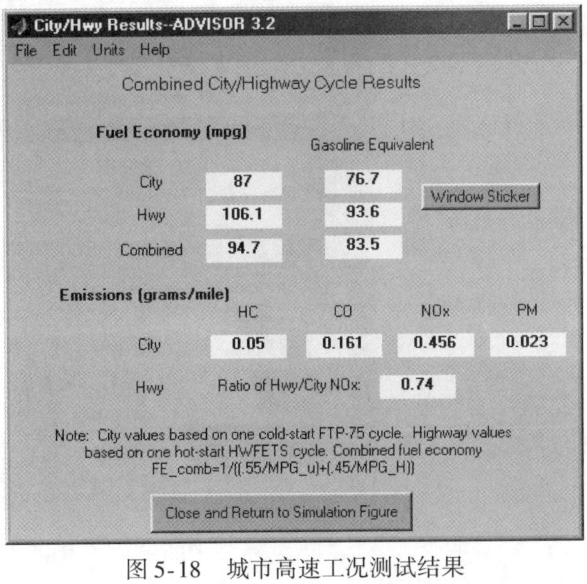

图 5-18 城市高速工况测试结果

5.1.9　对比仿真

5.1.9.1　设置描述

对比仿真功能允许用户对比 8 种仿真方式，它们需在 ADVISOR 运行之前进行保存。可以将不同的动力传动系汽车在不同的循环工况下进行仿真对比。对比不同动力传动系的仿真，则可用的时间参数曲线列表取决于第一个选择的仿真方式。对比仿真窗口也可只由一种仿真所调用，参见图 5-19。

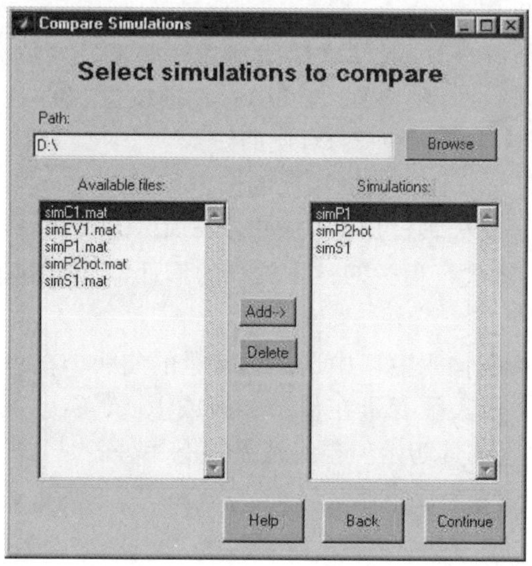

图 5-19　对比仿真窗口

5.1.9.2　对比仿真结果

对比仿真结果窗口如图 5-20 所示。

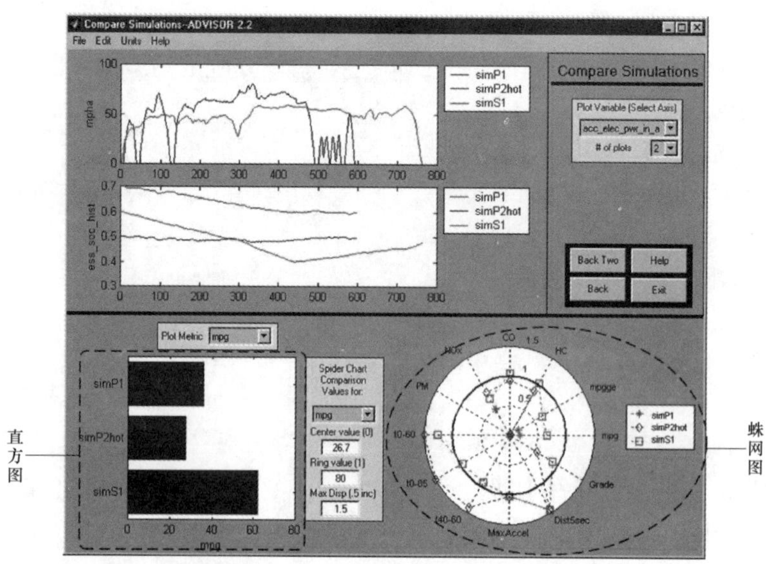

图 5-20　对比仿真结果窗口

5.1.9.3 直方图

每个仿真的度量标准都以直方图方式画出，如图 5-20 左下部分所示。

5.1.9.4 蛛网图

蛛网图是一种比较仿真结果与期望目标的方式，如图 5-20 右下部分所示。如果仿真结果落在值为 1 的小圆线内，则表示目标未达成；如果仿真结果落在圆线外，则表示超出了目标性能。图中数值是按式（5-9）计算的：

$$\text{Normalized value} = (\text{Original value} - \text{Inner value})/[\text{Outer(at 1)} - \text{Inner}] \tag{5-9}$$

若目标是为使参数最大化，则内圈值比外圈值小（如燃油经济性）；若目标是为使参数最小化，则内圈值比外圈值大（如氮氧化物排放量）。对于内圈值，不能为负数。12 个测量指标及其默认目标值见表 5-7。

表 5-7 测量指标及其默认目标值

测 量 指 标	默认目标值
燃油经济性/燃油消耗量	80mile/gal（2.94 L/100km）
等效燃油经济性/燃油消耗量	80mile/gal（2.94 L/100km）
HC 排放量	0.125g/mile（0.078g/km）
CO 排放量	1.7g/mile（1.056g/km）
NO_x 排放量	0.07g/mile（0.043g/km）
PM 排放量	0.08g/mile（0.05g/km）
0～60mile/h（0～97km/h）加速时间	12s
0～85mile/h（0～137km/h）加速时间	23.4s
40～60mile/h（64～97km/h）加速时间	5.3s
最大加速度	$16ft/s^2$（$4.9m/s^2$）
5s 内行驶距离	135ft（41m）
坡度	6%

用户可以单击图 5-20 上方工具栏中的编辑按钮【edit】对上述目标值及内外圈值进行编辑。蛛网图最外层所显示的值，可以通过最大位移（Max Disp）编辑框来调整，其调整增量为 0.5。

5.1.10 优化模板

优化已经成为汽车设计过程中极为重要的一部分。因此，在 ADVISOR 中提供了有关优化的模板文件和示例。用户在使用 adv_no_gui 功能（不在图形用户界面下使用 ADVISOR）与优化教程之前，需要对 ADVISOR 的应用知识有较好的理解基础。

对优化工具的基本理解，或有过使用优化工具解决问题的经验，都可以更好地使用 ADVISOR的优化功能。

5.1.10.1 ADVISOR 与优化工具接口

在 ADVISOR v3.1 中引入了“无图形用户界面使用”（又称为“批处理模式”功能），并附有文档说明。这种模式的目的是为了让用户更方便地使用 ADVISOR 与优化程序连接。按照目前的功能配置，已为用户提供了所有能在图形用户界面中可以使用的功能，在某些情况下甚至有更多的特殊功能。

一般情况下，连接优化工具与 ADVISOR 的方法包括三个主要文件和五个基本步骤。这些文件包括一个主函数程序配置工作空间与后处理、一个生成目标响应值函数和一个生成约束响应值函数。

使用ADVISOR优化的基本步骤如下：

① 初始化MATLAB工作空间。

② 使用优化程序的输入在工作空间中修改设计参数值。

③ 运行仿真获得目标响应。

④ 运行仿真获得约束响应。

⑤ 使用优化工具处理结果并返回步骤②直到满足收敛准则。

5.1.10.2 优化工具（Optimization Tools）

1. MATLAB优化工具箱（Optimization Toolbox）

优化工具箱是MATLAB的可选组件之一，它包含了多种适应于不同类型问题的算法。对于汽车分析类别问题，优化工具箱中最实用的算法是它的FMINCON功能。它的设计目的是为了解决非线性约束和有界优化问题。它使用序列二次规划的数值算法获得响应，并据此计算出一个优化梯度。

① VisualDOC（高级多学科优化软件）。VisualDOC 2.0是Vanderplaats R&D公司开发的一个商业优化软件包，可用它来进行结构参数及控制策略优化。ADVISOR与VisualDOC之间的通信是通过ASCII文本文件实现的，这种方式占用内存过多并且难以灵活使用。因此，在MATLAB中提供了与VisualDOC相连接的应用程序接口。这极大地提高了该程序的无缝集成性，并且使该程序在能解决问题类型方面的灵活性显著提高。

VisualDOC提供了两种优化程序，即直接基于梯度的优化程序（DGO）和响应面近似程序（RSA）。DGO程序默认使用序列二次规划（SQP）算法来计算梯度，并以此确定寻找最优值的方向。RSA程序的作用是进行试验设计（DOE），并基于这些数据点的响应建立一个二阶近似曲面。在此曲面基础上，程序可以进行最优设计点估计，评估在此点处的函数，并根据设计值进一步迭代逼近，直到满足误差条件。此程序对于含有噪声的响应尤其有用。例如：对一个有内部收敛误差的函数，程序在系统内具有一定的自由发挥空间。

② DIRECT（分割矩形算法）。DIRECT是由Donald R. Jones教授开发出来的一种算法。该算法在特定区域内的目标函数以及每个小区域内基准尺寸（characteristic dimension）的基础上，将一个设计空间分成一层一层更小的子空间。这样就保证了程序能够搜索整个空间，以找出最优区域，从而进行更加详尽的研究。这个程序的重新启动功能非常有用。它允许用户在进行了一定数量的性能评估（function evaluation）和迭代优化后，停止优化、检查结果，然后再继续分析。自此程序首次开发以来，它已升级到包括约束优化和整体性能优化，并被引入到不同的平台和编程语言中，如MATLAB和TOMLAB3.0。

③ iSIGHT（多学科优化算法软件）。iSIGHT是由Engineous Software公司开发的一个优化软件包。它提供了种类繁多的算法和求解方法供用户选择。此程序的主要特点有：

➢ 在定义多个程序关系之间的灵活性。

➢ 在解决特定问题时，它可以将多种求解方法以串联或并联的方式结合起来考虑。它还提供了响应面的可视化工具，并允许用户在基于实验设计优化的基础上自行研究设计参数对结果的影响。目前遗传算法和序列二次规划的近似方法已有深入研究。根据以往的经验，混合动力汽车的设计空间具有高度的非线性以及包含不连续区间的特点，因此这两种算法将会十分有用。

④ 教程 Tutorials。教程文件可以指导用户解决五类不同的问题。在这些问题中，有两个是简单的测试安装数学函数，另外三个是与 ADVISOR 相关的问题。表 5-8 总结了这些问题。

表 5-8 五种不同类型问题详述

目录名称	描述	目标	约束条件	设计参数
波峰波谷	二维多模态数学表面	使 f（x，y）值最小	无	x 和 y
盒子	纸箱优化	使曲面的面积最小	体积等于 2	宽度，高度，长度
结构参数	ADVISOR 结构尺寸优化（类似于自动调整结构参数）	在城市高速循环工况中使燃油经济性达到最佳	加速性 • 0 ~ 96.5km/h 的加速时间不大于 11.2s • 64 ~ 96.5km/h 的加速时间不大于 4.4s • 0 ~ 137km/h 的加速时间不大于 20.0s 爬坡性：以 88.5km/h 的速度行驶 20min，整备质量加五个乘客以及货物 循环工况：每一时刻汽车实际速度与循环工况要求的速度差在 3.2km/h 以内 SOC 平衡：SOC 的初始值与最终值之差应不大于 0.5%	fc_pwr_scale mc_trq_scale ess_module_num ess_cap_scale
控制	在 ADVISOR 中对汽车控制策略优化	在城市高速循环工况中使燃油经济性达到最佳	加速性 • 0 ~ 96.5km/h 的加速时间不大于 11.2s • 64 ~ 96.5km/h 的加速时间不大于 4.4s • 0 ~ 137km/h 的加速时间不大于 20.0s 爬坡性：以 88.5km/h 的速度行驶 20min，整备质量加五个乘客及货物 循环工况：每一时刻汽车实际速度与循环工况要求的速度差在 3.2km/h 以内 SOC 平衡：SOC 的初始值与最终值之差不大于 0.5 %	cs_min_pwr cs_max_pwr cs_charge_pwr cs_min_off_time
sizing_plus_control	在 ADVISOR 中同时优化结构尺寸和汽车控制策略	在城市高速循环工况中使燃油经济性达到最佳	加速性 • 0 ~ 96.5km/h 的加速时间不大于 11.2s • 64 ~ 96.5km/h 的加速时间不大于 4.4s • 0 ~ 137km/h 的加速时间不大于 20.0s 爬坡性：以 88.5km/h 的速度行驶 20min，整备质量加五个乘客以及货物 循环工况：每一时刻汽车实际速度与循环工况要求的速度差在 3.2km/h 以内 SOC 平衡：SOC 的初始值与最终值之差不大于 0.5 %	fc_pwr_scale mc_trq_scale ess_module_num ess_cap_scale cs_min_pwr cs_max_pwr cs_charge_pwr cs_min_off_time

从表5-8可以看出，所有的优化工具的目标及约束条件都一样，但是主控文件与支持文件不一样。它们公用的文件都在位于以问题名称命名的文件夹下，而某一特定工具的主控文件和支持文件却位于子文件夹下。如果用户要修改或创建主脚本文件，则修改或创建相关的目标与约束函数文件。在使用模板文件前，需要确保已经启动 ADVISOR，并在首次启动设置 MATLAB 工作路径时选择保存路径。同时需要注意的是，用户选择的文件路径名称不能包含空格。

一般情况下，表5-8中所述的两个简单数学示例能在几秒钟内完成，而解决一个 ADVISOR 问题，则有可能需要一个甚至几个小时。

2. 使用 MATLAB 优化工具箱

要在 MATLAB 优化工具箱中使用模板文件，需要用户购买此优化工具箱。MATLAB 程序只使用一个单一的主要控制文件，在此文件 optim_ * _ MATLAB. m 中优化问题已经定义好，并且优化参数也已设置完成。用户如果想了解更多关于优化参数与可用解决方案的信息，则可以查阅此工具箱的帮助文档。FMINCON（有约束的非线性最小化）函数对于多种优化问题都适用。

在 MATLAB 命令窗口中，输入主控文件的名称，例如 optim_ box_ matlab，就可以开始运行优化。在优化过程中可能会收到定期反馈，这取决于用户的优化选项设置。优化程序运行完成后，用户可以在工作空间中分析优化结果。

3. 使用 VisualDOC

用户需要向 Vanderplaats R&D 公司购买 VisualDOC2. 0 许可文件，才能使用 VisualDOC。用户安装好基础软件后，必须要添加应用程序接口。用户只需要将“main optimization”目录下的 VisualDOC20_ API. zip 文件解压到“/VisualDOC20/bin”文件夹下即可。初次使用可能需要重启计算机才能生效。

软件安装好了以后，用户可以在 MATLAB 命令窗口中输入主优化文件名称（如“optim_ box_ visualdoc. m”）就可以启动优化程序。用户可以在此文件中修改问题的定义（须记住，要同时修改其目标与约束条件）和优化控制参数。对基于梯度的优化工具来说，若想较快地收敛到最优解，这些参数的设置非常重要。

优化结果可以在 MATLAB 工作空间中得到，也可以通过 VisualDOC 的图形用户界面得到。

4. 使用 DIRECT

ADVISORv3. 2 提供了 DIRECT 一个公开发布的版本，并以 gclsolve. m 文件的形式出现。在 TOMLABv3. 0 中提供了 DIRECT 的商业版。在 TOMLAB 的网站上，对此程序的历史及其中所用到方法的背景信息都有介绍。由于此程序是基于非梯度算法，它在 ADVISOR 中分析汽车问题的近似最优解十分有效。但其缺点是对计算机处理器性能要求较高，并需要较长的计算时间来使计算结果在较小公差范围内。

DIRECT 程序有两个特点：

① 它对设计参数和响应没有收敛误差，因此，用户需要预先定义程序的迭代次数。在主控文件中，用户可以定义函数计算的最大数目或最大迭代次数。如果函数最大计算数目先溢出，程序就会停止迭代。

② 使用外部的停止标志位。在每一个设计迭代末尾，DIERCT 程序就会在 MATLAB 当前路径下寻找 stop. m 文件，找到了就退出程序，没找到就继续运行。如果用户了解大概有多长时间来运行程序，这个功能就十分有用。例如：读者可以在早上开始运行程序之后离机，当第二天再来时，在“optimization”目录下找到 stop_ hide. m 文件，并重新命名为 stop. m，程序就会在完成当前设计迭代后退出。

DIRECT 还允许用户令已经停止的优化程序继续运行。将参数 cont_ boot 值从“0”改为“1”，程序就会输入以前的结果，并从结束的地方继续运行。这时须记得，将已经改名为 stop. m 的文件重新改回为 stop_ hide. m。

在 DIRECT 中还包含画图程序及其他优化脚本文件，并提供中间结果。在主控制文件中，将参数 PriLev 值改为“2”，就能在每个设计迭代末和分析结论阶段画出设计参数、约束条件和目标的规范曲线。这些功能对于评估已完成的进度、选择终止程序还是让其继续运行都十分有用。

5. 使用 iSIGHT

用户使用 iSIGHT，需要在 Engineos Software 公司购买其许可文件。iSIGHT 的连接与以上提到的几个工具略有不同，因为其初始化出现在 iSIGHT 中，而不是在 MATLAB 中。在 ADVISOR 目录下依次打开 optimization 文件夹 >> examples 文件夹，此文件夹中包含五种优化问题的文件。打开其中某一文件夹，双击其中的“＊. desc“文件，打开 iSIGHT，并在 iSIGHT 图形用户界面中开始运行程序、分析运行结果。用户需要了解 iSIGHT 的工作原理，这样能帮助用户更有效地使用这些示例文件。

需要注意的是，用户要使用这些文件，必须在两个地方更新嵌入路径信息（embeded path information）。

① 在＊. desc 文件大约一半的位置，有一行代码指向 MATLAB 的安装路径，用户需要根据自己实际情况更新。

② 在 indata. m 文件中，用户必须在该文件的末尾更新路径信息，以导向指定的indata. m 文件。这些步骤是必不可少的，因为 iSIGHT 需要据此知道在哪里寻找到指定的文件。

这两处修改也可以在 iSIGHT 的图形用户界面里完成。

开始分析时，双击“＊. desc”文件并单击执行按钮【Execute】即可。使用 iSIGHT Solution Monitor 可以查看中间及后处理的结果。

5.2 ADVISOR 结构图的数据流

5.2.1 概述

ADVISOR 是前向仿真和后向仿真相结合的混合仿真方法。

后向仿真解决的是“假设汽车要跟随预定的车速，它的每个构件应如何工作”。这种形式的仿真程序不包括驾驶人模型，而且它能仅通过迭代方式，预测汽车所能达到的最高性能。

而前向仿真则包括驾驶人模型。由驾驶人通过调节加速踏板和制动踏板使汽车跟随预定车速。节气门开度信号转化为驱动转矩，该转矩沿着传动系传递，最终转化为驱动力，并被用来计算汽车的行驶速度。这种类型的仿真程序计算结果大于最高性能。当仿真工况超过

10min 时，程序计算速度较慢。

ADVISOR 采用的是前向仿真和后向仿真相结合的方法。该方法与常用的严格后向仿真的方法紧密相关。在后向仿真方法中，传动系下端部件（指离车轮更近的结构）会向上游部件即时反馈需求的阻力或阻力矩，上游部件就会提供相应的主动力或主动力矩，以跟随预定车速。ADVISOR 的独特之处在于，它在处理部件的极限性能时，采用向后计算和简单的向前计算。ADVISOR 将后向和前向仿真结合是基于以下两个重要的假设：

① 传动系统中的每个部件，向其上游相邻部件所要求的功率或转矩，不大于自身能够传递的功率或转矩。

② 同一个部件在前向和后向仿真算法中的效率是一样的。

这些假设在下面 ADVISOR 仿真方法的讨论中的作用是很重要的。

图 5-21 是 ADVISOR 中的串联式混合动力汽车顶层模型。箭头表示数据流方向，方框表示数据处理模块或模块组。例如：标记为“gearbox”的变速器模块里就含有诸如加法、乘法、查表等建立汽车变速器所需的基本模块。从左向右传递数据的箭头，通常是模型的后向仿真部分，向传动系上游传递转矩、车速及功率需求，如模型中由电机/控制器（motor/controller）模块指向功率总线模块（power bus）的箭头即是。而从右向左往回指的箭头，则是模型中前向仿真部分，通过传动系向下游传递可提供的转矩、车速及功率，如模型中 motor/controller 指向 gearbox 模块的箭头。

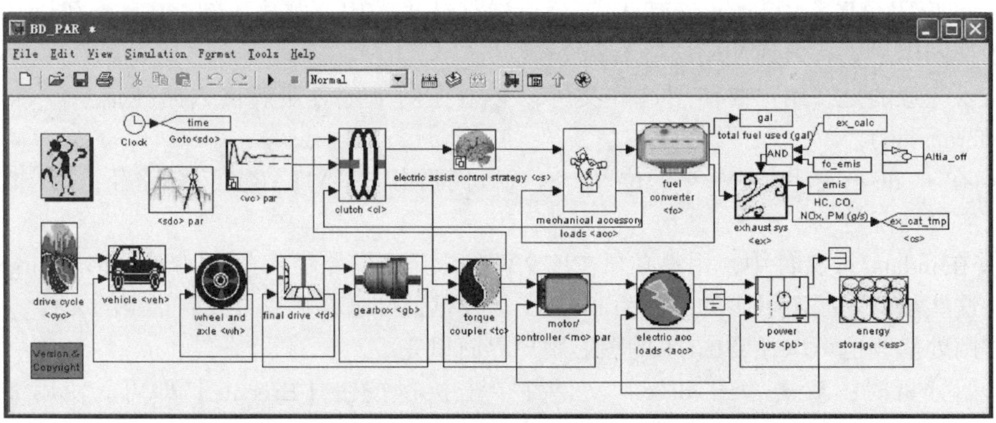

图 5-21 ADVISOR 中的串联式混合动力汽车顶层模型

为了说明 ADVISOR 前向仿真与后向仿真的结合，可以考虑混合动力汽车的极限加速工况仿真。这是个很合适的例子，因为 ADVISOR 的独特之处，就在于它处理动力传动系性能极限的方法，而汽车加速时传动系部件也工作在其极限性能下。为了描述极限加速工况，可在 ADVISOR 让汽车瞬时加速到 322km/h，这是汽车不可能达到的速度。然后，逐步按照 ADVISOR 计算步骤进行分析——首先计算部件参数的期望值（后向仿真的结果），然后再计算出实际值（前向仿真的结果）。

5.2.2 后向仿真计算步骤

5.2.2.1 循环工况模块（Drive Cycle）

在图 5-21 所示模型中最左端有一个循环工况模块，通过此模块可以得到汽车的需求车速，并输入到仿真系统中。在 ADVISOR 数据库中的有些文本文件定义了整车及其部件参数，它们都可以在模型中得以引用。

循环工况模块传递需求速度数据到整车（Vehicle）模块。整车模块不含传动系性能限制，它直接用需求车速计算出当前时间步长内的平均需求牵引力与平均车速。

通过图 5-21 中的连线，这些所得数据从整车模块传递到车轮/车轴模块（wheel/axle）中。

5.2.2.2　车轮/车轴模块（wheel/axle）

车轮/车轴模块包括：用驱动力与线速度计算转速与驱动转矩、轮胎滑移率、车轮及车轴所承受的牵引力、车轮及车轴的转动惯量等。

因为只有轮胎滑移率模型包含性能极限，所以将在下面详细论述此模型。

轮胎滑移率与轮胎上的重量、纵向力、汽车速度有关，其计算公式如下㊀：

$$slip = \omega_{req} \times r_{th} / v_{req} - 1 \tag{5-10}$$

轮胎滑移率有一个最大的极限值。这个极限值会限制所能传递的最大牵引力。整车模块中的行驶阻力会限制汽车牵引力，从而限制最大加速度，最终限制需求车速。ADVISOR 在最大滑移率条件下，通过式（5-11）和式（5-12）计算最大牵引力与加速度。

$$\mathrm{d}v/\mathrm{d}t = F/m \tag{5-11}$$

$$F = F_{traction}(\mathrm{d}v/\mathrm{d}t) - F_{areo}(v) - F_{rolling}(v) - F_{climbing} \tag{5-12}$$

用户可以在 vc 模块中打开牵引力控制（traction control）模块，查看牵引力控制模型的详细信息。

图 5-22 说明，该示例中，为跟随需求车速所需牵引力峰值大约为 2.1×10^6N，与汽车需求加速的时间步一致；但在其后汽车加速到接近需求车速时，牵引力却开始下降（图5-23中给出了计算车速）。轮胎能传递的最大牵引力为常数，大约为 1.2×10^4N。

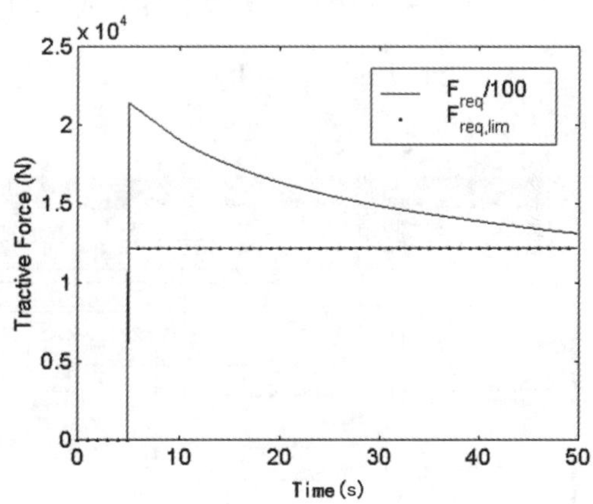

图 5-22　需求牵引力与轮胎极限牵引力

图 5-23 给出了在此模型中的各种需求车速。从循环工况模块输出的需求车速，标示为 v_{trace}。汽车模块输出在时间步内的平均速度，标示为 v_{req}。通过对比 v_{req} 与 $v_{req,lim}$，能够观察到轮胎滑移率对车速的影响。其中，$v_{req,lim}$ 为轮胎极限牵引力可能引起的最大车速；v_{act} 为实际车速，在此仅作为参考。值得注意的是，实际车速比轮胎极限牵引力产生的可能车速要低。因为此例中，实际车速还要被“上游”部件所限制。

考虑轮胎滑移率极限时，车轮需求转速可用式（5-13）计算：

$$\omega_{wh,req} = (1 + slip) v_{req,lim} / r_{wh} \tag{5-13}$$

输入到驱动轴的需求转矩，是将提供平均牵引力所需转矩、克服轴承损失与制动阻力所

㊀ 在本章最后有一个参数列表，对本节公式中的参数有详细说明，用户可自行查阅。

需转矩、克服车轮与驱动轴转动惯量加速所需的转矩共同求和得到。计算公式为：

$$T_{wh,req} = F_{lim,req} \times r_{wh} + T_{wh,loss} + J_{wh}\left(\frac{\Delta\omega_{wh,req}}{\Delta t}\right) \tag{5-14}$$

车轮/车轴模块将需求转矩与需求车速传递到主减速器（final drive）模块。主减速器模块没有性能限制，它直接根据其传动比和传动效率，将需求车速与需求转矩经过转化后再向后传递。图 5-21 中的变速器（gearbox）模块也同样是没有性能限制的。需求转速与需求转矩，经其转化后直接传递到电机/控制器（motor/controller）模块中。

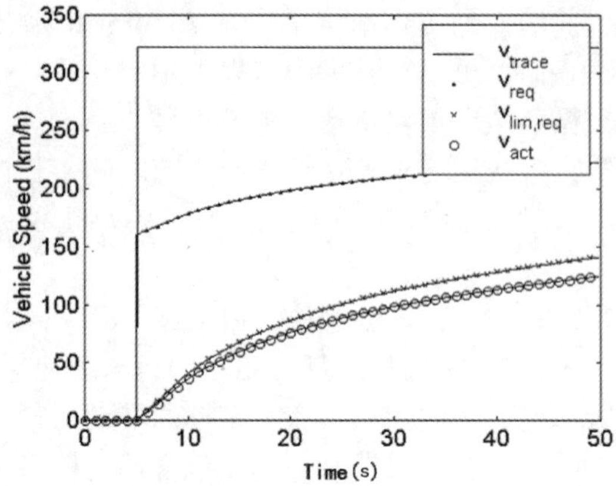

图 5-23　需求车速与计算车速

接下来，将主要研究电机与电机控制器模块。因为该模块执行了大量的性能限制，而且它有可能是 ADVISOR 前向仿真与向后方针相结合方法中最具代表性的部件模块。虽然电机不是 ADVISOR 里后向仿真计算方法中最后的一部分，但却是在此讨论的最上游组件。对于像能量存储系统这样更加上游的组件讨论，对阐明 ADVISOR 方法的独特性来说并不是很重要。

5.2.3　电机与电机控制器的前向/后向仿真数据流

如图 5-24 所示，ADVISOR 电机/控制器模块的上半部是后向仿真部分；下半部是前向仿真部分。

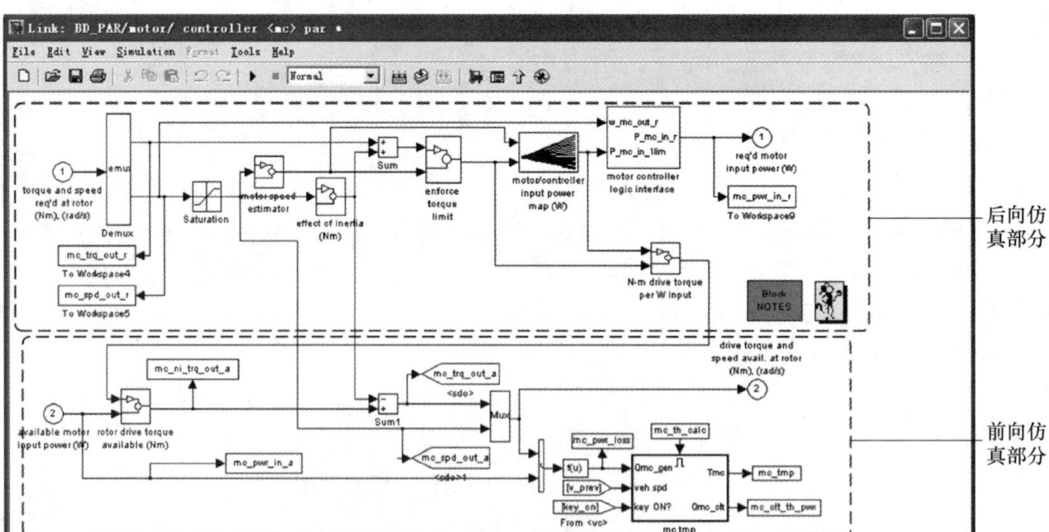

图 5-24　ADVISOR 电机/控制器模块

5.2.3.1　后向仿真

电机/控制器模块的后向仿真中，左上部输入为需求输入转矩和转速，右上部分输出为需求输入功率。

后向仿真部分包含了三种不同的性能限制：

① 需求车速受到电机最大转速的限制。

② 需求转矩受到电机最大转矩与克服其转动惯量所需要转矩差的限制。

③ 输入功率受到电机/控制器最大电流的限制。该功率是用受限的转矩与转速，在电机 MAP 图中插值得到的。

上述受限状态可以用式（5-15）描述：

$$P_{mot,in,req}=\min(P_{mot,in,map},I_{con,max}V_{bus,prev}) \tag{5-15}$$

式中，

$$P_{mot,in,map}=f(T_{mot,lim,req},\omega_{mot,lim,prev}) \tag{5-16}$$

式中，f 是电机 MAP 图所描述的函数关系，而

$$\omega_{mot,lim,req}=\min(\omega_{mot,req},\omega_{mot,max}) \tag{5-17}$$

$$T_{mot,lim,req}=\min\left\{f_1(\omega_{mot,lim,req}),T_{mot,req}+J_{mot}\left(\frac{\Delta\omega_{mot,lim,req}}{\Delta t}\right)\right\} \tag{5-18}$$

式中，f_1 是电机转矩包络线所描述的函数关系。

若上一时间步中，车速偏离需求速度超过 1mile/h（1.6km/h），那么 $\omega_{mot,lim,req}$ 将在式（5-16）和式（5-17）中被替换，而在式（5-18）中，f_1 的计算是通过式（5-19）计算出的上一时间步的实际电机速度来计算的。

$$\omega_{mot,act,prev}=\left[v_{act}\left(\frac{\omega_{mot,lim,req}}{v_{avail}}\right)\right]\text{prev} \tag{5-19}$$

式（5-19）通过汽车的实际速度来估算电机前一时间步转速。而汽车的实际速度是通过 MATLAB 变量“mpha”给出的，在式（5-19）中表示为 v_{act}。v_{avail} 是与动力传动系有效速度相关的车速，而动力传动系的速度由如 mc_ spd_ out_ a 这样的 MATLAB 变量给出。其中，mc_ spd_ out_ a 就等于式（5-19）中的 $\omega_{mot,lim,req}$。所以，$\frac{\omega_{mot,lim,req}}{v_{avail}}$ 可以反映出传动比、轮胎滚动半径、轮胎滑移率这些因素的影响，是它们将电机转速与汽车行驶速度联系起来的。

图 5-25 体现了式（5-18）的作用。在全力加速的示例中，电机需求转矩大于它的最大转矩。5s 以后，用 $\tau_{mot,lim,req}$（受电机最大转矩限制的电机需求转矩）来计算电机/控制器模块需求的输入功率。

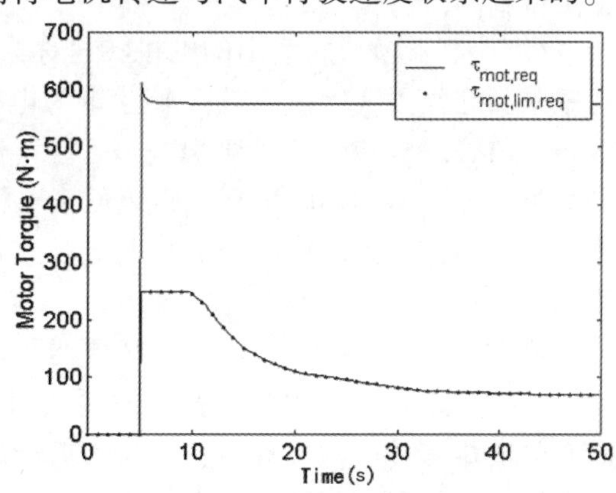

图 5-25　电机需求转矩

图 5-26 体现了式（5-17）的作用，在 42s 以后，电机需求转速超过了其极限转速。$\omega_{mot,lim,req}$ 被用来计算电机需求输入功率，其曲线在加速时大部分时间（如图中 42s 以前的部分）与 $\omega_{mot,req}$ 曲线重合。

图 5-27 体现了式（5-16）的作用。$P_{mot,in,map}$ 是电机在最大转矩和转速工作时所需输入的驱动功率；$P_{mot,in,req}$ 是电机/控制器在功率总线处的需求功率，此功率是由蓄电池组或发电机提

供的。在全力加速的示例中，图5-22表明，在9~18s内，由于电机的电流限制，其实际输出功率小于需求功率。

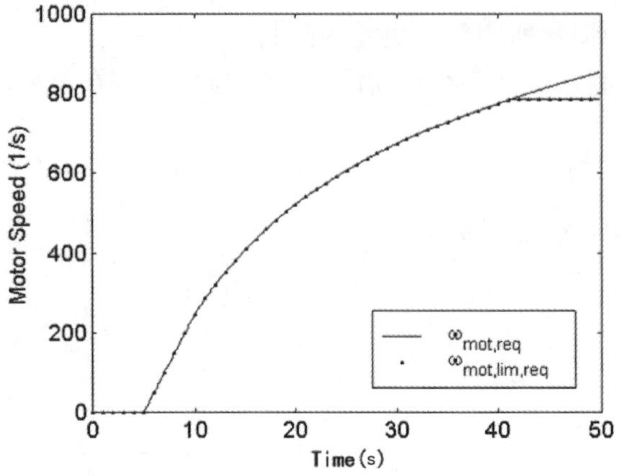

图5-26 电机需求转速

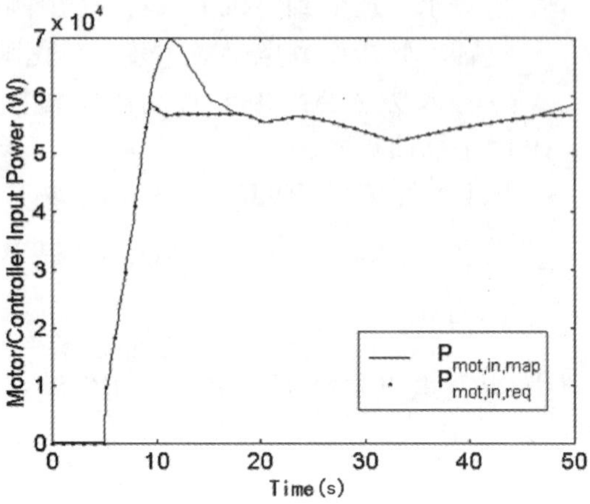

图5-27 电机/控制器需求功率

5.2.3.2 前向仿真

在图5-24中，电机/控制器模块下半部为前向仿真计算，它接收有效的输入功率作为其输入，然后算出可实现的电机转矩和转速作为输出。

在给定可用输入功率的情况下，为了计算电机/控制器的转矩，需要用到电机/控制器在后向仿真时的效率，在式（5-20）中记为$P_{mot,lim,req}/P_{mot,in,map}$。

$$T_{mot,avail}=T_{mot,lim,req}\left(\frac{P_{mot,avail}}{P_{mot,in,map}}\right)-J_{mot}\left(\frac{\Delta\omega_{mot,lim,req}}{\Delta t}\right) \tag{5-20}$$

在模型中，用电机轴的需求加速度来计算转子加速所需要的转矩。在全力加速仿真中，需求加速度受滑移率限制，且该加速度通常比动力传动系所能传递的极限加速度还要大。所以，电机惯性的影响使得全力加速仿真的结果偏大。但是，这种影响对ADVISOR的计算精确度是可以忽略的。

电机/控制器模块所输出的电机转速称为“有效”转速。如果在当前时间步内没有转矩或功率限制起作用，此“有效”转速即为电机的实际转速。图5-26说明，电机模型的输出有效转速与式（5-17）中计算出的$\omega_{mot,lim,req}$相等。这说明有效电机转速是受电机极限转速制约的需求转速。但如果电机有效转矩低于电机需求转矩，那么有效转矩对于电机要加速到其需求速度是不够的。这可能会引起电机/控制器模块输出的电机“有效”速度比实际电机速度要高。

电机有效转矩经由变速器与主减速器，传递到驱动轴与车轮。此时不仅要考虑二者的减速比，还要考虑它们的效率（在后向仿真过程中计算得到的），这就产生了输入到车轮/车轴的有效转矩和转速，只有当它们与需求转矩或转速不一样时，轮胎滑移率才起作用。

上述现象可用下面的等式来描述：

$$v_{avail}=\omega_{wh,avail}\times r_{wh}/(1+slip) \tag{5-21}$$

式中，滑移率*slip*是用有效牵引力重新计算的；v_{avail}是受部件速度性能限制的车速。

在后向仿真过程计算牵引力时，滑移率除限制需求牵引力外没有其他作用。因为在上游组件计算中，没有能使牵引力增大的组件。滑移率模块所施加的限制保存在车轮/车轴模块的前向仿真算法中。

ADVISOR 将行驶阻力矩除以车轮滚动半径，得到了一个有效牵引力。求解式（5-12）得到当前时间步末的车速，ADVISOR 以此作为实际车速的估计值。ADVISOR 将这个基于当下牵引力的车速估计值与式（5-21）计算所得的结果做比较，选择较小的那个作为实际车速，也就是图 5-23 中标记的 v_{act}。用这种方法计算出来的车速，不会超过从传动系中得来的有效转矩与有效驱动力所提供的速度，也不会超过任何一个符合传动系组件的有效极限速度。

本章公式中参数说明及 ADVISOR 对应变量见表 5-9。

表 5-9 本章公式中参数说明及 ADVISOR 对应变量

参数	物理意义	ADVISOR 中对应的变量
F_{req}	为满足跟随车速所需牵引力	veh_force_req
$I_{con,max}$	电机控制器最大电流	mc_max_crrnt
J_{mot}	电机转动惯量	mc_inertia
J_{wh}	车轮/驱动轴总成转动惯量	wh_inertia
$P_{mot,avail}$	可传递到电机控制器的输入功率	mc_pwr_in_a
$P_{mot,in,req}$	电机控制器需求输入功率	mc_pwr_in_r
r_{wh}	轮胎滚动半径	wh_radius
$slip$	轮胎滑移率	wh_slip_r
V_{bus}	总线电压（等于蓄电池组电压）	pb_voltage
v_{act}	时间步末的汽车实际速度	mpha
v_{req}	汽车需求车速（时间步长内平均速度）	veh_spd_r
v_{trace}	汽车需求车速（时间步末速度）	cyc_mph_r
$\tau_{mot,avail}$	电机可传递的转矩	mc_trq_out_a
$\tau_{mot,lim,req}$	电机需求转矩，受限于电机的最大转矩	
$\tau_{mot,req}$	电机需求转矩	mc_trq_out_r
$\tau_{wh,req}$	动力传动系对车轮/驱动轴的需求转矩	wh_trq_r
$\omega_{mot,act,prev}$	电机前一时间步转速	mc_spd_est
$\omega_{mot,max}$	电机最大转速	
$\omega_{mot,req}$	电机需求转速	mc_spd_out_r
$\omega_{mot,lim,req}$	电机需求转速，受限于电机的极限转速	mc_spd_out_a
$\omega_{wh,avail}$	车轮可达到的转速	wh_spd_a
$\omega_{wh,req}$	车轮需求转速	wh_spd_r

第 6 章

ADVISOR 在我国的再开发应用

如前所述，ADVISOR 自带库的驱动形式及控制策略有限，其开发目标车型是前轮驱动汽车，混合动力系统的控制策略也是一些最基本的方法。随着国内对节能与新能源汽车不断深入地开发，针对 ADVISOR 的高级应用与再开发研究也已广泛地展开，并取得许多应用成果。

当前，ADVISOR 的高级应用与再开发，主要侧重以下两方面，一是车辆构型再开发，二是控制策略再开发。在车辆构型再开发中，由于国内研究的混合动力系统有驱动形式的变异，需要在 ADVISOR 平台上增加其他驱动形式的构型。在控制策略的再开发中，根据国内的研究对象多样化，控制思想和方法也有多种形式，本章也在这方面进行了讨论。

本章重点介绍编者在节能与新能源汽车课题研究过程中，围绕承担项目对 ADVISOR 进行应用与再开发的一些实践成果。

6.1 基于 ADVISOR 的构型再开发

ADVISOR 软件平台只提供前轮驱动（FWD）形式。其所列举的混合动力构型，也仅限于当前国际上常用的串联式、并联式及以丰田普锐斯为代表的混联式等几种形式。

然而，开发的混合动力客车，需要研究后轮驱动（RWD）形式，研究军用混合动力汽车需要四轮驱动（4WD）形式等混合动力系统；另外，即使针对其中某一种混合形式，也存在多种不同子构型，譬如，在并联式中，电机在离合器、变速器前后各种不同位置，其并联式构型也不尽相同；还有，针对普锐斯的混联式，由于行星机构与动力源连接方式的不同，更是存在多种行星混联子形式。再有，电源复合系统也存在混合构型的变异等问题。显然原 ADVIOSR 软件平台，已不能满足国内节能与新能源汽车深度开发的现实需求。

因此，在原 ADVISOR 软件平台基础上进行再开发问题，就很自然地摆在了我国科技工作者面前。

本章通过某一混合构型的变异系统，介绍 ADVIOSR 软件再开发方法；再以四轮驱动形式为例，说明在 ADVISOR 平台上，如何进行驱动形式的再开发。

对于其他驱动形式的再开发，相信这些方法与示例会有一定借鉴参考作用。

6.1.1 后轴驱动形式再开发

6.1.1.1 后轴驱动汽车动力学模型

ADVISOR 中，所有的默认车型都是前轴驱动（FD）形式，但在二次开发过程中，有时需要仿真后轴驱动（RD）车辆。这就要求开发人员在仿真过程中，首先进行驱动形式的修改。

下面，我们对比一下前轴驱动汽车与后轴驱动汽车的动力学模型，深入了解两者差异，以便修改相关模块。

前轴驱动形式下，驱动与制动工况下极限附着对应的极限速度，如式（6-1）所示

$$v_{\mathrm{ftmax}}=\frac{\dfrac{mgb\mu_{\max}}{L}-mg(f_1\cos\alpha+\sin\alpha)-\dfrac{1}{2}mgf_2v_0\cos\alpha-\dfrac{1}{8}\rho C_{\mathrm{d}}Av_0^2+\dfrac{\mu_{\max}h_{\mathrm{g}}v_0}{Lt}+\dfrac{mv_0}{t}}{\dfrac{3}{8}\rho C_{\mathrm{d}}Av_0^2+\dfrac{1}{2}mgf_2\cos\alpha+\dfrac{m}{t}+\dfrac{m\mu_{\max}h_{\mathrm{g}}t}{L}}$$

$$v_{\mathrm{ftmin}}=\frac{-\dfrac{mgb\mu_{\max}}{L}-mg(f_1\cos\alpha+\sin\alpha)-\dfrac{1}{2}mgf_2v_0\cos\alpha-\dfrac{1}{8}\rho C_{\mathrm{d}}Av_0^2-\dfrac{\mu_{\max}h_{\mathrm{g}}v_0}{Lt}+\dfrac{mv_0}{t}}{\dfrac{3}{8}\rho C_{\mathrm{d}}Av_0^2+\dfrac{1}{2}mgf_2\cos\alpha+\dfrac{m}{t}-\dfrac{m\mu_{\max}h_{\mathrm{g}}t}{L}} \tag{6-1}$$

后轴驱动形式下，驱动与制动工况极限附着对应的极限速度，如式（6-2）所示

$$v_{\mathrm{rtmax}}=\frac{\dfrac{mg(L-b)\mu_{\max}}{L}-mg(f_1\cos\alpha+\sin\alpha)-\dfrac{1}{2}mgf_2v_0\cos\alpha-\dfrac{1}{8}\rho C_{\mathrm{d}}Av_0^2-\dfrac{\mu_{\max}h_{\mathrm{g}}v_0}{Lt}+\dfrac{mv_0}{t}}{\dfrac{3}{8}\rho C_{\mathrm{d}}Av_0^2+\dfrac{1}{2}mgf_2\cos\alpha+\dfrac{m}{t}-\dfrac{m\mu_{\max}h_{\mathrm{g}}t}{L}}$$

$$v_{\mathrm{rtmin}}=\frac{\dfrac{-mg(L-b)\mu_{\max}}{L}-mg(f_1\cos\alpha+\sin\alpha)-\dfrac{1}{2}mgf_2v_0\cos\alpha-\dfrac{1}{8}\rho C_{\mathrm{d}}Av_0^2+\dfrac{\mu_{\max}h_{\mathrm{g}}v_0}{Lt}+\dfrac{mv_0}{t}}{\dfrac{3}{8}\rho C_{\mathrm{d}}Av_0^2+\dfrac{1}{2}mgf_2\cos\alpha+\dfrac{m}{t}+\dfrac{m\mu_{\max}h_{\mathrm{g}}t}{L}} \tag{6-2}$$

式（6-1）、式（6-2）中，m 为整车质量（kg）；g 为重力加速度（$\mathrm{m/s^2}$）；L 为车辆轴距（m）；b 为车辆重心到后轴的水平距离（m）；$\mu_{\max}$ 为最大附着系数；f_1、f_2 分别为计算滚动阻力系数时的截距与斜率[⊖]；α 为坡度角（rad）；v_0 为车辆初速度（m/s）；ρ 为空气密度（$\mathrm{kg/m^3}$）；C_{d} 为空气阻力系数；A 为车辆迎风面积（$\mathrm{m^2}$）；h_{g} 为车辆质心高度（m）；t 为仿真迭代步长（s）；v_{ftmax} 为 FD 前驱形式下驱动工况所能达到的最大速度（m/s）；v_{ftmin} 为 FD 前驱形式下制动工况所能达到的最小速度（m/s）；v_{rtmax} 为 RD 后驱形式下驱动工况所能达到的最大速度（m/s）；v_{rtmin} 为 RD 后驱形式下制动工况所能达到的最小速度（m/s）。

比较式（6-1）与式（6-2），两种驱动形式下，极限速度计算公式的差异体现在以下方面：

① RD 后驱形式下含有质心高度 h_{g} 的项，与对应的 FD 前驱形式下，含有质心高度 h_{g} 的项，符号相反。

② 比较多项式的首项可以看出，FD 前驱形式下，按照前轴载荷分配计算极限速度，RD 后驱形式下，按照后轴载荷分配计算极限速度。

6.1.1.2 后轴驱动模块嵌入 ADVISOR

在分析完成前后轴驱动汽车的数学模型差别后，就可以进行后轴驱动模块再次开发。下面以传统汽车为例，详述 FD 前轴驱动构型改为 RD 后轴驱动构型的过程。

首先，在整车控制模块的库中，复制传统汽车模块 <vc>conv，并命名为 <vc>conv_rear，如图 6-1 所示。

⊖ 滚动阻力系数等于 f_2 与当前车速的乘积再加上 f_1。

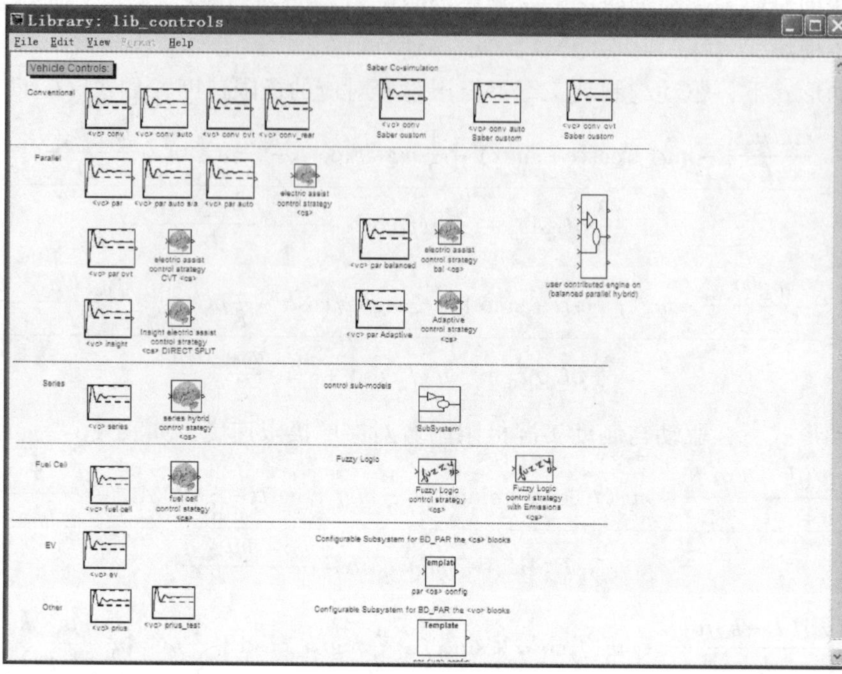

图6-1 整车控制模块库文件

打开 <vc>conv_rear 模块，得到如图6-2所示的子模块。再继续打开牵引力控制子模块，得到如图6-3所示的子模块。该模块主要包括两部分，分别是轮胎附着对车速限制模块与轮胎滑移时的牵引力计算模块。FD前驱改RD后驱构型时，需要对这两个模块进行更改。

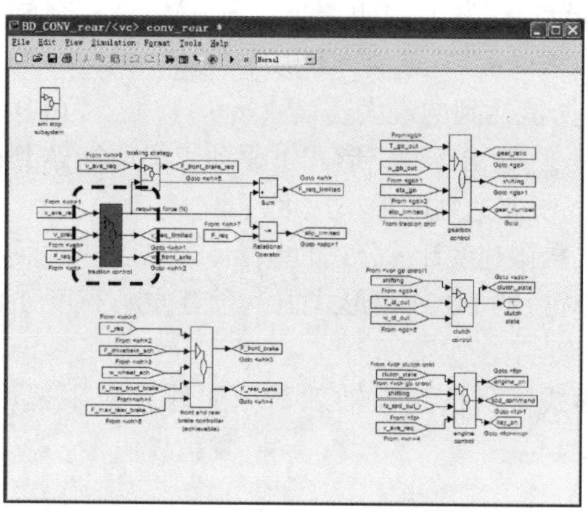

图6-2 <vc>conv_rear 模块

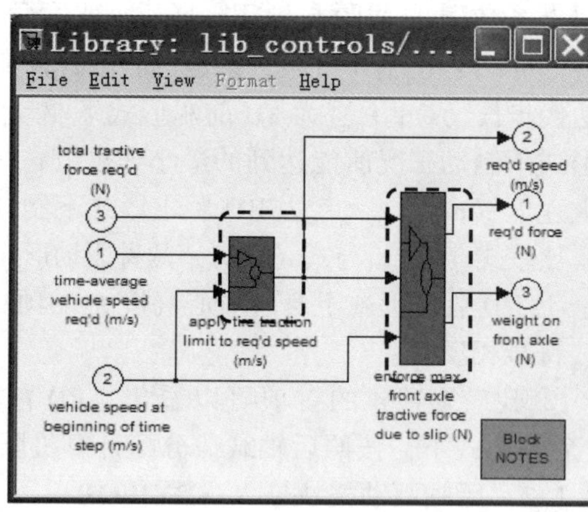

图6-3 牵引力控制模块

轮胎附着对车速限制模块，即为式（6-1）、式（6-2）表示的计算过程。在这个模块中，我们只需要根据式（6-1）、式（6-2）的差异修改符号，修改后的结果如图6-4所示。

轮胎滑移时的牵引力计算模块中，主要修改加速过程的轴荷转移计算过程。FD前轴驱动汽车在加速过程中，轴荷向后转移，驱动轴轴荷减小；而RD后轴驱动汽车却由于轴荷向后转移，使得后驱动轴轴荷增加。修改完成后的该模块如图6-5所示。

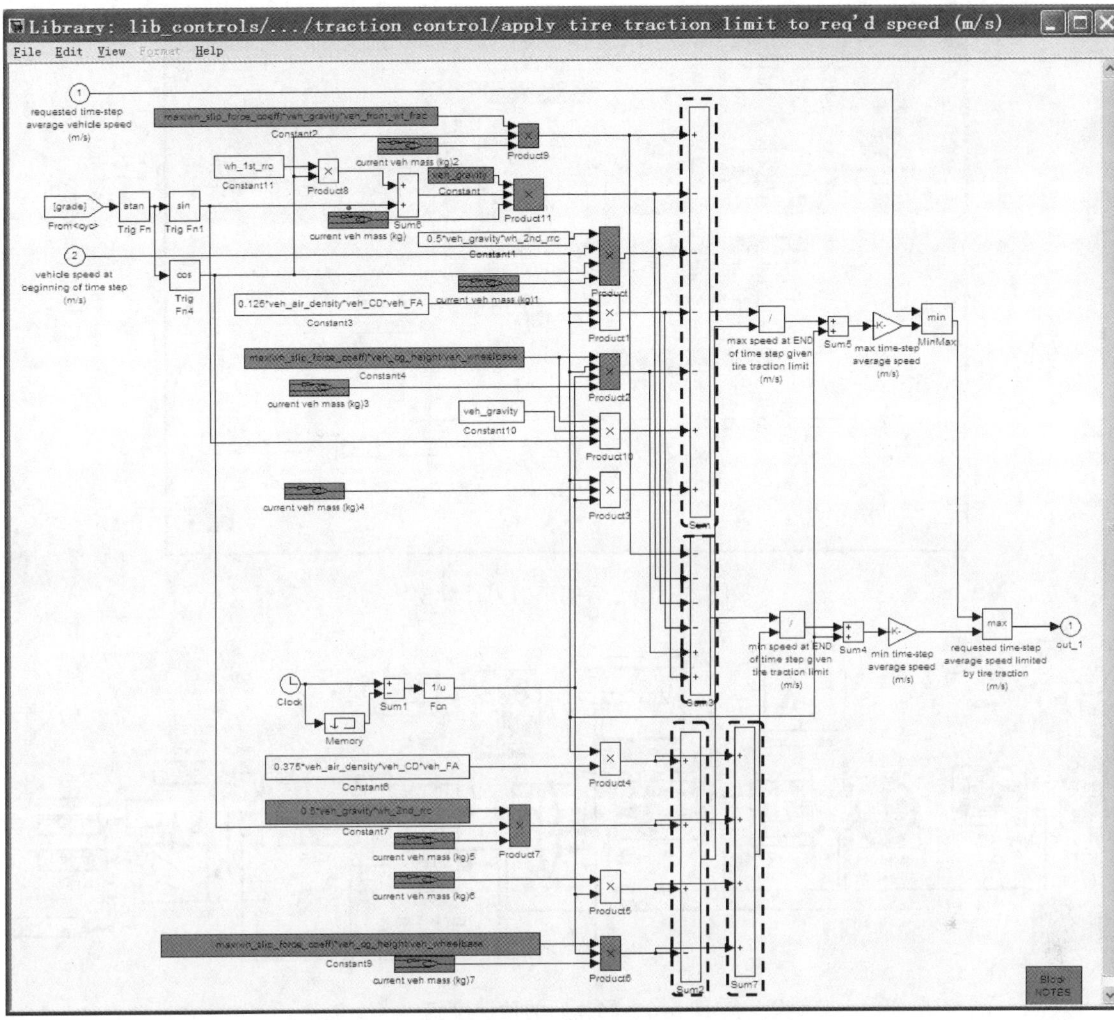

图 6-4　修改后的轮胎附着对车速限制模块

至此，就完成了对后轴驱动控制模块 <vc>conv_rear 的修改。下面，需要将 <vc>conv_rear 模块嵌入到整车模型的顶层模块中，具体过程如下：首先，将传统汽车的顶层模型 BD_CONV 另存为 BD_CONV_rear，然后删除该顶层中的 <vc>conv 模块，并用 <vc>conv_rear 模块替换，修改完成后的顶层模块如图 6-6 所示。

6.1.1.3　配置装载文件

将原有 FD 前轴驱动的传统汽车所配置的装载文件 CONVENTIONAL_defaults_in.m（在 ADVISOR 的 \data\vehicle 目录下），另存为 CONVENTIONAL_rear_defaults_in，并将前两条语句修改为

```
vinf.name = 'CONVENTIONAL_rear_defaults_in'
vinf.drivetrain.name = 'conventional_rear'
```

然后将 optionlist.mat 文件，装载到 MATLAB 空间，在空间中会出现 options 结构变量。在其 options.drivetrain 属性中，添加一项名为 conventional_rear 的驱动链。

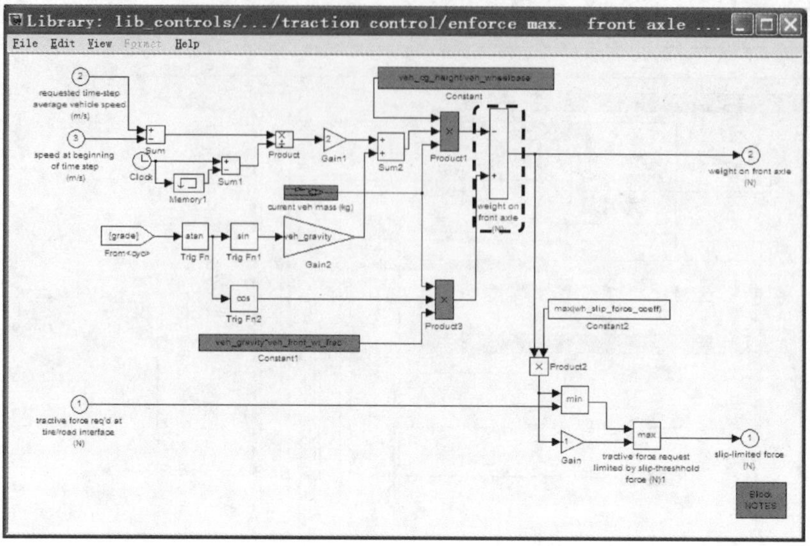

图 6-5 修改后的牵引力计算模块

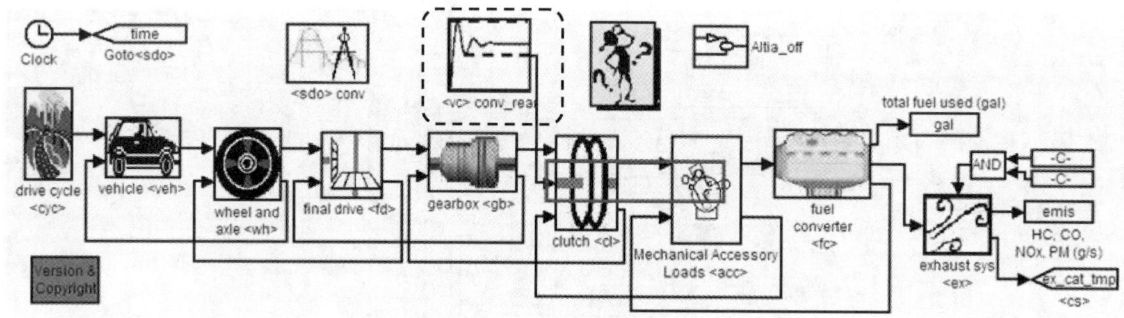

图 6-6 修改后的顶层模型

具体过程为，在 MATLAB 命令空间输入：

```
optionlist('add','drivetrain','conventional_rear');
% 在动力传动系中,增加用户定义的后轴驱动构型 conventional_rear
```

6.1.1.4 修改相应 M 文件

为使 ADVISOR 的 GUI 平台，能够识别所增加的模块，确保正确调用 RD 后轴驱动顶层模块，在 ADVISOR 的 \gui 目录下 block_diagram_name.m 文件的 switch drivetrain 语句中，增加下面语句：

```
case 'conventional_rear';
bd_name = 'BD_CONV_rear';
```

另外，还需要修改三个有关图像输入输出的 M 文件，具体如下所述。

在 ADVISOR \gui 目录下，找到 gui_image.m 文件，在 50 行左右的位置添加如下语句，以实现该后驱构型对 gui 界面的调用：

```
case 'conventional_rear'
conventional_im = imread('conventional.jpg','jpg');
h2 = image('Parent',h1,...
'ButtonDownFcn','gui_select',...
'CData',conventional_im,...
'Tag','conventional_image');
text('parent',h1,...
'string','fuel',...
'rotation',90,...
'position',[30 100],...
'tag','fuel_type');
```

在 ADVISOR \gui 目录下的 InputFigControl. m 文件中，在第 400 行或邻近的语句位置处，插入以下程序语句，即在 conventional_ rear 驱动下，不需要加载转矩耦合器、能量存储器、电机控制器、发电机等部件：

```
case 'conventional_rear'
fields2remove = {'torque_coupling','energy_storage','motor_controller',
'generator'};
```

在 ADVISOR \gui 目录下的 ImageInfo. m 文件中，增加以下语句，以实现在 conventional_ rear 驱动下，能够通过整车输入模型的车辆图片进行部件选择：

```
case'conventional_rear'
im = {
    'fuel_converter',          [306  350 48   112]
    'exhaust_aftertreat',      [182  219 118  130]
    'exhaust_aftertreat',      [24   62 118   132]
    'transmission',            [269  290 60   101]
    'wheel_axle',              [61   116 1    25]
    'wheel_axle',              [252  307 7    27]
    'wheel_axle',              [61   116 135  159]
    'wheel_axle',              [252  308 134  154]
   };
```

6.1.1.5 仿真结果

按照上述步骤完成配置后，重启 ADVISOR，整车输入界面如图 6-7 所示。由图看到，车辆加载文件为 CONVENTIONAL_ rear_ defaults_ in. m，与之相匹配的驱动为 conventional_ rear。

下面，采用默认的传统车参数进行动力性仿真。本文采用覆盖质量 Override Mass，取 1500kg，同时，增加动力源的功率，使发动机的功率提高到 100kW。仿真结束后，将仿真结果与未改型的 FD 前轴驱动车辆仿真结果进行比较，见表 6-1。

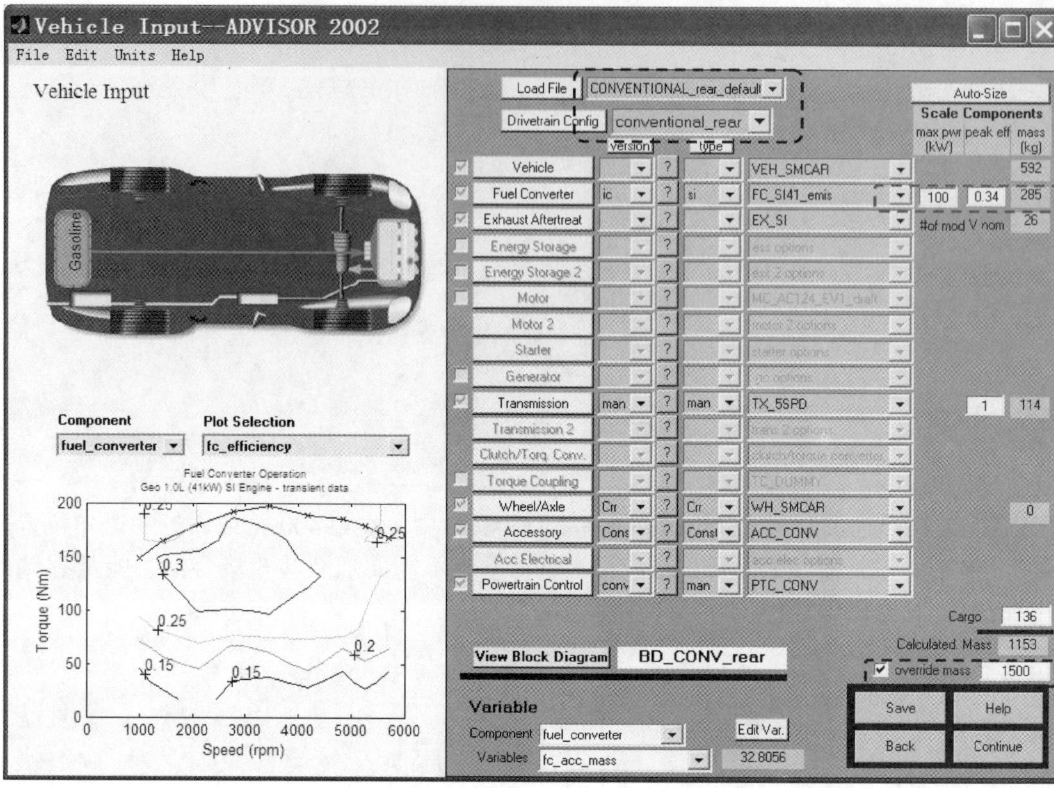

图 6-7 配置完成后的整车输入界面

表 6-1 前驱与后驱构型仿真结果

	0～60mph 加速时间/s	10mph 持续爬坡（%）
FD 前驱构型	9.9	50.4
RD 后驱构型	9.5	60.2

依据仿真结果，可以看出，RD 后驱构型加速时间短，爬坡能力强，动力性明显优于 FD 前驱构型。这是由于车辆在加速与爬坡过程中，都会产生轴荷转移，使后轴载荷增大，前轴载荷减小。RD 后驱形式相对于 FD 前驱形式，驱动轴的轮胎附着力更大（这是前面需要增大动力源功率的原因），从而动力性更好。

FD 前驱改为 RD 后驱，可以通过两种方法：

① 采用上述的顶层模型进行修改。

② 在 M 文件中直接修改。根据式（6-1）、式（6-2）的表述，将车辆 M 文件中的前轴载荷 veh_front_wt_frac，设定为实际值，质心高度 veh_cg_height，设定为实际值的负值，来修改构型。

这两种方法所实现的功能是一样的，但后者更加便捷，因而在实际仿真中应用更普遍。有兴趣的读者可将两种方法的仿真结果进行比较分析，探究两者更多的差异。

6.1.2 4WD双轴驱动形式再开发

为对某双轴四轮驱动军用越野混合动力汽车进行性能仿真，本节对ADVISOR进行了再开发。仿真结果表明，其开发程序模块具有一定的准确性与可靠性。

6.1.2.1 双轴驱动混合动力汽车性能仿真模块

1. 双轴驱动汽车动力学模型

图6-8所示为双轴驱动汽车受力分析简图。根据力平衡原理，可推导出汽车迭代步末速度 v_t（极限末车速）。详细推导过程可参考文献［8］。

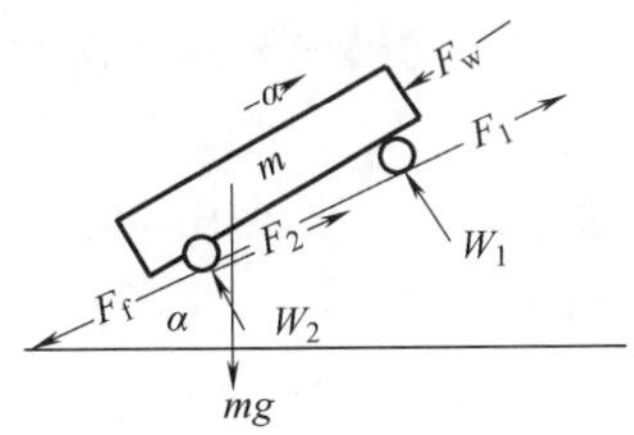

图6-8 双轴驱动汽车受力分析

$$v_t = \frac{mg\cos\alpha\mu_{\max} - mg(f_1\cos\alpha + \sin\alpha) - 1/2\cos\alpha mgf_2v_0 - 1/8\rho C_dAv_0^2 + mv_0/\mathrm{d}t}{3/8\rho C_dAv_0 + 1/2mgf_2\cos\alpha + m/\mathrm{d}t} \tag{6-3}$$

式中，m 为汽车质量（kg）；f_1、f_2 分别为计算滚动阻力系数时的截距与斜率⊖；F_1、F_2 为汽车前后轮驱动力；ρ 为空气密度（kg/m^3）；C_d 为风阻系数；A 为汽车迎风面积（m^2）；α 为行驶路面坡度（%）；$\mu_{\max}$ 为路面最大附着系数；dt 为迭代时步（s）；v_0、v_t 分别为迭代初、末速度（m/s）。

对于制动情况，建模方法与驱动情况完全相同，只是 F_1 及 F_2 的方向与驱动情况相反，同理可推导出在制动极限附着情况下，汽车所能达到的最小车速。图6-9为编者在MATLAB/

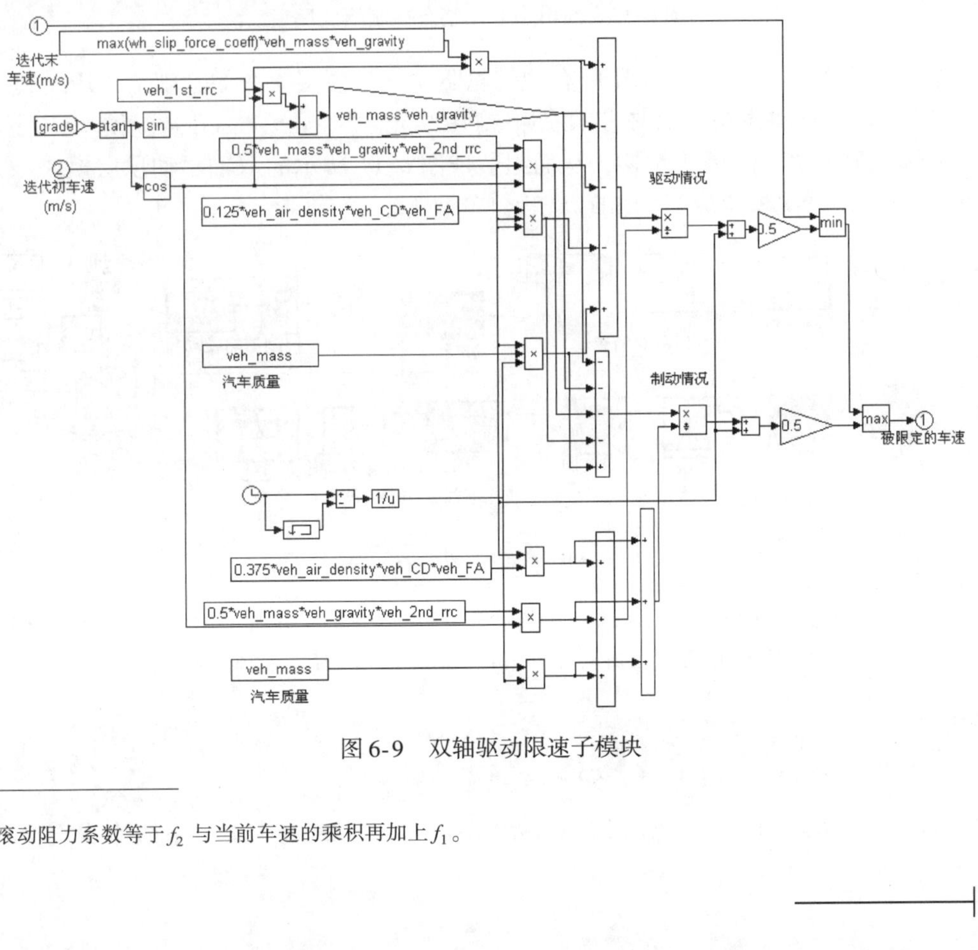

图6-9 双轴驱动限速子模块

⊖ 滚动阻力系数等于 f_2 与当前车速的乘积再加上 f_1。

Simulink 环境下，建立起的双轴驱动仿真模块框图。

这样，在极限附着力的限制下，四轮驱动汽车的车速不会超过汽车的实际运行能力。同样，也需要考虑对驱动/制动力的限制。这部分建模比较简单，可参考文献［12］。

2. 双轴驱动模块嵌入 ADVISOR

所建立的双轴驱动模块须嵌入 ADVISOR 的图形输入界面（GUI）平台下，才能参与汽车的性能仿真。下面以串联构型为例，用几个关键步骤说明驱动模块的嵌入过程。

① 将模块装入库：将图 6-9 所建立的模块进行系统封装，并形成新的子系统。将双轴驱动模块加入到原 ADVISOR 串联混合动力汽车控制库 <vc> series 中，从而为串联混合动力驱动汽车的性能仿真提供了新的库模块，取名，如叫“<vc>串联双轴驱动”模块，如图 6-10所示。

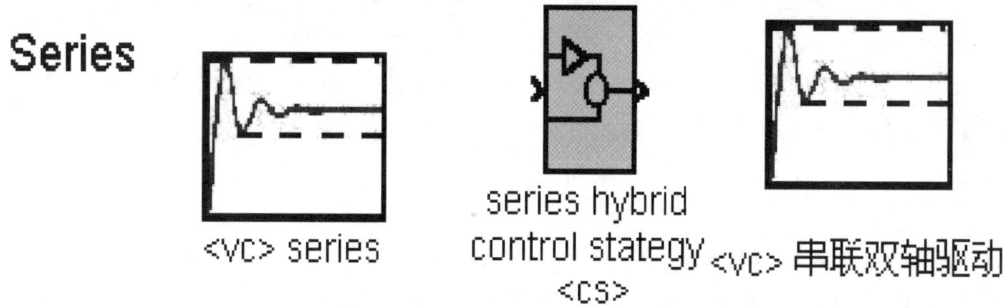

图 6-10 新增串联型整车控制模块库

② 构造顶层模块：在 ADVISOR 原有的前轮驱动汽车顶层模块的基础上，用所建的四轮驱动模块替换前轮驱动模块，具体步骤是：删除原先“<vc>” series 子模块，用上述的“<vc>串联双轴驱动”子模块替换，从而组装成图 6-11 所示的双轴驱动顶层模块。为方便起见，可将其顶层系统模块取名为 BD_SER_4WD。

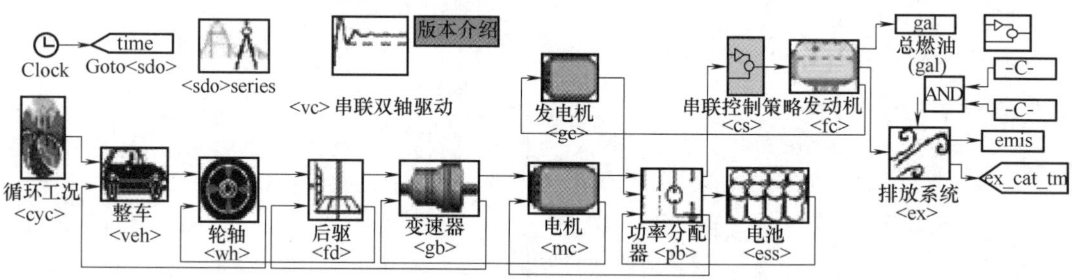

图 6-11 双轴驱动顶层模块

③ 配置装载文件：将原有前轮驱动串联混合动力汽车所配置的装载文件 SERIES_defaults_in. m（在 ADVISOR 的 \ data \ vehicle 目录下）前两条语句修改为：

```
vinf.name ='SERIES_4WD_defaults_in'
vinf.drivetrain.name ='series_4WD'
```

然后将 optionlist. mat 文件装载到 MATLAB 空间（ADVISOR 3. 1 以下版本，直接在命令

空间输入“optionlist”，单击回车键即可），在 MATLAB 空间会出现 options 的结构变量。在其 options. drivetrain 属性中添加一项名为 series_4WD 的驱动链，并将修改后的装载文件 SERIES_defaults_in. m 另外更名，如“SERIES_4WD_defaults_in. m”，进行保存，最后存储更新原来的 optionlist. mat 文件。

上述是针对新构型能被 ADVISOR 的 GUI 界面正常识别的关键步骤。由于 ADVISOR 推出多个版本，上述关键步骤的修改只是针对早期 ADVISOR 3. 1 版本的。

在 ADVISOR 高版本 2002 版本中，研究发现，options 结构变量存在于 all_menus. mat 文件中。因此也可以用 OPTIONLIST 文件来实现，具体语句格式如下：

```
optionlist ('add', 'drivetrain', 'series_4WD');
        % 在动力传动系中增加用户定义的串联双轴驱动构型 series_4WD
```

另在 ADVISOR \ gui 目录下的 InputFigControl. m 文件中，大约在第 400 行语句位置处，插入增加以下程序语句：

```
case 'series_4WD'
fields2remove = {'torque_coupling'};
```

由于是串联混合动力系统，上述语句不需要加载“torque_coupling（转矩耦合器）”部件。

④ 修改相应 m 文件：为使 ADVISOR 的 GUI 平台能够识别所增加的模块，确保正确调用串联双轴驱动汽车顶层模块，在 ADVISOR \ gui 目录下 block_diagram_name. m 文件的 switch drivetrain 语句中增加下面语句：

```
case 'series_4WD';
bd_name = 'BD_SER_4WD';
```

这样，重新运行 ADVISOR 后，在 ADVISOR 的 GUI 参数输入界面中，便可看到新的驱动链配置项“BD_SER_4WD”，如图 6-12 右侧下部线框内所示。

⑤ 更换配置图像：在 ADVISOR \ gui 目录下的 gui_image. m 文件中输入双轴驱动串联混合汽车的图像文件名，如 series_4WD. JPG，便可将原有的界面图像替换成双轴驱动模式的图像界面，如图 6-12 左上四轮驱动车型配置图片（虚线框内）。

通过以上五个步骤，即完成了对双轴驱动串联混合动力汽车的 ADVISOR 的 GUI 嵌入创建过程。用户通过这个界面可以方便地配置汽车参数，进行汽车性能仿真。对于其他不同构型，可参考上述办法实现嵌入。

6.1.2.2 应用实例

为了考察上述双轴驱动混合动力汽车性能仿真模块的适用性，本节以 BJ212 越野车为例，对其改装成串联式双轴驱动混合动力汽车（HEV）的性能进行了仿真计算。改装为混合式的 BJ212 越野车传动系的布置方案，如图 6-13 所示。

表 6-2 给出了仿真计算时初定的主要性能指标、整车及主要总成的参数。有关混合动力总成参数匹配与控制策略见文献［12］。

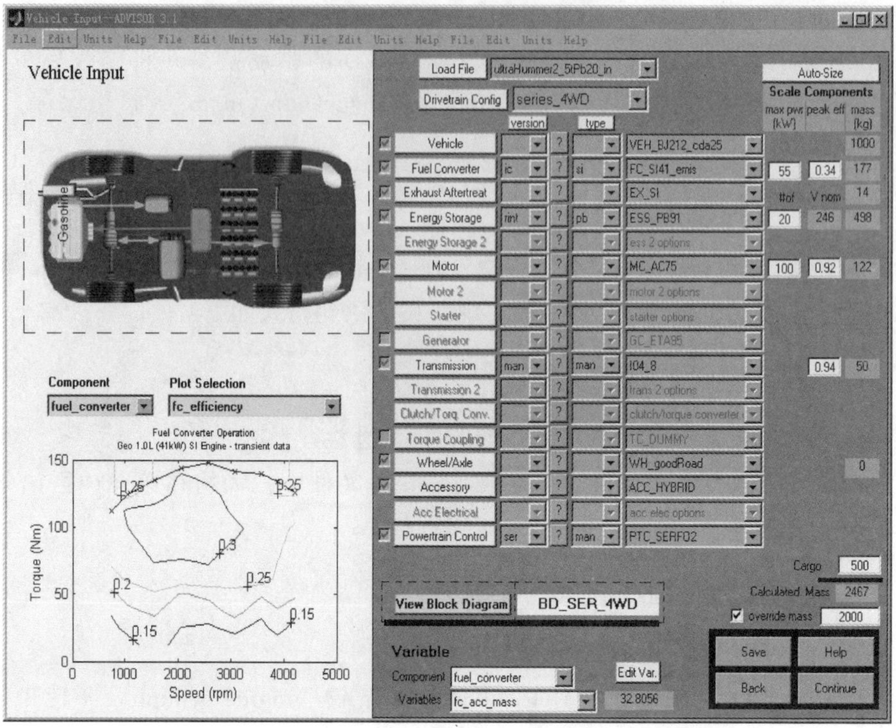

图 6-12 双轴驱动串联混合汽车 ADVISOR 输入 GUI 界面

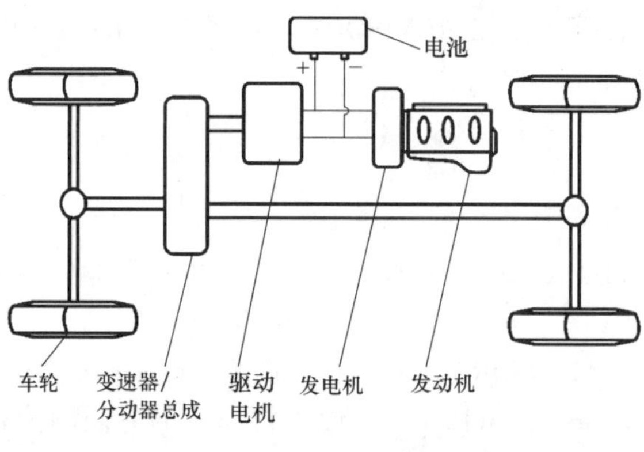

图 6-13 双轴驱动串联混合构型

表 6-2 仿真计算性能指标及参数

主要性能指标	
最高车速	130km/h
最大爬坡度（30km/h）	60%
加速性能（6～50km/h）	<6s
纯电动指标	50km/h 行驶 30km

（续）

整车参数			
整车质量	2500kg	迎风面积	2.72m^2
车轮半径	0.338m	滚阻系数	0.015
空阻系数	0.90	传动系平均效率	0.85
动力传动系参数			
主减速器速比	3.84		
变速器前进档档位及速比	高档	1.0	
	低档	1.58	
发动机参数			
最大功率（转速）	55kW（3500～4000r/min）		
最大转矩（转速）	170N·m（2000～2500r/min）		
电动机参数			
额定功率	100kW	额定转速	1200r/min
最高转速	4000r/min	平均工作效率	0.934
铅酸电池模型参数			
标准放电容量	91A·h	放电时间	5h
选用的铅酸电池数目	20个电池块		

表6-3与表6-4分别为BJ212传统型与混合型汽车的模拟仿真结果，其中，图6-14与图6-15为混合型汽车部分性能仿真曲线。

表6-3 BJ212传统型越野车动力性能

项目	油耗（NEDC）/（L/100km）	最高车速/（km/h）	（在干燥、坚硬的土路面）最大爬坡度（%）	
			无拖挂时	拖挂800kg
测试值	—	98	49.86	34.43
仿真值	15.0	97.5	50.4	34.5

表6-4 BJ212混合型越野车动力性能仿真

项目		模拟计算结果
最高车速/（km/h）	单独发动机工作	96.5
	发动机+驱动电机	131.8
30km/h最大爬坡度（%）（按无拖挂质量计算）	单独发动机工作	25.8
	发动机+驱动电机	66.8
加速性/s	6～50km/h	2.6
	6～80km/h	6.9
纯电行驶里程/km	车速50km/h	33.7
油耗/（L/100km）	NEDC工况下	10.67

从表6-3可以看出，模拟值与测试值吻合较好，说明所开发的双轴驱动模块能够较好地满足双轴四轮驱动混合动力汽车性能仿真的需要。

对比表6-3、表6-4与图6-14、图6-15的仿真结果可以看出，油耗由原来的15L/100km下降到10.67L/100km，降低了28.9%；同时使汽车以50km/h的车速纯电动行驶30km，因此该车具有一定的隐形功能。可以认为，BJ212汽车混合动力型比传统型具有更好的经济性与动力性。

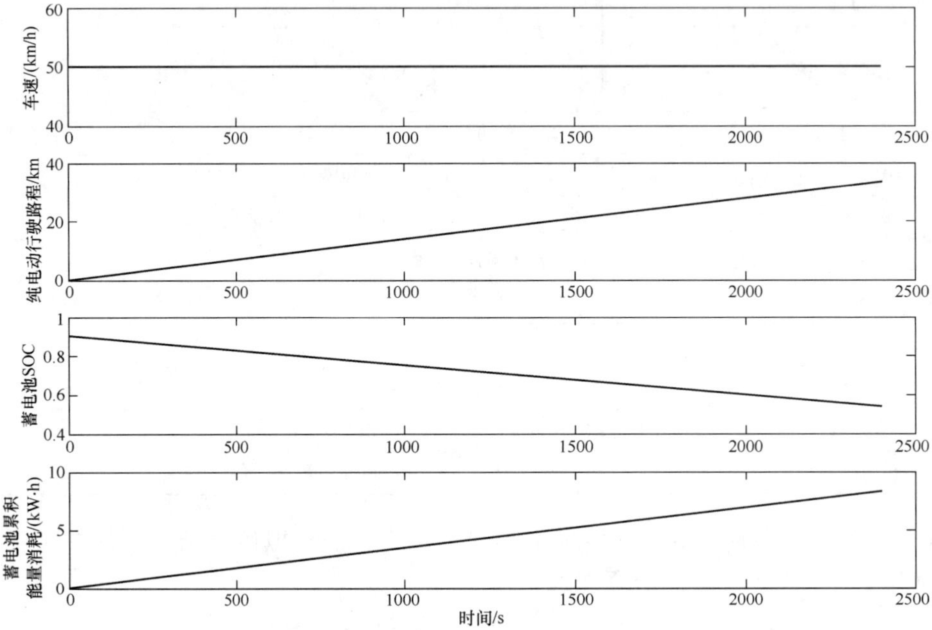

图6-14　混合型BJ212纯电动性能仿真

该车的另一优点是可用作小型户外移动电站，能更好地适应野外作战的需要。因此，深入研究混合动力技术在军用汽车上的应用具有更重要的实际意义。

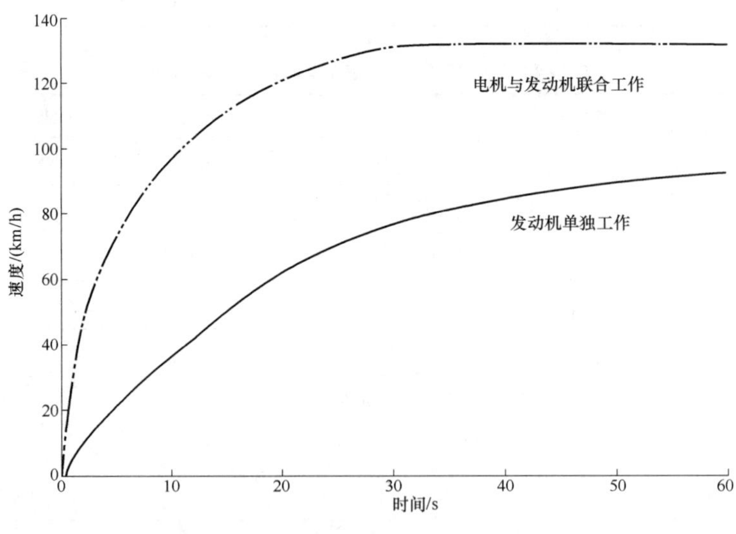

图6-15　混合型BJ212加速性能仿真

6.1.2.3　结论

① 通过仿真计算，验证了所开发的双轴驱动模块在 ADVISOR 平台上运行的可靠性和准确性，适应了国内混合动力汽车研究的实际需要。

② 本例建立的双轴驱动模块，原则上也适用于其他混合动力布置形式（如并联式），只是在控制策略上会有所不同。

③ 采用类似的方法，可建立三轴、四轴驱动的混合动力汽车模块。

6.1.3　基于 ADVISOR 的混合动力构型再开发

混合动力汽车各种构型中，动力耦合系统是其核心关键部件之一，它决定着整车最佳性能能否实现。目前，国际上混合动力汽车应用最为成功的，当属日本丰田公司开发的普锐斯混合动力汽车，参见图 6-16a。其动力耦合形式为典型的行星齿轮混联式，结构如图6-16b所示。

a) 普锐斯汽车

b) 行星耦合装置

图 6-16　普锐斯整车及其行星动力耦合装置

该结构形式具有电无级变速功能（EVT），可使各动力源灵活控制，令整个系统具有最佳性能。

国内目前进行的绝大多数混合动力汽车研究项目所采用的多为并联式动力耦合方式。而这种并联式动力耦合方式很难做到发动机对频繁变化的路载功率高效解耦，因此影响了整车系统效率充分发挥。虽然串联式动力耦合可使发动机与路载功率完全机械解耦，但由于存在机械能与电能间的二次转换，使整车系统效率降低，故在国内应用较少。

本节以传统汽车差速器作为混合动力汽车的动力耦合器，分析其运动学传递特性，进行控制算法开发。根据这些分析，利用 Simulink 进行建模，并嵌入到 ADVISOR 软件中，最后进行性能仿真测试与验证。

通过展开下面一个新的动力耦合器的仿真实例，揭示 ADVISOR 仿真软件再开发应用的全过程。

6.1.3.1　差速耦合行星机构动力学建模

1. 基本运动学方程

对称式差速器是一种较特殊的行星齿轮结构形式。下面先分析典型 2K-H 结构的行星齿轮，其形式如图 6-17 所示。

图中，1、2、3 分别为太阳轮、行星架与齿圈。三者存在如下转速关系：

$$\frac{\omega_1-\omega_2}{\omega_3-\omega_2}=-\frac{z_3}{z_1} \tag{6-4}$$

式中，ω_1、ω_2、ω_3 分别为太阳轮、行星架及齿圈转速；令 $k=\frac{z_3}{z_1}$，为齿圈与太阳轮的齿数比，定义为特征参数。这样式（6-4）可简化为

$$\omega_1=(1+k)\omega_2-k\omega_3 \tag{6-5}$$

图 6-18 中，太阳轮 1 对应左半轴齿轮，并与发电机相连；行星架 2 对应从动锥齿轮，与主动锥齿轮相啮合并由发动机驱动；另一半轴齿轮对应齿圈 3，通过电动机耦合，以输出转矩驱动车轮。

这种对称式锥齿轮差速器是一种特殊的 2K-H 行星齿轮，行星架与太阳轮不同心而成垂直分布，特征参数 $k=1$，但同样满足 2K-H 行星齿轮转速关系，因此有

$$\omega_1+\omega_3=2\omega_2 \tag{6-6}$$

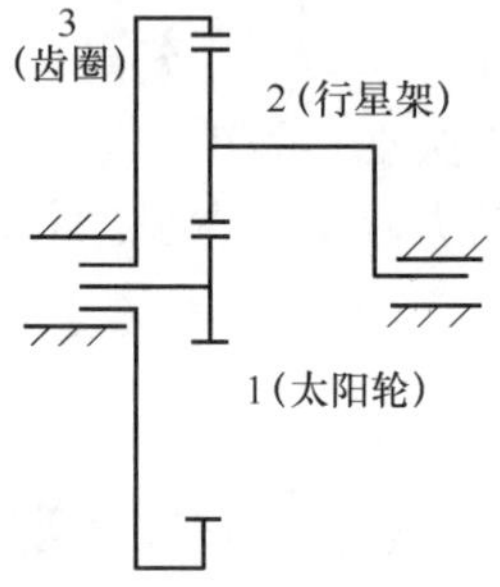

图 6-17 2K-H 结构的行星齿轮

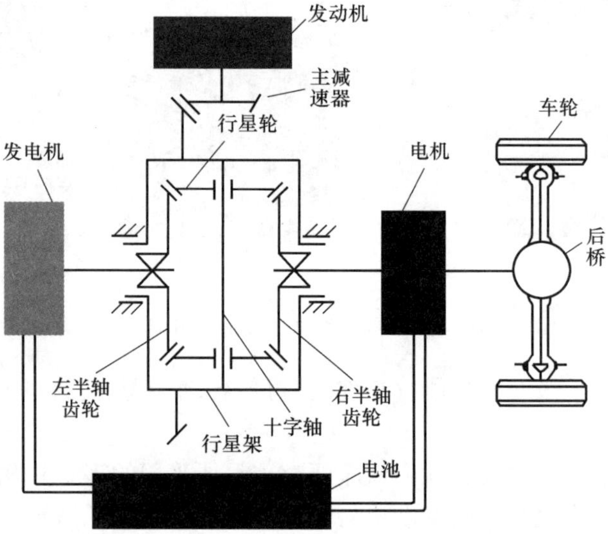

图 6-18 对称式锥齿轮动力耦合系统

2. 差速耦合的混合动力传递特性

为研究方便，假设发动机到行星架的传递速比为 1，则转速满足

$$\omega_1=\omega_g,\omega_2=\omega_e,\omega_3=\omega_m \tag{6-7}$$

同时，各端口分别对应各动力源的转矩，即

$$T_1=T_g,T_2=T_e,T_3=T_L-T_m \tag{6-8}$$

式中，ω_g、ω_e、ω_m 分别为发电机、发动机及电机的转速；T_1、T_2、T_3 分别为左半轴齿轮、从动锥齿轮、右半轴齿轮上的转矩；T_g、T_e、T_m 分别对应发电机充电转矩、发动机传递到从动锥齿轮上转矩、电机输出转矩。

对于齿圈，输出为两转矩之和，并驱动负载，即

$$T_3 + T_m = T_L \tag{6-9}$$

式中，T_L 为负载转矩。

若忽略其内部摩擦损失，对称式锥齿轮差速器的半轴上转速可差速，而转矩相同，即

$$T_3 = T_1 \tag{6-10}$$

由式（6-8）、式（6-9）和式（6-10）即可得

$$T_g = T_L - T_m \tag{6-11}$$

进一步根据功率平衡关系式，有

$$T_e\omega_e = (T_L - T_m)\omega_m + T_g\omega_g \tag{6-12}$$

且

$$2\omega_e = \omega_m + \omega_g \tag{6-13}$$

则发电机充电转矩 T_g 与剩余电机转矩 T_m 为

$$T_g = T_e/2 \tag{6-14}$$

$$T_m = T_L - T_e/2 \tag{6-15}$$

从上述分析可知，根据已知车速，与车轮固定速比连接的电动机转速 ω_m 便可确定，可通过调节发电机转速 ω_g 来确定最佳的发动机工作点转速 ω_e；而对于转矩关系，当固定发动机最佳负荷工作点后，通过发电机、电动机的负荷调节，可以满足整车车速及负荷要求，从而达到电无级变速（EVT）的功能。

具体输出动力的调节关系为：根据式（6-12）与式（6-13），控制发电机的充电转矩、发电机发电所存储的能量，通过电动机提供给路面负载的转矩需求。

6.1.3.2 差速耦合系统建模与控制策略开发

1. 差速耦合系统建模

利用 ADVISOR 开放源代码特性进行再开发，即利用整车、车轮、传动系、动力源等已有模块，再开发差速耦合动力合成器模型及控制策略。

基于差速耦合系统的连接关系及动力传递特性，并延续 ADVISOR 的后向建模方式，建立 Simulink 模型：输入分别为动力系统要求的功率、发动机实际输入功率、发电机实际输入功率、电动机实际输入功率；输出分别为发动机需求功率、发电机需求功率、电动机需求功率、实际输出的功率。

2. 差速耦合系统的控制策略

差速耦合系统的控制策略主要依据差速耦合的动力传递特性。已知需求转矩 T_L，可通过调节发电机负荷或转矩，来限制发动机不能在高油耗区域工作或控制发动机在某一高效点/区域工作。发动机输出转矩一半用于发电机发电，另外不足或多余的转矩又通过电动机来进行补充或发电。

其具体实现如图 6-19 所示。

输入为动力源的需求功率、转矩与电池 SOC。将充电功率 P_{ch}、需求功率 $P_r = \omega_L T_L$、需求转速 ω_L（或电机、齿圈转速）输入到发动机开关与最佳工作点控制关键模块中，并输出发动机的最佳转速、转矩点。其中，电池 SOC 的平衡功率利用拟合方程来求解，即

$$P_{ch} = \frac{k(SOC_{Tgt} - SOC)U_b}{\eta_m} \tag{6-16}$$

式中，P_{ch}为电池充电需求功率；k 为拟合系数；SOC_{Tgt}为目标 SOC；U_b 为电池电压；η_m 为电机效率。

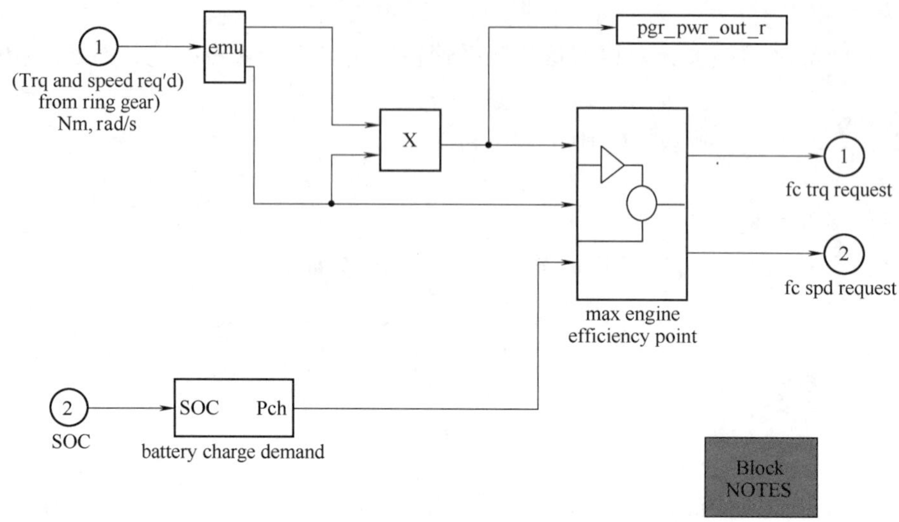

图 6-19 基于差速耦合的控制策略

该关键模块包括如下两部分内容：

① 发动机开关控制：由需求功率 P_r、当前车速 v、电池 SOC 和发动机温度 T_{fc}等信号，判断是否可以让电机单独驱动行驶，若同时满足以下设定条件：

$$\begin{cases} P_r < P_{r\_set} \\ v < v_{set} \\ SOC > SOC_{set} \\ T_{fc} > T_{set} \\ Time_{off} > time_{set} \end{cases} \tag{6-17}$$

则允许发动机关闭，即电机单独驱动；而当上述任何一个条件不满足时，发动机都将参与工作。

② 发动机最佳工作点控制：由需求功率与充电功率之和来判断发动机是否工作在最佳转速点。该最佳转速点是根据发动机的效率曲线（或万有特性曲线）事先计算确定的，同时考虑发动机本身的转动惯量。同时，该最佳转速受差速齿轮机构如下转速关系的限制：

$$\omega_e = \frac{\omega_g}{(1+k)} + \frac{k}{(1+k)}\omega_m \tag{6-18}$$

若已知电机转速（由工况要求车速确定），当发电机达到设定的最高转速时（非发动机最高转速），则可调节发动机升速，但该转速须小于发动机的最高转速；当发电机反转转速达到最小时，可调节发动机降速，但该转速须大于发动机的怠速转速。然后根据发动机需求功率，计算发动机的最佳转矩值。此转矩值同样也要受到发动机最大与最小转矩值的限制。

3. 搭建整车仿真平台

将上述建立的差速动力耦合器模型及混合动力汽车控制策略集成于 ADVISOR 仿真软件中，搭建整车仿真模型。其顶层模型如图 6-20 所示。图中框线标识 1 为动力合成器模块，标识 2 为控制策略模块。

基于此仿真平台，可对整车参数进行设置，以此分析差速耦合装置如何对各动力源进行转速、转矩的控制，从而达到对发动机的最佳控制，在无变速器情况下，实现电子无级变速（EVT）功能。

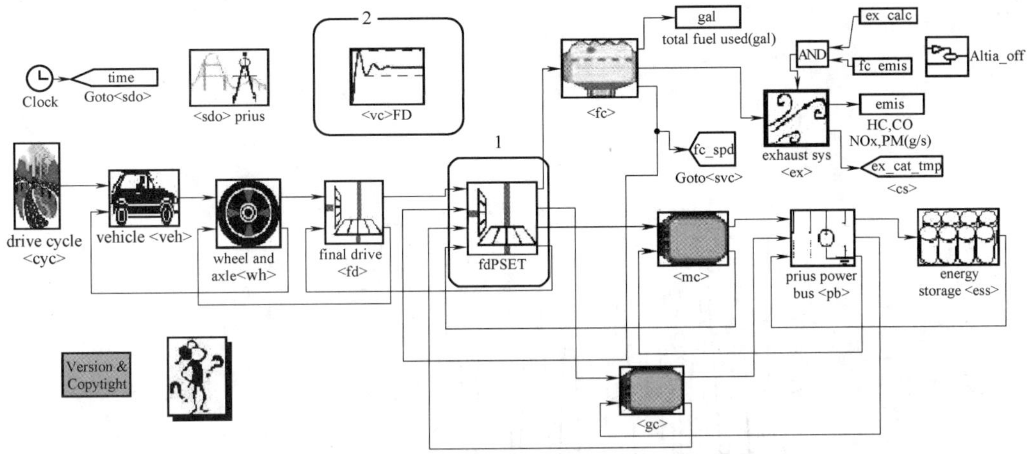

图 6-20　基于差速耦合器的混合动力整车仿真顶层模型

6.1.3.3　性能仿真

为说明差速耦合动力传递特性，下面以 ADVISOR 平台上的普锐斯整车参数为基础进行仿真。整车主要参数见表 6-5。

表 6-5　差速耦合混合动力汽车整车参数

整车参数			
整车质量	1386kg	迎风面积	1.746m^2
车轮半径	0.287m	滚阻系数	0.009
空阻系数	0.30	传动系平均效率	0.85
动力传动系参数			
主减器比	3.939		
发动机参数			
最大功率［转速］	43kW［4000r/min］		
最大转矩［转速］	102N·m［4000r/min］		
电动机参数			
额定功率	31kW	额定转速	1000r/min
最高转速	6000r/min	最大转矩	305N·m
发电机参数			
额定功率	15kW	额定转速	2500r/min
最高转速	5500r/min	最大转矩	55N·m
NIH 电池参数			
标准放电容量	6A·h	电池块数	40
性能分析			
经济性（NEDC）	4.8L/100km		

1. 经济性仿真分析

基于NEDC工况的经济性仿真结果见表6-5，仿真过程的车速与SOC如图6-21所示。整车燃油经济性为4.8L/100km，比传统汽车节省燃油30%～40%（同类传统汽车燃油消耗为7～8L/100km）。同时，输出的实际车速跟随工况非常良好，电池SOC始终维持在目标值0.6附近。

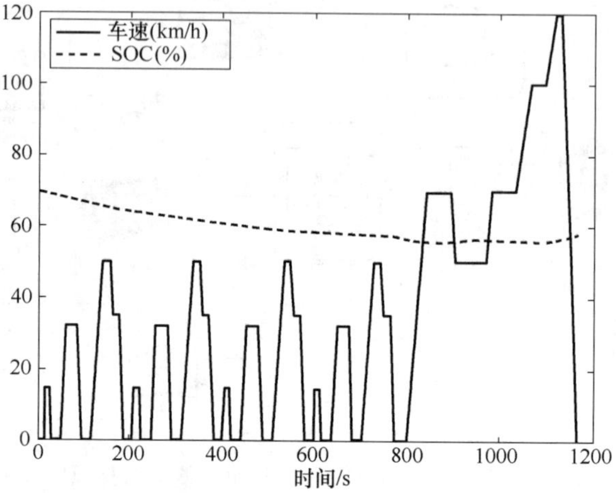

图6-21　差速耦合HEV工况车速、SOC曲线

2. 转矩关系仿真分析

基于NEDC工况，差速耦合器三端所对应动力源的实际输出转矩如图6-22所示。由图可见，各动力源的转矩均按正常要求进行控制。发动机基本被控制在其最佳转矩附近区内，工作变化比较小。在各加速段过程，不足动力均由电动机提供。而发电机充电转矩与发动机输出转矩成正比，其比值恰好符合50%关系，如图6-23所示。

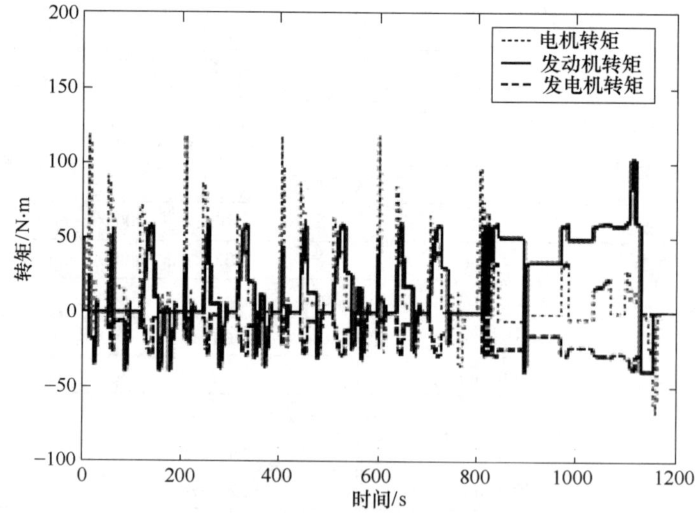

图6-22　差速耦合动力源实际输出转矩

综合转矩关系仿真结果表明，上述建立的差速耦合器动力传递关系正确，可实现发动机在最佳效率点工作；电动机在加速时助力，在制动减速时发电，并可维持电池SOC在目标值附近。

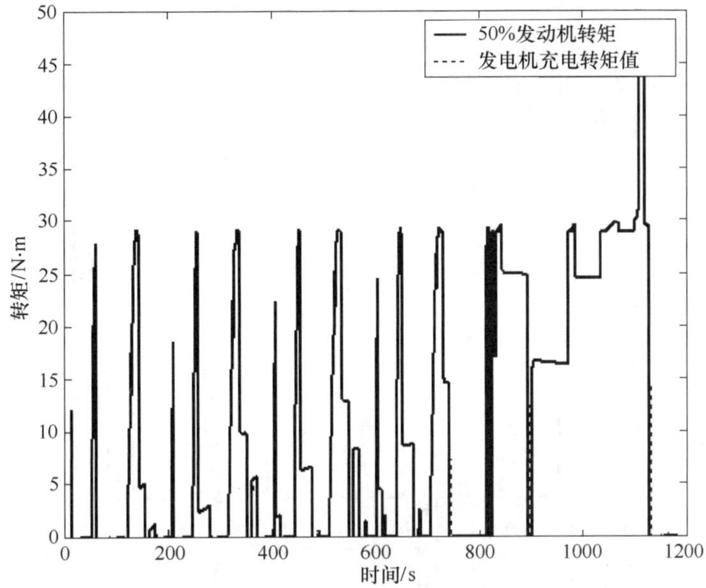

图 6-23　发电机充电转矩仿真

3. 转速关系仿真分析

基于 NEDC 工况，差速耦合器三端所对应动力源的实际转速如图 6-24 所示。由图可见，电机转速与工况要求车速成比例变化，而发动机转速被控制在最佳转速点附近。在约 750s（图 6-24 线框所示）时，发动机关闭，其原因是发动机运行一段时间后，温升达到暖机状态，且满足其他的发动机关闭条件（车速较低、SOC 较高或需求功率较小），发动机转速为 0。此时，发电机通过调节其转速，同样能使电机转速跟随车速要求。

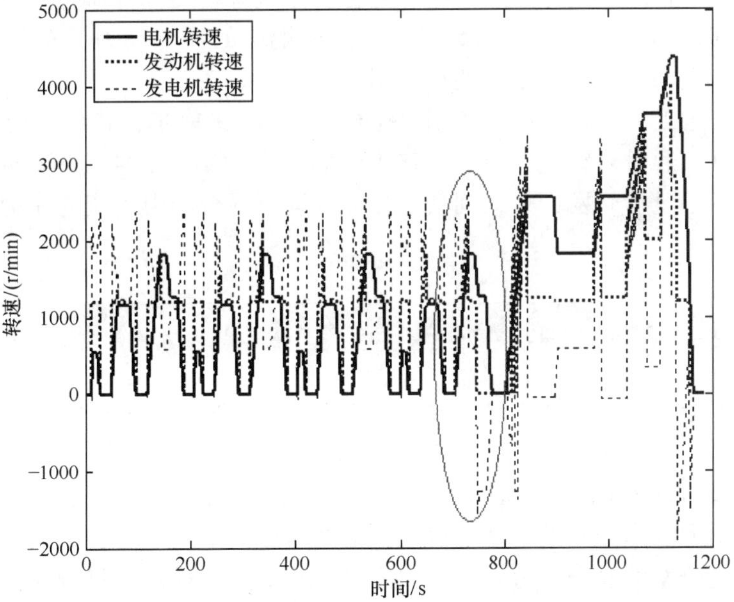

图 6-24　差速耦合动力源转速关系仿真

总之，在发动机转速为最佳效率点转速或关断点时，均可通过调节发电机转速，使电机转速与车速连续跟随，达到 EVT 的调速功能。

将三者转速进行比较，如图 6-25 所示，可见电动机转速与发电机转速之和正好为发动机转速的两倍，从而验证了上述差速耦合的转速传递关系。

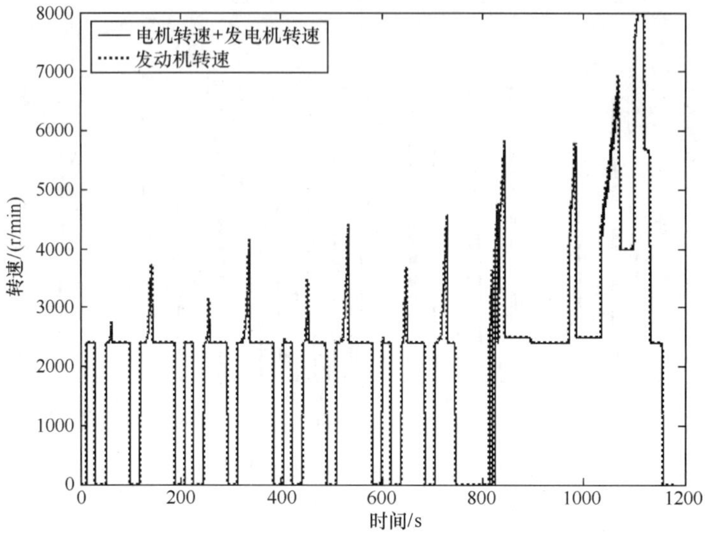

图 6-25 差速耦合动力源转速关系仿真

综合转速关系仿真结果表明，基于差速耦合的混合动力汽车可通过发电机调节，控制发动机在最佳工作点工作，较大程度提高了整车经济性；同时，应用此差速耦合器可取消变速器与离合器，并具有电无级变速器功能（EVT）。

6.1.3.4 结论

本节采用传统对称式锥齿轮差速器作为混合动力汽车动力耦合器，并分析了差速耦合的动力传递特性。通过 MATLAB/Simulink 建立了差速耦合的混合动力汽车整车模型，提出并建立了基于差速耦合的混联式汽车的整车控制策略模型。

通过再开发，把上述整车模型及控制策略模型嵌入 ADVISOR 软件平台上，可有效地进行整车的性能仿真。通过对转速、转矩及整车性能仿真的结果表明，可以利用 ADVISOR 源代码开放的特点，通过再开发，集成到其平台上以进行混合动力系统的新构型方案设计、仿真测试与分析。

6.2 基于 ADVISOR 的控制策略再开发

国内对混合动力汽车核心技术之一的控制系统进行了最广泛的研究。针对混合动力系统的控制策略开发是当前的研究热点。ADVISOR 本身带有混合动力汽车的控制策略，而且所提出的控制策略及方法都已通过 MATLAB/Simulink 模块反映出来。这种开放的编程方式，对国内进行混合动力汽车开发是十分有益的，也是值得借鉴的。

对于国内自主研发的混合动力系统，因为实际情况的多样性与复杂性，已不能完全照搬采用 ADVISOR 平台自带的控制策略，需要根据实际的开发需求进行再开发。这里以某一并联混合动力系统控制策略的再开发为例，详细介绍其开发过程与应用效果。

6.2.1 并联控制策略研究

混合动力汽车中，控制策略的主要任务是如何有效地分配发动机与电机之间的功率或转矩。更高级的控制策略应当以两系统最优为目标，按最优控制规律来进行合理分配。但最优控制规律使系统变得复杂，很难实现。虽然 ADVISOR 中的高级选项已有这部分的一些内容，但在实际项目中应用很困难。

作为研究的突破口，这里以 ADVISOR 中最常用的控制策略，即系统默认的并联控制策略作为研究对象，讨论其特点，并有针对性地提出切实有效的控制方案。

在 ADVISOR 中，并联混合动力汽车控制策略的建模思想是：在多数情况下，电池 SOC 维持在它的中线附近，使电池电量保持充足，这样对延长蓄电池组寿命有利。它的控制原理如图 6-26 所示。

在图 6-26 中，T 为汽车运行工况的转矩需求，当汽车在给定工况下，其总负荷要求为一确定值；T_e 与 T_m 分别是发动机与电机系统向驱动车轮提供的转矩。T_m 前面的符号说明，如果当前电池电量在图中线 SOC_0 右侧，则 T_m 为正，此时电机处于电动状态，提供辅助动力，相应地，电池放电使电池 SOC 向中线靠近；反之，如果电池电量在图中线 SOC_0 左侧，则 T_m 为负，电机处于发电状态，发动机不仅对车轮提供动力，还须向蓄电池组提供功率，相应地，蓄电池组充电，使电池 SOC 同样向中线靠近。可见，该控制策略思想是使电池 SOC 在中线平衡，即在多数情况下，维持蓄电池组电量在中线左右波动，处于一种动态平衡状态，所以称为电量平衡型控制策略。

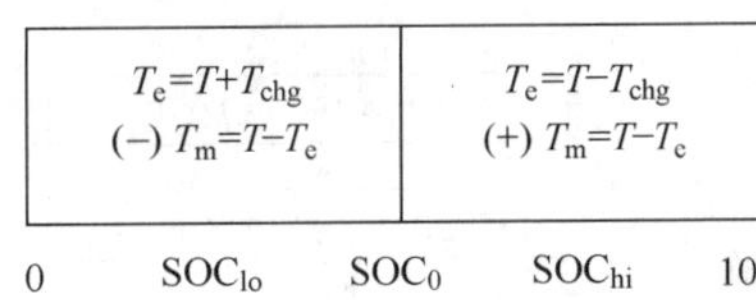

图 6-26 系统默认的并联控制策略原理

在 ADVISOR 中，上述控制策略的具体实现如图 6-27 所示。在图 6-27 左上角框线内的模块是电池补充转矩 T_{chg} 计算子模块：

$$T_{chg} = K(SOC_0 - SOC) \tag{6-19}$$

$$K = \frac{T_{const}}{A_{soc}} = \frac{T_{const}}{(SOC_{hi} - SOC_{lo})/2} \tag{6-20}$$

式中，常数 $K>0$。该值说明，电池 SOC 偏离中线越大，平衡到中线所需的转矩值也越大，其具体实现模块如图 6-28 所示。其中 SOC_{hi}、SOC_{lo} 和 T_{const} 分别对应模块中的 cs_hi_soc、cs_lo_soc 和 cs_ charge_trq。这三个参数分别表示电池 SOC 设定高限值、低限值和发动机对电机的充电转矩。通过上面的分析可知，系统默认的并联控制策略比较简单、有效。

但是，在大负荷工况下，若按图 6-27 控制策略运行时，如 ADVISOR 中的 CYC_NREL2VAIL 工况，因为该工况包含有爬坡要求，所以多数情况下发动机与电机联合工作。而图 6-28 中的 ess_on 值，经研究发现，在所有混合动力车型（HEV）中，该值都为一固定常值“1”。这样，当蓄电池组非常规馈电，SOC 低于某一低限值，比如 20% 时，由于当前汽车负荷很大，发动机已不能够提供足够的动力，而此时，电池还要进一步放电来提供辅助动力，这样就会使蓄电池组工况进一步恶化。

为此，出于整车安全与电池寿命的综合考虑，提出了改进控制策略：将电池划分为红黄绿三个工作区间，如图 6-29 所示。在大多数情况下，使电池工作在绿区（SOC_{lo} ~ SOC_{hi}），或黄区（SOC_{lo} ~ SOC_dl_{lo} 或 $SOCl_{hi}$ ~ SOC_dl_{hi}），但绝不允许工作在红区（0 ~ SOC_dl_{lo} 或 $SOCl_{hi}$ ~ 100%）。

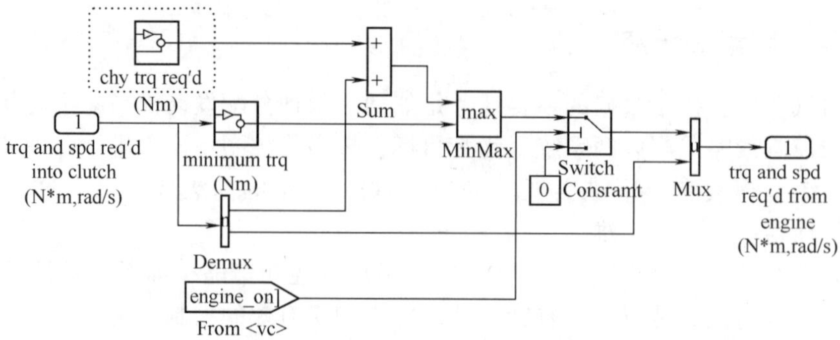

图 6-27　系统默认的并联控制策略

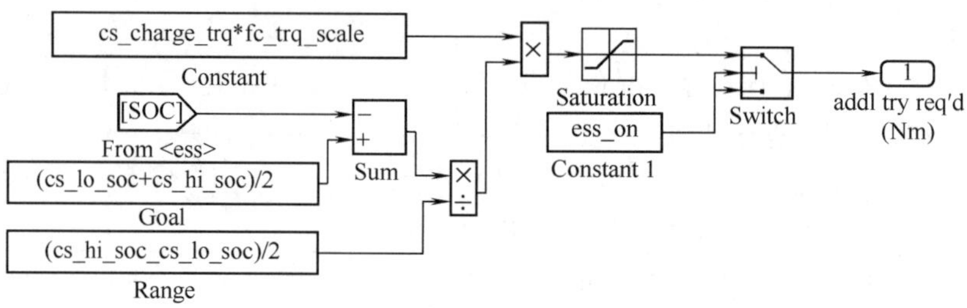

图 6-28　计算补充电池电量的所需转矩

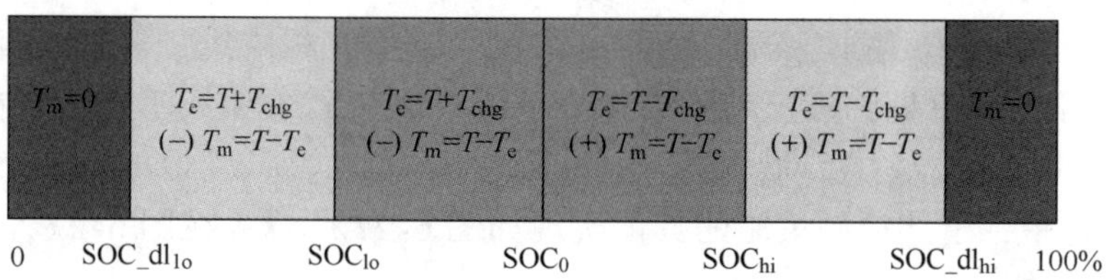

图 6-29　电池工作的三分区示意图

这就是说，电池电量处于左侧红区还要求电池放电，或电池处于右侧红区且还对电池充电，这两种情况都不允许发生。也就是当电池的 SOC 满足式（6-21）或式（6-22）时必须关闭电池。所建立的模块如图 6-30 所示。其中，SOC_dl_{lo} 和 SOC_dl_{hi} 分别对应模块中的 cs_dl_lo_soc及cs_dl_hi_soc。根据上述思想，对原 ADVISOR 中默认的并联控制策略进行改进，以避免蓄电池组损坏。图 6-31 所示为所建立的电池开关模块嵌入到计算补充电池电量的所需转矩模块中，此时电池的开关值 ess_on 不再一直为常值。

$$SOC < SOC\_dl_{lo} \text{及} T_{m\_r} > 0 \tag{6-21}$$

$$SOC > SOC\_dl_{hi} \text{及} T_{m\_r} < 0 \tag{6-22}$$

6.2.2　并联控制策略嵌入 ADVISOR

为提高蓄电池组寿命，上面提出了电池的三区域控制方法，以实现对蓄电池组开关进行有效控制。具体分以下三步进行。由于此部分修改与构型再开发的模型修改步骤与方法相类似，故简要叙述其关键过程。

1. 修改模块控制库

打开 ADVISOR \models 目录下 lib_ controls 的控制库文件，选择 EDIT 菜单下的 UNLOCK

LIBRARY，同时复制、粘贴原控制策略模块并命名（例如：这里按默认名后加“1”，用以示范），然后断开 LINK 选项就可以修改。首先，按上述电池分段划分原则，用 MATLAB/Simulink 建立了电池开关模型，如图 6-30 所示。

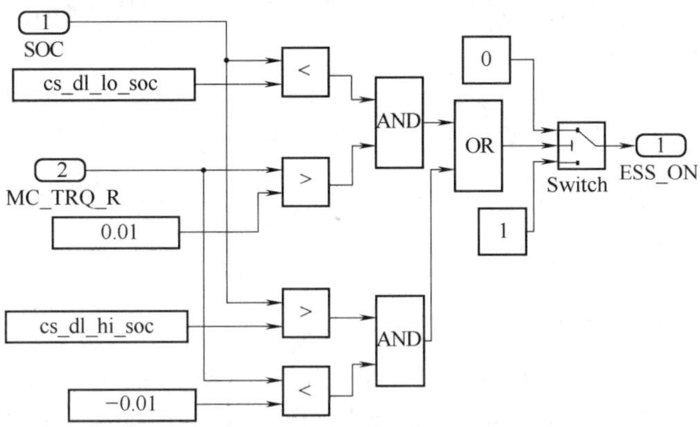

图 6-30　控制电池开关的建模

把这部分构建成子系统，命名为“EssOn Ctrl Model”，然后嵌入到并联混合动力控制策略当中的计算充电转矩子模块里，修改后的模型如图 6-31 所示。它可以实现对电池开关进行有效的控制。因此该模型里的“ess_on”不再是一直为常数。最后在配置子系统模板中配置新增模块，然后保存关闭该库。

2. 修改顶层模块

打开 ADVISOR 原顶层模块 BD_PAR.mdl 文件，并另存命名为 BD_PAR_ESSOFF.mdl，在该顶层模块进行修改。首先断开 power bus 子模块，把原来 ess_on 常数模块替换为 GoTo Tag 模块，这样可将控制策略判断所得的电池开关命令分配到电池和电机系统，以便在适当时机断开电系统。另外，电机的转矩必须存入 GoTo Tag 模块中，以作为电池开关判断使用（图 6-31）。

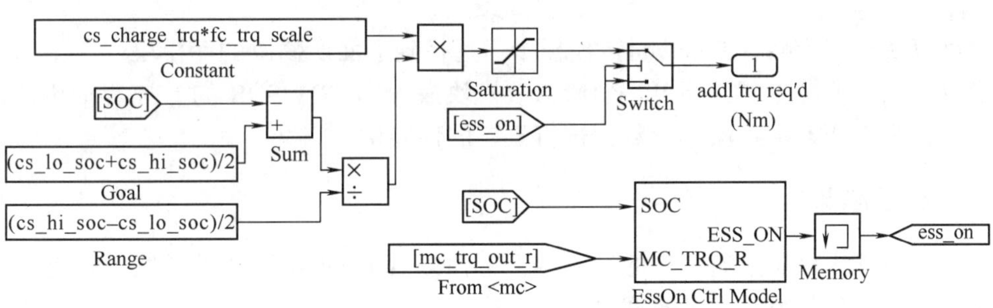

图 6-31　控制电池开关子模型嵌入库

3. 修改 m 文件

为使 ADVISOR 能够引用上面所修改的顶层模块，须修改部分 m 文件。将 ADVISOR 原有装载文件 PARALLEL_defaults_in.m 的头两条语句修改为

```
vinf.name ='PARALLEL_ESSOFF_defaults_in'
vinf.drivetrain.name ='parallel_ESSOFF';
```

用户可以根据需要，自己命名所修改的顶层模块。为使 ADVISOR 能识别此模块，须向全局变量 Vinf 的驱动链域中添加如下命令：

```
optionlist('add','drivetrain','parallel_ESSOFF')
```

然后，在 block_ diagram_ name. m 文件的 switch drivetrain 语句中增加下面语句：

```
case'parallel_ESSOFF'
bd_name ='BD_PAR_ESSOFF';
```

这样，在 ADVISOR 的 GUI 界面中，便可看到新驱动链配置项 BD_ PAR_ ESSOFF。同时，在 ADVISOR \ gui 目录下 gui_ image. m 文件中增加索引的图像文件名，即可替换成用户所要显示的图像界面。另外，由于模块当中增加了两个新变量 cs_ dl_ lo_ soc 与 cs_ dl_ hi_ soc，须在控制策略 m 文件中进行定义：打开原 PTC_ PAR，增加如下定义并另存名称，如 PTC_ PAR_ ESSOFF. m。

```
cs_dl_hi_soc =0.9;
cs_dl_lo_soc =0.4;
```

最后打开 ADVISOR \ gui 目录下的 adjust_ config_ bds. m 文件，找到 case′par < cs > config′语句，在它下面增加两条索引语句：

```
elseifstrcmp (vinf.powertrain_control.name, 'PTC_PAR_ESSOFF');
set_param(x,'BlockChoice',BlockChoices {block_choice_elec_as-
sist1});
```

这样，就可以从控制策略（Template）模板中，选择到上面所修改的库模块。

通过以上几个关键步骤，便可实现所修改模块嵌入到 ADVISOR 的 GUI 界面中。用户通过这个界面，可方便地配置汽车参数，进行汽车的性能仿真。

6.2.3 仿真及结果

为了说明所修改控制策略模块的合理性，下面以 ADVISOR 默认的并联混合动力轿车为例，分别运行原控制策略与所修改的控制策略，并对仿真结果进行比较。所用主要参数见表 6-6。选定某一工况，如 CYC_ NREL2VAIL，图 6-32 和图 6-33 分别对应 ADVISOR 原默认并联控制策略与所修改控制策略的 SOC 和车速跟踪曲线的仿真结果。

原控制策略是以满足动力为首要条件，对蓄电池组的运行状态不加限制。图中的 SOC 值已经下降到低于 20%，这对电池寿命是十分不利的。通过修改控制策略，使当蓄电池组进入红色区域时停止电机的工作，以防电池深放电或过充电。虽然动力性在一定程度上有所损失，但鉴于安全性的考虑，在实际中还是应该允许的。

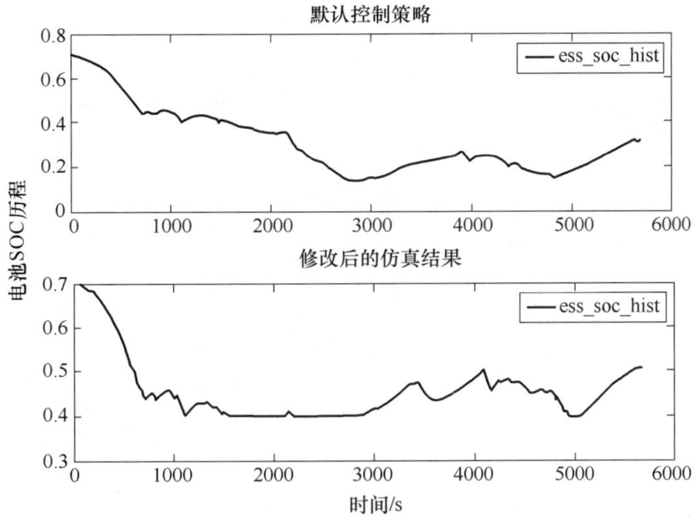

图 6-32　修改前后的 SOC 变化比较

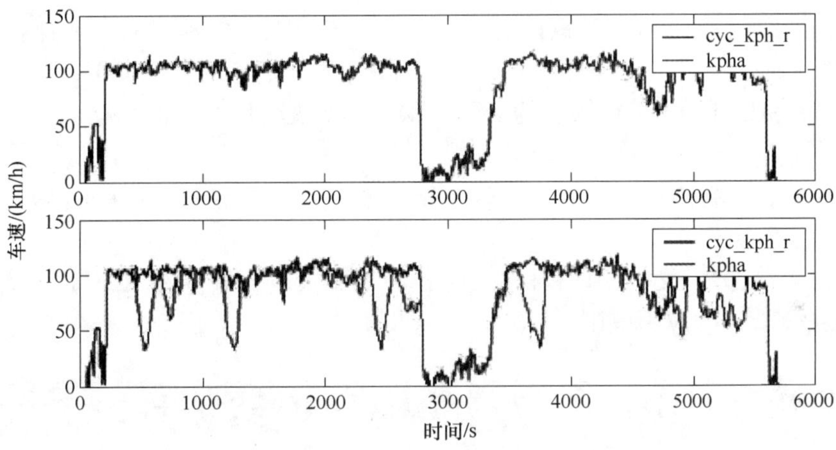

图 6-33　修改前后的动力性比较

表 6-6　仿真计算整车及主要部件参数

<table>
<tr><td colspan="5">整车参数</td></tr>
<tr><td>整车质量</td><td colspan="2">1350kg</td><td>迎风面积</td><td>2.0m²</td></tr>
<tr><td>车轮半径</td><td colspan="2">0.282m</td><td>滚阻系数</td><td>0.009</td></tr>
<tr><td>空阻系数</td><td colspan="2">0.335</td><td>传动系平均效率</td><td>0.85</td></tr>
<tr><td colspan="5">动力传动系参数</td></tr>
<tr><td rowspan="3">变速器速比</td><td>一档</td><td>13.45</td><td>四档</td><td>3.77</td></tr>
<tr><td>二档</td><td>7.57</td><td>五档</td><td>2.84</td></tr>
<tr><td>三档</td><td>5.01</td><td>主减速比</td><td>1</td></tr>
</table>

（续）

发动机参数			
最大功率（转速）	41kW（5700r/min）		
最大转矩（转速）	81N·m（3500r/min）		
电动机参数			
额定功率	75kW	额定转速	2000r/min
最高转速	10000r/min	平均工作效率	0.92
铅酸电池模型参数			
标准放电容量	25A·h	电池块	25

6.2.4 结论

本节在充分理解原 ADVISOR 软件并联控制策略的基础上，针对我国实际开发并联混合动力汽车的需要，创造性地提出了一种新的控制策略。

① 通过研究发现，ADVISOR 默认的并联控制策略存在对电池没有必要保护的缺陷，提出了将电池电量划分为三区域的控制策略，从而增加了对电池的安全保护。

② 提出了对 ADVISOR 进行修改的操作步骤，以实现将所提出的控制策略嵌入到 ADVISOR 软件中运行。

③ 对两种控制策略分别进行仿真比较，结果表明，新的控制策略确实起到有效保护蓄电池组的作用。

④ 采用类似方法，可建立用户自定义的各种控制策略，并能在 ADVSIOR 软件中运行，拓宽了 ADVISOR 软件的应用范围。

6.3 基于 ADVISOR 自定义的 CHEV2002 软件开发

开发混合动力汽车仿真平台对研究混合动力汽车是极为必要的。为自主开发的需要，在对美国再生能源实验室（NREL）开发的电动汽车仿真软件 ADVISOR 进行充分研究的基础上，针对其只能进行后向（也称逆向）仿真的缺陷，编者开发出了基于前向（也称正向）仿真的软件 CHEV2002。本节简要介绍其主要的开发步骤，为国内进行自主前向仿真软件的开发提供借鉴。

6.3.1 利用 MATLAB/Simulink 进行混合动力汽车建模

仿真模型是建立仿真平台参与模拟计算的核心，图形用户界面（GUI）是为方便用户设定参数及观察仿真结果而设计的。现实中的问题是驾驶人为控制系统输入，他根据整车行驶状态，通过节气门、离合器、制动踏板，控制动力源如发动机或电机等输出动力分配到驱动车轮，从而使整车正常行驶。因此，需要模仿实际情况，建立由驾驶人输入的前向仿真模型。

建立 Simulink 前向仿真模型，如图 6-34 所示。

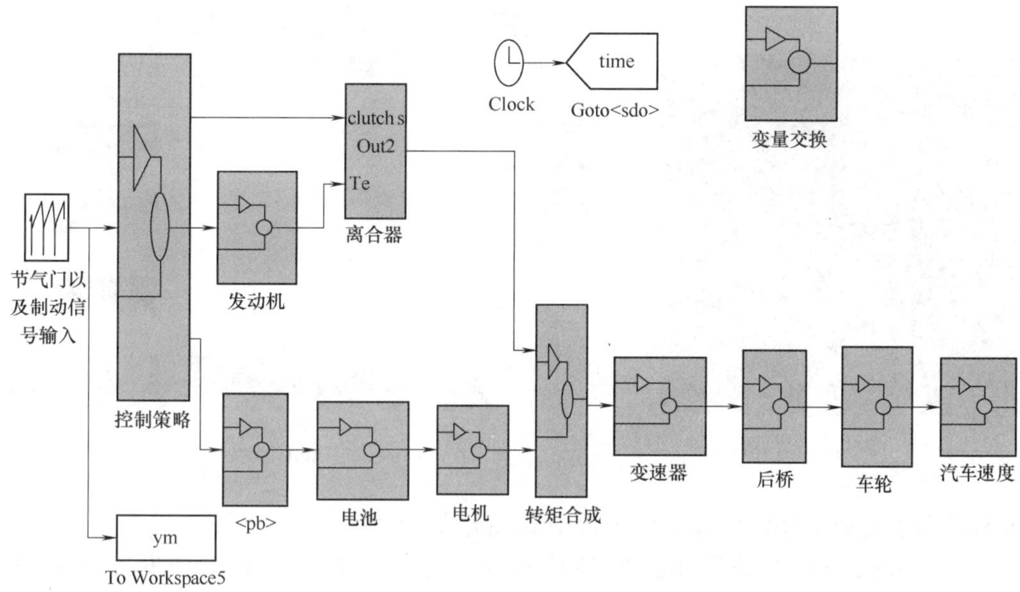

图 6-34 Simulink 前向仿真模型

整个模型以驾驶人踩下的加速踏板与制动踏板开度作为输入。控制系统的控制策略模块接收输入信号，然后根据用户所定义的控制策略对要求的功率进行分配。输出信号包括离合器信号（控制离合器接合或分离）、发动机信号（发动机转矩与最大转矩的比值）和电机信号（电机需求转矩与电机峰值转矩之比）。根据控制策略模块的输出命令，结合当前发动机的工作情况，发动机分支输出当前发动机实际所能提供的转矩。

电池 + 电机分支也是根据控制策略模块输出的电系统命令，结合当前电系统的实际工作情况，各自输出电系统的实际电功率（电流、电压）和电机转矩。转矩合成模块负责将发动机提供的转矩与电机提供的转矩进行合成，并将合成后的转矩值传递到变速器模块，经过变速处理后再传递到后桥或主减速器、车轮，最后计算汽车速度。

整车燃油经济性是在发动机模块中对发动机比油耗进行积分及整车车速积分计算得到的。

加速踏板与制动踏板开度的输入，可采用 Simulink/Sources 模块库里的“Repeating sequence”模块。双击该模块，将其 time values 参数设为“Tsim”变量，将 Output values 设为“throttle”变量。用户也可以通过后面所建立的界面对这两个变量进行设置。如果输入值为正，表示加速踏板输入；输入值为负，则表示制动踏板输入。输入为需求值与极限值的比值，其范围为 -1 ~ 1。最后将上面所建立的顶层模块命名为“auto_par. mdl”。

6.3.2 仿真平台人机交互界面制作

6.3.2.1 利用 MATLAB/GUI 制作仿真平台的引导界面

如图 6-35 所示，用 MATLAB/GUI 建立保存 GUI 对象为“chev”，利用 MATLAB（6.1/6.5 版本）将同时为此对象产生两个文件：chev. fig 和 chev. m。使用 chev. fig 文件进行外观设计，使用 chev. m 文件进行功能编程。将 axes 对象拖拽到设计区，调整大小使其与设计区大小一致，并在右侧添加三个按钮【进入】、【退出】、【关于软件】，如图 6-36 所示。

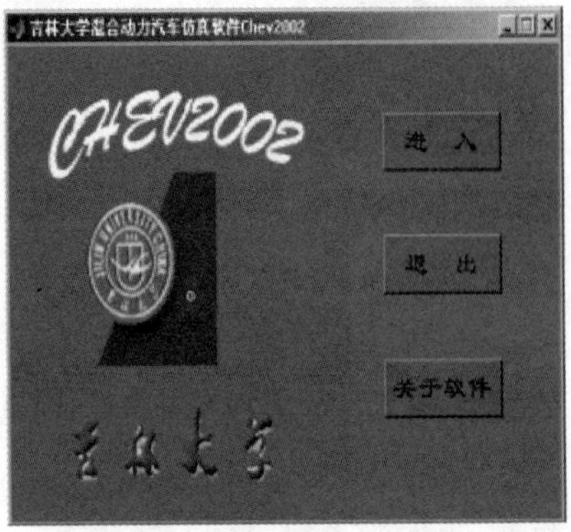

图 6-35 CHEV2002 引导界面

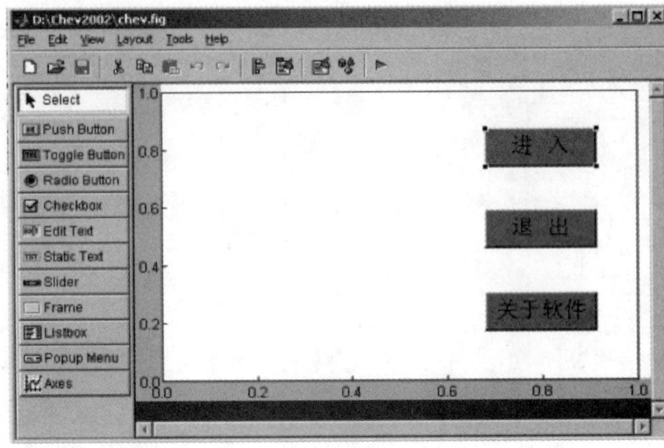

图 6-36 利用 GUI 设计引导界面

此界面所能完成的功能以及制作过程中的关键步骤：

① 把 Simulink 仿真过程所用到的各总成变量分别存成 m 文件，如发动机参数文件 FC_SI41_JLU、整车参数文件 VEH_JLU 等。

② 用户在 MATLAB 命令窗口里输入 chev 时，将打开此界面。这时应在 chev. m 文件中把仿真过程用到的 MATLAB 工作路径添加进来，使用 addpath 命令：

```
addpath ('d:\Chev2002','d:\Chev2002\enginev','d:\Chev2002\motor')
```

该命令语句就是把存放 CHEV2002 的文件夹与存放发动机变量、电机变量的文件夹添加到工作路径。

③ 在 chev. m 文件中将图片画在轴对象上（假设其 tag 属性是 axes1），用到以下两个命令。

```
imagedata = imread('biaozhi','JPG');        % 引入界面图片
image(0,0,imagedata,'parent',handles.axes1);
```

其中，biaozhi. JPG 是预先在工作目录下存放的图片。

④ 以【进入】按钮为例，对其 CALLBACK 进行编程。当用户单击【进入】按钮时，应对仿真过程中用到的变量进行赋值。最简单的办法是分别执行各个总成参数的 m 文件。双击【进入】按钮，在 Callback 属性后面添加

```
FC_SI41_JLU;          % 导入发动机参数文件
    VEH_JLU;          % 导入整车参数文件
    MC_JLU;           % 导入电机参数文件
        …
        close (gcf);
        gui_input_fig;
```

后面两个命令的作用是关闭当前窗口，打开下一个界面（界面名称为 gui_input_fig）。

⑤ 对 Simulink 仿真所需要的输入 Tsim 和 throttle 变量进行赋值，例如，将其赋值为：

```
Tsim=[0  99  100  110  111  250  400  600];          % 导入驾驶人踏板输入
                                                      时间参数
throttle=[0  0.6  -0.3  -0.5  0.1  0.5  0.7  1];%  导入驾驶人踏板输入
                                                      参数值至此，引导界
                                                      面设计结束。
```

6.3.2.2　参数输入

若上述制作过程完成，就可利用 MATLAB/Simulink 进行仿真。但是，一个优秀的仿真平台，应该允许用户利用友好的交互界面，对仿真参数进行再设置。对于 CHEV2002，实现此功能的是仿真参数设置界面 gui_ input_ fig。

所制作的参数输入及修改界面如图 6-37 所示。它的基本功能为：

① 加速踏板及制动踏板开度输入栏，可输入时间点及相对应的加速踏板或制动踏板开度。右边的加速踏板开度-时间曲线会根据用户的输入发生相应的改变。

②“汽车仿真参数输入”选项一栏用于修改各动力总成变量。例如：单击【发动机】，系统弹出菜单，可以选择相应的发动机类型。同样也可通过单击【车型】，在系统弹出的菜单里选择不同的车型。

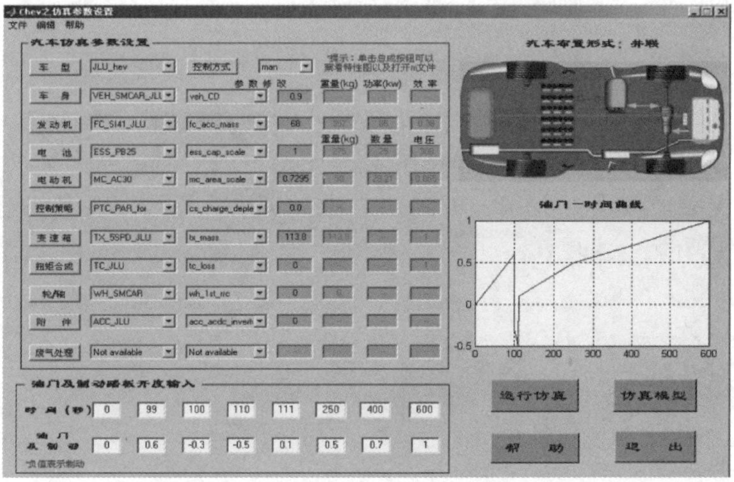

图 6-37　CHEV2002 参数输入界面

此外，还可方便地利用参数修改一栏查看与修改部件的参数。仿真将按修改后的参数进行。例如：单击总成名称键，如【发动机】按钮，可查看各动力总成部件的 m 文件，以及此文件所对应的各总成部件特性，如发动机万有特性，参见图 6-38。同时 MATLAB 命令窗口会相应地给出提示内容：

```
载入汽车 JLU_HEV 的参数
Dataloaded: VEH_SMCAR_JLU - 轿车整车及车身变量
Data loaded: PTC_PAR - 多速并联电辅助控制策略
…
```

③ 界面顶端的菜单项可以实现打印、关闭、复制、帮助、存储及载入用户自定义汽车等基本功能，如图6-39所示。

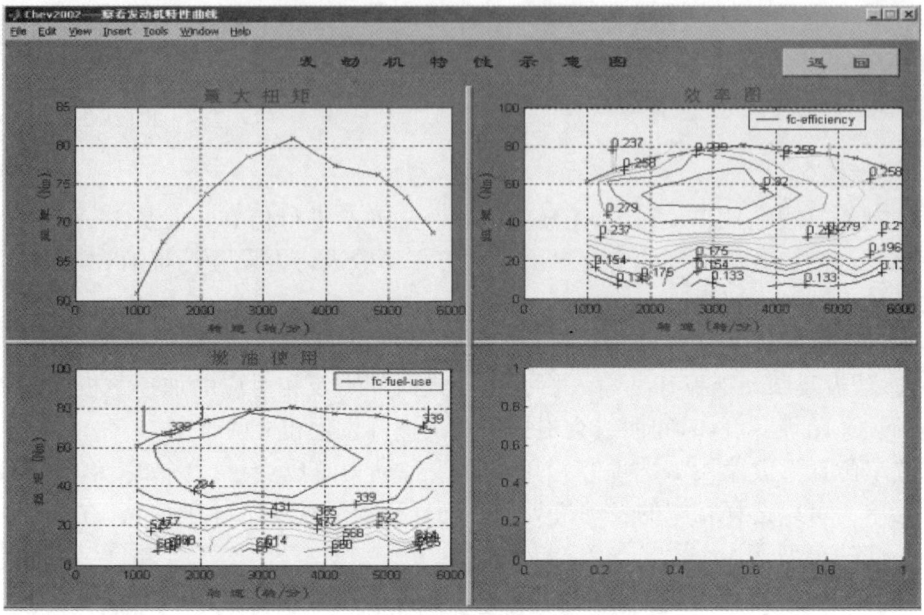

图6-38　CHEV2002查看发动机特性界面

④ 界面右下方的按钮：【运行仿真】、【仿真模型】、【帮助】、【退出】，可以实现运行仿真、查看、修改（仿真模型）与帮助等相关功能。

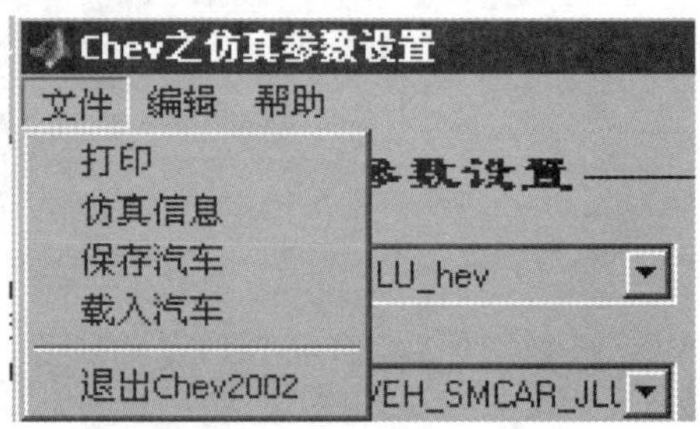

图6-39　CHEV2002菜单

6.3.2.3　修改界面 gui_input_fig

修改界面过程如下所述。

1. 界面外观设计

首先用GUI对界面进行外观设计，并确定每个控件的关键属性，生成两个文件 gui_input_fig.fig 与 gui_input_fig.m。

2. 关键编程方法与步骤

① 加速踏板及制动踏板部分：对仿真输入的Tsim和throttle声明为全局变量，以加速踏板输入的第一个编辑框（Edit Text）为例，说明其回调函数编程：

```
function varargout = throttle_edit1_Callback (h, eventdata, han-
dles, varargin)
            global Tsim throttle;
    throttle (1) =str2num (get (gco, 'String'));
            axes (handles.axes3);
            plot (Tsim, throttle);
```

其他编辑框的回调函数编程与上述基本相同。

② “汽车仿真参数设置” 选项的编程：这部分编程较为繁琐，但方法并不复杂。下面以发动机总成编程为例，进行扼要说明。所设计的界面如图 6-40 所示。

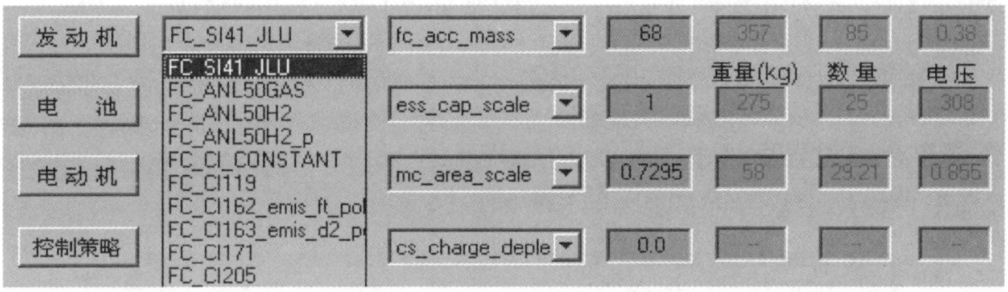

图 6-40 关于发动机编程设计

先将用户可选择的发动机种类添加到弹出菜单的 “string” 属性里，然后对其进行编程：

```
    function varargout = fc_popupmenu_Callback (h, eventdata, han-
dles, varargin)
    var_declare;
    val = get (h, 'value');
    switch val
      case 1
        evalin ('base', 'FC_SI41_JLU');
          case 2
        evalin ('base', 'FC_ANL50GAS');
      …
    end
```

其中，Var_declare 是一个把所有变量声明为全局变量的 m 文件。其作用与直接在回调函数中声明全局变量是一样的。

同理，可对参数修改弹出菜单【参数修改】进行编程。其目的是当用户选择变量名称时，编辑框能将其值相应显示出来。如果在编辑框输入新值并回车，便可更新此变量值。

左侧【发动机】按钮实现的功能是查看其参数源 m 文件及其特性。查看特性的编程，就是将特性曲线画出，此处不再详述。

③ 其他功能键的编程：进行【运行仿真】按钮的回调函数编程：

```
    function varargout = run_button_Callback (h, eventdata, handles,
varargin)
                    evalin ('base', 'sim (''auto_par'') ');
                              close (gcbf);
                               resultfig;
```

其中，resultfig 是仿真结果界面的名称。

用【仿真模型】按钮打开 Simulink 仿真模型，回调函数为

```
open ("auto_par.mdl");
```

用【帮助】键命令浏览器打开 html 格式的帮助文件，回调函数为

```
web (['file: \ \ \'which('help_doc.htm'), '#2.1.1 '], '-browser');
```

6.3.2.4 仿真平台结果界面（resultfig）的编程

前向仿真平台输出结果界面如图 6-41 所示。

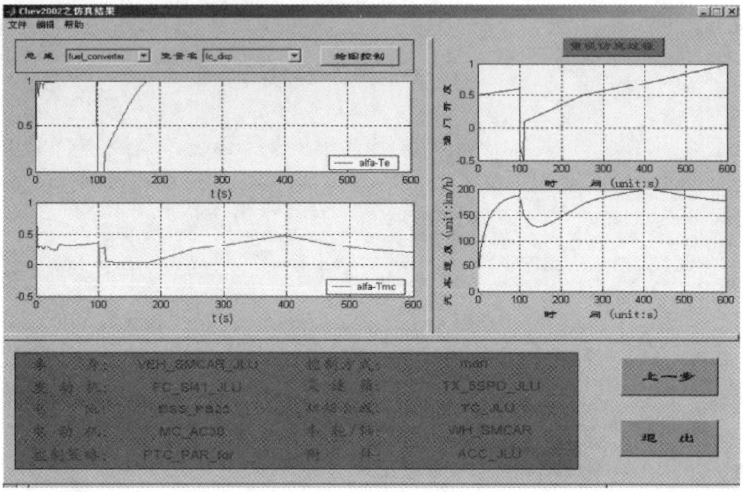

图 6-41 CHEV2002 的结果界面

其基本功能为:

① 左边上部选项，允许用户选择与查看变量随时间变化的曲线。

② 上面的菜单选项可实现存储、载入结果及帮助等功能。

③ 单击右侧【重现仿真过程】按钮，系统以动画及仪表形式将仿真过程用较慢速度重放。

④ 下部列表显示仿真所对应部件的英文名称。

以第 1 项功能为例，其编程过程如下:

① 左侧下拉菜单可选择不同的总成，右侧下拉菜单将显示该总成的所有变量。其编程如下:

```
    function varargout = popupmenu_assembly_Callback (h, eventdata,
handles, varargin)
    val = get (h, 'Value');
    switch val
    case 1
        set (handles.popupmenu_variable, 'String', ['fc_disp    '; …
            'fc_eff_scale'; 'fc_mass    '; 'fc_max_pwr  ']);
    case 2
    …
```

② 当通过右侧的下拉菜单选择变量时，在 axes 对象上就用曲线形式将其显示出来。所有曲线均在“当前轴”上作出，可以通过鼠标单击来切换“当前轴”。其编程如下：

```
    function varargout = popupmenu_variable_Callback (h, eventdata,
handles, varargin)
    axes (gca);% 获取当前轴坐标
    val1 = get (findobj ('tag', 'popupmenu_assembly'), 'value');
    'val1_str = num2str (val1);
    val2 = get (h, 'Value');
    val2_str = num2str (val2);
    val = [val1_str, val2_str];
    switch val
    case '11'
    evalin ('base', 'plot (t, fc_disp, ''color'', [1 0 0]) ');
    xlabel ('t (s) ', 'Fontsize', 12);
    legend ('fc-disp', 0);
    case '12'
    …
    end
```

6.3.3 用虚拟现实工具箱与仪器仪表工具箱制作仿真动画

制作以后的效果如图 6-42 所示。图中汽车的车速将随仿真车速变化，即仿真的汽车速度增加时，它的移动速度也增加；汽车制动停止时，它也会停止。

图 6-43 中的汽车速度表、SOC 表、时间、档位等，也会随着仿真的进行而改变。此部分编程不再详述，请读者参考 MATLAB 的联机帮助。

图 6-42　CHEV2002 重现仿真过程动画

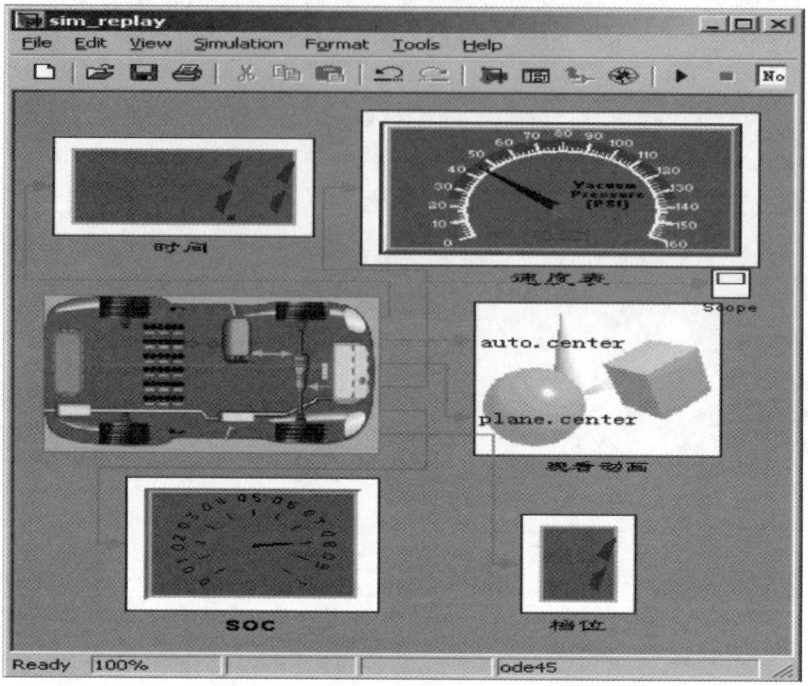

图 6-43　CHEV2002 重现仿真过程仪表

6.4 ADVISOR 再开发应用实例——复合电源再开发

随着电动汽车和混合动力汽车的发展，将蓄电池作为单一能量存储源的使用方式，日渐显露出诸多问题，如功率密度低、循环寿命短、再生制动回收率低等。而复合电源作为一种新兴的能量存储源，将蓄电池与超级电容两种电源组合到一起，能够显著提高再生制动能量回收效率，有效降低蓄电池的输出电流，延长蓄电池的使用寿命。

复合电源是一个由超级电容、蓄电池、DC-DC 转换器等部件组成的复杂系统。其性能优劣并非取决于单一部件，而是受到各个部件参数的综合性能影响，因此设计过程需要考虑各个部件的协调与匹配。同时，还要将电机需求功率合理分配给超级电容与蓄电池，并合理设计复合电源功率分流策略。

为解决上述两个问题，在复合电源开发过程中，前期仿真是必不可少的。但 ADVISOR 中没有现成的复合电源模型，需要自行开发其仿真模块。下面，将详细介绍复合电源模块的开发流程。

6.4.1 车辆参数

6.4.1.1 整车参数

基于采用复合电源的某款纯电动客车，整车构型如图 6-44 所示。复合电源通过电机控制器与电机电连接，电机与主减速器、驱动轴及车轮机械连接。电机输出动力经过主减速器减速增矩，然后直接传递给后轴与车轮驱动车辆行驶。该纯电动客车整车参数见表 6-7。

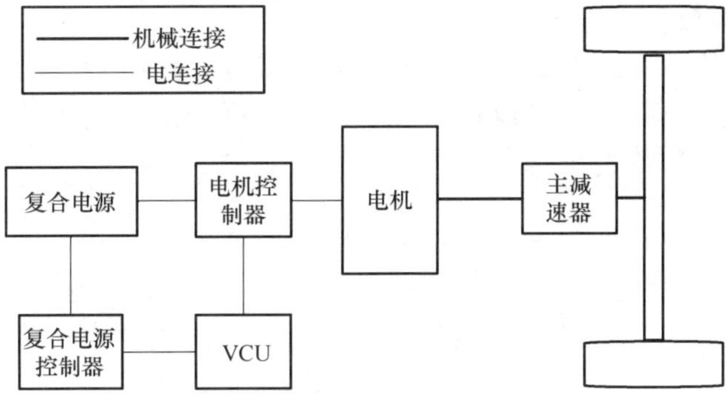

图 6-44 纯电动客车构型图

表 6-7 整车参数

驱动形式	FR 后驱	整备质量/kg	12500
满载质量/kg	18000	轴距/mm	5950
迎风面积/m^2	8. 7	空气阻力系数	0. 55
质心到前轴距离/mm	3846	质心高度/mm	1307
主减速比	6. 2	车轮滚动半径/mm	478

6. 4. 1. 2 电机参数

该纯电动客车采用永磁同步电机，无变速器。电机输出动力直接经主减速器传递到后轴与车轮。电机相关参数见表 6-8。电机外特性曲线如图 6-45 所示。

表 6-8 电机参数

电 机 类 型	永磁同步电机	最大功率/kW	150
最大转矩/N · m	3300	最高转速/(r/min)	2600
转动惯量/(kg · m^2)	1. 308	电机质量/kg	380

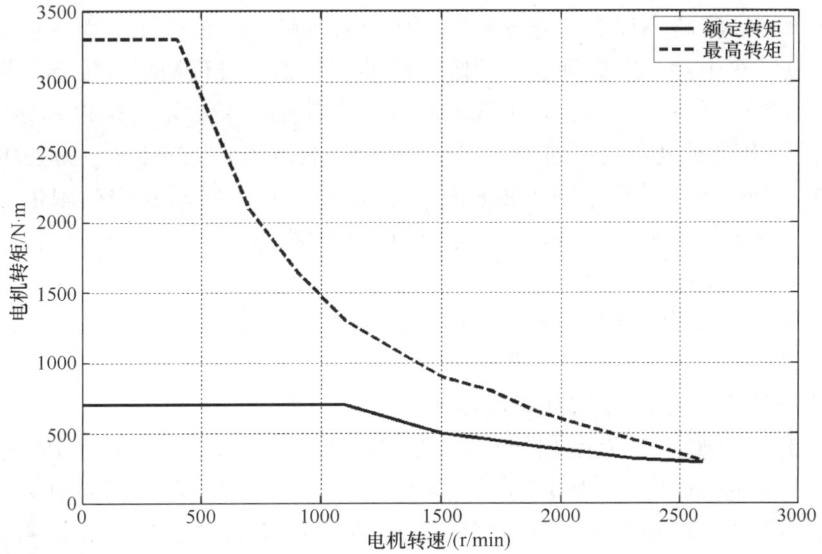

图 6-45 电机外特性曲线

6.4.1.3 复合电源参数

根据蓄电池与超级电容的连接关系，复合电源可以分为若干种拓扑结构。该车采用的拓扑结构如图6-46所示，即超级电容与DC-DC串联，再与蓄电池并联，两者共同为负载供电。复合电源的相关参数见表6-9。

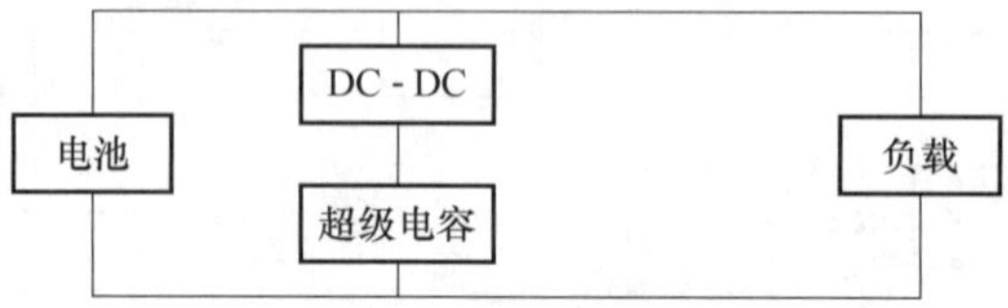

图6-46 复合电源拓扑结构

表6-9 复合电源参数

电池参数			
电池类型	钛酸锂	单体电压/V	1.5 ~ 2.75
单体容量/A·h	10	串联单体数目	180
并联单体数目	6		
超级电容参数			
单体容量/F	9500	单体最大电压/V	2.7
串联单体数目	180	并联单体数目	2

6.4.2 复合电源功率分流控制策略

复合电源设计过程中，必须考虑电机需求功率如何分配给超级电容与蓄电池，也就是说，需要制定合理的功率分流控制策略。目前，国内外学者针对复合电源功率分流问题，提出了多种控制策略，包括逻辑门限值滤波控制策略、模糊逻辑控制策略、动态规划控制策略等。

合理的功率分流策略不仅能够充分发挥超级电容削峰填谷的作用，而且还能够提高能量传递效率，降低整车电耗。考虑到逻辑门限值滤波控制策略过程简单，控制效果理想，并在复合电源研究领域广泛应用，本例采用该控制策略，其流程框图如图6-47所示。

图中，P_{req}为电机对复合电源的需求功率，P_{bat}为电池需求功率，P_{cap}为超级电容需求功率，P_{ave_p}为驱动条件下需求功率门限值，P_{ave_n}为制动条件下需求功率门限值，SOC_{cap_max}为超级电容SOC上限值，SOC_{cap_min}为超级电容SOC下限值，$F_1(s)$为驱动条件下的滤波函数，$F_2(s)$为制动条件下的滤波函数。

简言之，逻辑门限值滤波控制策略，首先根据电机需求功率P_{req}的正负，判断车辆处于驱动工况还是制动工况，进而比较电机需求功率与其门限值的大小、超级电容SOC与其门限值大小，以分别确定电池需求功率与超级电容需求功率。

根据实际工程经验，并考虑超级电容的充放电特性，取其SOC上限值SOC_{cap_max}为0.95，其SOC下限值SOC_{cap_min}为0.25。驱动与制动条件下需求功率门限值P_{ave_p}与P_{ave_n}需要考虑实际循环工况。现基于中国典型城市工况，采用平均功率法来计算说明P_{ave_p}与P_{ave_n}的求解过程。

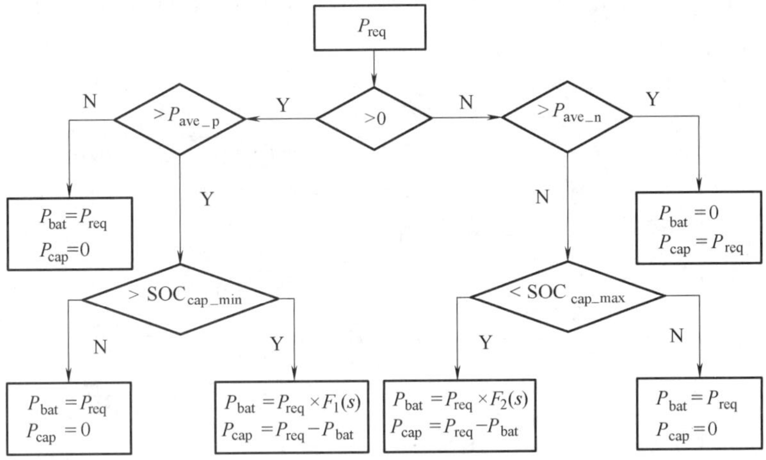

图 6-47　逻辑门限值滤波控制策略流程

首先计算得到中国典型城市工况下，每一时刻电机对复合电源的需求功率，如图 6-48 所示，再将正负功率需求分别积分，这样就得出驱动与制动条件下对应的正负能量需求，最后将驱动与制动的时间进行统计求和，两者相除即为需求功率门限值 P_{ave_p} 与 P_{ave_n}，统计结果见表 6-10。

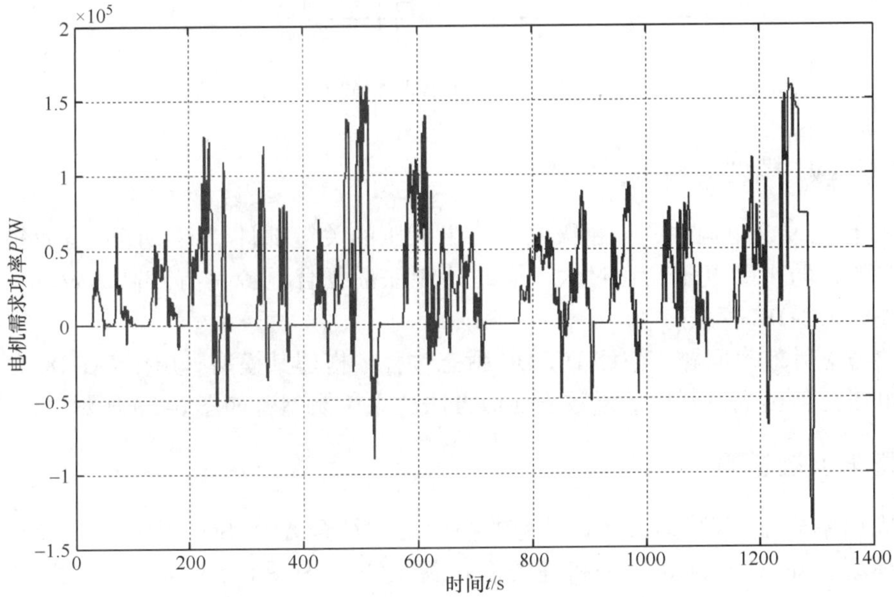

图 6-48　中国典型城市工况需求功率曲线

表 6-10　中国典型城市工况平均功率需求

	时间/s	总能量需求/kJ	平均功率需求/kW
驱动	766	32437	42. 34
制动	177	-4240	-23. 95

计算得到需求功率门限值 P_{ave_p} 与 P_{ave_n} 后，基于 MATLAB/Simulink 环境，搭建逻辑门限值滤波功率分流模型，如图 6-49 所示。

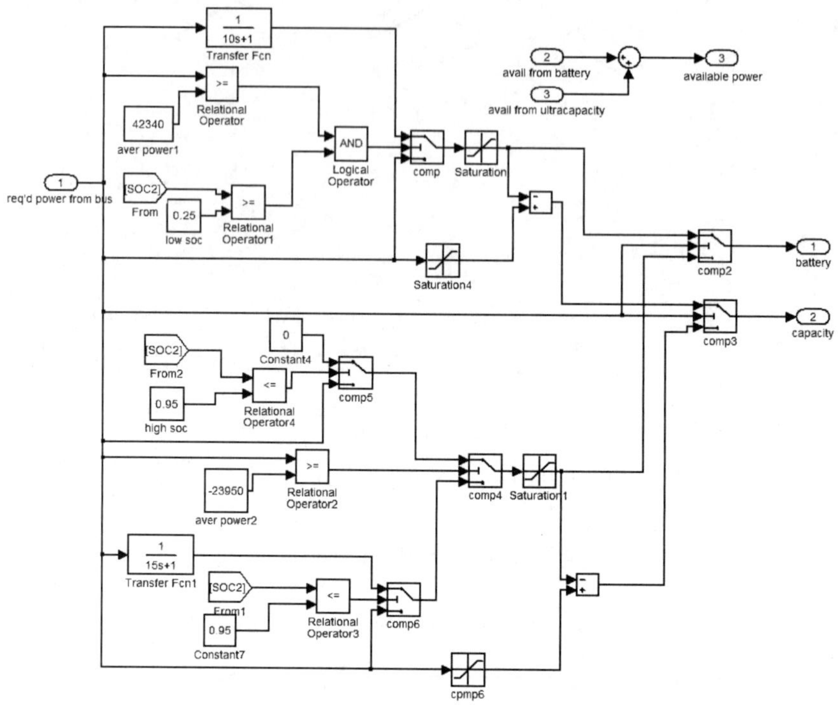

图 6-49 功率分流模型

6.4.3 DC-DC 模型

DC-DC 作为复合电源中调节超级电容输出电压的关键部件，不仅能够有效控制超级电容充放电电流，防止端电压变化过大，同时还能保证复合电源具有较高的效率。ADVISOR 中没有完整的 DC-DC 模型。

现主要考虑其效率问题，忽略 DC-DC 瞬态过程，搭建其模型。由于 DC-DC 的效率受输入功率与电压比值影响，利用二维数表插值方法建立该模型，如图 6-50 所示。

6.4.4 整车顶层模型

在完成功率分流模型与 DC-DC 模型的搭建后，结合 ADVISOR 中已有的超级电容模型和蓄电池模型，在 ADVISOR 库中搭建复合电源模型，如图 6-51 所示。电机需求功率经过功率分流模型计算，分别得到超级电容与电池需求功率，其中，超级电容需求功率部分要考虑 DC-DC 损失。最后，将图 6-50 所示的模型封装成图 6-51 所示的复合电源模型。

基于 ADVISOR 中默认的 EV 车型，进行该纯电动客车的再开发。将顶层模型嵌入搭建完成的复合电源模型，替换掉原来的蓄电池模型，如图 6-52 所示，再将搭建完成的顶层模型另存为 BD_EV_CSR，这样，带复合电源的整车顶层模型设计就完成了。

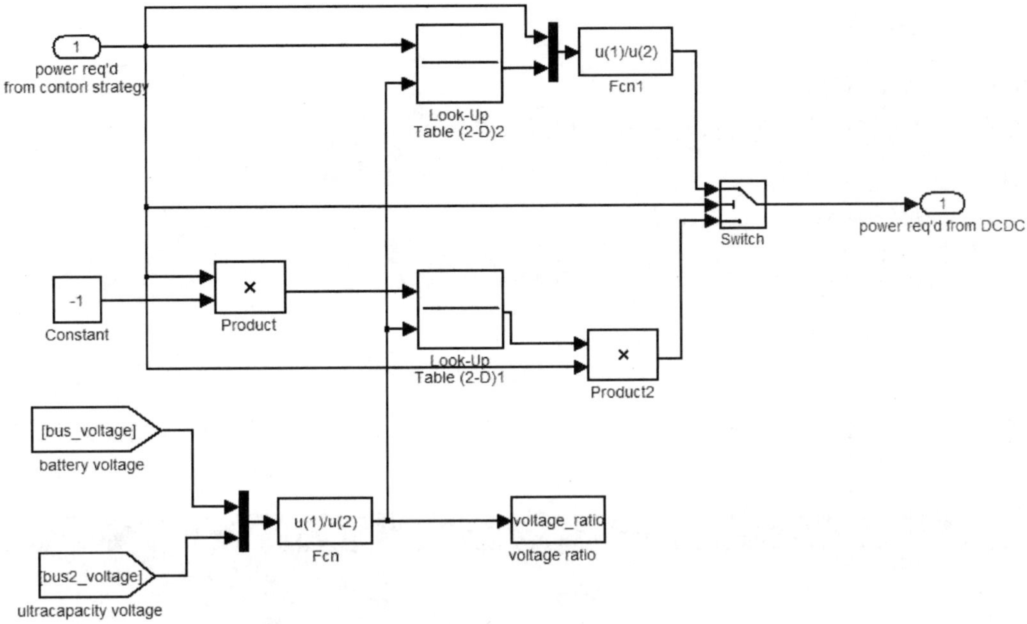

图 6-50　DC-DC 模型

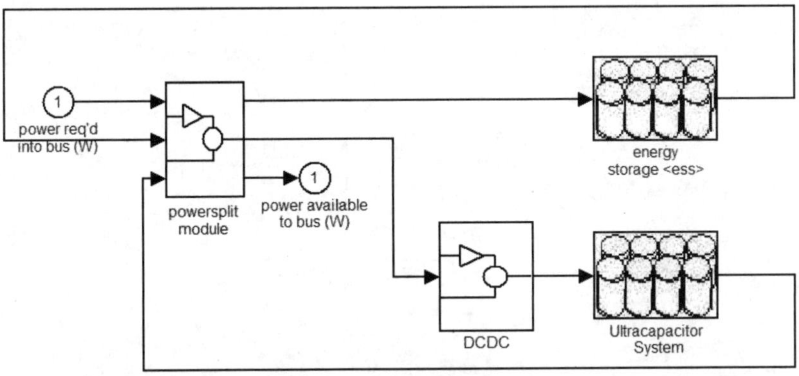

图 6-51　复合电源模型

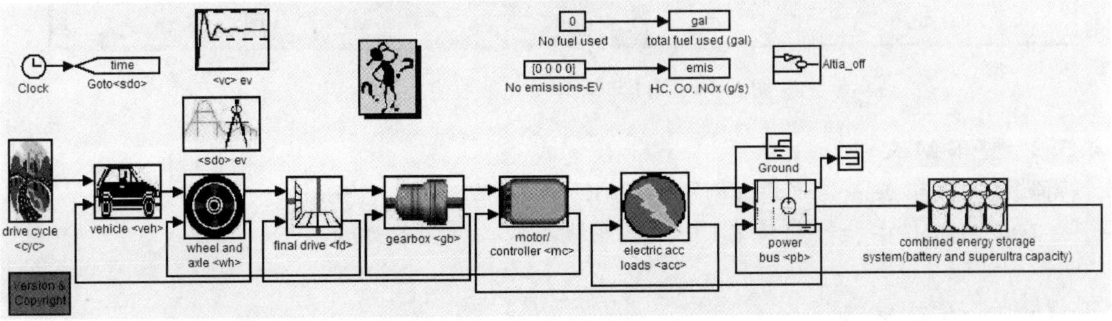

图 6-52　带复合电源的纯电动客车顶层模型

6.4.5 车辆参数输入

6.4.5.1 车辆 M 文件

现基于默认 EV 模型进行该纯电动客车再开发。

首先将该 EV 模型另存为一个新的文件，命名为 CSR_in. m。在 ADVISOR/saved vehicles/CSR_in. m 结尾处，插入以下语句：

```
vinf.energy_storage2.name = 'ESS2_CAP_CSR';
vinf.energy_storage2.ver = 'rc';
vinf.energy_storage2.type = 'pb';
```

插入完成后，重启 ADVISOR，可以看到其界面的 Energy Storage 2 部件被激活，如图 6-53 所示。

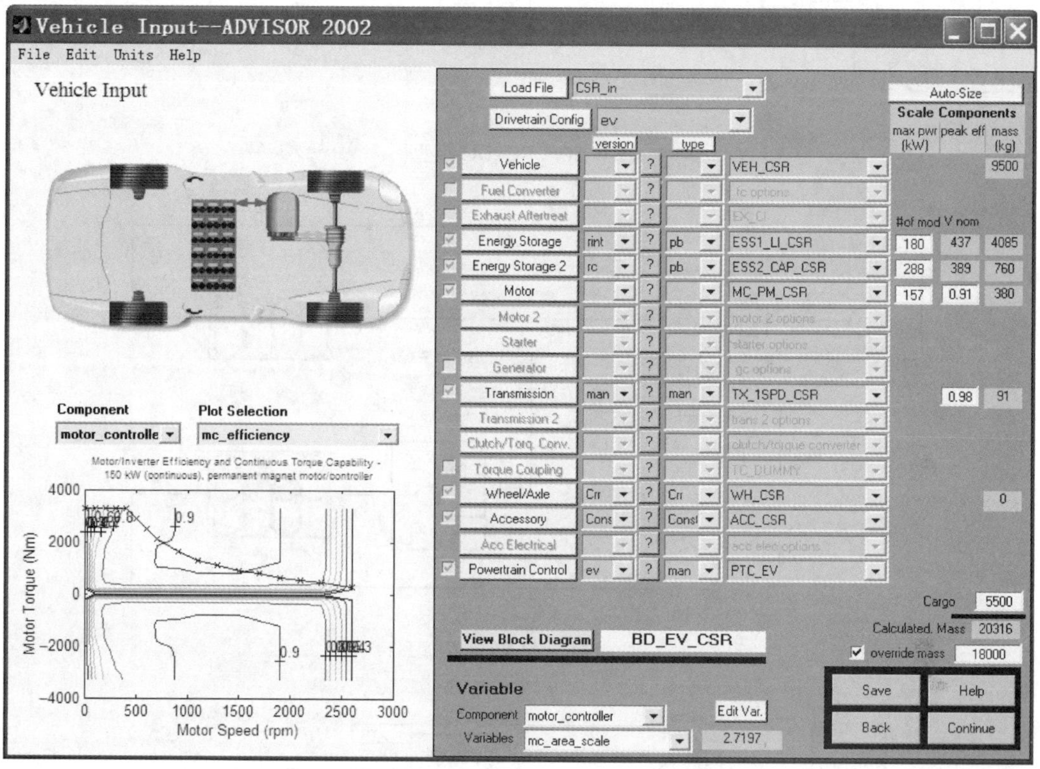

图 6-53 纯电动客车仿真参数输入界面

6.4.5.2 整车 M 文件

将默认的整车 vehicle 文件 VEH_SMCAR. m 另存为 VEH_CSR. m，并添加到 vehicle 的目录下。在该 M 文件中，依据 6.4.1.1 节的车辆参数，做如下改动：

```
veh_glider_mass = 12500 - 3000;% 滑行质量
veh_CD = 0.55;% 风阻系数
```

```
veh_FA =8.7;% 迎风面积
veh_1st_rrc =0.012;% 滚阻系数
veh_2nd_rrc =0;
veh_front_wt_frac =0.3536;% 前轴载荷比例
veh_cg_height = -1.307;% 重心高度
veh_wheelbase =5.95;% 轴距
veh_cargo_mass =5500;% 货物质量
```

6.4.5.3 电池 M 文件

考虑到该纯电动客车采用钛酸锂电池，所以，基于 Rint 类型下 ESS_LI17_temp.m 进行修改。将 ESS_LI17_temp.m 另存为 ESS1_LI_CSR.m，做出如下改动，并添加到储能器Energy Storage 目录下：

```
ess_max_ah_cap =[58 60 62];% d 电池总容量
ess_r_dis =[0.00419 0.00288 0.00221 0.0014 0.00145 0.00145 0.00162;
0.0072 0.001515 0.000839 0.000493 0.000505 0.0005524 0.0005722;
0.00535 0.00133 0.00082 0.00059 0.00059 0.0006 0.00063]/6;% 单体放
电内阻
ess_r_chg =[0.0021 0.0018 0.00177 0.00157 0.00138 0.00138 0.0015;
0.00124 0.00068 0.0005426 0.000442 0.000463 0.000583 0.000583;
0.00104 0.00079 0.00072 0.00064 0.00059 0.00058 0.0006]/6;% 单体充
电内阻
ess_voc =[2.2 2.25 2.3 2.4 2.5 2.6 2.75;
2.2 2.25 2.3 2.4 2.5 2.6 2.75;
2.2 2.25 2.3 2.4 2.5 2.6 2.75];% 单体电压
ess_min_volts =1.5;
ess_max_volts =2.75;
ess_module_num =180;% 单体数
ess_th_calc =0;% 不考虑热效应对电池影响
ess_module_mass =.37824 *6;% 电池质量
```

6.4.5.4 超级电容 M 文件

超级电容基于 rc 类型下 ESS_UC2_Maxwell.m 进行修改。将 ESS_UC2_Maxwell.m 另存为 ESS2_CAP_CSR.m，并将该 M 文件中所有带 ess 前缀变量的前缀改为 ess2，同时做出如下改动，并添加到 Energy Storage 2 目录下：

```
ess2_i =[ -300 -150 -56.3 56.3 150 300];
ess2_r =[
0.15 0.155 0.16 0.162 0.161 0.16
```

```
    0.145 0.15 0.155 0.157 0.156 0.155
    0.155 0.16 0.165 0.167 0.166 0.165] /1000;% 电容电阻
    ess2_cap =[
               9500  9500  9500  9500  9500  9500
               9500  9500  9500  9500  9500  9500
               9500  9500  9500  9500  9500  9500];% 电容值
    ess2_voc =[eps:((2.7 - eps)/10):2.7;eps:((2.7 - eps)/10):2.7;eps:
((2.7 - eps)/10):2.7];
    ess2_min_volts =0;% 单体最小电压
    ess2_max_volts =2.7;% 单体最大电压
    ess2_module_mass =1.320 *2;% 单体质量
    ess2_module_num =288;    % 单体串联数目
    ess2_parallel_mod_num =2;% 单体并联数目
    ess2_th_calc =0;% 不考虑热效应对超级电容影响
```

6.4.5.5 电机 M 文件

考虑到该纯电动客车采用永磁同步电机，所以，基于电机中的 MC_ PM58. m 进行修改。将 MC_ PM58. m 另存为 MC_ PM_ CSR. m，做出如下改动，并添加到电机 Motor 目录下：

```
    mc_map_spd =[0 100 200 300 400 500 600 700 900 1100 1300 1500 1700
1900 2100 2300 2600] *(2 *pi/60);
    mc_map_trq =[0 25 50 75 100 125 150 175 200 225 250 275 300 325 350
375 400] *(3300/400);
    mc_max_trq =[3300 3300 3300 3300 3300 2900 2500 2100 1650 1300 1100
900 800 650 550 450 300];% 驱动工况额定转矩
    mc_max_gen_trq = -1 *[3300 3300 3300 3300 3300 2900 2500 2100 1650
1300 1100 900 800 650 550 450 300];% 制动能量回收工况额定转矩
    mc_overtrq_factor =1;% 过载系数
    mc_max_crrnt =546;% 最大电流
    mc_min_volts =200;% 最小电压
    mc_inertia =1.308;% 转动惯量
    mc_mass =380;% 电机质量
```

6.4.5.6 变速器 M 文件

该纯电动客车没有变速器，故基于 TX_ 1SPD_ BUS. m 进行修改。将 TX_ 1SPD_ BUS. m 另存为 TX_ 1SPD_ CSR. m，做出如下改动，并添加到变速器 Transmission 目录下：

```
    gb_ratio =[1 1];% 变速器传动比
    fd_ratio =6.2;% 主减速比
```

6.4.5.7　车轮 M 文件

车轮基于 WH_SMCAR.m 进行修改。将 WH_SMCAR.m 另存为 WH_CSR.m，做出如下改动，并添加到 Wheel/Axle 目录下：

```
wh_radius =0.47825;% 轮胎滚动半径,m
wh_inertia =10.4;% 轮胎转动惯量,kgm^2
```

6.4.5.8　配置结果

在完成上述所有部件的配置后，ADVISOR 整车输入界面如图 6-54 所示。

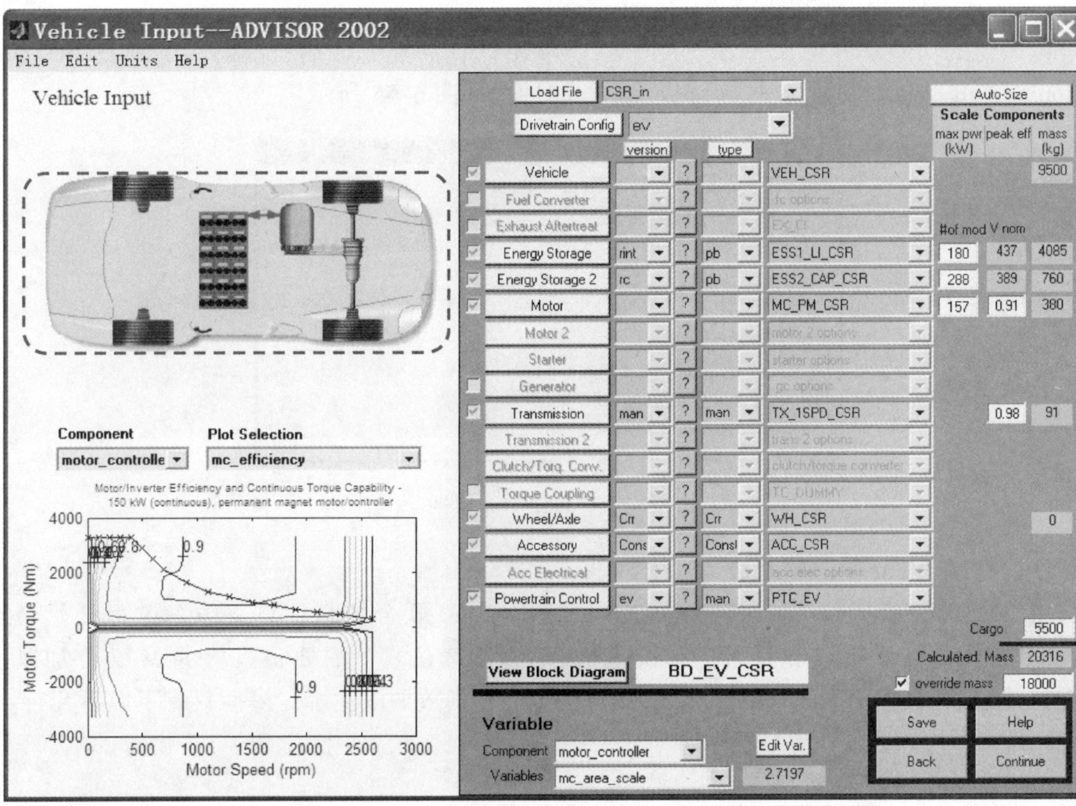

图 6-54　配置完成后的整车输入界面

6.4.6　复合电源再开发流程

6.4.6.1　修改顶层模型中超级电容模块

由于 ESS2_CAP_CSR.m 中，变量名称前缀由 ess 改为 ess2，为使得顶层模型中超级电容模块能够调用 ESS2_CAP_CSR.m 中的变量，同样，需要将顶层模型中变量前缀由 ess 改为 ess2。

6.4.6.2　匹配驱动与顶层模型

为了实现在选择 ev 驱动下，自动调用搭建好的顶层模型，需要匹配驱动与顶层模型。在 ADVISOR/gui 下的 block_diagram_name.m 下，修改下列语句：

```
case'ev'
bd_name = 'BD_EV_CSR';
```

6.4.6.3 修改 Energy Storage 2 类型

默认的 Energy Storage 2 的 Version 只能采用 Saber 类型，该类型需要 ADVISOR 与 Saber 软件联合仿真，因此需要改变 energy Storage2 的 Version。在 MATLAB 命令窗口中输入以下语句：

```
optionlist('add','ess2_ver','rc')
```

该语句的功能是将 rc 模型添加到 ess2_ ver 下。在添加完成后，能够在 ADVISOR /gui/ Optionlists/all_ menus. mat 下查看 ess2_ ver 的属性，如图 6-55 所示。

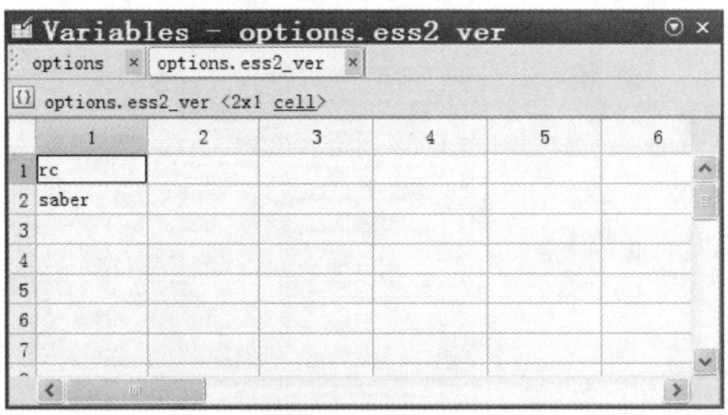

图 6-55 ess2_ ver 属性

6.4.6.4 屏蔽 Sabercheck 函数

由于 ADVISOR 默认 energy Storage2，只能用 Saber 联合仿真计算，仿真过程开始会自检，即检查 Energy Storage2 是否为 saber 类型。为继续仿真，需要将自检的 M 文件加以注释。将 ADVISOR/GUI/sabercheck. m 中的 sabercheck 函数加以注释。最后只剩下以下几行：

```
Globel vinf
Good =1;% 使 energy Storage2 的类型检查函数 Good 为真
Vinf.saber_cosim.run =0;
```

6.4.7 仿真结果

整车模型搭建完成后，在中国典型城市工况下进行仿真测试。根据图 6-56 所示的仿真结果，可以看出中国典型城市工况车速跟随良好，几乎看不出两者的差异，说明该纯电动客车满足中国城市道路的一般行驶需求。

中国典型城市工况下，得出电池 SOC 变化曲线和超级电容 SOC 变化曲线，分别如图 6-57 和图 6-58 所示。

根据仿真结果可知，电池 SOC 变化平缓，符合实际车辆工作状态。而超级电容在整个循环工况过程中 SOC 下降。这是因为设计控制策略过程中，分别针对驱动与制动工况制定功率门限，使得超级电容放出能量多于回收能量。超级电容在整个工况中，其 SOC 没有过大的跳变，是由于其存储能量较大，约为 5kW · h，在加速或制动过程中电压波动不会过大。

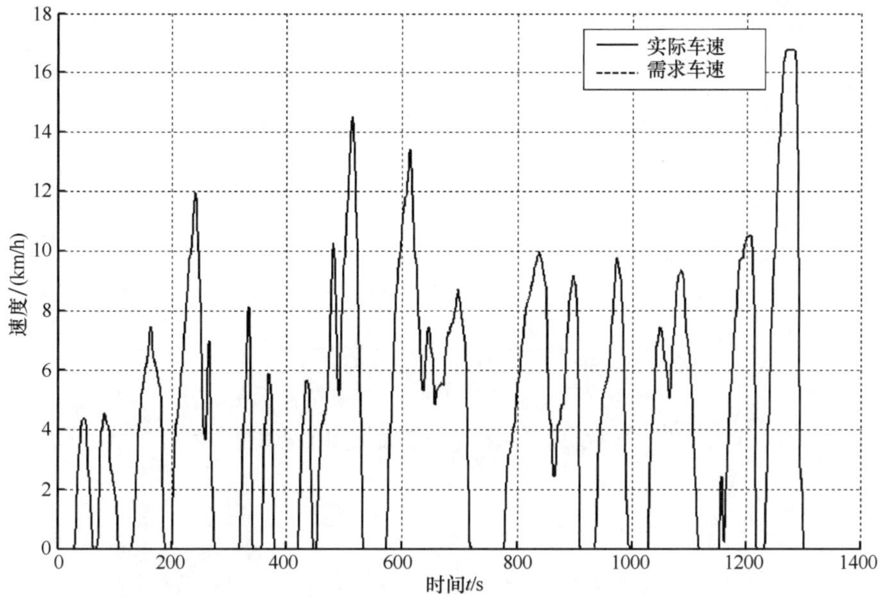

图 6-56　中国典型城市工况车速跟随曲线

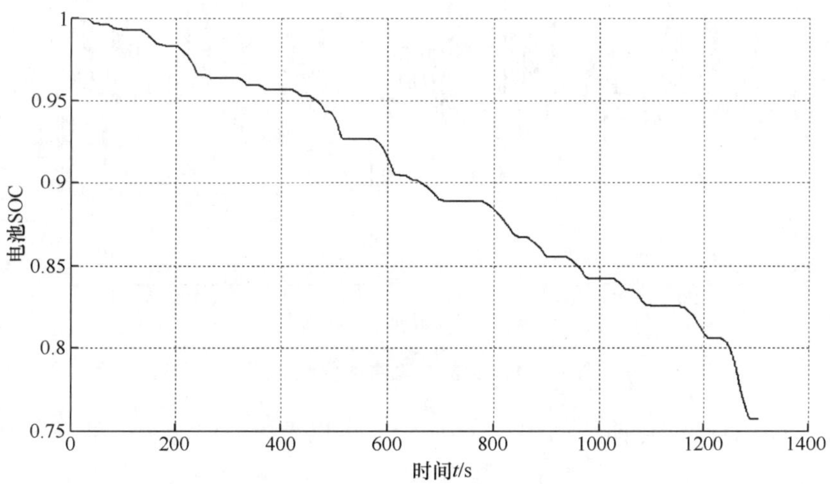

图 6-57　电池 SOC 变化曲线

为进一步验证复合电源功率分流控制策略，将电机需求功率、电池需求功率、超级电容需求功率曲线绘出，如图 6-59 与图 6-60 所示。根据控制策略可知，电机需求功率为电池需求功率与超级电容需求功率的加和，并且超级电容在其中起到削峰填谷的作用。仿真曲线符合理论分析情况，说明复合电源功率分配策略具有一定合理性。

为进一步研究复合电源的节能效果，将整车模型在复合电源与单一电源条件下分别进行仿真研究。采用中国典型城市工况进行仿真，其中单一电源与复合电源中电池电流曲线如

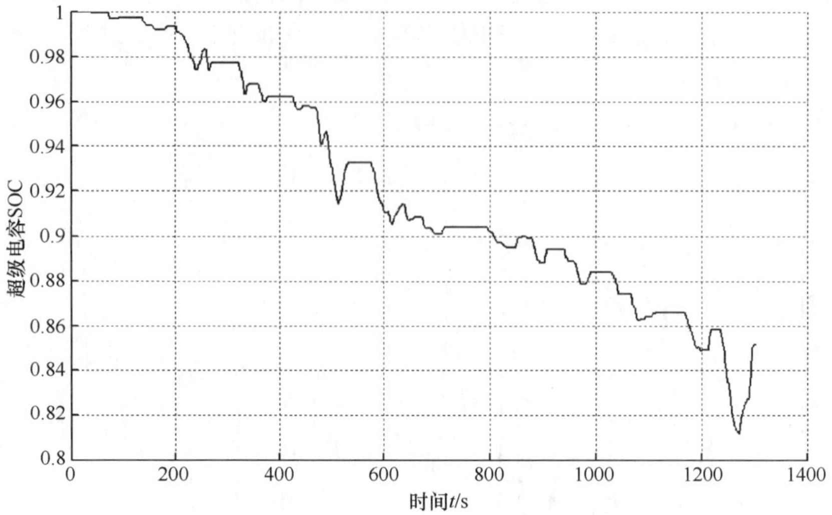

图 6-58　超级电容 SOC 变化曲线

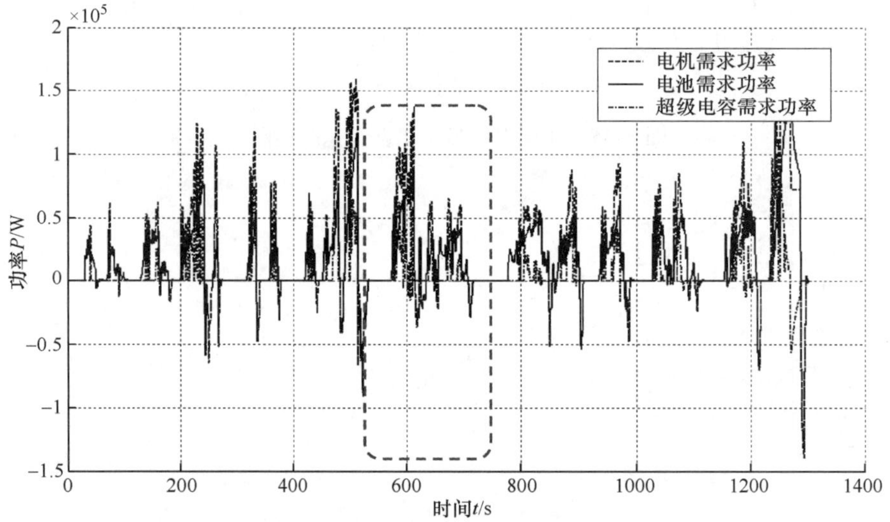

图 6-59　复合电源功率分配曲线

图 6-61所示，电池 SOC 变化曲线如图 6-62 所示。可以看出，驱动工况下复合电源中电池峰值电流较小，制动工况下复合电源中电池电流基本为 0。这说明此时超级电容用于能量回收，从侧面证明了超级电容具有削峰填谷的作用。

通过两种情况下电池 SOC 对比可以发现，复合电源中由于存在超级电容的能量补偿，电池 SOC 下降较少，符合理论分析情况。

中国典型城市工况下，复合电源与单一电源两种情况下电耗与电池 SOC 对比分析，见表 6-11。由表可知，复合电源情况下的电池 SOC 下降要小于单一电源。并且，复合电源总体电耗小于单一电源，因而复合电源对于提高车辆经济性有所帮助。但这也不是绝对的。在参数设计过程中，如果将电池内阻设置得特别小，使得电池效率较高，而超级电

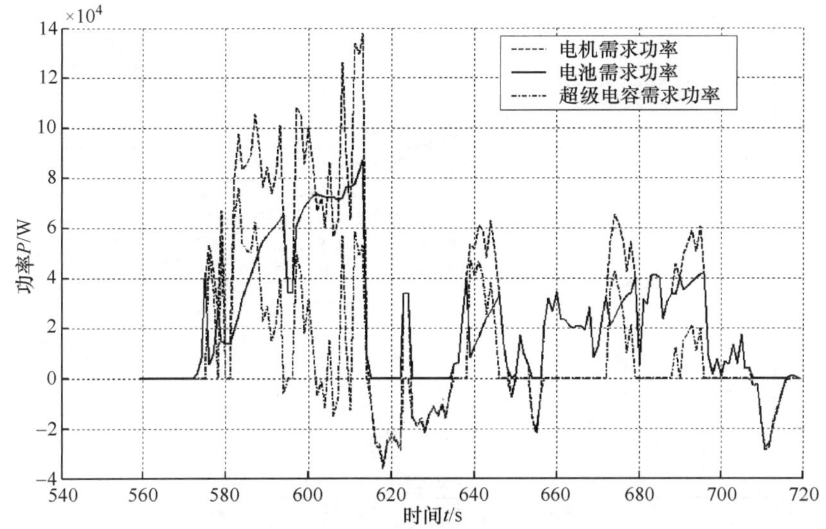

图6-60　560~720s 功率分流放大曲线

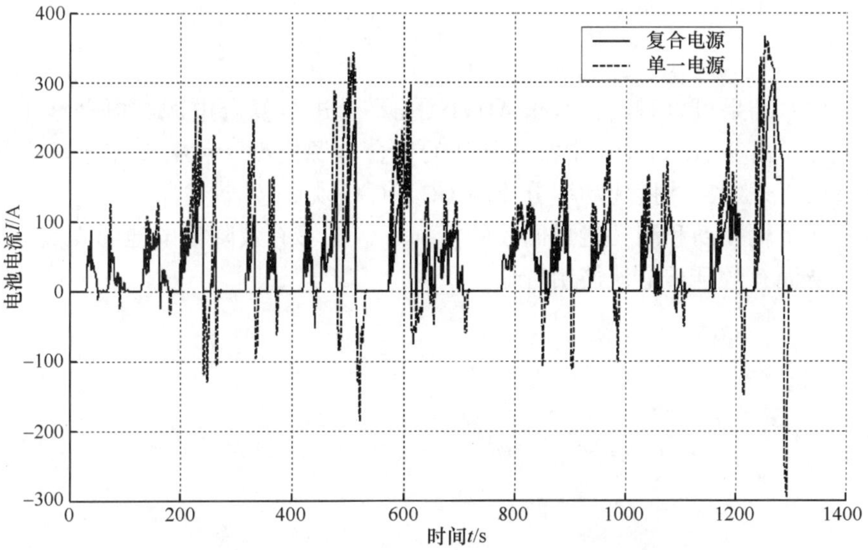

图6-61　复合电源与单一电源电池电流对比

容之前要考虑 DC-DC 的效率损失，则在某些特定情况下，复合电源的电耗不一定就小于单一电源。

表6-11　单一电源和复合电源能耗对比

	电耗/kW·h	电池 SOC 下降（%）
单一电源	7.99	30
复合电源	7.91	24

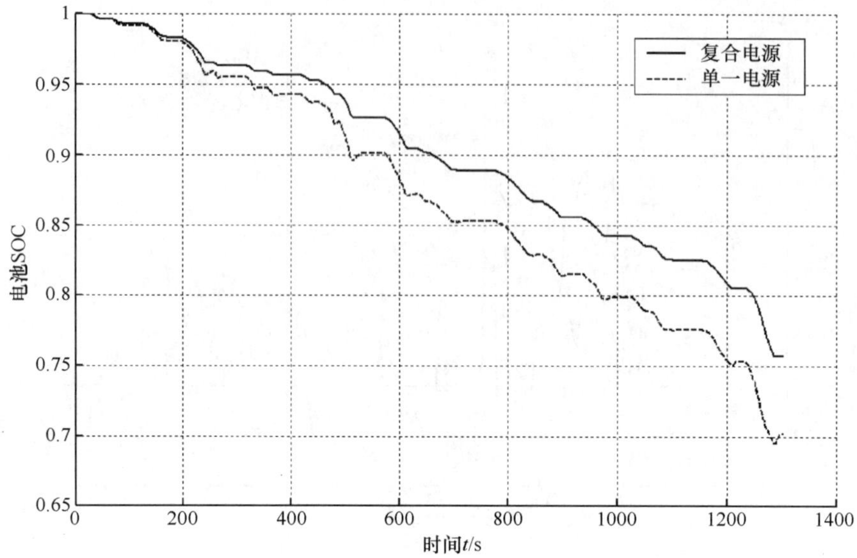

图 6-62　复合电源与单一电源电池 SOC 对比

6.4.8　结论

根据以上仿真结果可以看出，基于 ADVISOR 平台进行复合电源纯电动客车再开发是切实可行的。但是，由于 ADVISOR 中没有默认的复合电源模型，就需要基于已有的电池和超级电容模块进行再开发，并搭建功率分流与 DC-DC 模块。

超级电容在车辆驱动和制动能量回收的情况下，能够有效降低电池的峰值电流，起到削峰填谷作用，从而有效延长电池使用寿命。

第 7 章

ADVISOR 与 CRUISE 平台仿真

ADVISOR 作为一种以逆向仿真为主、正向仿真为辅的仿真软件，具有计算速度快、代码开放等优势。而当前大多数商用软件多采用正向仿真进行计算，如 CRUISE，这类软件具有操作简单、软件成熟等优势，并且能够更精确地表现车辆运行过程中的动态过程。目前，ADVISOR 与 CRUISE 在混合动力汽车与纯电动汽车仿真领域都得到了广泛的应用，其仿真结果的精确性一直是广大科研人员关心的问题。

本章通过 ADVISOR 与 CRUISE 仿真对标的形式，着重研究纯电动汽车、混合动力汽车等车辆在两平台下的仿真计算结果，并进行误差分析。

7.1 基于 ADVISOR 前向仿真平台的再开发

编者自行开发的仿真平台 CHEV2002 与 ADVISOR 相比，其代码不够开放，不易增加多种模块，而且它只是用加速踏板与制动踏板作为输入，不能对更多复杂工况进行仿真。因此，本节利用 ADVISOR 本身的代码开放性及其操作方便的特点，把编者项目研究过程中的控制策略模块嵌入到 ADVISOR 的 GUI 平台中，让其参与各种工况的仿真，这样就能够对控制策略进行更全面的考查。重要的是，这种控制策略与整车实际调试及试验台架的控制策略是一致的，所以这部分工作具有重要的实践意义。

7.1.1 前向与后向仿真软件的特点

计算机仿真是理论分析与工程设计的有力工具。目前，混合动力汽车仿真有两种基本方法，即后向仿真（Backward-facing Vehicle Simulation）和前向仿真（Forward-facing Vehicle Simulation）。它们分别如图 7-1 和图 7-2 所示。国内也有称后向仿真为“逆向”或“反向”仿真、称前向仿真为“正向”仿真的。

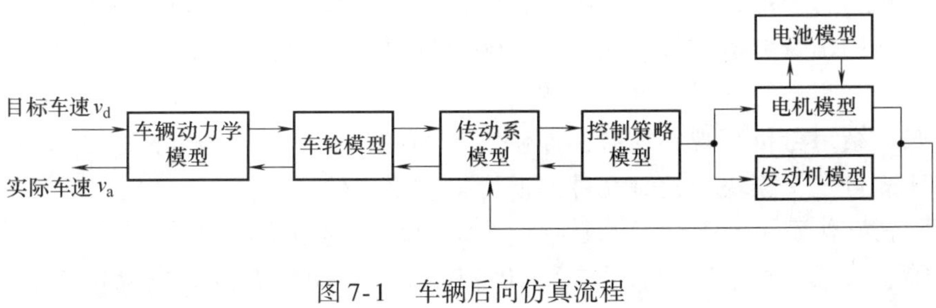

图 7-1　车辆后向仿真流程

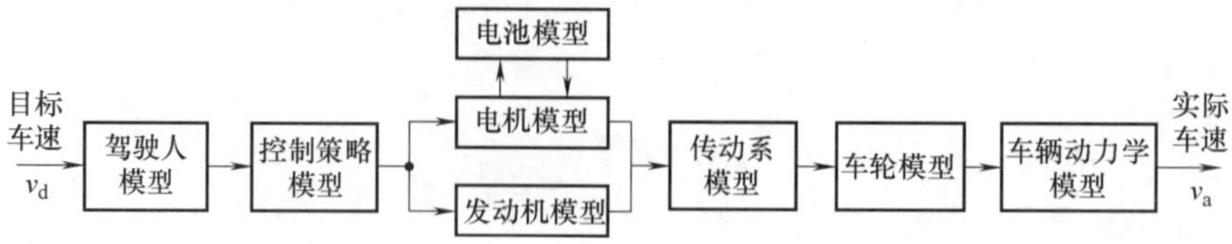

图 7-2 车辆前向仿真流程

对于混合动力汽车性能仿真，国内应用很普遍的是后向式仿真软件 ADVISOR，而单纯前向式仿真使用较普遍的是 AVL 公司的 CRUISE 软件。另外，美国阿贡国家实验室（Argonne National Laboratory）的 PSAT 也是一种前向式仿真模型，但国内应用较少，暂不予讨论。以下主要就 ADVISOR 与 CRUISE 软件讨论其各自特点。

7.1.1.1 后向仿真软件 ADVISOR 特点

仿真模型从满足循环工况要求出发，计算动力系统各部件必须提供的转矩、转速或功率等，仿真信息沿整车阻力模型、车轮模型、传动系模型最终到达动力总成模型。仿真的顶层模型如图 7-3 所示。

该向建模与仿真，不考虑驾驶人意图及动力系统（尤其是离合器与变速器）动态过程，计算步长较大（一般为 1s），计算速度快，可以通过反复计算以达到系统的最高性能。其主要功能适用于不同设计方案之间的比较与分析评估，也可用于整车性能仿真分析与预测，但并不适合控制算法的设计开发。

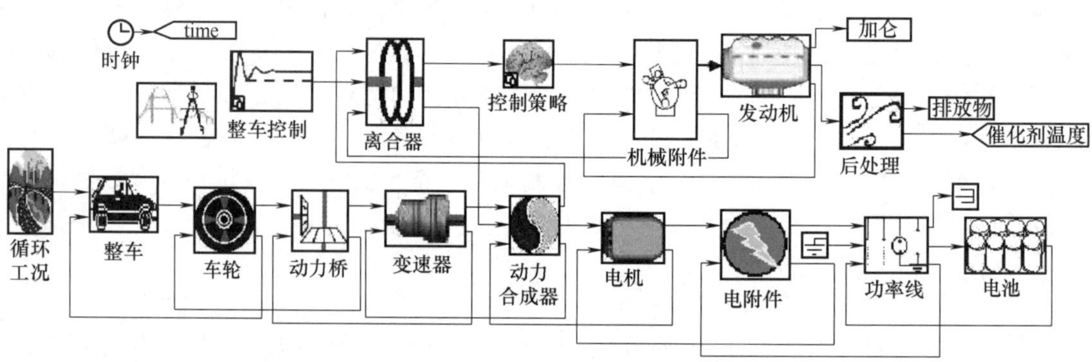

图 7-3 ADVISOR 仿真模型

7.1.1.2 前向仿真软件 CRUISE 特点

AVL 公司的 CRUISE 软件是前向仿真软件，是用于研究车辆动力性、燃油经济性、排放性能与制动性能的仿真分析软件。它用于车辆开发过程中的传动系匹配与车辆性能预测等，能够对混合动力汽车和纯电动汽车（当然也能对传统汽车）进行建模、仿真与性能模拟。软件界面友好，结果分析直观、易懂，提供了与 MATLAB、C、Fortran 等通用编程软件的接口，为用户建立自定义模块及控制元件的模型提供了方便。

图 7-4 是在该仿真平台上建立的某一混合动力客车的顶层模型。

该模型除了包括计算整车所需的车体计算模型（各动力总成如发动机、电机、蓄电池组与变速器），还包括反映驾驶人操作的模型等，同时还提供用户设计控制策略的外在应用

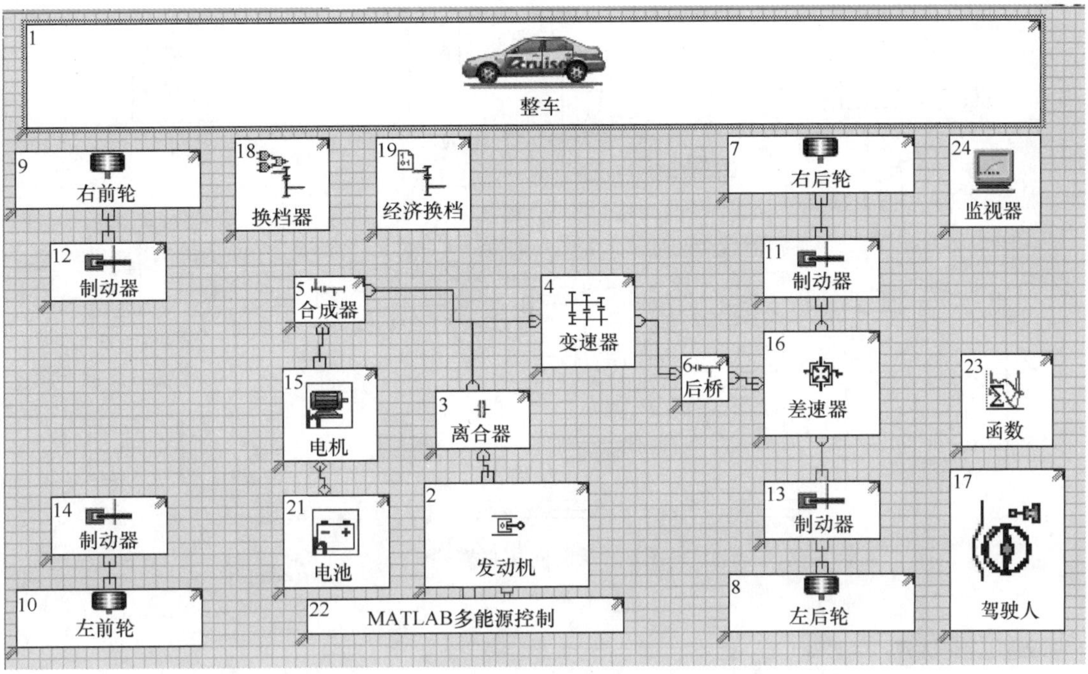

图 7-4 某混合动力客车 CRUISE 仿真模型

程序接口（API）。它对整车控制操作非常方便，而且控制策略与车体模型分工很明确，非常适合实际工程项目对控制策略开发的延续性要求。

但该前向模型是一款商用仿真软件，由于其代码不公开，不适合自主掌握与进一步开发。

7.1.2 前向仿真模块的改进

如上所述，利用 ADVISOR 代码开放的特点，把自主开发的前向模型嵌入到 ADVISOR 软件 GUI 平台，参与前向模型的控制策略开发。这些工作与实际情况更接近，具有重要的现实应用价值。

ADVISOR 中的许多部件都有比较成熟的模型。在建立前向仿真软件的过程中，可借鉴这些成熟的模型。在 ADVISOR 中，每个部件模型都有前向和后向两条路线。

为开发前向模块，可把原来后向路线删除，保留其前向路线，如文献［36］所示。但还须对该文献中的模型做进一步改进，以适应 ADVISOR 对驱动工况的要求。同时，还要将其中的控制策略模型，改为实施项目过程中的试验台架与整车上运行的控制策略。

图 7-5 为改造后的整车模块顶层示意图。在前向仿真模型的基础上，增加了驾驶人模块。驾驶人的仿真模型如图 7-6 所示。

驾驶人模型的建模思想为：根据循环工况车速历程与路面坡度信息，计算总的功率/转矩需求，传送到控制策略模块中，并由控制策略分配给各动力源的功率，最终传送到车轮，以驱动汽车。而实际获得的车速可能与工况要求的不一样，因此在“驾驶人模型”中设计了“车速 PI 控制”子模块，如图 7-7 所示。它主要根据车速差调节总的功率需求，其中的 PI 控制参数可根据不同的车型与工况进行适当的调节。

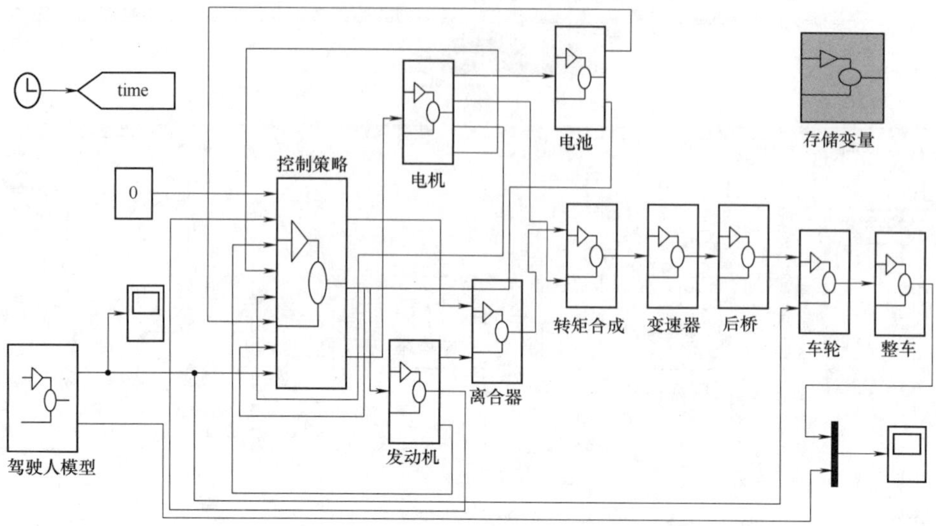

图 7-5 前向仿真模块

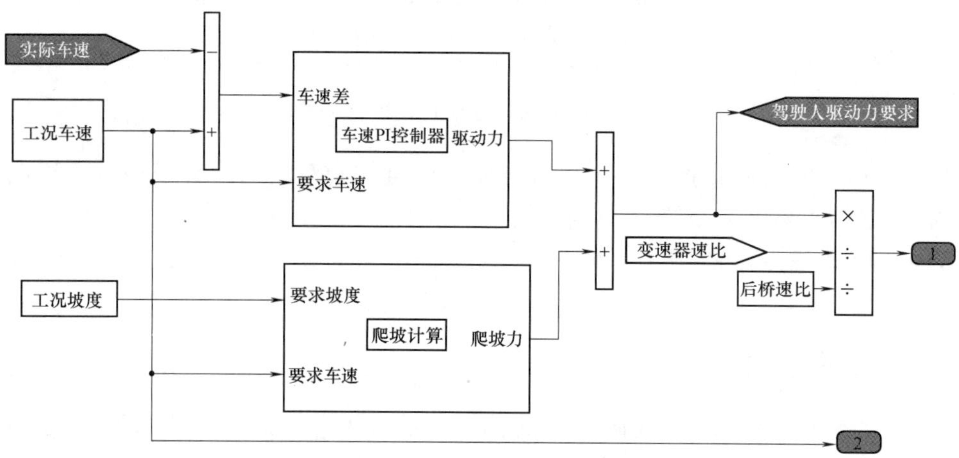

图 7-6 驾驶人仿真模型

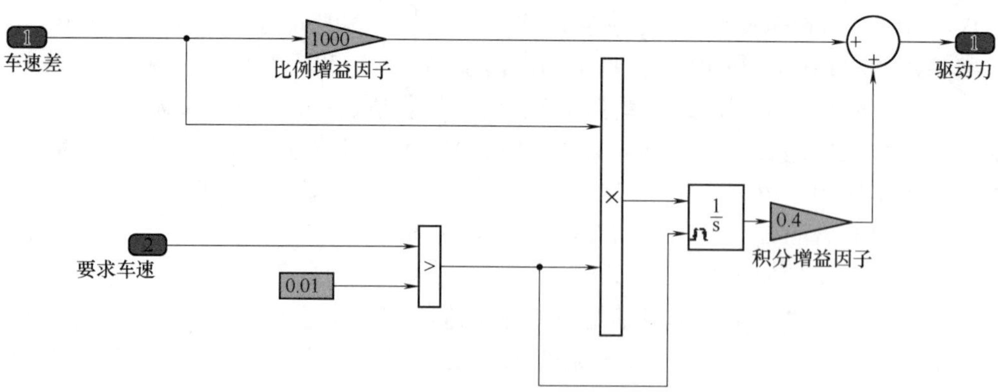

图 7-7 汽车车速 PI 控制器

控制策略模块的建模基本思想是：通过不同的功率需求、SOC 状态及车速等信息，控制发动机在最佳区域内工作。当发动机处于怠速时，控制策略会关闭发动机；加速时要求功率很大，则控制发动机在中等负荷区，即最佳区域工作，并控制电机参与助力；若是滑行或制动，就会控制发电机吸收滑行或制动能量用来发电。

上述控制思想已在实际试验台架中得到了验证，各种驱动工况也已成功地进行了调试，发动机大部分时间都工作在最佳区域内。

其他的模块与文献［36］一样，均是从 ADVISOR 模块中借鉴而来的。至此，把如图 7-5 所示的顶层模块取名为：BD_FOR_PAR_FAW. mdl，保存在 ADVISOR \ model 目录下。

7.1.3 前向模型嵌入 ADVISOR

为使上述前向仿真模型能在 ADVISOR 平台进行仿真，详细方法和步骤可以参考 6. 2 节，这里简要说明这一过程的关键步骤。

将原有装载文件 PARALLEL_ defaults_ in. m 的头两条语句修改为

```
vinf.name = 'FOR_PAR_defaults_in';
vinf.drivetrain.name = 'FOR_PAR';
```

并保存为 FOR_PAR_ defaults_ in. m 的装载文件。其他的部件也同样可以根据用户要求进行修改。

为使 ADVISOR 的 GUI 平台能识别此模块，须向全局变量 Vinf 的驱动链域中添加如下命令

```
Optionlist ('add', 'drivetrain', 'FOR_PAR')
```

然后，在 block_ diagram_ name. m 文件中的 switch drivetrain 语句中增加下面语句

```
Case 'FOR_PAR'
bd_name = 'BD_FOR_PAR_FAW';
```

在 ADVISOR 的 GUI 界面中，便可看到新驱动链顶层配置项模型 BD_ FOR_ PAR_ FAW。另外，可在 ADVISOR \ gui 目录下的 gui_ image. m 文件中，增加索引的图像文件名，可替换成用户所需要的图像界面。

通过上述配置即可完成前向仿真模型嵌入到 ADVISOR 的 GUI 中。用户通过这个界面，可方便地配置汽车参数，并且可以选择不同工况进行前向仿真，以考查实际控制策略的合理性。

7.1.4 仿真与其结果

为了验证所修改的前向仿真模块能否在 ADVISOR 平台上进行仿真，本节选用表 7-1 所示的参数进行考查，并以北京循环工况进行仿真。

表 7-1 整车及主要部件参数

整车参数	整车质量/kg	15000	迎风面积/m^2	7. 24
	车轮半径/m	0. 50	滚阻系数	0. 009
	空阻系数	0. 79	传动系平均效率	0. 85

（续）

动力传动系参数	变速器速比	一档	13.45	四档	3.77
		二档	7.57	五档	2.84
		三档	5.01		
	主减速器速比		1		
发动机参数	最大功率/kW		171		
	转速/$r \cdot min^{-1}$		2300		
	最大转矩/N·m		823		
	转速/$r \cdot min^{-1}$		1600		
电机参数	额定功率/kW	30	额定转速/$r \cdot min^{-1}$	1300	
	最高转速/$r \cdot min^{-1}$	5000	平均工作效率	0.92	
铅酸蓄电池组参数	标准放电容量/A·h	85	蓄电池块数	25	

图7-8为前向模型在ADVISOR平台上的运行仿真结果。从运行曲线可以看出，整车确实按照路况要求，即循环工况要求的车速进行了良好的跟踪。这说明在改进的前向仿真模型中建立的驾驶人模型是合理的，针对该工况所选择的控制参数也是合适的。另外图7-8发动机和电机输出功率曲线可以看出，电机也是按实际要求进行了控制，即在加速过程中进行了助力，使发动机工作在最佳油耗区域内，从而达到尽可能降低油耗的目标。

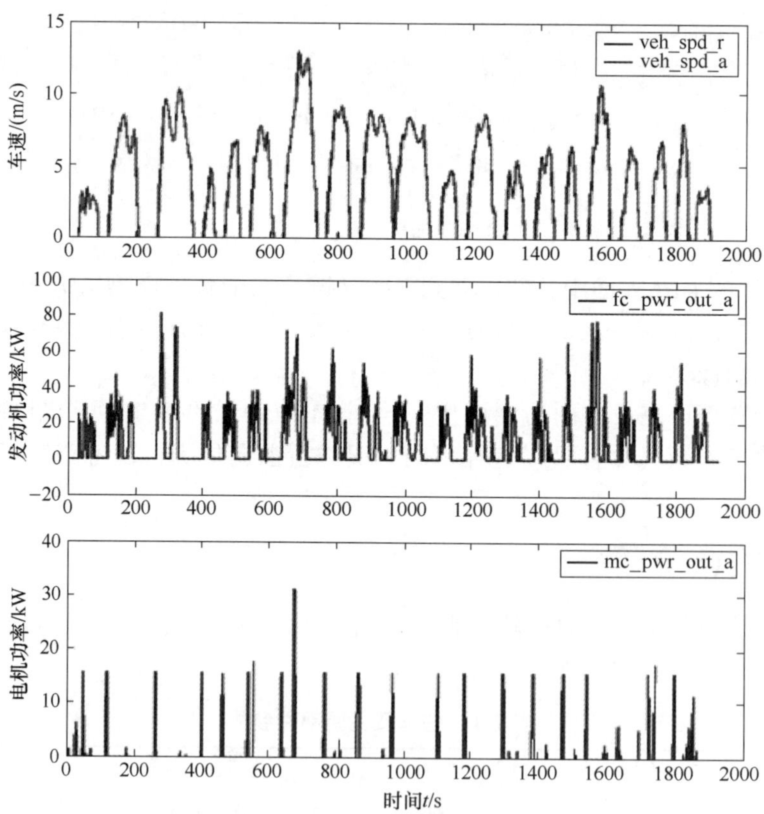

图7-8　前向模型嵌入ADVISOR仿真结果

7.1.5 结论

① 利用 ADVISOR 代码开放性的特点，提出在其 GUI 平台上开发前向仿真模型的新思路。

② 改进了原 ADVISOR 的仿真模型，使其应用范围更广泛。建立了前向仿真模型的驾驶人模块，把台架调试的控制策略加入前向仿真模块中，并将其嵌入到 ADVISOR 的 GUI 平台中运行。

③ 以某车型为例进行了仿真，结果表明仿真计算与实际工况跟踪吻合。

④ 应用该前向模型及 ADVISOR 的优点，为基于循环工况的控制器控制算法开发提供了便捷途径。

7.2 ADVISOR 与 CRUISE 平台下纯电动汽车仿真对比

7.2.1 固定档纯电动汽车仿真对标

ADVISOR 作为 MATLAB 和 Simulink 软件环境下开发的高级车辆仿真软件，通过后向仿真为主、前向仿真为辅的混合仿真方法，可以对汽车的动力性、经济性、排放及制动性等主要性能进行预测、方案分析与评估；还可以对传统汽车、纯电动汽车、混合动力汽车和燃料电池汽车的各种性能进行快速模拟实验与分析。此领域也有一些前向仿真软件，包括 PSAT、CarSim、AMEsim 以及 CRUISE 等。

本节以 ADVISOR 与 CRUISE 两种仿真软件为例，介绍前向与后向仿真软件下的纯电动汽车建模分析。

为方便初学者学习、理解，这里首先采用结构与参数设置较简单的固定档纯电动汽车为例，进行建模仿真对标。因为本节的主要目的是让读者理解和掌握 ADVISOR 仿真涉及的主要参数、步骤、结果查看和处理以及其与 CRUISE 的区别和特点，所以就不再详细介绍模型的建立方法，读者可以参考第 3 章的相关内容。

为简单起见，在 ADVISOR 中将使用软件自带模型结构，仅对其中的仿真设置参数和部分汽车参数进行修改与介绍；在 CRUISE 中将在原 EV 模型基础上，根据 ADVISOR 的汽车模型参数进行修改。有一定基础的读者，可以根据需要自己搭建新的汽车模型。

7.2.1.1 ADVISOR 仿真

EV 模型各整车部件选择如图 7-9 所示，主要包括传动系配置 Drivetrain Config、汽车类型 Vehicle、能量存储装置 Energy Storage、电机 Motor、传动系 Transmission、车轮/车轴 Wheel/Axle、附件 Accessory、传动系控制 Powertrain Control，以及界面右边和底部的一些部件参数。因为在 CRUISE 中没有汽车附件功率，所以这里设置为 0kW，如图 7-10 所示。其他各部件的参数具体设置方法参见本书第 3 章 ADVISOR 的使用方法。

参数设置完成后，单击右下角继续【Continue】按钮，进入仿真参数设置界面，如图 7-11 所示。这里采用 UDDS 工况。同时勾选加速度测试 Acceleration Test 和爬坡测试 Gradeability Test。通过单选框右侧的加速度选项【Accel Options】按钮和坡度选项【Grade Options】按钮，可以打开测试参数设置对话框，如图 7-12、图 7-13 所示。当然，也可通过选择试验程序 Test Procedure 右侧下拉列表中的“TEST_ACCEL”和“TEST_GRADE”测试工况，进行加速和爬

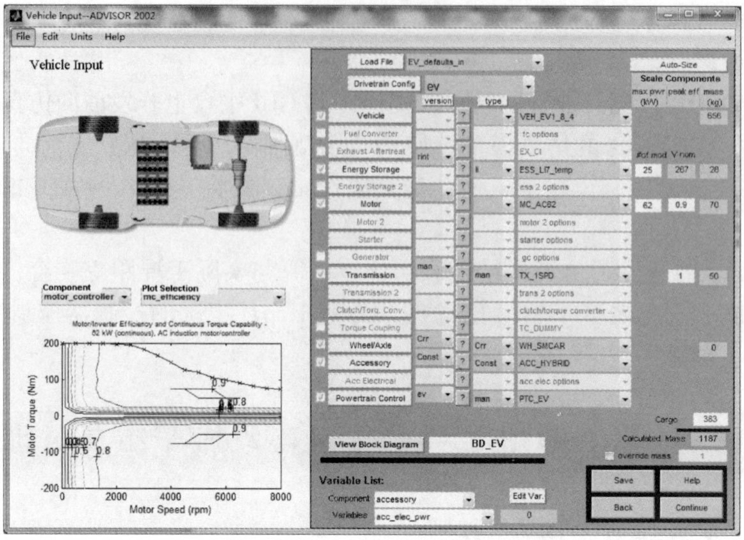

图 7-9 整车参数输入窗口

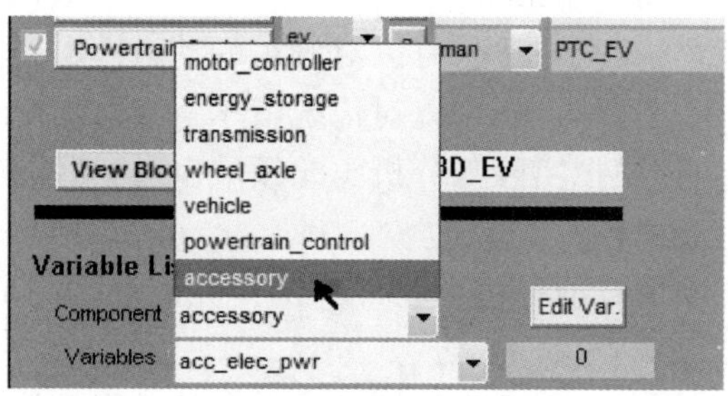

图 7-10 部件参数输入窗口

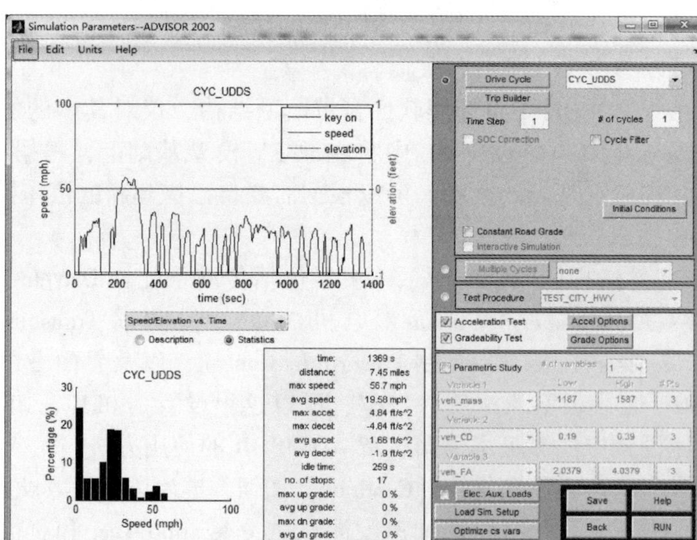

图 7-11 仿真参数界面

坡分析。这里能够进行 0 ~ 100km/h 加速、最大加速度、最高车速和 3.106mile/h（5km/h）

车速的爬坡测试。具体各参数的含义可参见本书第 3 章 3.1 节的内容。

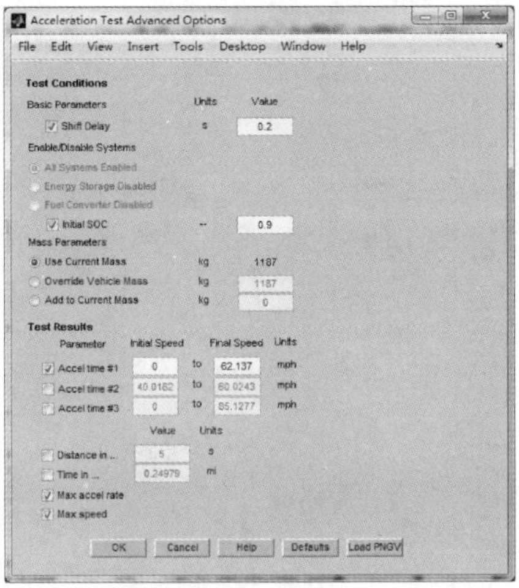

图 7-12　加速测试参数界面

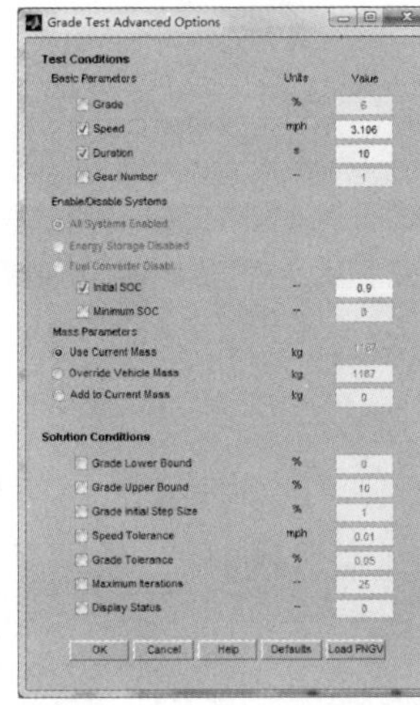

图 7-13　爬坡测试参数界面

这里有两点值得注意：

① 如果显示的不是国际单位，可以通过菜单【Units】>> 米制 Metric 从英制单位 US 切换过来。

② 换档延迟 Shift Delay 默认值为 0.2s，且对于小于 0.1 的尾数将当作 0.1s 处理（例如，0.21 当作 0.3 处理）。因为固定档汽车没有换档操作，所以可以不做更改。如果读者自己建立的汽车模型需要换档，应把此参数设置得与 CRUISE 一致。

设置完仿真内容后，单击【Run】按钮开始仿真计算。计算完成后将自动弹出仿真结果界面，如图 7-14 所示。通过图中各部件变量结果输出区域，可以在左侧坐标区查看汽车各部件的结果曲线。图 7-15 是单独进行加速性测试的结果界面中的曲线。从此界面可以看到汽车加速时的一些细节信息。加速性测试方法可参见本书第 5 章 5.1.3 的内容。

由图 7-14 ~ 图 7-18 可知，仿真结果为：最大加速度 3.1m/s^2、最大爬坡度 33%、0 ~ 100km/h 加速时间 10.8s、耗电量换算成等效油耗为 1.5L/100km。

这里有两点值得注意：

① 由于 Metric 米制单位中的等效油耗采用升，即 1.5L，只保留一位小数结果不够精确。从图 7-17 所示的 US 英制单位 mpg 结果 155mile/USgal 转化过来的数值为 1.5175L/100km。Metric 米制和 US 英制单位切换通过菜单栏【Units】菜单 >> Metric/US 完成。

② 在 ADVISOR 中仿真结果为保留一位小数，结果不够精确。通过对工作空间中得到的 Acceleration Test 仿真车速结果求导，可以得到汽车加速度曲线，如图 7-18 所示。可见，汽车最大加速度的精确值是 3.07m/s^2。

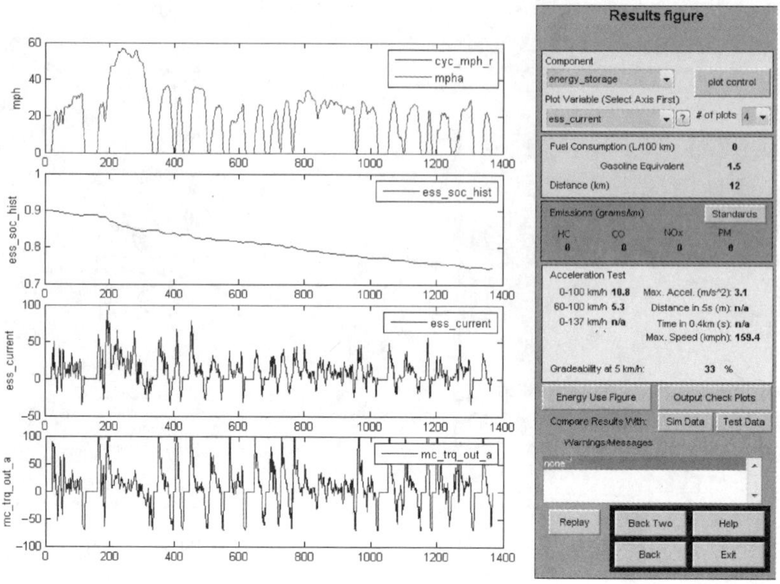

图7-14 仿真结果界面

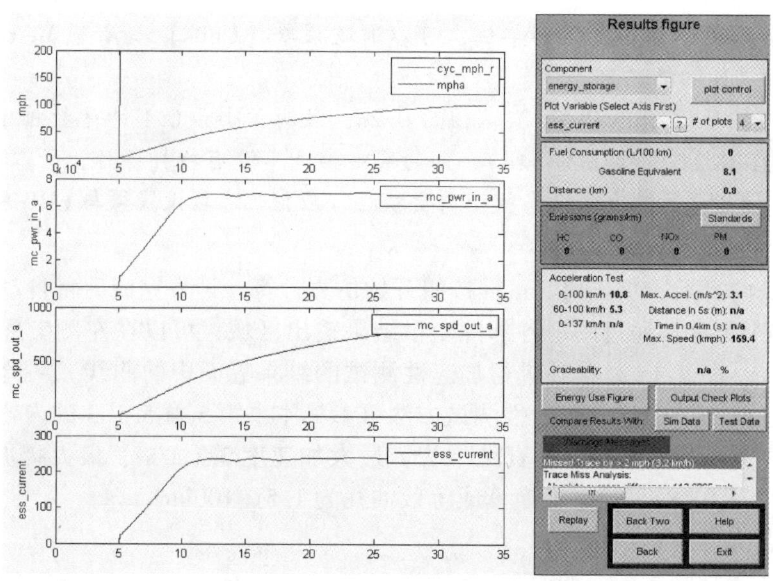

图7-15 加速性测试结果界面

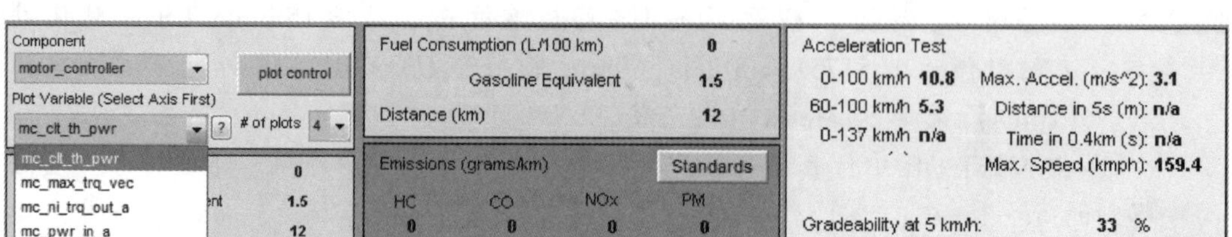

图7-16 仿真结果（米制单位）

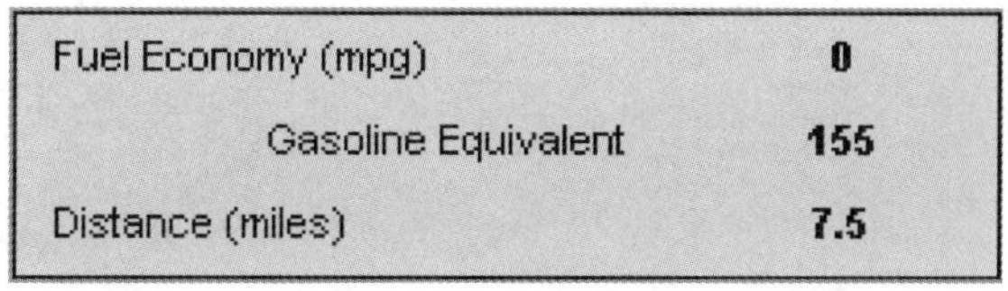

图 7-17 等效油耗结果（英制单位）

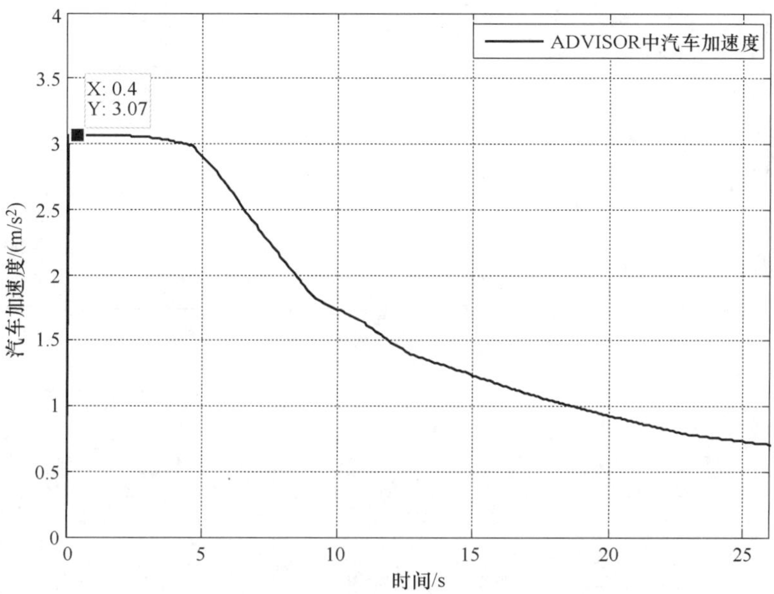

图 7-18 Acceleration Test 车速求导得到的汽车加速度

7.2.1.2 CRUISE 建模仿真

CRUISE 09 软件中自带了类型丰富的各类汽车模型 demo，以方便初学者快速上手、体会 CRUISE 仿真分析与 ADVISOR 的区别。这里就不再详细介绍 CRUISE 的建模过程，只介绍利用软件中的 demo 模型来设置参数，进行仿真对标；着重介绍如何根据 ADVISOR 中的汽车参数，进行参数设置和仿真结果的对比分析。

如图 7-19 所示，首先在导航窗口中打开用户 user 选项卡，依次单击 eDrive 01 模型 >> 右击 load，即可加载模型。加载完成后如图 7-20 所示。单击工具条上的车辆编辑器 Vehicle Model，即可查看如图 7-21 所示的整车模型。

双击图 7-21 整车模型中的每个模块，即可打开其参数设置界面。在这里根据 ADVISOR 中的相关参数，对需要设置参数的每个模块逐一进行说明。

1. 整车参数

设置整车主要参数如图 7-22 所示。完成后，单击右下角【OK】按钮保存。

2. 电池参数

包括电池电压、容量等主要参数，以及电池充放电内阻、电压随 SOC 值变化的特性参数。这里简化了电池的单体串、并联组合关系，并按一个整体电池进行设置，因此 ADVISOR 中的单体内阻、电压参数需要乘以电池的单体数目以后再输入 CRUISE 中。具体设置如图 7-23 ~ 图 7-25 所示。

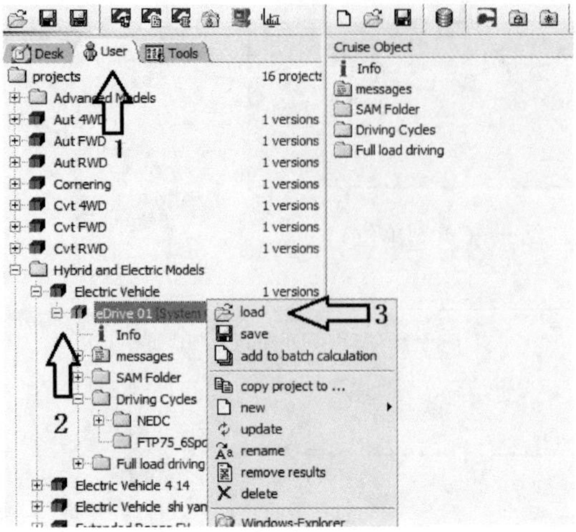

图 7-19　CRUISE 导航窗口

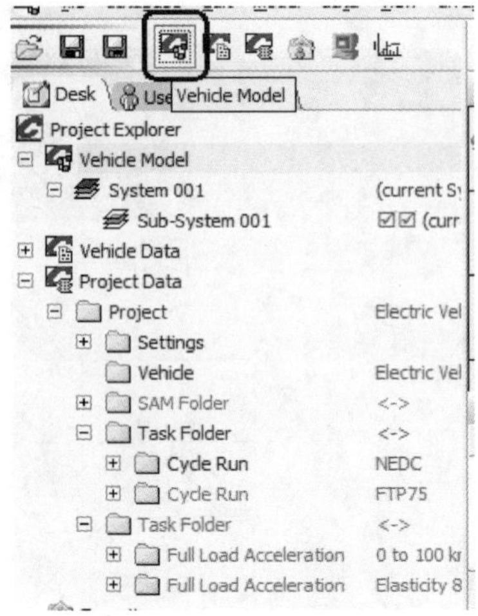

图 7-20　CRUISE 车辆编辑器

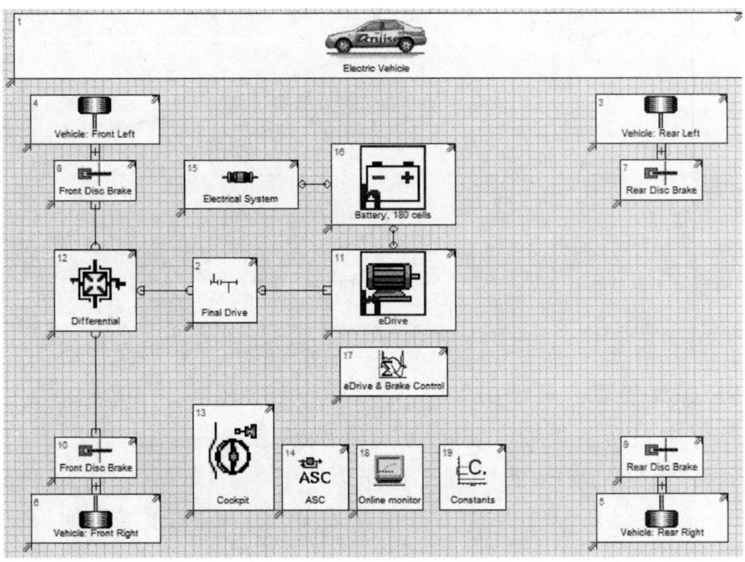

图 7-21　CRUISE 整车模型

3. 电机参数

包括电压、转速等主要参数，以及外特性参数和效率 MAP 参数。如图 7-26、图 7-27 所示。这里有两点值得注意：

① 电机外特性及电机效率 MAP，在 ADVISOR 中是以数组和矩阵形式给出的，如图 7-28 所示。而在 CRUISE 中相关数据是以表格的形式输入的，如图 7-27 所示。所以在形式上需要进行转化。

② ADVISOR 中给出的电机效率，是从 0～8000r/min，共分 16 组数据，CRUISE 中若设置 0 转速数据，会对仿真结果产生影响。所以建议把电机转速 0 改为 0.1。

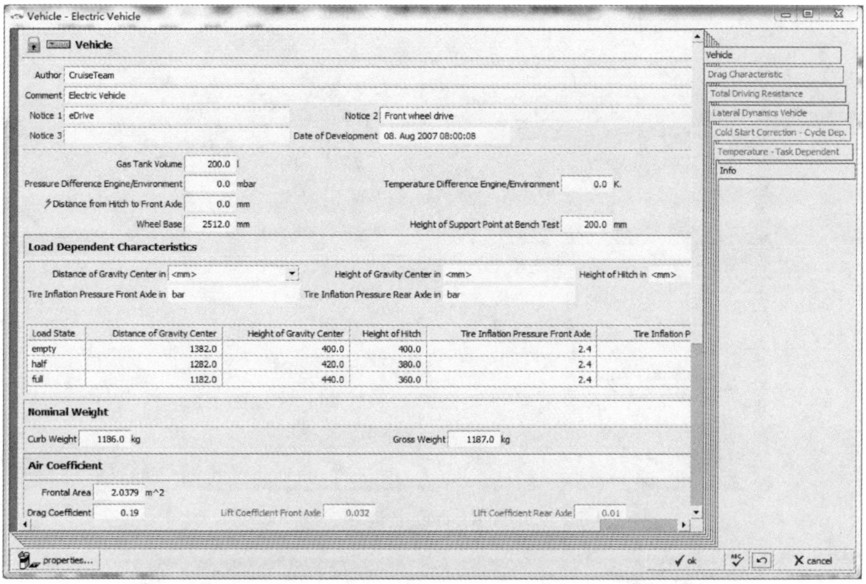

图 7-22　CRUISE 整车参数

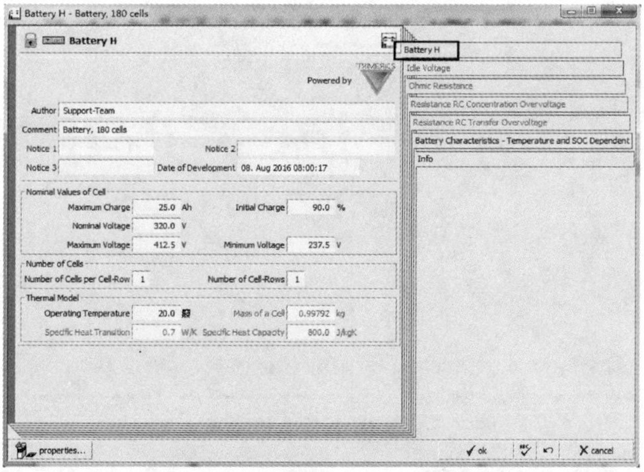

图 7-23　CRUISE 电池主要参数

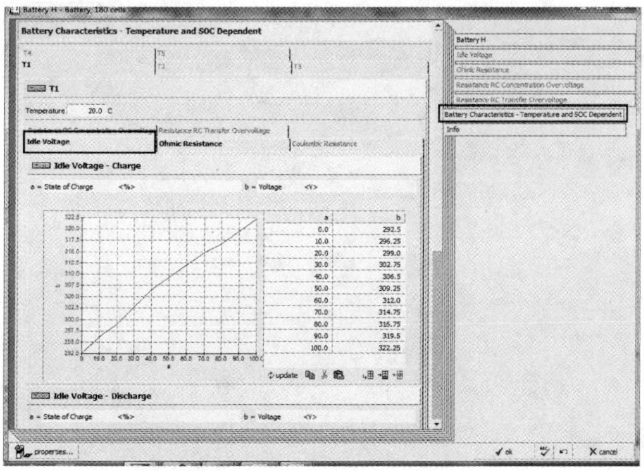

图 7-24　CRUISE 电池内阻参数

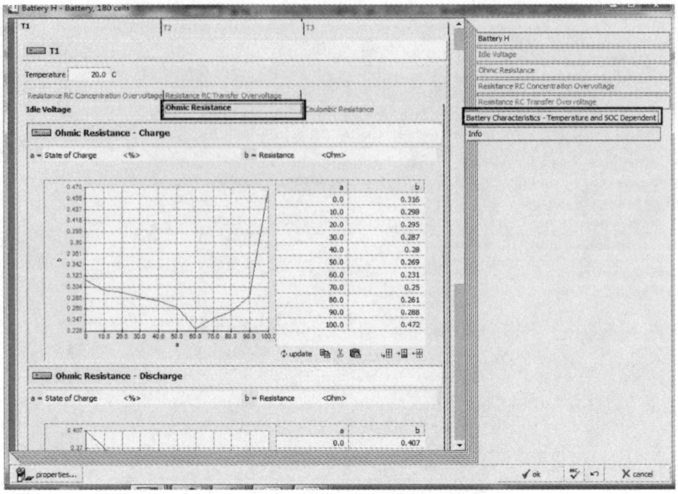

图 7-25　CRUISE 电池电压参数

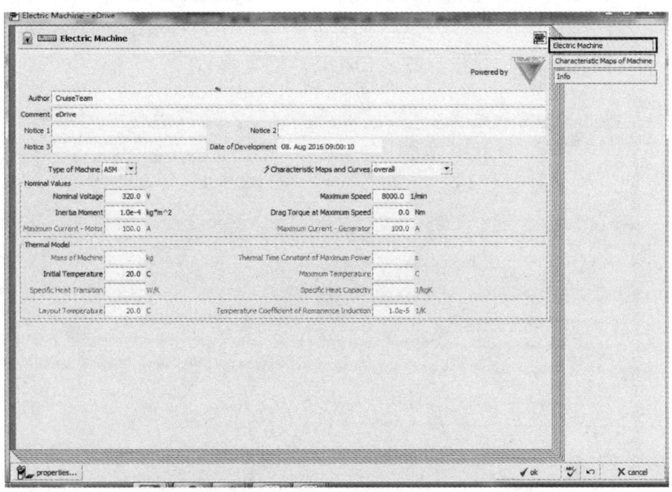

图 7-26　CRUISE 电机主要参数

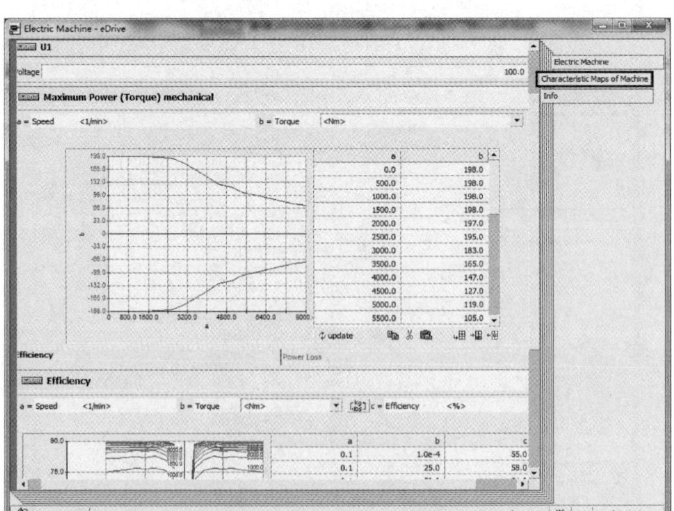

图 7-27　CRUISE 电机性能参数

```
% (--), efficiency map indexed vertically by mc_map_spd and horizontally by mc_map_trq
mc_eff_map=[...
     0.55   0.55   0.55   0.55   0.55   0.55   0.55   0.55  0.55
     0.55   0.58  0.61  0.62  0.61  0.62  0.62  0.61  0.6
     0.55   0.71  0.76  0.77  0.765 0.77  0.76  0.755 0.75
     0.55   0.765 0.809 0.828 0.822 0.826 0.82  0.817 0.818
     0.55   0.79  0.836 0.855 0.853 0.856 0.85  0.848 0.846
     0.55   0.81  0.852 0.872 0.871 0.873 0.87  0.869 0.866
     0.55   0.822 0.87  0.885 0.885 0.885 0.883 0.882 0.881
     0.55   0.832 0.88  0.893 0.892 0.891 0.89  0.889 0.888
     0.55   0.84  0.888 0.9   0.897 0.894 0.894 0.894 0.894
     0.55   0.85  0.894 0.9   0.897 0.895 0.895 0.895 0.895
     0.55   0.86  0.9   0.9   0.898 0.898 0.898 0.898 0.898
     0.55   0.87  0.9   0.9   0.897 0.897 0.897 0.897 0.897
     0.55   0.879 0.9   0.899 0.89  0.89  0.89  0.89  0.89
     0.55  0.882 0.9   0.893 0.88  0.88  0.88  0.88  0.88
     0.55   0.885 0.896 0.882 0.86  0.86  0.86  0.86  0.86
     0.55   0.884 0.89  0.87  0.87  0.87  0.87  0.87  0.87
     0.55   0.88  0.878 0.86  0.86  0.86  0.86  0.86  0.86];
```

图 7-28　ADVISOR 中的电机效率数组

4. 车轮参数

包括静力半径、动态半径、转动惯量以及滚动阻力系数等参数。如图 7-29 所示。

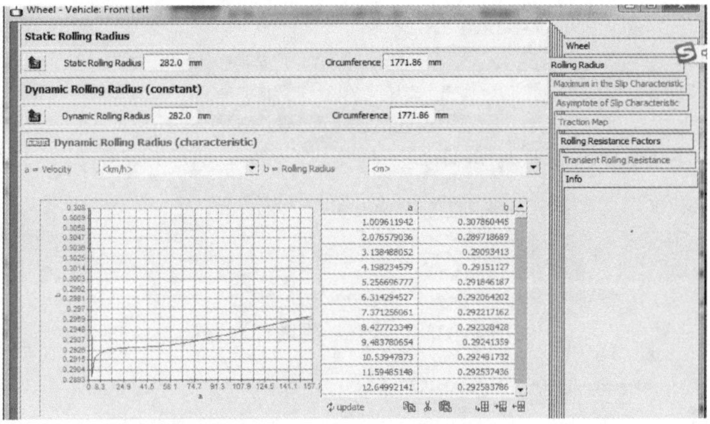

图 7-29　CRUISE 车轮参数

其他模块还包括主减速器的速比、效率、转动惯量及制动器参数等。对于制动器，在 ADVISOR 中没有设置相关参数，故此处采用默认值即可。在循环工况仿真中，因为制动分为机械制动和再生制动，而再生制动对制动能量回收有影响，所以可以开发与 ADVISOR 制动分配比例相适应的控制策略，在 CRUISE 中进行循环工况仿真。

模块参数设置完成后，单击左侧桌面 Desk 选项卡，设置分析项目。可以看到，project 下面有一些默认的分析项目。如果需要增加项目，则要：右击项目 project >> 添加 add >> 文件夹 Task Folder，如图 7-30 所示。

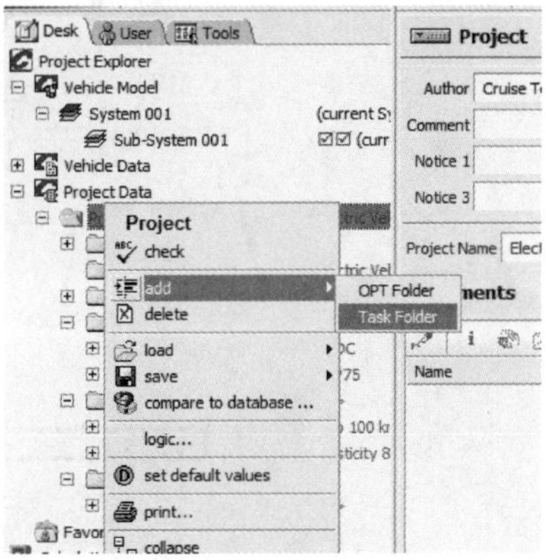

图 7-30　CRUISE 分析项目

分析项目设置完成后，再依次单击计算中心工具【Calculation Center】按钮和开始计算工具【Start Calculation】按钮，即可进行分析计算，如图 7-31、图 7-32 所示。计算完成后，单击界面左侧结果管理器 Result Manager，即可查看仿真结果，如图 7-33 所示。

动力性分析结果如图 7-34 ~ 图 7-36 所示，与 ADVISOR 中的仿真结果差异不大。

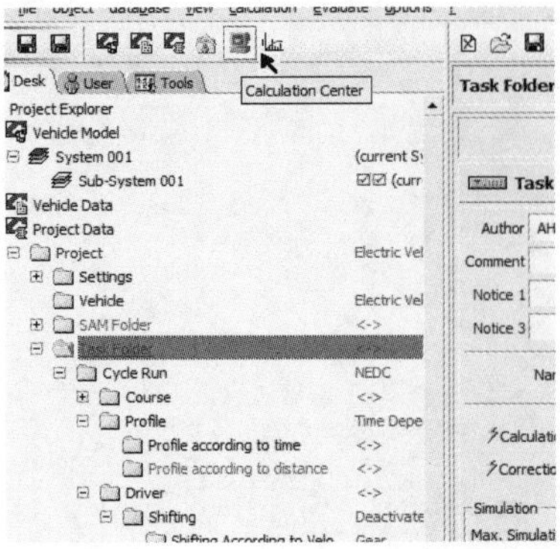

图 7-31　CRUISE 计算中心工具

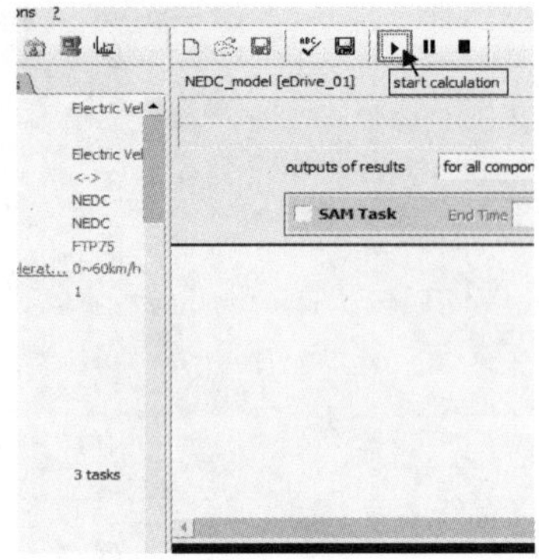

图 7-32　CRUISE 开始计算工具

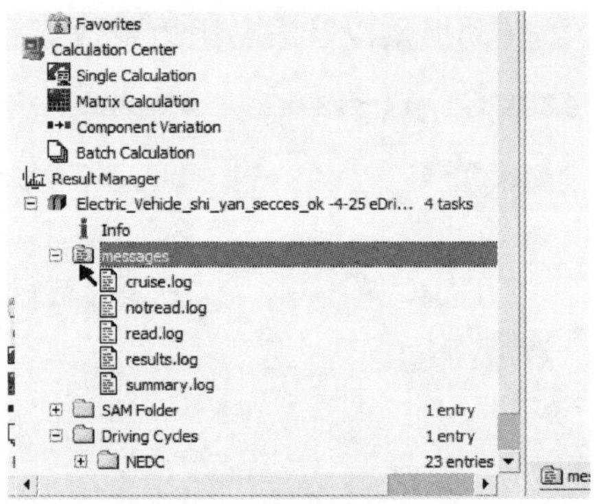

图 7-33　CRUISE 结果管理器

```
Measuring Points VELOCITY
-------------------------
                                                    Measured
Velocity     Gear         Speed      Inclination   Speed Ratio
 <km/h>      <->         <1/min>        <^%>          <->
   0.00       1            0.00         34.02         0.00
   1.00       1           50.22         33.28         0.00
   2.00       1          100.43         33.04         0.00
   3.00       1          150.65         32.98         0.00
   4.00       1          200.87         33.03         0.00
   5.00       1          251.08         33.01         0.00
   6.00       1          301.30         32.99         0.00
   7.00       1          351.52         32.97         0.00
   8.00       1          401.73         33.00         0.00
   9.00       1          451.95         33.03         0.00
  10.00       1          502.17         32.99         0.00
  11.00       1          552.38         32.96         0.00
  12.00       1          602.60         32.98         0.00
  13.00       1          652.82         32.99         0.00
  14.00       1          703.03         33.01         0.00
  15.00       1          753.25         32.97         0.00
FULL LOAD ACCELERATION - Shifting Gears from Rest

Velocity                Gear        Time       Distance       Speed
   <km/h>               <->          <s>          <m>        <1/min>
    10.00                1           0.90         1.26        502.17
    20.00                1           1.81         5.04       1004.33
    30.00                1           2.72        11.35       1506.50
    40.00                1           3.63        20.23       2008.66
    50.00                1           4.56        31.80       2510.83
    60.00                1           5.53        46.62       3012.99
    70.00                1           6.59        65.93       3515.16
    80.00                1           7.81        91.20       4017.33
    90.00                1           9.22       124.66       4519.49
   100.00                1          10.83       167.15       5021.66
   110.00                1          12.67       220.76       5523.82
   120.00                1          14.77       287.99       6025.99
   130.00                1          17.16       370.98       6528.16
   140.00                1          19.92       474.69       7030.32
   150.00                1          23.18       606.33       7532.49
   160.00                1          26.98       769.91       8034.65
   170.00                1          31.33       969.43       8536.82
```

图 7-34　CRUISE 仿真结果

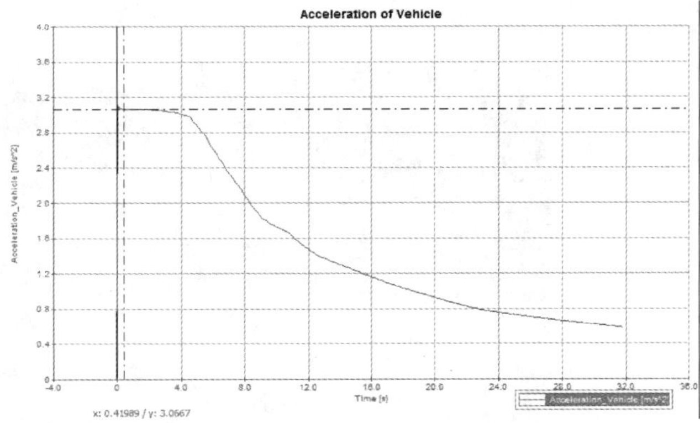

图 7-35　CRUISE 最大加速度仿真结果

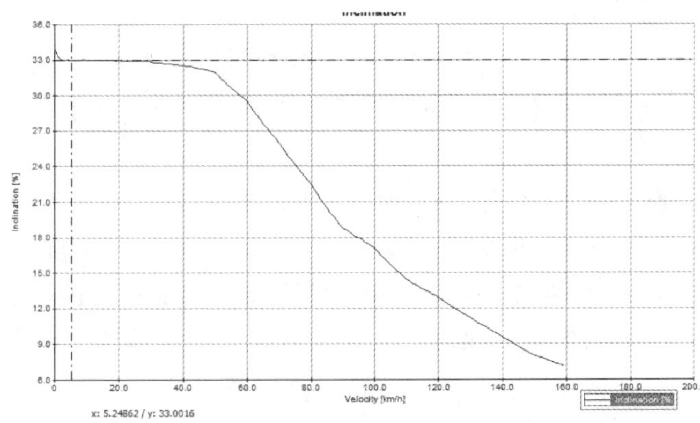

图 7-36　CRUISE 最大爬坡度仿真结果

对于仿真结果的后处理，可以在结果曲线区域右击 >> 选择“数值 values”选项，即可打开数据管理器的表格。通过单击编辑【edit】按钮 >> 选择“复制 copy”选项，复制数据到剪切板，如图 7-37、图 7-38 所示。

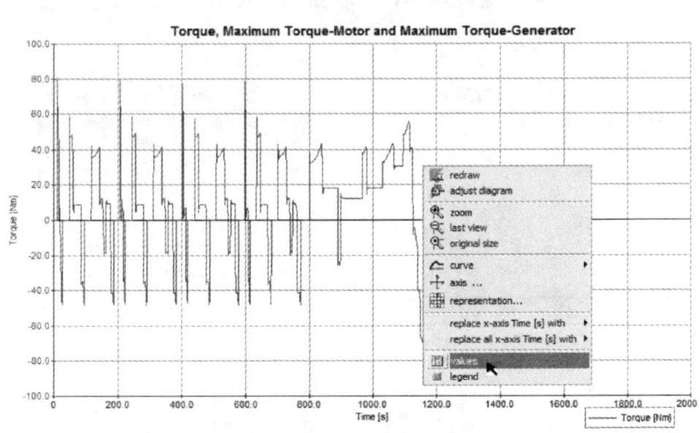

图 7-37　CRUISE 仿真结果曲线

7.2.1.3　ADVISOR 与 CRUISE 仿真细节差异及设置

后向仿真软件 ADVISOR 与前向仿真软件 CRUISE，在参数设置与计算分析方法上有些

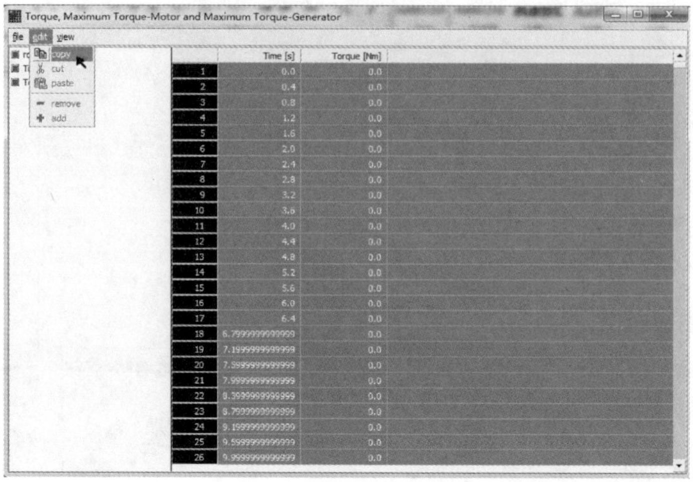

	Time [s]	Torque [Nm]
1	0.0	0.0
2	0.4	0.0
3	0.8	0.0
4	1.2	0.0
5	1.6	0.0
6	2.0	0.0
7	2.4	0.0
8	2.8	0.0
9	3.2	0.0
10	3.6	0.0
11	4.0	0.0
12	4.4	0.0
13	4.8	0.0
14	5.2	0.0
15	5.6	0.0
16	6.0	0.0
17	6.4	0.0
18	6.7999999999999	0.0
19	7.1999999999999	0.0
20	7.5999999999999	0.0
21	7.9999999999999	0.0
22	8.3999999999999	0.0
23	8.7999999999999	0.0
24	9.1999999999999	0.0
25	9.5999999999999	0.0
26	9.9999999999999	0.0

图 7-38　CRUISE 仿真结果数据

区别，这些差别将影响两平台参数设置的一致性和分析结果，故在下面进行逐一介绍。

1. 传动系传动比

对于固定档汽车，传动系传动比只包括主减速器传动比。在 ADVISOR 的传动系 Transmission 中，汽车传动比是根据电机最高转速、车轮半径等参数求得的，如图 7-39、图 7-40 所示。因此，更换电机以后传动比就会发生相应的变化，这也是与传动系参数匹配相适应的合理设置。而在 CRUISE 中，传动比是需要手动输入的一个参数值，如图 7-41 所示。

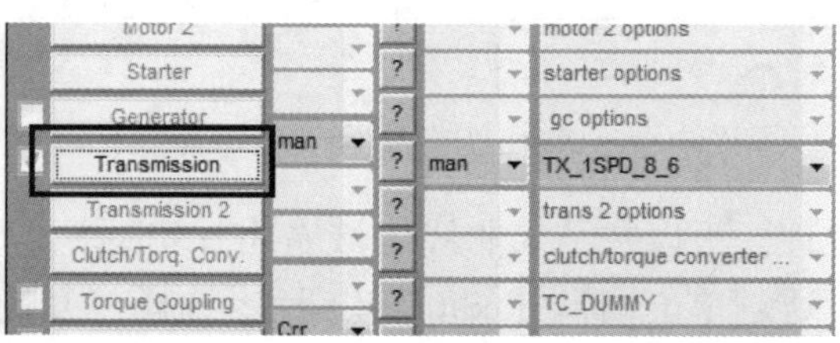

图 7-39　ADVISOR 传动系 Transmission 模块

```
%%%%%%%%%%%%%%%%%%%%%%%%%%%%%%%%%%%%%%%%%%
% INITIALIZE
%%%%%%%%%%%%%%%%%%%%%%%%%%%%%%%%%%%%%%%%%%
gb_gears_num=1;  % (--), number of gears in gearbox
if exist('mc_map_spd')
   % gear ratio to allow 90 mph given the max. motor speed and 10% wheel :
   target_ratio=max(mc_map_spd*mc_spd_scale)/(90*0.447/wh_radius*1.10);
else  % using a 1-spd tranny with a piston engine! - let it do 65 mph
   target_ratio=max(fc_map_spd*fc_spd_scale)/(65*0.447/wh_radius*1.10);
end
gb_ratio=ones(1,2)*target_ratio;
clear target_ratio
```

图 7-40　传动系中定义传动比

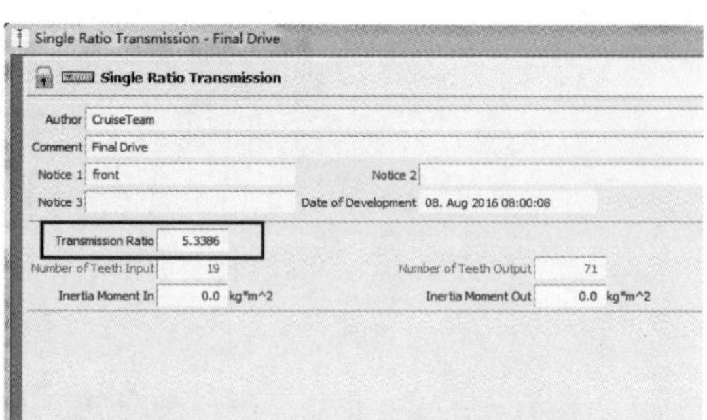

图 7-41　在 CRUISE 中设置传动比

2. 电池内阻

在 ADVISOR 中选择的是一款锂电池模型，其内阻随 SOC 值变化，且程序 M 文件中给出的是电池单体的内阻值，如图 7-42 所示。而在 CRUISE 中，需要设置的是整个电池组的内阻值。因此需要把 ADVISOR 中所给的电池单体内阻数值，乘以电池组所含的单体电池数目 25 后再输入 CRUISE 中。CRUISE 中的电池内阻设置，如图 7-43 所示。

```
% module's resistance to being discharged, indexed by ess_soc and ess_tmp
ess_r_dis=[
   16.28 14.80 13.52 10.76 7.72 6.04 5.24 4.92 4.68 4.72 4.88
   16.28 14.80 13.52 10.76 7.72 6.04 5.24 4.92 4.68 4.72 4.88
   16.28 14.80 13.52 10.76 7.72 6.04 5.24 4.92 4.68 4.72 4.88
]/1000; % (ohm)
% module's resistance to being charged, indexed by ess_soc and ess_tmp
ess_r_chg=[
   12.64 11.92 11.80 11.48 11.20 10.76 9.24 10,10.44 11.52 18.88
   12.64 11.92 11.80 11.48 11.20 10.76 9.24 10,10.44 11.52 18.88
   12.64 11.92 11.80 11.48 11.20 10.76 9.24 10,10.44 11.52 18.88
]/1000; % (ohm)
% module's open-circuit (a.k.a. no-load) voltage, indexed by ess_soc and ess_tmp
ess_voc=[
   11.70 11.85 11.96 12.11 12.26 12.37 12.48 12.59 12.67 12.78 12.89
   11.70 11.85 11.96 12.11 12.26 12.37 12.48 12.59 12.67 12.78 12.89
   11.70 11.85 11.96 12.11 12.26 12.37 12.48 12.59 12.67 12.78 12.89
]; % (V)
```

图 7-42　ADVISOR 中 ESS_LI7_temp 电池内阻

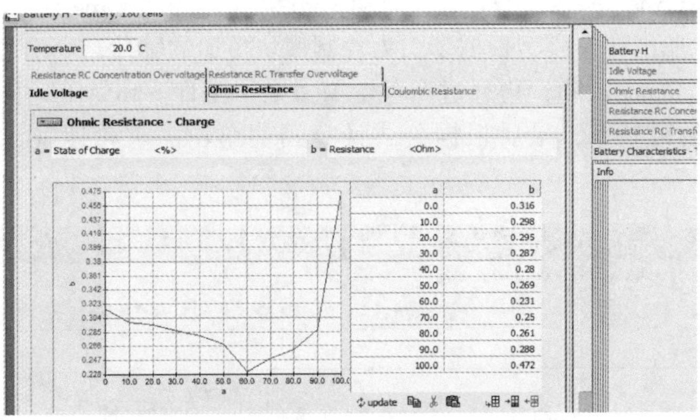

图 7-43　CRUISE 中电池内阻

3. 车轮半径

在 ADVISOR 的车轮 M 文件 “WH_SMCAR” 中仅给出了一个车轮半径值，如图 7-44 所示。而 CRUISE 中需要输入车轮的静力半径和动力半径两个数值。动力半径一般使用经验公式求解，或者在精度要求不高时用静力半径代替。对于 ADVISOR 中的车轮动力半径，可以通过汽车车速与车轮转速比值求得，得到在汽车运行时的动力半径与车轮 M 文件中给出的车轮半径一样，也为 0.282m。所以在 CRUISE 中车轮动力半径与静力半径，需要设置为同一数值，如图 7-45 所示。

```
%%%%%%%%%%%%%%%%%%%%%%%%%%%%%%%%%%%%%%%%%%%%%%%%
% OTHER DATA
%%%%%%%%%%%%%%%%%%%%%%%%%%%%%%%%%%%%%%%%%%%%%%%%
wh_radius=0.282;     % (m), rolling radius of 185/70R14 tire from a
                     % ~1990 Mazda 626
```

图 7-44　ADVISOR 中 WH_SMCAR. M 文件车轮半径

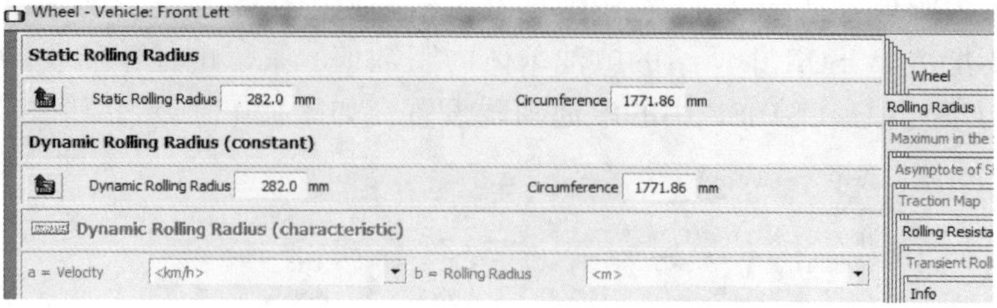

图 7-45 在 CRUISE 中设置车轮半径

4. 轮胎滑转率

在汽车急速驱动时会发生车轮打滑，即滑转，紧急制动时会发生车轮拖滑，即滑移。这些都是因为车轮与路面间的附着条件不能提供足够大的纵向反力所引起的车轮滑动。一般把车轮运动中滑动成分所占比例用滑动率来表示。在驱动工况下的滑动率又称为滑转率，在制动工况下的滑动率又称为滑移率。这里我们进行的是全负荷加速分析，因此下面将统称为滑转率。

在 ADVISOR 中，轮胎滑转率 wh_slip_r 与驱动轮滑动力系数 wh_slip_force_coeff（轴荷与牵引力的比值）呈线性关系，且驱动轮滑动力系数 wh_slip_force_coeff 与滑转率 wh_slip 的数值一一对应。轮胎滑转率模型根据牵引力控制模块传递的轴荷与牵引力信号，求得驱动轮滑动力系数 wh_slip_force_coeff，再通过在车轮 M 文件“WH_SMCAR”中，对滑转率 wh_slip 查表计算轮胎当前的滑转率，最后根据公式计算当前车轮需求轮速 wh_spd_r，如图 7-46 所示。

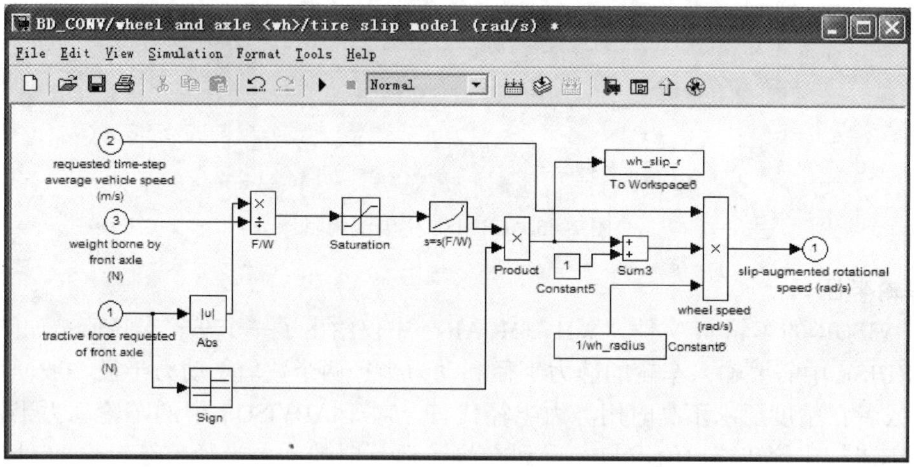

图 7-46 ADVISOR 中轮胎需求滑转率计算模型

由于 CRUISE 中车轮滑动相关参数的定义与 ADVISOR 差别较大，且车轮滑动对仿真结果影响并不大，在一般仿真中可以不予考虑。因此这里在两平台仿真中也均不考虑驱动滑转。

在 ADVISOR 中通过把车轮 M 文件的滑转率 wh_slip 数组设置为 0 来防止车轮滑动，如图 7-47 所示。设置完成后，在仿真结果中的轮胎滑转率“wh_slip_r”数值一直为 0，可见车轮已经不再滑转。在 CRUISE 中通过仿真工况里的“without slip”下拉选项防止车轮滑动，如图 7-48 所示。

```
% slip=(omega * r)/v -1; used with "wh_slip_force_coeff"
wh_slip=[0.0 0.0 0.0 0.0 0.0 0.0];  % (--)
```

图 7-47　在 ADVISOR 中设置轮胎滑转率 wh_ slip

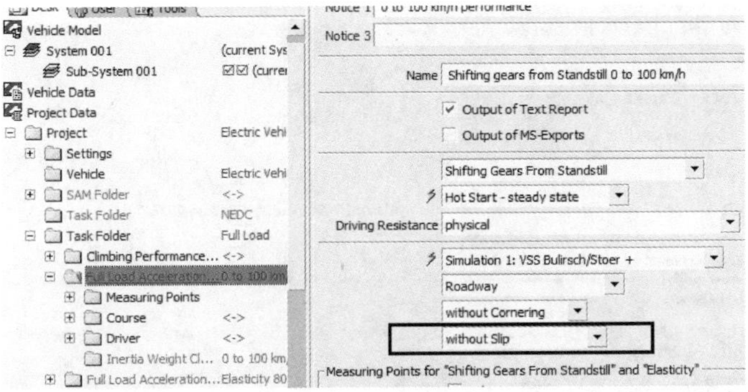

图 7-48　在 CRUISE 中设置轮胎无滑转

5. ADVISOR 中极限附着驱动力提供的需求车速计算模块的修改

在 ADVISOR 模型中有牵引力控制模块，用于限制计算的牵引力不超过轮胎与地面的最大附着力。其中含有需求牵引力和整车车速计算子模块，如图 7-49 所示。它根据路面附着条件来限制轮胎能提供的最大牵引力，并保证整车车速不超过路面附着条件所能提供的车速。汽车在极限附着驱动力下能够提供的最高车速的计算公式参见本书第 4 章 4.6.2.3 节中的式（4-67）。ADVISOR 原模型中有两处不太恰当，会导致计算方法与公式不一致。可以通过图 7-49 所示的更改，使计算结果与公式对应起来。但在一般的仿真中，如果牵引力原本不会超过轮胎与地面的最大附着力、车速原本不会超过路面所能产生的最高车速，此模块就不会对仿真结果产生影响。

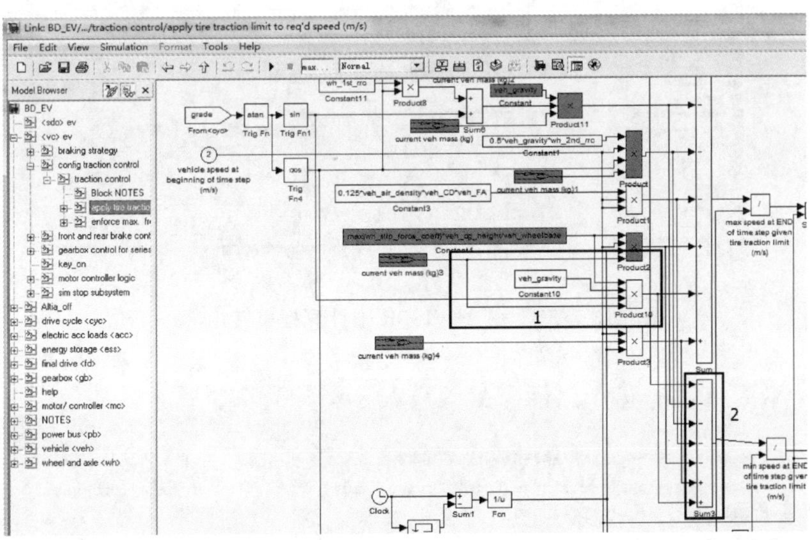

图 7-49　ADVISOR 的驱动控制

6. 车轮拖曳转矩（drag torque）损失

在 ADVISOR 的后向计算路径中，根据整车动力学模块 <veh> 传递的信号，车轮的需求转矩 wh_trq_r 考虑了拖曳转矩损失 T_loss 与其加速惯性转矩 T_inertia 的影响。为简化模型，这里两平台的车轮转动惯量统一设置成 0。而在 CRUISE 中，只有车轮转动惯量，没有拖曳转矩损失 T_loss（变速器有此参数），如图 7-50 所示。因此需要把 ADVISOR 的拖曳转矩损失 T_loss 设置为 0，以统一参数。

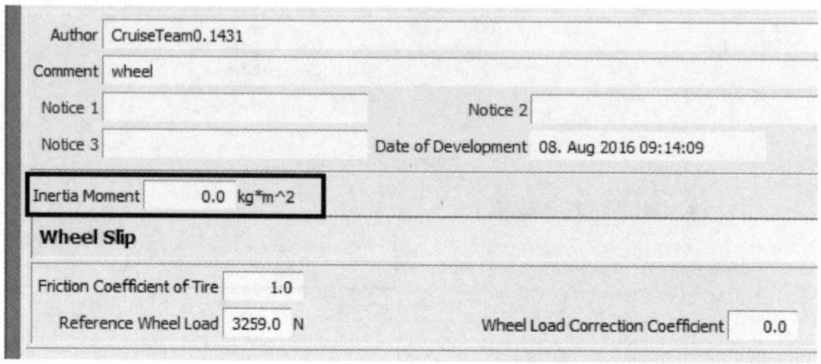

图 7-50 CRUISE 中车轮参数

在 ADVISOR 中拖曳转矩损失与车载质量线性相关。计算拖曳转矩损失时，先计算其关系曲线，并存于数组中，然后再通过对数组 wh_axle_loss_trq 查表获得，如图 7-51 所示。为了把拖曳转矩设置为 0，只需在车轮 M 文件“WH_SMCAR”中，将数组 wh_axle_loss_trq 更改为 0 即可，如图 7-52 所示。

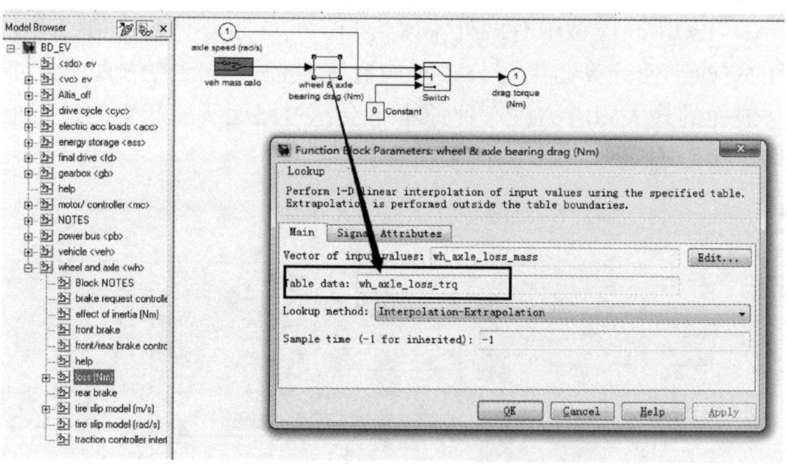

图 7-51 在 ADVISOR 中计算拖曳转矩

```
%%%%%%%%%%%%%%%%%%%%%%%%%%%%%%%%%%%%%%%%
% LOSS parameters
%%%%%%%%%%%%%%%%%%%%%%%%%%%%%%%%%%%%%%%%
% drag torque applied at the front (drive) axle, used with 'wh_axle_loss_mass'
wh_axle_loss_trq=[4 24]*.4*0;   % (Nm)
```

图 7-52 在 ADVISOR 中设置拖曳转矩

7. 变速器机械摩擦损失 T_ loss

在 ADVISOR 的传动系 M 文件中，传动系传动比就是变速器（固定档）传动比。与其机械摩擦损失相关的效率不是一个定值，而是 97 ×58 的效率数组 tx_ eff_ MAP。该效率主要根据输入转速和转矩，利用三维查表计算。文件定义如图 7-53 所示。

```
% Note: although a 1-spd gearbox is required to have gb_ratio of length two (where both elements are the same),
% ...there is no need to make two efficiency maps. Therefore, only one gb_ratio is fed into the below function.
[tx_eff_map, tx_map_spd, tx_map_trq] = tx_eff_mapper(gb_vars,w,T,gb_ratio(1)); % create efficiency map and T, w index

clear w T gb_vars;
%%%%%%%%%%%%%%%%%%%%%%%%%%%%%%%%%%%%%%%%%%%%%%%%%%%
```

图 7-53　在 ADVISOR 中定义机械摩擦损失

而在 CRUISE 中为简化模型未增加变速器模块，把变速器速比、质量等参数放在了主减速器中，由于各部件转动惯量均忽略为 0，这与采用固定档变速器是相同的。CRUISE 里的机械摩擦损失是通过转矩损失脉谱图 Torque Loss MAP 定义的。与 CRUISE 中的电机效率 MAP 相类似，其 Torque Loss MAP 是 5626 ×3 的表格，如图 7-54 所示，但与 ADVISOR 中的 tx_ eff_ MAP 数组形式不同。通常，可以通过转化效率 MAP 的形式来实现数据的统一，但对于初学者来说比较麻烦。因此，此处在两平台中均忽略机械摩擦损失。

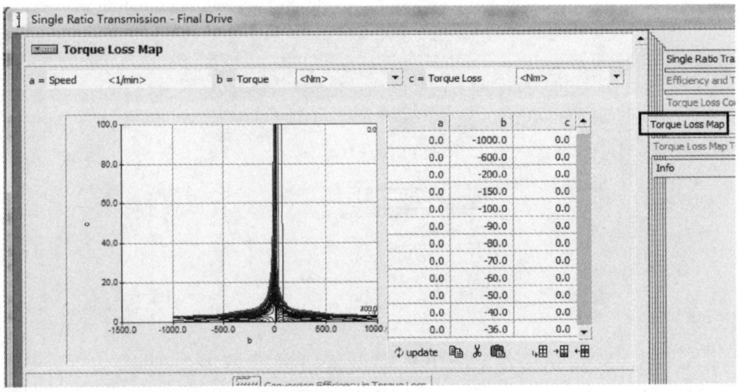

图 7-54　CRUISE 中机械摩擦损失效率 MAP

为把 ADVISOR 的机械摩擦损失 T_loss 设为 0，需要在 ADVISOR 的顶层模型中做出如图 7-55中线框所示的更改。在 CRUISE 中可以通过把效率值设为 1 来忽略机械摩擦损失的影响，如图 7-56 所示。

8. UDDS 循环工况制动力分配

混合动力汽车或纯电动汽车再生制动技术，可以有效回收制动能量，节约能源。当再生制动中电机制动与机械制动所占比例不同时，汽车的制动感受与再生制动所回收的能量也会有较大差别。

在 ADVISOR 中，电机制动（传动系制动）与机械制动（摩擦制动）之间的制动力分配的详细介绍，可参见本书第 4 章 4. 6. 3 的内容。与 ADVISOR 的源代码开放不同，CRUISE 作为一款商业软件，其演示模型 Demo model 的制动力分配具体控制方法无法看到。通过前期的模型仿真验证，已知 CRUISE 中原 Demo model 的制动力控制不能与 ADVISOR 相吻合。因

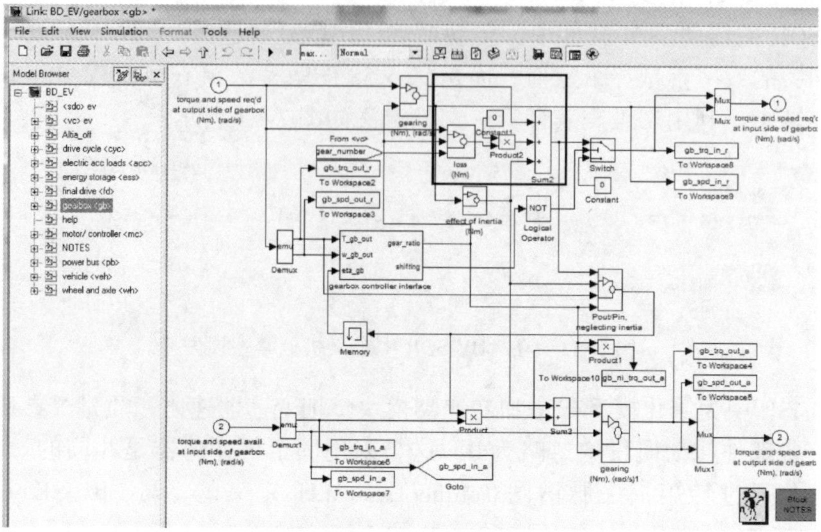

图 7-55　在 ADVISOR 更改顶层模型

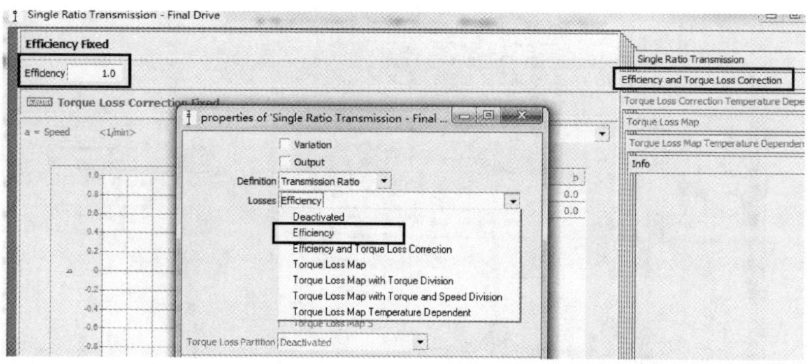

图 7-56　在 CRUISE 中设置机械摩擦损失效率

此，为便于实现与 ADVISOR 相同的制动力分配，在 CRUISE 中需要建立相应的控制策略进行控制。整车控制策略如图 7-57 所示。

其中，制动力控制策略的主要功能是模拟 ADVISOR 的控制方式，调节总制动力在电机制动与机械制动间的分配关系。如图 7-58 所示，通过车速查表可以得到相应的电机制动分配系数，此系数与总需求制动力矩的乘积，即为电机参与制动时的电机转矩。此转矩与当前电机转速所对应的外特性转矩比值即为电机负荷。同样，通过车速查表可以得到相应的机械制动分配系数，此机械制动分配系数与通过制动踏板计算得到的制动器制动压力（制动踏板开度乘以全开度下制动器压力）的乘积，即为电机参与制动时的制动器压力（这里没有对前后轴制动分配系数进行区分）。

为把控制策略加入到 CRUISE 的汽车模型中进行整车控制，实现 CRUISE 与 Simulink 的联合仿真，需要在整车模型中定义相应的控制策略接口，如图 7-59 所示。双击此接口，即可添加所建立的控制策略，添加方法如图 7-60 所示。

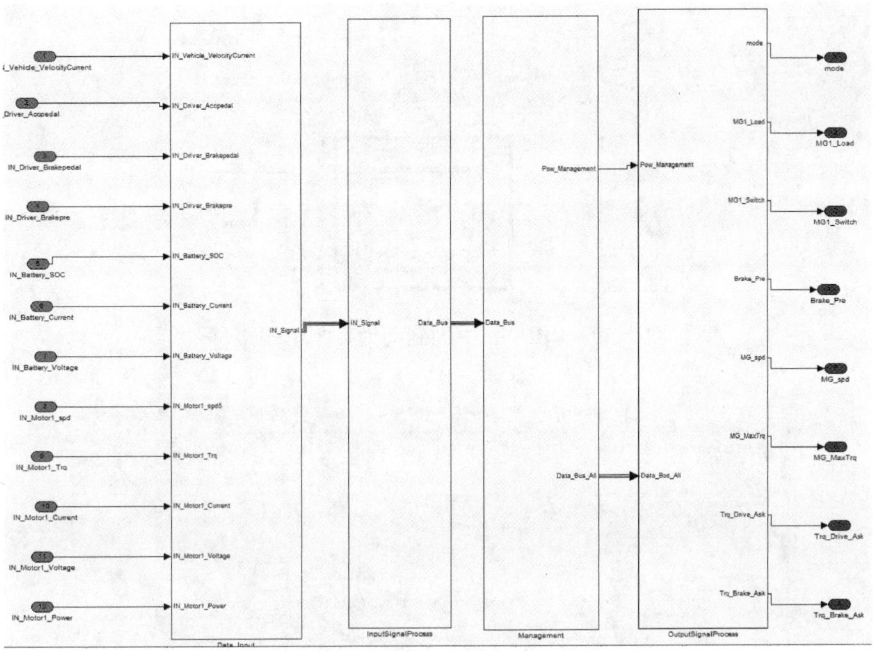

图 7-57 整车控制策略

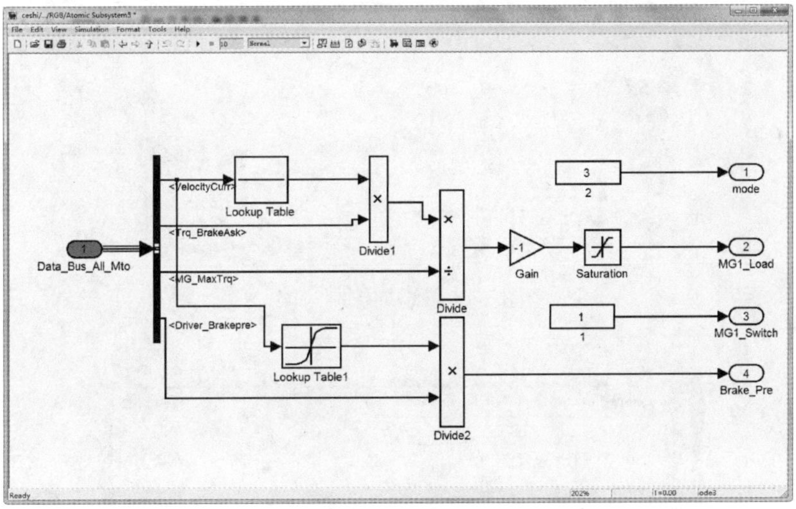

图 7-58 控制策略制动力分配部分

9. 其他

ADVISOR 中的车轮 M 文件 "WH_SMCAR" 所定义的各项参数是适用于汽车中的所有车轮的，即在文件中没有驱动车轮与从动车轮的差异。而在 CRUISE 中的汽车模型里，每个车轮都有相应的位置标签，如右前 Front Right、左后 Rear Left 等，设置应该准确。设置方法如图 7-61 所示。当汽车处于加速、减速、爬坡等工况时，由于轴荷转移，各车轮上的负荷等也会发生相应的变化。因此，车轮标签的设置正确与否，对整车行驶阻力会有一定影响。

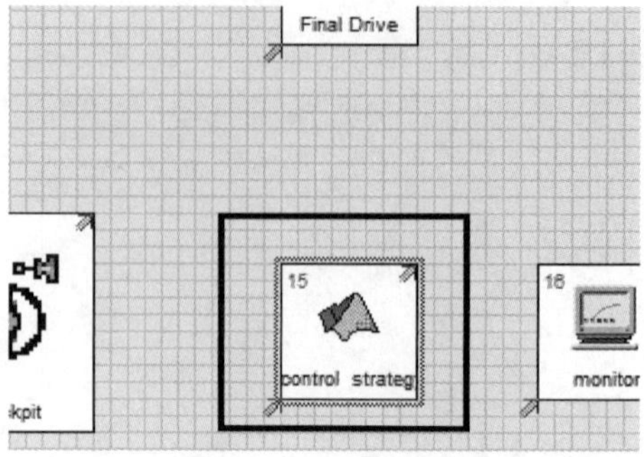

图 7-59 CRUISE 中的制动力控制策略接口

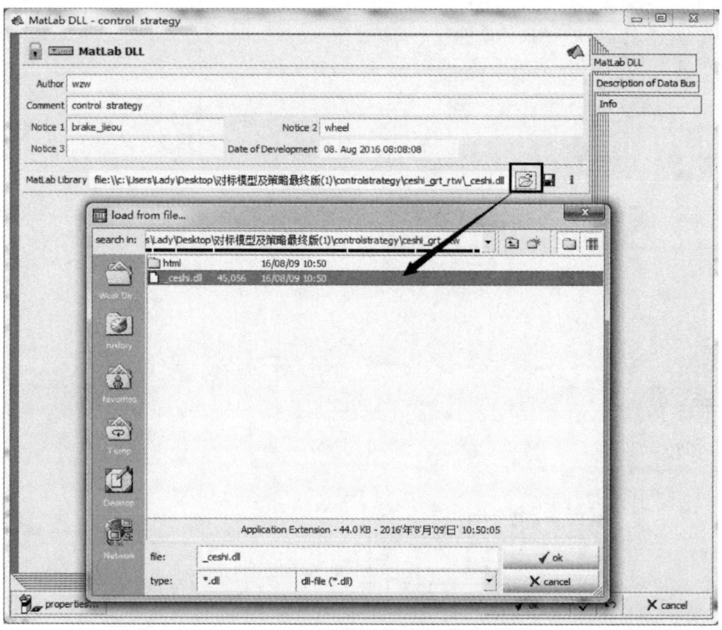

图 7-60 添加控制策略

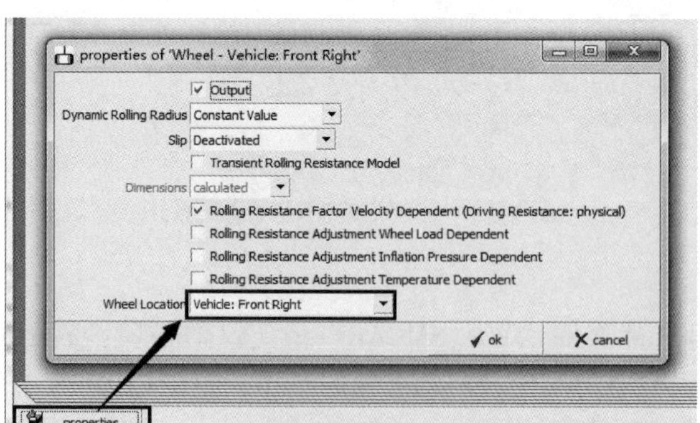

图 7-61 在 CRUISE 中设置车轮标签

另外，在全负荷加速仿真时 ADVISOR 中汽车是从静止开始加速的，因此 CRUISE 中的汽车也应设置为从静止根据驾驶人指令进行加速，设置方法如图 7-62 所示。在仿真初始的一段时间里，此项设置会对两平台中的汽车车速、电机转速带来细微的差别。

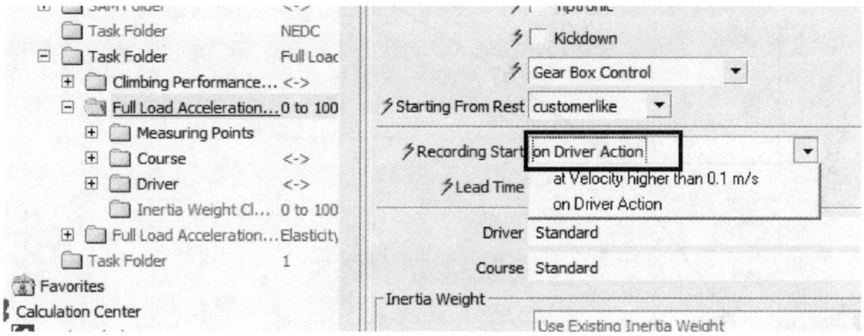

图 7-62 在 CRUISE 中设置汽车起动

最后，由于 ADVISOR 平台下的电机原模型 M 文件中，所定义的电机转动惯量较小，对仿真结果的影响甚小，在两平台中暂时忽略电机的转动惯量，统一设置为 0。若所选电机功率较大，质量与转动惯量较大，则应考虑转动惯量在加速时的影响。

7.2.1.4 仿真结果对比分析

1. 动力性结果对比

两平台下的动力性指标结果数值见表 7-2。可见两平台仿真结果数值差别较小，满足工程计算精度要求。

表 7-2 动力性指标结果对比

指　　标	ADVISOR 结果	CRUISE 结果
0～100km/h 加速时间/s	10.8	10.83
车速 5km/h 时最大爬坡度（%）	32.99	33.01
最大加速度/(m/s^2)	3.07	3.067

为了观察汽车加速、爬坡中的具体仿真数据结果，以分析结果差异原因，下面给出两平台下的全负荷加速结果曲线，如图 7-63、图 7-64 所示。

由图 7-63 与图 7-64 中两平台下的车速曲线对比可知，加速过程中两平台的汽车车速基本一致，差别很小。因为在 ADVISOR 顶层模型中，有对电机最高转速的限制，所以，图中汽车行驶 26.8s 时，电机转速达到最高 8000r/min 以后不再增大，车速也就不再上升。由此可知，此汽车的最高车速为 159km/h。但在 CRUISE 中，因为没有对电机最高转速的严格限制，且 26.8s 时，汽车加速度仍然大于 0，所以车速会继续增加。对于带有电机控制的汽车，一般电机转速不会增大到允许的最高转速以上。所以，27s 以后的仿真结果将无须再分析。

下面将从汽车的加速度、整车牵引力（驱动力）、动力源（电机）转矩关系曲线方面继

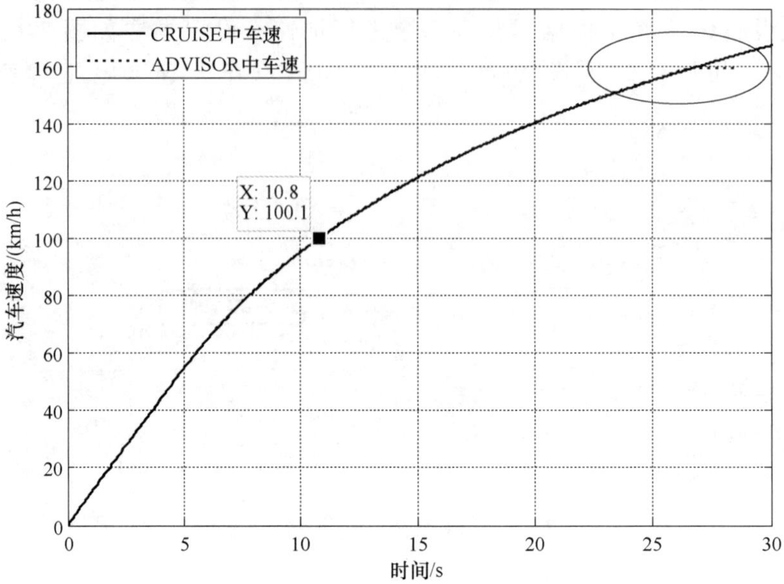

图 7-63 全负荷加速分析时两平台下的车速曲线

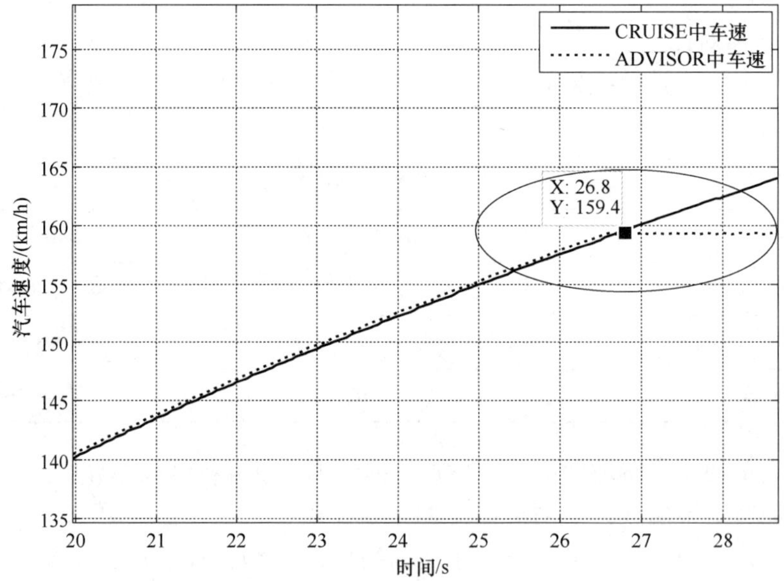

图 7-64 全负荷加速分析时两平台下的车速曲线局部放大

续进行分析，如图 7-65 ~ 图 7-67 所示。

从上面的加速度、牵引力和电机转矩曲线对比可见，两平台下的汽车全负荷加速过程基本一致。

对于最大爬坡度的分析，在 ADVISOR 中，是计算某一给定车速时的最大爬坡度，即一

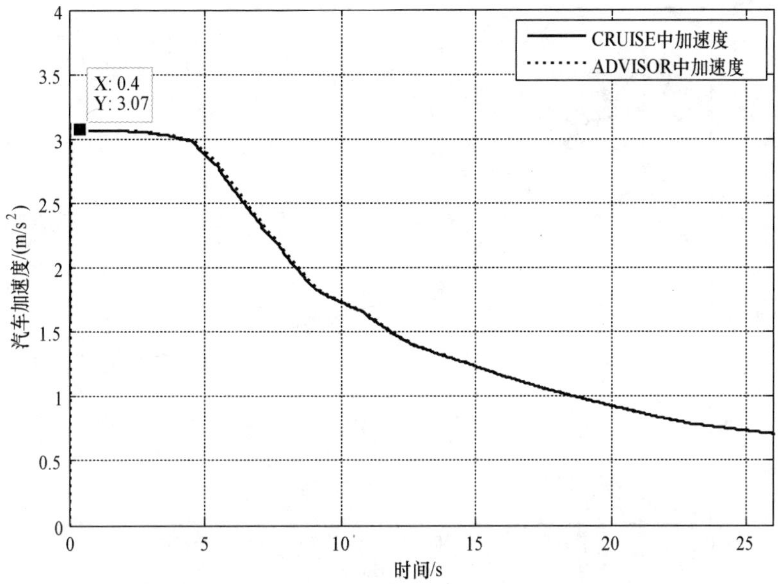

图 7-65 全负荷加速分析时两平台下的加速度曲线

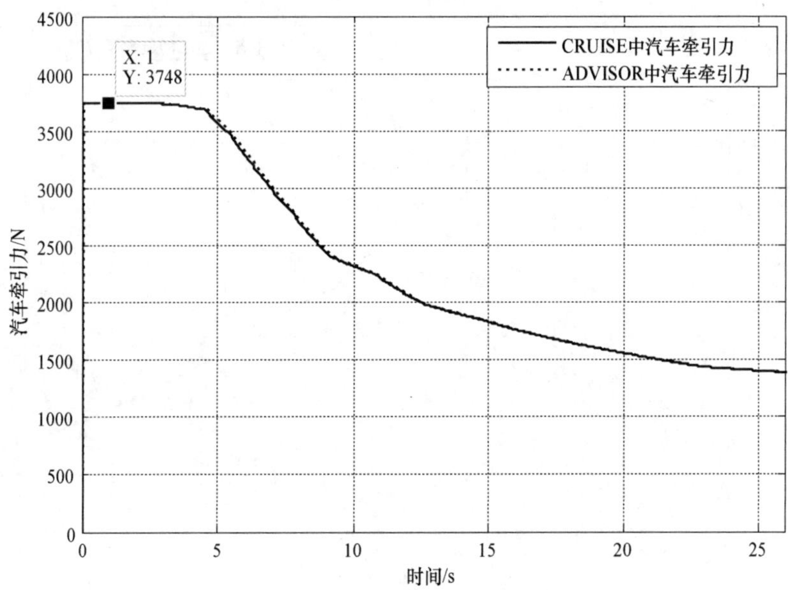

图 7-66 全负荷加速分析时两平台下的整车牵引力曲线

次仿真可得一个与给定车速相对应的最大爬坡度数值。而在 CRUISE 中，可以一次给出汽车在不同车速下的最大爬坡度曲线。但是因为这里我们主要关心的是汽车能爬上的最大坡度，所以在 ADVISOR 中设定的是较低的稳定车速。下面做出两平台下的爬坡分析结果曲线，如图 7-68 ~ 图 7-73 所示。

从上面的曲线对比可见，汽车在 5km/h 的爬坡度、牵引力和电机转矩数值，ADVISOR

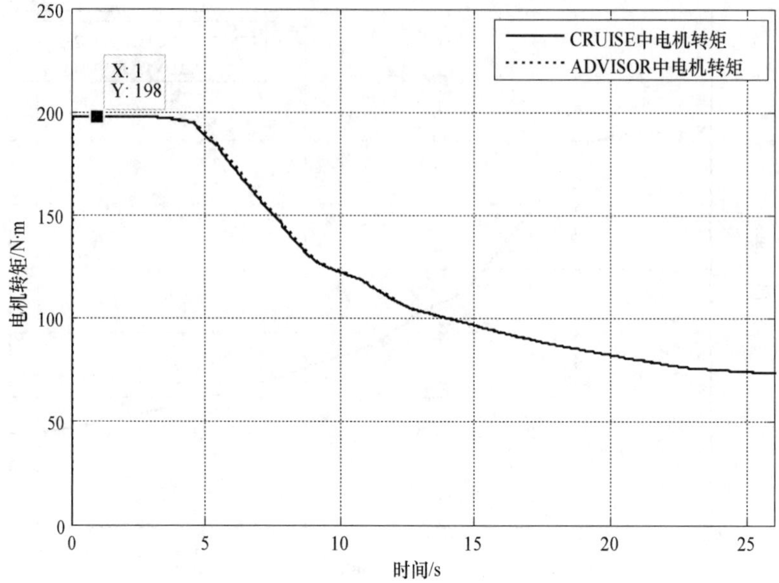

图 7-67 全负荷加速分析时两平台下的电机转矩曲线

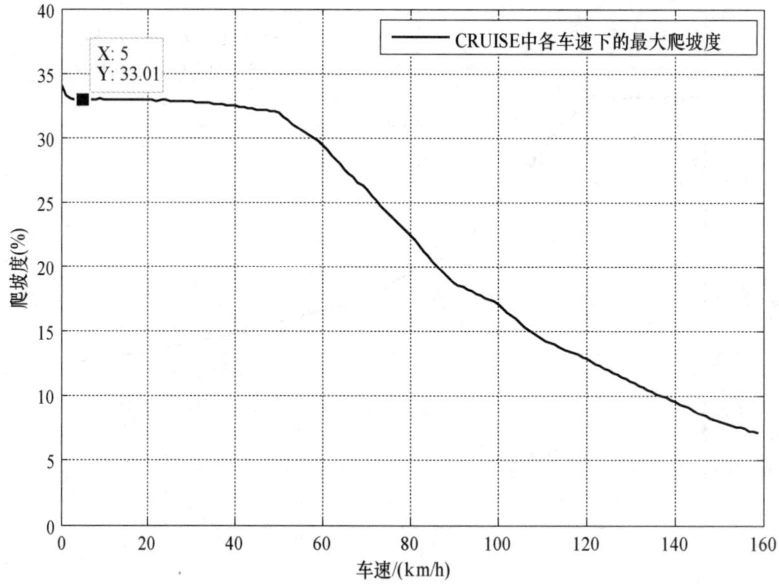

图 7-68 爬坡分析时 CRUISE 平台下的汽车爬坡度曲线

与 CRUISE 相差很小甚至没有差别。亦即可以认为，两平台对汽车的爬坡度分析结果基本一致。

2. 经济性结果对比

两平台下的 UDDS 循环工况经济性结果曲线如图 7-74 ~ 图 7-81 所示。

由图 7-74 ~ 图 7-78 可见，工况中的电机转矩、机械功率基本一致，同时电机转速也是

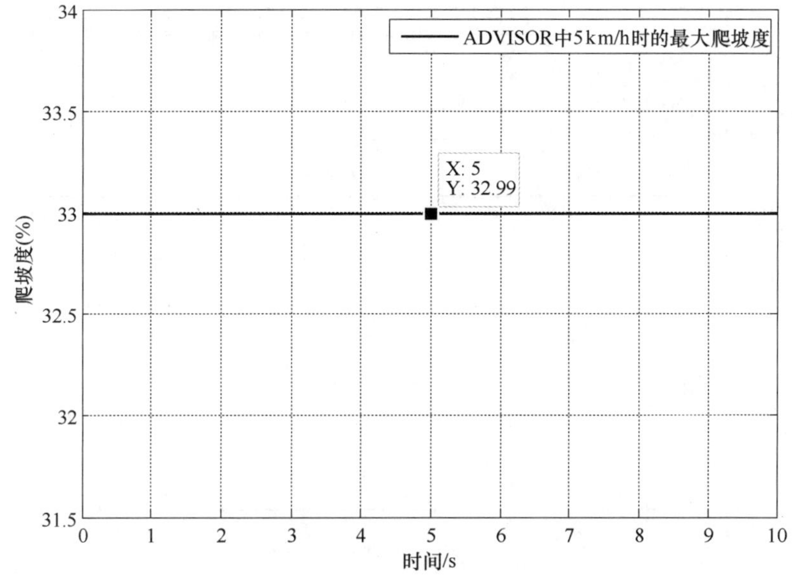

图 7-69　爬坡分析时 ADVISOR 平台下的汽车最大爬坡度曲线

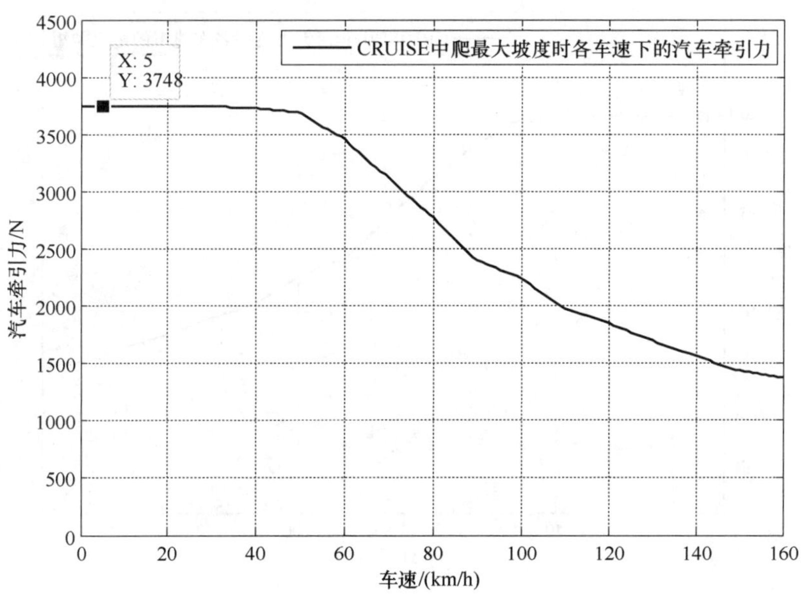

图 7-70　爬坡分析时 CRUISE 平台下的汽车牵引力曲线

基本一致的。但是两平台的查表插值方法和对表格边界值以及边界以外数值的处理不同，导致了软件依据电机转速、转矩查电机效率 MAP 表所得到的效率值并不完全相同，由此得到的电机功率损失就有一定的差异，如图 7-78 所示。可见，图 7-78 中电机功率损失整体变化趋势大致一致，但是 CRUISE 中的数值波动较大，这基本上是由其查表得到的效率波动大引起的。电机功率损失计算公式如式（7-1）所示。

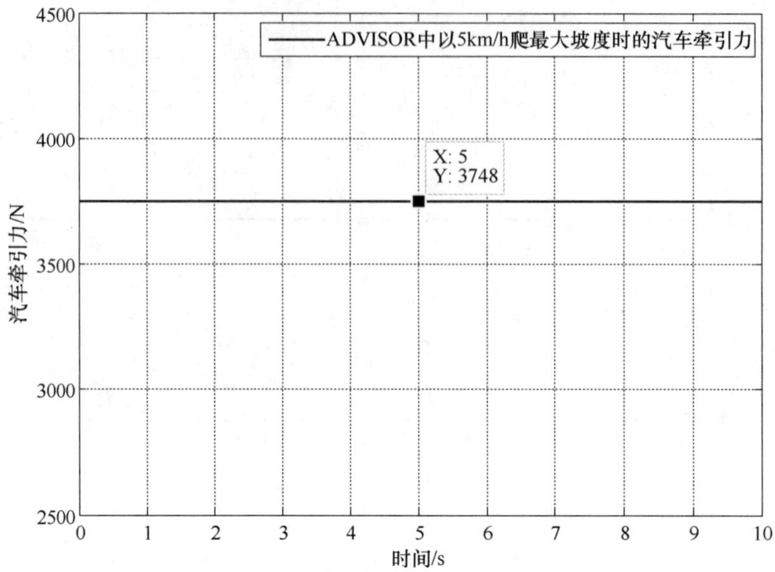

图 7-71 爬坡分析时 ADVISOR 平台下的汽车牵引力曲线

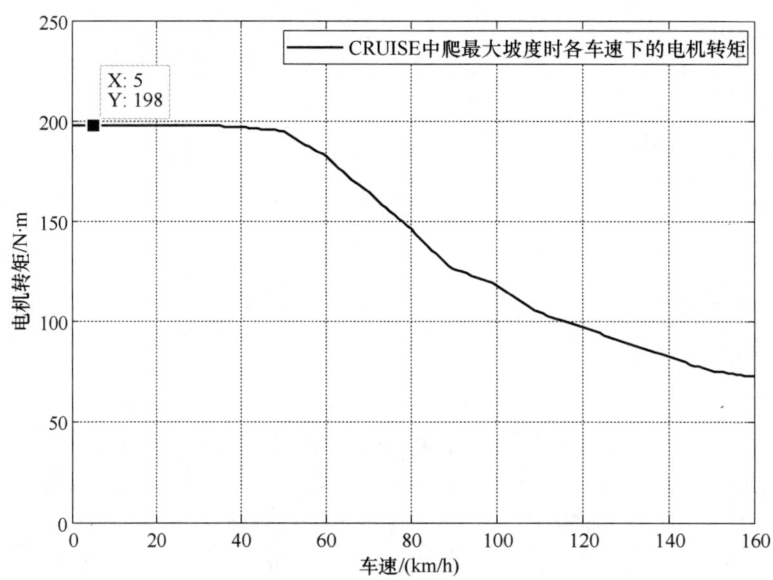

图 7-72 爬坡分析时 CRUISE 平台下的电机转矩曲线

$$P_{\mathrm{EM,loss}} = P_{\mathrm{EM,mech}}\left(\frac{1}{\eta}-1\right) = P_{\mathrm{EM,ele}}(1-\eta) \tag{7-1}$$

由于电池放电功率等于电机电功率（电机机械功率与电机功率损失之和），两平台下的电池放电功率也就不完全一致。而电池总功率包括电池放电功率和电池功率损失，电池功率损失与电池内阻、温度、电压以及 SOC 值等有关，这里两平台的电池功率损失基本一致。因此，电池总功率的差异与电机功率损失的差异一致，如图 7-79、图 7-80

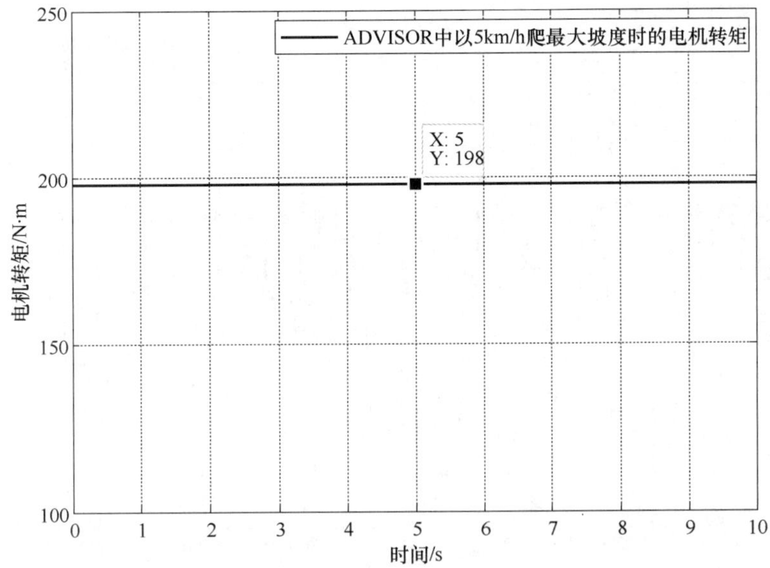

图 7-73 爬坡分析时 ADVISOR 平台下的电机转矩曲线

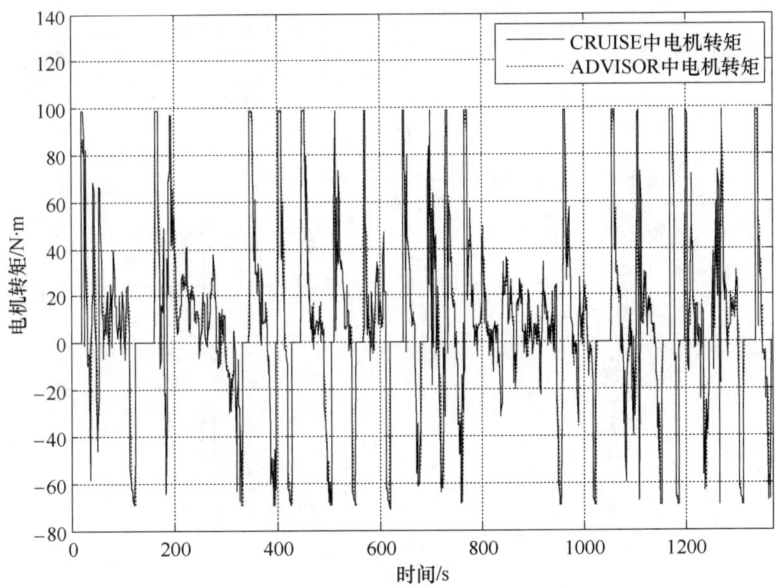

图 7-74 UDDS 循环法工况分析时两平台下的电机转矩曲线

所示。

由于图 7-78 中电机功率损失不同导致的电池总功率差异，在工况中不断累积最终导致电池 SOC 数值差异逐渐变大。如图 7-81 所示，电池 SOC 最终差值为 1.55%。CRUISE 中有百公里耗电量的仿真结果输出，但 ADVISOR 中的结果是等效油耗，我们可以把油耗通过所含能量的焦耳数转化成电耗，也可以通过电池总功率积分求得整个工况电耗的精确数值，再

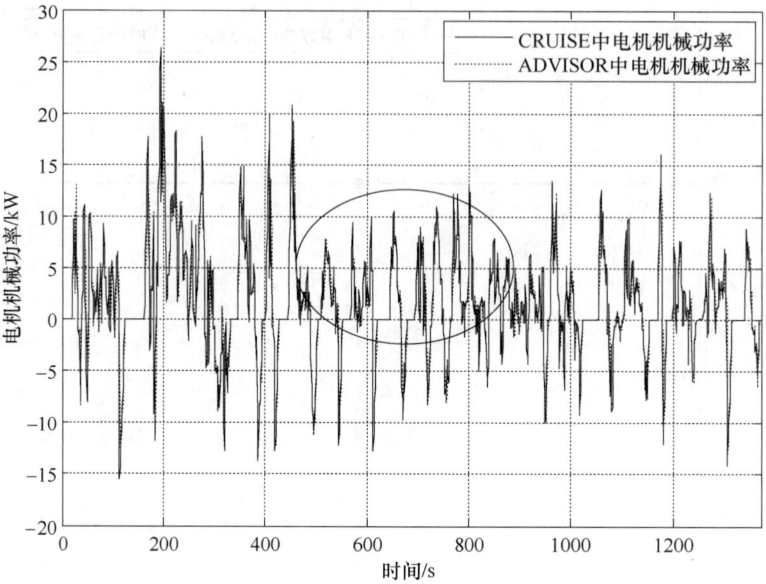

图 7-75 UDDS 循环法工况分析时两平台下的电机机械功率曲线

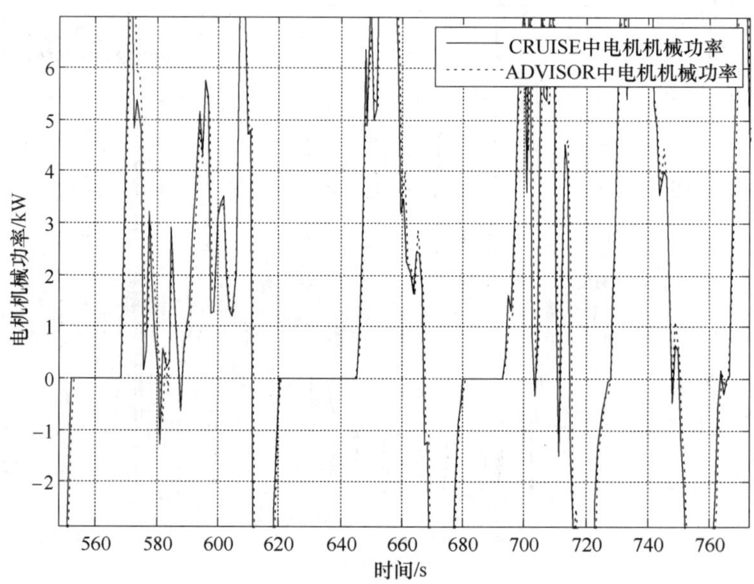

图 7-76 UDDS 循环法工况分析时两平台下的电机机械功率曲线局部放大

根据工况里程转化成汽车百公里耗电量。

这里结果差异的最终原因是两平台在电机转速、转矩一致的情况下电机效率不同导致的，即两平台的查表插值方法和对表格边界值以及边界以外数值的处理不同导致的。当所选电机的效率 MAP 比较平滑、边界值与内部数值差异小的时候，两平台得到的效率数值差异就会减小。

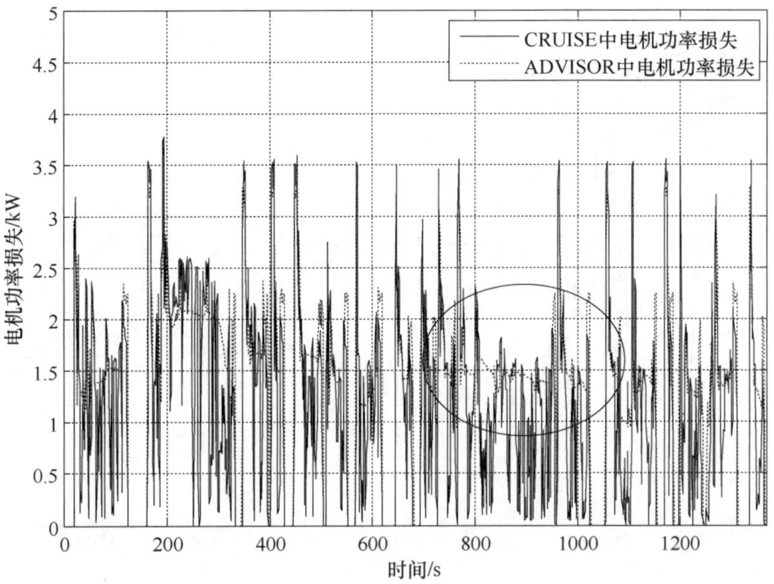

图7-77 UDDS循环法工况分析时两平台下的电机械功率损失曲线

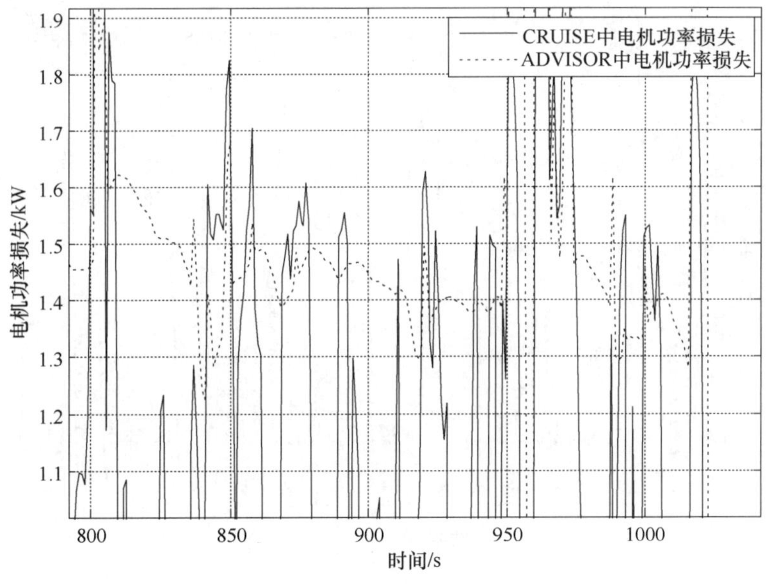

图7-78 UDDS循环法工况分析时两平台下的电机械功率损失曲线局部放大

7.2.2 结论

基于ADVISOR与CRUISE进行的纯电动汽车动力性与经济性对比研究，获得如下结论：

① ADVISOR与CRUISE两平台下纯电动汽车的动力性仿真结果基本一致，加速性与爬坡度仿真结果差异在误差允许范围内。

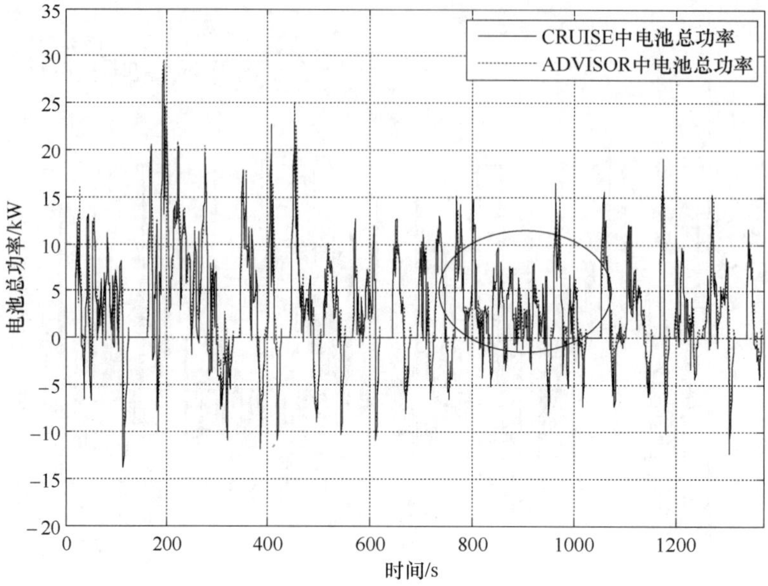

图 7-79 UDDS 循环法工况分析时两平台下的电池总功率曲线

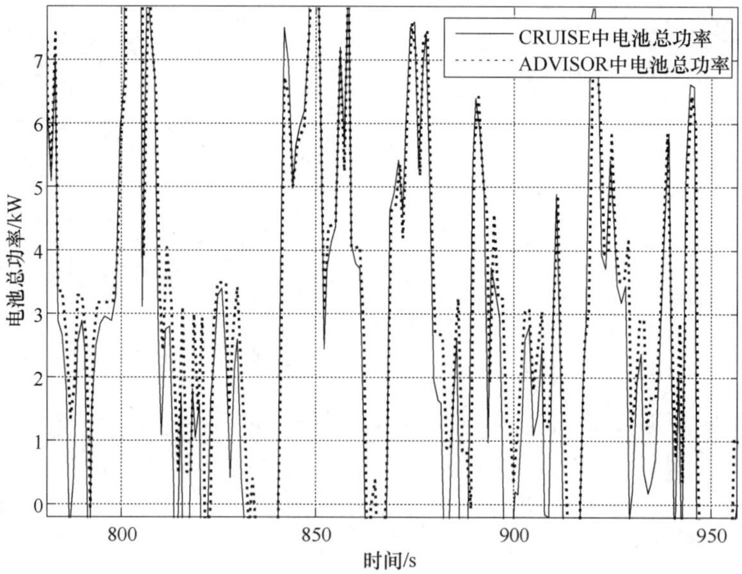

图 7-80 UDDS 循环法工况分析时两平台下的电池总功率曲线局部放大

② ADVISOR 与 CRUISE 两平台下纯电动汽车的经济性仿真结果存在一定差异，这是由于两平台下电机效率查表插值方法和对表格边界值处理方式不同，从而使得电机转速、转矩一致的情况下效率值不同引起的。

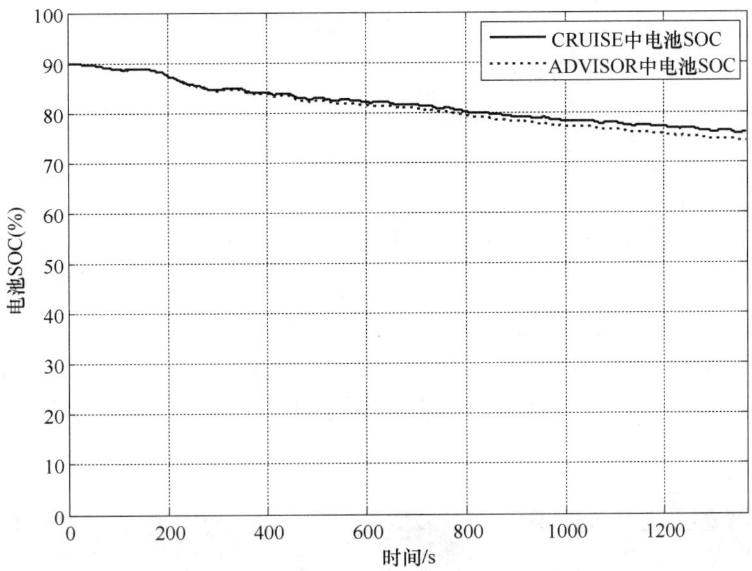

图7-81　UDDS循环法工况分析时两平台下的电池SOC曲线

7.3　ADVISOR与CRUISE平台下混合动力汽车仿真对比

众所周知，国内混合动力汽车技术研究已经成为热点，仿真技术对于其进一步深入探究与开发尤为重要。但针对混合动力汽车性能的仿真软件开发，国内却还处于基本的起步阶段。大多数研究者采用的是国外已经成熟的仿真软件，其中以ADVISOR与CRUISE为多。

此两种不同的软件，其仿真精度与适用性能否满足工程要求，是应用者们普遍关心的重要问题。

为此，编者利用ADVISOR与CRUISE，将传统轿车、客车与混合动力轿车、客车，在满足动力需求与变速工况条件下，对燃油经济性做对比仿真，以考评两个仿真软件的精度。

7.3.1　功率需求与燃油消耗仿真对比验证

模型的验证须结合实际整车参数。因为当前还没有完整、系统的整车性能试验数据，或者试验数据并非是在完善的控制策略下完成的，所以，只能用相同的整车参数，在ADVISOR与CRUISE两个不同仿真平台上进行仿真精度验证。但因整车性能仿真结果与控制策略密切相关，为消除控制策略的影响，首先选用无控制策略应用的传统汽车为例，进行动力需求计算与动态过程燃油消耗对比研究。然后再研究混合动力汽车，在两平台下对其燃油经济性进行仿真比较。

7.3.1.1　需求功率分析

首先以某一客车为例，在做需求功率仿真对比时，确定ADVISOR、CRUISE两个平台中设定的仿真参数值完全相同。假设在某一相同的工况下（譬如这里以某一常用较高车速70km/h为例），考查不同仿真软件平台对动力源的功率需求的差异。

1. 参照的传统车型理论值

针对传统客车，理论需求功率，即按最高车速确定的最大功率为

$$P_{\max 1}=\frac{v_{\max}}{3600\cdot\eta_{t}}\left(mgf+\frac{C_{D}Av_{\max}^{2}}{21.15}\right) \tag{7-2}$$

计算发动机的理论需求功率为64.1kW，见式（7-2）。

2. ADVISOR 仿真值

在ADVISOR中，若按其原有默认方式进行仿真，要通过发动机MAP进行动力需求计算。在ADVISOR的发动机MAP前均有对其转速、转矩进行最小值的限制，如图7-82a所示。发动机的MAP根据其试验数据加载，而实际试验一般不会有转速、转矩为零的数据，这样就会由于数据的不完整，使其按MAP试验数据的最小值进行限制而产生截断误差。因此，须对ADVISOR进行改进与修改。即不需要对其仿真计算前进行截断，修改后如图7-82b所示。

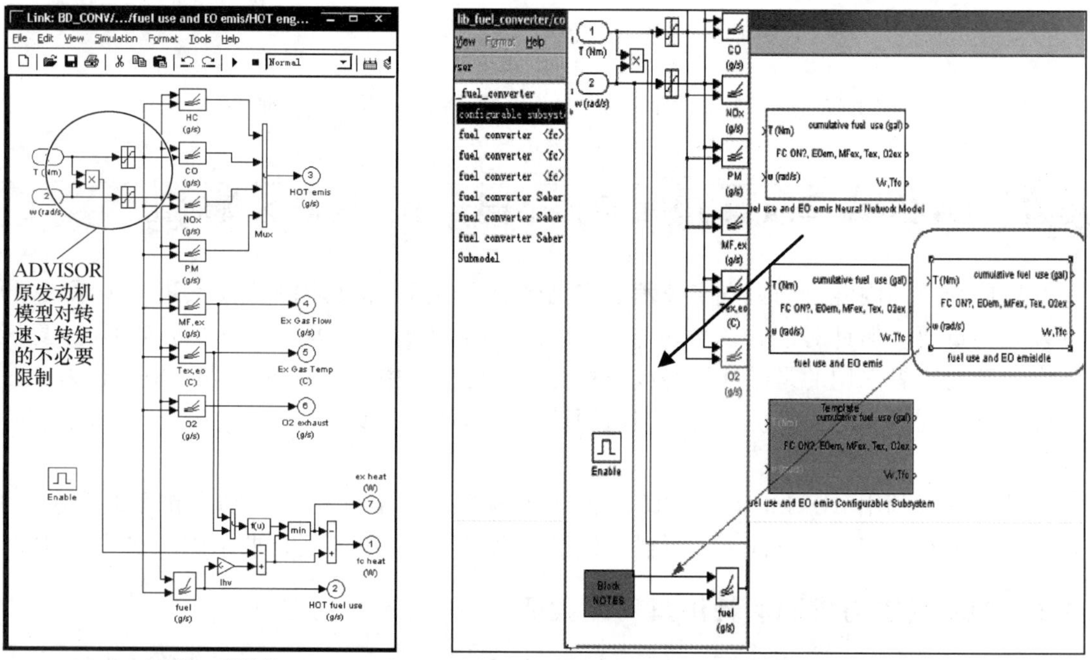

a) 默认，改进前　　b) 改进后

图7-82 ADVISOR中发动机模型改进前后对比

同样的数据输入到CRUISE平台下，其发动机模型在怠速或制动过程当中计算输出的实际转矩为零，并根据该转矩值和当前发动机转速进行MAP插值计算发动机油耗率。这也是后续进行工况仿真对比时，ADVISOR与CRUISE商用仿真软件在进行怠速、制动过程仿真与实际情况会产生偏差的原因。

因此，必须对ADVISOR进行上述修改，这是很关键的。改进发动机模型后，在上述常速工况进行仿真，结果显示在该常用70km/h的车速工况下，发动机需求功率仿真值为63.5kW。

3. CRUISE 仿真值

在 CRUISE 进行相同工况的仿真，需求功率为 63. 3kW。仿真曲线如图 7-83 所示。

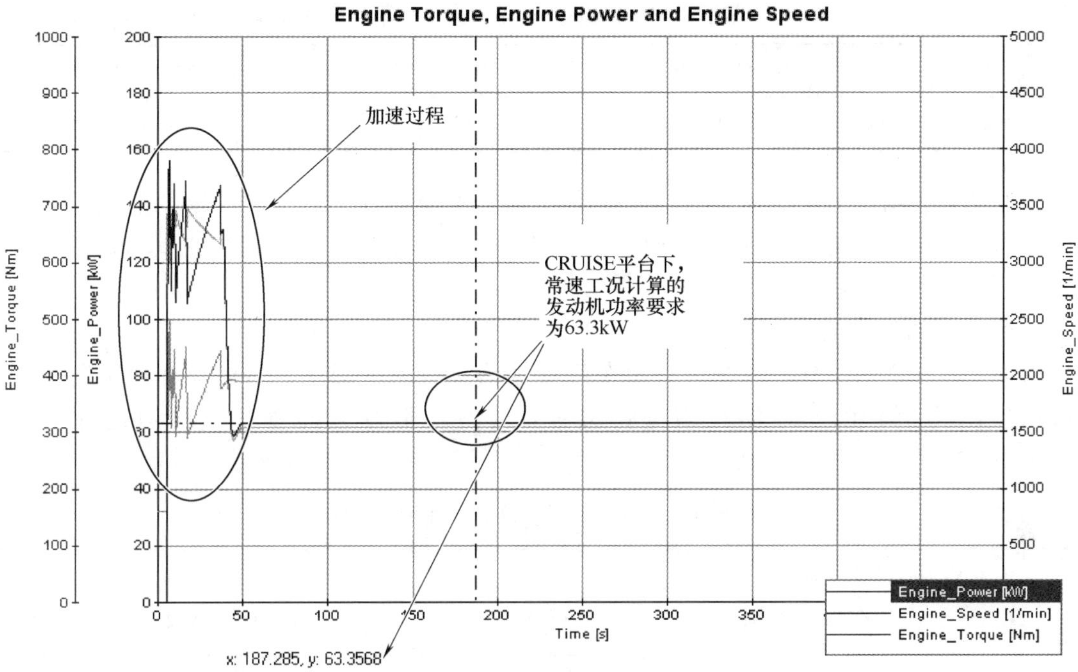

图 7-83　CRUISE 平台仿真的发动机需求功率

对比上述两个平台的仿真曲线，除常速工况需求功率基本相同外，由于动力系统是同一车型，设置整车的参数完全相同，即发动机的输出转矩、转速也基本相同。ADVISOR 的转矩、转速分别为 310N · m 与 1956r/min，而 CRUISE 的转矩、转速分别为 309N · m 与 1955r/min，对比结果非常接近，如图 7-84 所示。

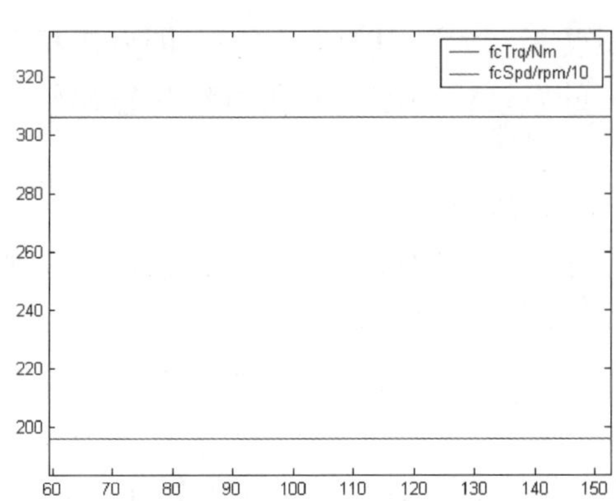

ADVISOR

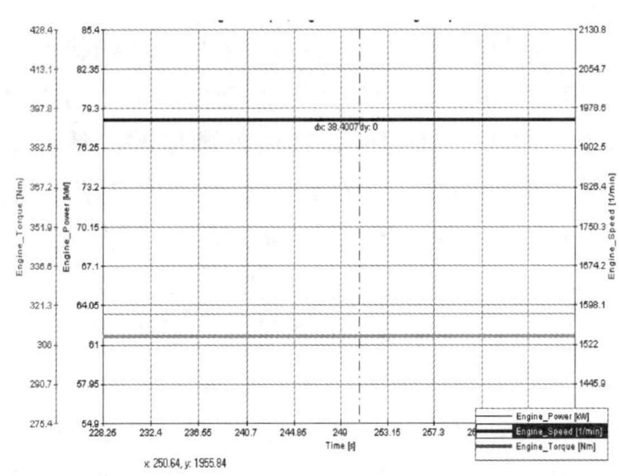

CRUISE

图 7-84　ADVISOR 与 CRUISE 仿真的发动机转矩与转速

4. 小结

将三种不同方法计算的需求功率结果，列于表7-3。

表7-3 常速工况（70km/h）不同方法计算的需求功率

理论方法/kW	ADVISOR/kW	CRUISE/kW	与理论方法的最大误差
64.1	63.5	63.3	1.26%

验证结果表明，ADVISOR 与 CRUISE 两个仿真平台，对整车需求功率的仿真计算是准确、可信的。只不过使用 ADVISOR 时需要对其发动机模型进行一点调整，其计算结果才更合理。

7.3.1.2 整车燃油消耗分析

为进一步验证两仿真平台在进行整车经济性仿真时的准确性，可通过变速工况（以北京城市工况为例）的燃油消耗率进行考查。两仿真平台上的整车燃油消耗计算结果见表7-4。

表7-4 北京工况下的燃油消耗仿真对比

ADVISOR/(L/100km)		CRUISE/(L/100km)	模型改进后最大误差
默认	改进		
32.3	27.0	28.0	4.07%

若 ADVISOR 按原默认模型进行仿真，其油耗值偏大，主要原因在于制动时，实际计算的发动机转矩为负或零，但要受其 MAP 试验数据的最小转矩限制，利用限制后的发动机转矩（该值为 MAP 的试验最小转矩值，是大于零的数值）进行发动机油耗的插值计算，导致油耗比实际情况偏大。参见图7-85。其中，虚线为 ADVISOR 的仿真曲线，实线为 CRUISE 的仿真曲线（下同）。

ADVISOR 中的制动过程包含有发动机制动时的负转矩，若按其默认控制，即发动机转矩将按 MAP 图上的最小转矩进行限制。相比 CRUISE 的发动机模型，其仿真结果输出转矩为零。因此，ADVISOR 插值处理后的油耗率偏高。

改进后的模型，在整个工况的仿真结果对比如图7-86所示。

从总体来看，两平台的仿真趋势相一致。对其部分减速时间段进行放大，显示结果如图7-87所示。对其部分加速时间段进行放大，显示结果如图7-88所示。

从图7-87来看，在减速与怠速过程的动态仿真结果表明，其中，在减速过程，两平台计算的发动机转速与转矩几乎完全重合，由此计算的燃油消耗率曲线也几乎完全重合。同时，在怠速过程，改进后的 ADVISOR 模型与 CRUISE 计算燃油消耗也几乎完全重合。

从图7-88来看，上述加速过程的动态仿真结果表明，改进后 ADVISOR 软件仿真的发动机转速与转矩和 CRUISE 基本重合，转速在换档点有些偏差，但误差不大，由此计算的油耗率比 CRUISE 稍小，但趋势非常接近，总油耗偏差较小，只有4.07%，满足实际工程要求。

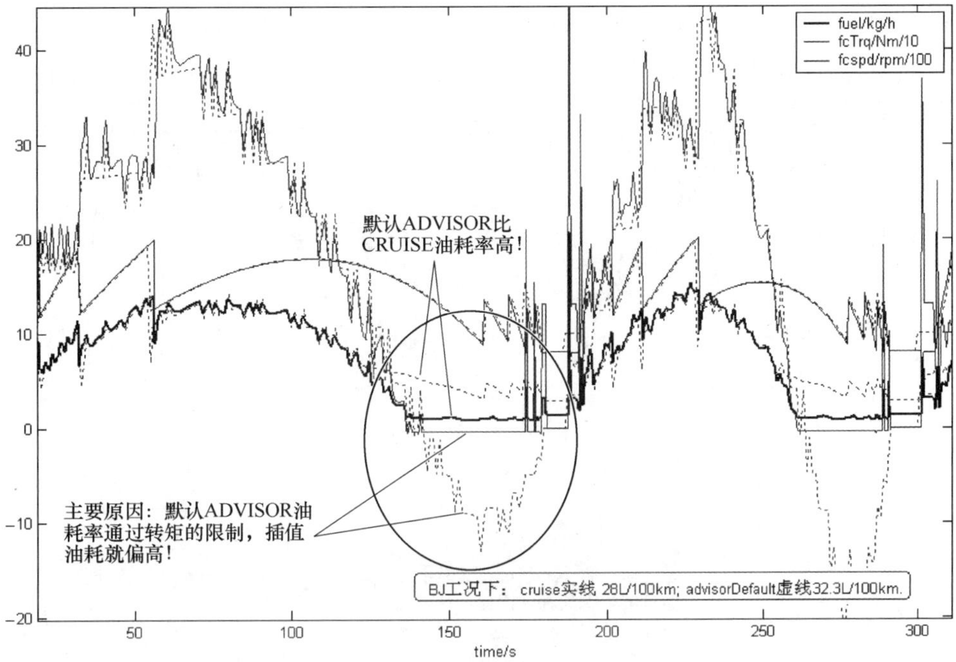

图 7-85　两平台的燃油消耗对比（ADVISOR 默认模型）

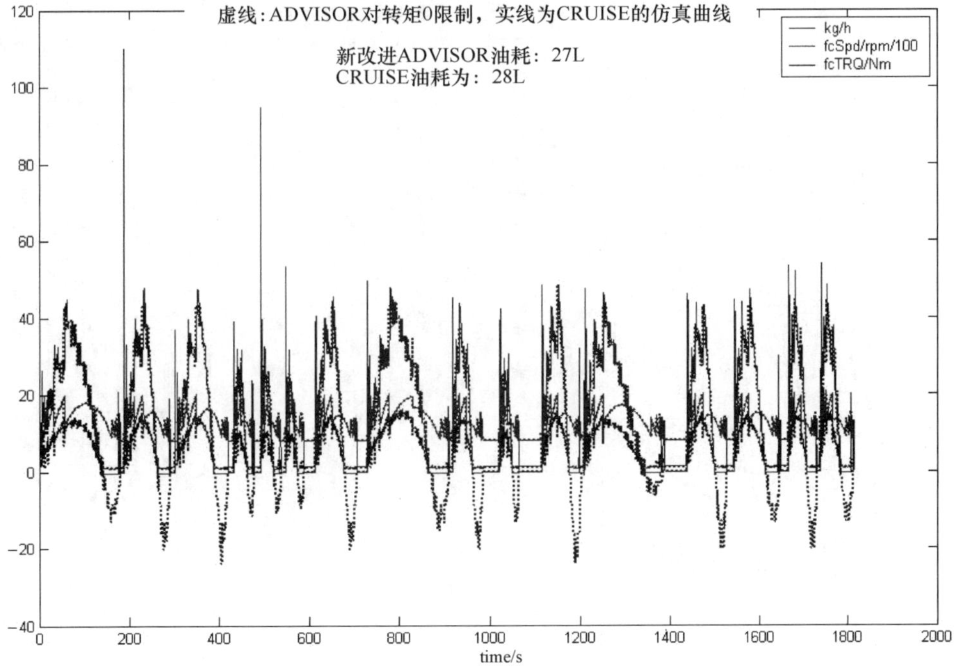

图 7-86　两平台的燃油消耗对比（ADVISOR 改进模型）

7.3.2　不同车型的性能仿真对比

通过上述前向式 CRUISE 与后向式 ADVISOR 软件平台，针对某一传统客车，进行了需求功率与燃油消耗的仿真对比研究。下面针对传统型与混合型轿车、以及传统型与混合动力

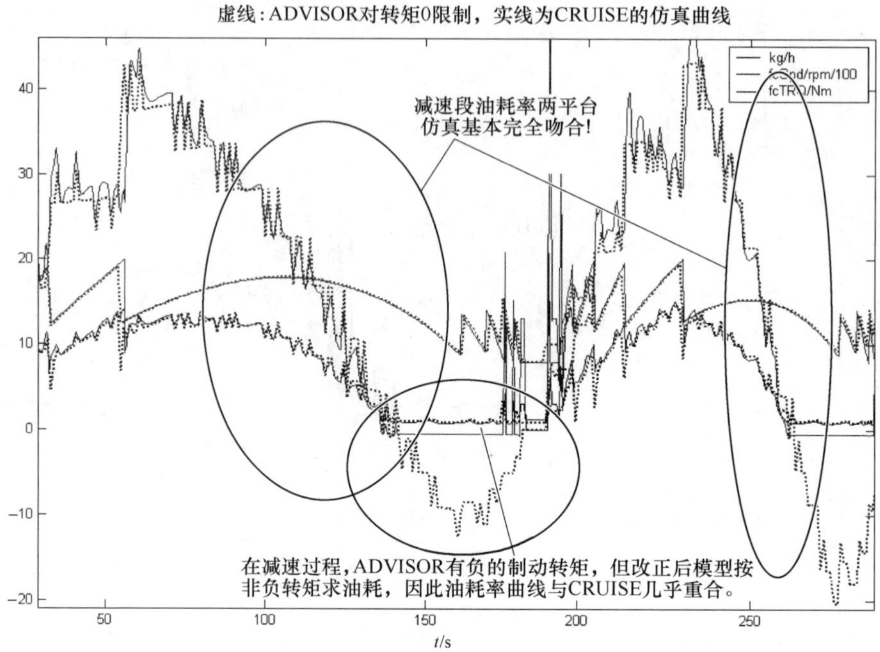

图 7-87　减速段两平台的燃油消耗对比（ADVISOR 改进模型）

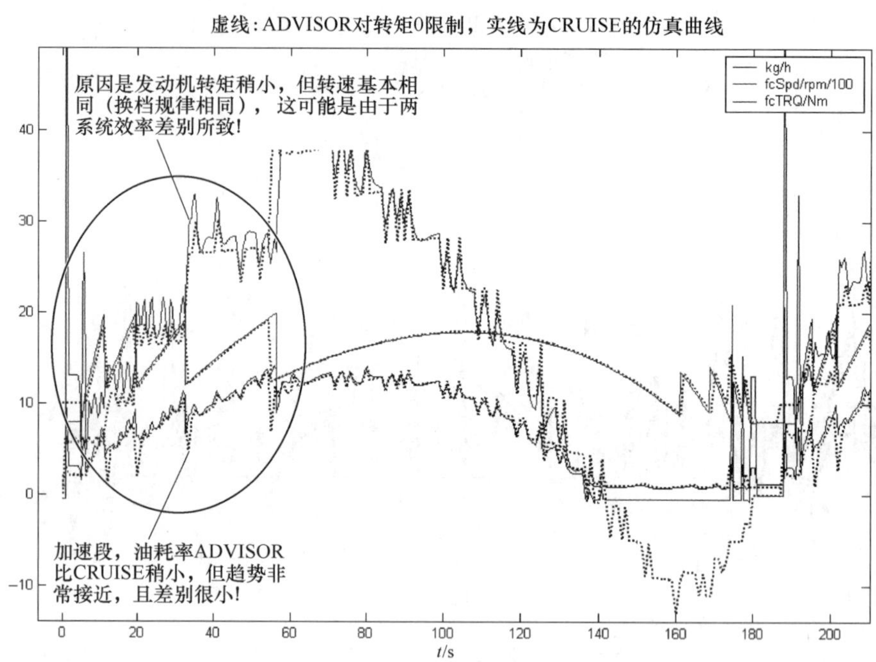

图 7-88　加速段两平台的燃油消耗对比（ADVISOR 改进模型）

客车的燃油经济性仿真，定量研究不同平台的仿真精度。

7.3.2.1　不同平台下的轿车性能仿真对比

首先通过某一传统型轿车在两平台上进行仿真对比考查。所用的整车部件参数为其试验数据，所设发动机、变速器、车轮等整车参数的输入条件相同，工况按 EUDC 进行。

1. 传统轿车的仿真对比

首先在 ADVISOR 与 CRUISE 两个平台上，建立该轿车模型，且设定其换档控制策略在两平台上完全相同。性能仿真结果对比见表 7-5。

表 7-5 传统型轿车在不同仿真平台上的仿真对比

性 能	ADVISOR	CRUISE	最大偏差
燃油经济性/(L/100km)	6.60	6.83	3.48%

通过上述两仿真平台对经济性的比对结果看，差别不大，验证了模型及其两平台仿真是准确、可信的。

2. 混合动力轿车的仿真对比

用两平台对相同的混合动力轿车方案进行仿真，先前已在 ADVISOR 中完成了该混合动力轿车方案的建模工作，并结合 CRUISE 的性能仿真结果，两平台的仿真结果参见表 7-6。进行上述 EUDC 工况的仿真发现，两平台上进行的经济性仿真结果基本相同。

表 7-6 混合动力轿车在不同平台上的仿真对比

性 能	ADVISOR	CRUISE	最大偏差
燃油经济性/(L/100km)	5.5	5.7	3.64%

仿真条件：热机，初步 SOC 均为 0.7，没有 SOC 校正。

7.3.2.2 不同平台下的客车性能仿真对比

仿真所用的整车部件参数为其试验数据。首先通过传统客车（以 140kWDEUTZ 发动机为其动力源）在两平台进行建模。所用发动机、变速器、车轮等整车参数输入条件相同，所选择工况均为北京城市工况。

1. 传统客车的仿真对比

利用两平台，对相同的传统客车进行仿真，此时动力源参数、输入条件等完全相同。

对比仿真结果，参见表 7-7。

表 7-7 传统客车在不同仿真平台的仿真对比

性 能	ADVISOR	CRUISE	最大偏差
燃油经济性/(L/100km)	27.0	28.1	4.07%

2. 混合动力客车的仿真对比

当利用该两平台，对于相同的混合动力客车方案进行仿真（控制策略与输入条件基本一致），且先前已在 ADVISOR 中完成了混合动力客车方案的建模工作，并结合 CRUISE 的性能仿真结果，对比见表 7-8。

通过上述两工况的仿真发现，两平台仿真结果基本吻合，进一步说明两平台不管对传统客车，还是混合动力客车（控制策略不完全相同），经济性能仿真结果都比较接近。

表 7-8 混合动力客车在不同仿真平台的仿真对比

性 能	ADVISOR	CRUISE	最大偏差
燃油经济性/(L/100km)	23.5	24.6	4.68%

7.3.2.3 误差分析

上述仿真结果表明，两平台对于相同车型，其燃油消耗计算结果存在误差，且传统车型的燃油消耗计算的误差小于混合动力汽车，这主要是由传统汽车的单一动力源决定，使得不同平台所计算的误差较小，而混合动力汽车燃油误差偏大是由于多能源控制策略即便相同，但控制算法的实现细节不可能完全相同。但其最大误差小于5%，可以满足实际工程要求。

在 CRUISE 平台上进行的研究意义在于，控制策略可直接应用于实际控制器的开发，借助现代开发方法，通过 DSPACE 等先进开发工具，可直接下载到快速原型，实现对整车的台架或实车调试，并通过代码自动生成等工具链进一步实现产品代码的开发。

7.3.3 结论

基于 ADVISOR 与 CRUISE 进行的需求功率与燃油经济性两项重要性能的仿真对比研究，应获得如下结论：

① 客车的需求功率与燃油消耗率对比，结果基本相同。特别对于部分瞬态工况，两平台仿真结果吻合较好。

② 传统型与混合型轿车、客车的燃油经济性仿真结果基本相同，最大误差小于5%，满足实际工程要求。

③ 为进一步提高仿真精度，需对后向式仿真软件 ADVISOR 的发动机 MAP 限制模块进行修改，完善其在处理怠速和制动过程的燃油消耗计算，改进后的 ADVISOR 软件与商用前向式仿真软件 CRUISE 计算的燃油经济性更趋一致。

7.4 ADVISOR 与 CRUISE 平台下复合电源仿真对比

本节与前面的6.5 节相对应，在 CRUISE 平台下，采用与 ADVISOR 相同的整车部件参数与复合电源控制策略，对二者的仿真结果进行简单的分析比对，以便读者对 ADVISOR 仿真软件再开发复合电源系统加深理解，亦同样对 CRUISE 软件进行类似开发有基本的认识与了解。

7.4.1 CRUISE 整车模型

搭建整车架构如图 7-89 所示，主要包括：电机模块 Motor module、锂电池模块 Lithium battery module、超级电容模块 Super capacitor module、DC-DC 模块、主减速器模块 Main reducer module、轮胎模块 Tire module 等。双击模块即可打开参数输入界面，在各模块中填入相应的参数。再依照图 7-89 所示进行机械连接，依照图 7-90 所示进行电气连接，即完成整车模型的搭建。

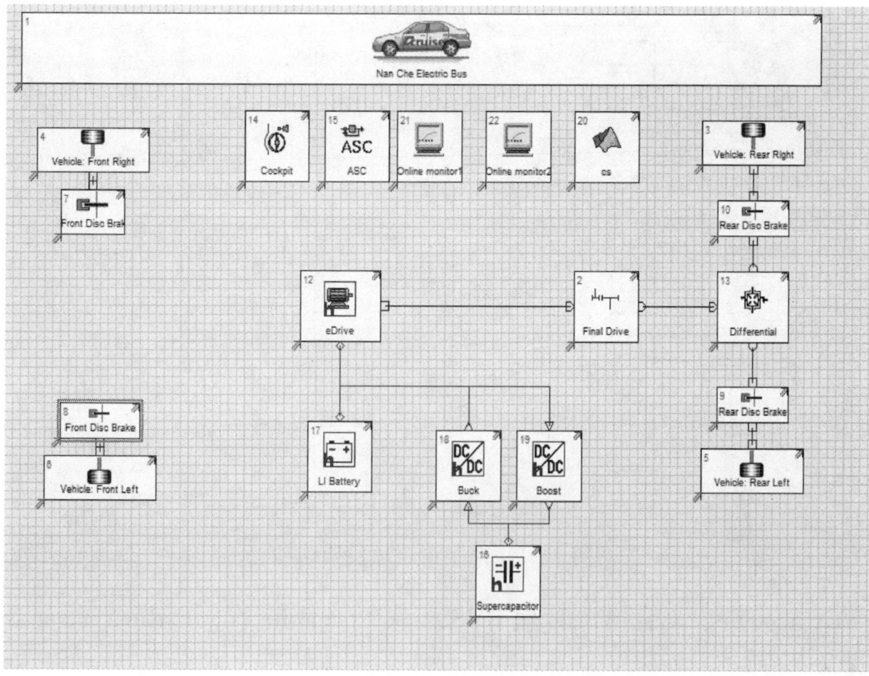

图 7-89 CRUISE 整车模型

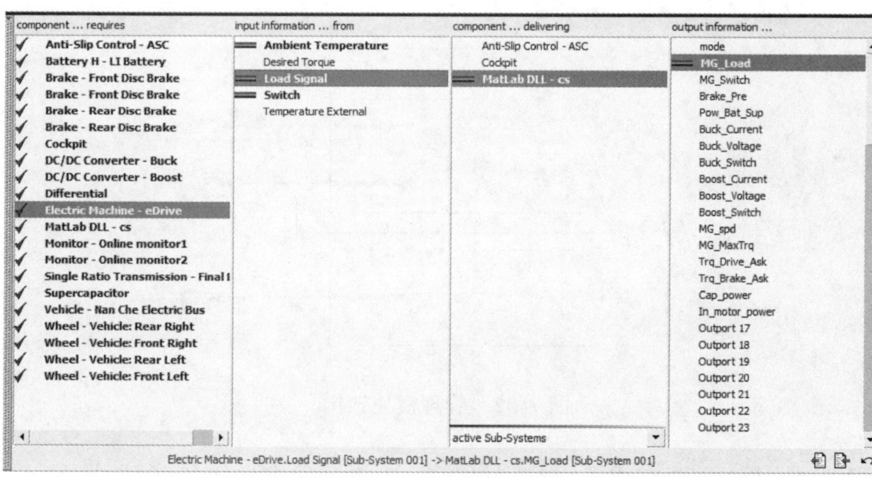

图 7-90 CRUISE 电气连接

7.4.2 整车控制策略

控制策略顶层架构如图 7-91 所示，主要包括：信号输入模块 Signal input module、信号处理模块 Signal processing module、管理模块 Management module、信号输出模块 Signal output module。信号输入模块对输入信号进行分类整理，以便于后续的处理及应用；信号处理模块进行信号的滤波处理、单位转换等；信号输出模块将信号整理输出；管理模块实现整车 VCU 的控制和复合电源的控制，是整个控制策略的核心与关键。下面重点介绍一下管理模块。

管理模块主要包括：参数估计模块 Parameter estimation module、整车控制 VCU 模块 Ve-

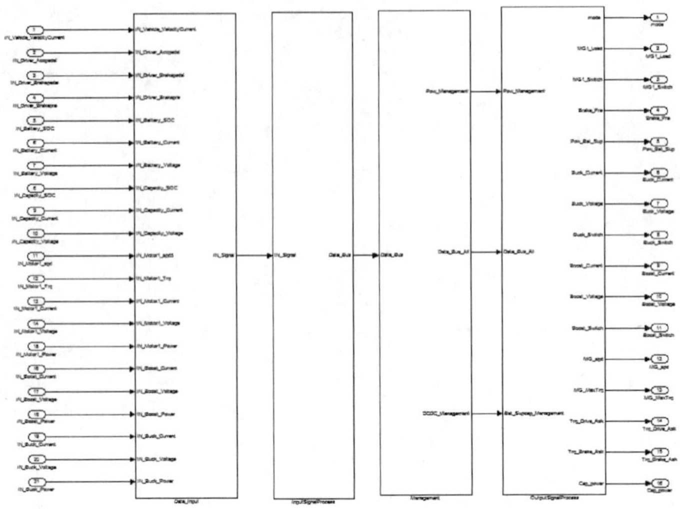

图 7-91　控制策略顶层架构

hicle control VCU module、复合电源管理 BMS 模块 Composite power management BMS module 三部分，如图 7-92 所示。

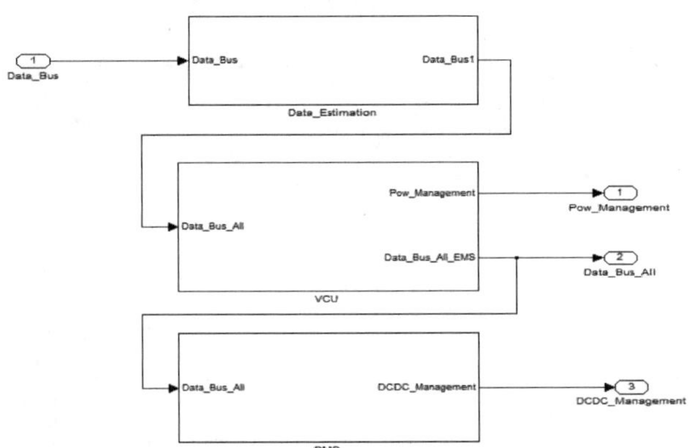

图 7-92　管理模块架构

① 参数估计模块，主要完成电机最大转矩、转速、需求转矩等的估计，为后续的 VCU 和 BMS 控制模块做准备。

② 整车控制 VCU 模块，主要完成车辆状态的判定、模式切换与能量控制，分为停车模式 Parking mode、行车模式 driving mode、再生制动模式 Regenerative braking mode 与机械制动模式 Mechanical braking mode 四种，如图 7-93 所示。

③ 复合电源管理 BMS 模块，主要完成两能量源状态的判定、功率分配及 DC-DC 的控制。其控制策略的功率分流思想与架构，跟 ADVISOR 所用控制策略完全相同，此处不再赘述。

模型搭建好之后，编译生成相应的 dll 文件。在 CRUISE 的 MATLAB DLL 模块，设置好 dll 文件所在路径，即可进行 MATLAB/Simulink/Stateflow 与 CRUISE 的联合仿真。

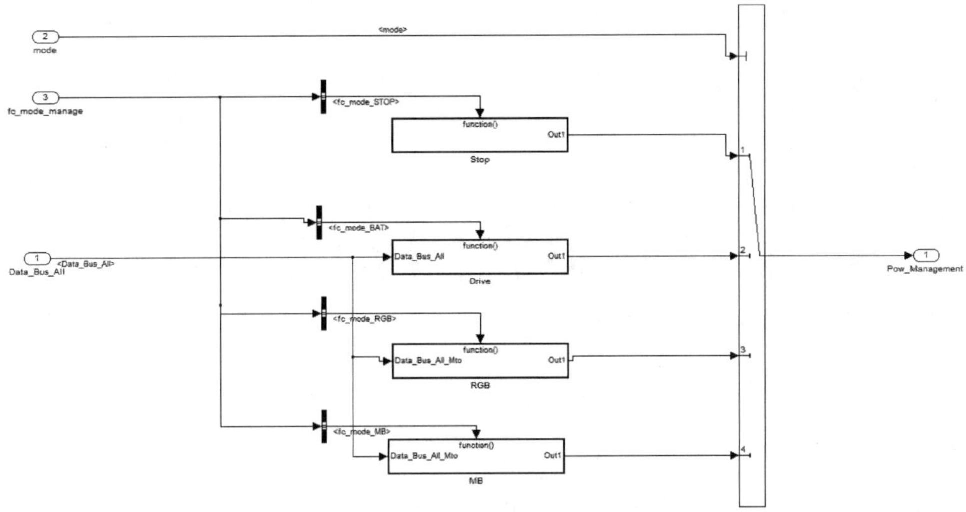

图 7-93 VCU 模式管理模块

7.4.3 仿真结果对比

图 7-94 为 ADVISOR 与 CRUISE 在中国典型城市工况下的车速跟随情况。由图可以看出二者跟随性均良好，并无明显差异。

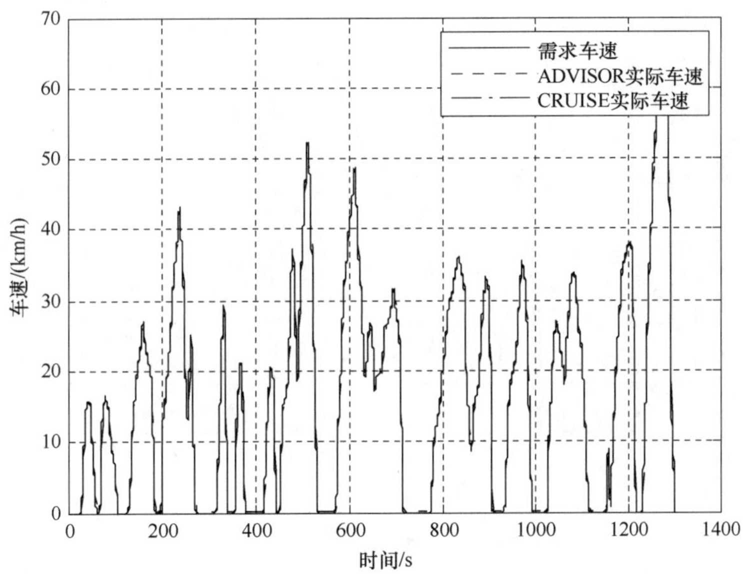

图 7-94 ADVISOR 和 CRUISE 车速跟随情况

图 7-95 ~ 图 7-99 为 ADVISOR 和 CRUISE 平台下，电池功率 Battery power、电池电流 Battery current 及 SOC 的对比情况与局部放大图。观察可知，两者曲线吻合比较好。二者初始 SOC 都设为 100%，ADVISOR 的 SOC 终止值为 76.43%，CRUISE 的 SOC 终止值为 77.26%，二者仅相差 1%，完全在工程误差允许范围内。

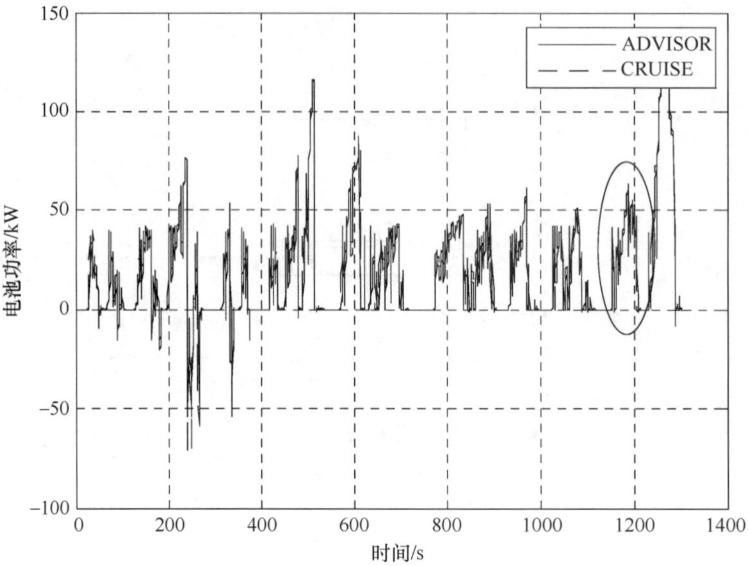

图 7-95 电池功率对比情况

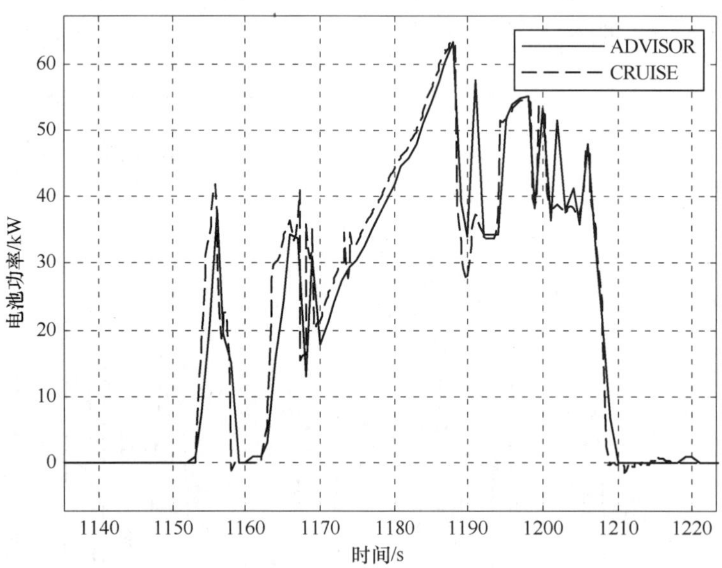

图 7-96 电池功率对比情况局部放大

图 7-100 ~ 图 7-105 为 ADVISOR 和 CRUISE 平台下，超级电容功率 Capacitor power、电流 current 及 SOC 的对比情况与局部放大图。观察可知，两者曲线吻合较好。并可以看出，超级电容功率和电流在 333 ~ 338s 段，出现较大差异。尽管二者初始 SOC 都设为 100%，但在这个时间段，ADVISOR 超级电容 SOC 已降到 95% 以下，已开始回收能量，而 CRUISE 超级电容 SOC 仍在 95% 以上，还没有回收制动能量。

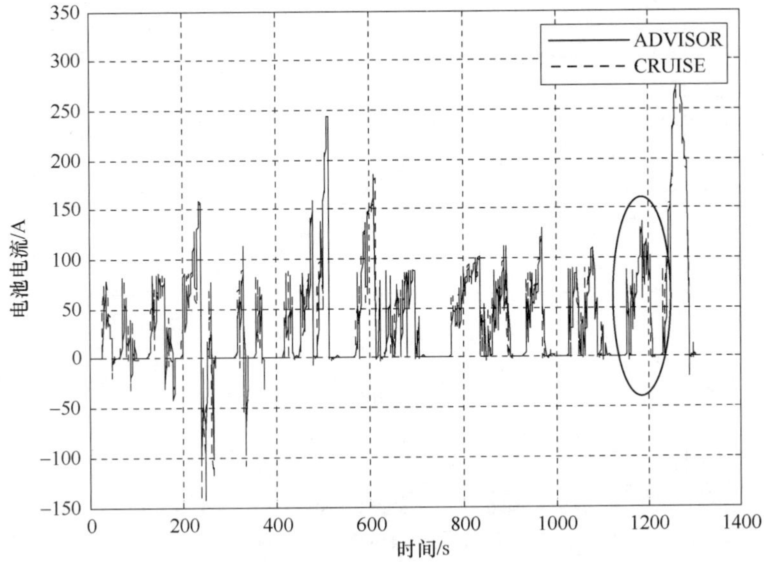

图 7-97 电池电流对比情况

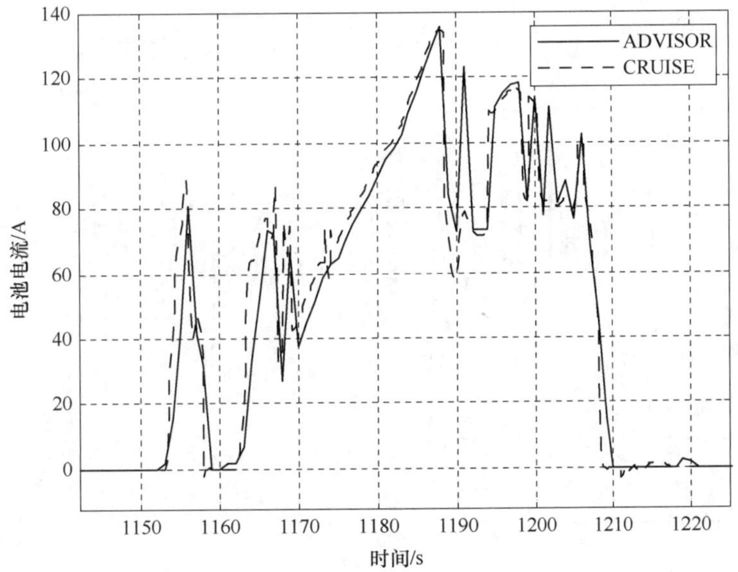

图 7-98 电池电流对比情况局部放大

ADVISOR 的超级电容 SOC 终止值为 84.87%，CRUISE 的超级电容 SOC 终止值为 87.43%，二者相差 3%，但也在工程差异允许范围内。

导致其差异的主要原因在于：

① 只有当超级电容 SOC 低于 95% 时，控制策略才允许其回收制动能量。

② 电机效率与超级电容效率有差异，且仿真步长的选取也有影响。

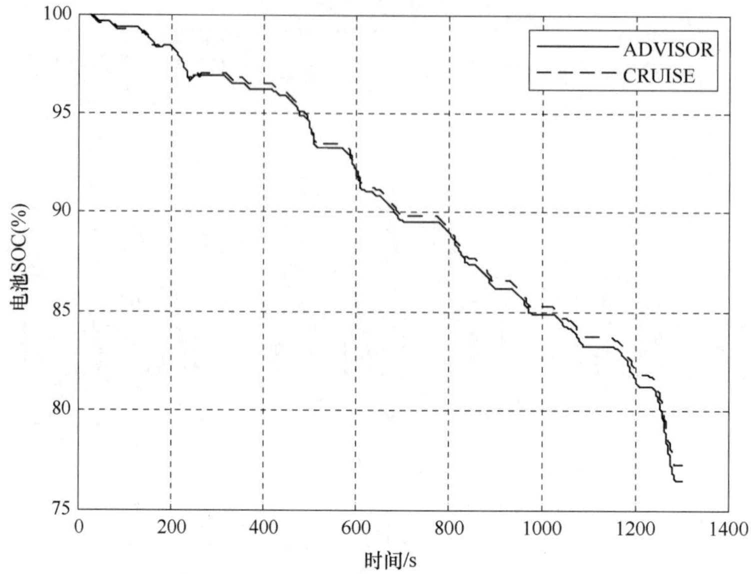

图 7-99 电池 SOC 对比情况

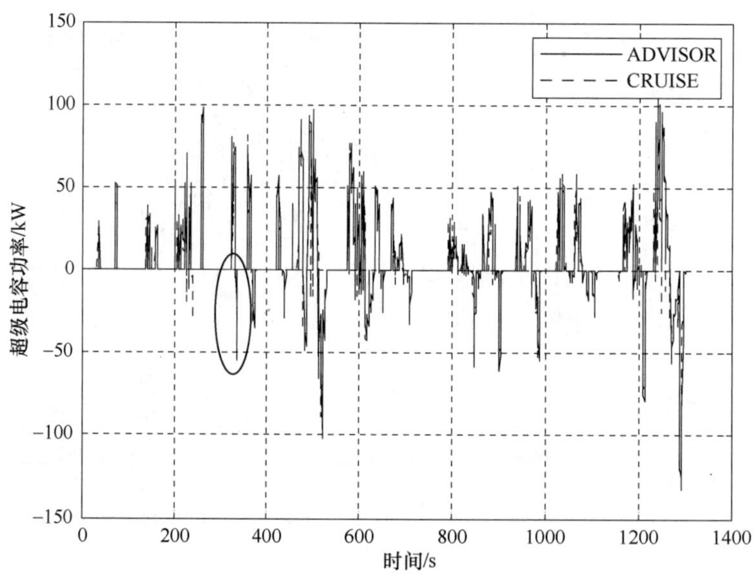

图 7-100 超级电容功率对比情况

③ 在 333s 时，车辆恰好又在制动。

图 7-106 ~ 图 7-109 为 ADVISOR 与 CRUISE 复合电源的功率分配情况。从图中看，在二者中超级电容均起到了“削峰填谷”的作用，平缓了电池的功率输出，避免电池大电流充放电，延长了电池的使用寿命。

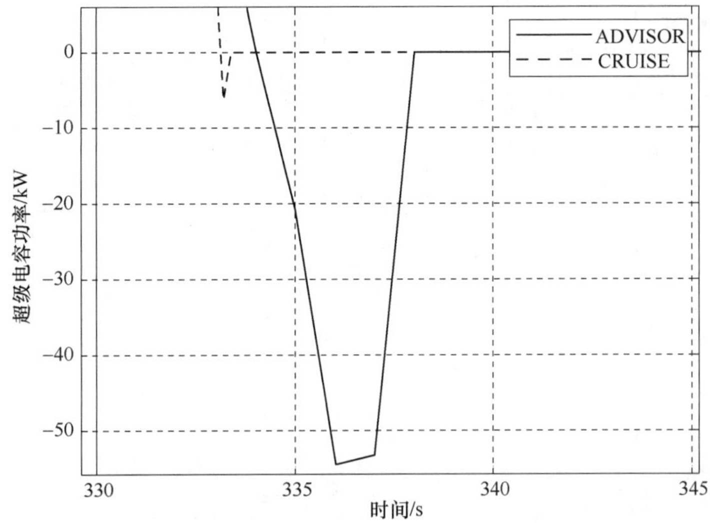

图 7-101　超级电容功率对比情况局部放大

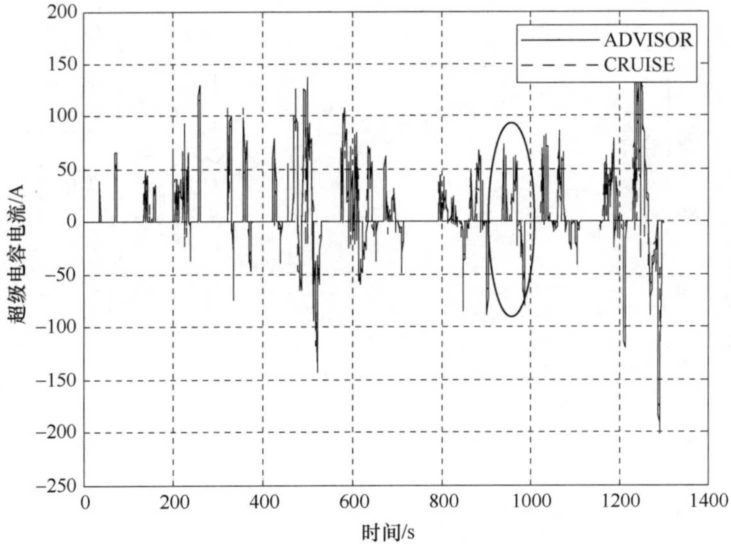

图 7-102　超级电容电流对比情况

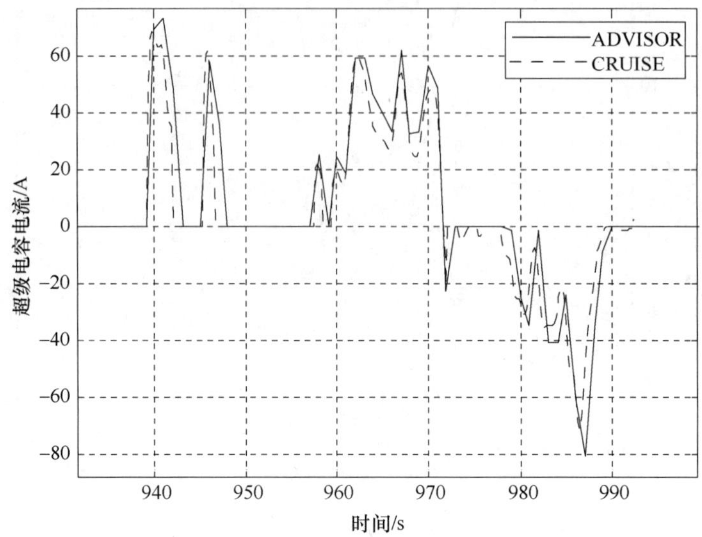

图 7-103 超级电容功率对比情况局部放大

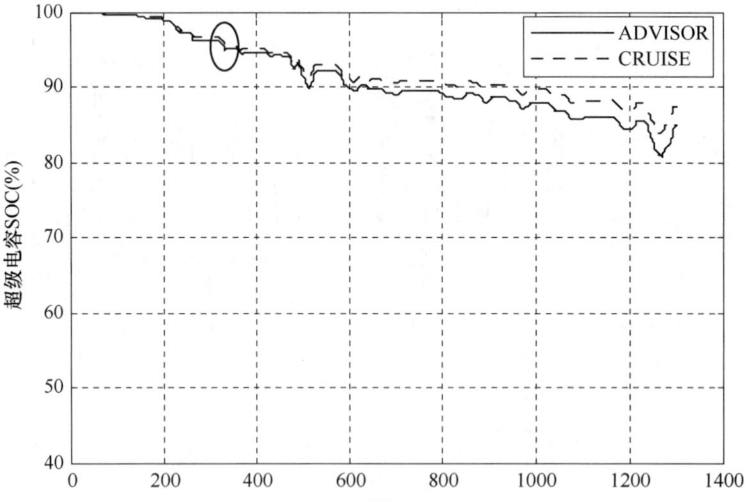

图 7-104 超级电容 SOC 对比情况

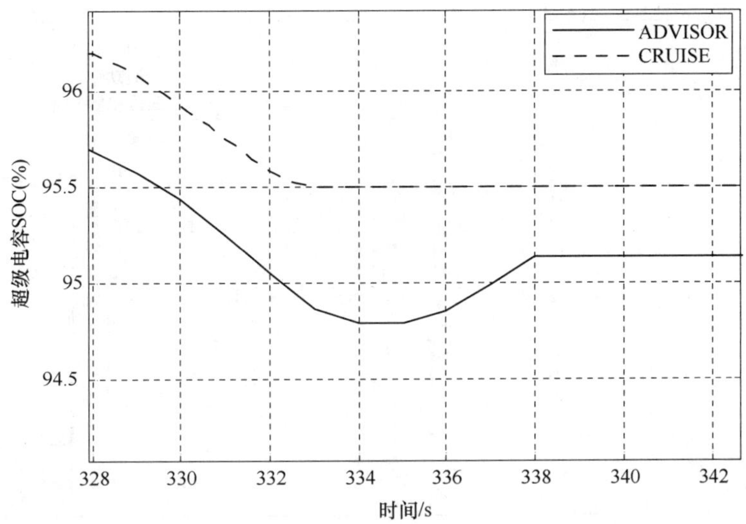

图 7-105　超级电容 SOC 对比情况局部放大

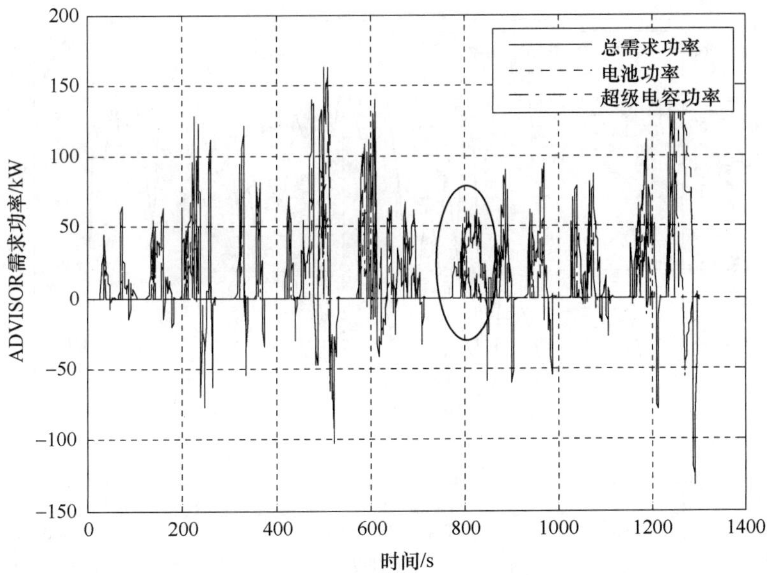

图 7-106　ADVISOR 功率分配情况

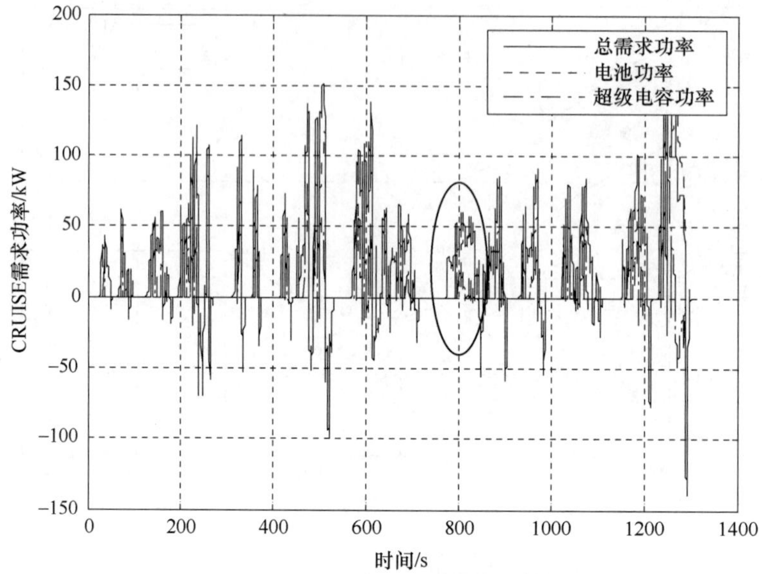

图 7-107 CRUISE 功率分配情况

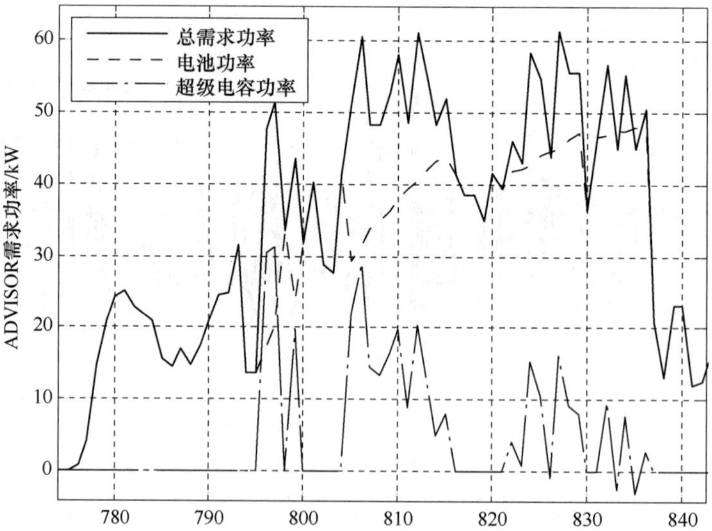

图 7-108 ADVISOR 功率分配情况局部放大

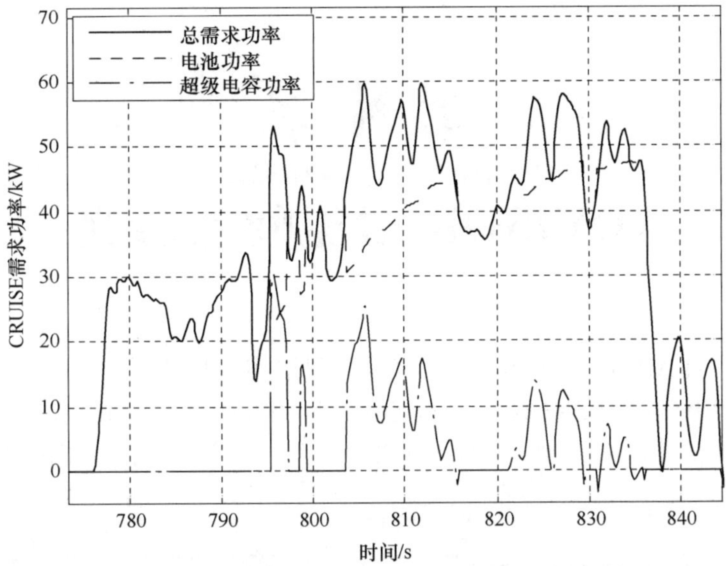

图 7-109　CRUISE 功率分配情况局部放大

7.4.4　复合电源经济性对比

ADVISOR 与 CRUISE 能量源能量输入输出情况及百公里电耗，见表 7-9。比较后知，二者偏差很小，都在工程偏差可接受的范围之内。

表 7-9　能量及里程对比

	ADVISOR	CRUISE	偏　差
电池输出能量/kJ	23796	24455.069	2.77%
超级电容输出能量/kJ	9714.1	9470.273	2.51%
百公里电耗/kW·h	135.31	134.58	0.52%

7.4.5　结论

本小节简单介绍了 CRUISE 整车模型及控制策略的建模过程，分析比较了两平台下的车速跟随性，电池与超级电容的功率、电流及 SOC，及两平台下的复合电源功率分配情况。结果表明，ADVISOR 与 CRUISE 两平台下，复合电源无论在车速跟随性，还是能量源功率、能量流动方面都吻合得较好。说明 ADVISOR 与 CRUISE 两个平台，都具有很好的工程适用性，具有较高的工业应用价值。

第 8 章

ADVISOR 常见问题释义

本章内容整理自 ADVISOR 论坛、QQ 交流群里诸多应用者反映的主要常见问题，本书编著者依据对 ADVISOR 的长期探索、研究心得及应用经验，对以下问题做出尽可能详尽的解释，以飨读者，仅供各位参考。同时欢迎批评指正，沟通交流，以探讨更新的科学方法与简捷途径。

8.1 如何将循环工况数据导入 ADVISOR

ADVISOR 中默认的循环工况较少，尤其是没有中国道路工况相关数据。而在仿真过程中，有时需要按照某些特定的循环工况进行计算。下面，以中国典型城市工况为例，详述在 ADVISOR 中添加循环工况的步骤。

1. 创建 mat 文件

将工况数据做成基于时间与车速的数表，导入到 Matlab 工作空间中，如图 8-1 所示。设该变量名为 cyc_mph，并保存为 mat 文件。mat 文件命名为 CYC_Chinaurban. mat，保存到 ADVISOR2002 \ data \ drive_cycle 目录下。

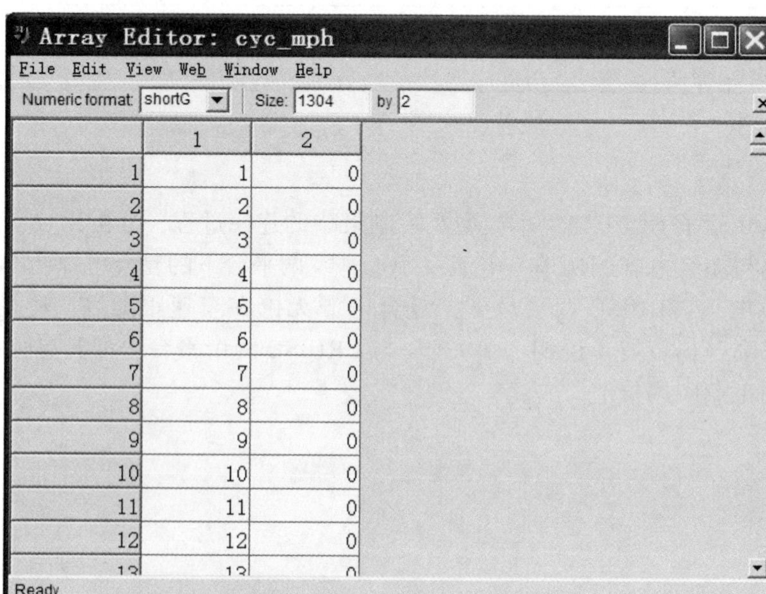

图 8-1　cyc_mph 变量

2. 创建 M 文件

在 ADVISOR2002 \ data \ drive_cycle 下，任取一个 M 文件作为模板，以 CYC_UDDS. m 为例，将其另存为一个新的 M 文件，取名为 CYC_Chinaurban. m，并保存到该根目录下。在该 M 文件中，将第 35 行改为 Load CYC_Chinaurban. mat，并保存。

3. 将 M 文件导入 ADVISOR

在仿真参数输入界面，单击循环工况【Drive Cycle】按钮，弹出对话框后单击【Add to list】按钮，如图 8-2 所示。选择 CYC_Chinaurban. M 文件，最后单击【Done】按钮完成选择。这时，在循环工况的下拉菜单中，可以找到 CYC_Chinaurban 选项，选择后可以看到，仿真参数输入界面左侧呈现相关曲线，如图 8-3 所示。

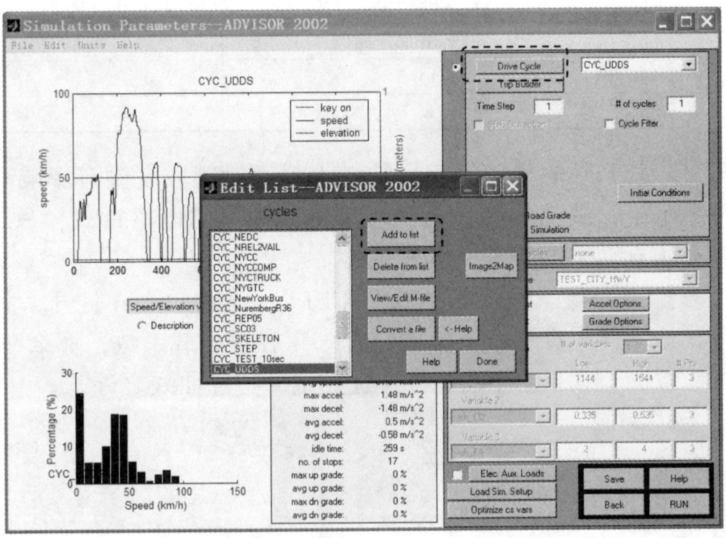

图 8-2　循环工况添加过程

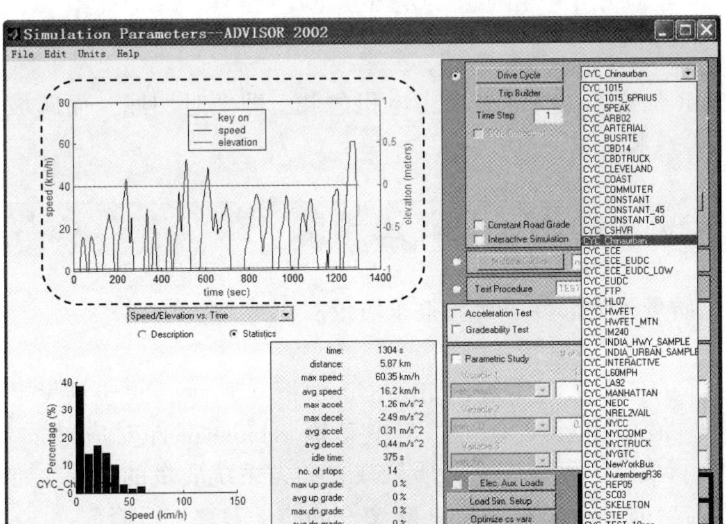

图 8-3　添加循环工况结果

8.2 电机过载系数对动力性仿真结果影响

进行纯电动汽车参数匹配时，基于动力性指标进行电机设计，需考虑电机过载系数，即电机过载情况下要满足加速爬坡性能要求。将整车参数输入 ADVISOR 进行动力性验证，计算出的加速性、爬坡度往往不符合理论计算结果。

在这种情况下，需要排除电池放电功率、轮胎附着等因素影响后，再来探究电机过载系数对动力性的影响。这要在电机 M 文件中，改变过载系数 mc_overtrq_factor 的值进行仿真。表 8-1 是某纯电动汽车过载系数为 1 与 2 时，加速时间和爬坡度仿真的结果。

表 8-1　某纯电动汽车过载系数为 1 与 2 时的动力性仿真结果

	0 ~ 50km/h 加速时间/s	最大爬坡度（%）
过载系数 1	15.2	18.1
过载系数 2	8.7	18.1

可以看到，电机过载系数对加速时间影响较大，而对爬坡度没有影响。用 ADVISOR 计算加速性是需要考虑电机过载的，而计算爬坡度则无须考虑电机过载，只用电机 M 文件中的额定外特性计算，仿真结果即为其持续爬坡度。

下面进行进一步探究，将 ADVISOR2002 \ GUI \ grade_test.m 打开，分析 ADVISOR 内部爬坡度计算过程。该文件中存在以下语句，即如果存在过载系数，那么在计算爬坡度的过程中，会将过载系数置为 1，不允许电机工作在额定外特性曲线之外。

```
  if exist ('default_mc_overtrq_factor') & (strcmp (vinf.drivetrain.name,
'ev')|strcmp (vinf.drivetrain.name, 'fuel_cell')|strcmp (vinf. driv-
etrain.name, 'series'))
    assignin ('base', 'mc_overtrq_factor', 1); % do not allow opera-
tion outside of the continuous range
  end
```

因此，ADVISOR 加速性仿真测试考虑电机过载，即短时加速，而爬坡性仿真测试则不考虑电机过载，即持续爬坡。

8.3 ADVISOR 中如何定义质量

ADVISOR 中，质量分为部件质量与整车质量。

1. 部件质量

它是指组成汽车的各个总成质量，如图 8-4 中框 A 所示，它包括发动机质量、电机质量、变速器质量等。值得注意的是，框 A 中车辆 vehicle 部件对应的质量（图 8-4 中的 592kg）是指车辆滑行质量，即整车整备质量减去动力系统质量的结果。部件质量不能在框 A 中直接输入，而需要通过定义对应部件 M 文件的质量参数进行修改。

2. 整车质量

它包括货物质量 Cargo、计算质量 Calculated Mass、覆盖质量 Override Mass 三部分，如

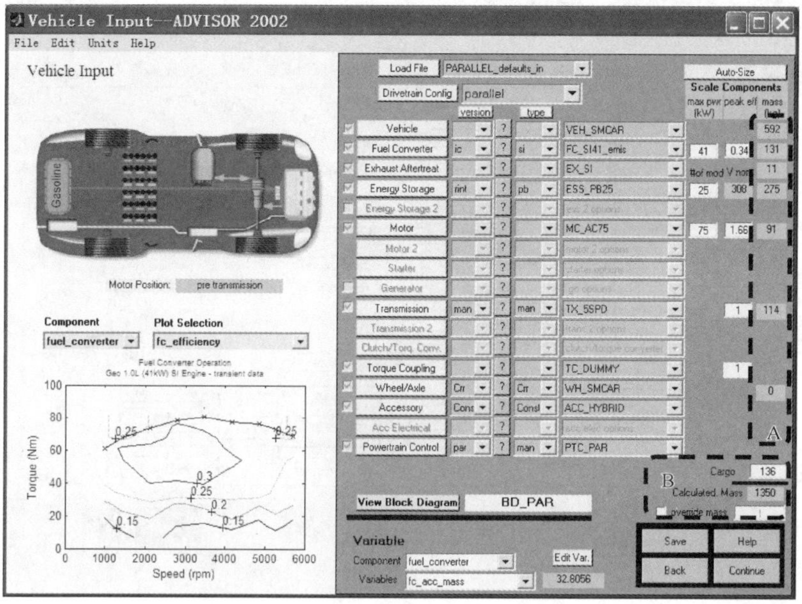

图 8-4 整车输入界面的质量

图 8-4 中框 B 所示。其中，货物质量可以直接在框 B 中输入；计算质量不能直接在框 B 中输入，而是由 ADVISOR 将所有部件质量与货物质量自动求和得到。在不勾选覆盖质量的前提下，仿真过程中的整车质量即计算质量；覆盖质量可以直接在框 B 中输入，在勾选该质量后，仿真过程中的整车质量即为覆盖质量 Override Mass。

8.4 根据仿真需求，怎样选择相关部件版式

ADVISOR 针对每个不同的部件，设置了特定的版式 Version 和类型 Type。不同的版式与类型，对应不同的 M 文件与顶层模型。这样，在进行再开发过程中，可以基于已有的部件参数，合理地选择版式与类型，以满足多样化的仿真需求。

ADVISOR 中，发动机、变速器等部件的版式都是以其结构特点分类，因此相对清晰。但是，电池的版式分类相对模糊，有 rint、rc、fund、nnet、saber 五种类型。在再开发过程中，部分开发人员不清楚应该选择何种电池版式。

不同的电池版式对应不同的顶层模型，因此会对仿真结果产生影响。图 8-5 与图 8-6 分别为 rint 版式和 rc 版式对应的电池顶层模型。

① rint 版式即为电池的内阻模型，也被称为电池静态模型。该模型相对简单，不能体现蓄电池工况变化时的过渡过程，但简单实用，因此时常应用于仿真精度要求不特别高的场合。

② rc 版式为电池的阻容模型，该版式在 rint 版式的基础上，考虑了电容对负载的阻抗效应等瞬态过程，因此模型精度要高于 rint 版式。该版式一般应用于仿真精度要求较高的场合。

③ fund 版式是美国杨百翰大学基于 NREL（美国国家可再生能源实验室）工况，开发的铅酸蓄电池的理论模型。

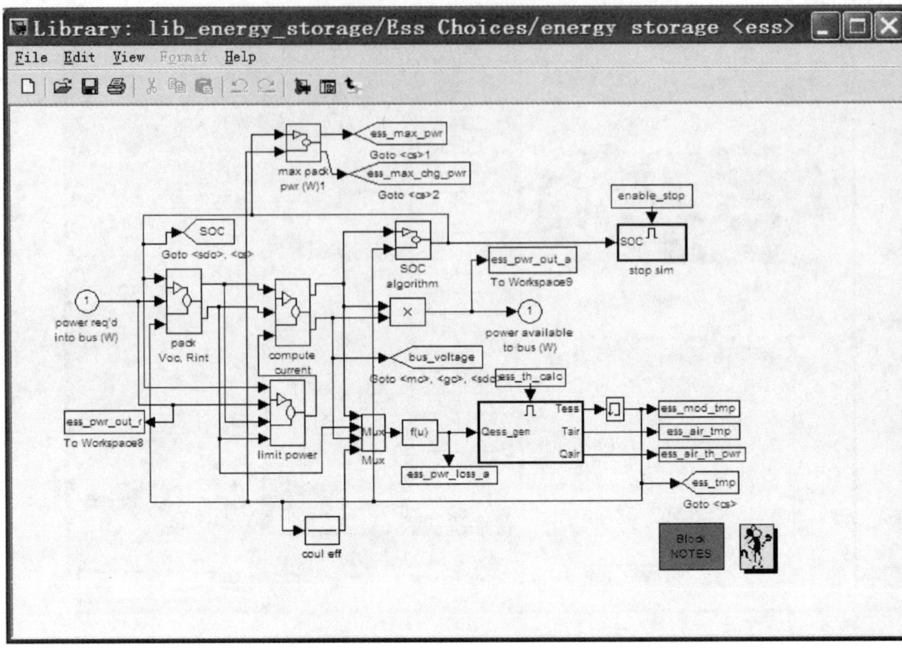

图 8-5 rint 版式对应的电池顶层模型

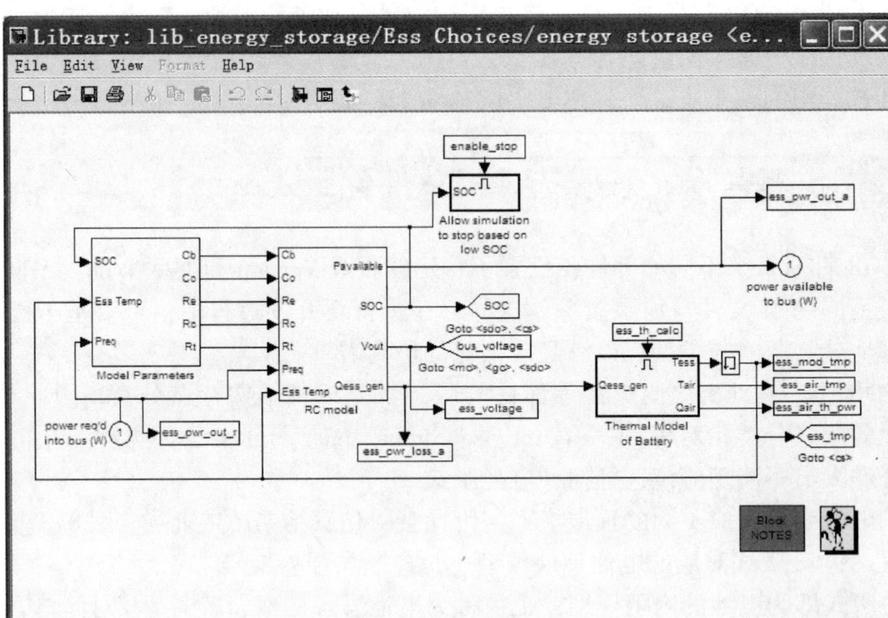

图 8-6 rc 版式对应的电池顶层模型

④ nnet 版式是美国科罗拉达州立大学基于 NREL 工况，开发的神经网络蓄电池模型。这种版式应用相对较少，往往是为满足一些特殊的仿真需求而建立。

⑤ Saber 版式是用于 ADVISOR 与 Saber 两个软件联合仿真而设立的模型，仅仅应用于联仿过程中。

8.5 ADVISOR 中等效燃油消耗计算方法

在计算混合动力汽车的燃油消耗时，电池荷电状态 SOC 在循环工况中变化，因此需要进行校正。ADVISOR 中提供了两种校正方法，即线性校正法和 0-δ 校正法。

下面以 ADVISOR 中默认的并联混合动力车型进行说明。

如图 8-7 所示，在仿真参数输入界面中，勾选 SOC 校正 correction 选项。在其下拉菜单中，选择线性校正 linear 或 0-δ 校正 zero delta。

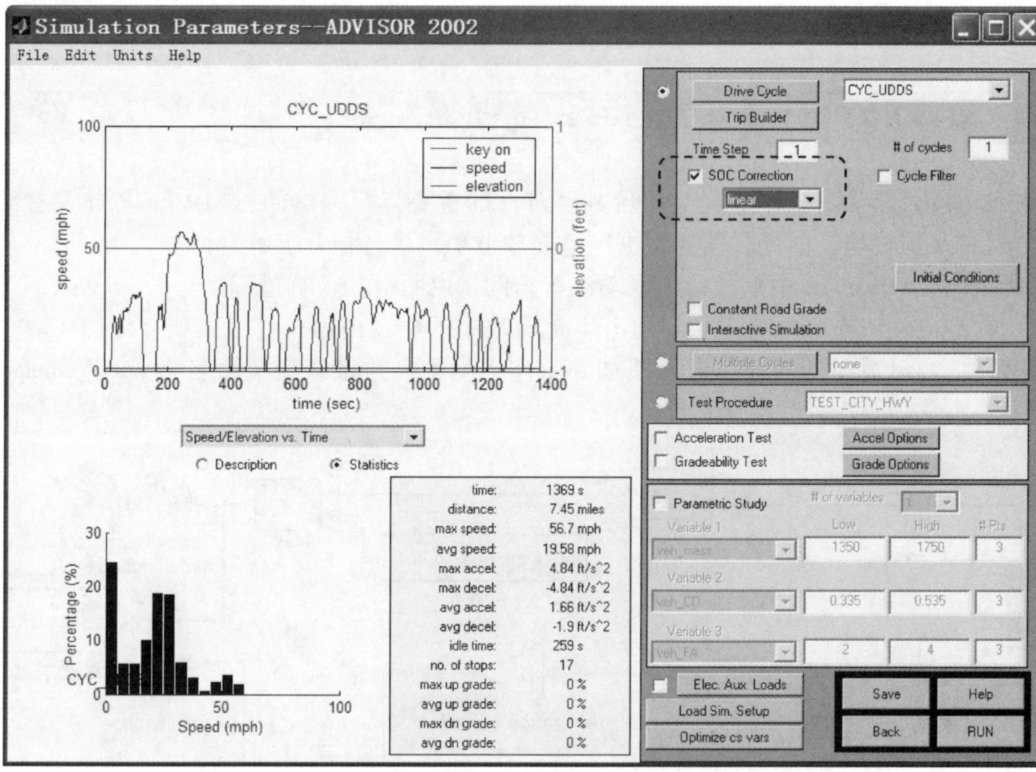

图 8-7　仿真参数输入界面的荷电状态校正选项

1. 线性校正

线性校正法工作过程如下：

首先，按照电池设定的荷电状态下限 cs_lo_soc 为起始状态，进行循环工况仿真计算。

然后，比较电池荷电状态变化量是否小于误差值（默认为 0.005）。若小于，则返回，将实际仿真油耗作为等效油耗；若大于，说明电池荷电状态变化量不可忽略，进而按照电池设定的荷电状态上限 cs_hi_soc 为起始状态，进行仿真。

最后，将两次仿真结果插值计算，得到电池荷电状态变化为零的那一点对应的油耗值，作为等效油耗。

2. 0-δ 校正

其计算方法如下：

首先，以电池荷电状态中值，即 cs_hi_soc 与 cs_lo_soc 的平均值，作为初始条件进行计算。

其次，待计算结束后，比较仿真前后 SOC 变化是否在误差范围内。若满足误差要求，则直接返回仿真油耗作为等效油耗；若不满足，则通过线性插值方法确定第二个初始荷电状态，继续进行仿真，并比较是否满足误差要求，以此类推循环往复，直至找到满足误差要求的初始荷电状态。

最后，将以此计算得到的仿真油耗作为等效油耗。

值得注意的是，可以有两种方式给出要求误差，一种是 SOC 变化量 Delta SOC Tolerance，另一种是电池与燃料的能量比 ESS/Fuel Energy Ratio，并且，可以设置最大循环求解次数 Max Iterations。

8.6 ADVISOR 中纯电动汽车电耗计算方法

在纯电动汽车仿真中，电耗是评价其经济性的重要指标。然而，ADVISOR 并没有给出计算电耗的相应模块，因此，需要根据电池充放电功率进行积分求解电耗。

下面，以 ADVISOR 中默认的纯电动汽车为例，说明电耗求解过程。

① 在纯电动汽车顶层模型中，打开电池模块中的电压内阻计算子模块，添加 To Workspace 模块，将计算得到的开路电压添加到工作空间中，并将该变量命名为 open_voltage 如图 8-8所示。

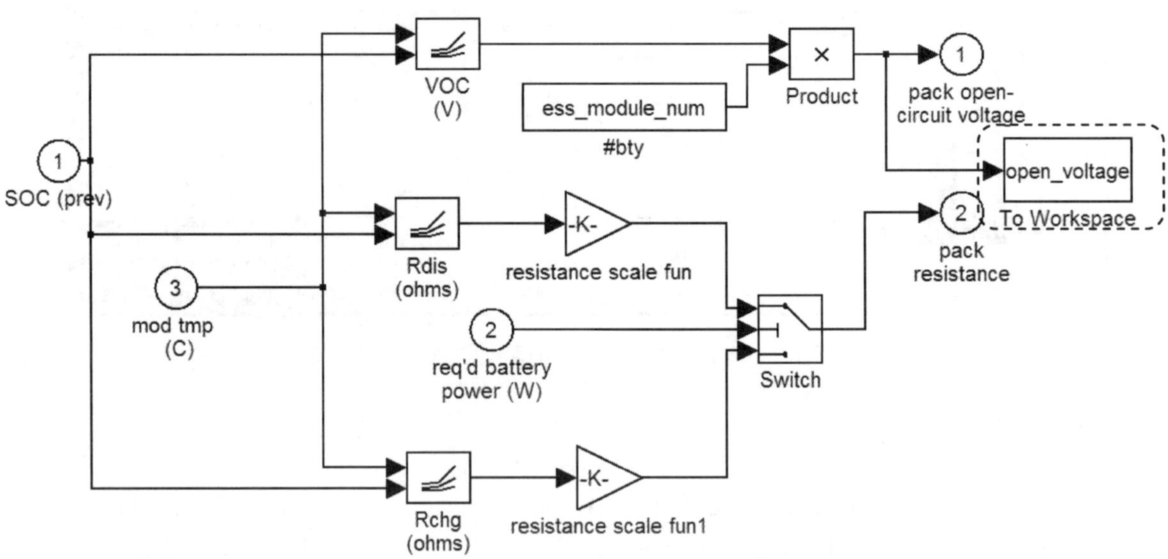

图 8-8　添加 open_voltage 模块后的电源内阻计算子模块

② 将纯电动汽车在 UDDS 工况下进行仿真，仿真结束后，在 matlab 命令窗口键入以下程序进行计算：

```
energy =0;
for i =1: 1370;% 整个循环工况时间长度
  energy =energy +open_voltage (i). *ess_current (i);
    % 通过电池电压电流乘积计算功率，进而通过功率累加计算能耗
end
```

按照此方法得到的电耗为 2298kJ，折算为 0.6383kW · h，各位读者可自行验证计算。

8.7 高版本 MATLAB 下的 ADVISOR 运行常见问题

较高版本 MATLAB 下的 ADVISOR 安装方法，在本书第 1 章 1.3.1 节已经做了详细介绍。由于安装完成并打开软件后，在运行过程中会出现一些问题与错误，致使软件的一些功能无法实现。

因为互联网上的 ADVISOR 软件安装包有的经过了更改，内部文件并不完全相同，所以读者自己电脑上出现的问题也会有所差异。不过基本的更改方法却是类似的，可以彼此借鉴。

这里汇总了 6 个常见的运行问题，并逐一给出解决办法。

下面将按照仿真过程的先后顺序，对软件运行中可能出现的问题依次进行介绍。

① 在启动界面单击编辑列表【edit list】按钮，MATLAB 命令窗提示出错，如图 8-9、图 8-10 所示。

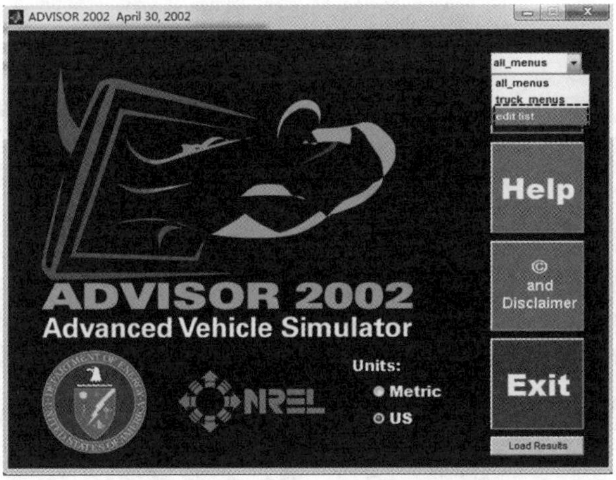

图 8-9　在 ADVISOR 启动界面单击【edit list】

```
############################################
# ADVISOR 2002 April 30, 2002
############################################

Error: File: edit_profiles.m Line: 159 Column: 5
A BREAK statement appeared outside of a loop. Use RETURN instead.
```

图 8-10　MATLAB 命令窗错误提示

根据 MATLAB 命令窗错误提示指引，在 ADVISOR 安装文件夹下搜索找到“edit_profiles. m”文件。双击文件，通过 M 文件编辑器打开，在 159 行找到“break”并改为“return”，如图 8-11 所示。

更改前

```
158 -   if strmatch(new_name, list_optionlist)
159 -       break
160 -   end
```

更改后

```
158 -   if strmatch(new_name, list_optionlist)
159 -       return
160 -   end
```

图 8-11　M 文件更改前后

更改以后，单击保存。重新在启动界面单击【edit list】按钮，若 MATLAB 命令窗还提示有错误，如图 8-12 所示，按照上述方法继续更改并保存。直至最终单击【edit list】按钮后，弹出“Edit the ADVISOR Profile”对话窗口，如图 8-13 所示，则程序就可正常运行了。

错误提示2

```
Error: File: edit_profiles.m Line: 163 Column: 5
A BREAK statement appeared outside of a loop. Use RETURN instead.
```

错误提示3

```
Error: File: edit_profiles.m Line: 183 Column: 5
A BREAK statement appeared outside of a loop. Use RETURN instead.
```

图 8-12　MATLAB 命令窗错误提示

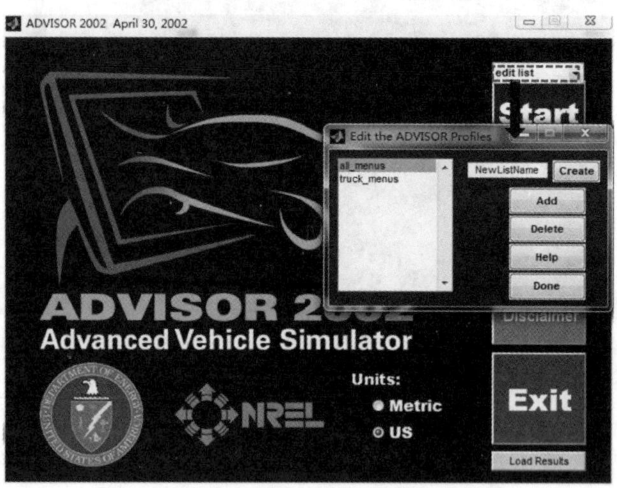

图 8-13　Edit the ADVISOR Profile 对话窗

② 在整车参数输入界面，单击【Image2Map】按钮时，MATLAB 命令窗提示出错，如图 8-14、图 8-15 所示。

根据 MATLAB 命令窗错误提示指引，在 ADVISOR 安装文件夹下搜索找到相应的 M 文件，并更改提示出错的地方。一般都是把“break”改成“return”。有时需要多次更改，直到命令窗不再提示出错。最终在整车参数输入界面单击【Image2Map】按钮后，弹出“Figure 2”窗

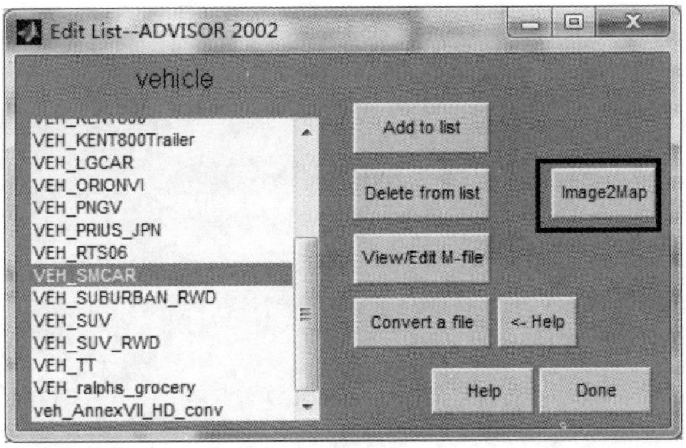

图 8-14　整车参数输入界面单击【Image2Map】

```
??? Error: File: image2map.m Line: 534 Column: 10
A BREAK statement appeared outside of a loop. Use RETURN instead.

??? Error while evaluating uicontrol Callback
```

图 8-15　MATLAB 命令窗错误提示

口，如图 8-16 所示，并且对话窗内部各按钮均可正常使用，仿真即可正常进行了。

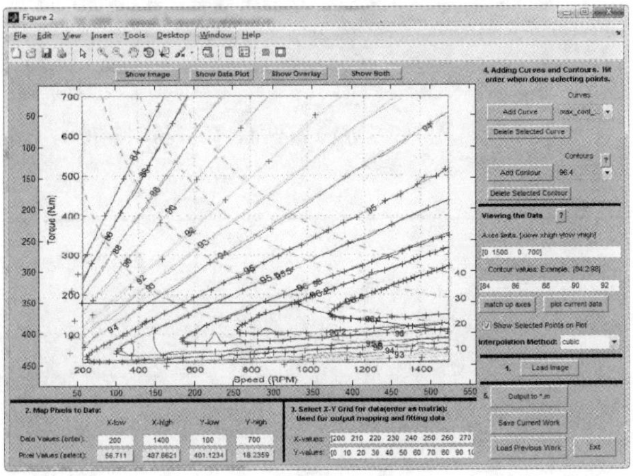

图 8-16　Figure 2 窗口

图 8-17 所示为单击对话窗右侧的添加曲线【Add Curve】按钮，弹出的“Title”窗口。

③ 在整车参数输入界面，单击界面右下角的保存【save】按钮时，MATLAB 命令窗提示出错，如图 8-18、图 8-19 所示。

参考图 8-19 对错误 M 文件进行更改。更改完成后，在整车参数输入界面，单击界面右下角的【save】按钮，可以打开“Save as *. m”对话窗，如图 8-20 所示。

④ 在整车参数输入界面，单击右下角继续【Continue】按钮时，MATLAB 命令窗提示出错，更新显示 Updating Display 进度条不前进，如图 8-21 所示。

参考错误提示，更改“get_cycle_info. m”文件。更改完成后软件可以正常运行。

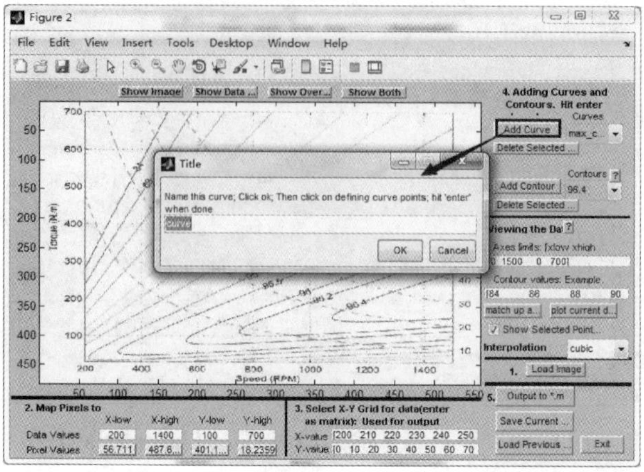

图 8-17 Title 窗口

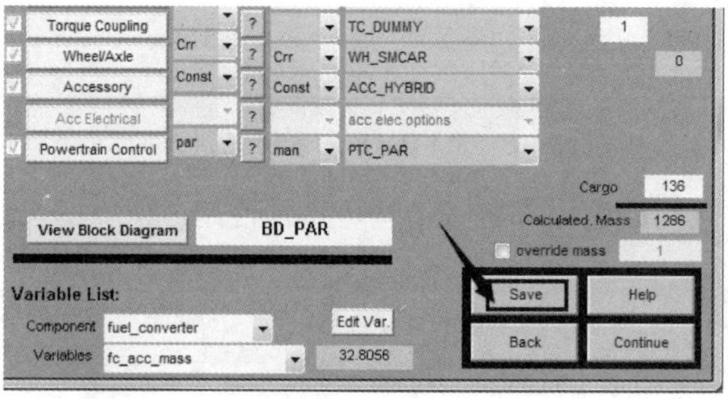

图 8-18 整车参数输入界面【save】按钮

错误提示1	更改1
??? Error: File: gui_save_input.m Line: 18 Column: 9 A BREAK statement appeared outside of a loop. Use RETURN instead. ??? Error while evaluating uicontrol Callback	17 − if f==0 %user did not select a file name 18 − return 19 − end 20 − end 21
错误提示2	**更改2**
??? Error: File: gui_save_input.m Line: 89 Column: 5 A BREAK statement appeared outside of a loop. Use RETURN instead. ??? Error while evaluating uicontrol Callback	86 − if ~isempty(findstr(f,'defaults_in'))&~isempty(temp) 87 − errordlg('cannot overwrite *defaults_in.m. Do it 88 − uiwait(gcf); 89 − return; 90 − end

图 8-19 错误提示及更改

有的计算机在整车参数输入界面，单击右下角【Continue】按钮时，出现的错误提示与上面提到的错误不同，如图 8-22 所示，并且，ADVISOR 软件会自动退出。解决办法是，按提示更改 SimSetupFig. m 文件中 1267 行的“break”为“return”，即可正常运行。

⑤ 在仿真参数设置界面，单击右下角【Save】按钮时，MATLAB 命令窗提示出错，如图 8-23 所示。

根据提示找到并打开软件安装文件夹中的“gui_save_execute. m”文件，把文件中 44 行

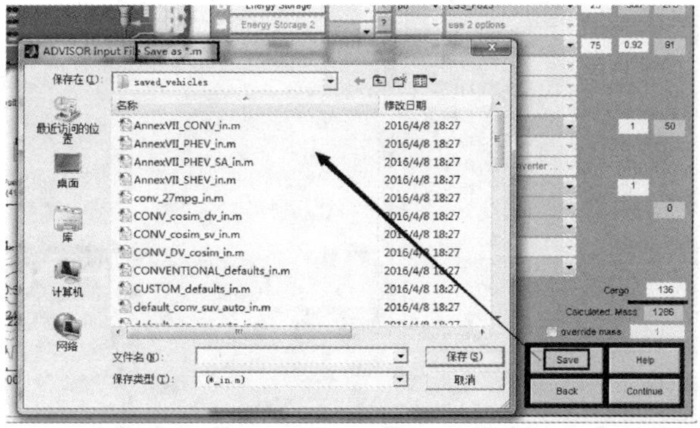

图 8-20 Save as *. m 对话窗

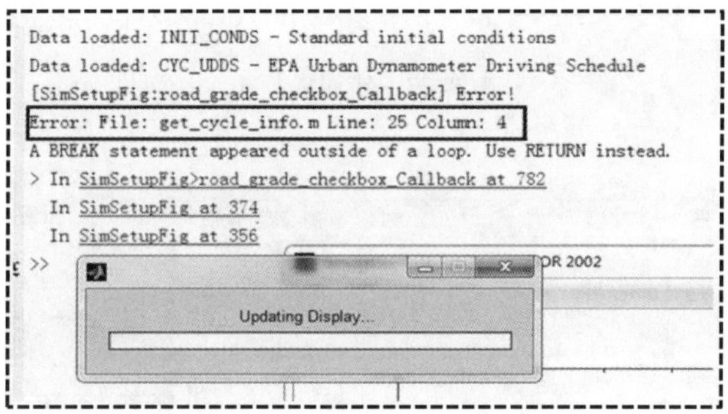

图 8-21 错误提示 1

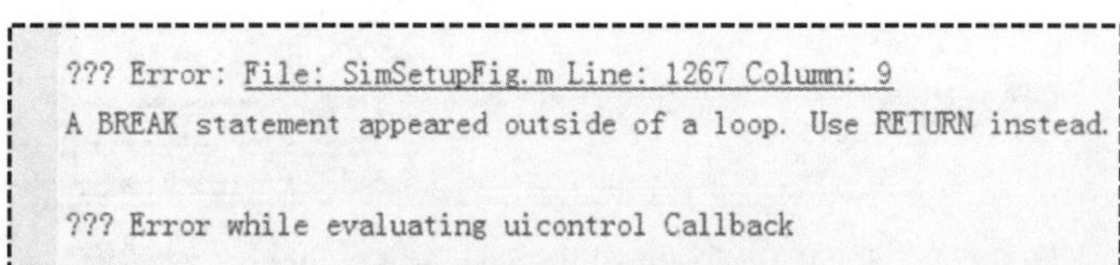

图 8-22 错误提示 2

的“break”改为“return”即可。更改完成后可以正常运行，此时单击右下角【Save】按钮将弹出“Simulation Setup File Save as *_sim. mat”对话窗，如图 8-24 所示。

⑥ 在仿真结果界面，单击右下角【Sim Data】按钮时，MATLAB 命令窗提示出错，并且 ADVISOR 软件自动退出，如图 8-25 所示。

参考图 8-26 更改完成后，再次单击【Sim Data】按钮，将弹出“Compare Simulations”对话窗，如图 8-27 所示。

总之，对于一般出现的错误，在 MATLAB 命令窗口中都会有错误提示。根据提示指引，在 ADVISOR 安装文件夹下，搜索找到出问题的 M 文件，并更改提示出错的地方即可。有时更改后会出现新的错误，需要多次更改，直到命令窗不再提示出错，程序就可以正常运行了。

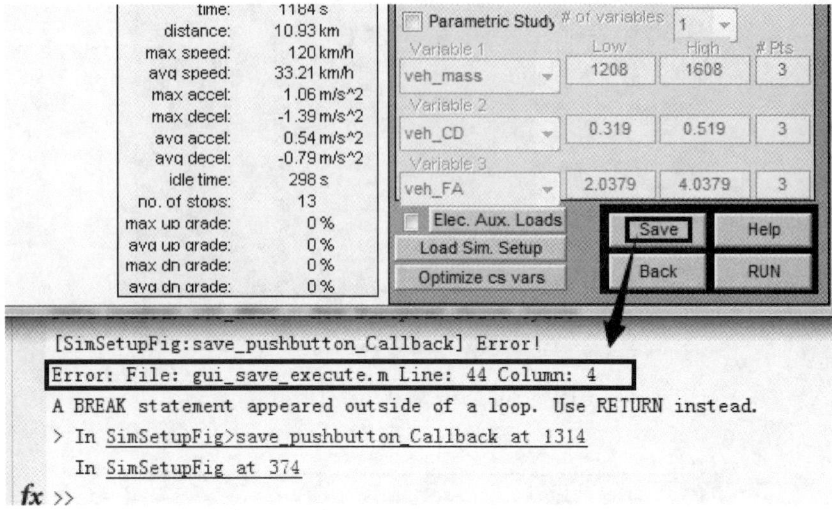

图 8-23　错误提示 3

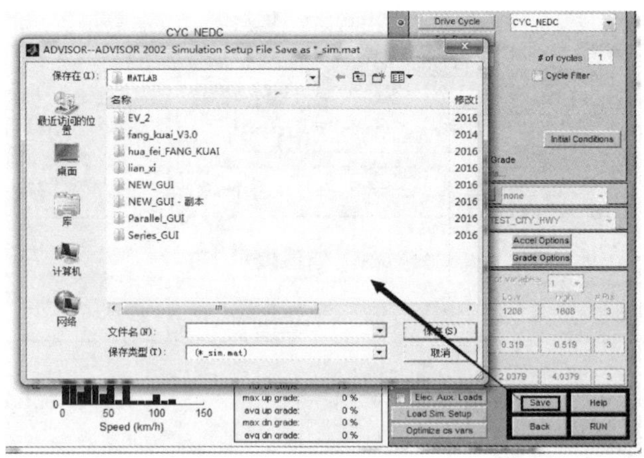

图 8-24　Simulation Setup File Save as ＊_sim. mat 对话窗

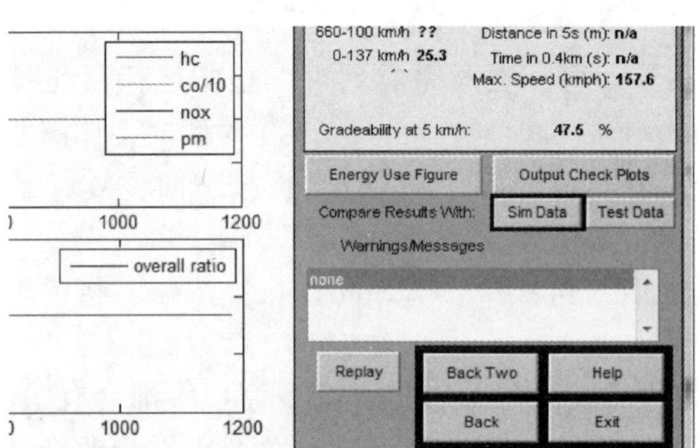

图 8-25　仿真结果界面【Sim Data】按钮

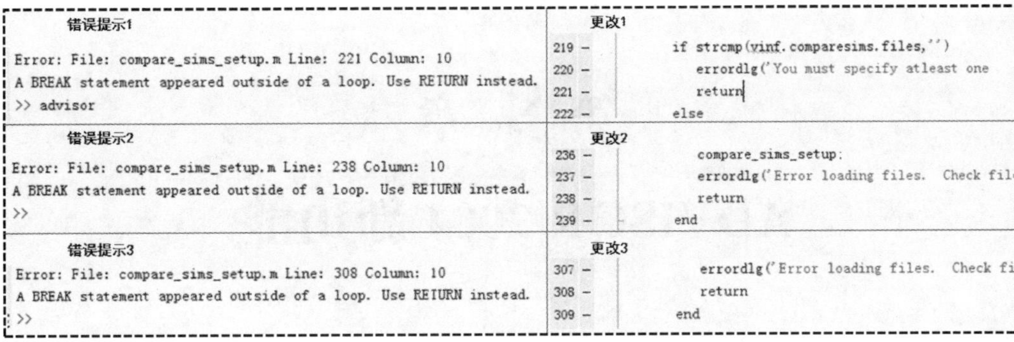

图 8-26　错误提示及更改

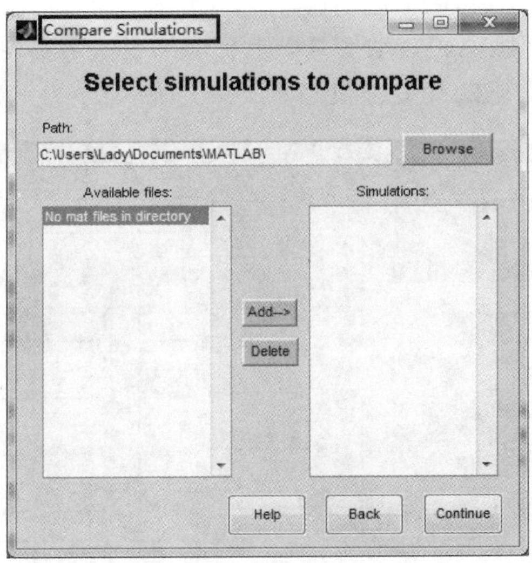

图 8-27　Compare Simulations 对话窗

第 9 章

ADVISOR 2004 新功能

9.1 传统汽车增加了四轮驱动

在原来 ADVISOR 2002 版两轮驱动的基础上，增加了一个实现四轮驱动的开关，并且在软件参数设置中定义了其对应的开关选项，如图 9-1 所示。

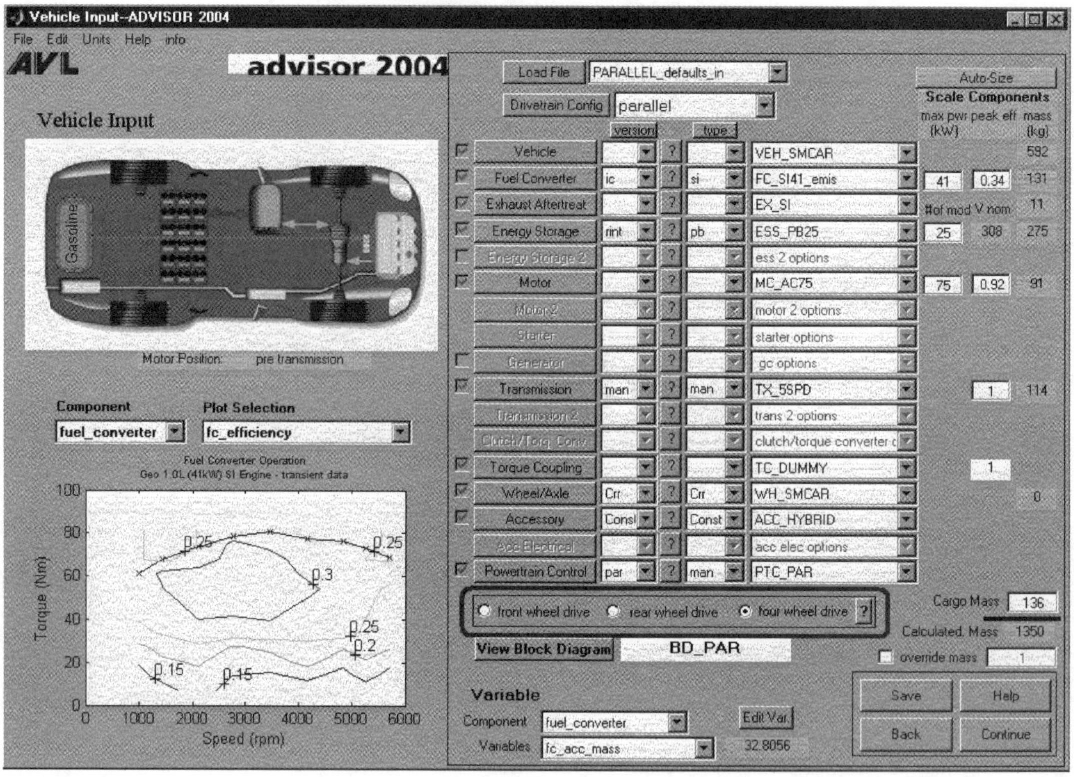

图 9-1　ADVISOR 2004 汽车定义界面

```
% front or rear or both axles driving
wh_front_active_bool =1;   % “0”：不使能；“1”：使能；
wh_rear_active_bool =0;    % “0”：不使能；“1”：使能；
```

原来 ADVISOR 2002 版本只提供两轮驱动，默认状态下只为前轮驱动，通过对质心高度的反向设置（给一负高度值）可模拟后轮驱动系统。现在 ADVISOR 2004 可完全提供前驱、后驱或四驱，进一步拓宽了软件的应用范围。

9.2　简化的工况分析工具

为方便分析工况数据和简化的车辆模型，建立了工况分析类。在 MATLAB 帮助文档中已经对 MATLAB 类进行了详尽说明。工况分析类的主要特征为：

① 速度/时间追踪统计学分析。

② 创建新工况。

③ 速度/时间追踪直方图分析与画图。

④ 简化车辆能量分析。

⑤ 简化车辆道路负载损失分析。

9.3　新的燃料电池系统模型

ADVISOR 2004 新增加了燃料电池的燃料转化装置模型，其中，燃料转换装置模型在建模过程中被设计纳入串联混合动力车辆模型。它提供了四个不同类型的燃料电池，这四种燃料电池模型类型分别为：

① 功率/效率模型。

② 极化曲线模型。

③ GCTool 外部模型。

④ 全参数模型。这是一种新型质子交换膜燃料电池（Proton Exchange Membrane，PEM）系统模型。

在仿真过程中只能使用一个燃料电池模型。用户在输入时通过指定“类型”来确定仿真时使用哪一个模型。

9.4　ADVISOR/Saber 联合仿真

ADVISOR/Saber 联合仿真，提升和扩展了 ADVISOR 2004 的电气建模能力。通过提供基于更细致电压和电流的分析，来捕捉电源总线的波动，使得 ADVISOR 2004 仿真性能得到提升；通过行业提供的详细模型和 Saber 模型库，扩展 ADVISOR 2004 的仿真领域。

通过使用行业详细模型和 Saber 库中的模型，可创建额外的车辆构型，包括：

① 单一电压车辆构型（包括电池、发电机和电气负载）。

② 传统的（14V/42V）双电压车辆构型。

③ 并联混合动力车辆构型。

④ 串联混合动力车辆构型。

9.5 燃料电池车辆的自适应控制策略

新增加了燃料电池车辆的自适应控制策略，其中，自适应控制策略在 ADVISOR 的早期版本中称为实时控制策略。该策略在4.7.4小节中已有详细说明。

9.6 仿真结果的动态对比

通过对比仿真功能，用户可以对比最多8组仿真结果（在动态测试选择时可同时输出2组）。这些仿真结果必须是 ADVISOR 2004 之前保存的运行结果。为保存一个仿真结果，需要在 ADVISOR 2004 结果主界面的文件菜单选择“Save Simulation”。这样一来，不同工况与不同动力传动系的仿真结果就可以对比了，如图9-2所示。

如果是针对不同传动系的仿真，可用的时间划分列表（the list of available time plots）以选择第一个仿真的时间变量作为参照量。对于单独的仿真，对比仿真界面也可以被调用。

对比仿真结果界面如图9-3所示。每个仿真过程的时间变量都会在图中显示。

图9-2　动态仿真交互界面

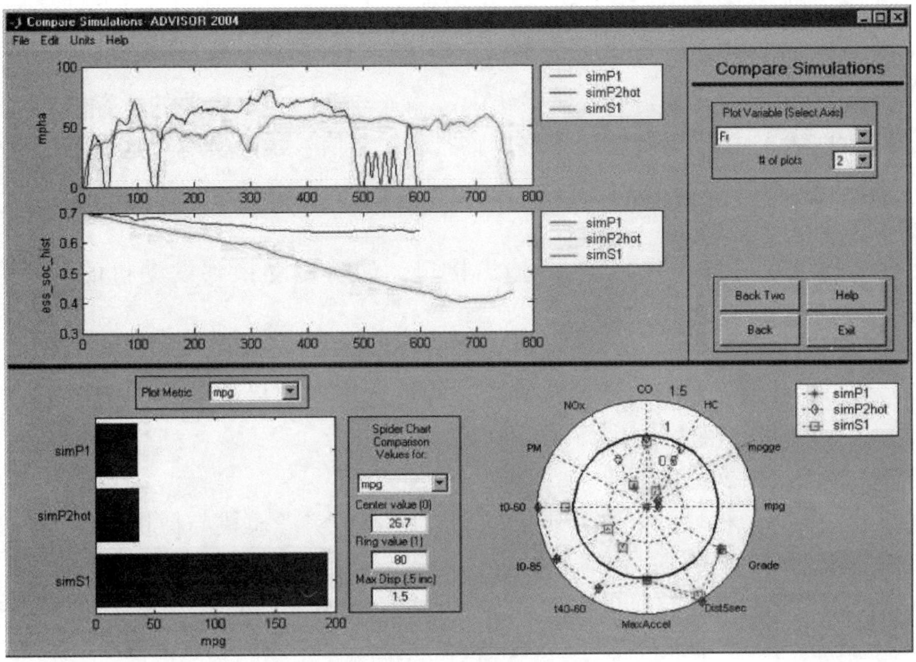

图 9-3　对比仿真结果界面

9.7　仿真设置界面增加实验设计功能

运行一个实验设计（Design Of Experiments，DOE）程序，对于发现影响预期结果的主要参数是有帮助的。ADVISOR 2004 对于选定的设计变量，可以运行一个全因子实验。全因子实验将选择的每一个因素与档位的组合都包含在内。

在 ADVISOR 2004 仿真参数界面中，要从实验设计选项的菜单中选择。实验设计使用的车辆和仿真设置在其运行时存在，这些设置包括了选择的初始条件与 SOC 的均衡算法。

DOE 的输出图形包括以下几种类型：

① 线形图。

② 表面网格。

③ 灵敏度曲线。

④ 交互图。

⑤ 最大目标结果，如每个档位下最大油耗量。

9.8　重组部件库便于建模

在 ADVISOR 2004 中可以重组仿真模块，以提供一个更为简易操作的界面。这里只概述其新的变化与含义。此外，也对怎样将现存库模块转换为新的结构进行简要介绍。

9.8.1 新布局

新布局将所有模型信息都封装在子系统中。输入与输出一个模块的所有信号，都可以通过与其他模块的直接连接，以及通过多路传感器和控制信号线路实现。这使得用户可以使用总线的选择特性来选择特定信号。

1. 与模型通信方式变化

① 将模块配合在一起的专用输入/输出接口，如从传动系到发动机的转矩和转速需求线。

② 传感器信号汇流线：将一个模型所有可用信号集中在一起。

③ 控制信号汇流线：将所有要输入到一个模型的可用信号集中在一起；可被载入工作空间或直接载入每个模型的初始化脚本文件。

2. 新版 ADVISOR 2004 优点

① 详细设置了每个模块的外部数据需求。这很容易实现模块与模块间的连接，以及开发新的传动系构型和模型测试。

② 每一个模型都封装在自己的“功能区”。这就让用户可以在一个单独的模块中多次使用同一组件。此外，每一个部件都可以载入独立数据。

③ 新布局采用一种独立的方式，使得测试与验证模型更为简易。

9.8.2 使用新的库模块

使用 ADVISOR 中的库模块系统可以采取两种方式：

① 第一种方式是透明的。因为封装子系统在仿真中固有的特性，如果输入信息没有在部件封装的工作空间（函数工作空间）内定义，变量在 MATLAB 工作空间中就会直接显示出来。MATLAB 工作空间是 ADVISOR 传统装载初始化/输入文件和检索输出变量的地方。

② 另外一种可选的利用新库模块的方式是 Simulink 模式。在这种模式下，用户打开仿真模块，然后将初始文件载入自身组件的对话框，最后模型完全在 Simulink 中运行。这个可选项一般留给高级用户使用。

附　　录

附录 A　ADVISOR 中的变量

A1　变量命名规则

ADVISOR 变量名只能使用小写字母。除了三个主要输出变量：emis（尾气排放），gal（燃油总消耗）和 mpha（实际车速）外，所有的 ADVISOR 变量名均使用前缀。其他的输入输出变量和部件数据文件使用相同的前缀，在 ADVISOR 主要的模块框图中，部件数据文件名外由“< >”包含并附在相应的 Simulink 模块里。

cs_ * 混合控制策略变量

cvt_ * 无级变速传动变量

cyc_ * 循环工况变量

ess_ * 能量存储系统变量

fc_ * 能量变换器变量

fd_ * 主减速器变量

gb_ * 变速器变量

gc_ * 发电机/控制器变量

mc_ * 电机/控制器变量

tx_ * 传动变量

vc_ * 整车控制变量（发动机和离合器）

veh_ * 整车变量（滑行时的）

带有前缀的 ADVISOR 变量名总是用一些能表明变量单位或最终数值的字符来表示。例如，能量存储系统的初始电荷状态的值存储在变量 ess_init_soc 中。

A2　ADVISOR 输入变量

表 A2-1　循环工况（Drive Cycle）

英文名称	中　文	类型	单　位	适用汽车	说　明
cyc_description	循环工况描述	字符	—	所有	循环工况描述
cyc_proprietary	循环工况属性	布尔	—	所有	0—公共数据；1—限制访问数据
cyc_validation	循环工况确认	字符	—	所有	0—未确认；1—惯用源数据；2—同源数据，且源数据收集的方法已经被校验

（续）

英文名称	中　文	类型	单　位	适用汽车	说　明
cyc_version	循环工况版本	字符	—	所有	生成数据的 ADVISOR 版本号
cyc_filter_bool	循环工况过滤	布尔	—	所有	1—循环工况过滤； 0—循环工况不过滤，可测试最大加速度
cyc_avg_time	循环工况平均时间	标量	s	所有	平滑循环工况的时间
cyc_mph	循环工况车速	矩阵	s，mile/h	所有	定义汽车时，矩阵中的第一列为时间，第二列为车速
cyc_grade	循环工况行驶坡度	矩阵	m，decimal	所有	矩阵中第一列为距离，第二列为代表坡度的十进制数，即 0.06 代表 6% 的坡度
cyc_elevation_init	循环工况初始升程	标量	m	所有	循环工况开始时汽车的升程

表 A2-2　能量存储系统-内阻（Energy Storage System-Rint）

英文名称	中　文	类型	单　位	汽车类型	说　明
ess_description	能量存储系统描述	字符	—	并/串联	描述能量存储系统的文本字符串
ess_proprietary	能量存储系统属性	布尔	—	并/串联	0—公共数据；1—限制访问数据
ess_validation	能量存储系统确认	字符	—	并/串联	0—未确认；1—惯用源数据；2—同源数据，且源数据收集的方法已经被校验
ess_version	能量存储系统版本	字符	—	并/串联	生成数据的 ADVISOR 版本号
ess_coulombic_eff	能量存储系统库仑效率	标量	—	并/串联	能量存储系统的平均库仑效率
ess_init_soc	能量存储系统初始电量状态	标量	—	并/串联	能量存储系统的初始电量状态
Ess_max_ah_cap	能量存储系统最大安时容量	标量	A·h	并/串联	任何放电状态下能量存储系统最大安时容量
ess_module_mass	能量存储系统单体质量	标量	kg	并/串联	能量存储模块的质量
ess_module_num	能量存储系统单体数量	标量	—	并/串联	一个电池组模块的数量；假设以串联连接
ess_min_volts	能量存储系统最小工作电压	标量	V	并/串联	放电时不允许超过的最小工作电压
ess_max_volts	能量存储系统最大工作电压	标量	V	并/串联	充电时不允许超过的最大工作电压
ess_r_chg	能量存储系统充电时的电阻	矩阵	Ω	并/串联	模块充电时的电阻；是电量状态和温度的函数
ess_r_dis	能量存储系统放电时的电阻	矩阵	Ω	并/串联	模块在放电时的电阻，是电量状态和温度的函数

（续）

英文名称	中文	类型	单位	汽车类型	说明
ess_soc	能量存储系统电量状态	矢量	—	并/串联	用于表征能量存储系统其他变量的电量状态矢量
ess_tmp	能量存储系统温度	矢量	℃	并/串联	用于表征能量存储系统其他变量的温度矢量
ess_voc	能量存储系统	矩阵	V	并/串联	模块的开路电压，是电量状态和温度的函数
ess_th_calc	能量存储系统热力学计算	布尔	—	所有	0—无热力学计算；1—进行热力学计算
ess_mod_cp	能量存储系统模块平均热容量	标量	J/(kg·K)	所有	模块平均热容量
ess_set_tmp	能量存储系统恒温器温度	标量	℃	所有	冷却风扇工作时模块的温度调节器的温度
ess_mod_sarea	能量存储系统模块散热总面积	标量	m^2	所有	模块的散热总面积
ess_mod_airflow	能量存储系统流经模块的空气流量	标量	kg/s	所有	流经模块冷却空气流量
ess_mod_flow_area	能量存储系统每一模块冷却空气流横截面积	标量	m^2	所有	流经每一模块冷却空气流横截面积
ess_mod_case_thk	能量存储系统模块箱的厚度	标量	m	所有	模块箱的厚度（以 Optima 字体印刷）
ess_mod_case_th_cond	能量存储系统模块箱材料热传导率	标量	W/(m·K)	所有	模块箱体材料热导率
ess_air_vel	能量存储系统冷却空气平均流速	标量	m/s	所有	冷却空气平均流速
ess_air_htcoef	能量存储系统冷却空气热传递系数	标量	W/(m^2·K)	所有	冷却空气热传递系数
ess_th_res_on	能量存储系统总热源键开	标量	K/W	所有	总热源键开
ess_th_res_off	能量存储系统总热源键关	标量	K/W	所有	总热源键关
battery_mass①	能量存储系统电池总质量	标量	kg	所有	能量存储系统蓄电池组总质量
ess_mod_init_tmp	能量存储系统模块初始温度	标量	℃	所有	能量存储系统模块初始温度

① 该变量在 ADVISOR 软件中未出现

表 A2-3 能量存储系统—电阻电容（Energy Storage System—RC）

英文名称	中文	类型	单位	汽车类型	说明
ess_description	能量存储系统描述	字符	—	并/串联	描述能量存储系统的文本字符串
ess_proprietary	能量存储系统属性	布尔	—	并/串联	0—公共数据；1—限制访问数据
ess_validation	能量存储系统确认	字符	—	并/串联	0—未确认；1—惯用源数据；2—同源数据，且源数据收集的方法已经被校验
ess_version	能量存储系统版本	字符	—	并/串联	生成数据的 ADVISOR 版本号
ess_init_soc	能量存储系统初始电量状态	标量	—	并/串联	能量存储系统的初始电量状态
ess_max_ah_cap	能量存储系统最大安时容量	标量	A·h	并/串联	任何放电状态下能量存储系统最大安时容量
ess_module_mass	能量存储系统单体质量	标量	kg	并/串联	能量存储模块的质量
ess_module_num	能量存储系统单体数量	标量	—	并/串联	一个电池组模块的数量（假设以串联连接）
ess_min_volts	能量存储系统最小工作电压	标量	V	并/串联	放电时不允许超过的最小工作电压
ess_max_volts	能量存储系统最大工作电压	标量	V	并/串联	充电时不允许超过的最大工作电压
ess_cb	能量存储系统主电容值	矩阵	F	并/串联	模块的主电容值，表示蓄电池存储电化学能的能力；可通过 ess_tmp 检索
ess_cc	能量存储系统二级电容值	矩阵	F	并/串联	模块二级电容值，表示电极螺旋表面效应，例如，基于与材料扩散和化学反应有关的时间常数来限制电池传递电流；可通过 ess_tmp 检索
ess_re	能量存储系统中与电容器 C_b 值相关的电阻值	矩阵	Ω	并/串联	电阻 R_e（见文档中示意图），与电容器 C_b 值相关；可通过 ess_soc 和 ess_tmp 检索
ess_rc	能量存储系统中与电容器 C_c 值相关的电阻值	矩阵	Ω	并/串联	电阻 R_c（见文档中示意图），与电容器 C_c 值相关；可通过 ess_soc 和 ess_tmp 检索
ess_rt	能量存储系统中与电容器 C_c 值相关的电阻值	矩阵	Ω	并/串联	电阻 R_t（见文档中示意图），表示终端电阻；可通过 ess_soc 和 ess_tmp 检索
ess_voc	能量存储系统电压	矩阵	V	并/串联	模块的开路电压，是电量状态和温度的函数

（续）

英文名称	中　文	类型	单　位	汽车类型	说　明
ess_soc	能量存储系统电量状态	矢量	—	并/串联	用于表征能量存储系统其他变量的电量状态矢量
ess_tmp	能量存储系统温度	矢量	℃	并/串联	用于表征能量存储系统其他变量的温度矢量
ess_th_calc	能量存储系统热力学计算	布尔	—	所有	0—无热力学计算；1—进行热力学计算
ess_mod_cp	能量存储系统模块平均热容量	标量	J/(kg·K)	所有	模块平均热容量
ess_set_tmp	能量存储系统恒温器温度	标量	℃	所有	冷却风扇工作时模块温度调节器的温度
ess_mod_sarea	能量存储系统模块散热总面积	标量	m^2	所有	模块的散热总面积
ess_mod_airflow	能量存储系统流经模块的空气流量	标量	kg/s	所有	流经模块冷却空气流量
ess_mod_flow_area	能量存储系统每一模块冷却空气流横截面积	标量	m^2	所有	流经每一模块冷却空气流横截面积
ess_mod_case_thk	能量存储系统模块箱的厚度	标量	m	所有	模块箱的厚度（以 Optima 字体印刷）
ess_mod_case_th_cond	能量存储系统模块箱材料热传导率	标量	W/(m·K)	所有	模块箱体材料热导率
ess_air_vel	能量存储系统冷却空气平均流速	标量	m/s	所有	冷却空气平均流速
ess_air_htcoef	能量存储系统冷却空气热传递系数	标量	W/(m^2·K)	所有	冷却空气热传递系数
ess_th_res_on	能量存储系统总热源键开	标量	K/W	所有	总热源键开
ess_th_res_off	能量存储系统总热源键关	标量	K/W	所有	总热源键关
battery_mass	能量存储系统电池总质量	标量	kg	所有	能量存储系统电池总质量
ess_mod_init_tmp	能量存储系统模块初始温度	标量	℃	所有	能量存储系统模块初始温度

表 A2-4 能量存储系统—神经网络电池模型参数

(Energy Storage System-Neural Network Battery Model Variables)

英文名称	中 文	类型	单 位	适用汽车	说 明
Ess_max_p	能量存储系统最大功率	矢量	W	有神经网络电池能量存储系统的汽车	对应于变量 ess_max_p_soc 中 SOC 值的功率，用于神经网络电池模型的最大功率计算（见模块框图 advisor_ess_options/energy storage < ess > nnet/下‘max pwr’块中的 max pack pwr）
Ess_max_p_soc	能量存储系统用于最大功率计算的最大和最小 SOC	矢量	—	有神经网络电池能量存储系统的汽车	用于神经网络电池模型最大功率计算的最大和最小电量状态（见模块框图advisor_ess_options/energy storage < ess > nnet/下‘max pwr’块中的 max pack pwr）
Ess_MMi	能量存储系统功率需求最小和最大输入值	2×2 矩阵	$\begin{bmatrix} \text{W}, & \text{W} \\ \text{—}, & \text{—} \end{bmatrix}$	有神经网络电池能量存储系统的汽车	功率需求最小和最大输入值及相应的电量状态：$\begin{bmatrix} \text{最小功率需求，最大功率需求} \\ \text{最小功率需求相应电量状态，最大功率需求相应电量状态} \end{bmatrix}$
Ess_MMo	能量存储系统最小和最大输出	2×2 矩阵	$\begin{bmatrix} \text{A}, & \text{A} \\ \text{V}, & \text{V} \end{bmatrix}$	有神经网络电池能量存储系统的汽车	最小和最大输出：电流和电压 $\begin{bmatrix} \text{最小电流，最大电流} \\ \text{最小电压，最大电压} \end{bmatrix}$

表 A2-5 能量存储系统—基于铅酸蓄电池的理论模型参数

(Energy Storage System-Fundamental Battery Model Variables)

英文名称	中 文	类型	单 位	适用汽车	说 明
Ess_aao2	能量存储系统氧气释放转换系数	标量	—	使用理论电池模型的汽车	正极氧气释放时的阳极充电转换系数
Ess_aapb	能量存储系统铅电极阳极充电转换系数	标量	—	使用理论电池模型的汽车	铅电极阳极充电转换系数
Ess_aapbo2	能量存储系统 PbO_2 极阳极充电转换系数	标量	—	使用理论电池模型的汽车	PbO_2 极阳极充电转换系数
Ess_ach2	能量存储系统氢气释放阴极充电转换系数	标量	—	使用理论电池模型的汽车	负极氢气释放时的阴极充电转换系数
Ess_aco2	能量存储系统正极氧气反应时阴极充电转换系数	标量	—	使用理论电池模型的汽车	正极氧气反应时的阴极充电转换系数
Ess_acpb	能量存储系统 Pb 极阴极充电转换系数	标量	—	使用理论电池模型的汽车	Pb 极阴极充电转换系数
Ess_acpbo2	能量存储系统 PbO_2 极阴极充电转换系数	标量	—	使用理论电池模型的汽车	PbO_2 极阴极充电转换系数

（续）

英文名称	中　文	类型	单　位	适用汽车	说　明
Ess_aopb	能量存储系统铅（Pb）电极初始内表面积	标量	(cm^{-1})	使用理论电池模型的汽车	铅（Pb）电极初始内表面积
Ess_aopbo2	能量存储系统 PbO_2 电极初始内表面积	标量	(cm^{-1})	使用理论电池模型的汽车	PbO_2 电极初始内表面积
Ess_c2ref	能量存储系统参考酸液浓度	标量	$mole/cm^3$	使用理论电池模型的汽车	参考酸液浓度
Ess_cacid	能量存储系统电池硫酸初始浓度	标量	M	使用理论电池模型的汽车	电池硫酸初始浓度
Ess_cap	能量存储系统电池额定容量	标量	A·h	使用理论电池模型的汽车	电池额定容量
Ess_dUdT	能量存储系统电池电压温度系数	标量	—	使用理论电池模型的汽车	电池电压温度系数
Ess_ech2rf	能量存储系统 H_2 电极参考交换电流密度	标量	A/cm^2	使用理论电池模型的汽车	25℃时 H_2 电极参考交换电流密度
Ess_ecnref	能量存储系统 Pb 电极参考交换电流密度	标量	A/cm^2	使用理论电池模型的汽车	25℃时 Pb 电极参考交换电流密度
Ess_eco2rf	能量存储系统 O_2 电极参考交换电流密度	标量	A/cm^2	使用理论电池模型的汽车	25℃时 O_2 电极参考交换电流密度
Ess_ecpref	能量存储系统 PbO_2 电极参考交换电流密度	标量	A/cm^2	使用理论电池模型的汽车	25℃时 PbO_2 电极参考交换电流密度
ess_egass	能量存储系统隔板中气体体积比	标量	—	使用理论电池模型的汽车	隔板中气体体积比
Ess_elgel	能量存储系统电极长度	标量	cm	使用理论电池模型的汽车	拆开电池电极长度
Ess_elpb	能量存储系统电池负极厚度	标量	cm	使用理论电池模型的汽车	电池负极厚度
Ess_elpbo2	能量存储系统电池正极厚度	标量	cm	使用理论电池模型的汽车	电池正极厚度
Ess_elsep	能量存储系统电池隔板厚度	标量	cm	使用理论电池模型的汽车	电池隔板厚度
Ess_epb	能量存储系统电池负极活性材料体积分数	标量	—	使用理论电池模型的汽车	电池负极活性材料体积分数
Ess_epbo2	能量存储系统电池正极活性材料体积分数	标量	—	使用理论电池模型的汽车	电池正极活性材料体积分数
Ess_esep	能量存储系统电池隔板体积分数	标量	—	使用理论电池模型的汽车	电池隔板体积分数

（续）

英文名称	中文	类型	单位	适用汽车	说明
Ess_fc	能量存储系统法拉第常数	标量	C/equiv	使用理论电池模型的汽车	法拉第常数
Ess_fo2	能量存储系统在电池负极重新聚集的氧气的体积分数	标量	—	使用理论电池模型的汽车	氧气的体积分数
Ess_gexn	能量存储系统负极节点膨胀系数	标量	—	使用理论电池模型的汽车	负极节点膨胀系数（相邻电池之比；电极前端集中节点数大于1）
Ess_gexp	能量存储系统正极节点膨胀系数	标量	—	使用理论电池模型的汽车	正极节点膨胀系数；（相邻电池之比；电极前端集中节点数大于1）
Ess_gvoln	能量存储系统负极支撑栅格体积分数	标量	—	使用理论电池模型的汽车	负极支撑栅格体积分数
Ess_gvolp	能量存储系统正极支撑栅格体积分数	标量	—	使用理论电池模型的汽车	正极支撑栅格体积分数
ess_htel	能量存储系统拆开电池电极高度	标量	cm	使用理论电池模型的汽车	拆开电池电极高度
ess_n	能量存储系统方程数量	标量	—	使用理论电池模型的汽车	方程数量
ess_ncpmod	能量存储系统每一模块包含单体电池数量	标量	—	使用理论电池模型的汽车	每一模块包含单体电池数量
ess_nmppk	能量存储系统每一捆电池包含的模块数量	标量	—	使用理论电池模型的汽车	每一捆电池包含的模块数量
ess_npb	能量存储系统电池负（铅）极计算节点数	标量	—	使用理论电池模型的汽车	电池负（铅）极计算节点数
ess_npbo2	能量存储系统电池正（氧化铅）极计算节点数	标量	—	使用理论电池模型的汽车	电池正（氧化铅）极计算节点数
ess_nsep	能量存储系统电池隔板计算节点数	标量	—	使用理论电池模型的汽车	电池隔板计算节点数
ess_pneg	能量存储系统电池铅（Pb）电极面积校正指数	标量	—	使用理论电池模型的汽车	电池铅（Pb）电极面积校正指数
ess_ppos	能量存储系统电池氧化铅（PbO_2）电极面积校正指数	标量	—	使用理论电池模型的汽车	电池氧化铅（PbO_2）电极面积校正指数
ess_qneg	能量存储系统电池负极理论容量	标量	C/cm^3	使用理论电池模型的汽车	电池负极理论容量

(续)

英文名称	中 文	类型	单 位	适用汽车	说 明
ess_qpos	能量存储系统电池正极理论容量	标量	C/cm^3	使用理论电池模型的汽车	电池正极理论容量
ess_ratio	能量存储系统电池电极中气液体积比	标量	—	使用理论电池模型的汽车	电池电极中气液体积比
ess_relax	能量存储系统方程松弛迭代系数	标量	—	使用理论电池模型的汽车	方程松弛迭代系数：0—未更新；1—无松弛迭代
ess_rgas	能量存储系统普适气体常量	标量	J/(mole·K)	使用理论电池模型的汽车	普适气体常量 R 为 8.31J/(mol·K)
ess_rkcsatn	能量存储系统电池负极质量传递参数	标量	—	使用理论电池模型的汽车	电池负极质量传递参数
ess_rkcsatp	能量存储系统电池正极质量传递参数	标量	—	使用理论电池模型的汽车	电池正极质量传递参数
ess_rtop	能量存储系统电池内电阻	标量	Ω	使用理论电池模型的汽车	电池化学反应形成的内阻
ess_spb	能量存储系统电池中铅的导电率	标量	S/cm	使用理论电池模型的汽车	铅的导电率
ess_spbo2	能量存储系统电池中二氧化铅的导电率	标量	S/cm	使用理论电池模型的汽车	二氧化铅的导电率
ess_tcurmx	能量存储系统最大电机电流	标量	A·h	使用理论电池模型的汽车	最大电机电流
ess_theta	能量存储系统用于确定时间平均的因数	标量	—	使用理论电池模型的汽车	用于确定时间平均的因数： 0—完全显示；0.5—Crank-Nicholson；1—完全隐式
ess_tpb	能量存储系统电池负极弯曲校正体积比指数	标量	—	使用理论电池模型的汽车	电池负极弯曲校正体积比指数
ess_tpbo2	能量存储系统电池正极弯曲校正体积比指数	标量	—	使用理论电池模型的汽车	电池正极弯曲校正体积比指数
ess_tplus	能量存储系统电池铅离子移动数目	标量	—	使用理论电池模型的汽车	电池铅离子移动数目
ess_tsep	能量存储系统电池隔板弯曲校正体积比指数	标量	—	使用理论电池模型的汽车	电池隔板弯曲校正体积比指数
ess_tstep	能量存储系统时间步进初始值	标量	s	使用理论电池模型的汽车	时间步进初始值

（续）

英文名称	中　　文	类型	单　　位	适用汽车	说　　明
ess_uh2	能量存储系统电池内氢气对铅的平衡电压	标量	V	使用理论电池模型的汽车	电池内氢气对铅的平衡电压
ess_uo2	能量存储系统电池内氧气对铅的平衡电压	标量	V	使用理论电池模型的汽车	电池内氧气对铅的平衡电压
ess_ve	能量存储系统电池酸液分摩尔体积	标量	$(cm^3)/mole$	使用理论电池模型的汽车	电池酸液分摩尔体积
ess_vmax	能量存储系统电池最大电压	标量	V	使用理论电池模型的汽车	电池最大电压
ess_vmin	能量存储系统电池最小电压	标量	V	使用理论电池模型的汽车	电池最小电压
ess_vo	能量存储系统电池水的摩尔体积	标量	$(cm^3)/mole$	使用理论电池模型的汽车	电池水的摩尔体积
ess_vpb	能量存储系统电池铅的摩尔体积	标量	$(cm^3)/mole$	使用理论电池模型的汽车	电池铅的摩尔体积
ess_vpbo2	能量存储系统电池二氧化铅的摩尔体积	标量	$(cm^3)/mole$	使用理论电池模型的汽车	电池二氧化铅的摩尔体积
ess_vpbso4	能量存储系统电池硫酸铅的摩尔体积	标量	$(cm^3)/mole$	使用理论电池模型的汽车	电池硫酸铅的摩尔体积

表 A2-6　燃料转换装置（Fuel Converter）

英　　文	中文名称	类型	单　　位	适用汽车	说　　明
fc_description	燃料转换装置描述	字符	—	所有	燃料转换装置描述文本
fc_proprietary	燃料转换装置属性	布尔	—	所有	0—公共数据；1—限制访问数据
fc_validation	燃料转换装置确认	字符	—	所有	0—未确认；1—惯用源数据；2—同源数据，且源数据收集的方法已经被验证
fc_version	燃料转换装置文件版本	字符	—	所有	生成数据的 ADVISOR 版本号
fc_fuel_type	燃料转换装置燃料类型	字符	—	所有	燃料类型描述
fc_disp	燃料转换装置排量	标量	L	所有（燃料电池除外）	发动机尺寸（气缸排量）
fc_emis	燃料转换装置排放数据	布尔	—	所有	0—无排放数据；1—有排放数据

（续）

英　文	中文名称	类型	单　位	适用汽车	说　明
fc_map_spd	燃料转换装置转速范围	矢量	rad/s	所有（燃料电池除外）	发动机转速范围
fc_map_trq	燃料转换装置转矩范围	矢量	N·m	所有（燃料电池除外）	发动机转矩范围
fc_fuel_map	燃料转换装置燃油消耗	矩阵	g/s	所有	燃油消耗，它是变量 fc_map_spd 和变量 fc_map_trq 的函数
fc_co_map	燃料转换装置 CO 的排放特性	矩阵	g/s	所有	发动机 CO 排放，它是变量 fc_map_spd 和变量 fc_map_trq 的函数
fc_hc_map	燃料转换装置 HC 的排放特性	矩阵	g/s	所有	发动机 HC 排放，它是变量 fc_map_spd 和变量 fc_map_trq 的函数
fc_nox_map	燃料转换装置 NO_x 的排放特性	矩阵	g/s	所有	发动机 NO_x 排放，它是变量 fc_map_spd 和变量 fc_map_trq 的函数
fc_pm_map	燃料转换装置微粒的排放特性	矩阵	g/s	所有	发动机微粒排放，它是变量 fc_map_spd 和变量 fc_map_trq 的函数
fc_extmp_map	燃料转换装置排气温度特性	矩阵	℃	所有	发动机尾气温度特性，它是变量 fc_map_spd 和变量 fc_map_trq 的函数
fc_exflow_map	燃料转换装置尾气排放流量	矩阵	g/s	所有	尾气排放流量，它是变量fc_map_spd 和变量 fc_map_trq 的函数
fc_co2map	燃料转换装置 CO_2 排放流量	矩阵	g/s	所有	发动机 CO_2 排放流量，它是变量 fc_map_spd 和变量 fc_map_trq 的函数
fc_ct_trq	燃料转换装置节气门关闭时的转矩	矢量	N·m	所有（燃料电池除外）	关闭节气门时发动机的转矩随转速的变化
fc_fuel_den	燃料转换装置燃料密度	标量	g/L	所有	燃料密度
fc_fuel_lhv	燃料转换装置燃料低热值	标量	J/g	所有	燃料低热值
fc_inertia	燃料转换装置的转动惯量	标量	$kg \cdot m^2$	所有（燃料电池除外）	发动机的转动惯量
fc_max_trq	燃料转换装置转矩外特性	矢量	N·m	所有（燃料电池除外）	输出最大转矩，它是变量fc_map_spd 的函数
fc_spd_scale	燃料转换装置转速比例系数	标量	—	所有	转速比例系数
fc_trq_scale	燃料转换装置转矩比例系数	标量	—	所有	转矩比例系数

（续）

英　文	中文名称	类型	单　位	适用汽车	说　明
fc_pwr_scale	燃料转换装置功率比例系数	标量	—	所有	功率比例系数
fc_max_pwr	燃料转换装置峰值功率	标量	kW	所有	发动机峰值功率
fc_coolant_init_tmp	燃料转换装置冷却液初始温度	标量	℃	所有	冷却液初始温度
fc_mass	燃料转换装置燃油供给系统和燃料转换装置的质量	标量	kg	所有	燃油供给系统和燃料转换装置的质量
fc_base_mass	燃料转换装置基座或基块的质量	标量	kg	所有	基座或基块的质量
fc_acc_mass	燃料转换装置附件的质量	标量	kg	所有	发动机附件如增压涡轮、散热器和SLI电池等的质量
fc_fuel_mass	燃料转换装置燃料和燃料箱的质量	标量	kg	所有	燃料和燃料箱的质量
fc_ex_pwr_frac	燃料转换装置排气带走热量系数	1×2向量	—	所有	排气带走热量系数，用于fc_extmp_map未给出时对fc_extmp_map的估计：[低速系数、高速系数]
fc_tstat	燃料转换装置冷却液设定温度	标量	℃	所有	冷却液设定温度，典型的为(95±5)℃
fc_cp	燃料转换装置平均热容量	标量	J/(kg·K)	所有	发动机平均热容量（铁为500，铝或镁为1000）
fc_h_cp	燃料转换装置发动机舱和发动机舱盖平均热容量	标量	J/(kg·K)	所有	发动机舱和发动机舱盖平均热容量（铁为500，铝或镁为1000）
fc_ext_sarea	燃料转换装置外表面积	标量	cm^2	所有	发动机外表面积
fc_hood_sarea	燃料转换装置发动机舱/发动机舱盖外表面积	标量	cm^2	所有	发动机舱/发动机舱盖外表面积
fc_emisv	燃料转换装置热辐射系数	标量	—	所有	发动机表面向发动机舱盖的热辐射系数
fc_hood_emisv	燃料转换装置发动机舱盖的热辐射系数	标量	—	所有	发动机舱盖的热辐射系数

（续）

英　文	中文名称	类型	单　位	适用汽车	说　明
fc_h_air_flow	燃料转换装置加热器空气流量	标量	kg/s	所有	加热器空气流量（140 cfm 时为 0.07）
fc_cl2h_eff	散热器中冷却剂与气缸之间传热的平均效率	标量	—	所有	散热器中冷却器与发动机气缸之间传热的平均效率（基于空气对流面）
fc_c2i_th_cond	燃料转换装置发动机气缸和气缸壁之间的导热率	标量	W/K	所有	发动机气缸和气缸壁之间的导热率
fc_i2x_th_cond	燃料转换装置发动机气缸壁和外表面之间的导热率	标量	W/K	所有	发动机气缸壁和外表面之间的导热率
fc_h2x_th_cond	燃料转换装置发动机和发动机舱之间的导热率	标量	W/K	所有	发动机和发动机舱之间的导热率
fc_eff_scale	燃料转换装置效率比例系数	标量	—	所有	发动机效率比例系数
fc_pwr_map	燃料转换装置功率输出	矢量	W	燃料电池	燃料电池的净功率输出，用于表示燃料电池功率、效率模型中的燃料消耗特性
fc_I_map	燃料转换装置电流密度	矢量	A/m^2	燃料电池	燃料电池电流密度，用于表示燃料电池极化弯曲模型中的燃料消耗特性
fc_V_map	燃料转换装置电压	矢量	V	燃料电池	燃料电池电压，在燃料电池极化弯曲模型中它随电流密度变化
fc_fuel_pump_pwr	燃料转换装置燃油泵需要输出的功率	矢量	W	燃料电池	当使用液体燃料时，在极化弯曲模型中根据燃料流量（由变量 fc_fuel _pump_map 表示）燃油泵需要输出的功率
fc_fuel_pump_map	燃料转换装置燃油流量	矢量	g/s	燃料电池	当使用液体燃料时，在极化弯曲模型中的燃料泵中燃油流量
fc_air_comp_map	燃料转换装置空气压缩机流量	矢量	g/s	燃料电池	使用增压系统时，极化弯曲模型需要的压缩机空气流量
fc_air_comp_pwr	燃料转换装置空气压缩机需要输出的功率	矢量	W	燃料电池	使用增压系统时，根据极化弯曲模型需要的流量空气压缩机需要输出的功率

（续）

英　文	中文名称	类型	单　位	适用汽车	说　明
fc_water_pump_map	燃料转换装置水泵中水的流量	矢量	g/s	燃料电池	使用液体燃料时，极化曲线模型中水泵的流量
fc_water_pump_pwr	燃料转换装置水泵应输出的功率	矢量	W	燃料电池	根据的水泵中水的流量，水泵应输出的功率
fc_coolant_pump_pwr	燃料转换装置冷却水泵应输出的功率	矢量	W	燃料电池	根据极化弯曲模型中冷却液的流量，冷却水泵应输出的功率
fc_coolant_pump_map	燃料转换装置冷却液的流量	矢量	g/s	燃料电池	极化弯曲模型中冷却液的流量
fc_cell_num	燃料转换装置单体电池的数量	标量	—	燃料电池	每一捆电池中单体电池的数量
fc_stack_num	燃料转换装置电池的捆数	标量	—	燃料电池	一并联电池组中电池的捆数
fc_string_num	燃料转换装置并联电池组数	标量	—	燃料电池	并联电池组数
fc_cell_area	燃料转换装置单体电池的活性物质表面积	标量	cm^2	燃料电池	每一单体电池的活性物质表面积
fc_fuel_cell_model	燃料转换装置电池模型	标量	—	燃料电池	模型类型标识符：1—极化模型；2—功率效率模型；3—基于 GCTool 的模型
fc_fuel_air_ratio	燃料转换装置燃空比	标量	g/g	燃料电池	极化模型中，燃油和空气的质量比用于确定不同燃料需求下的不同空气流量
fc_fuel_water_ratio	燃料转换装置燃油与水的质量比	标量	g/g	燃料电池	极化模型中，燃油和水的质量比用于确定不同燃料需求下的不同水的流量
fc_c_init_tmp	燃料转换装置发动机气缸的初始温度	标量	℃	所有	发动机气缸的初始温度
fc_h_init_tmp	燃料转换装置发动机舱盖的初始温度	标量	℃	所有	发动机舱盖的初始温度
fc_i_init_tmp	燃料转换装置发动机内部的初始温度	标量	℃	所有	发动机内部的初始温度

（续）

英　文	中文名称	类型	单　位	适用汽车	说　明
fc_x_init_tmp	燃料转换装置发动机外部初始温度	标量	℃	所有	发动机外部初始温度
fc_coolant_cp	燃料转换装置	标量	J/(g·K)	燃料电池	冷却液比热容量
fc_coolant_flow_rate	燃料转换装置	标量	g/s	燃料电池	固定冷却液流量

表 A2-7　传动系控制（Powertrain Control）

英文名称	中　文	类型	单　位	适用汽车	说　明
ptc_description	传动系控制描述	字符	—	所有	传动系控制描述
ptc_proprietary	传动系控制属性	布尔	—	所有	0—公共数据；1—限制访问数据
ptc_validation	传动系控制数据确认	字符	—	所有	0—未确认；1—惯用源数据；2—同源数据，且源数据收集的方法已经被校验
ptc_version	传动系控制文件版本	字符	—	所有	生成数据文件的 ADVISOR 版本号

表 A2-8　传动装置（Transmission）

英文名称	中　文	类型	单　位	适用汽车	说　明
tx_mass	变速传动部件质量	标量	kg	所有	变速传动部件质量，包括变速器和主减速器
tx_pg_r	变速传动行星齿轮系齿圈的齿数	标量	—	丰田普锐斯	行星齿轮系齿圈的齿数
tx_pg_s	变速传动行星齿轮太阳轮的齿数	标量	—	丰田普锐斯	行星齿轮太阳轮的齿数
tx_validated	变速传动经确认的数据	布尔	—	所有	标记：0—未确认；1—惯用源数据；2—同源数据，且源数据收集的方法已经被校验
tx_validation	变速传动数据确认	布尔	—	所有	标记：0—未确认；1—惯用源数据；2—同源数据，且源数据收集的方法已经被校验
tx_type	变速传动变速器类型	字符	—	所有	变速器类型，如手动 1 档、手动 5 档、连续传动、自动 4 档等
tx_version	变速传动文件版本	标量	—	所有	生成数据文件的 ADVISOR 版本号
tx_eff_scale	变速传动效率比例	标量	—	所有	变速传动效率比例，又称：gb_eff_scale

（续）

英文名称	中文	类型	单位	适用汽车	说明
tx_proprietary	变速传动技术专利	布尔	—	所有	0—非专利；1—专利，不允许传播
tx_description	变速传动描述	字符	—	所有	变速传动描述

表 A2-9 主减速驱动轴（Final Drive Axle）

英文名称	中文	类型	单位	适用汽车	说明
fd_description	主减速驱动轴描述	字符	—	所有	主减速驱动轴描述
fd_proprietary	主减速驱动轴技术专利	字符	—	所有	0—公共数据；1—限制访问数据
fd_validation	主减速驱动轴数据确认	布尔	—	所有	标记：0—未确认；1—惯用源数据；2—同源数据，且源数据收集的方法已经被校验
fd_version	主减速驱动轴文件版本	字符	—	所有	生成数据文件的 ADVISOR 版本号
fd_inertia	主减速驱动轴转动惯量	标量	kg/m^2	所有	主减速驱动轴转动惯量
fd_loss	主减速驱动轴转矩损失	标量	N · m	所有	主减速驱动轴转矩损失
fd_ratio	主减速驱动轴主减速器速比	标量	—	所有	主减速器速比
fd_mass	主减速驱动轴质量	标量	kg	所有	主减速驱动轴质量（依据 1990 年 Taurus，OTA 报告估算）

表 A2-10 变速器（Gearbox）

英文名称	中文	类型	单位	适用汽车	说明
gb_description	变速器描述	字符	—	所有	变速器描述
gb_proprietary	变速器技术专利	布尔	—	所有	0—公共数据；1—限制访问数据
gb_validation	变速器数据确认	标量	—	所有	标记：0—未确认；1—惯用源数据；2—同源数据，且源数据收集的方法已经被校验
gb_version	变速器数据文件数据版本	标量	—	所有	生成数据文件的 ADVISOR 版本号
gb_gearX_dnshift_load	变速器齿轮 X 调低速档所需的最大载荷系数	矢量	—	所有	变速器齿轮 X 在当前速度下调低速档所需的最大载荷系数

（续）

英文名称	中　文	类型	单　位	适用汽车	说　明
gb_gearX_dnshift_spd	变速器齿轮 X 调低速档时的速度	矢量	rad/s	所有	变速器齿轮 X 调低速档时的速度
gb_gearX_upshift_load	变速器齿轮 X 调高速档所需的最大载荷系数	矢量	—	所有	变速器齿轮 X 在当前速度下调高速档所需的最大载荷系数
gb_gearX_upshift_spd	变速器齿轮 X 调高速档时的速度	矢量	rad/s	所有	变速器齿轮 X 调高速档时的速度
gb_gears_num	变速器内齿轮档数	标量	—	所有	变速器内齿轮档数
gb_inertia	变速器转动惯量	标量	kg · m^2	所有	变速器转动惯量
gb_loss_const	变速器功率损失常数	标量	W	所有	见方程①
gb_loss_input_spd_coeff	变速器	标量	J/rad	所有	见方程①
gb_loss_input_trq_coeff	变速器	标量	W/(N · m)	所有	见方程①
gb_loss_output_pwr_coeff	变速器	标量	—	所有	见方程①
gb_loss_output_spd_coeff	变速器	标量	J/rad	所有	见方程①
gb_loss_output_trq_coeff	变速器	标量	W/(N · m)	所有	见方程①
gb_ratio	变速器的速比	矢量	—	所有	变速器能达到的速比
gb_shift_delay	变速器换档时间	标量	s	所有	换档时间
gb_eff_scale	变速器效率比例	标量	—	所有	变量 gb_eff_scale 不直接用于建模且恒等于 1；它主要用于比例缺省值和初始化
gb_mass	变速器质量	标量	kg	所有	变速器内无液体时的质量
gb_spd_scale	变速器转速比例	标量	—	所有	速度缩放比例参数，用于变量 gb_map_spd 的缩放，来模拟高速或低速的变速器
gb_trq_scale	变速器转矩	标量	—	所有	转矩缩放比例参数，用于缩放变量 gb_map_trq，模拟较大或较小转矩的齿轮箱
gb_dnshift_load	变速器调低速比时的载荷	矢量	—	所有（CVT 除外）	用于调低速档命令的载荷矢量（0~1，详见 lib_controls 图表，第一个要素对应一档齿轮）
gb_dnshift_spd	变速器调低速档时的速度矢量	矢量	rad/s	所有（CVT 除外）	用于调低速档命令的速度矢量（详见 lib_controls 图表，第一个要素对应一档齿轮）

（续）

英文名称	中文	类型	单位	适用汽车	说明
gb_upshift_load	变速器调高速档时的载荷矢量	矢量	—	所有（CVT除外）	用于调高速档命令的载荷矢量（0~1，详见 lib_controls 图表，第一个要素对应一档齿轮等）
gb_upshift_spd	变速器调高速档时的速度矢量	矢量	rad/s	所有（CVT除外）	用于调高速档命令的速度矢量（详见 lib_controls 图表，第一个要素对应一档齿轮）
gb_validated	变速器数据确认	标量	—	所有	—

① P_loss = (gb_loss_input_spd_coeff * gear_ratio + gb_loss_output_spd_coeff) * output_shaft_speed + (gb_loss_input_trq_coeff / gear_ratio + gb_loss_output_trq_coeff) * output_shaft_torque + gb_loss_output_pwr_coeff * output_shaft_power + gb_loss_const

表 A2-11 液力变矩器（Hydraulic Torque Converter）

英文名称	中文	类型	单位	适用汽车	说明
htc_k	液力变矩器的 K 系数	矢量	$(rad/s)/\sqrt{N\cdot m}$	常规汽车	变矩器的 K 系数
htc_k_coast	汽车滑行时变矩器的 K 系数	标量	$(rad/s)/\sqrt{N\cdot m}$	常规汽车	汽车滑行时变矩器的 K 系数，定义为：输入转速/输入转矩的开方，仅在自动变速时需要定义
htc_k_adv	ADVISOR 的液力变矩器的 K 系数	标量	$(rad/s)/\sqrt{N\cdot m}$	常规汽车	ADVISOR 的液力变矩器的 K 系数，定义为：输出转速/输出转矩的开方，仅在自动变速时需要定义
htc_k_adv_coast	ADVISOR 中汽车滑行时的液力变矩器的 K 系数	标量	$(rad/s)/\sqrt{N\cdot m}$	常规汽车	ADVISOR 中汽车滑行时的液力变矩器的 K 系数，定义为：输出转速/输出转矩的开方，仅在自动变速时需要定义
htc_sr	液力变矩器的速比	矢量	—	常规汽车	液力变矩器的速比，它是变量 htc_k 的函数
htc_tr	液力变矩器的转矩比	矢量	—	常规汽车	液力变矩器的转矩比，它是变量 htc_k 的函数
htc_inertia	液力变矩器的转动惯量	标量	$N\cdot m\cdot s^2$	常规汽车	自动变速液力变矩器的转动惯量
htc_lockup	液力变矩器锁定	矢量	—	常规汽车	htc_lockup（i）表示当处于 I 速档时，锁定 HTC，仅在自动变速时需要定义
htc_max_coast_tr	液力变矩器最大转矩比	标量	—	常规汽车	滑行时的最大转矩比

（续）

英文名称	中文	类型	单位	适用汽车	说明
htc_min_coast_tr	液力变矩器的最小转矩比	标量	—	常规汽车	滑行时的最小转矩比
htc_sr_coast	液力变矩器滑行时的速比	矢量	—	常规汽车	液力变矩器滑行时的速比，定义为：输出转速和输入转速之比
htc_tr_coast	液力变矩器滑行时的转矩比	矢量	—	常规汽车	液力变矩器滑行时的转矩比，定义为：输出转矩和输入转矩之比

表 A2-12 无级变速器（Continuously Variable Transmission）

英文名称	中文	类型	单位	适用汽车	说明
cvt_eff_mapX	CVT 滑轮速比为#X 时的效率特性	矩阵	—	所有	滑轮速比为#X（目前 X 的取值为 1~5）时的效率特性，它是变量 cvt_map_spd 和 cvt_map_trq 的函数
cvt_inertia	CVT 转动惯量	标量	$kg\cdot m^2$	所有	在输入轴测量的 CVT 转动惯量
cvt_map_spd	CVT 的转速范围	矢量	rad/s	所有	输入 CVT 的转速范围
cvt_map_trq	CVT 的转矩范围	矢量	N·m	所有	输入 CVT 的转矩范围
cvt_ratio	CVT 的滑轮速比范围	矢量	—	所有	CVT 的滑轮速比范围
cvt_spd_scale	CVT 转速比例	标量	—	所有	CVT 转速比例
cvt_trq_scale	CVT 转矩比例	标量	—	所有	CVT 转矩比例

表 A2-13 整车控制（Vehicle Control）

英文名称	中文	类型	单位	适用汽车	说明
vc_clutch_bool	整车控制离合器开闭变量	布尔	—	常规汽车	1—离合器断开避免发动机制动；0—离合器闭合
vc_idle_bool	整车控制发动机开/关变量	布尔	—	—	1—发动机怠速；0—发动机如不怠速则关闭
vc_idle_spd	整车控制发动机怠速转速	标量	rad/s	常规汽车/串联	发动机怠速转速
vc_key_on	整车控制开关状态	矩阵	s，—	所有类型	第一列为时间，第二列为相应的开关位置。0—开关闭合；1—开关打开
vc_launch_spd	整车控制离合器打滑期间输入轴的转速	标量	rad/s	常规汽车	汽车启动时离合器打滑期间输入轴的转速

表 A2-14 整车定义（Vehicle Definition）

英文名称	中文	类型	单位	适用汽车	说明
veh_proprietary	整车专利技术	布尔	—	所有	0—公共数据；1—限制访问数据
veh_description	整车描述	字符	—	所有	对整车描述
veh_validation	整车数据确认	字符	—	所有	0—未确认；1—惯用源数据；2—同源数据，且源数据收集的方法已经被校验
veh_version	整车数据文件版本	字符	—	所有	生成数据文件的 ADVISOR 版本号
veh_1st_rrc	整车滚动阻力第一系数	标量	—	所有	滚动阻力第一系数
veh_2nd_rrc	整车滚动阻力第二系数	标量	s/m	所有	滚动阻力第二系数
veh_CD	整车空气阻力系数	标量	—	所有	空气阻力系数
veh_FA	整车迎风面积	标量	cm^2	所有	迎风面积
veh_cg_height	整车重心高度	标量	m	所有	整车重心高度
veh_front_wt_frac	整车静止时前轴载荷	标量	kg	所有	汽车静止时前轴载荷
veh_wheelbase	整车轴距	标量	m	所有	轴距
veh_glider_mass	整车滑行质量	标量	kg	所有	滑行试验时汽车的质量
veh_mass	整车试验时汽车的质	标量	kg	所有	试验时汽车的质量，包括油料、乘客和货物
veh_cargo_mass	货物质量	标量	kg	所有	货物质量

表 A2-15 车轮/车轴（Wheel/Axle）

英文名称	中文	类型	单位	适用汽车	说明
wh_description	车轮/车轴描述	字符	—	所有	车轮/车轴描述
wh_proprietary	车轮/车轴技术专利	布尔	—	所有	0—公共数据；1—限制访问数据
wh_validation	车轮/车轴数据确认	字符	—	所有	0—未确认；1—惯用源数据；2—同源数据，且源数据收集的方法已经被校验
wh_version	车轮/车轴数据文件版本	字符	—	所有	生成数据文件的 ADVISOR 版本号
wh_axle_loss_mass	试验汽车的质量	矢量	kg	所有	试验汽车的质量，它是变量 wh_axle_loss_trq 的自变量
wh_axle_loss_trq	车轮/车轴前轴制动拖动转矩	矢量	N·m	所有	前轴制动拖动转矩
wh_fa_dl_brake_frac	车轮/车轴前轴的制动力系数	矢量	—	所有	动力传动系统通过前轴制动的制动力系数

（续）

英文名称	中　文	类型	单　位	适用汽车	说　明
wh_fa_dl_brake_mph	汽车速度	矢量	mile/h	所有	汽车速度，它是函数 wh_fa_dl_brake_frac 的自变量
wh_fa_fric_brake_frac	车轮/车轴前轴摩擦制动器的制动力系数	矢量	—	所有	汽车前轴摩擦制动器的制动力系数
wh_fa_fric_brake_mph	汽车速度	矢量	—	所有	汽车速度，它是函数 wh_fa_fric_brake_frac 的自变量
wh_inertia	车轮转动惯量	标量	kg	所有	车轮转动惯量
wh_mass	车轮质量	标量	kg	所有	所有车轮的质量
wh_radius	车轮半径	标量	m	所有	车轮的半径
wh_slip	驱动轮的滑动	标量	—	所有	驱动轮的滑动
wh_slip_force_coeff	驱动轮的滑动力系数	矢量	—	所有	定义为：前轮驱动力/前轴载荷，它是函数 wh_slip 的自变量

表 A2-16　相关附件（Accessories-Related）

英文名称	中　文	类型	单　位	适用汽车	说　明
acc_description	附件描述	字符	—	所有	附件的描述
acc_proprietary	附件技术专利	布尔	—	所有	0—公共数据；1—限制访问数据
acc_validation	附件文件数据确认字符	字符	—	所有	0—未确认；1—惯用源数据；2—同源数据，且源数据收集的方法已经被校验
acc_version	附件文件的版本	字符	—	所有	生成数据文件的 ADVISOR 版本号
acc_mech_pwr	附件机械载荷	标量	W	所有	附件机械载荷
acc_elec_pwr	—	标量	W	所有	附件电子负载

表 A2-17　排放系统（及催化剂）变量（Exhaust System（&Catalyst））

英文名称	中　文	类型	单　位	适用汽车	说　明
ex_description	排放系统描述	字符	—	所有	排放系统描述
ex_proprietary	排放系统技术专利	布尔	—	所有	0—公共数据；1—限制访问数据
ex_validation	排放系统数据确认	字符	—	所有	0—未确认；1—惯用源数据；2—同源数据，且源数据收集的方法已经被校验
ex_version	排放系统文件版本	字符	—	所有	生成数据文件的 ADVISOR 版本号

（续）

英文名称	中文	类型	单位	适用汽车	说明
ex_calc	排放系统计算与否	布尔	—	所有	0—跳过排放系统计算（如当燃料转换装置无给出效率特性或者无催化剂信息）；1—进行排放系统的计算，包括排气管排放
ex_cat_tmp_range	排放系统催化剂有效温度范围	矢量	℃	所有	排放系统催化剂有效温度范围
ex_cat_hc_frac	排放系统催化剂 HC 转换效率	矩阵	—	所有	催化剂 HC 转换效率，它是自变量 ex_cat_temp_range 的函数
ex_cat_co_frac	排放系统催化剂 CO 转换效率	矩阵	—	所有	催化剂 CO 转换效率，它是自变量 ex_cat_temp_range 的函数
ex_cat_nox_frac	排放系统催化剂 NO_x 转换效率	矩阵	—	所有	催化剂 NO_x 转换效率，它是自变量 ex_cat_temp_range 的函数
ex_cat_pm_frac	排放系统催化剂颗粒转换效率	矩阵	—	所有	催化剂颗粒转换效率，它是自变量 ex_cat_temp_range 的函数
ex_cat_lim	排放系统催化剂催化限度	矩阵	g/s	所有	排放系统催化剂催化限度，对每一种污染物最多每秒为多少克
ex_cat_mon_mass	排放系统催化体（陶瓷）的质量	标量	kg	所有	排放系统催化剂（陶瓷）的质量
ex_cat_int_mass	排放系统催化剂内 SS 壳的质量	标量	kg	所有	排放系统催化反应器内、外筒的质量
ex_cat_pipe_mass	排放系统催化进/出气管的质量	标量	kg	所有	排放系统催化进/出气管的质量
ex_cat_ext_mass	排放系统催化剂外壳质量	标量	kg	所有	催化体外壳质量
ex_manif_mass	排放系统排气歧管和下悬喷管的质量	标量	kg	所有	发动机排气歧管和下悬喷管的质量
ex_cat_pcm_mass	催化剂中相变吸热材料 PCM 的质量	标量	kg	所有	用于求解排放系统的质量，如果催化剂中存在相变吸热材料 PCM，排放系统需要考虑这部分质量

（续）

英文名称	中　文	类型	单　位	适用汽车	说　明
ex_muf_mass	排放系统消声器和其他管路的质量	标量	kg	所有	催化剂后消声器和其他管路的质量
ex_mass	排放系统的总质量	标量	kg	所有	排放系统的总质量
ex_cat_mass	排放系统催化排气净化器的质量	标量	kg	所有	催化反应器的质量
ex_cat_mon_cp	排放系统催化体平均热容量	标量	J/(kg·K)	所有	排放系统催化剂颗粒平均热容量
ex_cat_int_cp	排放系统催化反应器内、外筒平均热容量	标量	J/(kg·K)	所有	排放系统催化反应器内、外筒平均热容量
ex_cat_pipe_cp	排放系统催化进/出气管的平均热容量	标量	J/(kg·K)	所有	排放系统催化反应器进/出气管的平均热容量
ex_cat_ext_cp	排放系统催化反应器的外壳平均热容量	标量	J/(kg·K)	所有	排放系统催化反应器的外壳平均热容量
ex_manif_cp	排放系统排气歧管和下悬喷管的平均热容量	标量	J/(kg·K)	所有	发动机排气歧管和下悬喷管的平均热容量
ex_gas_cp	排放系统排出气体的平均热容量	标量	J/(kg·K)	所有	排放系统排出气体的平均热容量
ex_cat_pcm_tmp	相变吸热材料 PCM 的温度变量	矩阵	℃	所有	用于定义相变吸热材料 PCM 的温度范围的变量
ex_cat_pcm_ecp	PCM 的平均热容量	矩阵	J/(kg·K)	所有	催化剂中相变吸热材料 PCM 的平均热容量
ex_cat_mon_sarea	排放系统催化反应器的外表面积	标量	cm^2	所有	催化反应器的外表面积
ex_cat_monf_sarea	排放系统催化反应器前脸的外表面积	标量	cm^2	所有	催化反应器前脸的外表面积
ex_cat_moni_sarea	排放系统催化反应器催化剂颗粒的表面积	标量	cm^2	所有	催化反应器催化剂颗粒的表面积
ex_cat_int_sarea	排放系统催化反应器内表面积	标量	cm^2	所有	催化反应器内表面积
ex_cat_pipe_sarea	排放系统催化反应器进、排气管的表面积	标量	cm^2	所有	催化反应器进、排气管的表面积

（续）

英文名称	中文	类型	单位	适用汽车	说明
ex_cat_ext_sarea	排放系统催化反应器外壳表面积	标量	cm^2	所有	催化反应器外壳表面积
ex_man2cat_length	排放系统从排气歧管到催化反应器的排气管长度	标量	m	所有	从排气歧管到催化反应器的排气管长度
ex_manif_sarea	排放系统排气歧管和下悬喷管的表面积	标量	cm^2	所有	排气歧管和下悬喷管的表面积，pi×直径×长度
ex_cat_m2p_emisv	排放系统从催化反应器到它的进、排气管的辐射率	标量	—	所有	排放系统从催化反应器到它的进、排气管 x 方向的辐射率
ex_cat_i2x_emisv	排放系统排放系统从催化反应器内、外筒到它的外壳的辐射率	标量	—	所有	排放系统从催化反应器内、外筒到它的外壳的辐射率
ex_cat_pipe_emisv	排放系统催化反应器进、排气管的辐射率	标量	—	所有	排放系统催化反应器进、排气管的辐射率
ex_cat_ext_emisv	排放系统催化反应器外壳对外的辐射率	标量	—	所有	排放系统催化反应器外壳对外的热辐射率
ex_manif_emisv	排放系统排气歧管和下悬喷管的辐射率	标量	—	所有	排放系统排气歧管和下悬喷管的热辐射率
ex_cat_m2i_th_cond	排放系统陶瓷反应催化颗粒与内、外筒之间的热传导率	矩阵	W/K	所有	陶瓷反应催化颗粒与内、外筒之间的热传导率
ex_cat_m2i_tmp	排放系统相应的温度矢量	矩阵	℃	所有	相应的温度矢量
ex_cat_i2x_th_cond	排放系统催化反应器内、外筒与外壳的热传导率	标量	W/K	所有	催化反应器内、外筒与外壳的热传导率
ex_cat_i2p_th_cond	排放系统催化反应器内、外筒与进、排气管之间的热传导率	标量	W/K	所有	催化反应器内、外筒与进、排气管之间的热传导率
ex_cat_p2x_th_cond	排放系统催化反应器进、排气管于它的外表面之间的热传导率	标量	W/K	所有	催化反应器进、排气管于它的外表面之间的热传导率

（续）

英文名称	中　文	类型	单　位	适用汽车	说　明
ex_cat_max_tmp	排放系统催化反应剂的最高温度	标量	℃	所有	催化反应剂的最高温度（仅用于旧的计算方法）
ex_cat_mon_init_tmp	排放系统催化反应器的初始温度	标量	℃	所有	初始条件：催化反应器的初始温度
ex_cat_int_init_tmp	排放系统催化反应器内、外筒的初始温度	标量	℃	所有	初始条件：催化反应器内、外筒的初始温度
ex_cat_pipe_init_tmp	排放系统催化反应器进、排气管的初始温度	标量	℃	所有	初始条件：催化反应器进、排气管的初始温度
ex_cat_ext_init_tmp	排放系统催化反应器外壳的初始温度	标量	℃	所有	初始条件：催化反应器器壳的初始温度
ex_manif_init_tmp	排放系统排气歧管的初始温度	标量	℃	所有	初始条件：排气歧管的初始温度
ex_cat_mat_th_res	催化材料在热传递过程中的热阻	标量	m·m·K/W	所有	催化材料在热转换过程中的热阻，是与对流面积，传导距离与热导率有关
ex_cat_mon_th_res	电池包之间热传递过程中的热阻	标量	m·m·K/W	装有密封转换器的汽车	电池包之间热传递过程中的热阻，是与对流面积，传导距离与热导率有关
ex_cat_pcm_cp	排放系统催化剂颗粒（$LiNO_3$）的热容量	标量	J/(kg·K)	装有真空隔离转换器的汽车	催化剂颗粒（$LiNO_3$）的热容量
ex_cat_pcm_lh	排放系统催化剂颗粒的潜伏热	标量	J/kg	装有真空隔离转换器的汽车	催化剂颗粒的潜伏热
ex_cat_pcm_mp	排放系统催化剂颗粒熔点	标量	℃	装有真空隔离转换器的汽车	催化剂颗粒熔点
ex_scale	排放系统的比例系数	标量	—	所有	排放系统的比例系数

表 A2-18　其他变量（Miscellaneous）

英文名称	中　文	类型	单　位	适用汽车	说　明
filename	文件名	字符	—	所有	所使用的图表名称
veh_gravity	汽车重力加速度	标量	m/s^2	所有	重力加速度

（续）

英文名称	中文	类型	单位	适用汽车	说明
amb_temp	环境温度	标量	℃	所有	环境温度
veh_air_density	空气密度	标量	kg/m^3	所有	空气密度
pwr_index	功率指针	标量	—	—	在 PTC_＊.m 的一些 m-文件中的 FOR 循环的指针变量；在 ADVISOR 更高版本中，该变量不会再出现
air_cp	空气的比热	标量	J/(kg·K)	—	空气的比热
deltaSOC_tol	0-δ SOC 校正法 SOC 误差	标量	—	—	0-δ SOC 校正法 SOC 误差，由用户在用户界面中给定
ic_description	初始条件描述	字符	—	—	初始条件描述，如标准初始条件或热启动初始条件等
max_zero_delta_iter	0-δ SOC 校正法最大循环次数	标量	—	—	0-δ SOC 校正法最大循环次数

表 A2-19 发电机/控制器（Generator/Controller）

英文名称	中文	类型	单位	适用汽车	说明
gc_description	发电机/控制器描述	字符	—	串联	发电机/控制器描述
gc_proprietary	发电机/控制器技术专利	布尔	—	串联	0—公共数据；1—限制访问数据
gc_validation	发电机/控制器数据确认	字符	—	串联	0—未确认；1—惯用源数据；2—同源数据，且源数据收集的方法已经被校验
gc_version	发电机/控制器文件版本	字符	—	串联	生成文件的 ADVISOR 版本
gc_map_spd	发电机/控制器转速范围	矢量	rad/s	串联	发电机/控制器转速范围
gc_map_trq	发电机/控制器转矩范围	矢量	N·m	串联	发电机/控制器转矩范围
gc_eff_map	发电机/控制器效率特性	矩阵	—	串联	发电机/控制器效率特性，它是变量 gc_map_spd 和 gc_map_trq 的函数
gc_inertia	发电机/控制器转动惯量	标量	kg/m^2	串联	发电机/控制器转动惯量
gc_mass	发电机/控制器的质量	标量	kg	串联	发电机/控制器的质量
gc_max_crrnt	发电机/控制器允许最大电流	标量	A·h	串联	发电机/控制器允许最大电流
gc_max_trq	发电机/控制器最大转矩	标量	N·m	串联	发电机/控制器最大转矩，它是变量 gc_map_spd 的函数

（续）

英文名称	中　文	类型	单　位	适用汽车	说　明
gc_min_volts	发电机/控制器允许最小电压	标量	V	串联	发电机/控制器允许最小电压
gc_outpwr_map	发电机/控制器电输出功率	矩阵	W	串联	发电机/控制器电输出功率，它是变量 gc_map_spd 和 gc_map_trq 的函数
gc_overtrq_factor	发电机/控制器转矩过载系数	标量	—	串联	发电机/控制器短时间内允许转矩过载系数
gc_spd_scale	发电机/控制器转速比例	标量	—	串联	发电机/控制器转速比例
gc_cp	发电机/控制器热容量	标量	—	丰田普锐斯	发电机/控制器平均热容量，用于 prius_jpn 热力学模型
gc_eff_scale	发电机/控制器效率比例	标量	—	丰田普锐斯	发电机/控制器效率比例，该变量不直接用于建模而用于初始化，并且总是等于 1
gc_inpwr_map	发电机/控制器输入功率	标量	W	丰田普锐斯	发电机/控制器输入功率，用于图块 prius_jpn 中的发电机/控制器模型
gc_sarea	发电机/控制器表面积	标量	cm^2	丰田普锐斯	发电机/控制器表面积，用于图块 prius_jpn 中的发电机/控制器模型
gc_th_calc	发电机/控制器热力计算	布尔	—	丰田普锐斯	标记：0—不进行热力计算；1—进行热力计算
gc_tstat	发电机/控制器的温度	标量	℃	日本普锐斯	冷却风扇开启时发电机/控制器的温度

表 A2-20　转矩耦合器（Torque Coupler）

英文名称	中　文	类型	单　位	适用汽车	说　明
tc_description	转矩合成装置描述	字符	—	并联	转矩合成装置描述
tc_proprietary	转矩合成装置技术专利	布尔	—	并联	0—公共数据；1—限制访问数据；
tc_validation	转矩合成装置数据确认	字符	—	并联	0—未确认；1—惯用源数据；2—同源数据，且源数据收集的方法已经被校验
tc_version	转矩合成装置数据版本	字符	—	并联	生成数据的 ADVISOR 版本

（续）

英文名称	中文	类型	单位	适用汽车	说明
tc_loss	转矩合成装置转矩损失	标量	N·m	并联	转矩合成装置转矩损失参数
tc_mc_to_fc_ratio	转矩合成装置电机输入轴转速和发动机输入轴转速之比	标量	—	并联	电机输入轴转速和发动机输入轴转速之比

表 A2-21 电机/控制器（Motor/Controller）

英文名称	中文	类型	单位	适用汽车	说明
mc_description	电机/控制器描述	字符	—	并/串联	电机/控制器描述
mc_proprietary	电机/控制器技术专利	布尔	—	并/串联	0—公共数据；1—限制访问数据
mc_validation	电机/控制器数据确认	字符	—	并/串联	0—未确认；1—惯用源数据；2—同源数据，且源数据收集的方法已经被校验
mc_version	电机/控制器文件版本	字符	—	并/串联	生成文件的 ADVISOR 版本
mc_map_spd	电机/控制器转速范围	矢量	rad/s	并/串联	电机/控制器转速范围
mc_map_trq	电机/控制器转矩范围	矢量	N·m	并/串联	电机/控制器转矩范围
mc_eff_map	电机/控制器效率特性	矩阵	—	并/串联	电机/控制器效率特性，它是 mc_map_spd 和 mc_map_trq 的函数
mc_inertia	电机/控制器的转动惯量	标量	kg/m^2	并/串联	电机/控制器的转动惯量
mc_inpwr_map	电机/控制器输入功率	矩阵	W	并/串联	电机/控制器输入功率，它是变量 mot_map_spd 和 mot_map_trq 的函数
mc_mass	电机/控制器的质量	标量	kg	并/串联	电机/控制器的质量
mc_max_crrnt	电机/控制器允许最大电流	标量	A·h	并/串联	电机/控制器允许最大电流
mc_max_trq	电机/控制器最大转矩	矢量	N·m	并/串联	电机/控制器最大转矩，它是变量 mc_map_spd 的函数
mc_min_volts	电机/控制器允许最小电压	标量	V	并/串联	电机/控制器允许最小电压

（续）

英文名称	中　文	类型	单　位	适用汽车	说　明
mc_overtrq_factor	电机/控制器转矩过载系数	标量	—	并/串联	电机/控制器短时间允许转矩过载系数
mc_spd_scale	电机/控制器转速比例系数	标量	—	并/串联	电机/控制器转速比例系数
mc_trq_scale	电机/控制器转矩比例系数	标量	—	并/串联	电机/控制器转矩比例系数
mc_th_calc	电机/控制器热力计算	布尔	—	所有	0—不进行热力计算；1—进行热力计算
mc_cp	电机/控制器的热容量	标量	J/(kg·K)	所有	电机/控制器的热容量
mc_tstat	电机/控制器的温度	标量	℃	所有	电机/控制器的温度电机/控制器的温度
mc_sarea	电机/控制器的水冷却面积	标量	m^2	所有	电机/控制器的水冷却面积
mc_area_scale	电机/控制器冷却面积比例系数	标量	—	并/串联	电机/控制器冷却面积比例系数
mc_eff_scale	电机/控制器效率比例系数	标量	—	串/并联	电机/控制器效率比例系数
mc_max_cont_trq	电机/控制器最大转矩	矢量	N·m	串/并联	电机/控制器各转速下的最大转矩
mc_outpwr_map	电机/控制器输出功率	矩阵	W	串/并联	电机/控制器输出功率，用于计算 mc_inpwr_map
mc_init_tmp	电机/控制器初始温度	标量	℃	串/并联	电机/控制器初始温度

表 A2-22　控制策略（Control Strategy）

英文名称	中　文	类型	单　位	适用汽车	说　明
cs_charge_trq	充电转矩	标量	N·m	并联	hybrid_chargetrq *（SOCinit-SOC）= 加在发动机上面的类似发电机的再充电转矩
cs_electric_launch_spd	发动机工作的转速下限	标量	rad/s	并联	发动机工作的转速下限，在此速度以下，发动机将被关闭
cs_min_trq_frac	最小转矩系数	标量	—	并联	最小转矩系数 × 当前转速下发动机的最大转矩 = 转矩下限，但要求转矩更低时，发动机就在转矩下限工作，而电机发电

（续）

英文名称	中文	类型	单位	适用汽车	说明
cs_off_trq_frac	发动机关闭转矩系数	标量	—	并联	发动机关闭转矩系数×当前转速下发动机的最大转矩=转矩下限，但要求转矩更低时，发动机就关闭
cs_fc_init_state	发动机初始状态	布尔	—	串联	0—发动机初始状态为开（on）；1—发动机初始状态为关（off）
cs_charge_pwr	充电功率	标量	W	串联	充电功率×发动机转速比例系数×发动机转矩比例系数×[(SOC上限-SOC下限)/2-SOC]就是为总线功率要求所作的SOC调整
cs_max_pwr	最大功率	标量	W	串联	当SOC大于下限时，最大功率×发动机转速比例系数×发动机转矩比例系数就是要求发动机输出的最大功率
cs_min_pwr	最小功率	标量	W	串联	最小功率×发动机转速比例系数×发动机转矩比例系数就是要求发动机输出的最小功率
cs_max_pwr_fall_rate	最大功率衰减率	标量	W/s	串联	最大功率衰减率×发动机转速比例系数×发动机转矩比例系数为发动机功率最大衰减速度
cs_max_pwr_rise_rate	最大功率增长率	标量	W/s	串联	最大功率增长率×发动机转速比例系数×发动机转矩比例系数为发动机功率最大增长速度
cs_min_off_time	发动机最小关断时间	标量	s	串联	发动机最小关断时间，只有在发动机经历了该时间段后，才能重新起动
cs_pwr	功率	矢量	W	串联	功率×发动机转速比例系数×发动机转矩比例系数是用于定义效率最高点的发动机功率矢量
cs_spd	转速	矢量	rad/s	串联	转速×发动机转速比例系数是效率最高点的发动机速度矢量，它是矢量 cs_pwr * fc_spd_scale * fc_trq_scale 的函数
cs_hi_soc	SOC 上限	标量	—	串/并联	允许的 SOC 上限
cs_lo_soc	SOC 下限	标量	—	串/并联	允许的 SOC 下限
cs_fc_spd_opt	发动机最佳工作速度	矢量	rad/s	丰田普锐斯	发动机最佳工作速度，和 cs_fc_trq_opt 以及 cs_fc_pwr_opt 同时使用

（续）

英文名称	中　　文	类型	单　　位	适用汽车	说　　明
cs_fc_trq_opt	发动机最佳工作转矩	矢量	N·m	丰田普锐斯	发动机最佳工作转矩，和 cs_fc_spd_opt 以及 cs_fc_pwr_opt 同时使用
cs_fc_pwr_opt	发动机最佳工作功率	矢量	W	丰田普锐斯	cs_fc_trq_opt 和 cs_fc_spd_opt 确定的功率
cs_charge_deplete_bool	完全放电与否	布尔	—	串/并联	1—完全放电策略；0—电量保持策略
cs_fc_max_pwr_frac	发动机最大功率系数	标量	—	CVT/并联	发动机最大功率系数，在此功率系数以下，发动机可以工作
cs_fc_min_pwr_frac	发动机最小功率系数	标量	—	CVT/并联	发动机最小功率系数，在此功率系数以上，发动机可以工作
cs_hi_trq_frac	发动机最高转矩系数	标量	—	载荷/SOC 平衡并联	发动机最高负载系数
cs_lo_trq_frac	发动机最低转矩系数	标量	—	载荷/SOC 平衡并联	发动机最低负载系数
cs_offset_soc	soc 的设定偏移量	标量	—	并联	电动启动车速与 SOC 关系曲线的 X 向截距，只有当信号 cs_charge_deplete_bool = 1 时，蓄电池开始工作
cs_trq_to_soc_factor	相对重要系数	标量	—	负载/SOC 平衡并联	发动机工作和 SOC 工作对欲达到目标的相对重要性；这一变量的值较小意味着 SOC 更加重要，即让 SOC 工作较合理，反之，则发动机较重要
cs_tstat_init_state	燃料转换装置的初始状态	标量	—	电动汽车	用于 PTC 电动汽车：1—ON；0—OFF

表 A2-23　仿真控制变量（Simulation Control Variables）

英文名称	中　　文	类型	单　　位	适用汽车	说　　明
sim_stop_distance	汽车模拟停止距离	标量	m	所有	用在 <vc> 图表块中，当 enable_sim_stop_distance 为非零时，在汽车经过预设的距离后停止模拟；这一变量用于如加速度试验等的逻辑控制
sim_stop_speed	汽车模拟停止速度	标量	mile/h	所有	用在 <vc> 图表块中，当 enable_sim_stop_speed 为非零时，在汽车超过预设的速度后停止模拟；这一变量用于如加速度试验等的逻辑控制

（续）

英文名称	中文	类型	单位	适用汽车	说明
sim_stop_time	汽车模拟停止时间	标量	s	所有	用在<vc>图表块中，当 enable_sim_stop_time 为非零时，在汽车超过预设的时间后停止模拟；这一变量用于如加速度试验等的逻辑控制
enable_sim_stop_distance	模拟行驶距离预设	布尔	—	所有	加速度试验中，用户界面/模拟相关变量；见图块表中<vc>/sim stop sub-system
enable_sim_stop_speed	模拟行驶速度预设	布尔	—	所有	加速度试验中，用户界面/模拟相关变量；见图块表中<vc>/sim stop sub-system
enable_sim_stop_time	模拟行驶时间预设	布尔	—	所有	加速度试验中，用户界面/模拟相关变量；见图块表中<vc>/sim stop sub-system
enable_speed_scope	模拟行驶速度范围预设	布尔	—	所有	J1711 试验中的用户界面/模拟相关变量
enable_stop_fc	模拟行驶发动机停机	布尔	—	所有	1—则在模拟过程中一旦发动机启动模拟就结束；0—不管发动机开还是关，模拟继续进行
fc_on	燃料转换装置开/关	布尔	—	所有	模拟控制参数：1—燃料转换装置开；0—燃料转换装置关。当为0时，模拟即按 J1711 试验规程一电动车的模式运行
enable_stop	模拟停止	布尔	—	带有能量存储装置的汽车	一旦激活，J1711 试验规程就会在 SOC 等于零的时候停止模拟
ess_on	能量存储系统开/关	布尔	—	带有能量存储装置的汽车	用于表明电池是否为开的布尔模拟参数：1—电池开；0—电池关。用于 J1711 试验规程的常规模式

A3 ADVISOR 输出变量

表 A3-1 附件（Accessories）

英文名称	中文	类型	单位	适用汽车	说明
acc_elec_eff	电子附件的效率	标量	—	所有	电子附件的效率

（续）

英文名称	中　文	类型	单　位	适用汽车	说　明
acc_elec_pwr_in_a	输入附件的电功率	矢量	W	所有	输入附件的可达到的电功率
acc_elec_pwr_out_a	附件输出的电功率	矢量	W	所有	附件输出的可达到的电功率
acc_mech_eff	附件的机械效率	标量	—	所有	附件的机械效率
acc_mech_pwr_in_a	输入机械附件的功率	矢量	W	所有	循环工况中每一步进时间内输入机械附件的功率
acc_mech_pwr_out_a	机械附件输出的功率	矢量	W	所有	循环工况中每一步进时间内机械附件输出的功率
acc_mech_trq	恒转矩负载	标量	N·m	所有	发动机上的恒转矩负载

表 A3-2　行驶循环（Drive Cycle）

英文名称	中　文	类型	单　位	适用汽车	说　明
cyc_mph_r	行驶循环要求的汽车速度	矢量	mile/h	所有	要求的汽车速度（以英里为单位）
cyc_kph_r	行驶循环要求的汽车速度	矢量	km/h	所有	要求的汽车速度（以千米为单位）
t	定义行驶循环的时间矢量	矢量	s	所有	定义行驶循环的时间矢量
lim_key_off	key off 时间矢量	矢量	—	所有	key off 时间矢量： 0—key on；1—key off
elevation	汽车所处的海拔	矢量	m	所有	包含汽车海拔高度的时间矢量
grade	道路坡度	矢量	decimal	所有	模拟过程中以小数表示的道路坡度时间矢量，如 0.02 表示的是 2% 的坡度
distance	汽车行驶距离	矢量	m	所有	包含汽车行驶距离的时间矢量

表 A3-3　能量存储系统（Energy Storage System）

英文名称	中　文	类型	单　位	适用汽车	说　明
ess_pwr_out_a	能量存储系统可输出的功率	矢量	W	并/串联	能量存储系统可输出的功率
ess_pwr_out_r	要求能量存储系统输出的功	矢量	W	并/串联	要求能量存储系统输出的功率
ess_soc_hist	能量存储系统电量状态纪录	矢量	—	并/串联	电量状态纪录
ess_current	能量存储系统电池输出的电流	矢量	A	并/串联	电池输出的电流
ess_mod_tmp	能量存储系统电池模块的平均温度	矢量	℃	所有	电池模块的平均温度

（续）

英文名称	中　文	类型	单　位	适用汽车	说　明
ess_air_tmp	能量存储系统电池模块冷却空气的平均温度	矢量	℃	所有	电池模块冷却空气的平均温度
ess_air_th_pwr	能量存储系统热损失功率	矢量	W	所有	通过冷却空气带走的电池模块的热量
lim_ess_pwr	能量存储系统功率限制	矢量	—	并/串联	能量存储系统功率限制：0—无功率限制；1—功率限制
lim_ess_minV	能量存储系统最小电压限制	矢量	—	并/串联	0—无最小电压限制；1—有最小电压限制
lim_ess_maxV	能量存储系统最高电压限制	矢量	—	并/串联	0—无最高电压限制；1—有最高电压限制
dE_dt_stored	能量存储系统单位时间内存储的能量	矢量	W	带有能量存储系统的汽车	每一步进时间内能量存储系统存储的能量
ess_pwr_loss_a	能量存储系统实际功率损失	矢量	W	并/串联	能量存储系统实际功率损失
lim_ess_soc_hi	能量存储系统电量状态上限	矢量	—	带有能量存储系统的汽车	能量存储系统电量状态上限（见图表窗口 <sdo> 模块）
lim_ess_soc_low	能量存储系统电量状态下限	矢量	—	带有能量存储系统的汽车	能量存储系统电量状态下限（见图表窗口 <sdo> 模块）
ess_eff	能量存储系统循环效率	标量	—	带有能量存储系统的汽车	能量存储系统循环效率
ess_in_kj	能量存储系统接受的能量	标量	kJ	带有能量存储系统的汽车	整个循环工况内进入能量存储系统能量
ess_loss_kj	能量存储系统损失的能量	标量	kJ	—	整个循环工况内能量存储系统损失的能量
ess_out_kj	能量存储系统输出的能量	标量	kJ	带有能量存储系统的汽车	整个循环工况内能量存储系统输出的能量
ess_stored_kj	能量存储系统存储的能量	标量	kJ	带有能量存储系统的汽车	整个循环工况内能量存储系统存储的能量
eta_ess_chg	能量存储系统再充电效率	标量	kJ	带有能量存储系统的汽车	再充电效率
eta_ess_dis	能量存储系统放电效率	标量	kJ	带有能量存储系统的汽车	能量存储系统放电效率

（续）

英文名称	中　文	类型	单　位	适用汽车	说　明
into_storage_kj	能量存储系统流入电池的能量	标量	kJ	带有能量存储系统的汽车	整个循环工况内流入电池的有用能量
out_of_storage_kj	能量存储系统流出电池的能量	标量	kJ	带有能量存储系统的汽车	整个循环工况内流出电池的能量（有效输出＋损失）

表 A3-4　发电机/控制器（Generator/Controller）

英文名称	中　文	类型	单　位	适用汽车	说　明
gc_pwr_out_a	发电机能输出的功率	矢量	W	串联	发电机能输出的功率
gc_spd_in_a	可达到的输入发电机的转速	矢量	rad/s	串联	可达到的输入发电机的转速
gc_trq_in_a	可达到的输入发电机的转矩	矢量	N · m	串联	可达到的输入发电机的转矩
genset_min_pwr	发电机/控制器组的最小功率	标量	W	串联	发电机/控制器组的最小功率
gc_eff	发电机/控制器组的效率	标量	—	所有	发电机/控制器组的效率
gc_in_kj	输入发电机组/控制器的能量	标量	kJ	所有	输入发电机组/控制器的能量
gc_loss_kj	发电机组/控制器的能量损失	标量	kJ	所有	整个循环工况内发电机组/控制器的能量损失
gc_out_kj	发电机组/控制器输出的能量	标量	kJ	所有	整个循环工况内发电机组/控制器输出的能量

表 A3-5　电机/控制器（Motor/Controller）

英文名称	中　文	类型	单　位	适用汽车	说　明
lim_mc_crrnt	电机/控制器电流限制	矢量	A	串/并联	0—电机/控制器当前未加限制；1—电机/控制器有限制
lim_mc_spd	电机/控制器速度限制	矢量	rad/s	串/并联	0—电机/控制器当前未加限制；1—电机/控制器有限制
lim_mc_trq	电机/控制器转矩限制	矢量	rad/s	串/并联	0—电机/控制器当前未加限制；1—电机/控制器有限制
lim_mc_voltage	电机/控制器电压限制	矢量	V	串/并联	0—电机/控制器当前未加限制；1—电机/控制器有限制
mc_pwr_in_a	可输入电机/控制器的功率	矢量	W	串/并联	可输入电机/控制器的功率

（续）

英文名称	中　文	类型	单　位	适用汽车	说　明
mc_pwr_in_r	要求电机/控制器输出的功率	矢量	W	串/并联	要求电机/控制器输出的功率
mc_spd_out_a	电机/控制器可输出的转速	矢量	rad/s	串/并联	电机/控制器可输出的转速
mc_spd_out_r	要求电机/控制器输出的速度	矢量	rad/s	串/并联	要求电机/控制器输出的速度
mc_trq_out_a	电机/控制器可输出的转矩	矢量	N·m	串/并联	电机/控制器可输出的转矩
mc_trq_out_r	要求电机/控制器输出的转矩	矢量	N·m	串/并联	要求电机/控制器输出的转矩
mc_tmp	电机/控制器平均温度	矢量	℃	串/并联	电机/控制器平均温度
mc_clt_th_pwr	电机/控制器消耗的热功率	矢量	W	串/并联	冷却液带走的热功率
mc_max_trq_vec	电机/控制器最大转矩矢量	矢量	N·m	串/并联	电机/控制器最大转矩矢量；见电机/控制器图表块 < mc >、< mc > par 和 < mc > prius，在子图块 enforce torque limit 中有使用的详细说明
mc_ni_trq_out_a	电机/控制器转子驱动可达到的转矩	矢量	N·m	串/并联	电机/控制器转子驱动可达到的转矩
mc_pwr_loss	电机/控制器功率损失	矢量	W	串/并联	电机/控制器功率损失
mc_spd_est	电机/控制器转子转速	矢量	rad/s	串/并联	上一步进时间结束时电机/控制器转子转速
mc_eff	电机/控制器效率	标量	—	装有电机的所有汽车	电机/控制器效率
mc_in_kj	进入电机/控制器的能量	标量	kJ	装有电机的所有汽车	一个循环工况内进入电机/控制器的能量
mc_loss_kj	电机/控制器能量损失	标量	kJ	装有电机的所有汽车	电机/控制器输入输出能量之差
mc_out_kj	电机/控制器输出的有用能量	标量	kJ	装有电机的所有汽车	一个循环工况内电机/控制器输出的有用能量
mot_as_gen_eff	电机/控制器发电时的效率	标量	—	装有电机的所有汽车	电机/控制器作为发电机时的效率

（续）

英文名称	中 文	类型	单 位	适用汽车	说 明
mot_as_gen_in_kj	电机/控制器发电时进入电机的总能量	标量	kJ	装有电机的所有汽车	电机/控制器发电时进入电机的总能量
mot_as_gen_loss_kj	电机/控制器发电时的能量损失	标量	kJ	装有电机的所有汽车	电机/控制器发电时的能量损失
mot_as_gen_out_kj	电机/控制器发电时输出的能量	标量	kJ	装有电机的所有汽车	电机/控制器发电时输出的能量

表 A3-6 功率总线（Power Bus）

英文名称	中 文	类型	单 位	适用汽车	说 明
pb_pwr_out_a	功率总线可输出的功率	矢量	W	串/并联	功率总线可输出的功率
pb_pwr_out_r	要求功率总线输出的功率	矢量	W	串/并联	要求功率总线输出的功率
pb_voltage	功率总线电压	矢量	W	串/并联	功率总线电压

表 A3-7 转矩耦合装置（Torque Coupler）

英文名称	中 文	类型	单 位	适用汽车	说 明
tc_spd_out_a	转矩耦合装置可输出的转速	矢量	rad/s	并联	转矩耦合装置可输出的转速
tc_spd_out_r	要求转矩耦合装置输出的转速	矢量	rad/s	并联	要求转矩耦合装置输出的转速
tc_trq_out_a	转矩耦合装置可输出的转矩	矢量	N·m	并联	转矩耦合装置可输出的转矩
tc_trq_out_r	要求转矩耦合装置输出的转矩	矢量	N·m	并联	要求转矩耦合装置输出的转矩
tc_pwr_in_a	可输入转矩耦合装置的功率	矢量	N·m/s	并联	可输入转矩耦合装置的功率
tc_eff	转矩耦合装置效率	标量	—	并联	整个循环工况内转矩耦合装置效率
tc_in_kj	输入转矩耦合装置的能量	标量	kJ	并联	整个循环工况内输入转矩耦合装置的总能量
tc_in_regen_kj	再生制动时输入转矩耦合装置的能量	标量	kJ	并联	整个循环工况内，再生制动时输入转矩耦合装置的总能量
tc_loss_kj	转矩耦合装置的能量损失	标量	kJ	并联	转矩耦合装置输入输出的能量之差
tc_out_kj	转矩耦合装置输出的能量	标量	kJ	并联	整个循环工况内转矩耦合装置输出的能量

（续）

英文名称	中文	类型	单位	适用汽车	说明
tc_out_regen_kj	再生制动时转矩耦合装置输出的能量	标量	kJ	并联	整个循环工况内，再生制动时转矩耦合装置输出的能量
tc_regen_eff	转矩耦合装置的效率	标量	—	并联	转矩耦合装置的效率
tc_regen_loss_kj	转矩耦合装置再生制动工况时累计能量损失	标量	kJ	并联	再生制动工况时累计能量损失

表 A3-8 整车（Vehicle）

英文名称	中文	类型	单位	适用汽车	说明
emis	排放	矩阵	g/s	所有	排气管 HC、CO、NO_x 和微粒的排放量
emis_old	排放	矩阵	g/s	所有	用旧方法计算的排气管 HC、CO、NO_x 和微粒的排放量
emis_ppm	排放 ppm	矩阵	百万分之一	所有	以 ppm 计算的排放
gal	累积燃油消耗（加仑）	矢量	gal	所有	累积燃油消耗
liters	累积燃油消（升）	矢量	L	所有	累积燃油消耗（升）
mpha	达到的汽车速度	矢量	mile/h	所有	达到的汽车速度
kpha	达到的汽车速度	矢量	km/h	所有	达到的汽车速度
veh_force_a	汽车达到的驱动力	矢量	N	所有	达到的汽车驱动力
veh_force_r	要求汽车达到的驱动力	矢量	N	所有	要求汽车达到的驱动力
veh_spd_a	汽车达到的速度	矢量	m/s	所有	汽车达到的速度
veh_spd_r	要求汽车达到的速度	矢量	m/s	所有	要求汽车达到的速度
arl	要求汽车达到的加速度	矢量	m/s^2	所有	要求汽车达到的加速度
lim_key_off	点火钥匙开/关	标量	布尔	所有	指出点火钥匙开与关
aero_kj	空气阻力引起的能量损失	标量	kJ	所有	空气阻力引起的能量损失

表 A3-9 车轮/车轴（Wheel/Axle）

英文名称	中文	类型	单位	适用汽车	说明
lim_wh_brake	车轮制动力限制	矢量	—	所有	车轮制动力限制布尔变量：1—车轮制动力被限制；0—车轮制动力没有被限制

（续）

英文名称	中　文	类型	单　位	适用汽车	说　明
wh_spd_a	车轮达到的转速	矢量	rad/s	所有	车轮达到的转速
wh_spd_r	要求车轮达到的转速	矢量	rad/s	所有	要求车轮达到的转速
lim_wh_traction	车轮牵引力限制	矢量	—	所有	车轮牵引力限制布尔变量：1—车轮滑转；0—车轮不滑转
wh_trq_a	车轮可达到的转矩	矢量	N·m	所有	车轮可达到的转矩
wh_trq_r	要求车轮达到的转矩	矢量	N·m	所有	要求车轮达到的转矩
wh_slip_r	要求车轮滑转弧长	矢量	rad	所有	要求车轮滑转弧长
wh_brake_loss_pwr	车轮制动功率损失	矢量	N·m/s	所有	车轮制动功率损失
wh_eff	车轮的效率	标量	—	所有	整个循环工况内车轮的效率
wh_in_kj	输入车轮的总能量	标量	kJ	所有	整个循环工况内传动系输入车轮的总能量
wh_in_regen_kj	再生制动时通过车轮输入的总能量	标量	kJ	所有	整个循环工况内，通过车轮输入用于再生制动的总能量
wh_loss_kj	车轮能量损失	标量	kJ	所有	整个循环工况内车轮输入输出能量之差
wh_out_kj	车轮输出的能量	标量	kJ	所有	整个循环工况内车轮输出的用于保持驱动力和车速的能量
wh_out_regen_kj	车轮输入传动系用于再生制动的有效能量	标量	kJ	所有	整个循环工况内，车轮输入传动系用于再生制动的有效能量
wh_regen_eff	再生制动时车轮效率	标量	—	所有	再生制动时车轮效率
wh_regen_loss_kj	车轮再生制动能量损失	标量	kJ	所有	整个循环工况内输入车轮的动能与再生制动时车轮传入传动系的有效能量之差

表 A3-10　驱动桥（Final Drive Axle）

英文名称	中　文	类型	单　位	适用汽车	说　明
fd_spd_in_a	输入驱动桥的转速	矢量	rad/s	所有	输入驱动桥的转速
fd_spd_in_r	要求的驱动桥转速	矢量	rad/s	所有	要求的驱动桥转速
fd_spd_out_a	驱动桥	矢量	rad/s	所有	驱动桥输出达到的转速
fd_spd_out_r	要求驱动桥输出的转速	矢量	rad/s	所有	要求驱动桥输出的转速
fd_trq_in_a	输入驱动桥的转矩	矢量	N·m	所有	输入驱动桥的转矩
fd_trq_in_r	要求驱动桥的转矩	矢量	N·m	所有	要求驱动桥的转矩

（续）

英文名称	中文	类型	单位	适用汽车	说明
fd_trq_out_a	驱动桥输出的转矩	矢量	N·m	所有	驱动桥输出的转矩
fd_trq_out_r	要求驱动桥输出的转矩	矢量	N·m	所有	要求驱动桥输出的转矩
fd_eff	驱动桥平均效率	标量	—	所有	整个循环工况内驱动桥的平均效率
fd_in_kj	输入驱动桥的能量	标量	kJ	所有	整个循环工况内输入驱动桥的能量
fd_in_regen_kj	再生制动时输入驱动桥的能量	标量	kJ	所有	整个循环工况内再生制动时输入驱动桥的能量
fd_loss_kj	驱动桥的能量损失	标量	kJ	所有	驱动桥的能量损失
fd_out_kj	驱动桥输出的有效能量	标量	kJ	所有	驱动桥输出的有效能量
fd_out_regen_kj	再生制动时驱动桥输出的能量	标量	kJ	所有	整个循环工况内再生制动时驱动桥输出的能量
fd_regen_eff	再生制动时驱动桥的效率	标量	—	所有	整个循环工况内再生制动时驱动桥的效率
fd_regen_loss_kj	再生制动时驱动桥的能量损失	标量	kJ	所有	整个循环工况内再生制动时驱动桥的能量损失

表 A3-11 变速器（Gearbox）

英文名称	中文	类型	单位	适用汽车	说明
gb_spd_in_a	输入变速器的转速	矢量	rad/s	所有	输入变速器的转速
gb_spd_in_r	要求输入变速器的转速	矢量	rad/s	所有	要求输入变速器的转速
gb_spd_out_a	变速器的输出转速	矢量	rad/s	所有	变速器的输出转速
gb_spd_out_r	要求变速器输出的转速	矢量	rad/s	所有	要求变速器输出的转速
gb_trq_in_a	输入变速器的转矩	矢量	N·m	所有	输入变速器的转矩
gb_trq_in_r	要求输入变速器的转矩	矢量	N·m	所有	要求输入变速器的转矩
gb_trq_out_a	变速器输出的转矩	矢量	N·m	所有	变速器输出的转矩
gb_trq_out_r	要求变速器输出的转矩	矢量	N·m	所有	要求变速器输出的转矩
gear_number	变速器齿轮数量	矢量	—	所有	当前齿轮数量

表 A3-12　液力变矩器（Hydraulic Torque Converter）

英文名称	中　文	类型	单　位	适用汽车	说　明
htc_spd_in_a	输入液力变矩器的转速	矢量	rad/s	常规汽车	输入液力变矩器的转速
htc_spd_in_r	要求输入液力变矩器的转速	矢量	rad/s	常规汽车	要求输入液力变矩器的转速
htc_spd_out_a	液力变矩器输出的转速	矢量	rad/s	常规汽车	液力变矩器输出的转速
htc_spd_out_r	要求液力变矩器输出的转速	矢量	rad/s	常规汽车	要求液力变矩器输出的转速
htc_trq_in_a	输入液力变矩器的转矩	矢量	N · m	常规汽车	输入液力变矩器的转矩
htc_trq_in_r	要求输入液力变矩器的转矩	矢量	N · m	常规汽车	要求输入液力变矩器的转矩
htc_trq_out_a	液力变矩器输出的转矩	矢量	N · m	常规汽车	液力变矩器输出的转矩
htc_trq_out_r	要求液力变矩器输出的转矩	矢量	N · m	常规汽车	要求液力变矩器输出的转矩
htc_eff	液力变矩器的效率	标量	—	常规汽车	液力变矩器的效率
htc_in_kj	输入液力变矩器的能量	标量	kJ	常规汽车	输入液力变矩器的能量
htc_loss_kj	液力变矩器的能量损失	标量	kJ	常规汽车	液力变矩器的能量损失
htc_out_kj	液力变矩器输出的能量	标量	kJ	常规汽车	液力变矩器输出的能量
htc_regen_eff	再生制动时液力变矩器的效率	标量	kJ	常规汽车	再生制动时液力变矩器的效率
htc_regen_in_kj	再生制动时输入液力变矩器的能量	标量	kJ	常规汽车	再生制动时输入液力变矩器的能量
htc_regen_loss_kj	再生制动时液力变矩器的能量损失	标量	kJ	常规汽车	再生制动时液力变矩器的能量损失
htc_regen_out_kj	再生制动时液力变矩器输出能量	标量	kJ	常规汽车	再生制动时液力变矩器输出能量

表 A3-13　无级变速器（Continuously Variable Transmission）

英文名称	中　文	类型	单　位	适用汽车	说　明
cvt_spd_in_a	输入 CVT 的转速	矢量	rad/s	所有	输入 CVT 的转速
cvt_spd_in_r	要求输入 CVT 的转速	矢量	rad/s	所有	要求输入 CVT 的转速

（续）

英文名称	中文	类型	单位	适用汽车	说明
cvt_spd_out_a	CVT 输出的转速	矢量	rad/s	所有	CVT 输出的转速
cvt_spd_out_r	要求 CVT 输出的转速	矢量	rad/s	所有	要求 CVT 输出的转速
cvt_trq_in_a	输入 CVT 的转矩	矢量	N · m	所有	输入 CVT 的转矩
cvt_trq_in_r	要求输入 CVT 的转矩	矢量	N · m	所有	要求输入 CVT 的转矩
cvt_trq_out_a	CVT 输出的转矩	矢量	N · m	所有	CVT 输出的转矩
cvt_trq_out_r	要求 CVT 输出的转矩	矢量	N · m	所有	要求 CVT 输出的转矩

表 A3-14 离合器（Clutch）

英文名称	中文	类型	单位	适用汽车	说明
lim_clutch_dis	离合器分离/闭合	矢量	—	所有	离合器分离/闭合布尔变量：1—分离；0—闭合或部分闭合
clutch_state	离合器状态	矢量	—	所有	离合器状态：1—分离；2—滑转；3—闭合
shifting	换档	矢量	—	所有	0—齿轮不换档；1—齿轮换档
clutch_eff	离合器效率	标量	—	所有	离合器的效率
clutch_in_kj	输入离合器的能量	标量	kJ	所有	整个循环工况内输入离合器的能量
clutch_loss_kj	离合器损失的能量	标量	kJ	所有	离合器损失的能量
clutch_out_kj	离合器输出的能量	标量	kJ	所有	离合器输出的能量
clutch_regen_eff	离合器再生制动时的效率	标量	kJ	所有	离合器再生制动时的效率
clutch_regen_in_kj	再生制动时输入离合器的能量	标量	kJ	所有	整个循环工况内再生制动时输入离合器的能量
clutch_regen_loss_kj	再生制动时离合器损失的能量	标量	kJ	所有	整个循环工况内再生制动时离合器损失的能量
clutch_regen_out_kj	再生制动时离合器输出的能量	标量	kJ	所有	整个循环工况内再生制动时离合器输出的能量

表 A3-15 燃料转换装置（Fuel Converter）

英文名称	中文	类型	单位	适用汽车	说明
fc_spd_out_a	燃料转换装置可输出转速	矢量	rad/s	除燃料电池汽车外	燃料转换装置可输出转速
fc_spd_out_r	要求燃料转换装置输出的转速	矢量	rad/s	除燃料电池汽车外	要求燃料转换装置输出的转速
fc_trq_ out_a	燃料转换装置输出的转矩	矢量	N · m	除燃料电池汽车外	燃料转换装置输出的转矩

（续）

英文名称	中 文	类型	单 位	适用汽车	说 明
lim_fc_trq	燃料转换装置转矩限制	矢量	—	除燃料电池汽车外	燃料转换装置转矩限制：1—无限制；0—有限制
lim_fc_spd	燃料转换装置转速限制	矢量	—	除燃料电池汽车外	燃料转换装置转速限制
fc_trq_ out_r	要求燃料转换装置输出的转矩	矢量	N·m	除燃料电池汽车外	要求燃料转换装置输出的转矩
fc_inertia_trq	燃料转换装置惯性转矩	矢量	N·m	除燃料电池汽车外	燃料转换装置惯性转矩
lim_engine_off	燃料转换装置（发动机）开/关	矢量	N·m	除燃料电池汽车外	0—发动机关；1—发动机开
fc_brake_trq	燃料转换装置制动转矩	矢量	N·m	除燃料电池汽车外	燃料转换装置制动转矩
fc_coolant_th_pwr	燃料转换装置热损耗功率	矢量	W	所有	燃料转换装置热损耗功率
fc_emis_eo	燃料转换装置排放	矩阵	g/s	所有	发动机排放的 HC，CO，NO_x 和微粒
fc_ex_gas_flow	燃料转换装置尾气排放流量	矢量	g/s	所有	燃料转换装置尾气排放流量
fc_fuel_in_pwr	输入燃料转换装置的功率	矢量	W	所有	输入燃料转换装置的（燃料）功率
fc_fuel_rate	燃料转换装置燃油消耗	矢量	g/s	所有	燃料转换装置燃油消耗
fc_mech_out_pwr	燃料转换装置输出的机械功率	矢量	W	所有	燃料转换装置输出的机械功率
fc_th_pwr	燃料转换装置热损耗功率	矢量	W	所有	从燃烧室到发动机的废热损耗
fc_r_th_pwr	燃料转换装置经散热器排出的热功率	矢量	W	所有	燃料转换装置经散热器排出的热量
fc_h_th_pwr	燃料转换装置用于车内加热的热功率	矢量	W	所有	燃料转换装置用于车内加热的热功率
fc_pwr_out_a	燃料电池输出的电功率	矢量	W	燃料电池汽车	燃料电池输出的电功率
fc_pwr_out_r	要求燃料电池输出的电功率	矢量	W	燃料电池汽车	要求燃料电池输出的电功率
fc_spd_est	估计的燃料转换装置的角速度	矢量	rad/s	所有	估计的燃料转换装置的角速度

（续）

英文名称	中文	类型	单位	适用汽车	说明
fc_tmp	燃料转换装置的温度	矩阵（n×4）	℃	所有	燃料转换装置随时间变化的温度：气缸温度、发动机内部温度、发动机表面温度和发动机舱盖的温度
fc_eff_avg	燃料转换装置的平均效率	标量	—	所有	整个循环工况内燃料转换装置的平均效率
fc_ex_gas_tmp	燃料转换装置排放的尾气温度	矢量	℃	所有	整个循环工况内燃料转换装置排放的尾气温度
fc_ex_th_pwr	燃料转换装置排放的热量	矢量	W	所有	整个循环工况内燃料转换装置排放的热量
fc_loss_kj	燃料转换装置损失的能量	标量	kJ	所有	燃料转换装置损失的能量
fc_out_kj	燃料转换装置输出的能量	标量	kJ	所有	燃料转换装置输出的能量
fc_retard_kj	燃料转换装置所做的负功	标量	kJ	所有	燃料转换装置所做的负功

表 A3-16 排放和催化剂系统变量（Exhaust System &Catalyst Variables）

英文名称	中文	类型	单位	适用汽车	说明
ex_cat_eff	催化反应器的效率	矩阵	—	所有	HC、CO、NO_x 和 PM 的转化效率
ex_cat_tmp	催化反应器的温度	矢量	℃	所有	基于 lumped-capacitance 热模型催化反应器的内部温度
ex_cat_tmp_old	用旧方法计算的催化反应器的温度	矢量	℃	所有	用旧方法计算的催化反应器的温度
ex_cat_th_pwr	用于排放催化作用的热功率	矢量	W	所有	用于排放催化作用的热功率
ex_gas_tmp	尾气随时间变化的温度	矩阵	℃	所有	尾气随时间变化的温度： 1：反应器出口 2：反应器入口 3：排气歧管出口
ex_tmp	排放系统随时间变化的温度	矩阵	C	所有	排放系统随时间变化的温度： 1：反应器内部温度 2：反应器外部温度 3：反应器进气管温度 4：反应器罩的温度 5：排气歧管和下悬导管的温度

表 A3-17　其他和后处理输出（Miscellaneous and Post-Processing）

英文名称	中　文	类型	单　位	适用汽车	说　明
dist	行驶的总距离	标量	mile	所有	行驶的总距离
dt	步进时间步长	标量	s	所有	步进时间步长
COgpmi	CO 的排放量	标量	g/mile	所有	整个循环工况内 CO 的排放量
co_gpm	CO 的排放量	标量	g/mile	所有	整个循环工况内 CO 的排放量
HCgpmi	HC 的排放量	标量	g/mile	所有	整个循环工况内 HC 的排放量
hc_gpm	HC 的排放量	标量	g/mile	所有	整个循环工况内 HC 的排放量
NOxgpmi	NO_x 的排放量	标量	g/mile	所有	整个循环工况内 NO_x 的排放量
nox_gpm	NO_x 的排放量	标量	g/mile	所有	整个循环工况内 NO_x 的排放量
pm_gpm	微粒的排放量	标量	g/mile	所有	整个循环工况内微粒的排放量
galps	每一步进时间的燃油消耗	矢量	gal	所有	每一步进时间的燃油消耗
hybrid	混合动力汽车标记	布尔	—	所有	0—非混合动力汽车，1—混合动力汽车
mpg	循环工况内平均燃油经济性	标量	mile/gal	所有	循环工况内平均燃油经济性
mpgge	等效汽油燃油经济性	标量	mile/gal	所有	循环工况内等效汽油燃油经济性
mpgde	等效柴油燃油经济性	标量	mile/gal	所有	循环工况内等效柴油燃油经济性
gb_eta	变速器的即时效率	矢量	—	所有	变速器的即时效率
gb_eta_avg	变速器的平均效率	标量	—	所有	变速器的平均效率
gb_in_Jmax	输入变速器的能量	矢量	J	所有	输入变速器的能量
gb_out_Jmax	变速器输出的能量	矢量	J	所有	变速器输出的能量
gb_pwr_in_a	输入变速器的功率	矢量	W	所有	输入变速器的功率
gb_pwr_out_a	变速器输出的功率	矢量	W	所有	变速器输出的功率
fc_eta	发动机的即时效率	矢量	—	所有	发动机的即时效率
fc_eta_avg	发动机的平均效率	标量	—	所有	发动机的平均效率
fc_in_Jmax	输入发动机的能量	矢量	J	所有	输入发动机的能量
fc_in_W	输入发动机的功率	矢量	W	所有	输入发动机的功率
fc_map_kW	发动机的输出功率特性	矢量	kW	所有	发动机的输出功率，它是变量fc_map_spd 和 fc_map_trq 的函数
fc_out_Jmax	发动机的输出能量	矢量	J	所有	发动机的输出能量
fc_out_W	发动机的输出功率	矢量	W	所有	发动机的输出功率
aux_load_eff	附件负载效率	标量	—	所有	附件负载效率
aux_load_in_kj	输入附件的能量	标量	kJ	所有	输入附件的能量
aux_load_loss_kj	附件的能量损失	标量	kJ	所有	附件的能量损失

（续）

英文名称	中文	类型	单位	适用汽车	说明
aux_load_out_kj	附件输出能量	标量	kJ	所有	附件输出能量
trace_miss	轨迹偏差	矢量	mile/h	所有	实际车速和要求的车速之间的绝对偏差
trace_miss_allowance	轨迹偏差允许值	标量	mile/h	所有	实际车速和要求的车速之间的绝对偏差允许值。用于设置警示标记窗口，当轨迹偏差超过允许值时，用户界面的警示窗口将出现警告；用户一般不用改变该变量的值
brake_loss_kj	制动能量损失	标量	kJ	所有	循环工况内制动能量损失
gear_ratio	变速器速比	矢量	—	所有	变速器速比矢量
missed_deltaSOC	SOC 偏差与否	布尔变量	—	所有	过 0.005 的公差带
missed_trace	轨迹偏差与否	布尔变量	—	所有	表示车速轨迹偏差是否超过允许
road_load_kj	行驶能量需求	标量	kJ	所有	在整个循环内一定车速和驱动力下所需的总能量
rolling_kj	克服道路滚动阻力所需的总能量	标量	kJ	所有	在整个循环内汽车克服道路滚动阻力所需的总能量

附录 B　ADVISOR 数据文件

所有 ADVISOR 模型和数据文件均使用前缀，后加一下划线（‘_’），且使用的前缀几乎与定义变量使用的前缀是一样的。不同的是模型和数据文件使用的前缀采用大写字母，而变量的前缀则采用小写字母；而且在 Simulink 图块中，这一前缀均位于尖括号（< >）中。

下面是 ADVISOR 的部件文件类型：

ACC_*.M　附件负载文件

CYC_*.M　行驶循环文件，定义变量时以 cyc_开头，在模块图里则以 <cyc> 作为标示；

ESS_*.M　能量存储系统数据文件，同样在定义变量时以 ess_开头，在模块图里则以 <ess> 作为标示

EX_*.M　排放后处理数据文件（如催化剂等）

FC_*.M　燃料转换装置数据文件

FD_*.M　驱动轴数据文件

GB_*.M　变速器数据文件

GC_*.M　发电机/控制器数据文件

MC_*.M　电机/控制器数据文件

PTC_＊.M　传动系控制数据文件，以 vc_和 cs_开头定义发动机控制、离合器和混合驱动控制

TC_＊.M　转矩合成装置数据文件

VEH_＊.M　汽车数据文件

WH_＊.M　车轮/车轴数据文件

除上述部件文件外，还有两种类型的数据文件使用前缀定义：

BD_＊.MDL　Simulink 模块图（模型）

CV_＊.M　整车文件，包括定义整辆汽车时部件文件所需的所有必要的参考数据

附录 C　常用 MATLAB 命令

下列各个命令是还原或者检查 ADVISOR 输入输出数据经常用到的，通过在命令行输入 helpwin、help 或者 helpdesk，用户可获得这些命令的帮助。一个非常有用的 Matlab 帮助特征是 lookfor 命令，用户可在 lookfor 后面输入要搜索的关键字，命令窗口就会显示所有相关的 Matlab 命令的描述。用户可在命令窗口输入命令如“color”，试着使用 lookfor 命令。

与绘图相关的命令

命　令	说　明
axis	设置选定图的各轴的界限
contour	生成一矩阵的等高线图
grid	显示选定图形的网格
hold	允许其他图覆盖
plot	X-Y 左图，即绘制二维图形
subplot	允许在同一图形窗口内会至多幅图
title	给选定的图形加名称
xlabel	标注选定的 x-轴
ylabel	标注选定的 y-轴
zoom	图形放大或缩小

其他命令

命　令	说　明
find	搜索
sum	矢量各元素加和
trapz	关于一矢量对另一矢量积分

附录 D　常用循环工况

D1　UDDS 工况

UDDS 工况又称 FTP72 工况，是美国环保局 1972 年提出用于排放测试的工况。该工况

由冷态过渡工况（0~505s）和稳态工况（506~1370s）部分组成。

时间/s	距离/km	最高车速/(km/h)	平均车速/(km/h)	怠速时间/s	怠速次数
1369	11.99	91.25	31.51	259	17

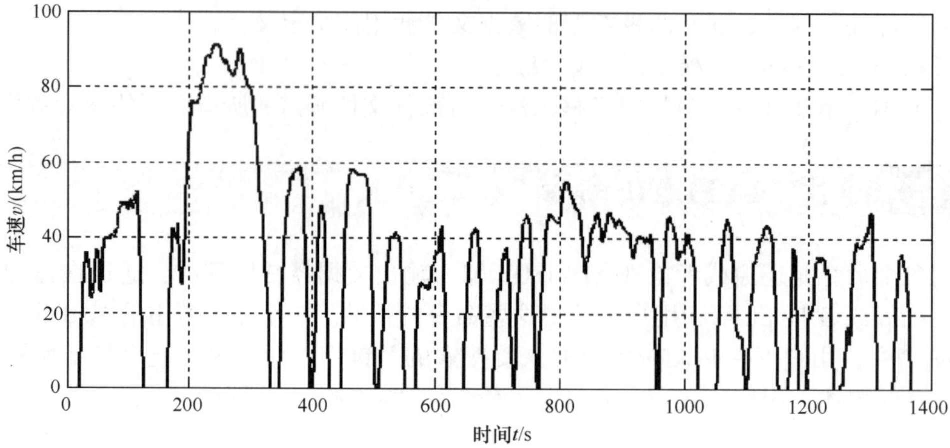

D2 FTP75 工况

FTP75 工况是由 UDDS 工况发展而来的。1975 年美国环保局在 UDDS 工况的基础上，添加了热浸车工况和热态过渡工况，持续时间 2475s。

时间/s	距离/km	最高车速/(km/h)	平均车速/(km/h)	怠速时间/s	怠速次数
2475	17.77	91.25	25.82	361	22

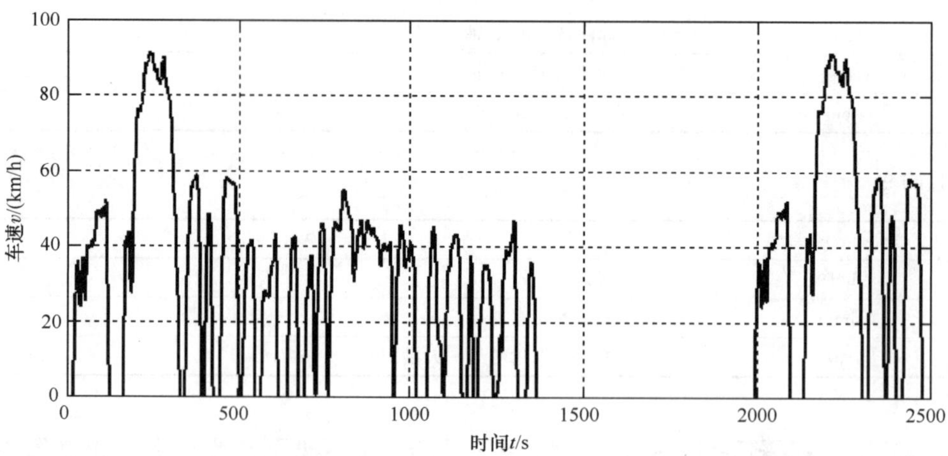

D3 ECE 工况

ECE 工况是欧洲市区工况的代表。该工况通常与 EUDC 工况共同组成 NEDC 工况进行测试，单独采用 ECE 工况的情况较少。

时间/s	距离/km	最高车速/(km/h)	平均车速/(km/h)	怠速时间/s	怠速次数
195	0.99	50	18.26	64	3

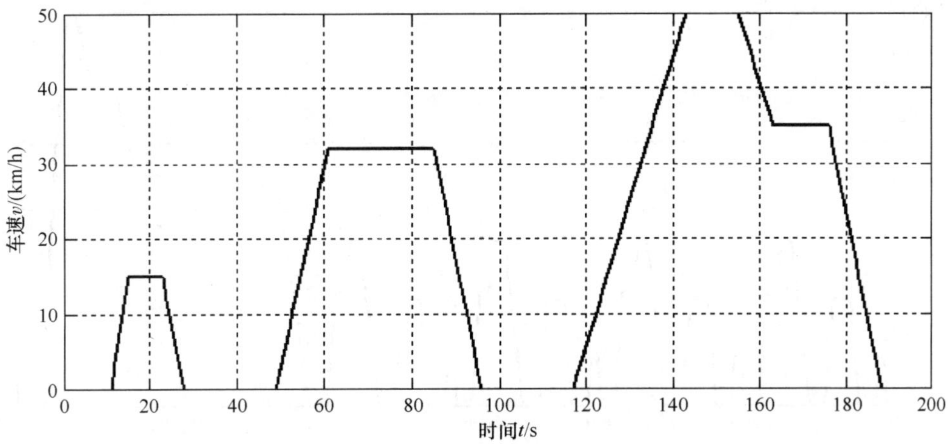

D4 EUDC 工况

EUDC 工况是欧洲郊区工况的代表。通常情况下，该工况与 ECE 工况共同组成 NEDC 工况进行测试，单独采用 EUDC 工况的情况较少。

时间/s	距离/km	最高车速/(km/h)	平均车速/(km/h)	怠速时间/s	怠速次数
400	6.95	120	62.44	42	1

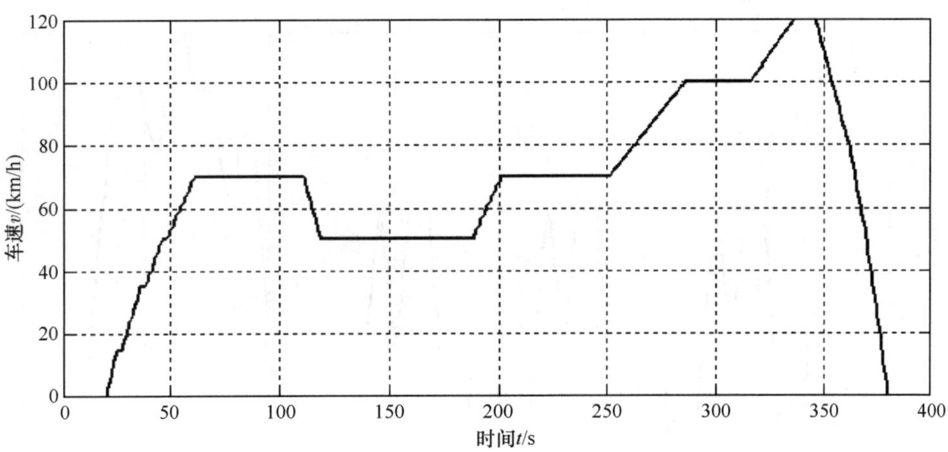

D5 NEDC 工况

NEDC 工况是欧洲循环工况的代表，共包括 4 个市区运行工况（ECE 工况）和 1 个郊区运行工况（EUDC 工况）。我国的排放测试多采用该工况。

时间/s	距离/km	最高车速/(km/h)	平均车速/(km/h)	怠速时间/s	怠速次数
1184	10.93	120	33.21	298	13

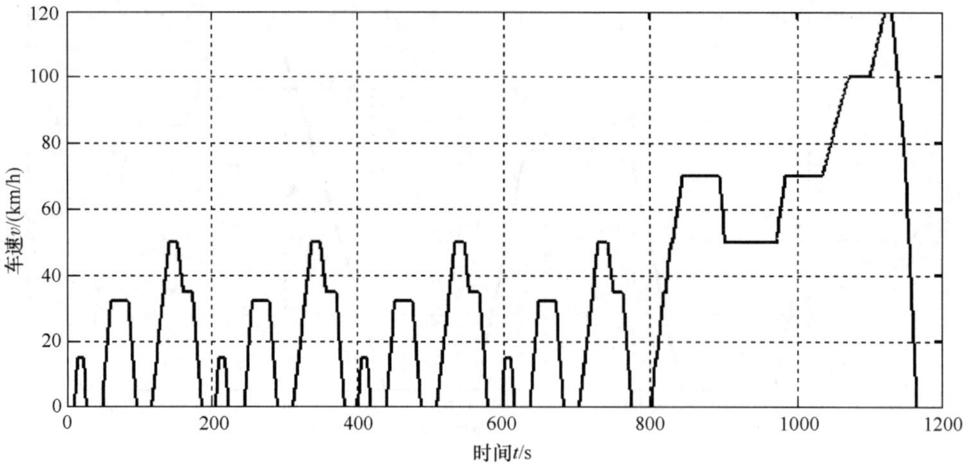

D6　10-15 工况

10-15 工况主要应用于日本的乘用车测试，由欧洲的 NEDC 工况演变而来，包括三个低速循环和一个高速循环。

时间/s	距离/km	最高车速/(km/h)	平均车速/(km/h)	怠速时间/s	怠速次数
660	4.16	70	22.68	215	7

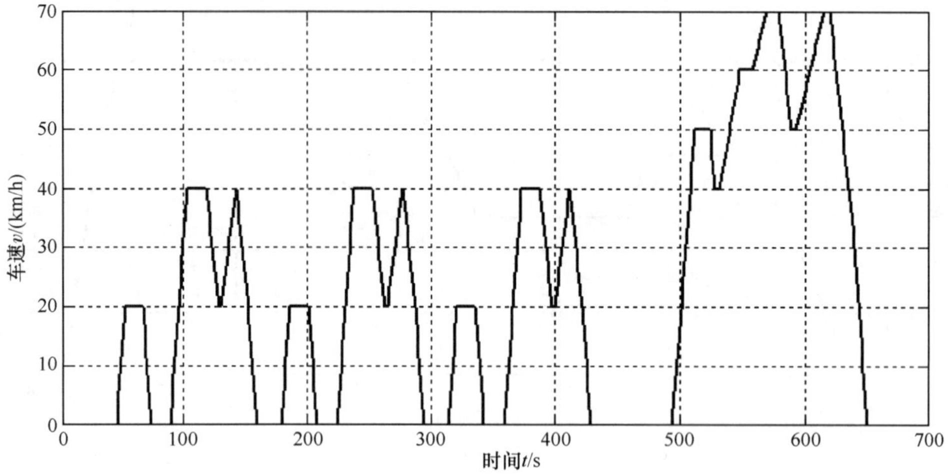

D7　中国乘用车工况

中国乘用车工况主要用于我国乘用车测试。在国内，中国乘用车工况与 NEDC 工况都普遍用于评价乘用车相关性能指标。

时间/s	距离/km	最高车速/(km/h)	平均车速/(km/h)	怠速时间/s	怠速次数
1195	7.67	74.02	23.09	299	10

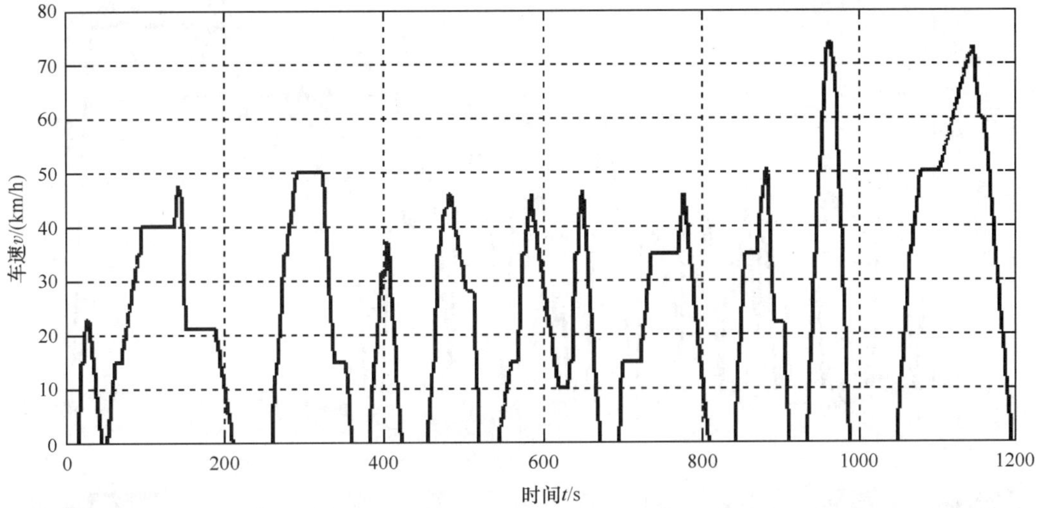

D8 中国典型城市工况

中国典型城市工况是由中国汽车技术研究中心、国内部分大学和科研院所共同制定的具有典型性的城市公交车运行工况。

时间/s	距离/km	最高车速/(km/h)	平均车速/(km/h)	怠速时间/s	怠速次数
1304	5.87	60.35	16.2	375	14

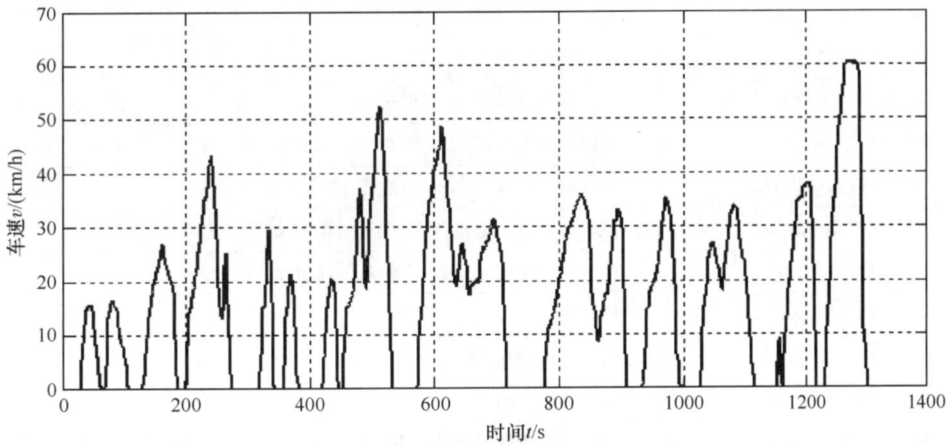

D9 C-WTVC 工况

C-WTVC 工况是我国提出的一种用于中重型商用车测试的循环工况，包括市区循环（0～900s）、公路循环（901～1368s）、高速循环（1369～1800s）三部分。

时间/s	距离/km	最高车速/(km/h)	平均车速/(km/h)	怠速时间/s	怠速次数
1800	20.51	87.8	40.997	186	9

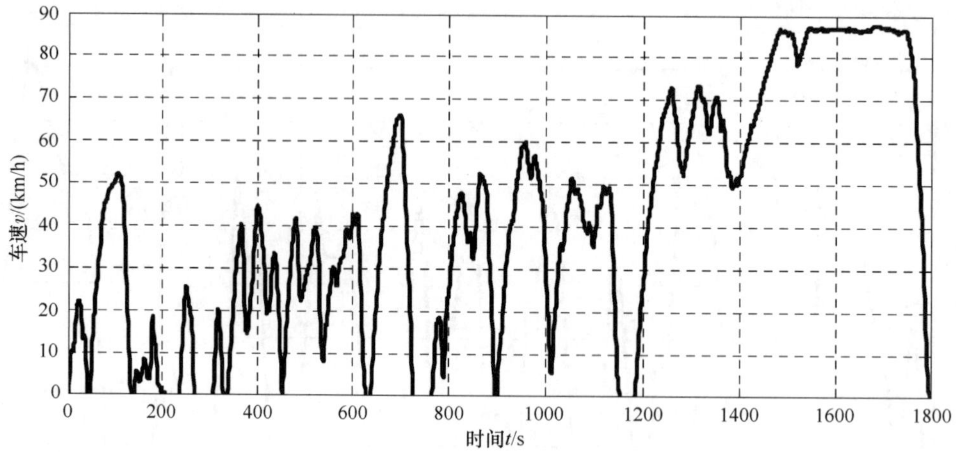

附录E 中国部分EV、HEV行业标准

GB/T 18384.1—2015	电动汽车 安全要求 第1部分：车载可充电储能系统
GB/T 18384.2—2015	电动汽车 安全要求 第2部分：操作安全和故障防护
GB/T 18384.3—2015	电动汽车 安全要求 第3部分：人员触电防护
GB/T 18385—2005	电动汽车 动力性能 试验方法
GB/T 18386—2005	电动汽车 能量消耗率和续驶里程 试验方法
GB/T 18388—2005	电动汽车 定型试验规程
GB/T 18488.1—2015	电动汽车用驱动电机系统 第1部分：技术条件
GB/T 18488.2—2015	电动汽车用驱动电机系统 第2部分：试验方法
GB/T 19750—2005	混合动力电动汽车 定型试验规程
GB/T 19751—2005	混合动力电动汽车 安全要求
GB/T 19752—2005	混合动力电动汽车 动力性能 试验方法
GB/T 19753—2013	轻型混合动力电动汽车 能量消耗量 试验方法
GB/T 19754—2015	重型混合动力电动汽车 能量消耗量 试验方法
GB/T 19755—2005	轻型混合动力电动汽车 污染物排放测量方法
GB/T 19836—2005	电动汽车用仪表
GB/T 19596—2004	电动汽车术语
GB/T 20234.1—2015	电动汽车传导充电用连接装置 第1部分：通用要求
GB/T 20234.2—2015	电动汽车传导充电用连接装置 第2部分：交流充电接口
GB/T 20234.3—2015	电动汽车传导充电用连接装置 第3部分：直流充电接口
GB/T 24347—2009	电动汽车 DC/DC 变换器

（续）

GB/T 24548—2009	燃料电池电动汽车 术语
GB/T 24549—2009	燃料电池电动汽车 安全要求
GB/T 24552—2009	电动汽车风窗玻璃除霜除雾系统的性能要求及试验方法
GB/T 26779—2011	燃料电池电动汽车 加氢口
GB/T 26990—2011	燃料电池电动汽车 车载氢系统 技术条件
GB/T 26991—2011	燃料电池电动汽车 最高车速试验方法
GB/T 27930—2015	电动汽车非车载传导式充电机与电池管理系统之间的通信协议
GB/T 28569—2012	电动汽车交流充电桩电能计算
GB/T 31467. 1—2015	电动汽车用锂离子动力蓄电池包和系统 第 1 部分：高功率应用测试规程
GB/T 31467. 2—2015	电动汽车用锂离子动力蓄电池包和系统 第 2 部分：高能量应用测试规程
GB/T 31467. 3—2015	电动汽车用锂离子动力蓄电池包和系统 第 3 部分：安全性要求与测试方法
GB/T 31484—2015	电动汽车用动力蓄电池 循环寿命要求及试验方法
GB/T 31485—2015	电动汽车用动力蓄电池 安全要求及试验方法
GB/T 31486—2015	电动汽车用动力蓄电池 电性能要求及其试验方法
GB/T 31498—2015	电动汽车碰撞后安全要求
GB/T 31525—2015	图形标志 电动汽车充换电设施标志

参 考 文 献

[1] ADVISOR2002/documentation/advisor_doc. htm, Last Revised: 30-April-2002.

[2] 陈杰. MATLAB 宝典 [M]. 2 版. 北京: 电子工业出版社, 2010.

[3] 沈辉. 精通 SIMULINK 系统仿真与控制 [M]. 北京: 北京大学出版社, 2003.

[4] 姚俊, 马松辉. Simulink 建模与仿真 [M]. 西安: 西安电子科技大学出版社, 2002.

[5] 余志生. 汽车理论 [M]. 北京: 机械工业出版社, 2009.

[6] Mehrdad Ehsani, Yimin Gao, Ali Emadi. 现代电动汽车、混合动力电动汽车和燃料电池车—基本原理、理论和设计 [M]. 北京: 机械工业出版社, 2010.

[7] J. Y. Wong. Theory of Ground Vehicle, John Wiley&Sons, New York, 1978.

[8] 初亮. 混合动力总成的控制算法和参数匹配研究 [D]. 长春: 吉林大学, 2002.

[9] 刘明辉. 混合动力客车整车控制策略及总成参数匹配研究 [D]. 长春: 吉林大学, 2005.

[10] 舒红, 秦大同, 杨为. 混合动力汽车动力传动系参数设计 [J]. 农业机械学报, 2002, 33 (1): 19-22.

[11] Ng H K, Vyas A D, Santini D J. The Prospects for Hybrid Electric Vehicles, 2005-2020 Results of a Delphi Study, Argonne National Laboratory, ANL/ES/CP-99612, 1999.

[12] 曾小华. 军用混合动力轻型越野汽车动力总成匹配控制策略研究 [D]. 长春: 吉林大学, 2002.

[13] 张春红. 永磁同步电机等效电路及动态性能研究 [D]. 沈阳: 沈阳工业大学, 2009.

[14] D. A. J. Rand, R. Woods, and R. M. Dell, Batteries for Electric Vehicles, Society of Automotive Engineers (SAE), Warrendale, PA, 1988.

[15] 何洪文. 混合动力城市公交车系统设计 [M]. 北京: 北京理工大学出版社, 2007.

[16] C. C. Chan and K. T. Chau. Modern Electric Vehicle Technology [M]. Oxford: Oxford Univercity Press, 2001.

[17] Y. Gao, H. Moghbelli, M. Ehsani, G. Frazier, J. Kajs and S. Bayne. Investigation of high-energy and high-power hybrid energy storage systems for military vehicleapplication [J]. Society of Automotive Engineers (SAE) Journal, Paper No. 2003-01-2287, Warrendale, PA, 2003.

[18] J. Dill Murrell and Associates. Emission Simulations: GM Lumina, Ford Taurus, GM Impact, and Chrysler TEVan. LLC, Saline, MI, January 1996.

[19] 曾小华, 王庆年, 王伟华, 等. 基于 ADVISOR 软件的双轴驱动混合动力汽车性能仿真模块开发 [J]. 汽车工程, 2003, 25 (5): 424-427。

[20] 曾小华, 王庆年, 李骏, 等. 基于 ADVISOR2002 混合动力汽车控制策略模块开发 [J]. 汽车工程, 2004, 26 (4): 394-396.

[21] 曾小华, 王庆年, 李胜, 等. 正向仿真模型与反向软件 ADVISOR 的集成开发 [J]. 汽车工程, 2007, 29 (10): 851-854.

[22] 张翔, 赵韩, 钱立军, 等. 电动汽车仿真软件 ADVISOR 的应用 [J]. 交通科技与经济, 2003 (8): 14-16.

[23] 赵国柱, 魏民祥, 杨正林. 基于制动稳定性要求的 ADVISOR 再生制动模块的开发 [J]. 机械与电子, 2007, (6): 10-14.

[24] 邹广才, 罗禹贡, 杨殿阁, 等. 基于 ADVISOR 二次开发的混合动力越野车仿真分析 [J]. 汽车工程, 2007, 29 (5): 404-408.

[25] 于远彬，王庆年. 基于 Advisor 的仿真软件的二次开发及其在复合电源混合动力汽车上的应用 [J]. 吉林大学学报（工学版），2005，35（4）：353－357.

[26] 于远彬. 混合动力汽车用复合电源参数匹配与控制策略研究 [D]. 长春：吉林大学，2004.

[27] 袁义悦.. 基于 ADVISOR 二次开发的车载复合电源参数匹配研究 [D]. 哈尔滨：哈尔滨工业大学，2012.

[28] 程莺，冯能莲，李克强，等. ADVISOR 混合动力电动汽车仿真系统的二次开发及应用 [J]. 汽车工程，2004，26（3）：249－252.

[29] Yang Zhi. Active abd adaotuve flow control of twin-tail buffet and applications [D]. Virginia：Old Dominion University，2002.

[30] 纪峻岭，齐晓杰，朱荣福. 丰田混合动力汽车驱动系统结构分析及性能研究 [J]. 内燃机，2007（6）：4－7.

[31] 王庆年，刘志茹. 混合动力汽车正向建模与仿真 [J]. 汽车工程，2005，27（4）：392-394.

[32] 曾小华. 混合动力客车节能机理与参数设计方法研究 [D]. 长春：吉林大学，2006.

[33] 童毅. 并联混合动力系统动态协调控制问题的研究 [D]. 北京：清华大学汽车工程系，2004.

[34] 金启前. 混合动力客车试验与评价问题研究 [D]. 长春：吉林大学，2006.

[35] 王伟华. 并联混合动力汽车的控制 [D]. 长春：吉林大学，2006.

[36] 王庆年，曾小华，等. 基于 ADVISOR 混合动力汽车正向仿真软件的开发 [C]. 北京：汽车工程年会论文集，2003.

[37] 周炜冬. 基于 Advisor 的增程式电动汽车性能仿真及试验研究 [D]. 合肥：合肥工业大学，2012.

[38] 曹云波. 基于 ADVISOR 纯电动汽车电动空调模块开发及仿真分析 [D]. 长春：吉林大学，2009.

[39] 甄娜. 面向后驱动复合电源电动汽车仿真的 ADVISOR 二次开发研究 [D]. 西安：长安大学，2011.

[40] 李宁. 基于 ADVISOR 的多能量源 HEV 仿真软件二次开发及应用研究 [D]. 西安：西安工业大学，2011.